大田年鉴

DATIAN YEARBOOK

2019

中共大田县委　大田县人民政府主办
中共大田县委党史和地方志研究室　编

方志出版社
Publishing House of Local Records

图书在版编目（C I P）数据

大田年鉴. 2019 / 中共大田县委党史和地方志研究室编 . —北京 : 方志出版社，2020. 4

ISBN 978-7-5144-4206-9

Ⅰ. ①大… Ⅱ. ①中… Ⅲ. ①大田县—2019—年鉴 Ⅳ. ① Z525.74

中国版本图书馆 CIP 数据核字（2020）第 078351 号

大田年鉴（2019）

编　　者：中共大田县委党史和地方志研究室

责任编辑：刘方圆

出 版 者：方志出版社

地址　北京市朝阳区潘家园东里 9 号（国家方志馆 4 层）

邮编　100021

网址　http://www.fzph.org

发　　行：方志出版社图书经销中心

电话（010）67110500

经　　销：各地新华书店

印　　刷：福建省三明市中亚印务有限公司

开　　本：889×1194　1/16

印　　张：23

字　　数：691 千字

版　　次：2020 年 4 月第 1 版　2020 年 4 月第 1 次印刷

印　　数：001~800 册

ISBN 978-7-5144-4206-9　定价：280.00 元

大田年鉴

2019

编 辑 说 明

一、《大田年鉴》是由中共大田县委、大田县人民政府主办，中共大田县委党史和地方志研究室承编的，全面记述大田地情的大型综合性年刊。《大田年鉴》以马克思列宁主义、毛泽东思想、邓小平理论、“三个代表”重要思想、科学发展观、习近平新时代中国特色社会主义思想为指导，坚持辨证唯物主义和历史唯物主义的立场、观点和方法，实事求是，存真求实，遵循国务院《地方志工作条例》和中国地方志指导小组《地方综合年鉴编纂出版规定（试行）》等有关法规和规定进行编写，力求思想性、科学性、资料性三者有机统一。《大田年鉴》编纂宗旨是为国内外各界人士及时提供全面、准确的大田县情资料，坚持为大田县经济建设、政治建设、文化建设、社会建设、生态文明建设服务。

二、《大田年鉴》采用条目体，入鉴文稿务求观点正确、资料翔实、文化朴实、文字简洁，且突出本年度的地方特色和时代特色，符合国家保密规定。本年鉴检索系统有：卷首设详细目录，书眉排有栏目、分目标题。《大田年鉴（2019）》为第二十三卷，结构为类目、分目、条目三个层次，主要记载2018年1月1日至12月31日大田县自然、政治、经济、文化、社会等方面的大事、要事、新事、特事，个别条目为了交代前因后果及保存资料的完整性，内容有适当的上溯或下延。

三、本年鉴中数据，原则上以统计局公布的数据为准，县统计局没有数据的，参照各专业部门提供的数据。记数与计量均使用阿拉伯数字，有小数的一般保留两位小数，百分数一般保留一位小数。

四、本年鉴稿件资料由大田县各部门、各乡（镇）提供，单位负责人审稿，在类目下署责任编辑姓名、条目后署撰稿人姓名。所有稿件均经过中共大田县委党史和地方志研究室编辑加工，并经县分管领导、县保密局等审定。

五、本年鉴“先进人物”收录受到省委、省政府以上机关表彰的先进人物，或作出贡献、在全省范围有影响的人物；“逝世人物”收录曾担任过正科级以上（含正科级）的领导干部、离休干部及省级以上劳动模范；“先进人物”按表彰时间先后排列；“逝世人物”按卒月排列。

2018年1月3日，大田县监察委员会挂牌（林建伟 摄）

2018年12月28日，大田县第十七届人民代表大会第三次会议开幕（郑宗栖 摄）

2018年12月28日，中国人民政治协商会议第十届大田县委员会第三次会议召开（林建伟 摄）

2018 年 12 月 20 日，县妇女第十五次代表大会召开（林建伟 摄）

2018 年 6 月 28 日，省炎黄文化研究会和省作家协会到大田采风，左四为研究会会长、省委原副书记何少川（郑宗栖 摄）

2018 年 11 月 5 日，旧车站拆除改造（刘冬春 摄）

2018 年 9 月 10 日，欢送新兵入伍（刘冬春 摄）

2018 年 1 月 11 日，国网福建电力“服务光伏发电，助力脱贫致富”新闻发布会在大田举行，图为记者团在武陵乡采访贫困户（郑宗栖 摄）

2018年8月27日，
大田县福兴幼儿园落成
（吴联参　摄）

2018年8月15日，赤岩幼儿园封顶（陈德传　摄）

2018年9月26日，大田县电商扶贫产业馆开馆（刘冬春　摄）

2018年9月26日，大田县“澳门粮仓”运营中心揭牌（刘冬春　摄）

2018年6月10日，广东大田商会成立（吴联参　摄）

2018年5月8日，国道纵五G235线二期梅山德州至均溪溪柏林段桥梁桩基和边坡防护施工（郑宗栖、范新炜　摄）

2018年8月16日，兴泉铁路华兴大桥施工中（陈德传　摄）

2018年10月20日，兴泉铁路火车站特大桥建设中（刘冬春　摄）

2018年12月4日，前坪乡创辉蛋鸡场（刘冬春　摄）

2018 年 11 月 4 日，银顶格矿区治理种上大棚蔬菜（刘冬春　摄）

2018 年 10 月 27 日，上京煤矿废矿区永京光伏扶贫项目建设（刘冬春　摄）

2018 年 10 月 27 日，上京煤矿废矿区光伏扶贫项目建设（刘冬春　摄）

2018 年 10 月 15 日，纪念改革开放 40 周年晚会（刘冬春　摄）

2018 年 6 月 29 日，“鲜花献给党”花卉盆景展（刘冬春于　）

2018 年 2 月 28 日，大田县举办新春晚会（林建伟　摄）

2018 年 12 月 23 日，
华兴镇举办首届油茶文化节
（吴联参　摄）

2018 年 7 月 29 日，
福建省首届乒羽节在大田
举办（刘冬春　摄）

2018年7月23日，
福建省首届乒羽节比赛
（吴联参　摄）

2018 年 2 月 25 日，朱坂阁公戏学术研讨会在文江镇朱坂村举办（林建伟 摄）

2018 年 9 月 15 日，大田晒秋节桃源站开幕式（陈德传　摄）

2018 年 9 月 26 日，福建省"全民健身百村行"——济阳马力小镇站（郑宗栖　摄）

2018 年 3 月 2 日，广平镇苏桥村民俗活动——赏丁饭（林建伟　摄）

2018 年 3 月 4 日，屏山茶园樱花盛开（林建伟　摄）

2018年7月29日，世界冠军钱虹（前排左七）到大田一中指导学生开展体育运动（刘冬春　摄）

2018年10月1日，兴泉铁路庆国庆长跑（刘冬春　摄）

2018年3月2日，元宵节县城迎板灯龙（林建伟　摄）

目 录

特 载

大事记

大田概貌

中共大田县委

大田县人民代表大会

大田县人民政府

政协大田县委员会

纪检监察

群团组织

军 事

法 治

农业·农村

林 业

水利·电力

工 业

交通·通信

商业贸易

城乡建设

旅游经济开发

财政·税务

金融

国土资源与生态环境管理

经济管理与监督

科学技术

教　育

文化·体育

卫生·计生

社会生活

乡镇概况

人 物

重要文件选编

统计资料

附 录

索 引

特 载

□编辑 林生钟

在县委十三届六次全会上的讲话

熊旭明

（2018年2月23日）

这次全会主要任务是深入学习贯彻习近平新时代中国特色社会主义思想和党的十九大精神，全面落实中央经济工作会议和省委十届五次全会、市委九届六次全会决策部署，认真总结2017年经济工作，全面部署2018年经济工作，动员全县上下坚定信心、振奋精神，鼓足干劲、攻坚克难，全力推动全县经济社会持续健康发展。根据县委常委会研究，我讲三个方面意见。

一、肯定成绩、坚定信心，全面贯彻落实习近平新时代中国特色社会主义经济思想

中央经济工作会议指出，党的十八大以来，以习近平同志为核心的党中央成功驾驭了全国经济发展大局，在实践中形成了以新发展理念为主要内容的习近平新时代中国特色社会主义经济思想。在这一重大思想的指导下，在省委、市委的坚强领导下，2017年，全县上下坚持大力提高经济发展的质量和效益、大力促进保障和改善民生、大力推进生态环境保护、大力加强党的建设，经济社会呈现出总体平稳、稳中向好、稳中有进的良好发展态势。

（一）综合实力有新突破。2017年，全县10项主要经济指标均保持正增长，其中地区生产总值完成198.22亿元，增长8.8%，增幅位居全市第一；公共财政收入完成10.44亿元，增长10.7%；验资口径实际利用外资、城镇居民人均可支配收入等3项指标增幅位居全市前三；固定资产投资等6项指标增幅位居全市前六，不良贷款率降至2.95%。

（二）发展后劲有新提升。2017年，实施“五个大田”重点项目160个，完成投资78.42亿元，大圣日用陶瓷等106个项目签约落户大田，兴泉铁路（大田段）、国道纵五（二期）、莆炎高速（大田段）、香山北路等一批重大交通基础设施项目加快推进。“大田高山茶”获国家地理标志证明商标，“大田槐猪”获国家农产品地理标志登记，优特水稻新品种应用院士工作站落户大田，卫斯特环保院士工作站荣获全国示范院士工作站，“灵动济阳”景区获评国家AAA级旅游景区，被列为中国铸造产业集群试点县、创建国家级电子商务进农村综合示范县。

（三）改革创新有新亮点。生态综合执法制度得到省委于伟国书记批示肯定，河长制工作代表福建省在全国贯彻落实河（湖）长制视频会议上作了典型发言、在水利部太湖流域第二次河长制工作会议上作了经验介绍，在全国率先注册成立河长协会，主导起草全省河（湖）长制管理规范地方标准。省级新型城镇化试点和均溪镇省级小城镇综合改革建设试点工作稳步推进，华兴、吴山、梅山、文江实现撤乡设镇。县行政服务中心荣获全国行政服务大厅“综合十佳”称号，县就业和社会保障中心被评为“全国优质服务窗口”，“以孝引航，爱传万家”山区养老服务“110”模式入选国家发改委、民政部养老服务业发展典型案例。

（四）民生事业有新进步。精准扶贫扎实推进，全县实现脱贫8402人，占贫困人口总数的98.6%，形成了光伏扶贫产业园、扶贫班组、扶贫教室等一批扶贫示范点。将新增有效财力主要用于民生社会事业，民生支出比上年增长10.3%，占公共财政支出的84.4%，凤山路改造（一期）、闽中康养服务中心等一批民生项目建成投入使用，连续四年举办全国性体育赛事，获评全国群众体育先进县、国家妇幼健康优质服务示范县等称号。“平安大田”建设持续深化，信访工作水平不断提升，安全生产形势保持稳定，人民群众获得感、幸福感、安全感逐步增强。

（五）**党的建设有新加强**。扎实推进“两学一做”常态化制度化，创新“驻村工作法”“住村特派员”“支部建在项目上”等做法，基层党组织的战斗堡垒作用、党员的先锋模范作用有效发挥。建立一线考察干部的正向激励机制，2017年全县共提拔一线优秀干部30人，占提拔总数的53.6%。监察体制改革试点工作有序推进，完成了县监察委员会人员转隶和挂牌组建。县委巡察制度不断完善，全面从严治党向纵深发展，反腐败斗争压倒性态势已经形成并巩固发展，干部作风进一步转变，干事创业精气神进一步提振，风清气正、政通人和的政治生态进一步优化。总结成绩是为了更好地推动工作，表彰先进是为了更好地鼓舞斗志。在经济下行压力加大的情况下，2017年经济社会发展取得这样的成绩，实属不易。一年来的良好发展态势，是以习近平同志为核心的党中央坚强领导的结果，是全县各级各部门坚决贯彻落实中央和省委、市委决策部署的结果，是全县广大党员干部群众艰苦奋斗、开拓进取的结果。我们要结合总结我县经济社会发展的生动实践，更加深刻领会、更加坚定落实习近平新时代中国特色社会主义经济思想，不断推动我县创新驱动、绿色发展取得新成效。

在肯定成绩的同时，我们也清醒地认识到，全县经济社会发展中仍然存在一些突出问题。主要是：经济总量不大，产业结构不优，大项目、好项目不多；农村基础设施薄弱，新型城镇化进程不快；水土流失治理任务艰巨，生态环境保护任重道远；脱贫攻坚时间紧、任务重；部分企业生产经营困难、转型步伐不快，融资难、融资贵等问题仍然突出。我们要始终坚持问题导向，保持清醒头脑，采取更加有力措施，认真加以解决。

二、突出重点、攻克难点，推动新时代“五个大田”①建设再上新台阶

今年，是全面贯彻党的十九大精神的开局之年，是改革开放40周年，是决胜全面建成小康社会、实施“十三五”规划承上启下的关键一年。根据中央和省委、市委对今年经济工作的部署，县委提出做好今年经济工作的总体要求是：以习近平新时代中国特色社会主义思想为指导，全面贯彻党的十九大精神，加强党对经济工作的领导，坚持稳中求进工作总基调，坚持新发展理念，紧扣社会主要矛盾变化，按照高质量发展的要求，统筹推进“五位一体”总体布局和协调推进“四个全面”战略布局，坚持以供给侧结构性改革为主线，把推动高质量发展与落实赶超目标有机统一起来，着力强产业增后劲，着力增创新优供给，着力促改革添动力，着力补短板惠民生，着力美生态固优势，着力防风险守底线，进一步强化压力传导，强化正面激励，强化工作抓手，推动质量变革、效率变革、动力变革，促进经济社会持续健康发展，推动新时代“五个大田”建设迈出新步伐。

今年我县经济发展主要预期目标是：力争全县生产总值增长9.5%，农林牧渔业总产值增长5.5%，规模以上工业增加值增长9.5%，固定资产投资增长16%，社会消费品零售总额增长13%，出口总值增长3.5%，实际利用外资增长6.5%，地方公共财政收入增长6.5%，城乡居民收入分别增长9.5%和10%，居民消费价格涨幅控制在3%。在具体工作中，要做到三个“新”：一要聚焦新目标。要把工作重心聚焦到在更高起点、更高标准上推进新时代“五个大田”建设上来，以过硬的信念、过硬的政治、过硬的责任、过硬的能力、过硬的作为，努力实现科技大田高素质、绿色大田高颜值、快乐大田高品质、活力大田高水平、和谐大田高层次，确保到2020年实现全面建成小康社会的目标。二要落实新部署。一分部署、九分落实。要以时不我待、只争朝夕的精神，以“攻坚2018”为主题，全力实施“3+5”攻坚行动，即：坚决打好防范化解重大风险、精准脱贫、污染防治“三大攻坚战”，全面开展项目攻坚年、转型攻坚年、改革攻坚年、民生攻坚年、作风攻坚年“五大攻坚年”活动，确保中央和省、市委各项决策部署在大田结出硕果。三要强化新举措。不断掌握新知识、熟悉新领域、开拓新视野，认真研究真正管用的工作抓手，形成操作性强的办法，以超常规的思维、超常规的举措、超常规的力度实现超常规的发展。每个乡（镇）、部门每年都要拿出一些新的措施、新的工作成果，确保每年有突破、有创新、有提升、有进步。围绕今年发展总体要求和预期目标，重点抓好五个方面：

（一）**保持定力，坚决打好“三大攻坚战”**。一要打好防范化解重大风险攻坚战。省委于伟国书记强调，当前最突出的重大风险是金融风险。去年来，我们想了很多办法、下了很大力气，才将不良贷款率从两位数高位运行下降至2017年底的2.95%。今年，我们要持续推进“化旧控新”，强化关注类贷款企业双向风险监测机制，实行“一企一策”序时推进不良化解处置，有效防范化解重点企业和政府债务风险，坚决守住不发生系统性金融风险底线。要持续引导资金“脱虚向实”，健全完善政银企对接长效机制，大力推广园区企业资产按揭贷款、福林贷、福田贷等金融创新产品，确保全年贷款总量突破100亿元。要持续优化金融环境，深化“打击金融领域恶意逃废债、公职人员不良贷款清理、执行攻坚”等三大行动，保持打击恶意逃废债务的高压态势，全力打造金融信用县。二要打好精准脱贫攻坚战。习近平总书记强调，小康路上一个都不能掉队！全县各级各部门要拿出最坚决的态度，坚持一人一策、对症下药、靶向发力、久久为功，确保今年省定扶贫标准贫困人口全脱贫。要落实最精准的措施，围绕“村容村貌整治、基础设施帮扶、产业帮扶、易地搬迁帮扶、教育帮扶、医疗帮扶、金融帮扶、党建帮扶”等“八项行动”，落实好各项扶贫政策，建立健全稳定脱贫、稳定增收机制，让全县贫困群众真脱贫、不返贫。要实行最严厉的问责，持续抓好扶贫领域腐败和作风问题专项治理，对胆敢向扶贫资金“动奶酪”的严惩不贷，对搞数字脱贫、虚假脱贫和发现问题不整改的坚决问责。三要打好污染防治攻坚战。好山好水好空气是大田最宝贵的资源，也是大田最具竞争力的优势。我们要坚持吃生态饭、做生态事、走生态路，努力实现生态环境的“高颜值”和经济发展的“高素质”。水污染防治方

①科技大田、绿色大田、快乐大田、活力大田、和谐大田

面，要全面深化河长制，提升生态综合执法制度，大力发展河道经济、河道文化、河道景观，促进“生态美”与“百姓富”有机统一；要认真落实湖（库）长制，全力抓好街面水库网箱养殖清理，下大力气推进坑口水库饮用水源保护区综合治理及搬迁安置工作。土壤污染防治方面，要加强卫斯特环保土壤修复技术的推广应用，加快银场沟矿山生态环境恢复治理等项目建设，强化土壤污染重点企业监管，确保全年综合治理水土流失3333.33公顷以上。大气污染防治方面，要落实好全省关于解决臭氧浓度上升问题的部署要求，突出抓好机械铸造、纺织、建材水泥等重点行业节能减排工作，加强建筑施工扬尘防治，稳步提升空气环境质量。

（二）统筹发力，全面提升产业发展质量。实现高质量发展，产业是根本支撑。要大力开展转型攻坚年活动，以供给侧结构性改革为主线，持续推进“三去一降一补”，全力实施“三大行动计划”：一要实施乡村振兴行动计划。实施乡村振兴战略，是新时代“三农”工作的总抓手。下午，我们还将进行专门部署，这里我着重就农业产业发展作一下强调。要坚持围绕农业办工业、围绕农业办第三产业，推动一产接二连三，全力打造“五个园”：以屏山、吴山、济阳、谢洋等乡（镇）为重点，打造国家茶叶公园；以华兴、湖美等乡（镇）为重点，打造国家油茶公园；以桃源、上京、武陵等乡（镇）为重点，打造国家富硒农业公园；以均溪、前坪、太华等乡（镇）为重点，打造矿区现代特色农业园；大力开展农特产品文创大赛等活动，打造农产品展示展销园。二要实施工业转型升级行动计划。坚持以科技创新为引擎，以绿色发展为导向，一手抓传统产业改造提升，一手抓新兴产业引进培育，促进工业结构优化升级，做到“三个转变”：实现矿业经济由“地下”向“地上”转变，实现产业由“高耗污染”向“节能环保”转变，实现由资源依赖型产业向战略性新兴产业转变。重点打造“五大基地”：以上京机械铸造产业集聚区为依托，打造高端装备制造产业基地；以京口工业园为依托，打造智能新型纺织产业基地；以均溪现代陶瓷文化创意产业园为依托，打造现代陶瓷产业基地；以罗丰石墨（烯）新材料产业园为依托，打造石墨（烯）新材料产业基地；以莆炎高速开工建设为契机，规划开发广平、文江、奇韬、梅山工业园，努力打造现代绿色产业基地。三要实施现代服务业发展倍增行动计划。坚持传统服务业与新兴服务业并重、生产性服务业与生活性服务业并抓，推动服务业发展提速、质量提升、比重提高。大力发展全域旅游、现代物流、VR、电子商务、养老服务、文化体育等现代服务业，全力打造闽中“五大中心”：闽中生态旅游中心、现代物流集散中心、数字创意创新中心、健康养老服务中心、“大体育”产业中心。

（三）增强动力，狠抓“五个一批”项目建设。深化实施项目攻坚年活动，全力推进205个重点项目建设，特别是10个列入市“重中之重”项目、48个列入市三年行动计划（2018—2020）重大投资项目，确保全年完成投资100亿元以上。一要抓谋划。坚持围绕一线生成项目，围绕短板生成项目，围绕发展生成项目，突出基础设施项目、产业项目、社会民生项目三大板块，积极策划生成一批科技型、有税型、环保型、节地型的大项目好项目。要精准对接中央和省预算内投资、“补短板”投资工程包，力争更多项目进入国家和省市计划盘子。二要抓签约。强化产业链招商，围绕一二三产主导产业，全力引进一批能够促进产业配套、壮大产业集群的项目。强化“一把手”招商，党政一把手要亲自对接、亲自谈判、亲自决策，推动一大批重大项目和重点项目落地见效，力争全年引进亿元以上项目25个以上。三要抓开工。加快园区土地供应，完善要素配套、产业配套、环境配套、服务配套，为项目开工创造有利条件。深入开展“五比五晒”项目竞赛活动，坚持每月集中开工一批具有示范性、导向性的大项目，通过晒任务、晒项目、晒进度、晒成效，推动项目加快落地，确保全年83个项目开工建设。四要抓投产。健全项目协同服务机制，采取并联审批、集中协调等办法，实行重大项目“一事一议、一企一策”，为重点项目建设提供便捷的服务保障。要实行“一月一协调、一月一通报”工作机制，突出抓好项目征地拆迁、项目融资等“卡脖子”环节，全力推动项目快建设、快投产、快达效，确保全年66个项目建成或部分建成。五是抓增资。把增资扩产作为今年项目工作的重中之重，启动新一轮企业技术改造，确保全年实施重点技改增资项目60个以上。对有资金在手、有扩张冲动的企业，要顺势推一把，主动靠前协调服务，推动企业增资扩产、增投项目；对产品有市场、技改有需求的企业，要及时帮一把，在技改政策、资金上加大支持，推动企业提升产品档次、技术装备、工艺水平；对能够完善配套、拓展链条的企业，要主动拉一把，促进企业就近配套。

（四）激发活力，全面深化重点领域改革。要大力开展改革攻坚年活动，以“将改革进行到底”的韧劲和执着，推动经济发展质量变革、效率变革、动力变革。一要抓实改革举措。把改革作为激发发展活力的第一动力，对国家监察体制改革、“放管服”等中央和省、市部署的改革任务，要不折不扣、保质保量落实到位；对河长制、生态综合执法制度等初见成效的改革，要继续巩固成果，持续深化拓展，争取更大突破；对养老服务、新型城镇化等正在探索试点的改革，要大胆实践、及时总结，形成一批可复制可推广的改革试点经验。二要强化创新驱动。抢抓省上培育升级高新技术企业的机遇，组织企业加强申报，大力培育“双高”企业。引导现有高成长企业加大研发投入，推动企业加快向科技型、创新型转变。要加强企业研发平台建设，总结提升卫斯特环保院士工作站经验做法，加大与高校、科研院所的对接力度，推动创新成果就地转化、创新技术就地运用、创新产业就地发展。三要优化人才体制。牢固树立“人才是第一资源”的工作理念，逐步构建满足产业、企业和经济社会各项事业发展需要的多层次、高素质人才队伍。要畅通“引”的渠道，完善县委县政府智库建设，有针对性地引进一批带技术、带项目、带资金的实用型技术产业人才。要优化“留”的环境，协调解决住房保障、医疗保健、家属就业、子女入学等实际问题。要激活“用”的机制，分类分层建立人才信息资源库，营造“尊重劳动、尊重知识、尊重人才、尊重创造”的良好氛围。

（五）持续用力，加快补齐民生事业短板。要大力开展民生攻坚年活动，始终把人民群众对美好生活的向往作为奋斗目标，既尽力而为，又量力而行，不断增强人民群众的获得感、幸福感和安全感。一要实施教育提升工程。针对人民群众反映最强烈的教育基础设施不足、教学质量不高问题，要坚持一手抓发展、一手抓管理，双管齐下全面提升教育水平。一方面，要扎实推进35个教育项目建设，确保全年新增学位8500个。另一方面，要大力实施小学“强基”、初中“壮腰”、高中“筑梦”三大质量提升计划，切实提高教育教学质量，真正办好大田人民满意的教育。二要实施幸福康养工程。预计到2020年，大田老龄化率将达15%。要针对人口老龄化快速发展的形势，加快构建“低端有保障、中端有市场、高端有选择”的多层次养老服务格局。依托泽惠居家养老等专业化居家养老服务组织，推行“互联网＋养老”模式，加快上京镇上京村、太华镇罗丰村等农村幸福院建设，提升乡（镇）敬老院等养老机构的服务质量和水平。要推进医养深度结合，加快推进中医院医养结合（二期）项目建设，打造集养老、养生和保健为一体的医养服务基地。三要实施医疗卫生工程。围绕“健康大田”目标，加快完善医疗卫生服务体系和公共卫生服务体系，努力为人民群众提供全生命周期的医疗与卫生健康服务。要深化医药卫生体制改革，完善县总医院运行管理制度，搭建智慧医疗服务平台，加快大田恒康医院、太华和石牌卫生院项目建设，确保全年新增床位220张。进一步与省市三级医院深化医联体合作，落实家庭医生签约制度，积极倡导健康文明的生活方式，促进人民身心健康。四要实施城乡建设工程。坚持“城为民建”理念，重点抓好香山北路、河滨栈道（三期）等城市基础设施建设，加快完善公路、公厕、公交等公共设施，大力开展村容村貌、裸房、河道等“三大整治行动”，延伸“街长制”、实施“路长制”，全力打造宜居宜业宜游的幸福大田。加快推进“四区一路”改造、特色小镇培育、美丽乡村建设，加强苏区老区红色文化、“二十四孝”、土堡、民俗、戏曲等特色文化品牌建设，让群众生活得更方便、更舒心、更美好。五要实施平安建设工程。牢固树立“发展是硬道理，稳定也是硬道理”理念，深化新一轮平安创建工作，健全社会治安立体化防控、网格化管理体系，依法防范和惩治各类违法犯罪，建设更高水平的平安大田。完善和落实安全生产责任制，重点抓好矿山、交通、民爆物品、食品安全等领域安全生产工作，坚决防范和遏制较大生产安全事故。健全完善社会矛盾预防和化解机制，加快信访法制化建设步伐，全力构建共建共治共享的社会治理新格局。

三、提振精神、加压奋进，进一步凝聚做好各项工作的强大合力

做好今年经济工作任务艰巨繁重，要求我们进一步坚持和加强党对经济工作的领导，大力开展作风攻坚年活动，提振干事创业精气神，形成推动大田又好又快发展的强大合力。

（一）凝心聚力谋发展。一要上下“一条心”。习近平总书记强调，做好经济工作，必须自觉维护党中央权威和集中统一领导。全县各级党组织和广大党员干部要切实增强“四个意识”，坚决反对经济工作中的分散主义、自由主义、本位主义、山头主义、地方保护主义，决不允许搞上有政策、下有对策，不能随意编新词、提新说法，另搞一套，更不能搞选择性执行，切实做到不打任何折扣，不要任何小聪明，不搞任何小动作。二要全县“一盘棋”。推动新时代“五个大田”建设是我们共同的使命。全县上下要胸怀大局，在重大项目招商、重大决策制定、重大政策争取上，与县委的决策部署步调一致、坚决执行，决不能只盯着眼前的一点小利益，决不能只顾着自己的一亩三分地，决不能打地方和部门的小算盘、小九九。三要干群“一股劲”。党员领导干部要以身作则、率先垂范，做到在其位、谋其政、尽其责，特别是各级各部门一把手要勇于挑最重的担子，敢于啃最硬的骨头，善于接最烫的山芋，靠前指挥、亲力亲为，带动形成九牛爬坡、个个用力、万众一心、奋力拼搏的浓厚氛围。

（二）提振精神求突破。一要有“等不起”的紧迫感。面对赶超的目标任务，当前各地都在抢抓机遇、你追我赶，可以说是千帆竞发、百舸争流。我们既要自己努力、苦干实干，又要破除“等、靠、要”的思想，抢抓全省“多区叠加”机遇，深挖政策“金矿”，发挥生态、区位、产业等优势，推动比较优势加快转化为发展实力。二要有“慢不得”的危机感。习近平总书记指出，要着力克服本领不足、本领恐慌、本领落后的问题。各级领导干部一定要加强对产业、金融、规划等专业知识的学习，培养专业能力，弘扬专业精神，既要当好领导，又要成为专家，不断提高适应新时代、实现新目标、落实新部署的能力，不断增强推动高质量发展和建设现代化经济体系的本领。三要有“坐不住”的责任感。实现赶超目标、促进产业转型、补齐民生短板等工作是我们义不容辞的责任。各级各部门要以“一日无为，三日难安”的干劲，“踏石留印、抓铁有痕”的拼劲，“愚公移山、滴水穿石”的韧劲，一个项目一个项目攻坚，一个节点一个节点推进，一个问题一个问题突破，切实把各项工作落实落细落到位。要建立“大督查”工作机制，强化考核结果运用，促进压力层层传导、责任层层落实。

（三）转变作风抓落实。一要沉在一线察实情。经济工作是实打实的，来不得半点虚假和浮夸。要大兴调查研究之风，结合即将开展的“不忘初心，牢记使命”主题教育，深入实际、深入基层、深入群众，加强对重大经济问题的调查研究，做到“身入”更要“心至”，真正沉下身去了解情况、摸清问题、精准施策。二要冲在一线出实招。各级党员干部要发挥先锋模范作用，带头到项目征迁、招商引资、脱贫攻坚等重点工作中去，下大力气破除一批制约发展最关键的瓶颈短板问题，解决一批群众需求最迫切的“老大难”问题。要突出一线导向、实绩导向，完善干部考核评价体系，加大正向激励力度，健全容错纠错机制，旗帜鲜明给苦干实干、不谋私利的干部撑腰鼓劲。三要干在一线促实效。广大干部要坚持干字当头、实字托底，在一线工作中破除不良风气，切实把精力放到打基础、利长远上，放到转方式、促改革、调结构、惠民生上，放到各项工作抓落实上。县纪委、县委组织部等部门要聚焦形式主义、官僚主义的十种新表现，重点整治表态多调门高、行动少落实差、服务群众“推绕拖”等突出问题，确保以过硬的作风抓发展、惠民生、促落实。

同志们，时代是出卷人，我们是答卷人，人民是阅卷人。让我们更加紧密地团结在以习近平同志为核心的党中央周围，坚持以习近平新时代中国特色社会主义思想为指导，团结带领全县人民，以永不懈怠的精神状态和一往无前的奋斗姿态，全力推进新时代“五个大田”建设，为“再上新台阶、建设新福建新三明”作出新的更大贡献。

在县委十三届七次全会上的讲话

陈 文 华

（2018 年 10 月 29 日）

这次全会的主要任务是，深入学习贯彻习近平新时代中国特色社会主义思想和党的十九大精神，全面贯彻落实习总书记对福建、对三明、对大田的重要指示精神，按照省委十届六次全会、市委九届七次全会部署，动员全县上下认识再提升、思想再解放、举措再抓实，奋力加快高质量发展落实赶超，为新时代新福建新三明建设作出贡献。根据县委常委会研究，我讲三点意见。

一、保持政治定力，增强高质量发展落实赶超的责任担当。 落实赶超战略，加快建设新福建，是习总书记交给福建的重大政治任务，亲自为福建擘画的宏伟蓝图，充分体现了以习近平同志为核心的党中央对福建工作的高度重视和殷切希望。省委省政府、市委市政府牢记嘱托、提高站位，召开省委十届六次全会、市委九届七次全会对坚持高质量发展落实赶超、推进新时代新福建新三明建设作出全面部署，明确了当前和今后一个时期全省、全市发展的总体任务、主要目标、重大举措和重要支撑，是我们做好大田各项工作的行动指南。全县各级党组织和广大党员干部要深刻领会、准确把握省委十届六次全会、市委九届七次全会精神，以更强的政治担当、使命担当、责任担当，把坚持高质量发展落实赶超贯穿于新时代多彩大田建设的全过程。

一要深刻认识坚持高质量发展落实赶超是我们必须担起的政治责任。 2014 年 11 月，习总书记来闽考察时明确要求福建到 2020 年在经济总量上实现赶超。落实赶超战略作为全省上下的重大政治任务，从县、到市、到省都层层立下了“军令状”。省委十届六次全会强调，坚持高质量发展落实赶超，是深入贯彻落实习近平新时代中国特色社会主义思想，增强“四个意识”、坚定“四个自信”、做到“两个维护”的实际检验。全县各级党组织和广大党员干部要认真贯彻习总书记的重要指示精神，把高质量发展和落实赶超有机统一起来，把对总书记的深厚感情、绝对忠诚，转化为高质量发展落实赶超的政治责任、政治担当、政治作为，坚决如期完成赶超这一政治使命。

二要深刻认识坚持高质量发展落实赶超是实现转型发展的战略举措。 习总书记指出，“我国经济已由高速增长阶段转向高质量发展阶段”。省委十届六次全会强调，推动高质量发展，是践行新发展理念、保持经济继续健康发展的必然要求。大田要落实赶超，就必须走高质量发展的路子，坚决摒弃“拼资源”的粗放型发展老路，围绕“创新驱动、绿色发展”工作主题，通过产业企业的“腾笼换鸟、凤凰涅槃”，加快产业结构调整，推动产业优化升级，培育发展新动能，以产业体系的再造实现大田的新发展、大发展；要加快山区县绿色发展步伐，扎实推动“产业生态化、生态产业化”，努力在探索“生产发展、生活富裕、生态良好”的文明发展道路上创造“大田样板”，坚决不要弄虚作假“带水的 GDP”，坚决不要危及生命“带血的 GDP”，坚决不要损害生态“带污的 GDP”，使落实赶超的过程成为创新发展方式、提高质量效益、迈向美好生活、建设美丽大田的过程。

三要深刻认识坚持高质量发展落实赶超是跨越重要关口的必然要求。 省委十届六次全会强调，坚持高质量发展落实赶超，是新时代新福建建设的鲜明主线和根本战略。从目前大田的情况看，全县经济运行总体保持稳中有进、稳中向好态势，但发展质量离高质量发展的要求有差距，增长速度离赶超的目标有差距，1—9 月全县 GDP 增长 8%，低于年初县委确定目标 1.5 个百分点。现在，距离实现高质量赶超目标仅剩两年加两个月时间，而摆在我们面前的是壮大经济总量、提高发展质量，以及有效应对经济运行稳中有变所带来的各类风险挑战这三重压力。这是一个艰苦的过程，更是一个艰难的关口。但越是爬坡过坎，越是困难重重，全县上下越要振奋精神、奋力攻坚，以决战决胜的姿态，下定总攻的决心、集结总攻的兵力、吹响总攻的号角，坚决打好高质量发展落实赶超这场整体仗、攻坚仗。

坚持高质量发展落实赶超，总的要求是：以习近平新时代中国特色社会主义思想为指导，全面贯彻党的十九大和十九届二中、三中全会精神，坚持党的全面领导，坚持稳中求进工作总基调，坚持新发展理念，坚持质量第一、效益优先，统筹推进“五位一体”总体布局，协调推进“四个全面”战略布局，以供给侧结构性改革为主线，打好防范化解重大风险、精准脱贫、污染防治三大攻坚战，紧紧围绕高质量发展落实赶超这一战略目标，落实省委、市委各项部署要求，努力实现产业发展高素质、城乡建设高品质、改革开放高层次、生态环境高颜值、民生幸福高指数、党的建设高质量，全力推进新时代多彩大田建设，为新时代新福建新三明建设作出新贡献。

坚持高质量发展落实赶超，必须把习近平总书记对福建提出的“机制活、产业优、百姓富、生态美”重要要求，落实和贯彻到赶超的全过程，必须把习总书记在闽工作期间形成的宝贵思想、理念、精神、作风体现和落实到发展各领域。

一要把“机制活”作为高质量发展落实赶超的制度保障。 习总书记强调，“激发社会活力，凝聚社会合力，培育发展动力，把福建潜力和优势充分发挥出来，必须坚定不移推进改革”。

我们要大力弘扬改革创新精神，从政治、经济、社会体制三方面入手，通过创新新时代新担当新作为的体制机制，营造良好的干事创业环境；通过发挥市场在资源配置中的决定性作用，优化政府服务，营造良好的经济发展环境；通过抓实金融风险防控，切实维护好金融秩序，营造和谐有序、公正法治的社会环境，以将改革进行到底的决心和勇气，冲破思想观念的束缚，突破利益固化的藩篱，打破条条框框的限制，在改革攻坚中不断增强发展活力动力。

*二要把“产业优”作为高质量发展落实赶超的主攻方向。*习总书记强调，“产业优化升级是赶超战略的关键支撑，关键要有一批体量重、带动力强的重大企业，有一批聚集度高、关联性强、产业链长的产业集群”。在大田调研时，指导我们要“加快发展山区经济，努力提高人民生活水平”。针对大田发展方式粗放、产业结构单一，发展动力不强、后劲不足等问题，我们要主动融入闽西南协同发展区，在三明、厦漳泉都市区之间发挥“节点”作用，着力构建三明与沿海的重要“连接带”；要善于借势借智借力，注重产业集聚这个“块”与产业集群这个“条”相结合，有针对性地引进、支持、发展一批科技型、有税型、环保型、节地型配套企业，推动产业由“笨大粗”向“高精特”转变。

*三要把“百姓富”作为高质量发展落实赶超的根本目的。*习总书记强调，“必须始终把人民利益摆在至高无上的位置，让改革发展成果更多更公平惠及全体人民，朝着实现全体人民共同富裕不断迈进”。要求我们在抓扶贫工作上“要啃硬骨头、打歼灭战，真扶贫、扶真贫”。亲民爱民为民是习总书记始终不变的情怀。我们要认真践行以人民为中心的发展思想，围绕幼有所育、学有所教、劳有所得、病有所医、老有所养、住有所居、弱有所扶“七个有”的要求，加快补齐民生短板、增进人民福祉，不断满足人民日益增长的美好生活需要。

四要把“生态美”作为高质量发展落实赶超的内在要求。习总书记强调，“生态资源是最宝贵的资源，生态优势是最具竞争力的优势，生态文明建设也应当是福建最花力气的建设”。在大田调研时，指导我们要“做好山、水、田、堡文章”“认真做好生态环境保护”。这些重要论点论述论断与习近平生态文明思想一脉相承。我们要牢固树立和践行“绿水青山就是金山银山”理念，一方面，要让“绿水青山”永不褪色、永不变色；另一方面，又要让“金山银山”分量更大、成色更足，全力打通“绿水青山”转化为“金山银山”的堵点，让生态优势转化为经济发展优势、转化为最普惠的民生产品、转化为群众的健康福祉。

坚持高质量发展落实赶超，意义重大、任务艰巨。我们要切实增强责任感紧迫感，保持政治定力、战略定力和实干定力，坚持把高质量发展落实赶超，统一于深入实施“十三五”规划、决胜全面建成小康社会的奋斗过程，统一于为新时代新福建新三明争做新贡献的生动实践，确保各项目标任务落到实处。

二、突出攻坚重点，加快高质量发展落实赶超的前进步伐。省委十届六次全会、市委九届七次全会对新时代新福建、新三明建设作出了全面部署。我们贯彻落实省委、市委各项决策部署，制定出台了《中共大田县委关于深入贯彻习近平总书记重要指示精神坚持高质量发展落实赶超的意见（讨论稿）》，提交这次县委全委会讨论审议后将印发实施。全县各级各部门要认真贯彻落实县委部署，以实施“九大行动”为载体，狠抓任务攻坚，奋力加快赶超，推动大田各项工作实现新突破。

*（一）壮大实体强支撑。坚持高质量发展落实赶超，实体经济是第一支撑，产业转型是第一战场，创新驱动是第一动力。*我们要把发展经济的着力点放在实体经济上，不断提高供给体系质量，激发企业活力，真正让实体经济强起来。一要坚持创新驱动。抢抓省上培育升级高新技术企业的机遇，认真落实省政府推进创新驱动发展的七条措施，建立“双高”企业培育计划与重点名录，一企一策、精准施策，不断壮大高新技术企业、创新型企业、知识产权优势型企业、科技小巨人企业群体。总结提升卫斯特环保院士工作站经验做法，加强企业研发平台建设，加大与高校、科研院所的对接力度，推动创新成果就地转化、创新技术就地运用、创新产业就地发展。树牢人才是第一资源的理念，整合用好我县人才发展专项资金，持续优化“凤凰才俊”等人才评选活动，畅通引才、引智渠道，全力引进一批大田产业发展亟需的“高精尖缺”创新人才。二要加快产业转型。推动产业转型、构建现代产业经济体系是高质量发展落实赶超的关键之举。要改造提升传统产业，突出机械铸造、纺织、建材、矿产品深加工等传统产业，每年实施一批技改提升、链条拓展项目，让“老树发新枝”。培育壮大新兴产业，依托大田丰富的石墨、稀土、瓷土等“时代资源”，实施一批产业链重点项目，突破一批产业链关键节点，推动高端装备制造、节能环保、新材料等战略性新兴产业加快发展。坚持传统服务业与新兴服务业并重、生产性服务业与生活性服务业并抓，加快现代物流、电子商务等生产性服务业集聚发展，推进旅游、文化、体育、健康、养老“五大幸福产业”协调发展，推动服务业发展提速、质量提升、比重提高。三要抓实项目攻坚。没有一批又一批大项目、好项目接续滚动、规模推进，高质量赶超就会落空。全县各级各部门要增强争抱“金娃娃”的紧迫感，围绕资源往产业走、传统产业转型升级、三次产业融合发展等领域，强化“一把手”招商，突出“落地为王”，全力以赴引进一批带动力大、支撑力强的大项目、好项目。要按照“产业集聚、资源集约、要素集中”的思路，加快上京机械铸造产业集聚区、均溪陶瓷文化创意产业园、石墨（稀）产业园、广平循环经济产业园等特色园区规划建设，整合撤并散乱园区，高标准推进配套设施建设，种好“梧桐树”，为项目早入驻、早动工创造有利条件。要“动真格”突破瓶颈，深入开展“五个一批”项目攻坚行动，县发改局要牵头对我县“年年计划开工未开工，年年计划竣工未竣工”的“马拉松”项目来一次“大起底”，列出攻坚行动项目清单，由各挂包领导逐一摸排困难问题、逐一分析滞后原因、逐一制定破解举措，促进项目早开工、早建成、早投产、早见效。

（二）协调发展增活力。统筹协调，是坚持高质量发展落实赶超的重要举措。我们要通过进一步协调区域发展、强化改革创新、优化营商环境，不断释放高质量发展新动能。一要主动对接闽西南协同发展区。这次省委全会把经济协作区上升为协同发展区，明确了“两极两带六湾区”的发展格局。

大田是三明融入闽西南协同发展区的桥头堡，我们要抢抓难得历史机遇，利用与沿海地区地缘相近、人缘相亲、商缘相联的优势，与沿海兄弟县份联合开展协同招商，主动对接闽南沿海产业分工和产业转移，全力构建一批产业链完善、规模效应明显、核心竞争力强的产业集群。要围绕省委全会明确的交通、产业、政策、民生、生态等五个重点领域，全力以赴策划生成一批新项目，加大跑省进厅力度，力争更多项目进入国家和省市计划盘子。二要全面深化改革。以改革开放40周年为新起点，持续拓展改革的广度和深度，不断为高质量发展落实赶超激发新活力。在全面落实中央和省市改革部署的同时，对生态综合执法制度等初见成效的改革，要继续巩固成果，持续深化拓展，争取更大突破，切忌“墙内开花墙外香”。对养老服务等正在探索试点的改革，要大胆实践、及时总结，形成一批可复制可推广的改革试点经验。对地方机构改革等即将启动的改革，要按照“先立后破、不立不破”原则，把握好改革发展稳定关系，坚持不讲条件、不打折扣、不搞变通、不开口子，有组织有纪律有步骤推进，并把思想政治工作贯穿改革全过程，确保各项改革任务落到实处。三要优化营商环境。营商环境是区域发展的核心竞争力。全县各级各部门要按照市委市政府“六最”营商环境对标活动要求，对卫斯特环保、清航无人机、红狮水泥、大圣日用陶瓷、科华石墨等重点项目，领导重点关注、政策重点倾斜、服务重点跟进、要素重点保障，尽快培育出大田自己的“金娃娃”。持续深化“放管服”改革，全面推行“一趟不用跑”“最多跑一趟”，深化“互联网＋政务服务”，让企业切身感受到办事像网购一样方便。要认真落实省委于书记“对自己狠心、让百姓舒心”的指示要求，加强对窗口服务人员的教育管理，坚决杜绝“不”字当头的“否定句”，坚决杜绝“推”字当先的“二传手”。

（三）**振兴乡村夯基础**。实施乡村振兴战略，是决胜全面建成小康社会、全面建设社会主义现代化国家的重大历史任务。我们要坚持走中国特色社会主义乡村振兴道路，让农业成为有奔头的产业，让农民成为有吸引力的职业，让农村成为安居乐业的美丽家园。一要加快发展特色现代农业。要充分发挥大田独特的富硒、高山、生态优势，用好“中国高山硒谷”“中国高山茶之乡”等国字号品牌，积极创建国家富硒农业公园、国家茶叶公园，做大做强“澳门粮仓”，全力打响富硒农产品、大田美人茶等品牌。加快实施特色农业“六个十工程”，力争到2022年，打造茶叶、油茶、稻米、薯类、高山蔬菜、食用菌、草食动物、新特水果、木竹加工、林下经济等10个优势特色产业，培育10个省级以上农业产业化龙头企业，建设10个优质农产品标准化示范基地，建成10个农产品产地初加工中心，新增10个“三品一标农产品”，培育10个“一村一品”特色产业示范村。二要加快建设美丽宜居乡村。科学规划乡村建设，把握发展脉络，彰显地域特色，突出乡村风情，不搞一刀切、不搞统一模式，做到“留白、留绿、留旧、留文、留魂”，让振兴后的乡村“像乡村”“是乡村”。大力推进农村人居环境整治三年行动，实施农村厕所革命、垃圾处理、污水治理、农房整治、村容村貌提升、“四好农村路”等“一革命五行动”，推动乡村山水林田路房整体改善，努力让农村村居美、田园美、生态美、乡愁美。三要加快推动城乡融合发展。坚持以工补农、以城带乡，促进基础设施向农村延伸，每年组织实施一批涉农投资工程包，加快推进农村公路、防灾减灾、污水管网等基础设施建设，推动农村基础设施提档升级。引导科技、信息、资金、管理等资源要素流向农村，精准选派科技特派员、驻村第一书记、住村特派员、住村工作队，积极培育新型职业农民队伍，努力促进农村繁荣、农民增收。

（四）**做优生态美环境**。生态资源是大田最宝贵的资源，生态优势是大田最具竞争力的优势。我们要深入贯彻落实习近平生态文明思想，坚持吃生态饭、做生态事、走生态路，努力把大田建成生态文明建设先行区。一要坚持走绿色发展道路。要全面落实绿色发展理念，强化生态环境硬约束，严格落实生态保护红线、环境质量底线、资源利用上线和环境准入负面清单，从源头上减少污染物排放总量。坚持调结构、优布局、强产业、全链条，支持引导铸造、纺织等传统产业智能化、清洁化改造，大力培育环保装备制造、清洁能源等节能环保产业，努力实现环境效益、经济效益、社会效益有机统一。二要坚决打好污染防治攻坚战。要全力抓好中央环保督察、省环保“三合一”督察反馈问题整改，切实解决突出生态环境问题，推动环境质量持续好转。打好蓝天保卫战，加强工业企业大气污染综合治理，推进清洁能源替代和锅炉整治，做好垃圾焚烧废气、建筑施工扬尘、餐饮服务业油烟治理，稳步提升空气环境质量。打好碧水保卫战，全面落实“河湖长制”，深入实施水污染防治行动计划，强化城市黑恶水体治理，加快实施饮用水源保护区综合治理和修复工程，加大水环境污染整治力度，不断提升水体质量。打好净土保卫战，全面实施土壤污染防治行动计划，强化土壤污染风险管控，统筹抓好涉重金属行业污染整治、固体废物减量化资源化等重点工作，推广应用土壤修复技术，持续改善土壤质量。三要主动融入国家生态文明试验区建设。主动对接山水林田湖草生态保护修复试点工作，策划实施一批水土保持生态工程，努力向上争取更多项目和资金支持。注重在推进国家生态文明试验区建设中完善绿色发展机制，持续深化提升河长制、矿山水土流失开发式治理模式等生态文明创新做法，努力实现“生态美”与“百姓富”有机统一，为我省建设国家生态文明试验区提供“大田经验”。

（五）**改善民生促和谐**。践行以人民为中心的发展思想，既尽力而为、又量力而行，着力解决好事关群众生存发展的“头等大事”和影响群众日常生活的“关键小事”，不断增强人民群众的获得感、幸福感和安全感。一要坚决打好精准脱贫攻坚战。要牢牢把握“两个确保”目标和“两不愁三保障”脱贫标准，以抓党建促脱贫攻坚、促乡村振兴为抓手，深入开展“千名干部结穷亲”活动，深化村容村貌整治、基础设施帮扶、产业帮扶、易地搬迁帮扶、教育帮扶、医疗帮扶、金融帮扶、党建帮扶等脱贫攻坚“八大行动”，促进贫困户稳定增收，实现真扶贫、真脱贫。扎实做好建档立卡工作，加强贫困人口动态管理，做到应纳尽纳、应退尽退、应扶尽扶。大力发展村级集体经济，挖掘林地、水利设施、房产、土地等资源优势，采取承包、租赁、参股、流转等方式，努力实现村财增收。二要全力补齐民生短板。当前民生建设发展不平衡不充分问题依然存在，特别是教育、医疗卫生、养老等方面供需结构性矛盾仍较突出。要坚持问题导向，集中精力、集中力量，着力解决教育、医疗卫生、养老、城乡民生基础设施等领域群众反映突出的问题。加快推进为民办实事项目、教育补短板重点项目、社会事业与民生保障重点项目建设，让人民群众看到实实在在的成效和变化。三要着力防范化解重大风险。抓实金融风险防控工作，做好重点风险企业化解处置，全力推进打击恶意逃废债、公职人员不良清欠、执行攻坚“三大攻坚”行动，确保完成全年不良贷款率控制在2.76%以内目标。健全多元化矛盾纠纷化解机制，认真学习“枫桥经验”，把矛盾化解在早、化解在小、化解在基层，确保小事不出村、大事不出乡（镇）、矛盾不上交。深入开展扫黑除恶专项斗争，按照“有黑扫黑、无黑除恶、无恶治乱”的要求，聚焦重点工作、重点行业、重点领域，全力打击涉黑恶案件背后的腐败问题和“保护伞”，营造安定稳定的发展环境。扎实推进平安大田建设，开展“六无”村（居）建设，切实抓好安全生产，坚决遏制重特大安全事故发生，为人民群众创造安居乐业、安定有序的良好环境。

三、落实“八个坚定不移”①，强化高质量发展落实赶超的政治保证。坚持高质量发展落实赶超，关键在党、关键在人。省委十届六次全会进一步鲜明提出将“八个坚定不移”作为全省贯彻新时代党的建设总要求和新时代党的组织路线的特色载体。我们要认真落实省委“八个坚定不移”要求，把党建工作抓细抓实抓到位，为高质量发展落实赶超提供坚强保证。

（一）持续加强政治建设。加强政治建设，最根本的是坚决维护习近平总书记的核心地位，坚决维护党中央权威和集中统一领导。要把“两个维护”作为最高政治原则，教育引导全县各级党组织和广大党员干部树牢“四个意识”、坚定“四个自信”，始终在政治立场、政治方向、政治原则、政治道路上同以习近平同志为核心的党中央保持高度一致。要把学懂弄通做实习近平新时代中国特色社会主义思想作为重大政治任务，持续深化“思想大解放、推动大发展”活动，进一步兴起“大学习”热潮，推动新思想在大田落地生根。要严格执行新形势下党内政治生活若干准则，不断增强党内政治生活的政治性、时代性、原则性、战斗性。

（二）持续健全组织体系。习总书记强调，党的基层组织是党的全部工作和战斗力的基础。要以提升组织力为重点，突出政治功能，充分发挥基层党组织“政治引领、堡垒引领、‘双带’引领、服务引领”四个引领作用，积极推广“跨村联建”“新时代讲习所”“住村特派员”等做法，抓好新任村“两委”培训，持续整顿软弱涣散基层党组织，努力把基层党组织建设成为高质量发展落实赶超的坚强战斗堡垒。要统筹推进企业、农村、机关、事业单位、社区、非公企业等领域党建工作，创新社会组织、互联网等新领域、新业态党建工作，扩大基层党组织的覆盖面。要严把党员入口关，完善不合格党员认定制度，健全党员能进能出机制，推动党员发展标准化、党员教育经常化、党员管理科学化。

（三）持续抓好巡视整改。7月22日，中央第一巡视组向福建省委反馈了巡视情况，反馈意见中涉及大田的共4个方面16个问题。县委坚决扛起巡视整改重大政治责任，从严从实推进，不折不扣、逐条逐项抓好整改落实，目前94项细化任务已整改88项，取得了阶段性成效，但巡视整改一刻都不能放松。全县各级党组织要坚决杜绝“交卷”思想和“过关”心态，深入学习贯彻习总书记关于巡视工作的重要论述，按照省委“把长效整改作为重大政治责任扛到位、扛到底”的要求，长期抓、持续抓、深入抓，扎扎实实做好巡视整改“后半篇文章”。要坚持标准不降、力度不减，对已经初步完成整改的问题，及时组织“回头看”，对需较长时间解决的问题紧盯不放，确保一个不落、见底清零。同时，要举一反三、建章立制，持续巩固和扩大巡视整改成果。

（四）持续强化正风反腐。大力弘扬习总书记在福建工作时倡导的“滴水穿石”精神和“四下基层”“马上就办、真抓实干”等优良作风，大兴调查研究之风，深化“直奔基层、直面问题，大调研、大服务、大督查”活动，引导广大党员干部在“三大攻坚战”、征地拆迁、招商引资、项目建设等工作一线干事创业。要严格落实中央八项规定及《实施细则》精神和省、市、县《实施办法》，严肃查处顶风违纪行为和“四风”隐形变异问题，深入整治形式主义、官僚主义突出问题。要持续保持惩治腐败高压态势，发挥巡察利剑作用，坚决整治群众身边腐败和作风问题，着力构建不敢腐、不能腐、不想腐的“三不”机制，推动反腐败斗争压倒性态势向压倒性胜利转化。

（五）持续激励担当作为。习总书记反复强调干部就要有担当，有多大担当才能干多大事业，尽多大责任才会有多大成就。要认真贯彻中央、省委、市委、县委激励广大干部新时代新担当新作为的《实施意见》，落实关心关爱基层干部专项基金，进一步提振干部干事创业精气神。要围绕高质量发展落实赶超任务，创新干部定性考评机制，用“红、黄、绿”三色旗子记好干部“实绩账”，及时发现敢于担当、善于攻坚、实绩突出的优秀干部。各级领导干部要发挥“头雁效应”，争当运动员、推销员、服务员，坚决杜绝领导干部一推一动、不推不动、甚至推而不动的现象。要按照“三个区分开来”②的要求，健全容错纠错机制，旗帜鲜明为敢于担当者撑腰鼓劲，让干部放心放手放胆做事。

同志们，进入新时代，迈步新征程，我们使命在肩、重任在肩。让我们更加紧密地团结在以习近平同志为核心的党中央周围，按照省委省政府、市委市政府的部署要求，坚定信心、振奋精神、埋头苦干、奋勇拼搏，加快推进新时代多彩大田建设，为新时代新福建新三明建设作出新的更大贡献！

注：①“八个坚定不移”：一要坚定不移维护核心；二要坚定不移学习贯彻习近平新时代中国特色社会主义思想；三要坚定不移落实党中央决策部署；四要坚定不移正风肃纪；五要坚定不移反对腐败；六要坚定不移强化党内监督；七要坚定不移深化监察体制改革；八要坚定不移紧抓“关键少数”。

②“三个区分开来”把干部在推进改革中因缺乏经验、先行先试出现的失误和错误，同明知故犯的违纪违法行为区分开来；把上级尚无明确限制的探索性试验中的失误和错误，同上级明令禁止后依然我行我素的违纪违法行为区分开来；把为推动发展的无意过失，同为谋取私利的违纪违法行为区分开来。

政府工作报告

——在大田县第十七届人民代表大会第三次会议上

林金龙

（2018年12月28日）

2018年工作回顾

一年来，全县上下坚持以习近平新时代中国特色社会主义思想为指导，认真贯彻党的十九大和十九届二中、三中全会精神，全面贯彻落实中央、省、市和县委决策部署，落实“六稳”工作要求，打好三大攻坚战，统筹抓好稳增长、促改革、调结构、惠民生、防风险工作，全力推进高质量发展落实赶超，经济社会保持稳中向好的发展态势。初步统计，全县完成地区生产总值217.65亿元，增长7.7%；地方一般公共预算收入7.1亿元，下降4.37%；城镇居民人均可支配收入34744元，增长6.8%；农村居民人均可支配收入16831元，增长9.2%。一些重点领域和项目取得突破：

——*项目支撑更强*。兴泉铁路（大田段）、莆炎高速公路（大田段）等重大基础设施项目加快推进，全县新增亿元以上“五个一批”产业项目77个，总投资10亿元的清航无人机产业化、总投资3亿元的科华石墨电池负极材料等重大新兴产业项目开工建设。

——*发展后劲更足*。卫斯特环保科技院士工作站入选省级新型研发机构，红狮水泥获评省级工业和信息化龙头企业，“大田金阳生姜”获国家农产品地理标志证明商标，荣获首批“全国生态旅游胜地”称号，桃源里花海乐园景区、广平五龙山景区获评国家AAA级旅游景区。

——*生态颜值更高*。城区空气质量进入全省前十，被列为全省土壤污染风险防控试点，5个项目列入闽江流域国家山水林田湖草生态保护修复试点工程，均溪河、文江河流域各监测断面水质达标率100%，大田河长制工作列为改革开放40周年“福建影响力”优秀案例。

——*乡村环境更美*。石牌镇盖山村、太华镇魁城村等9个村列入第五批中国传统村落，桃源镇东坂村列入第七批中国历史文化名村，广平镇元沙村入选“中国美丽休闲乡村”，大田晒秋节列入首届“中国农民丰收节”系列活动。

——*群众生活更好*。35个教育补短板项目完成投资2.04亿元，赤岩小学、福兴幼儿园等14个项目建成使用，新增学位8500个，全县中考、高考成绩全面提升；“三化三全”山区养老模式在《人民日报》等主流媒体广泛报道，学生“带法回家”社会实践活动入选全国首批司法行政普法宣传案例库，县图书馆获评国家一级馆、全国公共图书馆创新奖，连续两届荣膺省级文明县城称号。一年来的主要工作和成效是：

（一）*着力决胜小康，三大攻坚取得新进展*。坚持底线思维，打好防范化解重大风险攻坚战。深入开展金融案件执行、打击恶意逃废债、公职人员不良清欠三大专项攻坚行动，建立信用联合惩戒平台，全年处置不良贷款3.69亿元，不良率降至2.69%，完成市委、市政府下达目标任务，政府性债务控制在省统一限额范围内；持续深化产融对接，着力降低民营企业融资成本，金融服务实体经济力度进一步加大，小微企业贷款余额46.56亿元，办理应急转贷1.2亿元。下足“绣花”功夫，打好精准脱贫攻坚战。围绕国家扶贫改革试验先行区建设，筹集安排各级财政资金4783万元、小额信贷资金9505万元投入脱贫攻坚，培育和引导13家企业参与产业扶贫，实施造福工程135户611人，全县2814户8473个贫困人口脱贫，新退出贫困（空壳）村41个，市级贫困乡武陵乡实现摘帽，“一家四业”产业扶贫经验成果上报国家扶贫办。突出问题导向，打好污染防治攻坚战。全面落实中央和省环保督察、“三合一”督查反馈问题整改，淘汰落后产能、矿山整治、农村环境综合治理三个专项行动取得实效，闽湖（大田）库区网箱养殖清理、牛蛙养殖清理全面完成，坑口水库饮用水源保护区综合治理及搬迁安置工作顺利推进；完成生态红线划定，生态环境保护职责规定、产业准入负面清单等长效机制逐步健全；新建安全生态水系31.26公里，综合治理水土流失面积3626.67公顷，造林绿化面积1460公顷，森林覆盖率提高到73.07%，湖美高才国控断面水质年均值达到Ⅱ类水考核目标。

（二）*着力落实赶超，经济发展迸发新活力*。项目竞赛持续深化，开展征迁攻坚月、“五个一批”项目百日攻坚行动，全县七个重大项目组211个重点项目完成投资94.78亿元，闽鹭矿业、红狮危废处置等89个项目开工建设，永兴达驾考场、赤岩广场等67个项目建成或部分建成。改革动力持续增强，深化“放管服”改革，开展“减证便民”专项行动，梳理“一趟不用跑、最多跑一趟”办事清单763项，全县57个单位1433项审批和服务事项入驻网上办事大厅，行政审批事项办理时限压缩率达64.2%；深化商事制度改革，新增各类市场主体4219户，注册资金40.44亿元；深化农村综合改革，省级农村集体产权改革试点有序推进，农村集体土地确权登记颁证基本完成。创新能力持续提升，强化产学研合作，开展“凤凰才俊”评选，建成科技创新服务平台，国家开放大学铸造学院在我县设立分院，新获国家授权专利331件，新增国家级高新技术企业1家、省级2家，拥有自主知识产权企业59家，制（修）定国家和省级地方标准3项，新增省著名商标3枚。

开放力度持续加大，强化“一把手”招商、商会招商、专业招商，先后赴北京、广东、浙江等地“上门招商”，全年共签约亿元以上项目11个、总投资24.5亿元，展晖重型机械、明韬纳米碳酸钙等项目成功落地；主动融入闽西南协同发展区建设，鼓励企业“走出去”，积极开拓东南亚等“一带一路”市场，全县外贸出口10.8亿元，超过市下达任务11.34个百分点。

（三）*着力转型升级，产业质效实现新提升*。工业经济在动能转换中提质，深入开展“百名干部服务百家企业”活动，落实企业政策奖补3577万元，关闭退出煤矿14家、压减煤炭产能87万吨，实施技改项目29项、完成投资3.32亿元，县经济开发区基础设施建设PPP项目签约开工，新开发园区面积1500亩，宇隆超纤、新盈彩铝等项目建成或部分建成。第三产业在融合互动中提速，国家级电子商务进农村综合示范县创建扎实推进，引进阿里巴巴集团“农村淘宝”项目，30多种地方特色产品实现线上销售；“旅游+”战略有力实施，马文化生态田园旅游项目动工建设，石牌美食城完成主体工程，成功举办“大田高山茶海跑”等活动。现代农业在规模经营中提效，建设高标准农田5500亩，完成粮食播种面积39.6万亩，新培育家庭农（林）场45个、专业合作社61个，新增“三品一标”认证农产品19个，国家茶叶公园·美人茶核心区动工建设，茶饮料产业、创辉蛋鸡产业等项目建成或部分建成，成功举办第十三届中国高山茶文化节、第八届国家茶学青年科学家论坛、中国高山茶高峰论坛，屏山、吴山被列为大田高山茶福建特色农产品优势区，桃源农民创业示范基地列入省级农村创业创新基地。

（四）*着力统筹融合，城乡环境焕发新面貌*。城镇承载能力稳步提升，“四区一路”改造强力推进，原汽车站片区征迁、凤山路改造一期、东门桥加宽改造全面完成，绿道亮化、凤山路等夜景工程建成使用，香山北路、栋山支路、福兴路等项目加快实施，河滨健身栈道三期动工建设；省级新型城镇化试点工作加快推进，梅山、文江实现撤乡设镇，常住人口城镇化率由上年的50.5%提高到51.8%。乡村振兴战略启动实施，6个小康示范村建设取得实效，全县解决农村饮水不安全人口0.97万人，新建村庄三格化粪池900户，实施危房改造123户，建设镇建忠村入选首批省级乡村振兴示范村，济阳乡济中村获评省四星级乡村旅游村，上京镇隆美村入选全省首批三星级农村幸福社区。城乡基础设施不断完善，全面推行路长制，建成“四好农村路”21条58公里，实施农村公路安保、安全整治、生态示范等工程31.5公里，莆炎高速公路支线广安线（大田段）完成工可审查；屏山35千伏输变电、京口工业园供气供热等项目顺利实施，城区生活垃圾处理厂二期技改、餐厨垃圾处理厂建成投入使用，新建城市停车位150个、天然气管道26.14公里，新建改造农村电网162.32公里、城市给排水管网11.97公里。

（五）*着力改善民生，社会事业收获新成果*。坚持以人民为中心的发展思想，20项为民办实事项目得到全面落实，民生支出比上年增长16.76%，占公共财政支出的84.69%。社会保障日益完善，城乡低保、五保供养标准明显提高，社会救助体系进一步健全，开发公益性岗位165个，新增城镇就业1935人、农村劳动力转移就业3232人，城镇登记失业率2.66%，控制在市下达目标内。健康事业稳步发展，持续深化医药卫生体制改革，总医院运行管理机制进一步完善，落实C-DRG收付费和医保支付方式改革工作，县疾控中心标准化实验室、恒康医院建成使用，石牌卫生院、民生医院改扩建等项目加快推进，率先在全省建成县级居家养老服务中心，3家农村幸福院获评全省首批“五星级农村幸福院”，13个村获评市级“老年人健身康乐家园”。文体事业加快发展，闽中戏曲文化园建成开园，新增省级文物保护单位29个，成功举办全省首届青少年乒羽节、全省“全民健身百村行”活动。社会治理不断加强，深入推进扫黑除恶专项斗争，开展信访矛盾化解“百日攻坚”行动，社会治安防控体系、矛盾调处化解机制更加完善，“七五”普法深入开展，村（居）委会换届顺利完成，移风易俗综合整治、精神文明创建活动持续深化，第四次全国经济普查全面启动。与此同时，人民武装、国防动员、民兵预备役、人民防空、双拥共建、地方志、档案、审计、统计、库区移民、民族宗教、外事侨务、防灾减灾、安全生产、食品药品监管、老区、老龄、老体协、工会、青少年、妇女儿童、残疾人和关心下一代等各项工作全面推进。

（六）*着力务实担当，自身建设彰显新作为*。全面兴起“大学习”热潮，坚持用习近平新时代中国特色社会主义思想武装头脑、指导实践、推动工作，增强“四个意识”，坚定“四个自信”，坚决维护习近平总书记的核心地位，坚决维护党中央权威和集中统一领导。坚持全面从严治党，认真落实中央八项规定及其实施细则精神和省、市、县实施办法，自觉主动接受省委巡视，持之以恒纠正“四风”，全县“三公”经费支出同比下降35.69%。深入开展“思想大解放、推动大发展”活动，激励广大干部新时代新担当新作为，大力弘扬“马上就办、真抓实干”优良传统作风，强化政府效能督查和绩效考核，持续落实政务公开和政府信息公开，审计监督进一步加强，政府服务发展水平进一步提升。加快推进法治政府建设，健全完善政府议事规则和县政府法律顾问制度，自觉接受人大监督、政协监督、监察监督和社会监督，办理人大代表意见建议136件、政协提案126件，满意率均达100%。

在看到成绩的同时，我们也清醒地认识到发展还面临不少困难和问题，主要有：部分指标未能达到年初预期目标；产业转型升级不够快，高新技术产业和新兴产业规模偏小，现代服务业发展偏慢；中小微企业经营困难，融资成本高、市场拓展慢、创新能力弱等问题仍较突出；大项目、好项目还不多，税性型项目偏少，项目服务和要素保障有待加强；生态环境保护压力较大，水土流失治理任重道远；新型城镇化质量有待提高，乡村振兴基础比较薄弱，教育、卫生等民生短板仍较突出，公共服务水平还需进一步提升；有的公职人员担当意识和落实能力有待增强，有些领域形式主义、官僚主义问题仍不同程度存在，等等。对此，我们将进一步增强忧患意识，采取更加有力措施，认真加以解决。

2019年工作安排

2019年是新中国成立70周年，是决胜全面建成小康社会、推进高质量发展落实赶超的关键一年。政府工作总体要求是：

以习近平新时代中国特色社会主义思想为指导，全面贯彻党的十九大和十九届二中、三中全会精神，坚持党的全面领导，坚持稳中求进工作总基调，坚持新发展理念，统筹推进“五位一体”总体布局，协调推进“四个全面”战略布局，以供给侧结构性改革为主线，围绕高质量发展落实赶超战略目标，突出“创新驱动、绿色发展”工作主题，继续打好三大攻坚战，着力在产业转型、乡村振兴、改革开放、生态建设、民生改善的新征程中迈出坚实步伐，加快推进新时代多彩大田建设，为在更高起点上建设机制活、产业优、百姓富、生态美的新福建新三明作出新贡献。全县经济社会发展主要预期目标是：地区生产总值增长8%；农林牧渔业总产值增长3.6%；规模以上工业增加值增长8%；地方一般公共预算收入增长2%；固定资产投资增长8%；外贸出口增长3%；实际利用外商直接投资增长3%；社会消费品零售总额增长5%；城镇登记失业率控制在2.66%以内；城镇居民人均可支配收入增长8%，农村居民人均可支配收入增长9%；完成单位生产总值能耗降低和主要污染物减排年度任务。围绕上述目标，重点抓好六个方面工作：

（一）聚焦赶超目标，全力提升发展质量深化项目攻坚。加大投资力度，完善招商工作机制，实施“田商回归”工程，推动“一把手”招商、商会招商、专业招商和闽西南协同招商，力争全年签约亿元以上项目25个；拓宽项目融资渠道，积极争取中央和省预算内投资，探索设立新兴产业基金、城市发展基金，通过特许经营、企业发债、PPP等模式撬动更多社会资本，全力保障重大基础设施、民生工程和产业项目资金需求。加快项目建设，开展推进高质量发展落实赶超竞赛活动，提升“五个一批”项目攻坚实效，初步安排县级重点项目167个，力争75个项目开工建设，47个项目建成或部分建成，完成投资88亿元以上。加强服务保障，坚持“一线工作法”，深化全程代办服务，强力推进征地拆迁攻坚，积极落实项目用地、用林、用工、用电等要素保障，全力打通项目落地“最先一公里”；坚持正向激励，完善考评考核机制，营造比学赶超、大干快上的项目建设氛围。

强化工业主导。改造提升传统动能，突出机械铸造、建材水泥、轻纺面料、矿产品深加工等传统产业，推动新一轮技术改造专项行动，鼓励和引导企业增资扩股、兼并重组，实施千万元以上技改项目25个，重点推进岩兴气体、新岩水泥等增资扩产项目建设。加速培育新动能，突出新材料、新能源、先进装备、节能环保等新兴产业，积极培育小“金娃娃”企业，力争入库“专精特新”中小企业50家以上，重点推进清航无人机产业化、科华石墨负极材料等项目建设。持续优化产业园区，完善全县工业主导产业发展规划和工业园区布局规划，推动基础设施配套、项目布局同步跟进，加快实施福建（大田）机械铸造产业集聚区、罗丰工业园、均溪工业园等园区基础设施PPP项目，新开发园区2000亩以上；积极盘活闲置土地，加大僵尸企业清理整顿力度，推进二次招商，拓展存量发展空间。

优化营商环境。持续推进“放管服”改革，开展“六最”营商环境对标活动，落实政务服务“一网、一门、一次”改革和工程建设项目审批“四统一”改革举措，让企业和群众办事像“网购”一样高效便捷。毫不动摇鼓励支持引导非公有制经济发展，着力培育壮大本土企业，坚决落实中央和省市减税降费政策，配套出台一批务实管用的惠企措施，进一步提振市场信心，为民营企业搭建“轻装上阵”的发展舞台。健全联系服务企业机制，构建亲清新型政商关系，保护和支持企业家创新创业，进一步激发和弘扬企业家精神。坚决打好防范化解重大风险攻坚战，加大不良贷款“化旧控新”力度，推动金融机构加大实体经济信贷投放总量，着力解决民营企业和小微企业融资难融资贵问题，力争全年新增贷款10%以上。

（二）聚焦乡村振兴，全力建设富美家园让农业强起来。坚持特色兴农，在稳定粮食生产、保障粮食安全的基础上，实施特色现代农业“六个十”工程，大力发展“一乡一业”“一村一品”，做大茶叶、油茶、林下经济等10个优势特色产业，推进创辉蛋鸡产业化二期、丰融生态农业等项目建设，全力打造国家茶叶公园、油茶公园、富硒农业公园。坚持品牌强农，完善农产品质量安全可追溯体系，强化“三品一标”认证，加快“大田美人茶”“中国高山硒谷”等农业品牌整合和塑造，着力培育“硒望之田”农产品公共品牌。坚持效益兴农，深入推行科技特派员制度，推进农产品精深加工和流通，加快发展智慧农业、共享农业、乡村旅游等新业态，引导培育山瓜瓜农业、瑞雪智慧农业等龙头企业，逐步打造桃源富硒农业、广平云悦源等田园综合体，促进农村一二三产业融合发展。

让农村美起来。补齐环境短板，全面开展农村人居环境整治三年行动，重点抓好“一革命五行动”，新建提升一批农村公厕，启动实施乡（镇）和村庄生活污水处理PPP项目，扎实推进县域北部标准化生活垃圾填埋场建设，加快完善“户分类、村收集、镇转运、县处理”城乡一体化垃圾处理体系。提升乡村品质，全面推进村容村貌提升行动，确保70%以上的村庄完成房前屋后整治，建设“无裸房”示范村10个以上，重点以桃源、吴山为试点，梯度推进高速公路和国、省、县道沿线综合整治，打造美丽乡村景观带。强化规划管控，推进村庄规划评估修编，加大力度引导集中建设村镇住宅小区；加强传统村落、历史文化名村保护，让农村“留白”“留绿”“留旧”“留文”“留魂”。

让农民富起来。坚决打赢精准脱贫攻坚战，坚持把提高脱贫质量放在首位，提升“一家四业”产业扶贫模式，强化返贫人口动态监测和管理，全面落实产业、就业、教育、金融等扶贫措施，建立健全资产性收益脱贫机制，激发内生动力和持续发展能力，确保贫困人口稳定脱贫，贫困（空壳）村全部摘帽。大力实施农民增收工程，扶持和培育一批吸纳就业能力强的新型农业经营组织，促进小农户和现代农业发展有机衔接，拓宽农民增收渠道。统筹整合涉农政策资金，建立乡村振兴“资金池”，创新农业投入机制和财政、金融支农方式，推动各类政策、项目、资金向强农富农领域集聚。

（三）聚焦产城融合，全力打造宜居城市拓展城市空间。拉大城市框架，全面完成县城总体规划修编，启动北部新城详规编制，抓紧推进坪尾仑、鸭蛋山、枫坑垅、原均溪水泥厂等片区开发，稳步实施香山北路、站前路、白岩山北路、河滨西路改造等市政道路建设，完成福兴路、栋山支路建设。加快旧城改造，扎实推进原汽车站、原燃料公司、福田桥头等片区改造，加快下洋商住小区、金象温泉城等房地产开发，完成河滨健身栈道三期、福田市民休闲广场建设。优化城市管理，深入推进城市执法体制改革，完善提升“街长制”，加快“智慧城市”建设，实施背街小巷整治，加大“两违”综合治理力度，长效巩固文明县城创建成果。

推动三产倍增。持续发展全域旅游，策划形成一批精品旅游线路，加快推进中国·桃源里、灵动济阳·马力小镇、太山崎梦想古村落等项目建设，推动大仙峰·茶美人创评国家AAAA级景区，持续打响“仙峰古堡·茶香大田”旅游名片。培育新型文化业态，动工建设大音文化民族乐器生产、大圣陶瓷文化创意产业园等项目，推进文化产业与创意设计、休闲旅游等融合发展。改造提升商贸物流，重点实施牲畜定点屠宰厂及冷链一体化、乡（镇）标准化农贸市场等项目建设，加快国家级电子商务进农村综合示范县创建，完善县、乡、村三级物流体系，培育壮大一批本地电商企业，让更多农特产品“触电入网”。促进消费结构升级，科学布局便利店、生鲜超市、家政服务点等社区商业，推动生活性服务业向便利化品质化提升。

完善基础设施。以省级新型城镇化试点县建设为抓手，稳步推进城乡基础设施一体化和公共服务均等化。加快兴泉铁路（大田段）、莆炎高速公路（大田段）等重大交通基础设施建设，力促国道纵五（大田段）二期完成主体工程，莆炎高速公路支线广安线（大田段）、国道横六（大田段）动工建设，扎实推进国道356线上京集镇过境公路、县道湖桃线等项目前期工作；深化路长制，加快“四好农村路”建设，提级改造农村公路50公里以上。实施新一轮农村电网改造升级，完成吴山110千伏输变电二期扩建工程，力促良元220千伏输变电和湖美、谢洋35千伏输变电工程开工建设。实施农村饮水安全巩固提升工程，启动下岩水库、雪山水库、城区地表水厂二期等项目，进一步完善城区给排水、燃气、通信等市政配套设施。

（四）聚焦改革创新，全力增强发展动能持续深化改革。扎实推进医药卫生体制改革，健全县总医院运行管理机制，完善分级诊疗体系，推动优质医疗资源下沉，减轻群众看病就医负担。全面完成国家农村产权流转交易服务标准化试点和省级农村集体产权制度改革试点，完善承包地“三权”分置制度，探索多渠道的村集体经济发展路径。深化集体林权制度综合改革，创新林业经营模式，进一步推动林权流转经营，积极开展闽江上游重点生态区位商品林赎买工作。全力推进国资国企改革，加强国有资产监管，加快完善现代企业制度，促进国有资本做强做优做大。创新投融资机制，规范推广PPP模式，吸引更多社会资本参与基础设施和公用事业建设。

持续扩大开放。积极融入闽西南协同发展区建设，主动承接海上丝绸之路核心区、福建自贸区溢出效应，重点将福建（大田）机械铸造集聚区、广平施坑工业园打造为山海共建产业园，对接吸纳沿海地区转移产业和外迁企业。深化田台交流，引进台湾优良品种、管理经验和营销方式，推动田台经济、科技、文化深度融合。鼓励和引导机械铸造、纺织、茶叶等优势企业“走出去”，巩固拓展“一带一路”沿线新兴市场，扩大本地产品出口和自营出口。

持续推进创新。突出企业创新主体地位，鼓励企业加快上市步伐、加大科研投入、参与标准制定，提升自主创新能力，新增国家高新技术企业2家、科技型中小企业6家。完善县科技创新服务平台，加强与高校科研院所合作，推进清航飞行器技术研究院、集美大学共建工程（技术）研究中心等产学研平台建设，力促更多科研成果在我县转化。推进县创业创新产业园配套设施建设，以凯立达众创空间孵化器为载体，进一步引导人才、技术、资金等要素向小微双创倾斜，促进创新活力持续释放、小微企业成长壮大。

（五）聚焦生态建设，全力守护绿水青山突出制度约束。加快推动“多规合一”，加强“三线一单”管控，严格落实产业准入负面清单，严禁新上高耗能、高污染、高排放项目。启动第三次全国国土调查，集约节约利用土地，加强耕地数量、质量、生态“三位一体”保护。开展第二次全国污染源普查，推进排污许可“一证式”管理，加强建设项目环境保护事中事后监管，建立企业环境污染责任保险、环境违法联合惩戒、生态环境损害赔偿制度，对一切环保违法行为零容忍、出重拳。

突出污染防治。坚决打好污染防治攻坚战，全力配合中央环保督察“回头看”，推进问题整改落实，确保整治成果长效化。全面整治“散乱污”企业，从严治理机动车尾气、工业烟（粉）尘、餐厨油烟、建筑扬尘等污染，让天更蓝。持续提升河长制，落实河道闭环管理机制，强化农业面源污染治理，整县推进畜禽粪污资源化利用，加快坑口水库饮用水源保护区综合治理及搬迁安置、闽湖水生态修复二期等项目建设，新建万里安全生态水系22公里，让水更清。持续提升水土流失“开发式”治理模式，加快闽江流域国家山水林田湖草生态保护修复、鸭蛋山非正规垃圾填埋场资源化治理等项目建设，全面推行“林长制”，深入开展国土绿化行动和省级森林村庄创建活动，造林绿化2.05万亩，综合治理水土流失5万亩以上，让地更绿。

突出绿色发展。积极融入国家生态文明试验区建设，创造一批在全省、全国可复制推广的成果和经验。强化绿色发展绩效评价考核，落实领导干部自然资源资产离任审计。实行能源和水资源消耗、建设用地等总量和强度“双控行动”，强化污染物减排刚性约束，引导企业积极参与碳排放权交易。加快传统产业绿色化改造，积极培育节能环保、清洁生产、清洁能源产业，争创省级产业园区循环化改造试点。大力倡导绿色生活方式，开展创建节约型机关、绿色学校、绿色社区和绿色出行等行动，培育绿色生态文化。

（六）聚焦群众期盼，全力补齐民生短板健全社会保障体系。集中财力抓好县委县政府为民办实事项目，下大力气解决群众关切的痛点、堵点问题。实施更加积极的就业政策，统筹抓好退役军人、高校毕业生和城乡就业困难人员等各类群体就业工作，新增城镇就业1600人以上、农村劳动力转移就业3200人以上。落实全民参保计划，扩大社会保险覆盖面，多形式、多渠道开展慈善救助，加大对城乡低保户、五保户、重症患者等困难群体的救助力度。坚持房子是用来住的、不是用来炒的定位，加强土地供给，完善住房保障政策，促进房地产市场平稳健康发展。扎实推进殡葬制度改革，建成县殡仪馆并投入使用，提升殡葬管理服务水平。健全多元化养老服务体系，持续完善农村幸福院、社区日间照料中心等养老服务设施，鼓励泽惠养老等社会机构参与养老设施的建设、运营和管理，争创全省居家和社区养老示范县。

促进社会事业发展。加大教育补短板力度，实施城东小学、赤岩幼儿园、建设中心小学等14个项目，完成新红星幼儿园、上京中小扩建、广平中心园等10个项目，新增学位4245个，统筹推进大田一中东部校区等14个项目前期工作；积极落实中小学教师“县管校聘”管理体制改革，优化城乡师资配置，提升教育教学质量。推进健康事业发展，实施县总医院外科大楼、妇幼保健院二期等项目，建成石牌卫生院综合楼、民生医院住院部，加强急诊科、中医治未病等重点学科建设，加大乡村医生、全科医生培养力度，争创国家级妇幼健康优质服务示范县和省级慢性病综合防控示范区。完善公共文化服务体系，加快县融媒体中心、乡（镇）数字文化馆、图书馆分馆建设，健全乡（镇）文化设施管护机制，倡导全民健身，争创全国全民健身示范县。保护传承传统文化，持续推进大田土堡群、集美学村旧址、红色文化、戏曲文化等保护与开发，建成县“非遗”展示馆，推动郭居敬“二十四孝”、建设红釉制作技艺列入省级非物质文化遗产，文江“杂剧作场戏”列入国家级非物质文化遗产。

提升社会治理水平。深入推进扫黑除恶专项斗争，加快“雪亮工程”建设，健全立体化社会治安防控体系；创新信访工作方式，依法及时解决群众合理诉求；扎实开展“七五”普法，提高全民法治意识；关心关注留守儿童，积极预防青少年犯罪，建设更高水平的“平安大田”。大力推进“诚信大田”建设，建立健全信用等级评估机制，加快构建守信激励和失信联惩格局。深化群众性精神文明创建活动，推进移风易俗，倡导形成崇德向善、文明守信的社会风尚。完善基层群众自治制度，探索社区治理长效机制，促进社会组织、专业社会工作、志愿服务健康发展。牢固树立安全发展理念，提高防灾抗灾救灾和综合应急保障能力，坚决防范遏制重特大安全事故发生，切实保障人民生命财产安全。严格食品药品安全监管，深入开展“餐桌污染”治理，守护群众“舌尖上的安全”。支持老区、老龄、老体协和关心下一代事业发展，加强地方志、档案、气象、地震、水文、民族宗教、双拥优抚和外事侨务工作，推动工会、共青团、妇联、科协、残联、工商联等群团组织发挥更大作用。

加强政府自身建设。新时代要有新气象，更要有新作为。我们必须按照全面从严治党要求全面从严治政，严格落实省委巡视整改工作要求，不断加强政府自身建设，切实提高政府工作效能，努力建设人民满意的服务型政府。

（一）打造政治过硬的政府。始终做到对党忠诚，增强“四个意识”，坚定“四个自信”，做到“两个维护”，自觉在政治立场、政治方向、政治原则、政治道路上同以习近平同志为核心的党中央保持高度一致。始终做到信念坚定，进一步兴起习近平新时代中国特色社会主义思想“大学习”热潮，深入开展“不忘初心、牢记使命”主题教育，不断提升“八项本领”，补足精神之钙，挺起精神之柱。始终做到令行禁止，坚定不移贯彻落实党的路线方针政策和重大决策部署，只要中央和省市有号召、有部署，就要有坚决的行动、坚决的落实，决不搞有令不行、有禁不止，确保政令畅通、一贯到底。

（二）打造担当作为的政府。勇于解放思想，认真贯彻落实习近平总书记在改革开放40周年纪念大会上的重要讲话精神，发扬爱拼会赢、敢为人先的闯劲，坚持用创新的思维、改革的办法，逐一破解项目、土地、资金、民生等发展难题。狠抓工作落实，当好“施工队长”，一件接着一件干，以钉钉子精神把各项工作落细落小落实，统筹规范全县督查检查考核工作，把更多的时间和精力用在抓落实、优服务、促发展上。激励干事创业，进一步提振干部精气神，健全完善正向激励机制和容错纠错机制，旗帜鲜明地鼓励担当者、保护改革者、宽容失误者，让广大干部愿干事、敢干事、干成事。

（三）打造廉洁高效的政府。推进依法行政，把政府工作全面纳入法治化轨道，加快推进综合行政执法体制改革，健全完善依法决策机制，自觉接受人大法律监督和工作监督、政协民主监督、监察机关监督，主动接受社会监督和舆论监督。推进作风转变，大力弘扬“马上就办、真抓实干”优良传统作风，坚决纠正“慵懒散拖”，坚决破除“中梗阻塞”，坚决整治不作为、乱作为、慢作为等行为。推进廉洁用权，严格执行中央八项规定及其实施细则精神和省、市、县实施办法，集中整治形式主义、官僚主义，健全重点领域廉政风险监管防控机制，加强审计监督，扎紧制度笼子，严惩腐败行为，保持干部清正、政府清廉、政治清明、社会清新。

《政府工作报告》有关注解与说明

表1

注解词	内　　容
“六稳”工作	稳就业、稳金融、稳外贸、稳外资、稳投资、稳预期
兴泉铁路	起点为江西省兴国县，终点为福建省泉州市，从永安市进入大田县，途经桃源、上京、石牌、均溪、华兴、屏山、济阳等乡（镇）
莆炎高速公路	起点为福建省莆田市，终点为湖南省炎陵县，从尤溪县进入大田县，途经梅山、文江、奇韬、广平等乡（镇）
五个一批	谋划一批、签约一批、开工一批、投产一批、增资一批
“三化三全”山区养老模式	推进服务网格化、实现全地域覆盖，推进服务多元化、实现全方位供给，推进服务精细化、实现全过程监控

续表 1

注解词	内　容
一家四业	造福工程建好一个家，发展“房前”劳务业、“屋后”种养业、“院内”手工业、“屋顶”光伏业
省“三合一”督查	省委省政府对各地开展中央环保督察反馈问题、省级环保督察反馈问题和党政领导生态环境保护目标责任书考核通报问题等三个方面整改情况的督查
放管服	简政放权、放管结合、优化服务的简称。“放”即简政放权，降低准入门槛。“管”即公正监管，促进公平竞争。“服”即高效服务，营造便利环境
三品一标	无公害农产品、绿色食品、有机农产品和农产品地理标志
四区一路	原汽车站片区、原火电厂及福田桥头周边片区、城区新建教育项目片区、石牌片区和凤山路改造。
四好农村路	把农村公路建好、管好、护好、运营好
C-DRG 收付费改革	对在三明市区域 22 家县级及以上公立医院住院治疗的基本医疗保险参保对象，按同级别医院“同病、同治、同价”的原则，分二级医院、三级医院两个档次确定的收付费标准
医保支付方式改革	市医保中心实行“总额预付、超支不补、结余留用”制度，将医保基金打包给总医院，采取“一组团、一包干、两确定”机制，明确结余医保基金可提取部分作为县总医院医务性收入，计入工资总额用于薪酬分配
四个意识	政治意识、大局意识、核心意识、看齐意识
四个自信	中国特色社会主义道路自信、理论自信、制度自信、文化自信
两个维护	坚决维护习近平总书记党中央的核心、全党的核心地位，坚决维护党中央权威和集中统一领导
五位一体	经济建设、政治建设、文化建设、社会建设、生态文明建设
四个全面	全面建成小康社会、全面深化改革、全面依法治国、全面从严治党
PPP 模式	社会资本与政府进行合作，参与社会共同基础设施建设
“六最”营商环境	审批最少、流程最短、成本最低、服务最好、门槛最矮、诚信最优的营商环境
一网、一门、一次	政务服务“一网通办”、企业群众办事“只进一扇门”“最多跑一次”
工程建设项目审批“四统一”	统一审批流程、统一数据平台、统一审批体系、统一监管方式
现代农业“六个十”工程	发展 10 个特色产业、培育 10 个省级以上龙头企业、建设 10 个优质农产品标准化示范基地、建成 10 个农产品产地初加工点、新增 10 个“三品一标”农产品、培育 10 个“一村一品”特色产业示范村
一革命五行动	农村“厕所革命”和农村垃圾治理、污水治理、农房整治、村容村貌提升、“四好”农村路建设行动。
国道纵五线	国道 235 线，江苏省至广东省的国道，从尤溪县进入大田县，途经梅山、湖美、均溪、石牌、武陵、谢洋等乡（镇）。大田段分三期实施：一期石牌长溪至均溪溪柏林；二期均溪溪柏林至梅山德州；三期石牌长溪到谢洋溪底
国道横六线	国道 534 线，起于平潭综合实验区澳前，终于建宁船顶隘（闽赣界），与江西省道 S222 线对接，全长约 568 公里；大田县境内起点为文江镇塔头（尤溪界），途经文江、奇韬、广平，在石马岬与现有省道 217 线相交，全长 23.4 公里，按二级公路标准建设
“三权”分置	所有权、承包权、经营权三权分置
闽西南协同发展区	厦门、漳州、泉州、三明、龙岩地处福建西南部，五市山海相通相连，协作源远流长。2018 年 4 月，省委省政府做出了加快闽西南经济协作区发展的重要部署；9 月底召开的省委十届六次全会提出，把经济协作区上升为协同发展区，要求加快协同融合，提升区域整体竞争力
三线一单	生态保护红线、环境质量底线、资源利用上线和环境准入负面清单
八项本领	学习本领、政治领导本领、改革创新本领、科学发展本领、依法执政本领、群众工作本领、狠抓落实本领、驾驭风险本领

大事记

□ 编辑　林生钟

1月

3日　大田县监察委员会挂牌，中共大田县委常委参加。县纪委书记黄家发兼任主任，副书记黄丽玲（女）、许志鹏兼任副主任，委员田有彬、林芳新、涂锦发、余成强。监察委员会依照法律规定履行对所有行使公权力的公职人员进行监察，实现国家监察全面覆盖，深入开展反腐败工作，推进国家治理体系和治理能力现代化。

12日　国网福建电力“服务光伏发电·助力脱贫致富”新闻发布会在大田县召开，人民日报、新华社、福建电视台等14家中央、省级媒体，集中报道了大田县光伏产业扶贫模式亮点。记者团到吴山、武陵等乡镇实地采风，县长林金龙参加。

22日　省政协到大田县开展应用大数据助推乡村振兴战略课题调研，县委常委、副县长赖伟平陪同。

26日　全国推行河长制工作部际联席会议召开，县委书记熊旭明赴省水利厅代表福建省在全国贯彻落实河（湖）长制视频会议上，作题为《提升河长制奋力新作为》典型发言，大田是会上唯一发言的县级单位。大田县“河长制”工作被列为改革开放40周年“福建影响力”优秀案例，主导起草福建省地方标准《河（湖）长制管理规范》，河长制工作经验在人民日报、新华社、福建日报等多家央级、省级主流媒体、报道。

2月

3日　省委党校、行政学院到大田县调研水土流失治理工作情况，授予大田县“生态文明建设教学科研基地”称号，举行共建教学科研基地签约和授牌仪式。省委党校常务副校（院）长陈雄，市委常委、秘书长王刚，市组织部副部长李明，县领导熊旭明、林金龙、余真华、连仁魁、王怀斌参加。

5日　县委书记熊旭明主持召开县委常委会议，研究审定了《关于乡村振兴战略的实施意见》《大田县稳步推进农村集体产权制度改革的实施方案》《大田县精准扶贫攻坚战实施方案（2018—2020）》；研究讨论了关于召开县委工作会、县纪委十三届三次全会、2017年度离（退）休人员过节费发放、进一步加强乡镇人大主席团建设、重新核定县老干局、离退休干部工作委员会领导职数。

10日　文江、梅山举行撤乡设镇仪式，副县长余维语参加。

3月

4日　大田县公安局成立“3·04”专案组，抓获涉黑犯罪嫌疑人陈某观、陈某澎等人，破获以连某萃、陈某观为首黑社会性质的案件。经查，2013年3月以来，连某萃等22人在太华、城关及矿山领域、金融行业实施一系列寻衅滋事、聚众斗殴、故意伤害、敲诈勒索、开设赌场、非法拘禁、非法高利放贷、暴力要债、逼债等违法犯罪行为。该案是三明市查办的首起涉黑犯罪案件，被福建省检察院、福建省公安厅确定为第一批联合挂牌督办案件，列入最高检《全国检察机关深入推进扫黑除恶专项斗争督促座谈典型案例汇编》十大重点研讨案例。

12日　县委书记熊旭明主持召开县委常委会议。学习中央有关文件，传达全国和省委、市委组织部长会议，省委常委、组织部长胡昌升到大田县调研讲话精神，研究了大田县贯彻意见；研究审定了《大田县人才发展专项资金管理办法（试行）》《大田县人才公寓管理办法（试行）》《大田县优秀人才选拔管理办法（试行）》。

15日　中央巡视办副局级巡视专员刘华斌，到大田县调研基层巡察工作，县领导熊旭明、黄家发陪同。

16日　中科院院士谢华安到济阳乡澳门粮仓基地、吴山镇彩色水稻基地调研，县领导熊旭明、王怀斌陪同。

23日　县委书记熊旭明主持召开县委常委会议。组织学习习近平总书记在全国“两会”上的讲话、《中央巡视工作规划（2018—2022年）》，传达市委常委（扩大）会议，中央、全省、全市政法工作会议，全国、全省、全市宣传部长工作会议，全省、全市统战部长会议，全市统战系统学习贯彻十九大精神座谈会暨党外知识分子和新的社会阶层人士统战工作推进会议，全市深化移风易俗工作推进会暨市纪委监委一季度工作会议，全市推广“跨村联建”党建模式现场交流推进会议，中央巡视办副局级巡视专员刘华斌等领导在大田调研检查巡察工作的讲话精神，研究了我县贯彻意见；研究讨论了为民办实事、综合财政预算安排等有关事宜。

4月

3日　大田县召开全县领导干部大会，市委常委、组织部部长陈炎标，宣布省委关于中共大田县委主要领导调整的决定，熊旭明不再担任中共大田县委书记职务，陈文华任中共大田县委书记职务，县几套班子领导参加。

10日　县委书记陈文华主持召开县委常委会议。传达学习省政协副主席、三明市委杜源生书记到大田县调研讲话精神，全市档案工作会议、全省全市机关党的工作会议、全省全市对台工作会议精神，研究大田县贯彻意见；组织学习了《中国共产党党务公开条例（试行）》。

22日　举办“大田高山茶海跑”活动，市政协副主席、市旅发委主任陈欣，市旅发委副主任廖荣华，县领导陈文华、林金龙、黄芳、余维语参加。

27日　大田县成立以县政府分管领导为组长，县国土、财政、住建、农业、水利等部门分管领导为成员的大田县第三次全国土地调查领导小组，下设办公室（挂靠在县国土资源局），启动第三次国土调查，包括土地利用现状和土地权属调查，专项用地调查与评价，建立各级土地利用数据库及成果汇总等，将使用卫星遥感、信息数据共享平台、实地调查登记核实等方式进行。

5月

9日　县委书记陈文华主持召开县委常委会议。学习习近平总书记在十九届中央政治局第五次集体学习时和在纪念马克思诞辰200周年大会上的重要讲话精神、《福建省信访工作责任制实施细则（试行）》及中办、国办印发的《地方党政领导干部安全生产责任制规定》《关于九届省委巡视的部分地方、单位党组织巡视整改不到位情况的通报》；传达学习全市“践行新思想、学习新经验、建设新三明”动员会议、全市扫黑除恶专项斗争领导小组第二次成员（扩大）会议、全省市级纪委监委机关干部专题培训班开班式暨全省基层纪检组织建设工作交流会、全市村级组织换届选举工作业务骨干培训班结业式会议精神，研究我县贯彻意见；听取了县党政领导干部安全生产责任制落实工作情况和省委对大田县巡视发现问题的整改情况汇报，研究了进一步整改措施；研究审定《关于推进安全生产领域改革发展的实施意见》《大田县深入推进城市执法体制改革改进城市管理工作实施方案》；研究讨论2017年度科级干部年度考核有关事宜。

17—18日　三明市“平安家庭”创建工作推进会在我县召开，县领导连仁魁、郑宜堆参加。

30日　省政协副主席、市委书记杜源生到大田县调研水土流失治理工作，召开座谈会，省政协常委、社法委主任吴晓丁，省委党校副校长徐小佶，省冶金（控股）公司党组副书记、总经理张玲，福建师大党委常委、纪委书记黄清波，市领导黄建平、包萍，县领导陈文华、林金龙、余真华、涂剑峰参加。

6月

1日　国家自然资源部到我县调研山水林田湖草生态保护工作，县领导连仁魁、王怀斌、涂剑峰陪同。

8—11日　广东福建大田商会成立，县领导陈文华、林金龙等人赴广东出席大会暨大田项目推介座谈会，并开展招商活动。

14—16日　中国茶叶学会第八届茶学青年科学家论坛在大田举行，县长林金龙出席中国高山茶高峰论坛暨“硒望之田”电商品牌发展研讨会并致辞，县领导陈文华、涂剑峰参加。

22日　县委书记陈文华主持召开县委常委会议。会议学习省委、市委《关于进一步兴起习近平新时代中国特色社会主义思想“大学习”热潮的通知》文件精神、《习近平新时代中国特色社会主义思想三十讲》第十九讲“建设具有强大凝聚力和引领力的社会主义意识形态”、习近平新时代中国特色社会主义政法思想；传达学习市委常委会议、中央组织部部分省区市村和社区“两委”换届工作座谈会及全市村级组织换届选举工作座谈会、全省纪检监察系统视频会精神，研究大田县贯彻意见；研究审定《大田县打好防范化解金融风险攻坚战（2018—2020年）行动计划》。

29日　县信用联社联合县财政局、县人力资源和社会保障局，在福万通大厦24楼会议室，召开大田县2018年创业贴息贷款政策培训会议暨“向日葵”贷款千人计划启动仪式，乡镇劳动保障所和基层信用社负责人等52人参加。现场举行《大田县创业担保贷款业务合作协议》三方签约仪式。县信用联社每年为“向日葵”创业单列信贷规模1亿元，具有额度高、流程简便、还款方式灵活、享受财政贴息等特点，助力乡村振兴，促进县域实体经济发展。至年底，发放“向日葵”创业贷款192笔、1844万元。

28—30日　省炎黄文化研究会和省作家协会到大田县开展“走进大田”采风活动，省委原副书记、中国作协会员、高级编辑何少川等人参加，县领导陈文华、林金龙、陈汉良、连仁魁、涂林瑢等陪同。

7月

19—20日　福州海峡两岸和平统一促进会会长、福建红色记忆人文研究院院长陈承茂，到大田县调研闽台交流等工作，市委副秘书长熊旭明、郭亚兴，县领导陈文华、施正立陪同。

20日　国家税务总局大田县税务局在建山路193–1幢（原县地税局）挂牌成立，内设办公室、法制股、税政一股、税政二股、社会保险费和非税收入股、收入核算股、纳税服务股、征收管理股、风险管理股、财务管理股、人事教育股和机关党委等13个机构，辖信息中心事业单位1个和第一、第二、均溪、石牌、华兴、吴山、上京、建设税务分局8个，在职干部职工146人，其中大专以上学历140人。

23日　2018年福建省首届青少年乒乓球羽毛球节，在大田县举办，县领导林金龙、涂林瑢参加开幕式。

30日　县委书记陈文华主持召开县委常委会议。传达学习市委常委（扩大）会，全市生态环境保护大会和国家生态文明试验区建设推进会，全市网络安全和信息化工作会议和数字三明建设推进会，全国窃密泄密案件情况通报、中央文件管理有关规定及杜源生书记在市委常委会上的讲话，省、市纪委监委半年工作会议及刘学新书记到三明调研讲话，省、市老体协“康乐家园”创建工作座谈会，全市扫黑除恶专项斗争工作汇报会，全市扫黑除恶专项斗争领导小组第三次全体成员单位（扩大）会，全市严重精神障碍患者救治救助管理工作现场会暨推进“雪亮工程”建设工作会议精神，研究我县贯彻意见；研究审定县委全面深化改革工作有关文件及《大田县事业单位公务用车制度实施意见》《大田县国有企业公务用车制度改革实施意见》；研究讨论《凯天龙文化创意产业园项目有关问题整改意见》。

8月

9日　县政府与泉州伯勒文化创意有限公司举行太山崎古村落文旅项目签约仪式，副县长赖伟平参加。

23日　县委书记陈文华主持召开县委常委会议。学习《习近平同志在十九届中央政治局第六次集体学习时的讲话》、新华社长篇通讯《习近平同志推动厦门经济特区建设发展的探索与实践》、中共中央宣传部《正确认识妥善应对中美经贸摩擦》（学习参考第3期）；传达学习了《中共福建省委巡视工作规划（2017—2021年）》，研究修订《中共大田县委巡察工作规划（2017—2021年）》；学习全省、全市组织工作会、全市习近平新时代中国特色社会主义思想学习汇报会、全市意识形态工作推进会、全省精神文明建设工作暨先进命名表彰大会、“健康三明”体系建设暨全市基层卫生工作现场推进会、省市机关党的政治建设推进会、市委常委（扩大）会议精神，研究我县贯彻意见；研究分析当前全县意识形态领域工作；研究讨论2017年度大田县“凤凰才俊”人选有关事宜。

24—28日　副县长吴文旗赴北京参加新建兴泉铁路宁化至泉州段宁化站等9座车站站房及相关工程初步设计方案审查会议。兴泉铁路北起江西兴国，经宁都、石城进入福建境内，终至福建泉州，为国家Ⅰ级单线电气化、客货兼顾的区域干线铁路。兴泉铁路在大田县境内长达60.28公里，覆盖7个乡镇21个村和1个国有林场，为全线最长的县域，是一条客货两用，以货为主，设计时速160公里/小时的快速铁路干线，投资预算为45.84亿元，全段建设工期为54个月。

27日　县委书记陈文华主持召开县委常委会议。传达学习全市宗教有关工作会议，全市台湾居民居住证申领发放工作部署专题会议精神，研究大田县贯彻意见；听取省、市扫黑除恶专项斗争集中督导的情况反馈，研究我县贯彻意见；听取了中央巡视反馈意见整改工作进展情况汇报，研究部署下一步工作；研究讨论清航无人直升机产业化项目有关事宜。

9月

2—3日　国开大学铸造学院执行副院长支晓恒到大田县考察，举行铸造学院大田分院揭牌仪式，县领导陈文华、林金龙、施正立、陈剑生、涂林瑢参加。

9日　公安消防部队全部退出现役，成建制划归应急管理部。“大田县消防大队”更名为“大田县消防救援大队”。大队组织人员完成摘除武警、公安字样，包括大队微信、微博公众号、三公示等平台中涉及字样，涉及的武警类11枚印章收缴封存。大队对相关门牌拍照，所涉及的武警、公安机构3块门牌摘除；启用“应急田消党”“应急田消”公文号，公文格式按规定标准执行。

15—26日　首届“中国农民丰收节”大田县“晒秋节”系列活动在桃源镇、前坪乡、济阳乡等地举办，省农业厅信息处处长刘玫、省农科院水稻研究所副所长黄庭旭，县领导陈文华、林金龙、黄芳、王怀斌、涂剑峰等参加。县长林金龙出席电商扶贫产业馆暨澳门粮仓运营中心揭牌仪式、“福建农信”2018年福建省“全民健身百村行”（大田济阳站）暨大田“灵动济阳·马力小镇”晒秋节致辞。

25日　县委书记陈文华主持召开县委常委会议。学习新修订的《中国共产党纪律处分条例》《宗教事务条例》；传达学习了全市推进乡镇人大工作和建设座谈会、全省宗教工作自查视频会会议精神，研究我县贯彻意见；研究推进中央巡视整改、扫黑除恶专项斗争有关工作；研究讨论大田县成立新的社会阶层人士联谊会、县工会第十六次代表大会有关事宜。

30日　大田县新的社会阶层人士联谊会第一次会员大会暨成立大会召开，县领导陈文华、施正立、陈剑生、赖伟平、张爱兰、陈庆建参加。新的社会阶层人士联谊会是以私营企业和外资企业的管理技术人员、中介组织和民办非企业单位的从业人员、留学回国创业人员、自由职业人员等为主组成的具有统战性、联谊性的非营利性社会组织。

10月

10日　县委书记陈文华主持召开县委常委会议。传达学习全省、全市实施乡村振兴战略工作会议、全市迎接中央信访工作督察及全市“六无”村（居）建设工作现场会议精神，研究我县贯彻意见；研究推进巡视整改有关工作、案件工作、扫黑除恶专项斗争有关工作；研究审定《关于贯彻〈落实中央第一巡视组关于巡视检查福建省委落实意识形态工作责任制情况的报告的整改任务与分解方案〉的整改方案》《大田县党委（党组）理论学习中心组学习制度》。

11日　铁四院昌福（厦）高铁规划研究院线站处副总钟绍林，到我县调研昌厦高铁线路走向有关工作，并召开座谈会，县领导陈文华、林金龙、陈汉良、余真华、连仁魁、吴文旗参加。大田县委托海峡（福建）交通工程设计有限公司先期开展南昌至厦门（福州）高速铁路，途经大田规划线路方案前期研究。江西抚州、三明沿线县市，统一委托铁四院对该线路进行前期研究，初步形成推荐方案（经三明北站、尤溪县新阳镇后，进入大田并在大田设站，再入德化县境内）通过专家评审。

26—28日　大田县第十三届中国高山茶文化节在福州市三坊七巷举行，县领导陈文华、林金龙、陈汉良、王怀斌、涂剑锋参加。

28日　县委书记陈文华主持召开县委常委会议。学习了习近平总书记对信访工作重要批示精神及《关于健全人大讨论决定重大事项制度、各级政府重大决策出台前向本级人大报告的实施意见》《福建省党政领导干部安全生产责任制实施细则》；传达学习了全国扫黑除恶专项斗争推进会、中央扫黑除恶第4督导组督导福建省情况反馈会、全国宣传思想工作会和全市组织部长工作座谈会精神、省委十届六次全体会议和市委九届七次全体会议精神，研究了我县贯彻意见；研究讨论了《关于落实三明市扫黑除恶专项斗争集中督导问题整改工作方案》和省委巡视我县的相关汇报材料，听取了大田县扫黑除恶专项斗争工作开展情况和县妇联换届工作情况，研究讨论了县委十三届七次全会相关材料，安排部署了省委巡视大田县有关工作；研究审定了《大田县提升营商环境行动实施方案（送审稿）》和《大田县行业准入负面清单（送审稿）》，研究讨论了大田一中东部校区规划有关事宜。

31日　召开省委巡视五组与大田县党政主要领导见面沟通会，省委巡视五组组长杨怀榕、副组长朱则辉，省委巡视办副主任李桂义，市委常委、市纪委书记、市监委代主任祝荣亮，县委、县人大常委会、县政府、县政协领导班子成员，县法院院长、县检察院检察长参加。

11月

24日　县委书记陈文华主持召开县委常委会议。学习了《关于认真学习中央巡视工作领导小组署名文章深入抓好巡视整改落实的通知》《巡视整改落实是"四个意识"的试金石》；传达学习了省委常委、常务副省长张志南到我县考察调研讲话精神、市委常委（扩大）会议、全省、全市宣传思想工作会议及全省县级融媒体中心建设推进会会议精神，研究了我县贯彻意见；研究讨论了省委巡视五组交办信访件办理有关事宜、中央第一巡视组巡视福建省反馈意见我县整改工作和上一轮省委巡视五组巡视我县反馈意见整改工作有关事宜；研究审定了《关于开展县委班子及班子成员廉政风险排查防控工作的实施方案》和《关于向乡（镇）派出监察机构的工作方案》。

26日　县第十七届人民代表大会常务委员会第15次会议听取并审议《大田县人民政府关于提请审议调整大田县城区教育布局专项规划的议案》（田政文〔2018〕85号）。议案对一中东部校区选址进行调整，由均溪镇温镇村原石凤水泥厂片区调整至华兴镇华安村坪尾仑片区。会议认为，教育资源配置，选择坪尾仑片区作为一中东部校区选址，利于带动东部新城整体板块的发展；一中规划建设，坪尾仑地块可利用空地多，可为一中新校区高标准建设提供足够的空间，也利于学校的长远发展；学校周边环境，坪尾仑地块周边交通便利，环境相对独立，有利于为师生营造良好的教育教学环境；征迁建设，坪尾仑片区征迁工作难度较小，更利于加快新校区征迁建设进度。会议同意县政府将一中东部校区调整至坪尾仑片区的建议，决定批准该项议案。

30日　大田县退役军人事务局揭牌仪式，副县长余维语参加。

12月

3日　县委书记陈文华主持召开县委常委会议，学习了《习近平总书记在十九届中央政治局第八次集体学习时的讲话》；传达学习了《中共福建省委办公厅关于认真抓好中央巡视发现问题整改进一步落实党委（党组）意识形态工作责任制的通知》《中共福建省委办公厅关于在突发事件敏感舆情应对处置中落实意识形态工作责任制的通知》文件精神、副总理孙春兰到闽考察重要讲话和省、市医改有关会议、全市党委办公室主任会议、全市实施乡村振兴战略现场推进会、全市信访工作会议精神，研究了大田县贯彻意见；研究讨论了关于召开大田县第十七届人民代表大会第三次会议、政协第十届大田县委员会第三次会议。

11日　大田县召开加强非洲猪瘟防控工作会，各乡镇长、东风农场场长、县非洲猪瘟防控应急指挥部各成员单位主要负责人参加，县长林金龙出席会议并讲话。会议传达了国家和省市加强非洲猪瘟防控工作电视电话会议精神，对全县非洲猪瘟疫情防控工作进行部署，要求守住生猪及其产品调运监管关口，开展监测排查，严控泔水等餐厨剩余物喂猪，压实乡镇政府属地管理责任、部门监管责任和生产经营者防疫主体责任，统筹做好养殖业生产安全和肉品供给保障，确保生猪产业安全、市场供应和社会稳定。

23日　华兴镇首届油茶文化节开幕，常务副县长陈剑生参加。

27日　县政协第十届委员会第三次会议第一次全体会议开幕，县四套班子、法院、检察院领导参加。

28日　县第十七届人民代表大会第三次会议开幕，县四套班子、法院、检察院领导参加。

县委书记陈文华主持召开县委常委会议，传达学习了省、市人大深入学习贯彻习近平总书记关于坚持和完善人民代表大会制度的重要思想交流会议、深化全省巡察工作专题会，全市消防工作紧急会议、龙岩"12·25"事件省市领导批示及有关会议精神，研究了大田县贯彻意见；研究审定了《关于推进城市安全发展的实施意见》，研究讨论了金鸡园开发区回购款支付，推荐评选全国模范司法所长。

30日　根据《大田县机构改革实施方案》，大田县自然资源局在建山路11号（原国土资源局）正式挂牌，将县国土资源局的职责和县发展改革局参与编制主体功能区规划、县住建局城乡规划、县水利局水资源调查和确权登记管理、县农业局草地资源调查和确权登记管理及县林业局森林、湿地资源调查和确权登记管理等职责整合，组建县自然资源局。至此，全县启动并按要求完成所有机构改革。

全县共争取省级专项资金9934万元（城区扩容2800万元、校舍长效机制资金2273万元、全面改薄资金2941万元、幼儿园建设资金1920万元），统筹推进38个城乡教育项目，完成投资3.03亿元。建成赤岩小学、福兴幼儿园、温镇幼儿园、石牌幼儿园等14个项目，新增学位8500个；在建项目新红星幼儿园、文江幼儿园、鸿图中学教学楼等9个项目，香山学村、城东小学、赤岩幼儿园等15个项目在做前期工作。投入1880万元加快全面改薄步伐，涉及64所项目校，改造校舍面积0.93万平方米，运动场改造1.53万平方米，围墙3415米，护坡1750立方米。开工率100%，竣工率达90%以上。投入281万元购置图书14.05万册，进一步改善学校办学条件。

大田概貌

□ 编辑 林生钟

基本情况

【地理位置】 大田县位于福建省中部、戴云山脉西侧；地处北纬 25°28′53″—26°09′42″，东经 117°28′58″—118°03′13″；东临德化，西接永安，南靠永春、漳平，北连三元、沙县、尤溪，总面积 2294 平方千米。域内交通便利，兴泉铁路（大田段）、莆炎高速公路（大田段）、国道"纵五线"（大田段）开工建设，"泉南"高速公路穿境而过，县城至福州高速公路 371 公里、至厦门 223 公里、至泉州 141 公里、至三明 126 公里，经省道 306 线至三明 105 公里。

【建置沿革】 大田县域周至元朝先后隶属七闽地、吴越地、闽中郡、江南东道福州、福建路南剑州、福建道延平府；明嘉靖十四年（1535）建县，隶属延平府；清雍正十二年（1734）改属永春州；民国时期属福建南路道、厦门道和仙游、龙岩、永安等专署；1949 年 9 月 6 日后，大田先后隶属永安、晋江和三明专区，1983 年专区改市，属三明市至今。

【自然地理】 大田县境地处西南华力西—印支拗陷带之大田—龙岩拗陷的东北部，政和—大埔断裂斜贯全境。地质构造复杂，岩石以钙质砂岩、石英砂岩为主，次为花岗岩、花岗长岩、凝灰岩和变粒岩。地表水域多年平均径流量为 19.84 亿立方米；地下水总量 3.54 亿立方米，地下热水有石牌镇老厝、桃源镇广汤、太华镇汤泉、广平大竹林、华兴镇京口 5 处，水温 29℃—79℃，总流量 11.56 升 / 秒。县境为中低山地带，地势大致由西南向东北倾斜，山岭、谷地分布趋向与境内构造基本一致；境内千米以上山峰 175 座，大仙峰海拔 1553.4 米，居全县之首；溪流纵横，是闽江、九龙江和晋江支流发源地之一，汇水面积 30 平方公里以上河流 25 条，均溪河最大，其主干流长 81.7 公里，是街面水库电站的主要水资源。气候属亚热带季风湿润区，无严寒酷暑，雨量丰沛，日照充足。

【气候概况】 2018 年，大田县气候属正常年景。年平均气温显著偏高，其中 5 月异常偏高，11 和 12 月显著偏高；全年降水量显著偏多，其中 1 月、8 月、9 月和 11 月异常偏多，2 月显著偏少，4 月异常偏少；全年日照偏多，其中 3—5 月异常偏多，11 月显著偏少。

气温 2018 年，大田县年平均气温 19.9℃，比常年偏高 0.8℃，5 月平均气温 25℃，为历年同期次高值；年极端最高气温 37.0℃，出现在 7 月 29 日；年极端最低气温 -3℃，出现在 2 月 6 日；气温≥ 35℃的高温日数有 33 天，比常年偏多 13 天；"23 型"秋寒出现于 9 月 8 日，"20 型"秋寒出现于 10 月 4 日。

降水 2018 年，大田县年降水总量为 1892.3 毫米，较常年偏多 22%；8 月降水总量 343.5 毫米，为历年同期次多值；4 月降水总量 38.7 毫米，为历年同期最少；一日最大降水量为 76.2 毫米，出现在 8 月 26 日；降水量≥ 0.1 毫米的降水日数有 168 天，比常年偏多 6 天；≥ 50.0 毫米的降水日数有 8 天，比常年偏多 5 天。

日照 2018 年，大田县年日照总时数为 1679.7 小时，比常年偏多 166.7 小时。3 月日照时数 172.6 小时，为历年同期次多值。

气象灾害 2018 年，影响大田县的主要灾害性天气是台风：7 月 11—12 日受第 8 号台风"玛莉亚"的影响，本县出现强降水，过程雨量以广平镇的 68.5 毫米为最大。全县受灾人口 1.62 万人，转移人口 1764 人。直接经济损失 4710.88 万元，其中农林牧渔业损失 898.33 万元，工业交通运输业损失 1827.05 万元，水利设施损失 1368.4 万元。

水文 2018 年，大田县均溪年平均水位 353.03 米，年平均流量 7.82 立方米 / 秒，最高水位 354.48 米，发生于 9 月 7 日，相应流量 135 立方米 / 秒，最低水位 352.78 米，发生于 1 月 20 日，相应流量 0.600 立方米 / 秒，年径流量 2.467 亿立方米；年平均输沙率 2.45 公斤 / 秒，最大日平均输沙率 70.2 公斤 / 秒；年平均含沙量 0.313 公斤 / 立方米，最大断面平均含沙量 5.93 公斤 / 立方米，最小断面平均含沙量 0 公斤 / 立方米，年输沙量 7.74 万吨。

【区划人口】 2018 年，大田县设 12 个镇、6 个乡，辖 8 个居委会和 266 个建制村。年末总人口 43.8 万人，户籍人口 41.54 万人，常住人口 32.1 万人，城镇人口 13.73 万人，人口自然增长率 9.63‰，城镇化率 33.9%。

国民经济与社会发展

2018年，大田县完成地区生产总值226.7亿元，比上年增长7.4%，其中：第一产业增加值40.45亿元，增长4%；第二产业增加值113.7亿元，增长8%；工业增加值99.74亿元，增长8.6%；第三产业增加值72.55亿元，增长8.6%。人均地区生产总值70842元，增长13.5%。规模以上工业总产值458.2亿元，增长8.6%。农林牧渔业总产值67.19亿元，增长4.1%。固定资产投资76.4亿元，增长1.2%。社会消费品零售总额54.22亿元，增长1.0%。外贸出口额10.77万元，增长14.62%；实际利用外资685万元，增长6%。一般公共预算总收入11.26亿元，增长6.2%，其中地方一般公共预算收入7.51亿元，增长1.1%。城镇居民人均可支配收入34508元，增长6.1%；农村居民人均纯收入16704元，增长8.4%。

【农业产业】 2018年，大田县完成粮食播种面积2.64万公顷，粮食产量12.27万吨。省级农村集体产权改革试点有序推进，农村集体土地确权登记颁证基本完成。现代农业在规模经营中提效，新培育家庭农（林）场45个、专业合作社61个，新增“三品一标”认证农产品19个，国家茶叶公园·美人茶核心区动工建设，茶饮料产业、创辉蛋鸡产业等项目建成或部分建成。成功举办第十三届中国高山茶文化节、第八届国家茶学青年科学家论坛、中国高山茶高峰论坛，屏山、吴山被列为大田高山茶福建特色农产品优势区，桃源农民创业示范基地被列入省级农村创业创新基地，“大田金阳生姜”获国家农产品地理标志证明商标。

【工业产业】 2018年，大田县“科技大田”工业经济重点投资项目在建项目7个、预备项目4个、前期项目4个，总投资19.16亿元，年度计划投资4.75亿元，完成投资3.86亿元，占年度计划的81.3%；全县累计入库“五比五晒”工业能源重点项目39项，总投资116.49亿元，计划投资22.43亿元，完成投资18.59亿元，占全年总投资计划的83%。建中无人机、红狮危废、卓立达箱包、开发区燃煤集中供热等20个项目开工，宇隆超纤、新盈彩铝、京融新型墙体材料等10个项目建成或部分建成投产。

【第三产业】 2018年，大田县第三产业融合互动提速，推进国家级电子商务进农村综合示范县创建，引进阿里巴巴集团“农村淘宝”项目，30多种地方特色产品实现线上销售。“旅游+”战略实施，马文化生态田园旅游项目动工建设，石牌美食城完成主体工程，成功举办“大田高山茶海跑”等活动。

【重点项目】 2018年，大田县新增亿元以上“五个一批”产业项目77个，总投资10亿元的清航无人机产业化、总投资3亿元的科华石墨电池负极材料等重大新兴产业项目开工建设。全县七个重大项目组211个重点项目完成投资94.78亿元，闽鹭矿业等89个项目开工建设，永兴达驾考场、赤岩广场等67个项目建成或部分建成，兴泉铁路（大田段）、莆炎高速公路（大田段）等重大基础设施项目加快推进。

【基础设施】 2018年，全面推行路长制，建成“四好农村路”21条58公里，实施农村公路安保、安全整治、生态示范等工程31.5公里。莆炎高速公路支线广安线（大田段）完成审查，屏山35千伏输变电、京口工业园供气供热等项目顺利实施，城区生活垃圾处理厂二期技改、餐厨垃圾处理厂建成投入使用。新建城市停车位150个、天然气管道26.14公里，新建改造农村电网162.32公里、城市给排水管网11.97公里。

【城乡建设】 2018年，“四区一路”改造工作推进，原汽车站片区征迁、凤山路改造一期、东门桥加宽改造完成，绿道亮化、凤山路等夜景工程建成使用，香山北路、栋山支路、福兴路等项目加快实施，河滨健身栈道三期动工建设。省级新型城镇化试点工作推进，梅山、文江实现撤乡设镇，常住人口城镇化率由上年的50.5%提高到51.8%。乡村振兴战略启动实施，6个小康示范村建设取得实效，全县解决农村饮水不安全人口0.97万人，新建村庄三格化粪池900户，实施危房改造123户。建设镇建忠村入选首批省级乡村振兴示范村，济阳乡济中村获评省四星级乡村旅游村，上京镇隆美村入选全省首批三星级农村幸福社区。

【社会事业】 2018年，大田县新增城镇就业1935人、农村劳动力转移就业3232人，城镇登记失业率2.66%。20项为民办实事项目全部落实，民生支出占公共财政支出的84.69%，比上年增长16.76%。35个教育补短板项目完成投资2.04亿元，赤岩小学、福兴幼儿园等14个项目建成使用，新增学位8500个。完善总医院运行管理机制，县疾控中心标准化实验室、恒康医院建成使用，石牌卫生院、民生医院改扩建等项目加快推进。城乡低保、五保供养标准提高。率先在全省建成县级居家养老服务中心，3家农村幸福院获评全省首批“五星级农村幸福院”，13个村获评市级“老年人健身康乐家园”，山区养老模式被《人民日报》报道。闽中戏曲文化园建成开园，省级文物保护单位新增29个。成功举办全省首届青少年乒羽节、全省“全民健身百村行”活动。石牌镇盖山村、太华镇魁城村等9个村列入第五批中国传统村落，桃源镇东坂村被列入第七批中国历史文化名村，广平镇元沙村入选“中国美丽休闲乡村”，大田晒秋节被列入首届“中国农民丰收节”系列活动。完成村（居）委会换届，第四次全国经济普查全面启动，学生“带法回家”社会实践活动入选全国首批司法行政普法宣传案例库，县图书馆获评国家一级馆、全国公共图书馆创新奖。县城连续两届荣膺省级文明县城称号。

【生态文明】 2018年，大田县城区空气质量进入全省前十。土壤污染风险防控列为全省试点，5个项目被列入闽江流域国家山水林田湖草生态保护修复试点工程。均溪河、文江河流域各监测断面水质达标率100%，大田河长制工作列为改革开放40周年“福建影响力”优秀案例。

2018年党政军社团组织机构及其领导人名录

【中共大田县委员会】
电　话　7222097　邮编　366100
地　址　凤山西路40号
书　记　熊旭明（2015.12—2018.4）
　　　　陈文华（2018.4—　　）
副书记　林金龙（2016.4—　　）
　　　　连仁魁（2016.7—　　）
常　委　施正立（2016.4—　　）
　　　　黄　芳（女，2016.7—　）
　　　　黄家发（2016.4—　　）
　　　　陈剑生（2016.7—　　）
　　　　蔡兴山（2016.7—　　）
　　　　茅有温（2016.7—　　）
　　　　王怀斌（2016.7—　　）
　　　　赖伟平（2017.10—　挂职）
　　　　郭佳添（2018.5—　　）
（其中书记、副书记为常委不重列）

【大田县人大常委会】
电　话　7222223　邮编　366100
地　址　凤山西路40号
主　任　陈汉良（2011.2—　　）
副主任　章　玲（女，2016.12—　）
　　　　张爱兰（女，2013.12—　）
　　　　刘永生（2011.12—　　）
　　　　郑宜堆（2011.12—　　）

【大田县人民政府】
电　话　7222168　邮编　366100
地　址　凤山西路40号
县　长　林金龙（2016.5—　　）
副县长　陈剑生（2016.7—　　）
　　　　赖伟平（2017.10—　挂职）
　　　　余维语（2009.10—　　）
　　　　涂林瑢（女，2016.7—　）
　　　　涂剑峰（2015.1—　　）
　　　　吴文旗（2016.12—　　）
　　　　詹冬华（2016.12—　　）

【政协大田县委员会】
电　话　7220099　邮编　366100
地　址　凤山西路40号
主　席　余真华（2016.5—　　）
副主席　陈庆建（2013.12—　　）
　　　　陈钦梅（女，2016.12—　）
　　　　杨兴和（2016.1—　　）
　　　　阮　芳（女，2016.12—　）

【中共大田县纪委】
电　话　7222226　邮编　366100
地　址　凤山西路40号
书　记　黄家发（2016.4—　　）
副书记　黄丽玲（女，2016.07—　）
　　　　许志鹏（2017.12—　　）

【大田县监察委员会】
电　话　7222226　邮编　366100
地　址　凤山西路40号
主　任　黄家发（2017.12—　　）
副主任　黄丽玲（女，2018.1—　）
　　　　许志鹏（2018.1—　　）

【大田县人武部】
电　话　7222209　邮编　366100
地　址　凤山西路29号
部　长　蔡　健（2018.1—　　）
政　委　郭佳添（2015.6—　　）

【县委工作部门及直属单位】
办公室
电　话　7222097　邮编　366100
地　址　凤山西路40号
主　任　黄和新（2016.7—　　）
台　办
电　话　7223296　邮编　366100
地　址　凤山西路40号
主　任　黄和新（兼，2016.7—　）
督查室
电　话　7223229　邮编　366100
地　址　凤山西路40号
主　任　空缺
巡察办
电　话　7332006　邮编　366100
地　址　凤山西路40号
主　任　张春桃（2016.7—　　）
巡察一组
电　话　7332007　邮编　366100
地　址　凤山西路40号
组　长　叶玉成（2017.3—　　）
巡察二组
电　话　7332008　邮编　366100
地　址　凤山西路40号
组　长　叶德镇（2016.7—　　）
组织部
电　话　7222096　邮编　366100
地　址　凤山西路40号
部　长　王怀斌（2016.7—　　）
县委非公有制企业和社会组织工委
电　话　7229158　邮编　366100
地　址　凤山西路40号
书　记　黄圣洁（2013.11—　　）
组织员办公室
电　话　7220980　邮编　366100
地　址　凤山西路40号
主　任　王光顺（2017.9—　　）
宣传部
电　话　7222093　邮编　366100
地　址　凤山西路40号
部　长　黄　芳（女，2016.7—　）
统战部
电　话　7222413　邮编　366100
地　址　凤山西路40号
部　长　施正立（2016.4—　　）
政法委
电　话　7222001　邮编　366100
地　址　凤山西路40号
书　记　茅有温（2016.7—　　）
综治办
电　话　7226776　邮编　366100
地　址　凤山西路40号
主　任　乐余聪（2013.11—　　）
防范办
电　话　7265699　邮编　366100
地　址　凤山西路40号
主　任　李启智（2010.1—　　）
群众工作部
电　话　7332970　邮编　366100
地　址　龙山路4号
部　长　茅有温（兼，2016.7—　）
编　办
电　话　7222191　邮编　366100
地　址　凤山西路40号
主　任　陈汝传（2013.11—　　）
县直机关党工委
电　话　7222228　邮编　366100
地　址　凤山西路40号
书　记　王怀斌（兼，2016.7—　）
常务副书记　甘满香（女，2015.10—）
老干部局
电　话　7223291　邮编　366100
地　址　白岩山南路1号
局　长　周建峰（2013.11—　　）
文明办
电　话　7222255　邮编　366100
地　址　建山路46号

主 任 蒋先切（2008.4— ）

信访局

电 话 7222117 邮编 366100

地 址 龙山路4号

局 长 罗 浩（2016.7— ）

党史研究室

电 话 7222086 邮编 366100

地 址 凤山西路40号

主 任 卢作福（2016.7—2018.12）

党史和地方志研究室

电 话 7222086 邮编 366100

地 址 文山路9号

主 任 卢作福（2018.12— ）

党 校（行政学校）

电 话 7222094 邮编 366100

地 址 文山路12号

校 长 王怀斌（兼，2016.7— ）

常务副校长 周丽华（女，2008.8—）

档案局（馆）

电 话 7222183 邮编 366100

地 址 银山北路2号

局（馆）长 徐锦平（2015.10— ）

报道组

电 话 7222225 邮编 366100

地 址 银山北路2号

组 长 颜全飚（2015.10— ）

【县人大常委会工作机构】

办公室

电 话 7222223 邮编 366100

地 址 凤山西路40号

主 任 涂振鹏（2015.5— ）

教科文卫委

电 话 7225117 邮编 366100

地 址 凤山西路40号

主 任 郑小玲（女，2016.7— ）

内司委

电 话 7225117 邮编 366100

地 址 凤山西路40号

主 任 卢建宏（2016.7— ）

人事代表工作室

电 话 7226151 邮编 366100

地 址 凤山西路40号

主 任 章宗炼（2013.12— ）

财经委

电 话 7223423 邮编 366100

地 址 凤山西路40号

主 任 李方广（2017.4— ）

侨台委

电 话 7234775 邮编 366100

地 址 凤山西路40号

主 任 程美花（女，2009.2— ）

环城委

电 话 7223423 邮编 366100

地 址 凤山西路40号

主 任 林雁强（2013.12— ）

农工委

电 话 7335665 邮编 366100

地 址 凤山西路40号

主 任 黄军晖（2017.4— ）

【县政府工作部门及直属机构】

办公室

电 话 7226582 邮编 366100

地 址 凤山西路40号

主 任 陈有明（2016.7— ）

发展和改革局

电 话 7223188 邮编 366100

地 址 建山路20号

局 长 周家好（2015.5— ）

教育局

电 话 7222064 邮编 366100

地 址 建山路190号

局 长 涂林瑢（女，兼，2017.8—）

教育督导室

电 话 7243345 邮编 366100

地 址 建山路190号

主 任 吴成本（2017.8— ）

科技局

电 话 7222139 邮编 366100

地 址 凤山西路40号

局 长 林奕明（2016.7— ）

经济和信息化局

电 话 7222048 邮编 366100

地 址 建山路27号

局 长 空缺

公安局

电 话 7230909 邮编 366100

地 址 建山路1号

局 长 刘阳辉（2016.7— ）

政 委 空缺

指挥中心

电 话 7230904 邮编 366100

地 址 建山路1号

主 任 余建载（2011.12— ）

国内安全保卫大队

电 话 7230909—3128 邮编 366100

地 址 建山路1号

大队长 余新荣（2017.6— ）

公共网络安全监察大队

电 话 7230904 邮编 366100

地 址 建山路1号

大队长 杨维格（2009.1— ）

刑侦大队

电 话 7223325 邮编 366100

地 址 白岩山北路5号

大队长 郑乾智（2011.4— ）

出入境管理大队

电 话 7230906-3136 邮编 366100

地 址 建山路1号

大队长 周 芳（女，2009.01— ）

治安大队

电 话 7230909 邮编 366100

地 址 建山路1号

大队长 陈长裕（2017.4— ）

经侦大队

电 话 7230909—3143 邮编 366100

地 址 建山路1号

大队长 涂红彤（2017.9— ）

交警大队

电 话 7222013 邮编 366100

地 址 福田路72号

大队长 苏 炉（2017.6— ）

法制大队

电 话 7230906—3126 邮编 366100

地 址 建山路1号

大队长 谢志峰（2015.4— ）

拘留所

电 话 7222068 邮编 366100

地 址 白岩山北路5号

所 长 林芳耀（2011.4— ）

看守所

电 话 7222067 邮编 366100

地 址 白岩山北路5号

所 长 陈大吉（2017.04— ）

民政局

电 话 7222101 邮编 366100

地 址 雪山南路2号

局 长 黄桂珍（女，2015.10— ）

勘界办

电 话 7230016 邮编 366100

地 址 雪山南路2号

主 任 林开斌（2011.6— ）

司法局

电 话 7222107 邮编 366100

地 址 南山路253号

局 长 肖长祥（2016.7— ）

财政局

电 话 7223376 邮编 366100

地 址 凤山西路40号

局 长 吴高勇（2016.7— ）

人力资源和社会保障局
电　话　7222150　邮编　366100
地　址　建山路 190 号
局　长　郭育靖（2009.4—　　）

机关社保中心
电　话　7222249　邮编　366100
地　址　文山路 2 号
主　任　陈志清（2010.3—　　）

国土资源局
电　话　7223527　邮编　366100
地　址　建山路 11 号 2 楼
局　长　林宗镇（2011.7—　　）

国土资源执法监察大队
电　话　7263163　邮编　366100
地　址　建山路 11 号 2 楼
局　长　廖生抬（2016.7—　　）

不动产登记中心
电　话　7233878　邮编　366100
地　址　赤岩山路 2 号福万通大厦 3 楼
局　长　郭景盛（2011.7—　　）

环境保护局
电　话　7222081　邮编　366100
地　址　建山路 76 号
局　长　田是告（2016.07—2018.10）

住房和城乡规划建设局、人民防空办公室
电　话　7222155　邮编　366100
地　址　建山路 24 号
局　长、主　任　林建明（2015.5—）

交通运输局
电　话　7222028　邮编　366100
地　址　凤山中路 209 号
局　长　郑际楷（2012.3—　　）

交通运管所
电　话　7222110　邮编　366100
地　址　凤山中路 213 号
所　长　郑一刚（2011.6—　　）

交通综合行政执法大队
电　话　7280909　邮编　366100
地　址　建山路 210 号
大队长　张　文（2011.12—　　）

石牌超限运输检测站
电　话　7275003　邮编　366100
地　址　石牌镇长溪村梅溪路 76 号
站　长　涂双锋（2015.5—　　）

吴山交通公路稽查站
电　话　7323627　邮编　366118
地　址　吴山镇吴山村
站　长　涂振超（2010.3—　　）

农业局（农办）
电　话　7223311　邮编　366100
地　址　凤山中路 219 号
局　长（主　任）　郑成鑫（2015.5—）

农科所
电　话　7248935　邮编　366100
地　址　赤岩山路 2 号
所　长　周高山（2011.6—　　）

良种场
电　话　7382115　邮编　366100
地　址　桃源村 308 号
场　长　黄志金（2010.3—　　）

林业局
电　话　7222185　邮编　366100
地　址　雪山南路 3 号
局　长　肖宏强（2016.7—　　）

林业科技推广中心
电　话　7335989　邮编　366100
地　址　雪山南路 3 号
主　任　空缺

大仙峰省级自然保护区管理处
电　话　7266191　邮编　366100
地　址　雪山南路 3 号
主　任　周仲琼（2005.1—　　）

公安局森林分局
电　话　7222058　邮编　366100
地　址　雪山南路 3 号
局　长　卢有明（2017.6—　　）
教导员　林建楠（2017.6—　　）

水利局
电　话　7222063　邮编　366100
地　址　建山路 23 号
局　长　田仁芳（2013.12—　　）

坑口水库管理处
电　话　7236870　邮编　366100
地　址　谢洋乡坑口村
主　任　范明铁（2013.12—　　）

商务局
电　话　7223022　邮编　366100
地　址　宝山路 30—1 号
局　长　张春艳（女，2017.4—　）

文体广电出版局
电　话　7222157　邮编　366100
地　址　建山路 14 号
局　长　林春忠（2012.2—　　）

电视台
电　话　7222190　邮编　366100
地　址　银山北路 2 号
台　长　范文革（2016.7—　　）

文化市场综合执法大队
电　话　7222157　邮编　366100
地　址　建山路 14 号
大队长　连福石（2013.12—2018.12）

卫生和计划生育局
电　话　7222116　邮编　366100
地　址　建山路 174 号
局　长　陈永晶（2015.5—　　）

审计局
电　话　7222268　邮编　366100
地　址　建山路 31 号
局　长　严建忠（2011.7—　　）

安全生产监督管理局
电　话　7220737　邮编　366100
地　址　建山路 27 号
局　长　施正钻（2016.7—　　）

统计局
电　话　7222284　邮编　366100
地　址　建山路 20 号
局　长　林芳庆（2016.7—　　）

农村社会经济调查队
电　话　7222260　邮编　366100
地　址　建山路 20 号
队　长　黄初齐（2016.10—　　）

城市社会经济调查队
电　话　7222260　邮编　366100
地　址　建山路 20 号
队　长　林美华（女，2010.3—　）

市场监督管理局
电　话　7221113　邮编　366100
地　址　福田路 230 号 1 幢
局　长　施发帅（2017.4—　　）

经济开发区管委会
电　话　7326776　邮编　366100
地　址　华兴镇京口村
主　任　蔡兴山（兼，2017.5—　）
书　记　蔡兴山（兼，2017.5—　）

行政服务中心管委会
电　话　7233100　邮编　366100
地　址　赤岩山路 2 号福万通大厦 3 楼
主　任　郭秀完（2015.11—　　）

生态综合执法局
电　话　8736356　邮编　366100
地　址　赤岩山路 2 号福万通大厦 6 楼
主　任　刘传贵（2016.10—　　）

县方志办
电　话　7222114　邮编　366100
地　址　建山路 11 号 5 楼
主　任　魏初寨（2015.05—2018.12）

供销合作社联合社
电　话　7222051　邮编　366100
地　址　雪山南路 5 号
主　任　陈占对（2016.7—　　）

城镇集体工业联合社
电 话 7222089 邮编 366100
地 址 宝山路 35 号
主 任 吴联广（2013.12— ）
旅游局
电 话 7260655 邮编 366100
地 址 白岩山南路 1 号
局 长 廖舒静（女，2016.7— ）
茶业局
电 话 7223235 邮编 366100
地 址 宝山路 107 号
局 长 陈益存（2016.7— ）
农业机械化管理中心
电 话 7222159 邮编 366100
地 址 宝山路 97 号
主 任 翁祖勇（2013.12— ）
畜牧水产中心
电 话 7222029 邮编 366100
地 址 赤岩山路 10 号
主 任 张景程（2015.5— ）
库区移民开发局
电 话 7243595 邮编 366100
地 址 宝山路 107 号
局 长 林玉温（2011.7— ）
机关事务管理局
电 话 7223202 邮编 366100
地 址 凤山西路 40 号
局 长 连宝聪（2016.7— ）
消防大队
电 话 7222118 邮编 366100
地 址 建山路 178 号
大队长 董高吉（2017.12—2018.3）
谢晓锋（2018.3— ）

【县政协工作机构】
办公室
电 话 7222099 邮编 366100
地 址 凤山西路 40 号
主 任 陈德强（2010.3— ）
文史学习和民族宗教委
电 话 7223628 邮编 366100
地 址 凤山西路 40 号
主 任 张玉莲（女，2016.7— ）
经济和港澳台侨委
电 话 7223628 邮编 366100
地 址 凤山西路 40 号
主 任 田 勇（2016.7— ）
提案和法制委
电 话 7220193 邮编 366100
地 址 凤山西路 40 号
主 任 易清花（女，2013.12— ）
社会事业委
电 话 7223628 邮编 366100
地 址 凤山西路 40 号
主 任 池乃国（2015.8— ）

【县纪委工作部门】
办公室
电 话 7222226 邮编 366100
地 址 凤山西路 40 号
主 任 空缺
第一纪检监察室
电 话 7272671 邮编 366100
地 址 凤山西路 40 号
主 任 肖基库（2017.3— ）
第二纪检监察室
电 话 7272672 邮编 366100
地 址 凤山西路 40 号
主 任 空缺
第三纪检监察室
电 话 7272673 邮编 366100
地 址 凤山西路 40 号
主 任 空缺
第四纪检监察室
电 话 7272675 邮编 366100
地 址 凤山西路 40 号
主 任 空缺
第五纪检监察室
电 话 7260879 邮编 366100
地 址 凤山西路 40 号
主 任 空缺
第六纪检监察室
电 话 7260877 邮编 366100
地 址 凤山西路 40 号
主 任 空缺
组织和宣传部部长
电 话 7260875 邮编 366100
地 址 凤山西路 40 号
部 长 林凤都（2015.5— ）
党风政风监督室
电 话 7222395 邮编 366100
地 址 凤山西路 40 号
主 任 魏首海（2017.3— ）
信访室
电 话 7220466 邮编 366100
地 址 凤山西路 40 号
主 任 施生陆（2013.11— ）
案件监督管理室
电 话 7260876 邮编 366100
地 址 凤山西路 40 号
主 任 周 丹（2017.3— ）
案件审理室
电 话 7261296 邮编 366100
地 址 凤山西路 40 号
主 任 郭善锋（2010.2— ）
纪检监察干部监督室
电 话 7260971 邮编 366100
地 址 凤山西路 40 号
主 任 叶景德（2016.7— ）

【县人武部工作部门】
军事科
电 话 8736697 邮编 366100
地 址 凤山西路 29 号
科 长 袁卫锋（2017.1—2018.6）
政工科
电 话 8736698 邮编 366100
地 址 凤山西路 29 号
科 长 栾仁豹（2017.06— ）
保障科
电 话 8736699 邮编 366100
地 址 凤山西路 29 号
科 长 黄章凤（2016.6— ）

【武警】
武警中队
电 话 7222124 邮编 366100
地 址 白岩山北路 5—3 号
中队长 邓常敬（2015.4— ）

【县人民法院】
电 话 7222232 邮编 366100
地 址 凤山西路 30 号
院 长 杨绍东（2016.12— ）
副院长 史小闽（1995.10— ）
陈 晶（女，2002.5— ）
肖雄忠（2002.05— ）

【县人民检察院】
电 话 7223609 邮编 366100
地 址 福田路 231 号
检察长 张春明（2016.01— ）
副检察长 蒋原成（1999.10— ）
吴明华（2002.5— ）
郑向阳（2011.7— ）

【群团组织】
总工会
电 话 7222039 邮编 366100
地 址 凤山西路 73 号

主　席　施正立（兼，2016.7—　）
常务副主席　林廷灶（2016.7—　）
团县委
电　话　7222227　邮编　366100
地　址　白岩山南路1号
书　记　黄璟頔（2017.3—　）
妇　联
电　话　7222522　邮编　366100
地　址　白岩山南路1号
主　席　林爱红（女，2013.12—　）
工商联
电　话　7222472　邮编　366100
地　址　凤山西路40号
主　席　涂志敏（兼，2016.12—　）
常务副主席　李建政（2016.12—　）
科　协
电　话　7222154　邮编　366100
地　址　凤山西路40号
主　席　方来银（2013.12—　）
侨　联
电　话　7222549　邮编　366100
地　址　凤山西路40号
主　席 空缺
残　联
电　话　7222902　邮编　366100
地　址　雪山北路143号
理事长 施发烧（2015.11—　）
贸促会（国际商会）
电　话　7222902　邮编　366100
地　址　雪山北路143号
会　长　陈华塔（2014.2—　）
文　联
电　话　7222157　邮编　366100
地　址　建山路14号
主　席　颜全飚（2017.4—　）
社科联
电　话　7222093　邮编　366100
地　址　凤山西路40号
副主席　乐成春（2017.4—　）

【其他事业单位】

疾病控制中心
电　话　7222017　邮编　366100
地　址　南山路150号
主　任　郑雪珍（女，2013.9—　）
妇幼保健院
电　话　7222038　邮编　366100
地　址　建山路8号
院　长　林大平（2002.9—　）
总医院
电　话　7222137　邮编　366100
地　址　雪山北路180号
书　记　施发帅（2018.12—　）
院　长　林其汉（2017.7—　）
教师进修学校
电　话　722219　邮编　366100
地　址　玉山路12号
校　长　林再生（2013.9—　）
一　中
电　话　7222167　邮编　366100
地　址　文山路17号
校　长　连青阳（2017.8—　）
五　中
电　话　7222613　邮编　366100
地　址　天山路43号
校　长　廖明昶（2017.8—　）
福建电大大田工作站
电　话　7222255　邮编　366100
地　址　玉山路12号
站　长　俞建营（2011.6—　）
职业中专
电　话　7223634　邮编　366100
地　址　福田路160号
校　长　林凤璎（2008.9—　）
二　中
电　话　7408219　邮编　366105
地　址　建设镇建设村272号
校　长　徐建清（2017.8—2018.9）
三　中
电　话　7382819　邮编　366101
地　址　桃源镇桃源村108号
校　长　柯文炳（2015.4—2018.5）

【乡镇党委、人大、政府】

均溪镇
电　话　7223419　邮编　366100
地　址　凤山中路156号
党委书记　林永田（2016.5—　）
人大主席　林永田（2016.12—　）
镇　长　郑丁炫（2016.12—　）
石牌镇
电　话　7224731　邮编　366100
地　址　石牌村1号
党委书记　范成火（2016.5—　）
人大主席　涂建志（2017.7—　）
镇　长　陈开尧（2016.12—　）
华兴镇
电　话　7229968　邮编　366100
地　址　华兴街001号
党委书记　颜佳秀（女，2015.5—　）
人大主席　郑开京（2015.5—　）
镇　长　吴善寨（2015.5—　）
屏山乡
电　话　7308238　邮编　366116
地　址　兴屏街1号
党委书记　林生长（2016.5—　）
人大主席　吴绍锯（2016.12—　）
乡　长　邱　娟（女，2016.12—　）
吴山镇
电　话　7328063　邮编　366118
地　址　吴山新街48号
党委书记　黄永强（2016.5—　）
人大主席　林起洲（2016.12—　）
镇　长　廖卉喆（女，2016.12—　）
济阳乡
电　话　7348850　邮编　366117
地　址　济阳新街007号
党委书记　杨道成（2016.5—　）
人大主席　余有龙（2016.12—　）
乡　长　温如凤（2012.1—　）
谢洋乡
电　话　7338115　邮编　366119
地　址　复兴路1号
党委书记　张乃军（2015.5—　）
人大主席　田首道（2010.3—　）
乡　长　李序扶（2016.12—　）
武陵乡
电　话　7358088　邮编　366121
地　址　宏图街001号
党委书记　廖正楼（2015.5—　）
人大主席　林玉华（女，2016.12—　）
乡　长　陈如双（2015.5—　）
桃源镇
电　话　7382210　邮编　366101
地　址　桃源村1号
党委书记　范德溥（2016.5—　）
人大主席　柳书报（2016.12—　）
镇　长　陈建伟（2016.12—　）
上京镇
电　话　7363205　邮编　366102
地　址　上京南路1号
党委书记　林世畅（2016.5—　）
人大主席　方来炽（2014.2—　）
镇　长　廖上培（2016.12—　）
太华镇
电　话　7391020　邮编　366103
地　址　太华村35号
党委书记　陈建文（2016.5—　）
人大主席　张正春（2016.12—　）
镇　长　涂育严（2014.2—　）
建设镇
电　话　7408018　邮编　366105

地　址　建设街 001 号
党委书记　乐永权（2016.5—　）
人大主席　林玉安（2016.12—　）
镇　长　陈建锋（2016.12—　）

广平镇
电　话　7416237　邮编　366107
地　址　广平村 325 号
党委书记　陈秀达（2016.5—　）
人大主席　陈首光（2012.1—　）
镇　长　周茂座（2016.12—　）

奇韬镇
电　话　7438026　邮编　366108
地　址　奇韬村 372 号
党委书记　黄兴烈（2016.5—　）
人大主席　陈世忠（2014.2—　）
镇　长　田起杨（2016.12—　）

文江镇
电　话　7458028　邮编　366109
地　址　文江路 161 号
党委书记　陈庆进（2016.5—　）
人大主席　陈振宋（2014.2—　）
镇　长　连华状（2016.12—　）

前坪乡
电　话　7478134　邮编　366112
地　址　前坪村 1 号
党委书记　陈结章（2016.5—　）
人大主席　陈文集（2016.12—　）
乡　长　陈光伟（2016.12—　）

梅山镇
电　话　7468028　邮编　366114
地　址　梅山村 036 号
党委书记　林起严（2015.5—　）
人大主席　周万裕（2016.12—　）
镇　长　林昌儒（2012.1—　）

湖美乡
电　话　7488011　邮编　366115
地　址　仁美村 1 号
党委书记　林大红（2016.5—　）
人大主席　徐成章（2014.2—　）
乡　长　陈志堂（2016.12—　）

【部分省、市直属单位】

永安煤业公司
电　话　7366699　邮编　366102
地　址　上京镇京仙路 1 号
党委书记、董事长
　　黄金平（2014.2—2018.3）
　　陈荣万（2018.3—　）

国网大田县供电公司
电　话　7241888　邮编　366100
总经理　傅维元（2016.2—2018.11）
　　尤国荣（2018.11—　）
书　记　杨州安（2017.3—2018.2）
　　尤国荣（2018.2—2018.11）
　　林昌熔（2018.11—　）

国税局
电　话　7222164　邮编　366100
地　址　建山路 192 号
局　长　庄志宏（2015.10—2018.7）

地税局
电　话　7222378　邮编　366100
地　址　建山路 41 号
局　长　华　富（2014.8—2018.7）

国家税务总局大田县税务局
电　话　7230399　邮编　366100
地　址　建山路 41 号
局　长　华　富（2018.7—　）

三明银监分局大田监管办
电　话　7261696　邮编　366100
地　址　建山路 18 号
主　任　乐光锻（2011.6—　）

人行大田支行
电　话　7222372　邮编　366100
地　址　建山路 18 号
行　长　刘善鹏（2017.4—　）

工行大田支行
电　话　7222281　邮编　366100
地　址　凤山西路 36 号
行　长　曾钦略（2017.8—　）

农行大田支行
电　话　7222358　邮编　366100
地　址　雪山南路 1 号
行　长　张正辉（2015.1—2018.1）
　　田生志（2018.1—　）

建行大田支行
电　话　7238579　邮编　366100
地　址　建山路 51 号
行　长　邱保洪（2016.6—　）

中行大田支行
电　话　7320993　邮编　366100
地　址　建山路 18 号
行　长　张溪椿（2017.9—　）

邮政储蓄大田支行
电　话　7221298　邮编　366100
地　址　凤山西路 44 号
行　长　郑日周（2015.11—2018.9）
　　游敏奇（2018.9—　）

农村信用联社
电　话　7232683　邮编　366100
地　址　建山路 16 号
理事长　廖世星（2015.9—　）

中国财产保险股份有限公司大田支公司
电　话　7222241　邮编　366100
地　址　凤山中路 156 号
经　理　孙好平（2016.5—2017.12）
　　曾　涛（2018.1—　）

中国人寿保险股份有限公司大田县支公司
电　话　7229767　邮编　366100
地　址　建山路 10 号
经　理　邓国权（2017.1—2018.12）

邮政公司
电　话　7222178　邮编　366100
地　址　宝山路 111 号
总经理　黄荣生（2017.7—　）

电信局
电　话　7239599　邮编　366100
地　址　凤山西路 44 号
局　长　周晓毅（2014.8—2018.6）
　　林科翰（2018.6—　）

公路分局
电　话　7222076　邮编　366100
地　址　雪山北路 210 号
局　长　刘文锦（2016.12—　）

气象局
电　话　7222077　邮编　366100
地　址　建山路 20 号
局　长　高青芳（女，2017.5—　）

烟草专卖局
电　话　7239668　邮编　366100
地　址　建山路 37 号
局　长　叶建如（2017.4—　）

福建省水文水资源勘测局大田水文站
电　话　7222115　邮编　366100
地　址　均溪镇福塘村 226 号
局　长　杜传垦（2013.12—2017.12）
　　周铮宏（2018.1—　）

桃源林场
电　话　7382395　邮编　366101
地　址　桃源镇桃源村 559 号
场　长　林华章（2017.12—　）

梅林林场
电　话　7365345　邮编　366102
地　址　上京镇梅林村 93 号
场　长　叶远昌（2017.11—　）

福建新华发行集团有限责任公司大田分公司
电　话　7223017　邮编　366100
地　址　建山路 6 号
经　理　林还诚（2013.12—　）

（陈有巡）

中共大田县委

□编辑 陈 妮

综 述

【概况】 2018年，中共大田县委在以习近平为核心的党中央和省委、市委领导下，坚持以习近平新时代中国特色社会主义思想为指导，全面贯彻中共十九大和十九届二中、三中全会精神，坚持稳中求进工作总基调，坚持新发展理念，坚持高质量发展落实赶超，有效应对复杂严峻的外部环境和经济运行下行压力，推进供给侧结构性改革、打好三大攻坚战、做好“六稳”工作、加强民生保障，各项事业发展取得新成绩。把新思想和习近平对福建、三明、大田工作的重要指示精神结合起来，引导全县上下进一步树牢“四个意识”，坚定“四个自信”，做到“两个维护”。县委中心组全年组织学习《习近平新时代中国特色社会主义思想三十讲》等16个专题29个内容，举办轮训班10期、参训2270人次，县处级领导带头宣讲40场，县委宣讲团巡回宣讲21场。召开县委常委（扩大）会、县委全会，学习贯彻中央和省委、市委全会关于加快高质量发展落实赶超、新时代改革开放等决策部署，出台《关于深入贯彻习近平总书记重要指示精神坚持高质量发展落实赶超的意见》等文件，促进产业转型升级，把中央和省委、市委全会各项决策部署落到实处。大田县被省委、省政府评为2015—2017年度（第五届）省级文明县城。

【经济平稳健康发展】 2018年，大田县完成地区生产总值226.7亿元，比上年增长7.4%；人均地区生产总值70842元，同比增长13.5%；固定资产投资76.4亿元，增长1.2%；社会消费品零售总额54.22亿元，增长1%；一般公共预算总收入11.26亿元，增长6.2%，其中地方一般公共预算收入7.51亿元，增长1.1%；城镇居民人均可支配收入34508元，增长6.1%；农村居民人均纯收入16704元，增长8.4%。

实施211个重点项目建设，其中新增亿元以上产业项目77个，累计完成投资94.78亿元，国家茶叶公园·美人茶核心区、清航无人机产业化等89个项目开工建设，永兴达机动车驾考中心、赤岩广场等67个项目建成或部分建成，兴泉铁路（大田段）、莆炎高速（大田段）、香山北路等8个重大基础设施项目加快推进。立足区位优势，融入闽西南协同发展区建设，对接闽南沿海产业分工和产业转移，用好“6·18”中国·海峡项目成果交易会、“9·8”中国国际投资贸易洽谈会、“11·6”海峡两岸林业博览会暨投资贸易洽谈会等招商平台，引进一批科技型、环保型、有税型、节地型项目，全年对接项目187个，签约项目32个，落地项目87个，引进展晖机械、澳粮生态农业等亿元以上项目6个。鼓励企业“走出去”，开拓东南亚等“一带一路”市场，全县外贸出口10.8亿元。

【全面从严治党】 全面贯彻新时代中国共产党的建设总要求，坚决落实省委“八个坚定不移”要求，坚持党要管党、全面从严治党，不断增强中国共产党的凝聚力、战斗力和领导力、号召力。加强中国共产党的政治建设，始终把中国共产党的政治建设摆在首位，以习近平总书记调研过的红星村、建国村、元沙村等6个村为示范，突出基层党组织“政治引领、堡垒引领、‘双带’引领、服务引领”作用，带动141个党建引领小康示范村创建。严肃党内政治生活，抓好“三会一课”等制度执行情况监督检查，开展“新思想、新担当、新作为”支部专题组织生活会，推动党内政治生活融入日常、抓在平常、严在经常。落实意识形态工作，坚持党管宣传、党管意识形态、党管媒体，严格落实意识形态责任制，把意识形态工作列入县委巡察监督重要内容，推动意识形态工作责任落实到位。夯实基层组织基础，开展抓党建促脱贫攻坚、促乡村振兴行动，成立新时代党群学习教育阵地61个，在全县266个行政村推进村级活动场所规范化建设，得到时任省委常委、组织部部长胡昌升肯定。树立正确用人导向，持续开展平常考核、一线考察、蹲点调研、谈心谈话等工作，分阶段开展机构改革干部调配工作，对新组建和优化职责机构主要领导、个别缺配时间较长的部门正职领导调配到位。结合县委巡察工作，开展股级干部选拔任用工作专项检查，规范选任方式及工作程序。

把巡视整改作为践行“两个维护”的具体行动，作为“四个意识”的试金石和检验“两个责任”的重要标尺，坚决扛起巡视整改的政治责任，针对中央巡视福建省反馈意见中涉及大田的4个方面16个共性问题，提出94条整改措施，当年完成整改89条，整改率94.7%。

【产业转型升级】 以供给侧结构性改革为主线，加快推动质量变革、效率变革、动力变革，开创经济社会发展新局面。加快推动产业转型升级。编制完成《大田县产业布局与发展规划（2018—2025）》，对接省上经济发展“百千万支撑工程”，开展“一十百千”转型升级行动，全年实施技改项目29项、完成投资3.32亿元，福建（大田）机械铸造产业集聚区、石墨（烯）产业园、陶瓷文化创意产业园等平台建设加快推进，红狮水泥获评省级工业和信息化龙头企业，清航装备科技公司研发的全球首架JZ-300“幽灵”系列复合推进无人直升机在第16届中国·海峡项目成果交易会上展出，得到省委书记于伟国、省长唐登杰的肯定。

【乡村振兴战略实施】 出台《关于实施乡村振兴战略的实施意见》，编制《大田县实施乡村振兴战略规划（2018—2022）》，全年新培育家庭农（林）场45个、专业合作社61个，新增“三品一标”认证农产品19个，举办第八届国家茶学青年科学家论坛、中国高山茶高峰论坛，“大田金阳生姜”获国家农产品地理标志证明商标，石牌镇盖山村、太华镇魁城村等9个村被列入第五批中国传统村落，桃源镇东坂村被列入第七批中国历史文化名村，大田晒秋节被列入首届“中国农民丰收节”系列活动，建设镇建忠村入选首批省级乡村振兴示范村，济阳乡济中村获评省四星级乡村旅游村，上京镇隆美村入选全省首批三星级农村幸福社区。

【改革创新】 坚持严管厚爱相结合，落实关心关爱基层干部省委20条、市委28条措施，制定出台激励干部新时代新担当新作为的实施办法和关心关爱专项资金管理试行办法。制定出台《关于进一步激励全县广大干部新时代新担当新作为的实施办法》《大田县基层干部关心关爱专项资金管理试行办法》，设立县级关心关爱基层干部专项资金300万元，帮扶慰问关爱干部126人、74.7万元，评选“凤凰才俊”27人、命名表彰名师工作室35个。创新推行“住村特派员”制度，该做法在《人民日报》专题报道，新华社以通稿和《国内动态清样》（内参）形式刊发。创新干部量化考评机制，对各单位在三大攻坚战、扫黑除恶、村级组织换届等重点工作的工作成效，按照“好、中、差”评级，并用“红、黄、蓝”三色旗子进行积分，直观体现领导干部干事创业的实绩、实效，全力营造重实干重实绩、讲担当重担当的用人导向。激励干部担当作为，开展“思想大解放、推动大发展”“直奔基层、直面问题，大调研、大服务、大督查”等活动，查摆自身问题361个、提出具体措施718条，为项目、企业、贫困户解决困难和问题126个。深化“放管服”改革，梳理“一趟不用跑，最多跑一趟”办事清单763项，全县57个单位1433项审批和服务事项入驻网上办事大厅，行政审批事项办理时限压缩率达64.2%；深化商事制度改革，新增各类市场主体4483户，注册资金42.9亿元；深化农村综合改革，省级农村集体产权改革试点有序推进，农村集体土地确权登记颁证基本完成。

坚持创新是第一动力，鼓励企业加大科研投入，参与标准制定，提升自主创新能力，建成县科技创新服务平台，国家开放大学铸造学院在县设立分院，新获国家授权专利331件，新增国家级高新技术企业1家、省级2家，拥有自主知识产权企业59家，制（修）定国家和省级地方标准3项，新增省著名商标3枚，卫斯特环保院士工作站获全国院士专家示范工作站、省级新型研发机构，桃源农民创业示范基地列入省级农村创业创新基地。

【精准扶贫】 坚持以人民为中心的发展思想，解决好人民最关心最直接最现实的利益问题，不断提高人民群众的获得感、幸福感、安全感。着力精准脱贫，坚持“两个确保”目标和“两不愁三保障”脱贫标准，围绕国家扶贫改革试验先行区建设，开展脱贫攻坚三年会战，推广“一家四业”产业扶贫模式，形成光伏扶贫产业园、扶贫电商园、扶贫班组等一批扶贫示范点。全县2814户8473人脱贫，新退出贫困村25个，市级贫困乡武陵乡实现摘帽，“一家四业”产业扶贫经验成果上报国家扶贫办。完成造福工程搬迁132户611人191.2万元。打造奇韬镇“五龙鼎珠”、华兴镇仙峰田·新村两个集中安置区，计划安置176户农户，其中年内安置135户，一层封顶176户，总投资额2229万元，占任务数122.8%。筹集扶贫小额信贷担保基金1606.46万元，年内发放担保贷款9608.08万元，扶持贫困户1959户，累计贴息539.47万元，贷款金额为风险担保金的5.98倍，对贫困户覆盖面69.56%，无逾期情况。完成雨露计划培训，补助子女在读中职、高职或技工院校的建档立卡贫困家庭168人50.1万元。制定创业农户实施方案，认定创业致富带头人8人，贫困村贫困农户年度培训31人。全县完成扶贫发电建设规模16.435兆瓦，年发电量1845万度，年收入1808万元，每个贫困户年增收7500元，每个贫困村年增收4.5万元，每个贫困乡年增收30万元。率先在全省整县推进光伏产业扶贫，国网福建电力“服务光伏发电·助力脱贫致富”新闻发布会在县召开。

【民生建设】 全年新增学位8500个，3家农村幸福院获评全省首批“五星级农村幸福院”，13个村获评市级“老年人健身康乐家园”。建好、管好、护好、运营好农村路21条58公里，实施危房改造123户，解决农村饮水不安全人口0.97万人，新增城镇就业1626人、农村劳动力转移就业3235人，新建城市停车位150个、天然气管道26.14公里，新建改造农村电网162.32公里、城市给排水管网11.97公里。闽中戏曲文化园建成开园，新增省级文物保护单位29个，2个项目通过省级非遗评审。推进金融案件执行、打击恶意逃废债、公职人员不良清欠行动，全年处置不良贷款4.05亿元，不良率降至2.31%。

【打黑除恶专项斗争】 开展打黑除恶专项斗争，对破坏、阻碍闽鹭矿业正常生产的违法行为实行专案办理，停工6年多的项目，仅用7天时间就恢复正常施工。全年破获涉黑涉恶类刑事案件142起，抓获涉黑涉恶犯罪嫌疑人186人，打掉涉黑组织2个、涉恶团伙17个，查处涉黑恶势力“保护伞”1起，查封、扣押、冻结非法资产731.35万元。深化“平安大田”建设，开展信访矛盾化解“百日攻坚”行动，完善社会治安防控体系、矛盾调处化解机制，生产安全、食品药品安全形势持续稳定，社会保持安定和谐。

【生态治理和环境保护】 树立和践行“绿水青山就是金山银山”发展理念，推进生态治理和环境保护，努力实现生态环境“高颜值”和经济发展“高素质”。全面落实中央和省环保督察、“三合一”督查反馈问题整改，淘汰落后产能、矿山生态修复、农村环境综合治理三个专项行动取得实效，牛蛙养殖清理、闽湖街面水库大田库区网箱清理任务全部完成，坑口水库饮用水源保护区综合治理及搬迁安置工作顺利推进。探索“河道+现代农业”“河道+光伏产业”“河道+旅游业”等发展模式，形成武陵大石永强农场、华兴仙峰漂流等一批河道经济典型。发挥河长协会桥梁纽带作用，对接中科院院士郑有炓、福州市梅峰军休所大校林佳山、三明职业技术学院原院长叶良茂等乡贤担任民间河长、协会顾问，推动“政府治水”向“全民治水”转变。严格落实“党政同责、一岗双责”，制定出台《生态环境保护职责规定》，完成划定生态红线，建立健全环境准入负面清单、生态补偿、绩效考核和监控体系的“3+1”制度框架，推动环境保护责任落细落实。用好生态环境保护指挥中心和生态综合执法局、生态侦查大队、生态检察室、生态环境审判庭，打击涉水违法行为196起，办结行政处罚案件30件，行政拘留7起9人。持续深化矿山水土流失开发式治理模式，把矿山治理与产业发展、精准扶贫、美丽乡村等紧密结合起来，开展矿区特色农业产业园规划编制，利用银川矿区废弃矿山建成蛋鸡产业化、设施农业智能温控大棚等现代农业产业项目，实现生态效益、经济效益、社会效益有机统一。新建安全生态水系31.26公里，综合治理水土流失面积5.44万亩，造林绿化面积2.19万亩，筑牢生态安全屏障。

（廖尚炬）

部分缩略语注解：

三大攻坚战：防范化解重大风险；精准脱贫；污染防治。

“六稳”：稳就业、稳金融、稳外贸、稳外资、稳投资、稳预期。

“三品一标”：无公害农产品、绿色食品、有机农产品和农产品地理标志。

“放管服”：简政放权、放管结合、优化服务的简称。

“两个确保”目标：确保现行标准下农村贫困人口全部脱贫，确保贫困县全部摘帽。

“两不愁三保障”：“两不愁”即不愁吃、不愁穿，“三保障”即义务教育、基本医疗、住房安全有保障。

“一家四业”产业扶贫模式：即通过造福工程建好一个家、“房前”劳务业、“屋后”种养业、“院内”手工业、“屋顶”光伏业多渠道增加贫困户收入。

“三合一”督查：省环保督察办、省委督查室、省政府督查室及相关省直单位，在全省开展为期约3个月的省级环保“三合一”督察。

重要会议与活动

【概况】 2018年，中共大田县委十三届委员会共召开全体（扩大）会议24次，专题会议10次，学习贯彻中共十九大精神和习近平新时代中国特色社会主义思想，全面贯彻落实中央和省委、市委决策部署，审定和部署各项重大决策和工作。动员全县上下进一步统一思想、提振精神，开拓进取、努力作为，推进各项工作落实落细，推动全县经济社会发展和党的建设全面进步。

【县委全委会议】 **县委十三届六次全体会议** 2月23日，县委十三届六次全体（扩大）会议召开。县委书记熊旭明主持并代表县委常委会作报告，总结2017年经济工作，部署2018年经济工作，推动全县经济社会持续健康发展。

县委十三届七次全体会议 10月29日，县委十三届七次全体（扩大）会议召开。县委书记陈文华主持并代表县委常委会作报告。审议通过《中国共产党大田县第十三届委员会第七次全体会议决议》《中共大田县委关于深入贯彻习近平总书记重要指示精神坚持高质量发展落实赶超的意见》。

【县委常委会议】 2月5日，研究审定《关于乡村振兴战略的实施意见》《大田县稳步推进农村集体产权制度改革的实施方案》《大田县精准扶贫攻坚战实施方案（2018—2020）》；研究讨论关于召开县委工作会、县纪委十三届三次全会、2017年度离（退）休人员过节费发放、进一步加强乡镇人大主席团建设、重新核定县老干局、离退休干部工作委员会领导职数。

3月12日，学习省委常委、组织部部长胡昌升到县调研讲话精神，研究贯彻意见；研究审定《大田县人才发展专项资金管理办法（试行）》《大田县人才公寓管理办法（试行）》和《大田县优秀人才选拔管理办法（试行）》。

3月23日，组织学习中央巡视办副局级巡视专员刘华斌一行到县调研检查巡察工作的讲话精神，研究贯彻意见。

4月10日，传达学习省政协副主席、市委书记杜源生到县调研指导水土流失治理及防汛抗旱等工作的讲话精神。

5月9日，听取县党政领导干部安全生产责任制落实工作情况和省委对巡视发现问题的整改情况汇报，研究进一步整改措施；研究审定《关于推进安全生产领域改革发展的实施意见》《大田县深入推进城市执法体制改革改进城市管理工作实施方案》。

6月5日，会议传达学习省政协副主席、市委书记杜源生到县调研水土流失治理工作的讲话精神，研究贯彻意见。

6月22日，研究审定《大田县打好防范化解金融风险攻坚战（2018—2020年）行动计划》。

7月30日，研究审定县委全面深化改革工作有关文件、《大田县事业单位公务用车制度实施意见》、《大田县国有企业公务用车制度改革实施意见》；研究讨论《凯天龙文化创意产业园项目有关问题整改意见》。

8月23日，研究分析当前全县意识形态领域工作；研究讨论2017年度“凤凰才俊”人选有关事宜。

8月27日，听取中央巡视反馈意见整改工作进展情况汇报，研究部署下一步工作；研究讨论清航无人直升机产业化项目有关事宜。

9月25日，研究推进中央巡视整改、扫黑除恶专项斗争有关工作；研究讨论成立新的社会阶层人士联谊会、县工会第十六次代表大会有关事宜。

10月10日，研究推进巡视整改有关工作、案件工作、扫黑除恶专项斗争有关工作；研究审定《关于贯彻〈落实中央第一巡视组关于巡视检查福建省委落实意识形态工作责任制情况报告的整改任务与分解方案〉的整改方案》《大田县党委（党组）理论学习中心组学习制度》。

10月28日，研究讨论县委十三届七次全会相关材料；安排部署省委巡视有关工作；研究审定《大田县提升营商环境行动实施方案（送审稿）》和《大田县行业准入负面清单（送审稿）》，研究讨论大田县第一中学东部校区规划有关事宜。

10月28日，研究讨论《关于落实三明市扫黑除恶专项斗争集中督导问题整改工作方案》和省委巡视的相关汇报材料，听取扫黑除恶专项斗争工作开展情况和县妇联换届工作情况。

11月24日，研究讨论省委巡视五组交办信访件办理有关事宜、中央第一巡视组巡视福建省反馈意见大田整改工作和上一轮省委巡视五组巡视大田反馈意见整改工作有关事宜；研究审定《关于开展县委班子及班子成员廉政风险排查防控工作的实施方案》和《关于向乡（镇）派出监察机构的工作方案》。

12月3日，研究讨论关于召开大田县第十七届人民代表大会第三次会议、政协第十届大田县委员会第三次会议。

12月28日，研究审定《关于推进城市安全发展的实施意见》，研究讨论金鸡园开发区回购款支付，推荐评选全国模范司法所所长。

【县委专题会议】 3月2日，传达学习《中央巡视工作规划（2018—2022年）》（以下简称《规划》）及十九届中央首轮巡视工作动员部署会精神，并研究讨论修改完善本届县委今后三年任期内巡察工作规划事宜。

3月19日，县委书记熊旭明主持召开专题会议研究精准扶贫工作，70人参会。会议指出，打好脱贫攻坚战是中共十九大提出的三大攻坚战之一，对如期全面建成小康社会、实现中共第一个百年奋斗目标具有十分重要意义。省扶贫开发工作成效实地考核是省委贯彻落实习近平新时代中国特色社会主义思想和中共十九大精神的生动实践，是对扶贫开发工作全面检验，更是发现问题、补齐短板、推动扶贫开发工作的机遇。

3月21日，研究加快推进河滨健身栈道（三期）项目建设有关事宜。会议指出，河滨健身栈道（三期）项目是县委县政府为民办实事项目，是坚持城为民建、人民至上的重要体现，是保障和改善民生的务实举措。会议要求，全县各级各有关部门要牢固树立以人民为中心的发展思想，锐意进取、埋头苦干，不断增强人民群众的获得感、幸福感、安全感。

5月27日，研究湖美水库网箱清理问题。会议指出，湖美水库高才断面水质状况，已纳入党政领导生态环境环保目标责任书、督政问责和环保督察的内容，并作为流域补偿资金的重要依据之一。开展湖美水库库区网箱整治是推进国家生态文明试验区建设的必然要求，是深化提升河长制和河库（湖）保护管理水平的有力抓手。

6月13日，研究煤炭去产能工作有关事宜。会议指出，煤炭行业化解过剩产能工作是党中央、国务院关于供给侧结构性改革的重大决策部署，对加快县产业结构调整、推动转型升级，实现煤炭行业脱困发展、安全发展、绿色发展具有十分重要的意义。

【上级领导调研】 3月8日，省委常委、组织部部长胡昌升到县调研基层组织建设，市委常委、组织部部长陈炎标，县领导熊旭明、王怀斌陪同。

4月9日，省政协副主席、市委书记杜源生到县调研指导水土流失治理及防汛抗旱等工作，县委书记陈文华陪同。

5月30日至6月1日，省政协副主席、市委书记杜源生到县调研水土流失治理工作，并召开座谈会，省政协常委、社法委主任吴晓丁，省委党校副校长徐小佶，省冶金（控股）公司党组副书记、总经理张玲，福建师大党委常委、纪委书记黄清波，市领导黄建平、包萍，县领导陈文华、林金龙、余真华、涂剑峰参加。

6月1日，自然资源部到县调研山水林田湖草生态保护工作，县领导连仁魁、王怀斌、涂剑峰陪同。

6月5日，省委常委、纪委书记刘学新到县检查调研交叉巡察工作，并召开座谈会，县领导陈文华、林金龙、连仁魁、黄家发参加。

7月19—20日，福州海峡两岸和平统一促进会会长、福建红色记忆人文研究院院长陈承茂到县调研闽台交流等工作，市委副秘书长熊旭明、郭亚兴，县领导陈文华、施正立陪同。

10月22—24日，省九届人大常委会主任袁启彤到县调研乡村振兴、水土流失治理等工作，县领导陈文华、张爱兰陪同。

12月21日，省委常委周联清到县调研对台及扶贫工作，市政府副市长张文珍，县委副书记连仁魁陪同。

【县委领导要事活动】 1月26日，县委书记熊旭明赴省水利厅参加全国推行河长制工作部际联席会议召开的贯彻落实《关于在湖泊推行湖长制的指导意见》视频会，并做典型发言，大田河长制工作在全国推广。大田县在中共十八大以后，按照党中央加强生态文明建设新要求，全面推行河长制，围绕“问题在水里，根子在岸上”治河思路，实行“严管、勤查、联动、重罚”治河措施，初步实现“河畅、水清、岸绿、景美”目标。

【全县脱贫攻坚暨实施乡村振兴战略动员大会召开】 2月23日，县委在影剧院召开全县脱贫攻坚暨实施乡村振兴战略动员大会，500人参会。会议传达中央、省、市农村工作会议精神，回顾总结2017年度全县农业农村工作，安排部署2018年度县脱贫攻坚和实施乡村振兴战略工作，动员全县上下齐心协力、顽强奋斗，把脱贫攻坚战推向前进，把乡村振兴战略落到实处。

【全县金融工作会召开】 3月5日，县委副书记、县长林金龙主持召开全县金融工作会议，140人参会，会议总结2017年金融风险防控工作，部署2018年金融风险防控工作。要求各有关部门要全面落实中央和省市决策部署，围绕服务实体经济、防控金融风险、深化金融改革三项任务，做好金融改革发展稳定各项工作，推动经济和金融良性循环、健康发展。

【配合省委巡视五组巡视大田县工作动员会召开】 10月31日，县委书记陈文华主持召开省委巡视五组巡视大田县工作动员会议，180人参会，会议要求，全县各级各部门和领导干部要深入学习贯彻习近平总书记关于巡视工作的重要论述，树牢“四个意识”，增强接受巡视监督的自觉性和坚定性，把思想和行动统一到省委巡视组的工作部署要求上来，自觉、诚恳地接受省委巡视组的监督和检查，以实际行动坚决维护习近平总书记党中央的核心、全党的核心地位，坚决维护以习近平同志为核心的党中央权威和集中统一领导。

【领导干部专题研讨班举办】 11月9—11日，县委举办两期大田县领导干部“深入学习贯彻习近平新时代中国特色社会主义思想”专题研讨班，县委书记陈文华作主题报告，820人参会。会议要求全县党员干部进一步学懂弄通做实习近平新时代中国特色社会主义思想,更加坚定自觉地树牢“四个意识”“四个自信”，更加坚定自觉地维护习近平总书记的核心地位、维护党中央权威和集中统一领导，更加坚定自觉地推进全面从严治党，奋力谱写新时代多彩大田发展新篇章。

（廖尚炬）

组织工作

【概况】 2018年，大田县共有基层党组织781个，基层党委34个（乡镇党委18个、县直机关党委16个），新增税务局机关党委，党总支32个（农村15个、国有企业3个、非公企业2个、机关事业单位12个），党支部715个（其中农村282个、社区11个）。党员总数19379人，比上年增加124人，其中，大专以上学历7737人，占39.92%，同比增长3.96%；女党员4013人，占20.71%，同比增长1.29%。全年组织开展人才队伍建设专项调研5次，召开部门联席会议10次、人才座谈会1次，提请县委常委会和县政府常务会议研究解决有关人才工作具体问题5次31个。制定出台《关于进一步激励全县广大干部新时代新担当新作为的实施办法》《大田县基层干部关心关爱专项资金管理试行办法》，设立县级基层干部关心关爱专项资金300万元，启用省市县专项资金81.5万元、帮扶慰问关爱对象125人。结合县委巡察工作，对县发改局、经信局等19个单位进行专项检查，规范股级干部选拔任用程序。办理职级晋升审批22人次，从优秀村（社区）主干中考试录用公务员4人，择优招聘乡镇事业单位工作人员6人，完成公务员登记22人。全年新接收选调生10人、大学生村官25人。大学生村官考录选调生6人，安置乡镇事业单位9人。全年调配干部20人次，其中提拔正科1人、副科1人，非领导职务转任领导职务1人，平职级交流轮岗17人。

【“住村特派员”制度受肯定】 乡镇“住村特派员”制度是大田加强党对农村工作的领导、推动治理现代化的有力抓手，按照“引导不领导、参与不干预、献策不决策、搭台不唱戏、督查不监察、服务不增负”的原则，管好用活122名“住村特派员”，发挥他们干部作风“监督员”、村级事务“助理员”、村民群众“服务员”、乡村两级“联络员”等角色作用，助力乡村振兴，强化基层治理，取得显著成效。3月，省委常委、组织部部长胡昌升到大石村调研，并指示要持续将“住村特派员”制度这块金字招牌做实做细、抓出成效。该做法被国内各大主流报刊、媒体刊载报道，并在《党建研究》《人民日报》和新华社《国内动态清样》（内参）专题报道，得到唐登杰、胡昌升、李德金等省领导的批示肯定。

【县首批“凤凰才俊”命名表彰工作】 8月28日，2017年度“凤凰才俊”共27人受到县委县政府表彰，并享受资金补助、职称评聘、科研项目、金融服务及子女就学等十项优惠政策。其中，教育教学类专业技术人才10人，医疗卫生类专业技术人才7人，宣传文化类人2人，科技创新与推广类人才1人，其他专业技术类人才1人，企业经营管理人才1人，高技能人才2人，农村实用人才2人，社会工作人才1人。

【省委巡视意见整改】 12月，县委组织部根据省委巡视组反馈的党委（党组）议事规则不够规范、干部管理不到位、公职失信人员处置不到位等问题，逐项梳理，边巡边改，即知即改，制定下发《关于规范党委（党组）议事规则的通知》《关于重申干部人事纪律的通知》《大田县公职人员失信惩戒处置办法》等规范性文件，诫勉谈话被列入失信被执行人名单的科级干部5人，将其中整改不到位的科级干部1人由领导职务转为非领导职务。

【干部队伍专业化建设】 2018年，县委组织部着力建设高素质专业化干部队伍。全年开设专题培训班25期，培训各级各类干部2639人次，其中，举办县领导干部深入学习习近平新时代中国特色社会主义思想专题研讨班2期。实施年轻干部“蹲苗工程”，选派年轻干部213人到抓党建促脱贫攻坚、促乡村振兴和项目建设、征地拆迁、信访维稳、防范化解金融风险、污染防治等急难险重任务和吃劲岗位锻炼磨砺。与浙江大学联合举办异地培训班2期，培训党政领导干部、重点企业负责人100多人次；选送教师、医疗业务骨干到高等院校和高端医疗机构培训进修350人次。

【干部经常性管理监督】 2018年，县委组织部抽查核实科级干部个人有关事项报告9批189人次，批评教育并责令作出检查11人。组织部长谈心谈话活动中提醒函询诫勉科级干部42人次。全面摸排90个社会团体192名干部，规范清理领导干部在企业和社会团体兼职工作。对4名乡镇和县直部门主要领导进行任中经济责任审计，对谢洋乡领导班子进行自然资源离任审计。综合运用执纪巡察、干部监督联席、立案侦查及个人有关事项报告情况核查等结果，问责、免职工作不力的科级干部2人。

【“达标创星”活动开展】 2018年，县委组织部贯彻落实《中国共产党支部工作条例（试行）》，开展基层党支部“达标创星”活动，由各党委按照党组织隶属关系和管理权限，以“先进”等次不超过30%、“后进”等次按5%—10%的比例，分级分类进行评级定星，共评定出先进党支部157个、后进党支部49个。同时，按照巩固先进、推动一般、整顿后进的要求，对先进的党支部做好巩固提高，对一般的党支部进行查漏补缺，对后进的党支部强化问题整改，并逐个制定整顿方案，推动基层党组织全面达标、整体创优。

【人才队伍建设】 2018年，大田县设立人才发展专项资金1500万元，推出创业支持、创新资助、引智补助、人才激励等一系列优惠政策，清华大学、厦门大学、华中科技大学等10多所高校在大田建立产学研合作基地，市级“优质特种水稻应用”院士工作站落户大田，1家企业入选国家级高新技术企业、3家企业入选省级新型研发机构（高新技术企业），推荐的2个人才项目在市林博会上签约和参展，全年共发放补助经费807.2万元。制定出台优秀人才选拔、人才公寓、“凤凰才俊”目标责任、联系服务人才等办法，推出创业支持、人才激励等优惠政策33条，建立健全人才资源信息动态管理库。

【村级党组织阵地综合服务功能提升】 2018年，县委组织部在全面推进266个建制村村部阵地规范化建设的基础上，推动银行、保险、邮政、农业、人社等部门服务项目集中入驻中心，并聘请村“两委”干部作为代办员、代理员，不断拓展党群服务中心综合服务功能，打造乡村振兴综合服务站。此项工作被《福建信息》《福建组工信息》《三明决策参考》《三明组织工作》等刊物刊载报道。

【村级组织换届选举工作】 2018年，县委组织部完成2018年村级组织换届选举工作，实现村书记、主任“一肩挑”156个村，占比58.65%，创历史新高。选举产生新一届村“两委”成员1433人，其中，经济能人1221人，占85.2%；35岁左右的年轻干部324人，占22.6%；女性成员339人，占23.66%；中专和高中以上学历572人，占39.92%。村干部队伍年龄结构、学历层次、专业分布有明显改善。全市唯一的“巾帼班子”在奇韬镇龙溪村选出，回引退役大校军官任前坪乡上地村党支部书记，县级开展新一届村主干任职培训班4期，各乡镇对其他村“两委”成员开展培训班65期，实现村“两委”干部培训全覆盖。

（唐名谦）

宣传思想文化工作

【概况】 2018年，全县宣传思想文化战线坚持以习近平新时代中国特色社会主义思想为指导，贯彻落实中共十九大精神，承担起举旗帜、聚民心、育新人、兴文化、展形象的使命任务，推进党委（党组）意识形态责任制工作，落实落细宣传思想文化工作，为加快推动多彩大田建设提供强有力的舆论支持、思想保证和文化条件。7月，县委宣传部被省委宣传部评为全省宣传文化系统舆情信息工作先进单位。

意识形态责任制工作 2018年，县委向基层党委颁发《意识形态工作责任书》。县委常委会专题研究意识形态工作3次，县委书记涉及意识形态工作批示15次。制定《关于贯彻〈落实中央第一巡视组关于巡视检查福建省委落实意识形态工作责任制情况的报告的整改任务与分解方案〉的整改方案》；印发《落实意识形态工作责任制考评细则》；对全县公共领域宣传载体开展专项检查，进一步规范公共领域宣传载体的宣传内容；召开习近平新时代中国特色社会主义思想学习汇报会、全县意识形态工作推进会、网络安全与信息化工作会，举办网络意识形态工作责任制培训会，强化落实意识形态工作责任制责任意识；加强意识形态巡察工作，对县农业局、建设镇、住建局等16个单位进行意识形态专项巡察。11月，接受省委巡视组意识形态工作专项巡视。

理论武装 2018年，县委理论学习中心组制定《关于进一步健全完善〈大田县党委（党组）理论学习中心组学习制度〉的通知》和《关于进一步规范县委理论学习中心组管理的通知》，规范党委（党组）理论中心组学习；邀请中央、省、市等专家教授做专题讲座3场，全年共组织集中学习专题内容14次16项。推进理论学习成果转化，开展“思想大解放，推动大发展”大讨论活动，县广播电视台播出37名乡镇和部门主要领导学习心得。《大田县实施乡村振兴战略的探索与思考》等8篇调研文章在省市刊物发表，《马克思主义生态观对我国新时代生态文明建设的启示》被列为2018年度市社科规划立项课题。

新闻宣传 2018年，县委宣传部在县广播电视台、大田新闻网、“大田TV”微信公众号等媒体平台，开设《学习宣传贯彻党的十九大精神》《大学习》《我们在奋斗的路上》等栏目，策划“山区养老模式”“项目攻坚”“思想大解放 推动大发展”等大型主题采访活动。县广播电视台编播159期《大田新闻》计1310多条，大田新闻网编发196篇（幅），“大田TV”微信公众号编制294期计1088条。做好对外宣传，邀请上级主流媒体做好重点工作的宣传报道，开展纪念“改革开放40周年”网络媒体走转改活动（走基层、转作风、改文风），讲好大田故事。在《人民日报》、中央电视台等中央级媒体发表10篇（条），在《福建日报》、省电视台等省级媒体发表203篇（条），其中“好生态引回创业者”稿件在《福建日报》头版头题发表。加强新闻媒体阵地管理，举办基层通讯员新闻写作培训班，严格落实“三审三校”制度，完成县融媒体中心挂牌，推动县级新闻媒体资源融合。

社会宣传 2018年，县委宣传部开展良好家风家训传承活动，常态化宣传核心价值观等内容，张贴、悬挂“讲文明树新风”“图说我们的价值观”等公益广告1.3万幅；开展十佳小孝星、最美人物等典型培育和学习活动。组织开展2018年文化科技卫生“三下乡”、“夏之声”合唱音乐会等31项庆祝改革开放40周年群众性文体活动，不断丰富群众文化生活。在华兴镇仙峰村举办第五届三明“中国梦·乡村美”音舞诗会暨“大田·集美”山海诗会，组织“百年新诗与地方视域中的田阳诗人”文学创作讲座，承办中国书画30家巡展大田暨“灵动济阳·马力小镇”写生活动，提升创作水平。《我是一滴走失的水》（作者：陈玉荣）和《农耕时态的“图景张力”》（作者：卢辉）获“中国诗歌发现奖”，《苏东坡词一首》（作者：颜建光）入选第二届全国大字书法艺术展，《戴云山季图》(作者：郑圣泉）入选“邮驿路运河情”全国中国画作品展，5幅摄影作品在全国摄影大赛获奖。

【“大美之田”全省摄影大赛举办】 2月10日，省摄影家协会、县委宣传部主办，市摄影家协会、三明新周报社、县文广局承办的“大美之田”全省摄影大赛在县文化馆一楼展出。经评审组初评、复评、定评三个阶段，评出入选作品100幅（组），其中一等奖1幅（组）、二等奖2幅（组）、三等奖3幅（组）、优秀奖6幅（组）。

【晚会举办】 2月28日，县委宣传部、县文广局主办的“奋进新时代 开启新征程 建设新大田”2018新春晚会在县影剧院上演。该场晚会通过大田TV微信公众号在网络上直播，5.8万人次关注该场晚会。10月15日晚，县老体协牵头，县委组织部、县委宣传部等23个部门和单位共同主办的纪念改革开放40周年“奋进新时代 唱响夕阳红”文艺晚会在县影剧院举行，现场600多人观看晚会。

【先进评选与表彰】 3月30日，县委宣传部颁发2017年度“宣传大田新闻奖”、优秀新闻工作者、新闻报道先进单位及优秀微信公众号、微信好文章。宣传大田新闻奖共评出一等奖2件、二等奖5件，三等奖9件，林朝阳等13人获评优秀新闻工作者，县广播电视台等10个单位获评新闻报道先进单位，“大田TV”微信公众号等4个公众号获优秀微信公众号，《大田啦啦操队代表中国捧回世界级大奖》等10篇文章获评微信好文章。县委宣传部表彰2017年度优秀文艺工作者。陈玉荣、章丽美等13人获评优秀文艺工作者。5月3日，县委宣传部、县委文明办、县教育局、团县委、县文联主办第二届“孝道故里·十佳小孝星”评选活动。严虹、林日深、吴开钰、陈婉琳、吴欣怡、范自宇、林梦颖、郑其建、林嘉仪、廖梅珍获“十佳小孝星”称号。

【乡村讲师团成立】 印发《关于在全县进一步兴起习近平新时代中国特色社会主义思想“大学习”热潮的实施方案》，成立乡村讲师团，设置“田头专家”“健康大田”“田阳文化”“大田河长”“青春筑梦”5支宣讲队，全县党员领导干部和各类宣讲队伍累计开展宣讲活动1000多场次。8月17日，县委宣传部在县委党校举办大田县乡村讲师团启动仪式暨乡土宣讲员培训会。

【省、市基层理论宣讲比赛】 8月15日，在全市基层理论宣讲赛中，陈爱莲获评市金牌宣讲员，乐晓梅、吴悠获评市优秀宣讲员，县委宣传部获评优秀组织奖。9月6—9日，在全省基层理论宣讲比赛中，陈爱莲的主题宣讲《我们的母亲河 我们的河长制》进入全省前20名，被评为省级星级宣讲员，入选首批福建省乡村讲师团人才库。

【基层通讯员新闻写作培训班举办】 12月14日，县委宣传部在县委党校举办基层通讯新闻写作培训班，邀请省市主流媒体资深编辑刘益清、詹昌政授课，全县百名基层通讯员参训。

【“岩城巨变”摄影图片展举办】 12月29日，县委宣传部和县国土局、档案局、方志办、文联主办庆祝改革开放40周年“岩城巨变”摄影图片展，展览在县文化馆一楼展出，展出作品271幅，展示改革开放以来大田发展巨变和取得的喜人成就。

（周善智）

统战工作

【概况】 2018年，县委统战部推进统战领域各项工作，助力新时代多彩大田建设。3月30日，全县统战工作会议在县总工会五楼会议室召开。县委统一战线工作领导小组成员单位分管领导、各乡镇统战委员、统战系统单位全体干部48人参会。会上传达贯彻全市统战部长会议精神，县委常委、统战部部长施正立出席并讲话。4月1日，香港福建希望工程基金会访问团主席余毅一行18人参加城关第二希望小学多功能报告厅和微机室项目落成庆典。

党外人士工作 以增进和凝聚思想政治共识为政治任务，举办社会各界代表人士迎新春座谈会和党外代表人士座谈会，收集整理社会各界人士7个方面的意见建议30多条，为县委县政府决策提供参考。6月，举办为期半个月的第八期党外干部培训班，培训党外干部39人。

民族工作 贯彻落实少数民族政策方针，不断加强少数民族群众的团结工作。争取省市少数民族发展专项扶贫资金，用于山川回族村基础设施建设14万元，用于东坂畲族村特色产业建设5万元。筹措村庄周边道路拓宽工程资金170万元。开展安良堡修缮工作，争取土堡本体修缮资金195万元；争取土堡周边环境整治资金60万元。东坂畲族村被住房城乡建设部、国家文物局列入第七批中国历史文化名村。推进圆梦工程，帮助3名少数民族大学生取得助学金。

宗教工作 学习贯彻习近平总书记关于宗教问题和宗教工作的系列重要论述和《宗教事务条例》（自2018年2月1日起施行）。完善建立“县—乡镇—村居”三级宗教工作网络，落实乡镇、村居两级宗教工作责任制。开展宗教团体和宗教活动场所专项检查、财务督查，促进宗教活动场所管理规范化。引导宗教界人士助力农村公益事业建设，捐资捐物折合人民币12万余元。11月23日，在广平镇召开加强民间信仰活动场所监督管理工作现场会，乡镇统战委员、县宗教工作领导小组成员和民间信仰活动场所负责人代表60余人参加，会议部署民间信仰活动场所普查的补缺补漏工作，推动民间信仰活动场所监督管理规范化。

【国开大学铸造学院大田分院成立】 2月1日，中国铸造协会专家组到县调研铸造行业发展、行业技术、人才培养等工作，商讨国家开放大学铸造学院大田分院创办事宜。9月2—3日，国开大学铸造学院执行副院长支晓恒一行到县考察铸造行业企业，参加铸造学院大田分院在大田职专举行的揭牌仪式。分院是集教学、科研、生产功能于一体的校内外实习实训基地，首批面向县内铸造行业企业招收学员22人。

【海外交流工作】 3月12—13日，

美国福建联合总会常务副主席庄淑好、丹麦福建同乡会会长李忠良、哥伦比亚福建商会秘书长林智等一行11人到县开展“走进侨乡、走进侨企、走进侨园”活动。庄淑好一行先后参观走访外资企业南湖针织时装有限公司、永大工艺瓷厂和“第二集美学村”旧址，到东门社区慰问困难归侨、侨眷和贫困户20户，送上粮油等慰问品及1.2万元慰问金。

【非公经济领域工作】 以促进非公有制经济健康发展和非公有制经济人士健康成长为方向，鼓励支持引导非公有制经济发展。以“突破瓶颈转型升级”为主题，组织民营企业家39人到浙江大学参加促进民营经济发展培训班。开展“大走访”活动，调研民营企业50余家，组织民营企业家座谈会3场次，引导非公有制经济人士积极参政议政。推进异地商会建设工作，4月，指导成立广东省福建大田商会；8月，指导泉州市大田商会举办三周年庆典；12月，指导福州市大田商会完成换届工作，指导厦门商会举办十周年庆典。挖掘本土企业家和异地大田籍企业家的优秀品质，编辑出版《田商好故事》，弘扬企业家精神。

【外联活动】 6月13—15日，中国铸造协会副秘书长、咨询服务中心主任马宏儒，副主任吴仁贵一行到县考察非公经济。考察团一行先后考察华伦特重工、博实铸造、瑞鑫铸造、闽盛铸造5家非公企业和大田机械铸造产业园，对全国铸造行业发展情况及相关产业政策、铸造行业准入条件、铸造行业规范条件等新增内容进行详细解读。7月19—20日，福州海峡两岸和平统一促进会会长、福建红色记忆人文研究院院长陈承茂一行到县调研海峡两岸文化协作交流。12月1日，荷兰海牙联合国前南斯拉夫法庭法务官荷兰CMS律师事务所中国顾问陈初晴、省公安厅网安总队总队长林乐坚一行到县考察，商讨推动“章公祖师”回归等事宜。

【新思想“大学习”活动】 6月21日，全县统一战线习近平新时代中国特色社会主义思想“大学习”活动在党校举行，市委党校统一战线理论教研室副主任刘俊作《学习贯彻党的十九大精神 做好新时代统战工作》专题讲座。非公经济代表人士、新的社会阶层代表人士、少数民族和宗教界人士、各乡镇统战委员及统战系统全体干部共86人参加。

【领导调研活动】 8月7日，市委常委、统战部部长肖明光一行到县调研澳商、台商企业，走访济阳乡马力小镇项目和前坪乡茶永萱茶叶有限公司。10月16日，市委统战部部务会成员、调研员曹观生带队到县调研宗教工作情况。12月26日，市民宗局副局长邓日杨一行到建设镇感德寺、基督教堂、安仁城和广平镇灵山堂调研。

【新的社会阶层人士工作】 9月30日，大田县新的社会阶层人士联谊会成立，联谊会以民营企业和外资企业的管理技术人员、中介组织和社会组织从业人员、自由职业人员、新媒体从业人员中具有一定代表性和社会影响力的人士为主体自愿组成，具有统战性、联谊性、专业性的非营利性社会团体。第一届有会员68人，大专以上文化程度46人，会员平均年龄38岁。

（林凤添）

精神文明建设

【概况】 2018年，大田县精神文明建设工作以培养担当民族复兴大任的时代新人、弘扬共筑美好生活梦想的时代新风为根本任务，培育和践行社会主义核心价值观，推进新一轮精神文明创建活动。

【创建活动】 大田县被省委、省政府评为2015—2017年度（第五届）省级文明县城，11个单位、4个校园、5个村镇、1个社区、1个家庭被评为省级文明单位（校园、村镇、社区、家庭），建设镇被评为2015—2017年度国家级文明村镇；全县57个单位、13个村镇、19个校园、2个社区、8个家庭、1个集体、3名个人被市委、市政府评为2015—2017年度市级精神文明建设先进；表彰2016—2017年度县级精神文明建设各类先进，6个乡镇被评为文明创建竞赛活动先进，41个单位、4个乡镇、96个村、22个校园、9个社区（小区）、10户家庭被县委、县政府评为文明单位、乡镇、村、校园、社区、家庭。组织各类文明创建申报，参评新一届全国文明村镇1个、文明校园1个，参评省级各类先进34个、市级各类先进140个，县级各类先进创建245个。成立环境综合整治工作领导小组和五个专项工作组，制定《大田县开展城区环境综合整治活动方案》，召开一次创建省级文明县城动员大会，抓好县城主次大街市容市貌、社区环境、乡容镇貌重点整治，迎接省级文明县城年度测评。

【公民思想道德建设】 2018年，公民思想道德建设以核心价值观为引领，落细、落小、落实，工作取得成效。组织召开县道德模范、身边好人座谈会，县政府拨出专款慰问道德模范及身边好人26人、1.3万元；开展“我们的节日”活动，弘扬传统文化，以传统节日为节点，开展“品味端午·传承文明”“中华经典诵读”以及道德模范身边好人走访慰问活动，引导群众慎终追远、缅怀先贤、孝老敬老，弘扬文明新风；推进“讲文明、树新风”行动，在县电视台常态化播放“践行八不规范，争当文明公民”系列公益广告，宣传普及文明行为规范、“八不”行为规范，更新价值观、善行义举榜等公益广告2000多张（幅、块），做到办公场所、乡镇、村（社区）、街巷、广场和各类公共场所公益广告全覆盖。

【未成年人思想道德建设】 培养未成年人积极的人生态度、健康的心理情感、高尚的道德品质。组织开展“扣好人生第一粒扣子”、“网上祭英烈”、优秀童谣征集推荐和传唱活动、向国旗敬礼、“十佳小孝星”评选表彰、经典文化我传承主题文艺会演、“童心向党”歌咏传唱等系列主题教育实践活动；培育青少年宫特色活动项目，均溪中小的“板凳龙表演”、湖美中小的“精灵苑标本制作”入选省乡村学校少年宫项目成果交流展示活动（三明专场），受到省委文明办好评；开展爱国主义宣传教育，以19个市、县级爱国主义教育基地为平台，在清明和“五一”“七一”“八一”“十一”及国家公祭日等重要时间节点，开展“忆党史、走红迹，不忘初心、继续前行”“学习红色文化、重温入团誓词” “走进嘉庚”等主题教育宣讲活动；在县影剧院开展“经典文化我传承”主题文艺会演活动，城区部分私立幼儿园参加，汇演以文艺、孝道传承、经典文化我传承典型示范为主要内容；协调综治、公安、市管、教育、文化等部门，开展社会文化环境、校园周边环境、“黑网吧”专项整治行动，为未成年人健康成长营造良好环境。

【社会志愿服务活动】 秉持“奉献、友爱、互助、进步”志愿服务精神，在春节、学雷锋服务月、高考、国际志愿者日等时间节点，组织文明单位志愿者、岩视眼镜店志愿者、泽惠养老志愿服务队、居敬孝老志愿服务队等开展“服务新大田、建功新时代”“传承雷锋精神，倡导时代新风” “温馨回家路，平安伴你行” “爱心送考” “邻里情、暖人心”等主题志愿服务活动；组织党员干部志愿者3万多人，以“一对一”结对帮扶形式，开展“助力精准脱贫” “送温暖、送爱心”志愿服务活动、“志愿服务做表率，清洁家园我先行”主题党日活动；组织晟点文化传媒、纳森文化传媒等公司开展“爱心冰柜、免费补给”公益活动，在城区时代广场、岩城广场等5个点设置“无人冰箱”冷饮补给站，为环卫、交警、城管、快递等一线户外工作者提供免费饮用水及冷饮，该活动在《三明日报》报道。

【未成年人心理健康知识巡讲举办】 3月23日，省未成年人“阳光心灵、快乐成长”心理健康知识百场公益巡讲大田专场在城关第二小学举办，全县各校师生代表300人多参加。

【“全闽共舞·舞动中国梦”主题广场舞大赛举办】 8月29日，县文明办联合县广电网络集团在县体育中心举办“全闽共舞·舞动中国梦”主题广场舞大赛，共有21支代表队、420位市民舞者参加比赛，县老干局代表队的“跨越德克萨斯州华尔兹＋蓝色婚礼”获得一等奖。1300多名群众到场观看比赛。

（叶高干）

对台工作

【概况】 2018年，县委台办以习近平对台工作重要思想为指导，做好对台经贸交流、文化交流、基层交流、台胞联络、服务台商等组织、协调、管理、指导和服务工作，开展两岸民间民俗信仰交流，拓宽交流渠道，增进两岸人民感情。

【茶文化交流】 2018年，县委台办以茶为媒促进两岸交流与互访。7月，邀请台湾茶产业界专家到县为美人茶培训班授课；9月，邀请台湾制茶专家到县参加“大田美人茶”斗茶赛评审活动；12月，县茶叶协会赴台开展茶文化交流活动。

【台胞走访联谊】 春节前夕，县委台办走访慰问台胞台属21人，发放慰问金6300元。邀请部分在田台胞参加新春团拜会，增强台胞认同感和归属感。参加台胞中秋联谊活动，与台胞交流互动、欢度佳节，进一步稳固两岸联络的桥梁与纽带，增进田台乡亲情。

【台胞、台属和台企服务】 2018年，县委台办进一步增强服务意识，帮助台胞台属排忧解难。通过上门走访、召开座谈会等形式，跟踪了解台资企业发展情况、意见和需求。协调县供电公司、税务部门帮助在田台企解决电力供应和税收优惠等问题11个，保障台胞合法权益，落实各项惠台政策。配合公安机关为台胞办理台湾居民居住证16本。

（陈富光）

党校工作

【概况】 2018年，县委党校在编在岗13人，其中，专职教师11人，研究生学历1人、本科学历9人、大专学历1人；高级讲师4人、讲师5人、助理讲师2人。县委党校发挥干部教育培训主渠道、理论宣传生力军、参谋决策思想库的作用。选派理论骨干教师担任县乡村讲师团理论宣讲指导员，到基层宣讲习近平新时代中国特色社会主义思想和中共十九大精神20场次，900多人次受教育。为县广播电视《一周岩城》栏目撰写新思想微党课讲稿7篇。全年派员外出培训学习24人次，其中，到中央党校1人次、复旦大学6人次、浙江大学3人次。

干部培训 2018年，县委党校举办各类培训班、进修班25期，培训各类干部2640人次，其中，科级班2期、87人，青干班1期、44人，优秀年轻干部培训班1期、46人，党外干部培训班1期、39人，全县党务干部培训班3期、268人，全县入党积极分子培训班3期、309人，基层团干部培训班1期、32人，县派第5批驻村第一书记、住村特派员培训班1期、99人，第三批住村特派员培训班1期、45人，妇联执委履职暨推动农村妇女进村“两委”工作培训班1期、121人，县统一战线学习习近平新时代中国特色社会主义思想培训班1期、100人，新一届村（社区）党组织书记培训班2期、274人，村（居）委会主任（常务副主任）任职培训班2期、274人，三明市党员创业就业示范培训班1期、50人，全县领导干部深入学习贯彻习近平新时代中国特色社会主义思想专题研讨班2期、753人；浙江大学—大田县领导干部“乡村振兴”专题培训班1期、53人，浙江大学—大田县促进民营经济发展培训班1期、46人。全年聘请专家学者和省市县乡及县直部门领导授课98人次，其中，省市专家学者13人次，县领导10人次，县直部门和乡镇领导43人次，县部门专家28人次，企业管理人员4人次。

科研工作 2018年，县委党校参加省市研讨会3人次，其中，全省研讨会1人次、全市研讨会2人次。获课题立项3项，其中，获市社科规划课题1项、市委党校课题2项。完成科研论文18篇，其中王沁的《改革开放以来我国解决“三农”问题的基本思路及其历史经验》在《三明论坛》2018年第6期和《三明党校论坛》2018年第4—5期发表，郑昌成的《贯彻习近平新时代中国特色社会主义思想的若干思考》入选全市党校教育研讨会。1月23—26日，教师林克进的《坚持以人民为中心》专题课获三明市校院系统2017年县（市、区）委党校、行政学院教学精品课评选活动二等奖。

【生态文明建设教学科研基地挂牌】 2月3日，中共福建省委党校、福建行政学院生态文明建设教学科研基地（大田）签约、授牌仪式在龙山宾馆举行，省校院常务副校院长陈雄、副巡视员顾越利，市委组织部副部长李明、市委党校常务副校长赵圣宏出席授牌仪式。在大田设立生态文明建设教学科研基地是省委党校挂钩帮扶大田的一项重大举措，打造具有大田特色的干部教育培训基地品牌，大田在生态综合治理方面有丰富的经验，为全省干部教育培训工作和省委党校课题研究提供丰厚的资源；发挥省委党校"思想库"作用，通过共同开展相关课题研究，为大田县委、县政府决策咨询服务；通过共同研究与审定战略合作项目，有序、有效地推进双方合作，推动大田在脱贫攻坚上取得实效。

【"乡村振兴"和民营经济发展培训班在浙江大学举办】 5月5—13日，县"乡村振兴"战略培训班在浙江大学举办，县委常委、组织部部长、党校校长王怀斌，县人大常委会副主任章玲，副县长涂剑峰，县直机关和部分乡镇的领导干部等53人参加。培训班采取专题教学与现场教学相结合的方式，围绕乡村振兴战略主题开设10个专题，并组织学员到嘉兴、德清、安吉和富阳等地进行现场教学。7月2—8日，县促进民营经济发展培训班在浙江大学举办，县政协副主席阮芳，县直机关有关部门领导，大田商会及福州、泉州、厦门、广州等地大田商会的民营企业家共46人参加。培训班开设当前国家宏观经济金融形势与政策分析、企业战略管理、民营企业转型等10个专题教学，浙江大学的教授和浙江商会的企业家参与授课，并组织学员到史陶比尔、九阳电器、梦想小镇等地开展以创新发展理念为主题的现场教学。

【省市现场教学活动在大田开展】 2018年，省校院、市校院及市委组织部到大田举办的开展生态文明建设、党建引领乡村振兴现场教学主体班9个、388人次参加。其中，省委党校、省行政学院班次4个，为第72—74期县处级公务员任职培训班及第55期中青年干部培训班；市委党校、市行政学院班次4个，为第70、71期科级干部进修班、第4期青年干部（选调生）培训班及第13期党外科级干部培训班；市委组织部举办的全市党员创业就业示范培训班暨茶叶生产管理及制作技术培训。

【岩城大讲堂专题讲座举办】 2018年，岩城大讲堂举办专题讲座7场，党员领导干部980多人次参加。讲座邀请省委党校、行政学院工商管理教研部主任胡熠、哲学教研部教授林建华、经济学教研部副主任陈新，市委党校、行政学院统战理论教研室副主任刘俊、党建教研室主任陈锦琪、科研处主任董碧英、经济学教研室副主任韩英分别作专题报告。

（郭立新）

党史研究工作

【概况】 2018年，县委党史研究室按"突出中国特色社会主义时间段历史研究、不断跟进党中央的步伐、不断跟进历史前进的脚步"工作要求。完成《中国共产党大田历史（二卷）》送审稿、《大田红色故事》初稿，启动《中共大田县委大事记》《大田党史人物》两本专著编写。依托大田中央苏区革命历史陈列馆、闽中工委会址展馆、叶炎煌烈士故居展板等16个党史教育基地，开展革命传统教育，接待机关事业单位、乡镇干部职工以及学校师生3万余人。协助推进中央红军村——均溪镇玉田村、武陵乡百束村红色项目建设。12月31日，中共大田县委党史研究室和大田县地方志编纂委员会办公室合并为中共大田县委党史和地方志研究室。

【党史编研与史料征集】 启动于2010年5月编写的《中国共产党福建省大田县历史·第二卷（1949—1978）》一书，顺利完成编纂，并报省党史研究室审核出版。该书共分四编，十六章，45节，22万字，插图28帧，主要记载和反映新中国成立至中共十一届三中全会召开期间，中共大田县委带领全县人民进行社会主义革命和建设以及加强党的自身建设的历史进程。讲述大田革命故事《大田红色故事》初稿编写完成；启动《中共大田县委大事记》《大田党史人物》两本专著编写。组织干部沿朱德出击闽中路线，实地考察红四军二三纵队所到的龙岩、漳平、永春等红军驻扎旧址，收集与大田相关的革命史料。

【纪念改革开放40周年系列活动举办】 2018年，为纪念改革开放40周年，县委党史研究室引导全县机关事业单位、乡镇干部职工以及学校师生参观大田中央苏区革命历史陈列馆、闽中工委会址展馆等16个党史教育基地进行革命传统教育，全年接待参观群众3万余人。

【红色文化下乡】 2月1日，县委党史研究室根据县委部署，组织服务团队到广平镇广平村开展"三下乡"活动，现场赠送红色书籍300多本。

【第九批省文保单位名录公布】 10月，省政府公布第九批省文保单位。大田县华兴乡叶炎煌故居联芳堂、中共大田县第一支部会址；建设镇红九军团暨三民乡苏维埃政府旧址光裕堂；均溪镇抗战时期"第二集美学村"旧址群；武陵乡中共闽中工委会址西河祠；均溪镇玉田村，屏山乡内洋村、蒋山村、杨梅村，吴山镇张坑村朱德率红四军二三纵队出击大田闽中史迹群等革命旧址被列入。

【"中央红军村"项目建设】 2018年，县委党史研究室推进三明市第二批"中央红军村"武陵乡百束村红色项目建设。当年，完成林鸿图烈士故居（中孚堂）及其周边环境整治提升项目招投标，故居主房部分修缮，2间附属房按原貌重建，拆除周边危房2座，绿化故居道路及整治河道各300米；村道路口设立红色文化地理标识16处，红色历史文化宣传牌匾80处；修建红色休闲仿木栈道400米；总投资190万元。

【机关合并】 2018年，根据国家机构改革相关文件精神，中共大田县委党史研究室和大田县地方志编纂委员会办公室合并为中共大田县委党史和地方志研究室，为归口中共大田县委办公室管理的事业单位（正科级），核定8个编制，在职人员保持参公身份。12月31日，举行中共大田县委党史和地方志研究室揭牌仪式，县委常委、统战部部长施正立参加揭牌仪式。新成立的县委党史和地方志研究室承担地方党史、方志、年鉴编纂出版任务，组织开展史志宣传教育和纪念活动，研究开发利用地方史志资源，对涉及地方史志和重要人物题材的出版和影视作品进行审查等职责。

（杨佳收）

老干部工作

【概况】 2018年，县委老干部服务管理离休干部23人，其中处级（含享受待遇）6人，分布为行政机关11人、事业单位7人、企业5人；“5·12”退休干部（1949年10月1日至1950年5月12日参加工作）23人；原任副处级以上退休干部19人。县委老干部局做好邀请老干部出席县委县政府重大会议和县人大、政协“两会”及重要决策会议，领导干部的述职、测评、推荐会和反腐倡廉报告会、征求工作意见座谈会工作等12场、参加113人次，邀请老干部参加通报会2次。坚持服务联系卡制度，保持与原单位、社区及其子女的沟通联络，建立多位一体服务体制。巩固白岩社区老干部学习、活动、关心照顾、发挥作用“四就近”示范点建设。通过微信公众号通报工作动态、宣传政策法规、推出工作中涌现出的经验典型等内容。坚持方便老干部学习制度，征订20余种党刊、杂志供老干部学习；每月精选学习材料送至老干部家中，保障老干部政治学习需求。组织原任副处级以上离退休干部参观考察县居家养老服务中心和武陵乡大石村。全年，走访慰问老干部（含遗属）166人次，发放慰问金14.2万元、困难补助0.8万元，生病住院探视34人次。在老干部生日时为他们送蛋糕祝寿。向领取离休费和医疗费统筹管理的老干部每人每年发放180元的书报费和320元的公务费。

【国学志愿者活动】 3月4日，县委老干部局组织国学志愿者服务队成员参加“大田县学雷锋志愿者在行动”活动。现场解答国学问题，分发国学资料200多份，赠送《岁月平凡逐逝波（作者李纯宗）》《郝滔文集（作者郝滔）》各100多本。

【有氧行进健身操展示】 8月8日，县委老干部局、文广局、老体协等单位联合在县体育中心篮球馆举行“我健康·我快乐”有氧行进健身操展示交流活动，14个队、400多人参加。

【县老干部党校成立】 12月，经县委组织部批准，成立老干部党校。老干部党校在县委组织部、离退休干部党工委领导下，依托老年大学教学资源，根据离退休干部党员思想特点，开展习近平新时代中国特色社会主义思想教育、形势政策教育和党的基层组织建设、党性修养以及老干部政策等相关知识培训。采取课堂讲授、座谈研讨、学习考察等形式办班。

【微视频作品获奖】 12月，县委老干局选送的微视频作品《献爱老心、架康乐桥》《改革开放是一把打开宝库的钥匙》分获省委组织部、省委老干部局组织开展的八闽老干部“我看改革开放新成就”微视频评选活动三等奖和优秀奖。

【老干部党支部建设】 2018年，县委把离退休干部党支部和老干部思想政治建设纳入党建目标考核。老干部党支部建设进一步规范，在离退休干部较多的单位建立老干部党支部17个，年底，全县老干部党支部由原来的6个增加到23个。县委组织部返还党费4.47万元，用于老干部党支部活动开展和党报党刊订阅。

【“348”精准服务老干部工作机制建立】 2018年，县委老干部局建立并全面推行“348”精准服务老干部工作机制。即：根据老干部健康状况、特殊困难和服务需求考量，按照重视程度和服务力度分为红（特别服务）、橙（重点服务）、绿（侧重服务）“三级分类服务”；围绕老干部对晚年幸福生活的要求，建立单位尽责、家庭尽孝、社会尽心、老干部门尽职的“四方联动服务”；精确细分不同层次服务对象，在学习、活动、生活、医疗、生日祝福、生病看望、节日慰问、困难帮扶方面提供“八项个性服务”。

（陈辉文）

县直机关党的工作

【概况】 2018年，中共大田县委县直机关工作委员会（简称县直机关党工委）按照“一党委一品牌，一支部一特色”创建党建服务品牌，每季度召开一次党建工作推进会，总结、推广先进经验和典型。注重党员经常性教育与管理，依托县委党校和干部网络学院、党员e家等平台，组织机关党员干部参加政治理论学习和业务培训，创办18个“新时代党群学习教育阵地”，开展“大学习”、主题党日、党员“政治生日”等活动。慰问重大疾病、重大灾害等困难党员25人、2.5万元。抓好党费收缴，全年收缴党费145万元，拨补16万元加强党群、市管、公安、总医院4个党委以及统战、编办、团县委、部分中小学的党组织阵地建设，推进基层党组织的规范化建设。年底，县直机关党工委下辖党委16个、党总支12个、党支部250个。党员4582人，其中，年内新发展党员58人，机关事业单位在职党员3485人，离退休干部职工党员1097人，女党员954人，少数民族党员29人，大学以上学历党员2364人，30岁以下党员591人。

【领导调研】 3月16—18日，省直工委常务副书记梁晋阳一行5人到县妇幼保健院、行政服务中心等党支部调研机关党建工作，市直工委常务副书记龚其明，县委常委、组织部部长、县直工委书记王怀斌陪同；4月16—17日，省直机关工委委员、组织部部长黄汉基，副部长洪扎生一行3人到县调研，调研组查看县主要领导所在支部的会议记录并了解相关情况。召集政府直属部门、经信系统等党委负责人员11人和县直工委班子成员座谈，听取机关党建工作的思路措施和意见建议，市直工委副书记严有俊，县委常委、组织部部长、县直机关工委书记王怀斌陪同。

【党建工作会议召开】 4月20日，县直机关党工委在政府四楼会议室召开2018年全县机关党的工作会议，下辖各党委书记、副书记、机关党工委班子成员，36人参会。学习贯彻习近平新时代中国特色社会主义思想和十九大精神，传达全省全市机关党的工作会议精神，回顾总结2017年机关党的建设工作，安排部署2018年工作任务。县委常委、组织部长、县直机关工委书记王怀斌出席会议并讲话。王怀斌向15个机关党委颁发《2018年度党建工作责任书》。

9月13日，在政府四楼会议室召开县直机关党的政治建设推进会。学习贯彻习近平总书记关于加强中央和国家机关党的政治建设重要指示和省市机关党的政治建设推进会、县委常委会精神，交流加强县直机关党的政治建设的经验做法，研究部署进一步推进县直机关党的政治建设的任务和措施。王怀斌出席会议并讲话。县人大办、纪委监委、检察院、发改局、供电公司等党组织领导作交流发言。

【党务干部培训班举办】 6月12—20日，县直机关党工委在县委党校举办县直机关党务干部培训班3期，每期2天。县直各党委的副书记、党办人员和基层各党支部（总支）具体从事党务工作的干部268人参训，学习中共十九大修订的《中国共产党章程》、习近平新时代中国特色社会主义思想、党务基本知识、党支部活动记录及材料收集等内容。

【“七一”表彰大会举行】 7月3日，县直机关党工委在县政府四楼会议室召开县直机关“七一”表彰大会，下辖各党委书记、副书记，受表彰的15个党支部书记，优秀共产党员、优秀党务工作者代表等50多人参会，县委常委、组织部部长、工委书记王怀斌出席会议。表彰先进基层党组织15个、优秀共产党员30名、优秀党务工作者20名，并对先进基层党组织和优秀个人颁发奖牌和奖状。

【意识形态工作责任落实】 2018年，县直机关党工委把意识形态工作列入年度机关党建工作要点、党建工作责任书内容，纳入机关党委书记抓基层党建述职评议的重要内容、每季度机关党建工作督查范围，做到与机关党建工作同部署、同落实、同检查、同考核。占领党的宣传舆论阵地，抓好党建宣传载体检查整改，成立督导组进行现场督导抽查，机关各级党组织对党建室、宣传栏等宣传载体的内容进行全面的自查更新，促进工作落实落细。组织机关各级党组织开展机关党建重点课题调研和党建信息报送，全年被福建机关党建网、三明机关党建网采用的党建信息28条，《关于建设高素质专业化机关党务干部队伍的思考》获全市机关党建重点课题调研三等奖。为基层党组织订购《中国共产党支部工作条例（试行）》350本，提升机关党务干部队伍的业务素质和政治素养。

【机关监督执纪问责】 2018年，县直机关党工委开展警示教育，强化不敢腐的震慑，发挥典型案例和忏悔录警示教育作用，县纪委县直机关工作委员会利用电视节目《忏悔录》分别对党工委、司法行政干部和总医院中层以上职工干部进行警示教育，以案明纪、以案释纪，营造良好的防腐拒变氛围。针对县委第六轮巡察卫计局中发现各乡镇卫生院普遍存在相互吃请问题，组织党风廉政建设警示教育大会，督促总医院与各乡镇卫生院负责人签订廉洁自律责任书。通过日常走访监督及驻点办公等方式，督促各联系监督单位开展好移风易俗、扶贫领域及扫黑除恶等各专项领域工作。落实中央八项规定精神，召开联络员会议4次，加强对各联系监督单位的日常监管，发现苗头性问题，及时红脸出汗、提醒纠正。全年完成上级转交信访件4件，其中2件转党政纪立案，给予党纪警告、行政警告处分各1人，提醒谈话6人。

【党建责任制落实】 2018年，县直机关党工委强化责任落实，坚持用责任制管责任人。把全年的党建工作重点写入党建工作责任书，明确各党委工作职责和工作任务。完善机关党建考评机制，调整党工委成员挂钩联系基层党委制度，加大对基层党组织的指导和调研，确保党建工作有人抓、有人管。督促落实“两个责任”，指导党委召开支部书记党建工作述职评议会，推动机关各党组织履行主体责任和监督责任，加强政治生态建设情况的监督检查，把学习贯彻习近平新时代中国特色社会主义思想和十九大精神作为重大政治任务。县纪委县直机关工作委员会加强对各监督联系单位政治规矩和政治纪律执行情况的监督检查，科学把握运用“四种形态”，引领领导干部进一步增强“四个意识”，坚定“四个自信”，做到“两个维护”，防止“七个有之”，确保责任落实到位。

（池上亮）

机要保密工作

【概况】 2018年，大田县机要保密局落实责任，完成机要保密各项目标任务，实现全县机要保密工作安全无差错。围绕《中华人民共和国保守国家秘密法》等法律法规和政策规定，发挥《保密工作》等刊物的保密知识、法规和典型案例的宣传教育作用，以县处级领导、科级干部和涉密人员为重点，开展形式多样的宣传、警示、忠诚教育活动，提高广大干部保密意识水平。按照规定和要求做好各类电报的收发、传阅、归档等工作，做到无疏漏、无差错。在密码通信保障、密码安全管理、电子政务内网建设、干部队伍建设等方面取得新成效。县委机要局获评全省机要系统先进集体，被市委机要局评为2018年度全市党政系统机要密码工作绩效考评优秀单位。

【保密专项检查】 2018年，大田县国家保密局按照省市要求，结合本县实际，开展保密检查监督工作。5月和10月，先后两次对全县20个保密要害部门、县直机关进行互联网电子邮件系统专项保密检查，进一步规范全县保密管理。同时参与高等职业教育入学考试、中考和全国高考保密工作，会同教育、公安等部门对试卷保密室进行检查验收和巡查，确保保密措施落实到位，杜绝失窃密事件发生。

【保密专题讲座】 2018年，大田县国家保密局在县纪委监委、党校等单位作保密专题讲座6次，500多人次参加。

【电子政务内网投入使用】 2018年，大田县电子政务内网顺利通过县级终端汇集点和县委办接入点分级保护测评，获得涉及国家秘密的信息系统使用许可证，并正式投入使用。

（刘利烽）

大田县人民代表大会

□ 编辑 郑祥果

综 述

【概况】 2018年，县人大常委会以习近平总书记关于坚持和完善人民代表大会制度的重要思想为根本遵循，注重在坚持党的领导中保持正确政治方向，注重在保证人民当家作主中维护群众根本利益，注重在依法履职中服务全县发展大局。全年召开人民代表大会会议1次、召开常委会会议8次、主任会议17次，听取和审议“一府两院”专项工作报告15项，组织开展调研、视察、专题询问、执法检查29项，组织满意度测评7次，配合省、市人大常委会开展调研、视察、执法检查等活动13次。

加强自身建设 2018年，县人大常委会把讲政治放在首位，严守政治纪律和政治规矩，采取集中学习、召开思想交流会、专题研讨、基层宣讲等形式，兴起“大学习”热潮。开展调查研究，制定年度计划，征集代表意见建议，将关乎群众切身利益的事项列为监督议题；在视察、调研、执法检查和审议工作报告等一系列工作中，坚持深入群众，听取意见，确保监督工作和作出的决议决定符合民情、反映民意、集中民智。正风肃纪，严格执行中央和省、市、县委关于加强党风廉政建设的各项规定，落实中央八项规定及实施细则精神，加强干部队伍教育管理。主动服务重点工作，常委会领导和机关干部参与特色产业发展、重点项目建设等中心工作，到项目和挂包乡镇一线，协调解决项目建设和基层遇到的困难问题。完善常委会组成人员和相关委室分片联系指导乡镇人大工作机制，落实乡镇人大主席列席县人大常委会会议，参与县人大常委会调研视察、执法检查活动等制度，加强县乡人大互动。

服务经济社会发展 2018年，县人大常委会把稳定经济增长摆在监督工作的首位。开展半年经济运行情况调研，听取审议半年计划执行、“十三五”规划纲要实施中期评估等报告，加强对国民经济运行情况跟踪分析，按照经济高质量发展新趋势、新规律、新要求，督促政府抓好稳增长调结构、降成本优环境等重要措施的贯彻落实，提升经济运行质量。把推动财政稳健运行作为防范化解重大风险攻坚的重点，依照预算法及有关文件精神，听取审议决算、预算执行、预算调整等报告，审查批准县本级2017年决算、2018年预算调整方案，加强全口径预算审查监督。提前介入年度预算编制工作，从审查具体金额向审查支出政策和支出标准延伸，优化预算编制，做实预算初审。执行过程中针对预算执行中存在的困难和问题，提出加大税源培植力度、加强财税收入征管、从紧控制债务增长、防范和化解财政运行风险等意见建议。开展2017年度审计查出问题整改落实情况跟踪检查，推动各项整改措施的落实。把脱贫攻坚工作作为第一民生工程加强监督。常委会领导到吴山、前坪、文江、均溪等乡镇贫困村调研，分析致贫原因，督促压实帮扶责任，提升帮扶针对性，推进“输血与造血”并重、“扶贫与扶志”结合等措施的落实。把提升生态环境质量作为监督常态。坚持每年审议环境状况和环保目标完成情况报告，包括组织建设、矿山生态修复、农村生态环境整治等工作。开展城区及周边环境保护工作情况专题调研。开展城区饮用水源地管护工作监督，针对整改落实进度缓慢等问题，举行专题询问。听取审议河长制工作落实情况报告。把人民群众关心的热点难点问题摆在监督的突出位置。听取审议民生基础设施建设情况报告，开展一中东部校区选址调研，审议通过调整城区教育布局专项规划的议案，跟踪监督教育基础设施建设进展情况，对不动产登记管理工作、少数民族社会事业发展情况等开展专题调研，提出对策建议。把坚持依法治国、维护宪法和法律权威作为重要任务。开展新修订的宪法和新颁布的国家监察法等法律学习宣传。建立人大监督与检察监督联动工作机制，加强法律监督联动衔接。对《中华人民共和国工会法》等法律进行执法检查，促进相关法律法规贯彻执行。围绕“两年基本解决执行难”目标，对2017年“执行难”工作审议意见落实情况进行跟踪问效，听取审议县法院整改落实情况报告。针对经济犯罪案件持续攀升的实际，对公安机关经济侦查工作开展专项监督，推动加大打击经济犯罪力度。持续开展平安创建工作专项视察，支持“扫黑除恶”行动、维护社会治安持续稳定。

发挥代表主体作用 2018年，县人大常委会把建好代表活动阵地，作为保障代表履职基础性工作，创新开展“五有四好三上墙”建设（有场所、有牌子、有设施、有资料、有记录，代表制度建设好、代表活动开展好、代表作用发挥好、促进发展效果好，活动制度、基本信息、履职情况上墙），对18个"代表联系群众活动室"、75个"代表小组活动室"进行提档升级。利用省人大三级代表履职服务网络平台，完善微信公众号宣传展示、线上交流功能，推进代表履职"线上""线下"有机结合。坚持和落实"两个联系"制度，全面推行代表接待群众日活动，在全市首创"一表三单"工作模式（代表接待群众日安排表、代表接待群众登记单、群众意见交办单、群众意见办理情况反馈单），组织各级代表轮流"坐镇"接待群众，增强代表履职实效。邀请代表列席常委会会议，组织代表开展调研、视察等各类活动。强化代表履职登记、向选区选民报告履职情况等制度。坚持把督办代表建议作为保障代表权利、督促"一府两院"改进工作的重要途径。健全完善督办机制，把督办建议同代表定向视察、执法检查、听取专项工作报告等多种形式结合起来，加强跟踪，促进建议办理工作落到实处。县十七届人大二次会议以来，代表提出建议136件，解决和基本解决的64件，问题解决率为47.1%；列入计划逐步解决的70件，受政策、财力、权限等因素制约暂时无法解决，向代表作出解释说明的2件。

【县人大常委会调研、视察活动】 4—11月，县人大常委会主任陈汉良，副主任郑宜堆、刘永生、章玲、张爱兰，分别带领部分常委会委员、县人大代表、乡镇人大主席16次到全县企事业单位、部门，开展调研视察《中华人民共和国工会法》贯彻实施、工业园区建设、经济案件侦查 、不动产登记管理、 河长制工作、环境保护、科技创新、国民经济和社会发展计划、财政预算执行、城区学校建设、公共文化服务工作、执行难、代表建议办理、野生动物保护、公共卫生服务、城乡民生基础设施等方面工作情况。

【省人大常委会领导到大田调研】 6月14—15日，省人大常委会侨（台）工委副主任叶勇鹏 一行6人，到县调研闽台农业交流合作工作。调研组到屏山大方广茶业有限公司、台湾樱花观赏休闲养生基地建设项目察看并座谈，县人大常委会副主任刘永生，县政府党组成员王利军陪同。10月22—24日，省人大代表、省九届人大常委会主任袁启彤，市委常委、政法委书记纪熙全一行7人到县调研。调研组到泽惠养老服务中心项目、生态环境指挥中心、屏山乡内洋村扶贫客栈项目、均溪镇银锭岬废弃矿山现代设施农业项目、前坪乡山川村废弃矿山蛋鸡产业化项目察看；实地调研吴山镇阳春村章公肉身菩萨保护情况、济阳乡济中村美丽乡村建设情况。县委书记陈文华、县人大常委会主任陈汉良、副主任张爱兰陪同。

【乡镇人大副主席选举】 6月25日至7月6日，全县18个乡镇先后召开了人民代表大会，依法选举均溪镇人大副主席林起杰，华兴镇人大副主席蒋先化，石牌镇人大副主席张兆钡，屏山乡人大副主席刘春垒，吴山镇人大副主席陈文校，济阳乡人大副主席吴成灿，武陵乡人大副主席郭新东，谢洋乡人大副主席郑成寨，桃源镇人大副主席柯永晋，上京镇人大副主席王景活，太华镇人大副主席苏晋昌，建设镇人大副主席范清玲，广平镇人大副主席王英永，奇韬镇人大副主席陈先煌，文江镇人大副主席邓招跃，梅山镇人大副主席林开聪，前坪乡人大副主席周联灯，湖美乡人大副主席林芳炳。

【市人大常委会领导到大田调研】 7月4—5日，市人大常委会主任徐铮一行7人，到县开展乡镇人大工作情况调研。调研组到桃源镇竞源生物科技院士工作站项目、中国・桃源里休闲旅游度假区项目、教育行业人大代表小组活动室、石牌镇乡镇人大代表联系群众活动室、武陵乡大石村党建带动小康示范村、武陵乡第三人大代表小组活动室实地察看并座谈，听取和征求意见、建议，县人大常委会主任陈汉良、副主任张爱兰陪同。当年，市人大常委会副主任刘万年、王庆、肖长根、张知通、廖小华等，先后10次组成调研组到县开展文物保护、财经、环保、人大、卫生、禁毒、养老、农业、工业城乡民生基础设施等工作调研，县人大常委会副主任张爱兰、章玲、刘永生，副县长涂林瑢、吴文旗、陈剑生、赖伟平、涂剑锋等分别陪同。

【市乡镇人大工作座谈会召开】 8月7日，全市推进乡镇人大工作和建设座谈会在大田召开。市人大常委会主任徐铮、副主任张知通、王庆、廖小华、陈仪代、肖长根、刘万年、各县（市、区）人大常委会主任、办公室主任及人事代表委主任等49人出席会议。县委书记陈文华到会致欢迎词。县人大常委会主任陈汉良就推进乡镇人大工作和建设作重点发言，各县（市、区）人大常委会主任交流研讨，市人大常委会主任徐铮作讲话。

【乡镇人大工作和建设现场会召开】 9月14日，县人大常委会推进全县乡镇人大工作和建设现场会在太华召开。副主任张爱兰主持。县十七届人大常委会组成人员，各乡镇人大主席、副主席，县人大人代室全体干部共76人参加，就新形势下如何进一步加强乡（镇）人大工作和建设进行交流探讨。县人大常委会主任陈汉良作讲话。

【人民代表大会制度重要思想交流会召开】 11月21日，县人大常委会召开深入学习贯彻习近平总书记关于坚持和完善人民代表大会制度的重要思想交流会，副主任章玲主持。县人大常委会组成人员，部分省、市、县人大代表，各乡镇人大主席，县人大常委会机关全体干部参加。会议组织学习委员长栗战书在全国深入学习贯彻习近平总书记关于坚持和完善人民代表大会制度的重要思想交流会上的讲话精神；部分省、市、县人大代表，乡镇人大主席，人大机关干部座谈交流学习贯彻习近平总书记关于坚持和完善人民代表大会制度重要思想的体会；县人大常委会主任陈汉良传达省交流会精神并作讲话。

（钟岑、吴英儒）

人民代表大会与人大常委会会议

【概况】 2018年，召开县十七届人民代表大会第1次会议，召开人大常委会会议8次、主任会议17次，听取和审议"一府两院"专项工作报告15项。

【县第十七届人大常委会第九次会议】 1月2日召开第9次会议，在县人大会议室召开（下同），副主任刘永生主持，会期半天。县人大常委会全体委员；县委常委、纪委书记、县监察委员会主任黄家发，县人大代表8人参加会议。会议主要内容：审议县监察委员会副主任、委员人选和表决任命；举行宪法宣誓仪式。

【县第十七届人大常委会第十次会议】 1月12日第10次会议，副主任章玲主持，会期半天。县人大常委会全体委员，县政府副县长余维语、县监察委副主任黄丽玲、县法院院长杨绍东、县检察院检察长张春明，各乡镇人大主席、县人大代表8人参加会议。会议主要内容：开展部门工作评议。

【县第十七届人大常委会第十一次会议】 3月29日第11次会议，副主任章玲主持，会期半天。县人大常委会全体委员，县政府副县长涂林瑢、县监察委副主任黄丽玲、县法院院长杨绍东、县检察院检察长张春明，各乡镇人大主席、市人大代表巫振桂、县人大代表8人参加会议。会议主要内容：学习传达《中共中央办公厅印发〈关于人大预算审查监督重点向支出预算和政策拓展的指导意见〉》文件精神，听取和审议《关于大田县2018年财政预算支出草案的报告》；审议通过人事任免事项；举行宪法宣誓仪式。

【县第十七届人大常委会第十二次会议】 5月25日第12次会议，副主任刘永生主持，会期半天。县人大常委会全体委员，县委常委、县政府副县长赖伟平、县法院院长杨绍东、县检察院检察长张春明、各乡镇人大主席、市人大代表陈联双，县人大代表7人参加会议。会议主要内容：学习《中华人民共和国宪法（修正案）》《中华人民共和国监察法》，听取和审议县政府关于河长制工作落实情况报告，对县政府关于河长制工作落实情况进行满意度测评。

【县第十七届人大常委会第十三次会议】 7月27日第13次会议，副主任郑宜堆主持，会期半天。县人大常委会全体委员，县委常委、县政府副县长赖伟平，县监察委副主任黄丽玲，县法院院长杨绍东，县检察院检察长张春明，各乡镇人大主席，市人大代表刘永强，县人大代表7人参加会议。会议主要内容：听取和审议县政府关于2018年上半年国民经济及社会发展计划执行情况的报告，听取和审议县政府关于2018年上半年财政预算执行情况的报告，听取和审议县政府关于提请调整2018年县本级财政收支预算的议案，听取和审议大田县人大常委会关于建立人大监督与检察监督联动工作机制的实施办法（试行）；人事有关事项。

【县第十七届人大常委会第十四次会议】 9月29日第14次会议，副主任章玲主持，会期半天。县人大常委会全体委员；县委常委、县政府副县长陈剑生，县监察委副主任黄丽玲，县法院院长杨绍东，县检察院检察长张春明，各乡镇人大主席，县人大代表8人参加会议。会议主要内容：学习习近平总书记关于人民代表大会制度的思想；听取和审议县政府关于2017年度县本级财政决算（草案）报告及2017年度县本级财政预算执行和其他财政收支情况的审计工作报告，听取和审议县法院关于"执行难"工作整改落实情况报告，对县法院执行工作情况和河长制工作落实情况进行满意度测评；审议通过人事有关事项。

【县第十七届人大常委会第十五次会议】 11月26日第15次会议，副主任刘永生主持，会期半天。县人大常委会全体委员，县政府副县长余维语、县监察委副主任黄丽玲、县人民法院院长杨绍东、县人民检察院检察长张春明，各乡镇人大主席，县人大代表8人参加会议。会议主要内容：听取和审议县政府关于贯彻落实县委《关于加快城乡民生基础设施建设的实施意见》情况报告，听取和审议县政府关于调整《大田县城区教育布局专项规划》的议案，听取和审议县政府关于公共卫生服务情况报告，听取和审议县政府关于县十七届人大二次会议和闭会期间代表提出的议案、建议办理情况报告；审议通过人事有关事项。

【县第十七届人大常委会第十六次会议】 12月21日第16次会议，副主任张爱兰主持，会期半天。县人大常委会全体委员；县委常委、县政府副县长陈剑生，县监察委副主任黄丽玲，县法院院长杨绍东，县检察院检察长张春明，各乡镇人大主席，县人大代表8人参加会议。会议主要内容：听取和审议《县政府关于提请调整2018年县本级财政收支预算的议案》，听取和审议县政府关于"十三五"规划实施情况中期评估报告，听取和审议大田县第十七届人民代表大会第三次会议有关事项。

【县第十七届人民代表大会第三次会议】 12月27—29日，大田县第十七届人民代表大会第三次会议在县影剧院召开，代表共200人，出席代表198人，列席人员182人。会议听取和审议县人民政府县长林金龙作的《政府工作报告》、县人大常委会主任陈汉良作的《县人大常委会工作报告》、县人民法院代理院长杨绍东作的《县人民法院工作报告》、县人民检察院检察长张春明作的《县人民检察院工作报告》，并通过相应的决议。会议审议县发展和改革局局长周家好作的《关于大田县2018年国民经济和社会发展计划执行情况与2019年国民经济和社会发展计划（草案）的报告》、县财政局局长吴高勇作的《关于大田县2018年预算执行情况和2019年预算（草案）的报告》，并通过相应的决议。

（钟 岑）

重大事项审议决定

【概况】 2018年，县人大常委会贯彻中共中央和省市委的重大决策部署，落实有关法律规定，对本行政区域改革开放、经济建设、民主法制建设及召开重要会议、人事任免等进行审议，并作出决议或决定。全年，作出决议5项、决定3项。

【批准财政预算支出草案决议】 3月29日，县第十七届人民代表大会常务委员会第11次会议听取县人民政府《关于大田县2018年财政预算支出草案的报告》，对草案进行审查。会议同意县人民代表大会财政经济审查委员会的审查结果报告，决定批准2018年县财政预算支出草案。会议要求：加强全口径预算管理，加大收入管征力度，抓好财源培植建设，防范政府性债务风险。

【批准调整财政收支预算议案决议】 7月27日，县第十七届人民代表大会常务委员会第13次会议，听取《大田县人民政府关于提请调整2018年县本级财政收支预算的议案》，对议案进行审查。会议同意县人民代表大会财政经济委员会的审查结果报告，决定批准调整2018年县本级财政收支预算的议案。

9月29日，县第十七届人大常委会第14次会议，听取县人民政府《关于2017年大田县本级财政收支决算（草案）的报告》和《关于2017年大田县本级财政预算执行情况和其他财政收支的审计工作报告》，对2017年县本级财政决算（草案）进行审查。会议同意县人大财政经济委员会提出的《关于2017年大田县本级财政决算的审查报告》，决定批准2017年县本级财政决算。

12月21日，县第十七届人大常委会第16次会议，听取《大田县人民政府关于提请调整2018年县本级财政收支预算的议案》，对议案进行审查。会议同意县人民代表大会财政经济委员会的审查结果报告，决定批准调整2018年县本级财政收支预算议案。

【批准专项债券转贷项目调整方案决议】 9月29日，县第十七届人民代表大会常务委员第14次会议，听取县人民政府《关于提请调整2018年地方政府专项债务转贷项目预算的方案》，对调整方案进行了审查，决定批准2018年地方政府专项债务转贷项目调整方案。

【批准调整县城区教育布局规划决定】 11月26日，县第十七届人民代表大会常务委员会第15次会议听取并审议《大田县人民政府关于提请审议调整大田县城区教育布局专项规划的议案》（田政文〔2018〕85号）。议案对大田第一中学（下称一中）东部校区选址进行调整，由均溪镇温镇村原石凤水泥厂片区调整至华兴镇华安村坪尾仑片区。会议认为，教育资源配置，选择坪尾仑片区作为一中东部校区选址，利于带动东部新城整体板块的发展；一中规划建设，坪尾仑地块可利用空地多，可为一中新校区高标准建设提供足够的空间，也利于学校的长远发展；学校周边环境，坪尾仑地块周边交通便利，环境相对独立，有利于为师生营造良好的教育教学环境；征迁建设，坪尾仑片区征迁工作难度较小，更利于加快新校区征迁建设进度。会议同意县政府将一中东部校区调整至坪尾仑片区的建议，决定批准该项议案。

【召开县第十七届人民代表大会第三次会议决定】 12月21日，县第十七届人大常委会第16次会议决定：大田县第十七届人民代表大会第三次会议于2018年12月27日至2018年12月29日召开。建议会议主要议程：听取和审议大田县人民政府工作报告，并通过相应的决议；听取和审议大田县2018年国民经济和社会发展计划执行情况及2019年国民经济和社会发展计划草案的报告，审查和批准大田县2018年国民经济和社会发展计划执行情况的报告及2019年国民经济和社会发展计划；听取和审议大田县2018年预算执行情况及2019年预算草案的报告，审查大田县2018年预算执行情况的报告及2019年预算草案，批准大田县2018年县本级预算执行情况的报告及2019年县本级预算；听取和审议大田县人大常委会工作报告，并通过相应的决议；听取和审议大田县人民法院工作报告，并通过相应的决议；听取和审议大田县人民检察院工作报告，并通过相应的决议；大会主席团决定提请大会审议的其他事项。

（钟　岑）

监督工作

【概况】 2018年，县人大常委会履行宪法和法律赋予的职责，坚持正确监督、有效监督，服务经济社会发展，提升监督实效。全年，听取和审议“一府两院”专项工作报告15项，组织开展调研、视察、专题询问、执法检查29项，组织满意度测评7次，配合省、市人大常委会开展调研、视察、执法检查等活动13次。

【部门工作满意度测评】 1月12日，县十七届人大常委会第10次会议，根据《中共大田县委转发〈大田县人民代表大会常务委员会关于开展部门工作评议的办法（试行）〉的通知》（田委〔2017〕72号）、《大田县第十七届人大常委会工作评议实施方案》（田人大〔2017〕46号）和《大田县人大常委会办公室关于开展部门工作评议活动的通知》（田人大办〔2018〕1号）的要求，对检察院、发改局等16个部门进行工作评议。并将测评结果通过县电视台向社会公布。

【《中华人民共和国工会法》执法检查】 4月上旬，县人大常委会成立以副主任郑宜堆为组长，部分常委会委员、县人大代表、乡镇人大主席为成员调研组一行12人，到县总工会、人社局、安监局、地税局、妇联、工商联、县疾控中心、上京矿务局、南湖针织时装有限公司、建华纺织有限公司、飞鹰实业有限公司等单位，听取汇报、座谈了解、实地考察、明察暗访、查阅相关资料等形式，了解《中华人民共和国工会法》（简称《工会法》）和福建省实施《工会法》办法在大田县贯彻实施情况。

【经济案件侦查工作情况调研】 4月中旬，县人大常委会成立以副主任郑宜堆为组长，部分常委会委员、县人大代表、乡镇人大主席为成员的调研组一行12人，到县公安局、市管局、国税局、地税局、烟草专卖局、金融办、人行、工行、建行、农行、信用社等相关单位，采取听取汇报、座谈了解、实地考察、明察暗访、查阅相关资料等形式，了解县经济案件侦查工作面临的困难和问题，提出促进经济案件侦查工作意见和建议，以及其他需要了解的相关情况。

【不动产登记管理工作情况调研】 5月上旬，县人大常委会组成立以副主任章玲为组长，部分常委会委员、乡镇人大主席为成员的调研组一行12人，对大田县不动产登记管理工作情况进行调研。调研组到县国土局、农业局、林业局、住建局、上京镇、桃源镇、奇韬镇、文江镇等单位，通过实地察看、听取汇报、座谈交流等形式，了解县不动产登记机构情况，不动产确权、登记工作开展情况，不动产管理部门与不动产登记部门职责分工、履职、移交情况，以及不动产登记管理工作存在的问题和困难，提出意见建议。

【河长制工作情况调研】 5月中旬，县人大常委会成立以副主任章玲为组长，部分常委会委员、人大代表、乡镇人大主席为成员的调研组一行14人，到县河长办、水利局、生态执法局、环保局、住建局、农业局、林业局、经信局、国土局、畜牧兽医水产中心、谢洋乡等单位调研。调研组采取听取汇报、查阅相关资料、座谈了解、实地察看等形式，了解河长制工作成效及存在的困难和问题。

【环境状况和目标完成情况跟踪检查】 6月上旬，县人大常委会组成以副主任章玲为组长，部分常委会委员、乡镇人大主席为成员的调研组一行12人，对大田县环境状况和环境保护目标完成情况进行调研。调研组到县环保局、国土局、农业局、畜牧兽医水产中心、水利局、林业局、住建局、经信局、生态综合执法局、河长办、均溪镇、上京镇、桃源镇、太华镇、湖美乡、经济开发区管委会及部分企业、安然水务环保有限公司、力天环保有限公司等单位，通过听取汇报、查阅相关资料、座谈了解、实地察看等形式，了解全县环境保护规划、环境质量状况、政府及其部门环境保护目标责任落实情况、企事业单位和其他生产经营者环境保护目标责任落实情况。

【城区学校建设项目进展专题调研】 6月26日，县人大常委会组成以副主任张爱兰为组长，教育行业人大代表小组成员一行15人，对县城区学校建设项目进展情况进行专题调研。调研组到相关乡镇、中小学校，以查阅资料、座谈讨论、听取汇报等形式，了解城区学校建设情况以及其他需要了解的相关情况。

【县法院“执行难”工作情况调研】 8月，县人大常委会成立以副主任郑宜堆为组长，部分常委会委员、人大代表、乡镇人大主席为成员的调研组一行12人，县法院、检察院、公安局、发改局、市场监督管理局、林业局、国土局、住建局、人社局、人行，岩城、宏岩、协胜律师所等相关单位，采取听取汇报、座谈了解、实地考察、明察暗访、查阅相关资料等形式，了解县法院贯彻落实中央、省委和最高人民法院关于基本解决执行难决策部署的成效及做法，当前推进基本解决执行难面临的困难和问题，提出改进执行工作和推进基本解决执行难的意见和建议。

【野生动物保护工作跟踪检查】 10月中旬，县人大常委会成立以副主任章玲为组长，部分常委会委员、县人大代表为成员的调研组一行11人，到县林业局、县畜牧水产中心、县公安局、县森林公安分局、县市场监督管理局、县教育局、县文广局、县城管局、县交通局等相关单位，采取听取汇报、座谈了解、实地察看等形式，了解《中华人民共和国野生动物保护法》在县贯彻实施情况。

【公共卫生服务情况视察】 10月中旬，县人大常委会成立以副主任张爱兰为组长，部分常委会委员、人大代表、乡镇人大主席为成员的调研组一行15人，开展公共卫生服务情况调研。调研组到县卫计局、财政局、编办、公务员局、医保中心，县总医院、妇幼保健院、疾控中心、均溪社区卫生服务中心，部分乡镇卫生院等相关单位，采取听取汇报、查阅相关资料、实地察看、座谈等形式，了解县基本公共卫生服务项目落实情况、公共卫生服务存在的问题及原因，提出加强和改进县公共卫生服务的意见和建议。

【《城乡民生基础设施建设的实施意见》贯彻调研】 11月，县人大常委会成立以副主任刘永生为组长，部分常委会委员、人大代表、乡镇人大主席为成员的调研组一行15人，到住建局、水利局、交通运输局、环保局、文化广电局、商务局等相关单位；国道纵五大田段、香山北路扩大、城区污水收集治理、垃圾焚烧场、燃气管网建设、河滨景观栈道三期、社保服务设施建设等工程项目调研，调研组采取听取汇报、查阅相关资料、现场踏看、走访座谈等形式，了解县政府及有关部门贯彻落实县委《关于加快城乡民生基础设施建设的实施意见》情况。

【城区饮用水源地管护专题询问】 12月14日，县十七届人大常委会对城区饮用水源地管护工作开展专题询问。询问议程：县政府分管领导对城区饮用水源地管护工作开展情况进行汇报；开展询问；县政府分管领导表态发言，县人大常委会领导总结讲话。县人大常委会要求县政府及有关部门，根据审议意见加紧落实办理，并在3个月内向县人大常委会报告办理情况。

（钟 岑）

人事任免

【概况】 2018年，县人大常委会坚持党管干部与依法任免有机统一，严格执行任前法律知识测试、表态发言，任后颁发任命书和宪法宣誓等制度，为全县改革发展和法治建设提供组织保证。全年，任免县政府组成员1人次，任免审判、检察监察委员会人员20人次。

【监察委员会副主任、委员任命】 1月2日，县第十七届人大常委会第九次会议审议通过，任命黄丽玲、许志鹏为大田县监察委员会副主任，田有彬、林芳新、涂锦发、余成强为大田县监察委员会委员。

【审判人员任免】 3月29日，县第十七届人大常委会第十一次会议审议通过，任命许剑萍为县人民法院刑事审判庭庭长，罗世辉为县人民法院民事审判第一庭庭长，廖小燕为县人民法院立案庭庭长，杜超勇为县人民法院民事审判第二庭副庭长，田宝玲为县人民法院少年与家事审判庭副庭长，陈成祯为县人民法院建设人民法庭副庭长，陈夏瑛为县人民法院行政审判庭副庭长；免去许剑萍县人民法院立案庭庭长职务，罗世辉县人民法院民事审判第一庭副庭长职务，廖小燕县人民法院立案庭副庭长职务，杜超勇县人民法院建设人民法庭副庭长职务，田宝玲县人民法院民事审判第一庭副庭长职务，池伟县人民法院刑事审判庭庭长职务。

【检察委员会委员、检察员任免】 9月29日，县第十七届人大常委会第十四次会议审议通过，免去郑世平县人民检察院检察委员会委员、检察员职务。

【环保局局长任免】 11月26日，县第十七届人大常委会第十五次会议审议通过，免去田是告县环境保护局局长职务。

（涂婉琴）

代表工作

【概况】 2018年，县人大常委会尊重代表主体地位，创新活动平台、丰富活动载体，为代表履职行权创造条件、提供保障，代表主体作用得到更好发挥。主要有完善工作平台建设、指导乡镇开展专题调研、推进代表建议的办理和落实；创新开展“五有四好三上墙”建设，对18个“代表联系群众活动室”、75个“代表小组活动室”提档升级，利用省三级人大代表履职服务网络平台，完善微信公众号宣传展示、线上交流功能，推进代表履职“线上”“线下”有机结合，代表联系人民群众渠道畅通。

【代表建议办理】 县十七届人大二次会议期间，代表提出建议120件，经主席团决定由议案转为建议办理的8件；闭会期间代表提出的建议8件，共136件，其中主任会议研究确定的重点督办件8件；3月30日，县人大与县政府召开县十七届人大二次会议代表建议交办会。9—10月，为进一步推动代表建议从“答复型”向“落实型”转变，确实提高建议办理水平，县人大常委会对县国土资源局、水利局开展2017年以来代表建议办理落实情况开展视察。

【分片联系基层人大代表】 3月，县人大常委会对组成人员分片联系基层人大代表进行调整，明确联系要求，组成人员每年走访所联系的代表2次以上，每季度走访原选区选民1次以上。

【县行业人大代表小组开展活动】 4—12月，县茶产业、教育行业、卫生行业人大代表小组根据自身行业特点，有针对性地开展专题讲座、座谈、调研、视察等活动，并地提出各行业工作意见和建议。

【乡镇人大专题调研】 5—6月，根据《中华人民共和国全国人民代表大会和地方各级人民代表大会代表法》及《大田县人大常委会关于进一步加强和改进调研、视察和执法检查工作的规定》，乡镇人大围绕县人大常委会工作重点，组织本辖区的人大代表开展专题调研18次。

【市人大代表开展调研视察】 7月31日，县人大常委会组织市第十三届人大代表（大田团）一行33人，由县委书记陈文华带队赴宁化、清流开展调研活动。11月6日，县人大常委会组织市第十三届人大代表（大田团）一行33人，由市人大常委会副主任廖小华带队，到前坪、文江、广平开展视察活动。

【“活动室”联系基层代表和群众活动】 11月，县人大常委会组成人员组织县人大常委会组成人员走基层、近活动室，到18个乡镇开展联系基层人大代表和群众主题活动。

【乡镇人大代表开展视察活动】 11—12月，根据《中华人民共和国全国人民代表大会和地方各级人民代表大会代表法》及人大常委会工作安排，县人大常委会指导乡镇人大围绕高质量发展，落实赶超战略目标和“创新驱动、绿色发展”工作主题，组织本辖区的人大代表开展视察活动18次。

【县人大代表补选】 12月12日，党群、住建系统，公安局、人武部选区补选陈文华为县第十七届人民代表大会代表。

（涂婉琴）

大田县人民政府

□ 编辑 魏兰兰

综 述

【概况】 2018年，大田县坚持以习近平新时代中国特色社会主义思想为指导，贯彻中共十九大和十九届二中、三中全会精神，全面贯彻落实中央、省、市和县委决策部署，落实“六稳”工作要求，打好三大攻坚战，统筹抓好稳增长、促改革、调结构、惠民生、防风险工作，全力推进高质量发展落实赶超，经济社会保持稳中向好的发展态势。全年完成地区生产总值226.7亿元，比上年增长7.4%；全县财政总收入11.25亿元，同比增长6.2%；农林牧渔业总产值67.19亿元，同比增长4.1%；规模以上工业增加值同比增长8.6%；固定资产投资同比增长1.2%；社会消费品零售总额54.22亿元，同比增长1%；实际利用外资658万美元；城镇居民人均可支配收入3.45万元，同比增长6.1%；农村居民人均可支配收入1.67万元，同比增长8.4%。当年，兴泉铁路（大田段）、莆炎高速公路（大田段）等重大基础设施项目加快推进，卫斯特环保科技院士工作站入选省级新型研发机构，红狮水泥获评省级工业和信息化龙头企业，“大田金阳生姜”获国家农产品地理标志证明商标，获首批“全国生态旅游胜地”称号，城区空气质量进入全省前十，被列为全省土壤污染风险防控试点，5个项目列入闽江流域国家山水林田湖草生态保护修复试点工程，大田河长制工作列为改革开放40周年“福建影响力”优秀案例，石牌镇盖山村、太华镇魁城村等9个村被列入第五批中国传统村落，桃源镇东坂村被列入第七批中国历史文化名村，广平镇元沙村入选“中国美丽休闲乡村”，大田晒秋节被列入首届“中国农民丰收节”系列活动，“三化三全”山区养老模式在《人民日报》等主流媒体广泛报道，学生“带法回家”社会实践活动入选全国首批司法行政普法宣传案例库，县图书馆获评国家一级馆、全国公共图书馆创新奖，连续两届获省级文明县城称号。

【三大攻坚全面开展】 2018年，全县全力打好金融重大风险、精准扶贫、污染防治“三大攻坚战”。防范化解重大风险攻坚战，开展金融案件执行、打击恶意逃废债、公职人员不良清欠专项行动，建立信用联合惩戒平台，全年处置不良贷款3.69亿元，不良率降至2.69%，政府性债务控制在省统一限额范围内；小微企业贷款余额46.56亿元，办理应急转贷1.2亿元。精准脱贫攻坚战围绕国家扶贫改革试验先行区建设，筹集安排各级财政资金4783万元、小额信贷资金9505万元投入脱贫攻坚，培育和引导13家企业参与产业扶贫，实施造福工程135户611人，全县2814户8473个贫困人口脱贫，新退出贫困（空壳）村41个，市级贫困乡武陵乡实现摘帽，“一家四业”产业扶贫经验成果上报国家扶贫办。全面落实中央和省环保督察、“三合一”督查反馈问题整改，开展淘汰落后产能、矿山整治、农村环境综合治理三个专项行动，完成闽湖（大田）库区网箱养殖清理、牛蛙养殖清理，推进坑口水库饮用水源保护区综合治理及搬迁安置工作；逐步健全生态环境保护职责规定、产业准入负面清单等长效机制；新建安全生态水系31.26公里，综合治理水土流失面积3644.8公顷，造林绿化面积1467.3公顷，森林覆盖率提高到73.07%，湖美高才国控断面水质年均值达到Ⅱ类水考核目标。

【经济发展】 2018年，全县开展征迁攻坚月、“五个一批”项目百日攻坚行动，全县七个重大项目组211个重点项目完成投资94.78亿元，开工建设闽鹭矿业、红狮危废处置等89个项目，永兴达驾考场、赤岩广场等67个项目建成或部分建成。深化“放管服”改革，开展“减证便民”专项行动，梳理“一趟不用跑、最多跑一趟”办事清单763项，全县57个单位1433项审批和服务事项入驻网上办事大厅，行政审批事项办理时限压缩率达64.2%；新增各类市场主体4219户，注册资金40.44亿元；省级农村集体产权改革试点有序推进，农村集体土地确权登记颁证基本完成。创新能力持续提升，开展产学研合作“凤凰才俊”评选，国家开放大学铸造学院在县设立分院，获国家授权专利331件，新增国家级高新技术企业1家、省级2家，有自主知识产权企业59家，制（修）定国家和省级地方标准3项，新增省著名商标3枚。开展商会招商、专业招商，“一把手”先后赴北京、广东、浙江等地“上门招商”，全年共签约亿元以上项目11个、总投资24.5亿元，展晖重型机械、明韬纳米碳酸钙等项目落地；鼓励企业“走出去”，开拓东南亚等“一带一路”市场，全县外贸出口 10.8 亿元，超过市下达任务 11.34 个百分点。

【产业转型升级】 2018 年，全县工业经济在动能转换中提质。开展“百名干部服务百家企业”活动，落实企业政策奖补 3577 万元，关闭退出煤矿 14 家、压减煤炭产能 87 万吨，实施技改项目 29 项、完成投资 3.32 亿元，县经济开发区基础设施建设 PPP 项目签约开工，新开发园区面积 100 公顷，建成或部分建成宇隆超纤、新盈彩铝等项目。推进国家级电子商务进农村综合示范县创建，引进阿里巴巴集团“农村淘宝”项目，地方特色产品线上销售 30 多种；“旅游+”战略实施，动工建设马文化生态田园旅游项目，完成石牌美食城主体工程，举办“大田高山茶海跑”等活动。现代农业规模经营，建设高标准农田 366.7 公顷，完成粮食播种面积 2.64 万公顷，新培育家庭农（林）场 45 个、专业合作社 61 个，新增“三品一标”认证农产品 19 个，动工建设国家茶叶公园·美人茶核心区，建成或部分建成茶饮料产业、创辉蛋鸡产业等项目，举办第十三届中国高山茶文化节、第八届国家茶学青年科学家论坛、中国高山茶高峰论坛，屏山、吴山被列为大田高山茶福建特色农产品优势区，桃源农民创业示范基地被列入省级农村创业创新基地。

【城镇建设步伐加快】 2018 年，全面完成原汽车站片区征迁、凤山路改造一期、东门桥加宽改造，建成绿道亮化、凤山路等夜景工程，加快实施香山北路、栋山支路、福兴路、河滨健身栈道三期等项目；梅山、文江撤乡设镇，常住人口城镇化率由上年的 50.5% 提高到 51.8%。启动实施乡村振兴战略全县解决农村饮水不安全人口 0.97 万人，新建村庄三格化粪池 900 户，实施危房改造 123 户，建设镇建忠村入选首批省级乡村振兴示范村，济阳乡济中村获评省四星级乡村旅游村，上京镇隆美村入选全省首批三星级农村幸福社区，6 个小康示范村建设取得实效。全面推行路长制，建成“四好农村路”21 条 58 公里，实施农村公路安保、安全整治、生态示范等工程 31.5 公里，莆炎高速公路支线大安线（大田段）完成工可审查；实施屏山 35 千伏输变电、京口工业园供气供热等项目，建成城区生活垃圾处理厂二期技改、餐厨垃圾处理厂，新建城市停车位 150 个、天然气管道 26.14 公里，新建改造农村电网 162.32 公里、城市给排水管网 11.97 公里。

【社会事业项目落实】 2018 年，全县落实 20 项为民办实事项目，民生支出比上年增长 16.76%，占公共财政支出的 84.69%。完善社会保障，提高城乡低保、五保供养标准，健全社会救助体系，开发公益性岗位 165 个，新增城镇就业 1935 人、农村劳动力转移就业 3232 人，城镇登记失业率 2.66%，控制在市下达指标内。持续深化医药卫生体制改革，进一步完善总医院运行管理机制，落实 C-DRG 收付费和医保支付方式改革工作，建成县疾控中心标准化实验室、恒康医院，加快推进石牌卫生院、民生医院改扩建等项目，率先在全省建成县级居家养老服务中心，3 家农村幸福院获评全省首批“五星级农村幸福院”，13 个村获评市级“老年人健身康乐家园”。闽中戏曲文化园建成开园，新增省级文物保护单位 29 个，举办全省首届青少年乒羽节、全省“全民健身百村行”活动。加强社会治理，开展扫黑除恶专项斗争，信访矛盾化解“百日攻坚”行动。完成村（居）委会换届，移风易俗综合整治、精神文明创建活动持续深化，全面启动第四次全国经济普查。

【政府自身建设】 2018 年，县政府机关用习近平新时代中国特色社会主义思想武装头脑、指导实践、推动工作，增强“四个意识”，坚定“四个自信”。坚持全面从严治党，落实中央八项规定及其实施细则精神和省、市、县实施办法，主动接受省委巡视，纠正“四风”，全县“三公”经费支出同比下降 35.69%。开展“思想大解放、推动大发展”活动，激励广大干部新时代新担当新作为，弘扬“马上就办、真抓实干”优良作风，强化政府效能督查和绩效考核，落实政务公开和政府信息公开，加强审计监督，进一步提升政府服务发展水平。推进法治政府建设，健全完善政府议事规则和县政府法律顾问制度，自觉接受人大监督、政协监督、监察监督和社会监督，办理人大代表意见建议 136 件、政协提案 126 件，满意率均达 100%。全年共编发《岩城快讯》正刊 18 期、增刊 18 期；专报信息 460 件，分别被省政府办《今日要讯》、市政府办《三明要讯》采用 11 件、56 件。

（范训局）

县政府常务会议

【概况】 2018 年，县政府召开常务会议 14 次，主要研究重大建设项目、当年财政安排、生态环保、精准扶贫、国民经济建设、文化体育等事项。多次召开专题会议，研究污染防治攻坚、工业经济、生态保护、产权制度改革、征地拆迁、扫黑除恶、防范金融风险等重大事项。

【第一次常务会议】 2 月 1 日，在县政府二楼会议室召开（下同）。县长林金龙主持（下同）。会议研究教育提升工程项目建设模式、开展南昌至厦门（福州）高速铁路项目途径大田规划线路方案前期研究工作，审议《进一步加强矿产资源勘查开发管理的实施意见（送审稿）》《大田县上京镇总体规划（修编）》及《大田县上京福能绿色小镇规划（送审稿）》《大田县稳步推进农村集体产权制度改革实施方案（送审稿）》《大田县东风农场办社会职能改革实施方案（送审稿）》。

【第二次常务会议】 3 月 15 日，传达贯彻省、市国土资源工作会议精神，审议《2018 年县直部门综合财政预算支出安排计划（送审稿）》《2018 年县委县政府为民办实事工作计划（送审稿）》《大田县企业贷款应急转贷基金管理使用暂行办法（修订稿）》，研究县人大代表建议和政协委员提案办理工作、县人大常委会关于县城区医疗卫生资源优化配置工作建议落实情况、县生态综合执法局法条备案、福建省大田县金凤凰农业开发有限公司亚行贷款项目及公司运营带动产业发展模式、提升养老服务工作等有关事项。

【第三次常务会议】 4月13日，传达贯彻中央和省政府精准脱贫攻坚工作成效考核情况会议以及省、市消防工作会议精神，审议《街面水库梅山库区网箱养殖治理补偿方案（送审稿）》《推进安全生产领域改革发展实施意见（送审稿）》《2018年大田县安全生产工作要点（送审稿）》《大田县招商引资优惠政策规定（修订稿）》，研究“四好农村路”建设、成立大田县经济开发区市政管理公司等有关事项。

【第四次常务会议】 5月4日，传达贯彻全省落实中央环保督察整改暨打好污染防治攻坚战工作推进视频会议精神，审议《大田县打好防范化解金融风险攻坚战（2018—2020年）行动计划（送审稿）》《大田县深入推进城市执法体制改革改进城市管理工作实施方案（送审稿）》，研究全县道路安全综合整治、教育提升工程PPP项目实施方案等有关事项。

【第五次常务会议】 5月29日，研究福建清航装备科技有限公司无人机产业化项目、2018年度铁合金行业稳定生产给予财政奖补等有关事项。

【第六次常务会议】 6月27日，会议听取福建省环保“三合一”督察工作情况汇报，传达贯彻《地方党政领导干部安全生产责任制规定》及全省房地产精准调控工作视频会议精神，审议《大田县奇韬镇总体规划（2018—2035）》《大田县事业单位公务用车制度改革实施意见（送审稿）》《大田县国有企业公务用车制度改革实施意见（送审稿）》，采用EPC模式实施坑口水库饮用水源地保护区治理工程“铁籽板”安置小区建设和城区水厂二期工程建设等有关事项。

【第七次常务会议】 7月13日，审议《凯天龙文化创意产业园项目有关问题整改意见（送审稿）》，研究提高被征地农民养老保障金标准、大田110千伏鹤京线与鹤温Ⅰ、Ⅱ路同塔三回#8—#11等杆段高压线路移塔改线工程、深化行政审批标准化建设工作、税务系统机构改革等有关事项。

【第八次常务会议】 8月13日，传达贯彻全市中央环保督察整改预验收和交账销号会议精神，审议《大田县利用综合标准依法依规推动落后产能退出行动方案（送审稿）》《大田县采矿和选矿业综合整治行动方案（送审稿）》《关于加快化解大田县商业房地产库存的意见（送审稿）》，研究大田经济开发区基础设施建设PPP项目《投资合作协议书》《项目合同》《股东协议》和政府方董事监事、北京清航紫荆装备科技有限公司无人机产业化项目建设、莆炎高速公路支线大田广平至安溪官桥高速公路联络线大田广平至石牌段工程初勘测合同等有关事项。

【第九次常务会议】 9月20日，审议《大田县进一步扶持茶产业转型升级实施意见（送审稿）》《大田县实施新一轮技术改造提升行动计划（2018—2020年）》《大田县解决1980—1997年原代课教师问题的实施意见（送审稿）》，研究国务院大督查发现和移交问题整改情况、大田县地方政府债务及财政收入质量、县人大常委会对县“河长制”工作审议意见落实情况、进一步提高镇村两级征迁工作积极性等有关事项。

【第十次常务会议】 10月17日，研究竞买双创园福田路345-8号标准厂房、石板材集中加工区项目建设、福建省大田县第一中学东部校区选址等问题。

【第十一次常务会议】 10月26日，传达贯彻《福建省党政领导干部安全生产责任制度实施细则》，审议《深入贯彻习近平总书记重要指示精神坚持高质量发展落实赶超的意见（送审稿）》《大田县提升营商环境行动实施方案（送审稿）》《大田县行业准入负面清单（送审稿）》《大田县教育提升工程PPP项目协议（送审稿）》，研究收储大田县永大工艺制品有限公司国有土地使用权及地上建（构）筑物等有关事项。

【第十二次常务会议】 11月26日，审议《推进城市安全发展的实施意见（送审稿）》《大田县矿产资源总体规划（2016—2020年）（送审稿）》《进一步加强探矿权管理的实施意见（送审稿）》《大田县县直机关差旅费管理办法（修订稿）》，研究莆炎高速公路被征地农民社会保障金缴纳标准、闽湖（大田）库区管理、延长大田县坑口水库饮用水源保护区生态补偿机制、双创园外立面及景观改造提升项目建设等有关事项。

【第十三次常务会议】 12月17日，传达贯彻国家和省、市加强非洲猪瘟防控工作电视电话会议精神以及全市脱贫攻坚现场推进视频会议精神，审议《2019年县政府工作报告（送审稿）》《2018年国民经济和社会发展计划执行情况及2019年国民经济和社会发展计划草案的报告（送审稿）》《2018年财政预算执行情况及2019年预算安排草案的报告（送审稿）》，研究县人大常委会对全县公共文化服务工作建议落实情况、实施乡村振兴战略、推进社会信用体系建设等有关事项。

【第十四次常务会议】 12月24日，传达贯彻全省进一步加强非洲猪瘟防控工作视频会议精神，研究金鸡园开发区回购款支付历史遗留涉诉等有关事项。

（范训局）

县政府其他重要会议

【全县污染防治攻坚战动员会】 1月2日，全县污染防治攻坚战动员会在龙山宾馆七楼会议室召开，贯彻落实中共十九大和中央经济工作会关于坚决打赢污染防治攻坚战的决策部署，动员全县树立和践行“绿水青山就是金山银山”理念，打好污染防治攻坚战。会议总结2017年生态环保、水土保持、河长制工作，安排部署2018年污染防治攻坚工作。县长林金龙、副县长涂剑峰出席会议。

【第一次全体会议暨廉政工作会议】 1月5日，县政府第一次全体会议暨廉政工作会议在龙山宾馆七楼会议室召开，会议评价县政府成员单位及相关部门落实县委、县政府重大决策部署、重点工作履行情况，安排部署2018年县政府工作。县长林金龙，常务副县长陈剑生，副县长赖伟平、余维语、涂林瑢、涂剑峰、吴文旗出席会议。

【全县工业经济工作会】 3月12日，全县工业经济工作会在县政府五楼会议室召开，安排部署全县的工业经济工作，会议指出工业是全县发展之纲、工作之重、任务之首，要推动工业转型升级，实现工业经济高质量发展。县长林金龙，常务副县长陈剑生出席会议。

【全县生态环境保护工作会议】 5月29日，全县生态环境保护工作会议召开，传达全国生态环境保护大会精神，部署全县生态环境综合治理攻坚工作。会议强调生态文明建设要贯彻创新、协调、绿色、开放、共享的发展理念，把生态环境保护与高质量发展相结合，推动产业转型升级，确保可持续发展。县长林金龙，副县长陈剑生、涂剑峰出席会议。

【农村集体产权制度改革现场推进会】 7月26日，农村集体产权制度改革现场推进会召开，贯彻落实全国、全省农村集体产权制度改革工作会议精神，全面部署全县农村集体产权制度改革试点工作。县长林金龙、副县长涂剑峰出席会议。

【全县征迁工作推进会】 8月8日，全县征迁工作推进会召开，启动征迁攻坚月行动，总结分析征迁工作进展情况及存在问题，动员部署下阶段征迁工作。县长林金龙，副县长吴文旗出席会议。

【全县扫黑除恶专项斗争会议】 8月14日，学习贯彻省、市扫黑除恶专项斗争电视电话会议精神，安排部署下阶段全县扫黑除恶工作专项斗争。会议指出要学习贯彻习近平总书记对扫黑除恶斗争工作的重要指示精神，以更高的站位、更严的标准、更实的措施，全力打好扫黑除恶主动仗、攻坚仗，营造良好的社会环境。县长林金龙，副县长赖伟平出席会议。

【全县金融风险防范工作会】 9月18日，全县金融风险防范工作会召开，传达学习全市金融风险化解专题会议精神，安排部署全县下阶段金融风险化解工作。会议要求相关部门要坚持问题导向、实效导向，围绕县委、县政府确定的各项金融工作目标任务，把金融风险防控工作抓紧抓实抓到位，打赢防范化解重大风险攻坚战。县长林金龙，常务副县长陈剑生出席会议。

【三季度经济形势分析会暨“五个一批”项目攻坚动员会】 10月29日，贯彻落实省委、市委全会以及全省、全市推进“五个一批”项目攻坚会议精神，总结分析前三季度经济运行情况，全面启动“五个一批”项目攻坚行动。县长林金龙，副县长陈剑生、赖伟平、余维语、涂林瑢、涂剑峰、吴文旗出席会议。

（范训局）

县政府政务活动

【概况】 2018年，县政府围绕全县经济发展大局，开展重点项目现场办公，招商引资、精准扶贫工作、民生工程、文化体育、安全生产等专题调研，听取各方面意见和建议，协调解决工作中的困难和问题。全年召开现场办公会议40余次，外出考察培训10余次，专家、学者、副厅级以上及相关部门领导到大田考察调研、指导工作30余次。

【重点项目现场办公会】 2月18日，县长林金龙到科华石墨项目施工现场，协调解决项目建设中存在的困难问题，要求相关部门和项目方加快协调重难点问题，保质保量完成目标计划。经信、开发区管委会、电力等县直有关单位门负责人参加现场办公会。11月30日，县长林金龙到清航无人机产业化、红狮固废处置、科华石墨等项目现场，调研项目建设进展情况，并就征迁用地、林地报批、用水用电、道路规划建设等问题现场办公。国土、发改、经信等县直有关部门负责人参加现场办公会。

【招商引资工作】 3月5日，县长林金龙、副县长陈剑生出席大田县与厦门钨业公司推进尾矿资源综合开发利用、压覆稀土资源抢救性回收等项目合作座谈会。5月17—20日，县长林金龙到杭州市参加第二届中国国际茶叶博览会，与中国茶叶学会对接在大田县举办第八届茶学青年论坛相关事宜，并到浙江华正新材料股份公司、浙江核新同花顺网络信息股份公司、杭州万事利丝绸文化股份公司等企业开展招商引资活动。9月7—8日，县长林金龙到厦门市参加投资三明企业座谈会暨项目签约仪式，推介福建（大田）机械铸造产业集聚区，会上大田新盈彩铝并购项目正式签约；8日，县长林金龙参加“9·8”中国国际投资贸易洽谈会，到厦门建发商业公司、厦门市商贸行业协会、福建省箱包及雨伞出口基地商会、泉州伯勒文化创意公司、福建省经纬旅游开发公司、福建星源重型机械制造公司开展招商引资工作。

【领导调研】 3月18日，县长林金龙到上京镇梅林村、三阳村调研脱贫攻坚工作，走访贫困户并了解其生产生活情况，要求各有关部门要增强精准扶贫工作的责任感和使命感，落实工作措施，让每一户困难群众早日脱贫致富。8月16日，县长林金龙到济阳乡调研脱贫攻坚、乡村振兴、项目建设等工作，先后调研济中村东和禅溪、国学馆等项目，通过与困难群众座谈交流，了解项目建设中遇到的困难，就如何振兴乡村经济，打好脱贫攻坚战听取意见和建议，探讨思路举措。11月30日，县长林金龙到岩兴气体和卓效物流等危化品企业生产经营现场，调研企业安全生产环保工作、经营情况和安全生产工作相关制度，要求企业强化安全生产主体责任，建立完善安全生产长效机制，杜绝事故发生。2018年，中国科学院院士陈宗懋，国家林业局专员尹刚强，国家煤监局副局长李万疆、杨富，省水利厅厅长赖军，省煤监局局长黄玉荣，省农业厅副厅长黄荣书，省水利厅副厅长邱汀萌，省林业厅厅长陈照瑜，省自然资源厅副厅长何南飞，省住建厅副巡视员高起荣，省妇联副主席王秋梅，省农科院副院长余文权，三明市委书记杜源生，三明市市长余红胜，三明市政法委书记纪熙全，副市长黄建波、张元明、程鹏鹰、陈育煌等领导先后到大田开展工业园区建设、水资源考核，“稳步实施乡村振兴战略”，扶贫开发，水土流失治理项目，安全生产、茶产业、生态环保、“河长制”、林业、山水土地综合整治及修复工程、煤矿安全生产、住建等工作调研。

【客商到县考察项目】 4月6日，北京东方雨虹公司战略投资部总经理陈福、福建中闽人力资源公司董事长余金怀、北京高能环境公司福建区域经理林守建到县考察调研，就双方合作事宜进行对接洽谈。县长林金龙、副县长陈剑生出席。4月21日，广东科达洁能股份有限公司副总裁周鹏、安徽科达洁能新材料公司总经理朱亚峰到太华镇调研，推动大田科华石墨有限公司项目。县长林金龙陪同。7月1日，省冶金控股公司总经理张玲、三钢集团董事长黎立璋到广平镇察看闽鹭矿业项目。县长林金龙、副县长涂剑峰陪同。

【粮食安全工作调研】 12月7日，县长林金龙、副县长余维语到大田县粮食购销有限公司军粮代供点、福满仓米业有限公司、县粮油储备库等粮食部门调研粮食安全工作。林金龙强调，要落实惠农政策，促进落实粮食生产，依法监管粮油市场，稳定粮食市场秩序，确保全县粮食安全。

（范训局）

人事工作

【概况】 2018年，大田县公务员局贯彻落实《中华人民共和国公务员法》和《事业单位人事管理条例》，推进公务员队伍建设、事业单位人事制度和工资收入分配制度改革，抓好毕业生就业创业和各项人事人才工作。

人事计划统计 2018年，县公务员局按照上级下达的增人增资计划控制干部总数，逐步建立适应人事制度改革的调控机制。年末，全县在职干部职工总数8941人，其中，公务员1699人、参照公务员法管理工作人员（简称“参公人员”）197人、事业单位工作人员6122人（管理人员873人、专业技术人员5249人）、工勤人员923人。

干部管理 2018年，非师范类大中专毕业生回县报到245人，其中博士生2人、研究生1人、本科160人、专科82人。调配干部职工180人，其中，调出19人、县内调整151人，办理借调10人。招聘教师334人，公务员招录28人，服务期满考核合格村干部就业15人，聘用大田县总医院定向委培11名。接收大学生村干部25人、选调生6人，“三支一扶”14人，大学生志愿者到基层服务7人，大学毕业生到社区服务5人。审核把关先进个人3人，先进集体2个。干部党政纪处分14人（党内警告12人、严重警告2人）；组织新录用公务员参加市初任培训24人。

人才市场管理 2018年，县人才服务中心做好大中专毕业生档案接收归档工作，接收档案1130册，接受档案查询940人次，免费保管毕业生人事档案1130人，转递档案408人。

干部档案管理 2018年，县公务员局档案室转入干部人事档案28册、转出5册，提供查阅151人次，办理更改学历83人次，其中，硕士4人、本科48人、大专30人、中专1人，干部79人、职工4人。

工资福利 2018年，县公务员局启用福建省机关事业单位人事管理平台审批工资业务，完成机关事业单位津贴补贴四档调三档工作，人均提高270元。完成510个单位人员工资基金核定，调入、调出工资审批项目381人次，岗位变动570人次，学历变更工资变动21人次；办理新录用机关事业单位人员工资核定378人次；办理机关工作人员级别滚动升级347人次、事业单位工作人员薪级晋升5915人次，职务职级晋升30人次，等级工考试增资7人次；办理退休人员退休金154人次、死亡人员及受处分人员工资核减57人次、警衔变动增资46人次。兑现2017年被确定为优秀等次，奖励公务员356人，取消合格（称职）以下等次的5名机关（含参公）单位工作人员当年一次性年终考核奖金。2015年11月开始组织实施县以下机关公务员职务与职级并行制度，全县符合职级晋升政策规定677人，其中晋升副科级429名、正科级92名、副处级153名、正处级3名，年内全部完成晋升审批手续并兑现工资待遇，月人均增452元。完成上级布置的调标工作，人均增资300元。落实年终奖有关工资项目发放政策乡镇工作补贴和乡村教师生活补助政策。

年度考核 2018年年初，县公务员局完成2017年度全县政府系统机关事业单位人员应参加考核对象8723人，实际参加考核8716人，经考核，优秀1382人、称职（合格）6957人、不称职（不合格）5人、不定等次368人、不属考核对象4人，未参加考核7人。2017年度工作综合考评中获一、二等奖的优秀比例分别按20%、18%核定，获鼓励奖的优秀比例按16%核定。会同县委组织部审核、审批三等功36人、嘉奖320人。

退休干部职工管理 2018年，县公务员局办理退休人员154人，其中干部125人、工人29人。审批机关事业单位在职、离退休死亡抚恤51人，遗属困难补助15人，退休干部高龄补贴70周岁以上101人、80周岁以上30人。开展退休干部慰问活动，慰问退休干部1956人（特困退休干部60人、退休干部代表60人）发放慰问品1956份。

【人才管理】 2018年，县公务员局贯彻落实《加强山区专业技术人才队伍建设十条措施》《大田县人才公寓管理办法》《大田县人才发展专项资金管理办法》等利好政策。对县属事业单位工作满30年、乡镇工作满25年的专业技术人员聘用高级职称26人、中级职称11人。开展县“凤凰才俊”评选活动，评选出首届“凤凰才俊”10人。

【专业技术人员管理】 2018年，县公务员贯彻实施国务院的《事业单位人事管理条例》，保障事业单位人员合法权益，促进公共服务发展。全县有5758名专业技术人员和管理人员参加继续教育培训，完成登记验证5656人。推荐小中高专业技术人员评审11人，组织专业技术人员参加资格考试160人次，其中审计专业7人、经济专业97人、一级消防工程师5人、注册安全师6人、注册测绘师1人、执业药师44人。全县有高级职称专业技术人员55人，中级职称140人，初级职称260人。

（余启伟）

信访工作

【概况】 2018年，大田县信访工作坚持推动信访工作高质量发展，依法实施处理信访事项“路线图”，突出抓矛盾化解、改革创新、风险防御，推动信访形势持续向好。全年受理县级群众初信初访105批，比上年增加0.96%，其中，来信19件，同比增加11.76%；平日来访29件，同比减少42%；每月15日来访57件，同比增加54.05%。市政务“12345”平台受理903件，同比增加51.76%；省交办来信177件同比增加22.07%，省交办来访2件，同比减少50%；来邮83件，同比减少2.35%。市交办5件信访积案，全部签订息诉息访书。办结国家信访局网上投诉信访件26件，同比下降51.85%，列入初信初访满意度调查件85件，满意8件，不满意14件，63件超期未评价（视为满意）。全年进京上访9批9人次。其中进京非正常上访5批5人次，县公安局对进京非正常上访人员陈某发、陈某钱分别行政拘留10日，到省上访2批5人次，到市上访6批72人次，其中集体上访3批65人。11月，省委巡视组在大田开展巡视期间，共受理244件来信来访，并交由责任单位办理反馈。

【省市领导到大田开展信访维稳督查】 1月9—10日，省信访局副厅级督查专员王明清一行3人到县开展全国全省“两会”信访维稳工作督查。市政府副秘书长、市信访局局长陈丁权及县委常委、政法委书记茅有温陪同督查。

【县委常委会议研究信访工作】 2月9日，5月9日，县委常委会议研究信访工作2次，主要学习习近平总书记对信访工作的重要指示和《福建省信访工作责任追究办法（试行）》，传达贯彻中央、省、市政法维稳信访有关会议精神，研究信访突出问题和考评工作，落实信访问题领导包案责任，安排部署开展信访矛盾攻坚工作，为信访工作提供组织保障。

【依法化解信访积案】 10月12日，全县开展“信访矛盾百日攻坚战”活动，针对重点领域、重点群体、重点问题、重点人员开展摸排。共交办137件信访矛盾问题，列出问题清单、化解清单、责任清单，有效化解市交办的信访积案5件、县自行排查的信访积案72件。

【县信访工作联席会议】 2018年，全县召开信访工作联席会议5次。

1月12日，县信访工作联席会议在县政府四楼会议室召开。会议传达全省“两会”期间及信访重点工作视频会议精神，部署下阶段县信访工作。总召集人连仁魁主持（下同），县领导陈剑生、茅有温出席会议，各乡镇主要领导、分管领导，县直有关单位负责人参加会议。

3月1日，县信访工作联席会议在县政府四楼会议室召开。会议传达全国“两会”期间依法处置非正常上访视频会议精神，通报全县信访突出问题，部署全国“两会”期间信访工作。县领导陈剑生、茅有温出席会议，县信访工作联席会议成员单位负责人及18个乡镇党委书记参加会议。

7月20日，县信访工作联席会议在县政府四楼会议室召开。通报上半年信访工作情况，部署下半年信访工作。县领导茅有温出席会议，各乡镇分管信访工作领导、信访工作联席会议成员单位负责人参加会议。

10月12日，“信访矛盾化解百日攻坚战”动员会在县政府四楼会议室召开。县委书记陈文华到会并讲话。县委副书记连仁魁对百日攻坚行动做具体部署，信访工作联席会议成员单位负责人和各乡镇主要领导、分管领导参加会议。

12月16日，县信访工作联席会议在县政府五楼会议室召开。会议通报全年信访工作情况和信访矛盾攻坚情况，部署全县信访维稳工作。县领导陈剑生、茅有温出席，信访工作联席会议成员单位主要领导和各乡镇主要领导参加会议。

【结对帮扶活动】 2018年，县信访局挂钩太华镇、文江乡8户精准扶贫户，开展产业精准扶贫和结对帮扶慰问活动，落实帮扶资金4万余元。

（章高乾）

机关事务管理

【概况】 2018年，大田县机关事务管理局主要负责全县办公用房、公务用车、规范接待以及政府机关大院的供水、供电、维护修缮、安全保洁机关食堂等后勤保障工作。在机关大院大门口安装门禁装置，启用大院车辆车牌自动识别系统；定期开展消防安全检查，做好防火防盗等工作；引导上访人员按信访程序上访，并配合公安、信访部门处置各种群体性上访事件，维护机关工作秩序；开展全县公共机构耗能统计和规划工作；组织全县公共机构开展形式多样的节能宣传周活动，抓好县政府机关大院节能工作。

【办公用房管理】 6月，县机关事务管理局开展县直行政机关及事业单位办公用房情况摸底统计工作，摸底统计各单位办公用房总体情况以及自用办公房产、办公用房出租出借和闲置等各方面的情况，建立县直各党政机关事业单位办公用房台账。统筹解决了县委办、县政府办、党工委三个派驻纪检组和县金融办等单位的办公用房问题，为下一步机构改革机关单位办公用房调整使用做前期准备工作。

【县政府机关食堂复办】 8月6日，县政府机关食堂复办并投入使用，食堂位于龙山宾馆1楼，依托龙山宾馆经营，机关事务管理局负责机关食堂的监督管理以及就餐卡办理的审核工作，至年底办理就餐卡1481张。

【公务接待管理】 11月，县机关事务管理局会同县纪委监委、县巡察办、县政府纪检组等部门研究制定《关于开展规范公务接待专项整治的通知》，以县委办、政府办行文下发全县各单位，督促各单位开展自查工作。

【公务用车管理】 2018年，县机关事务管理局配合纪委等部门对全县党政机关公车使用情况开展不定期抽查，将所有党政机关公车纳入“全省一张网”，实行电子派单，加强公务用车的使用管理，规范公务用车使用行为。7月，按照全市部署开展事业单位公务用车制度改革，制定《大田县事业单位公务用车制度改革实施意见》，召开事业车改工作培训，指导各涉改主管单位开展车改具体工作。全县车改涉改事业单位325个，涉改车辆128辆，目前已完成改革工作。

（王珺珏）

行政服务工作

【概况】 2018年，县行政服务中心践行“马上就办”精神，致力于“让企业和群众到政府办事像‘网购’一样方便”的目标，全面推进“互联网+政务服务”,从服务流程优化、审批行为规范、创新服务方式三方面入手,深入推进“放管服”改革，不断优化发展环境。全年受理行政审批及服务事项48546件，其中即办件48398件，即办率100%，承诺件提前办结率98.23%，按时办结率100%，群众满意率100%。

【领导调研】 3月16日，中共福建省直机关工委常务副书记梁晋阳一行3人到县行政服务中心调研党建工作。通过现场参观、听取汇报等形式，了解并肯定县行政服务中心党支部的党建工作。中共三明市直机关党工委常务副书记龚其明、县委组织部部长王怀斌等陪同调研。

【项目审批服务】 2018年，县行政服务中心推行审批服务“马上办、网上办、就近办、一次办”，打造一流营商环境。一是推行一窗受理集成服务。对涉及多部门的审批事项建立部门联审联办机制，完善“前台综合受理、后台分类审批、综合窗口出件”工作模式，实现“一窗通办”1953件。二是推行“一趟不用跑、最多跑一趟”。工作模式围绕群众和企业到政府办事“最多跑一趟”的目标，梳理公布“一趟不用跑”和“最多跑一趟”事项清单774项，占总事项的83.01%。

【“减证便民”行动开展】 2018年，县行政服务中心推行流程再造，简化各类证明材料，规范审批环节。精简审批环节。梳理审批服务事项办理环节，除个别复杂事项外，审批服务流程统一整合为“受理、审查、决定”3个环节。其中，县直部门减少149个环节，乡镇减少20个环节。精简审批材料。对入驻中心各窗口的审批材料进行再精简再优化。其中，县直部门精简审批材料462项，乡镇精简26项。压缩审批时限。除个别复杂事项外，所有审批和服务事项的承诺时限统一控制在法定时限的50%以内。其中，县直部门所有事项的审批时限为5193个工作日，压缩率达64.1%；乡镇为63个工作日，压缩率达66.8%。

【“互联网+政务服务”改革】 2018年，县行政服务中心同步推进网上办事大厅与实体大厅建设，为群众及企业提供一站式服务。推进“一网通办”。整合分散在全县各单位和各乡镇的政务服务资源，将县级34个部门和18个乡镇业务全部接入行政服务中心。县级389项审批服务事项和乡镇42项审批服务事项入驻网上办事大厅，实现网络服务与实体政务大厅有机融合，大幅提高政务服务便捷化水平。推行投资项目并联审批。利用全国统一的投资项目在线审批监管平台，将发改、住建、国土等部门牵头的事项实行联审联办，深化“一口受理、同步审批、限时办结、信息共享”并联审批机制，全年审批30件。

【电子化交易平台建设】 2018年，县行政服务中心深化房建、市政、水利、交通和政府采购等电子化交易平台建设，提升监管服务水平，在方便企业群众、优化资源配置、节省财政支出等方面成效显著。全年交易440场次，成交金额25.19亿元，实现增收4839.7万元，增值率11.15%；节支1.62亿元，节支率7.38%。

（苏晋平）

政协大田县委员会

□ 编辑 魏兰兰

综 述

【概况】 2018年，政协大田县委员会（简称县政协）学习贯彻习近平新时代中国特色社会主义思想和中共十九大精神，对习近平总书记关于加强和改进人民政协工作的重要思想理论进行学习研讨，撰写理论和交流文字62篇。统筹理论研讨、政协党的建设、工作质量提升，履行政治协商、民主监督、参政议政三大职能，发挥思想引领、协调关系、汇聚力量、建言献策、服务大局重要作用，组织委员参加全国政协干部培训中心、复旦大学、浙江大学等政协及任职能力培训班学习，提升履职能力，为推进新时代多彩大田建设作出贡献。

【协商资政】 2018年，县政协围绕年度协商计划做好选题工作，完成协商任务8个，提交调研报告、建议案6份，党政领导批示5件（次）。在县政协十届二次会议上，汇总梳理乡村振兴、转型升级、民生事业发展等22个方面的意见建议。调研全县影响较大的民营企业13家，组织座谈会3场，召开“加快全县民营经济发展”常委会协商议政会，从挖掘发展潜力、优化园区布局、浓厚营商环境等5个方面，提出11条意见，县委书记陈文华在《关于加快大田县民营经济发展的建议》作批示。到5个乡镇、13个村调研，围绕乡村振兴及农村基础设施建设情况，提出开展农村人居环境整治、加快农村电网改造等8个方面的建议。

【调研服务反映社情民意】 2018年，县政协开展“直奔基层、直面问题，大调研、大服务、大督查”活动，选择11个议题，开展调研22次。为挂包乡村理思路、谋发展、促增收；主动跟进不良贷款清欠攻坚行动、扫黑除恶专项斗争、村级组织换届等工作；推进城东小学、济阳“马力小镇”、谢洋“坝水一方”等重点挂包项目。组织委员参与精准扶贫、法律咨询、健康教育、科技服务、文化惠民等活动，6位委员入选“凤凰才俊”。引导委员深入群众反映社情民意，全年编发社情民意信息143篇，《建言民营经济发展——推动民企走绿色高端发展之路》《助推农村客运发展——让农村群众出行不再“难”》《聚焦农业富硒旅游产业发展——农业产业化发展的新“硒”望》等69篇被《人民政协报》《政协天地》《三明政协》刊物采用。

【规章制度建立健全】 2018年，县政协健全委员管理服务机制，出台《委员履职管理办法》，规范委员履职行为，实行登记考核、动态管理、定期通报，从制度上促进委员主体作用的发挥。健全民主监督机制，协助出台《关于加强和改进人民政协民主监督工作的实施意见》，明确组织领导、权益保障、知情反馈、沟通协调等各个环节的机制与程序建设，推进民主监督执行力。健全议事工作规则，进一步修订县政协全体会议、常务委员会议、主席会议等议事规则。健全委员联系制度，完善主席会议成员联系常委、常委联系委员机制，建立专委会联系界别、委员联系界别群众等多项规章制度。

【联谊交流】 3月9日，安徽省安庆市政协副主席刘克胜带队到县考察学习“河长制”及林权改革工作。5月24日，住永安市的市政协委员到县考察推进“乡村振兴战略”工作经验做法。8月4—8日，县政协主席余真华参加市政协联谊代表团赴香港开展外联活动。12月20日，住明溪县的省、市政协委员到武陵、屏山调研乡村振兴、美丽乡村建设。当年，永安、永春、屏南及湖南平江等地政协委员到县考察林权改革、全域旅游、美丽乡村建设等工作；在省政协“深化国家生态文明试验区建设”专题协商会上书面交流大田河长协会典型做法；在市政协“推进闽江流域（三明）山水林田湖草生态保护修复试点建设”对口协商会、“稳步实施乡村振兴战略”协商议政会上，作“加强闽湖生态保护开发”“补齐农村基础设施短板”交流发言；承办市、县“聚焦生态谋发展”专题座谈会。

【省政协调研组到县调研】 4月26—27日，省政协“深化国家生态文明试验区建设”调研组到县调研桃源镇河长制、屏山乡生态茶园项目、县生态环境保护指挥中心、银顶格—川石矿区国家矿山地质环境治理示范工程及“开发式治理”项目，并召开专题协商座谈会，县政协主席余真华陪同。

【委员读书班举办】 8月31日，县政协举办2018年委员读书班。邀请厦门市海沧区政协副主席、民进厦门市委常委、海沧基层委主委乐智强博士做《深入了解人民政协，不忘初心，与时俱进，提升履职成效》专题讲座，县政协主席余真华，副主席陈庆建、陈钦梅、杨兴和、阮芳，秘书长陈德强及省、市、县政协委员，乡镇政协委员联络组长，政协机关全体干部共176人参加。

【政协委员小组活动】 10月11日，县政协十届第五委员活动小组到永春县开展小组活动，学习考察乡村传统文化、传统工艺保护与传承工作经验做法，考察仙夹镇龙水村漆篮制作、老醋文创园和达埔镇彬达文创园等，县政协副主席陈钦梅参加。10月25日，第四委员活动小组到永安市学习考察关于养老服务体系、重大基础设施建设情况，县政协副主席杨兴和参加。11月13日，第二委员活动小组到广平镇、建设镇、上京镇考察广平镇元沙村五龙山茶园、知青纪念馆，建设镇建忠村红釉古窑群，上京镇梅林村党建示范村以及“三田”文化园等，并召开座谈会，县政协副主席陈庆建参加。12月18日，第三、第六委员活动小组联合到谢洋乡珍山村和坑口村调研，并召开座谈会，县政协主席余真华参加。12月20日，第一委员活动小组到济阳乡开展乡村振兴农业产业化发展情况调研活动，县政协副主席阮芳参加。

【市政协领导到县调研】 2018年，市政协领导李茂胜、曾明生、伍成康、蔡光信等分别到县开展人口资源环境、矿山生态修复、补齐农村基础设施短板、茶产业发展、壮大村集体经济等调研视察活动，县政协领导陈庆建、杨兴和、阮芳等分别陪同。

重要会议

【概况】 2018年，政协大田县十届委员会召开全会1次，常委会4次，传达学习中央领导委员讲话会议精神、有关文件和相关法律，研究安排政协工作及决定相关事项等。

【县政协十届五次常委会】 3月29日，县政协十届五次常委会议召开，传达全国政协十三届一次会议精神，学习新修订的宪法和政协章程，协商通过《委员履职考核办法（试行）》。县政协主席余真华，副主席陈庆建、陈钦梅、杨兴和、阮芳和秘书长陈德强参加，副主席陈庆建主持。县各乡镇政协委员联络组组长、县政协机关各委（办）主任列席（下同）。

【县政协十届六次常委会】 8月24日，县政协十届六次常委会议召开，听取县政府关于上半年全县经济社会运行情况的通报；协商通过《关于加快大田县民营经济发展的建议》，从挖掘发展潜力、优化园区布局、浓厚营商环境等五大方面提出11条意见；通过《关于补齐农村基础设施短板的调研报告》提出开展农村人居环境整治、加快农村电网改造等8个方面建议；协商通过《政协大田县委员会关于专门委员会联系界别工作制度》《政协大田县委员会关于加强政协委员联系界别群众实施办法（试行）》；学习县委《关于加强和改进人民政协民主监督工作的实施意见》文件精神；传达学习全国、全省和全市政协系统党的建设工作会议精神；通报全县政协系统党的建设工作情况，并安排下一步工作任务。县政协主席余真华，副主席陈庆建、陈钦梅、杨兴和、阮芳和秘书长陈德强参加，陈钦梅主持。

【县政协十届七次常委会】 11月15日，县政协十届七次常委会议召开，传达学习习近平总书记在民营企业座谈会上的讲话精神、中共中央办公厅印发《关于加强和改进新时代人民政协党的建设工作的若干意见》文件精神、全国政协理论研讨会及省政协党组（扩大）会议精神，听取2018年度提案承办单位代表县住建局、县交警大队汇报提案办理情况，协商通过《政协大田县委员会常务委员会工作规则》《政协大田县委员会全体会议工作规则》《关于大田县乡村传统工艺的保护与传承调研报告》。县政协主席余真华，副主席陈庆建、陈钦梅、杨兴和、阮芳和秘书长陈德强参加，副主席杨兴和主持。

【县政协十届八次常委会】 12月19日，县政协十届八次常委会议召开，讨论通过召开政协第十届大田县委员会第三次会议的决定、会议议程（草案）、日程（草案）、列席人员、邀请上主席台就座人员组成原则、授权主席会议审议政协第十届大田县委员会常务委员会第八次会议未尽事宜的决定事宜，协商通过《政协第十届大田县常务委员会工作报告（讨论稿）》《政协第十届大田县委员会关于十届二次会议以来提案工作情况的报告（讨论稿）》。县政协主席余真华，副主席陈庆建、陈钦梅、杨兴和、阮芳和秘书长陈德强参加，副主席阮芳主持。

【县政协十届三次全体会议】 12月26—28日，县政协十届三次全体会议在县影剧院召开，县政协委员185人出席会议，驻大田省、市政协委员、离退休老干部、县直机关、企事业单位领导和在县的省市属单位领导列席会议，大会由副主席陈钦梅主持。会议审议通过政协第十届大田县委员会常务委员会工作报告和提案工作情况报告。委员们列席县十七届人大三次会议，听取并讨论县政府、县法院、县检察院工作报告以及其他报告。大会表彰优秀政协委员16人、优秀提案5件、提案办理先进单位3个、先进乡镇政协委员联络组组长3人。

（涂雄杰）

参政议政

【概况】 2018年，县政协坚持党委牵头、政府配合、政协主抓、各方参与的原则，请领导点题、向委员征题、与部门乡（镇）商题做好年度协商选题工作，利用调查研究、座谈研讨、会议协商，为党政提供决策及建议。县政协领导参与仙峰养生温泉度假区项目建设及债务化解，到兴泉铁路项目指挥部、前坪乡山川村、蛋鸡产业园项目、京口工业园区星源重型机械制造有限公司项目等调研，参加县“推进高质量发展、落实赶超任务暨项目工作推进会”。

【市政协调研组到县开展活动】 4月10日，市政协副主席伍成康带调研组到县开展“稳步实施乡村振兴战略—补齐农村基础设施短板”调研活动。县水利局、交通运输局、国家电网等县直部门介绍关于农村道路建设及管理、农村电网建设及电价、安全饮用水及集中式供水、互联网普及、农村流通设施和教育、文化、社保、医疗等方面情况。

【乡村传统工艺保护与传承】 5月，县政协向18个乡镇和县农业局等县直有关部门征集“乡村传统工艺的保护与传承”线索。7月6日，副主席陈钦梅召集部分政协委员、乡（镇）、部门召开座谈会，听取“乡村传统工艺的保护与传承”的意见和建议。10月30日，县政协副主席陈钦梅带领部分政协委员到永春县学习考察关于乡村传统文化、传统工艺保护与传承工作经验做法，并召开座谈会。11月15日，县政协十届七次常委会议，协商通过《关于大田县乡村传统工艺的保护与传承调研报告》。

【加快民营经济发展座谈会召开】 5月11日，县政协召开建材、机械铸造、纺织服装等9个行业21家企业座谈会，了解民营企业生产经营状况及转型发展中遇到的困难和问题，县政协领导余真华、陈庆建、阮芳参加。5月23日，县政协召开助力民营经济高质量发展部门座谈会，听取县经信局、发改局、环保局等20个部门介绍扶持县民营经济发展的主要做法和措施，县政协领导余真华、陈庆建、阮芳参加。

【凤凰山开发利用和一中东部校区布局调研】 7月18日，县政协副主席杨兴和到均溪镇温镇村、华兴镇华安村调研大田一中选址有关事宜。7月19日，县政协主席余真华带队到均溪镇红星村、温镇村，华兴镇华安村调研凤凰山开发利用及大田一中选址有关事宜，并召开座谈会。8月17日，县政协《向县委、县政府提交关于凤凰山开发利用和一中东部校区布局规划的调研报告》呈阅件，县委主要领导作批示肯定。

（涂雄杰）

民主监督

【概况】 2018年，县政协贯彻中央和省、市、县委《关于加强和改进人民政协民主监督工作的意见》精神，推行协商监督，寓支持于监督之中、融监督于服务之中，全年组织防范化解金融重大风险、精准扶贫、污染防治“三大攻坚战”、扫黑除恶专项斗争、重大交通基础设施建设等监督性视察23次，并提出意见建议，推动党政工作决策部署落实。继续选派委员到专项督查组、有关部门加强对重点项目、行政听政、案件庭审等领域的监督。

【专项视察】 2018年，县政协副主席陈庆建组织部分委员和县卫计局、总医院等县直部门开展“关于保护传承中医中药文化的建议”重点提案督办活动，了解均溪镇卫生服务中心（站）和县中医院、中医馆建设情况，提出加强基层中医馆标准化建设和中医院专科能力建设等意见和建议。

【提案监督】 2018年，县政协十届七次常委会议听取2018年度提案承办单位代表县住建局、县交警大队汇报提案办理情况，是县内首次请提案承办单位向常委会汇报，跟踪提案办理落实情况、督查促办，提高提案办理质量和成效。

（涂雄杰）

提案工作

【概况】 2018年，县政协共征集提案126件，经提案委员会审查，立案116件，立案率93.7%。征集的提案中，个人提案57件，联名提案69件，164名委员参与提案。提案梳理分类后，由县政府会同县政协召开提案交办会，转交48个承办单位办理落实，年内完成办复提案73件，占总数62.9%。

【重点提案办理】 2018年，县政协选取“关于保护传承中医中药文化的建议”“关于助力‘上京卤味’开创新局面的建议”“关于成立大田县教育基金会的建议”“关于乡村饮用水保障与安全的建议”等4件提案作为提案办理协商议题，实行副主席重点提案包案制，参与办理全过程。通过试行提案承办单位述职试点、提案办理责任考核、提案办理“回头看”等措施，带动十届二次会议后审查立案的116件提案落地转化。

（涂雄杰）

宣传文史工作

【概况】 2018年，县政协文史工作征编完成记录大田人文历史、传统技艺、地方饮食、风光风情的《打捞乡愁》书稿；协助省、市政协征集《福建民间验方集》《福建民间特色中医集萃》《三明家风家训》有关大田的资料，组织参加市政协“庆祝改革开放40周年书画展”，发挥文史“存史、资政、团结、育人”作用。

【乡村传统工艺学习考察】 2018年，县政协组织文史研究员和部分政协委员到均溪、广平、梅山、太华、武陵等乡镇组织开展“乡村传统工艺的保护与传承”专题调研，推动非物质文化遗产保护传承工作。到永春县学习考察传统漆器、永春老醋、古法制香等技艺保护传承工作经验。召开农业、文体、旅游等相关单位负责同志座谈会，完成《关于大田县乡村传统工艺的保护与传承调研报告》，提供县委县政府决策参考。

（涂雄杰）

纪检监察

□编辑 陈 妮

重要会议

【概况】 2018年，中共大田县纪委、大田县监委合署办公，内设13个职能室（部）。县纪委委员20人，常委7人，县监委委员7人，召开纪委全委会1次，常委会、常委（扩大）会议37次。

【县纪委十三届四次全会】 2月7日，中国共产党大田县纪律检查委员会第十三届三次全体会议在龙山宾馆七楼会议室召开，县纪委委员20人出席会议，县委、县人大常委会、县政府、县政协领导，乡镇党委书记、乡镇长、纪委书记、县直单位和纪检监察机构主要负责人参加会议。会议听取并审议通过县委常委、县纪委书记、县监委主任黄家发代表县纪委常委会作题为《忠诚履行职责使命，全力服务五个大田，坚定不移推动全面从严治党向纵深发展》的工作报告。县委书记熊旭明作讲话。

【县纪委常委会】 2018年，县纪委召开常委会、常委（扩大）会议37次，部署全县纪检监察工作；研究制定2018年度乡镇纪委和派驻（出）纪检组（纪工委）纪检监察工作考评办法；传达学习中共十九届三中全会和十九届中央纪委三次全会精神；研究审查调查案件的有关意见和人事问题。

（郑祥云）

党风廉政监督和反腐败工作

【概况】 2018年，全县乡镇纪委（监察组）18个，县纪委派驻（出）纪检组10个、干部21人，全县纪检监察干部136人，其中乡镇纪委书记（监察组组长）、副书记（监察组副组长）、纪委委员69人。纪检监察机关贯彻落实中央纪委和省市纪委全会精神，按照全面从严治党新要求，正风肃纪，保持反腐败高压态势，推动全县党风廉政建设和反腐败工作。县纪委监委以“一中心三支架”为载体，即“大学习”活动为中心，个人、总支、系统为支架，结合县乡村三级联创工作机制，加强党性党规党纪教育。编印《忏悔录》书籍300册，利用《忏悔录》、省纪委《警示录》分层开展警示教育61场次8000余人次，完善第二集美学村旧址廉政教育基地，组织5批次400余人到三明廉政教育基地接受法纪警示教育。

【监察体制改革】 1月3日，大田县监察委员会挂牌。并分三批次完成人员转隶16人，划转编制18个，与县纪委合署办公实行一套工作机构、两个机关名称。探索内部流程再造，坚持人员混合编成，开展全员业务轮训。试行“一个规则”“一张规范”“一套文书”的“三个一”制度，坚持审查调查“前后台”分设，实行“一案一指定”“一次一授权”；落实审查调查安全工作责任制，开展审查调查工作“一轮督查”，形成“两套报告”（整改情况报告、专题调研报告），建立“三项制度”（请上来、交叉检查、季度分析），规范问题线索处置工作及流程，严守审查调查安全底线。探索非留置状态下突破职务违法犯罪案件的措施办法，办结职务违法犯罪案件2起7人。建立反腐败协调小组“月报”工作机制，将成员单位扩大至30个，实现纪法无缝衔接。11月12日，市纪委监委批准县纪委监委《关于向乡（镇）派出监察机构工作方案》，12月下旬乡镇监察组组建、人员任免完成，与乡镇纪委合署办公，实行“两块牌子一套人马”，统一撤销18个乡镇原有的监察机构。

【两个责任清单落实】 2018年，县纪委根据省委“八个坚定不移”要求，协助县委开展县委常委带队对从严治党主体责任落实情况集中检查，交办问题清单、问责清单。完善“两个责任”清单内容，细化实化领导班子、党委书记及班子成员责任，精准区分责任主体和责任边界，任务清晰、责任明确。制定村（居）党支部书记、纪检委员“两个责任”清单。坚持通过追责问责倒逼责任落实，监管不力、失职失责的领导干部受到问责55人，涉及科级干部50人，给予党纪政务处分21人，发通报7期10起19人。

【信访线索调查】 2018年，县纪委监委建立审查调查无障碍接访场所，推行“三联三促”息诉息访工作机制（包案联系促责任落实，多级联动促协调稳控，民意联访促疏导化解），推动矛盾化解在源头。畅通“信、访、电、网、微”五位一体信访举报渠道，建立“岩城清风”随手拍举报平台，全年受理信访举报462件，其中检控类初信初访256件（省委巡视组移交118件，办结26件），初步核实248件，谈话函询7件，了结1件。实行“结对子”片区协作联动督导机制，瞄准群众身边“微腐败”，把惩腐打“伞”和基层“拍蝇”相结合，采取问题线索“四督”工作法（在线督查、发函督查、通报督查、实地督查），加强问题线索大起底、大核查，全年新立案140件，其中党纪案121件、政务立案19件（监察案10件，双立案2件）。涉及乡科级干部17件，移送司法机关侦查7人。全县运用“四种形态”处理408人次，其中第一种形态265人次，占65%；第二种形态103人次，占25.2%；第三种形态2人次，占0.5%；第四种形态38人次，占9.3%。

【违规违纪查处】 2018年，县纪委把握职责定位和工作重点，创新方式正风肃纪。紧盯重要时间节点和“关键少数”，开展落实中央八项规定精神“1+X”专项督查、部门单独检查21批次，全县查处违反中央八项规定精神的问题27起，给予党纪政务处分27人，发通报7期15起15人。开展“5+1”专项治理，查处扶贫和民生领域的问题28起，立案16人，问责11人；查处涉黑涉恶腐败及“保护伞”案件3件，移送司法机关侦办1人；责成6个村延缓换届选举，取消128名候选人参选资格；查处移风易俗违规违纪问题3起3人，党纪立案2人；查处形式主义、官僚主义典型问题7起11人，给予党纪政务处分4人，发通报4期6起10人。

【信息报道稿件被采用刊登】 2018年，县纪委信息报道稿件被《中国纪检监察报》刊登19条、中央纪委网站9篇，其中对大田开展移风易俗和派驻纪检组工作进行报道。《福建日报》采编刊用9条，对大田未巡先改压实巡察整改责任进行报道。省纪委监委网站采用90篇（含综合），省纪委内刊得分排名居全市第一；《三明日报》32条，市纪委监委网站采用204条，位列全市第一。

【队伍管理加强】 2018年，县纪委监委落实系统内部“两个责任”，深化乡镇纪委规范化建设“五统一”模式，推行派驻机构组织阵地、任务清单、素质锻炼、队伍管理“四个规范”，建立纪委监委年轻干部“1+N”、派驻机构干部“4+1”、乡镇纪委专干“3+2”等多岗位锻炼机制，加强法治思维、程序意识、提高专业化能力。制定纪检监察干部“正负面”清单、“十不准”等，完善机关考勤、外出报备、约谈提醒等机制，分类制定风险防控措施68条，完善3项相关制度。定期开展分级廉政家访30余人次，推动苗头管控常态化，确保纪检监察干部忠诚干净担当。

（郑祥云）

巡察工作

【概况】 2018年，县委巡察工作坚持政治巡察定位、抓住机构设置、队伍建设、制度规范、方式创新、成果运用等五个关键点，采取“以乡带村”“1托N”方式，常规、交叉、联动、专项、“回头看”交替进行，全年开展3轮6批次常规巡察，涉及7个乡镇和31个县直单位，覆盖率57.86%，完成村（居）党组织巡察全覆盖，发现问题562个，移交线索98条，处理64人，给予党纪政务处分22人、移送司法机关查处6人。

【巡察保障服务中心成立】 2月，县委编委批准成立县委巡察工作保障服务中心，核定事业编制6个，总面积710平方米，设有巡察谈话室（接访室）、档案室、监控室等。同时，将距离中心约150米县纪委监委原留置点腾转为巡察人员食宿场所，共13个房间、29张床位。11月投入使用，发挥法规政策梳理、信息采集统计、档案收集管理和巡察工作场所管理等职能。巡察档案管理做到“两专三化”，即专人管理、专用库房和安全管理规范化、收集分类规范化、借阅管理规范化，7轮巡察档案立卷归档216卷。

【巡察做法受肯定】 2018年，县纪委监委建立问题剖析“综合报告+专项报告”，实行整改情况“双报告一台账”，建立巡察整改落实专题民主生活会制度，开展“先行整改、未巡先改”做法，分批通报30个共性和苗头性问题清单，督促未巡单位即知即改、未巡先改，带动巡中立行立改、巡后全面整改，4名公职人员主动交代违纪问题。创新建立保障服务中心，建立纪检监察与巡察“三个优先”快速联动机制，推动巡察监督与纪律监督、监察监督无缝对接。巡察移交的问题线索223条、办结211条，处置率95%。巡察工作的做法先后在中央巡视办巡察调研座谈会和全省巡察工作专题会上作交流，并代表省县级巡察机构接受中央巡视办调研检查。

（郑祥云）

群团组织

□编辑 潘梅

大田县总工会

【概况】 2018年，全县新增工会组织27个、工会会员1127人（农民工会员435人）。年底，工会组织842个，其中，非公企业工会605个，国企工会21个，乡镇（开发区）工会19个，会员3.74万人。

职工维权 2018年，县总工会职工服务中心依法为职工签订和履行劳动合同提供咨询、解答、指导、服务，督促企业用人单位依法履职，提高职工劳动法律意识、维权意识。兼任劳动争议仲裁员、人民陪审员各2人，办理职工来信来访、法律咨询、指导帮助等，全年派员参与各类劳动争议案件调解仲裁324件（10人以上5件，涉及农民工322件）。其中，劳动报酬33件、工伤保险137件、确认劳动关系61件、解除（终止）劳动合同93件，涉案金额1083.85万元。

荣誉与先进 5月，大田县东风农场大石分场职工陈长江、大田县崇康大棚蔬菜专业合作社负责人范晓燕（女）被省委、省政府评为福建省劳动模范，县人民法院执行局局长李勤模被省委、省政府评为先进工作者。省总工会授予县总医院体检科“省五一巾帼标兵岗”、大田一中郑香兰“省五一巾帼标兵”、太华镇企业服务中心职工唐名高和连明琴家庭“职工最美家庭”称号。国网大田供电公司、永安煤业仙亭煤矿采煤队班组分别被全国“安康杯”竞赛组委会评为全国“安康杯”竞赛优胜单位、先进班组。

【首届全县职工运动会举办】 4月21日，大田县首届“中国梦·劳动美”职工运动会在县体育中心开幕，本届运动会从开幕之日起至10月中旬结束，采取集中开幕分项目分赛区方式进行，设有拔河、篮球、健身跑、乒乓球、气排球、羽毛球、游泳等7个比赛项目，来自乡镇、县直机关、企事业单位工会5500多名职工参加。

【劳模工作室创建】 12月7日，严秀兰劳模工作室被省总工会命名为“福建省示范性劳模工作室”，为市首家；范晓燕劳模工作室被省总工会命名为“福建省劳模工作室”。至年底，全县有省级示范性劳模工作室1家，劳模工作室7家。

【县工会第十六次代表大会召开】 12月12日，县工会第十六次代表大会在县龙山宾馆召开，代表178人，其中出席173人、特邀代表10人、列席代表5人。县委书记陈文华，市总工会党组书记、常务副主席陈兴万出席开幕式并讲话。县人大常委会主任陈汉良、县政协主席余真华，县委常委黄家发、陈剑生、蔡兴山、王怀斌、赖伟平等出席会议。县委常委、统战部部长、县总工会主席施正立主持会议。会议听取并审议通过了《不忘初心勇担当 砥砺奋进谱新篇 团结动员全县职工为推进新时代多彩大田建设而努力奋斗》的工作报告及相应决议。回顾总结过去五年工作情况，安排部署今后五年工作任务。选举产生县第十六届工会委员会委员45人，经费审查委员会委员9人。县总工会第十六届一次全委会议，选举产生常委15人，其中，县委常委、统战部部长施正立当选为县总工会第十六届委员会主席。选出副主席3人（常务副主席1人），挂职副主席1人，兼职副主席2人。女职工代表选出第五届女职工委员会为委员13人。

【政府与工会联席会议召开】 12月24日，县政府与县总工会召开第11次联席会议，会议作出决议，将城镇困难职工解困脱困工作纳入全县脱贫攻坚工作，继续拨付“金秋助学”补助资金10万元。

【省级示范性工人文化宫获评】 2018年，位于大田县体育中心的工人文化宫被省总工会列为“省级示范性工人文化宫”，是三明市首家。用地面积5949.8平方米、建筑面积5695.18平方米，固定资产5244万元，设有“三个中心四个协会”，即职工摄影活动、职工旗袍文化艺术、职工诗歌暨民间文化艺术三个中心和劳模、职工书画、职工乒乓球、职工气排球四个协会等，可同时容纳2000余人。全年开展各类大小职工文体活动50余场次。

【“五小”创新大赛】 2018年，全县82个职工创新项目参加福建省总工会组织的全省百万职工“五小”（小革新、小发明、小改造、小设计、小建议）创新大赛活动，获奖项目19个，其中一等奖2个、二等奖4个、三等奖13个。

【劳动技能竞赛】 2018年，县总工

会以“践行新理念、建功十三五”为主题，在传统产业和重点项目工程开展系列群众性技能竞赛活动，把技能竞赛办到车间、工人身边，激发职工劳动热情。全年先后在教育、公安、医护、纺织等行业举办职工技能竞赛，参加572人，评选出“五一劳动标兵”10名、“五一劳动能手”40名。

【帮扶活动开展】 2018年，县总工会开展“四季四送”（春送岗位、夏送清凉、金秋助学、冬送温暖）、城市困难职工帮扶、职工医疗互助活动。为2756名在烈日高温下作业的职工送去清凉饮料、防暑药品，筹集14.3万元扶助61名困难职工子女就学，为310名困难职工发放帮扶慰问金67.05万元，为1169名职工发放医疗互助金145.4万元。

【“福建省劳模疗休养基地”命名】 2018年，大田县翰霖泉休闲健身有限公司（大田县翰霖泉森林人家）被省总工会命名为“福建省劳模疗休养基地”，为三明市首家。该公司系省林业厅“五星级森林人家”，有度假宾馆（床位106张、多媒体会议室1个）、农家食府、木屋民宿、森林栈道公园等设施，可以开展民俗体验、团队拓展、穿越丛林探险十余个运动休闲项目。同时，与县内屏山雾海茶人家、灵动济阳、东坂民宿游等串连成运动休闲相结合休闲基地，可安排3—5天的休闲疗养活动。

（蒋　鹏　曾玉珠）

共青团大田县委

【概况】 2018年，共青团大田县委紧紧围绕县委、县政府中心工作，以服务大局、服务社会、服务青年为宗旨，适应群团改革创新要求，推动团的各项工作。全县有基层团委47个，团员1.68万人。新发展团员1398人，超龄退团1930人。年内，受省级以上表彰个人1名，获市级表彰单位3个、个人9名。

【共青团大田县二十届二次全体（扩大）会议】 4月3日，在县龙山宾馆召开团县委二十届全体（扩大）会议。团县委委员及各乡镇、县直机关、学校等团组织负责人近40人参加会议。团县委书记黄璟頔作《从严从实强基础，创新聚力促发展，确保新开局有新作为》主题报告。会议总结2017年工作成效，部署2018年工作任务。

【基层团干培训】 4月25—27日，团县委在县委党校举办基层团干部培训，各乡镇、机关、学校团干35人参加。课程设置有中共十九大精神专题、新形式下如何落实基层意识形态工作、共青团改革和信息写作、电子商务政策解读及运用等。

【“五四”运动99周年纪念活动】 5月4日，团县委在县文体中心篮球馆举办纪念“五四”运动99周年暨建团96年新团员集体入团宣誓仪式活动。一中、五中、六中等城区中学136名新团员参加。

【青少年主流文化宣传教育活动】 7—8月，团县委联合各学校开展“民族精神代代传”活动，在中小学校开展“爱学习、爱劳动、爱祖国”“祖国发展我成长”等主题活动，培养对党、对祖国、对家乡的朴素感情；开展“文化科技卫生‘三下乡’社会实践”活动，发放“带法回家”、青少年禁毒、科普等宣传单1万多份；开展“青春扶贫”活动，组织回乡大学生组成“青春扶贫”暑期社会实践团队，到乡村开展教育扶贫、公益扶贫等活动300余件，发放扶贫宣传单2000多份；开展“河小禹”专项行动，按照全县河长制工作部署，动员团员青年1600人参加全县生态文明建设；开展“争做新时代的好队员”活动，五中等学校开展假日暑期亲子活动，引导广大少年儿童为实现“中国梦”做好全面准备，参加200人；开展城乡“手拉手”活动及特色夏令营活动，按照就近、便利、重在实效的原则，组织城区少年儿童和农村少年儿童150人同吃住，在同一片蓝天下共同成长；开展“情暖童心”关爱农村留守儿童活动，互送学习用品等300多件。

【集美职校内迁大田80周年庆祝活动】 2018年，团县委联合共青团集美大学委员会开展一系列庆祝集美大学建校100周年、集美职校内迁大田80周年活动。3月起，集美大学在全校范围内开展“百年传承，情系大田”图书漂流活动，募集书籍3339册，协助大田中小学建立图书角。7月16日，集美大学青年红色筑梦实践活动开营仪式在县影剧院举办，集美大学党委副书记洪文建及县委常委、统战部长施正立，出席会议并讲话。10月，15支专项实践队近200人到大田开展嘉庚精神宣讲、乡情文化考察、大田故事讲述、科技支农帮扶、教育关爱服务、环境保护、旅游资源开发、文化艺术服务。将2017年省“创青春”创业大赛一等奖的集美大学水产学院澳洲淡水龙虾养殖技术推广项目在大田当地农户推广，帮助大田实现产业转型升级。集美大学财经学院成立由院长等5名教授、讲师组成的课题组，到大田县重点乡镇、园区和企业开展调研，编制《大田县产业布局规划》，从战略和全局高度提出建设性意见。集美大学教师教育学院和大田教师进修学校、大田职业中专学校签订对口支持协议，全年先后培训小学语文、数学骨干教师各8名、乡村教师20名，帮助当地教师改进教学方法，提高教学能力、科研能力以及独立开展教育科学研究的能力。

（王尧钦）

大田县科学技术协会

【概况】 2018年，大田县科学技术协会（简称县科协）坚持弘扬科学精神，普及科学知识，传播科学思想和方法，提高公众的科学文化素质。开展文化科技“三下乡”等科普宣传活动，组织“科普e站”建设及机器人指导教师的科技培训，邀请“中国流动科技馆”及市科技馆“科普大篷车”到县城及乡镇学校巡展，组织县科技爱好者参与国内外各项科技赛事。

【市级院士工作站获批】 1月，中国科学院院士谢华安及其技术团队和县农科所共同创建的县农业科学研究所院士工作站经市委组织部、市财政局、市科技与知识产权局和市科协批准建立三明市院士工作站。

【文化科技“三下乡”活动】 2月1日，县科协联合县委宣传部、文明办、县教育局、科技局、总工会等29家单位，在桃源镇举办文艺演出、专家义诊、春联书写、送书下乡等文化科技卫生“三下乡”服务。发放茶叶种植、食品安全科普知识、农药施肥、水产养殖、水土保持等书籍/册子200多本，捐资5000元支持乡镇、村宣传文化硬件设施建设及开展宣传思想文化工作。

【科技比赛获奖】 3月23—25日，在福清市举办第33届福建省青少年科技创新大赛复赛中，大田一中学生范弘撰写的《远去的传统节日：我国东南乡土社会节日民俗的变迁研究——以福建省大田县元宵节为例》获青少年科技创新项目二等奖；大田一中教师林启福制作的《地球运动直观演示仪》获科技辅导员创新作品三等奖。5月10—14日，大田一中学生郑英炜，在中国计算机学会（CCF）主办的第十二届亚洲与太平洋地区信息学奥林匹克（APIO2018）中国赛区（北京）中荣获三等奖，为市唯一获奖选手。12月20日，郑英炜在2018年第二十四届全国青少年信息学奥林匹克联赛福建赛区获省赛提高组一等奖，全省排名20，为市参赛选手最高分。

【“中国流动科技馆（大田站）”巡展】 4月8日至5月28日，“2018年中国流动科技馆巡展(大田站)”活动在县“三馆一中心”一楼举办。以“公平、普惠、创新、提升”为主题，设置声光体验、电磁探秘、运动旋律、数学魅力、数字生活等互动展品60件，展出3D打印设备、VR体验设备、机器人表演等先进的科技产品，让公众参与科学实践，城区中小学生及广大市民约3万人参观。

【县首个科普e站启用】 8月30日，由县科协、白岩社区共同建设的社区科普e站在白岩社区启动。以操作简单的科普多媒体阅览屏为平台，利用网络资源为社区居民和青少年提供便捷服务，方便居民了解社区动态，拓宽科普宣传内容和范围。根据“科普中国·百城千校万村”行动方案，县科协在白岩社区、南街社区、城关第三小学、大田职中、桃源镇、吴山镇、屏山乡的主要场所各建设1台科普多媒体阅览屏，9月全部安装到位。

【科普宣传系列活动】 9月7日，县科协组织城关第三小学生参观体验科技馆，开展科普知识竞赛、拼装机器人比赛、科学小实验比赛、手眼协调比赛等活动，激发学生爱科学、学科学、用科学的热情，服务学生约1600人次，直接和间接服务群众约2200人。9月21日，联合宣传部、科技局、食品药品监督管理局、林业局、卫计局、气象局、文广局、中医院、畜牧水产局等部门，在时代广场举办2018年大田县全国科普日主场活动。围绕“创新引领时代，智慧点亮生活”主题，通过现场咨询、医疗义诊、赠送书籍等形式，重点进行科学发展、医疗健康、应急救护、反邪教、环境保护等群众关切的问题解疑释惑，消除公众疑虑，普及宣传“创新、协调、绿色、开放、共享”的发展理念，发放宣传资料300余份。9月7日，组织城关第三小学生参观体验科技馆，开展科普知识竞赛、拼装机器人比赛、科学小实验比赛、手眼协调比赛等活动，激发学生爱科学、学科学、用科学的热情，服务学生约1600人次，直接和间接服务群众约2200人。

【科普中国e站建设业务培训】 10月18日，县科协为提高基层科普宣传员工作水平，推进社区、学校、乡村等基层单位科普中国e站建设，推进科普信息化，在白岩社区居委会举办科普中国e站建设业务工作培训。邀请江苏联著实业股份有限公司解决方案销售部经理吴建华作科普e站管理运行及维护讲解指导，全县首批科普中国e站落地应用管理人员和2018年被命名的科普e站经办人员共20人参加。

【市科普大篷车巡展活动】 12月14日，市科技馆科普大篷车巡展活动在太华中心小学开展，向学生展示虚拟现实、3D打印、龙卷风的形成、潜望镜、静电乒乓、飞机的翅膀等10余件科普展品，通过市科技馆讲解员的解说以及同学们接触科普展品、与展品互动，向广大师生普及力学、电学、数学、电磁、节能环保等学科知识。

【机器人竞赛指导教师培训】 12月19日，县科协选派3名中小学科技辅导员参加在福州举办3天的青少年机器人竞赛指导教师培训班。培训提高县机器人指导教师的教学水平，为县培养高水平的机器人制作指导教师队伍打下基础。

（郑彬彬）

大田县工商业联合会

【概况】 2018年，大田县工商业联合会（简称县工商联）学习、宣传、贯彻中共十九大精神，开展“两学一做”学习教育、非公经济人士理想信念教育实践活动，切实发挥工商联统战性、民间性的优势和桥梁、纽带、助手作用，为促进全县非公有制经济发展作出积极贡献。当年，新发展会员14个，会员中省人大代表1人，市政协委员3人(常委1人)，市工商联执委14人(常委2人)，县人大代表7人（常委3人），县政协委员28人（常委5人）。至年底，有会员410个，其中，企业会员225个，个人会员180个（老工商业者2个），团体会员4个。大田工商联（商会）有大田永春、大田兴化、大田南安、大田安溪等4个直属商会；有福州大田、泉州大田、厦门大田、广东大田等4个异地商会。

【非公经济发展】 2018年，全县非公经济新增个体工商户3810户、注册资金3亿元、从业人员8031人，总数分别为1.76万户、15.62亿元、3.69万人；新办私营企业576家，新增注册资金33.50亿元、从业人员4820人，总数分别为3733户、185.43亿元、3.86万人。纳税超百万元民营企业70家，其中，超500万元的15家，超1000万元的8家。166家规模以上民营企业完成工业增加值103.09亿元，缴纳税收5.19亿元。17家出口创汇企业出口创汇1.67亿美元。当年，全县非公经济产值（销售收入）322.16亿元，上缴税收7.41亿元，分别比上年增长11.84%、22.81%。

【“光彩事业”捐资帮扶】 2018年，

县非公经济人士、县工商联（商会）等各光彩事业促进会会员参与“光彩事业”活动，其中，翰林泉、广联木业等6家副会长企业参与“三明援疆助力玛纳斯县精准扶贫”行动，为当地6个家庭实现圆梦计划；当年新增的志敏矿山、硅光通迅、山瓜瓜等6家会员企业参与市“百企帮百村”精准扶贫行动，到建设建民、武陵仕洋、太华魁城等村进行产业、就业帮扶，捐款捐物20.6万元；韵达快递等会员企业捐资中小学10.7万元。

（连 峰 郑彩虹）

大田县妇女联合会

【概况】 2018年，大田县妇女联合会团结动员全县广大妇女参加经济建设，全面提升妇女素质，维护妇女儿童权益，在新经济、新社会和新阶层各个领域中建立妇联组织。全县妇联组织305个，其中乡镇妇联18个、村（居）274个，非公经济组织6个、县直系统妇委会7个，县妇联专职妇干7人，乡镇妇联主席18人、村（居）妇联主席及其他组织277人。当年，县妇幼保健院超声科被授予全国三八红旗集体称号，省妇联授予桃源镇妇联省先进乡镇妇联、奇韬镇龙溪村省先进村（居）妇联称号，上京镇妇联主席朱好、太华镇群团村妇联主席伍秀珍被省妇联评为全省优秀基层妇联主席。吴美华家庭被评为省“文明家庭”，黄江芳、方新华家庭被评为第十一届省“五好家庭”，林广瑜、郑明秀家庭被评为2018年度省“最美家庭”，全县8户家庭被评为市“文明家庭”，10户家庭被县委县政府评为县“文明家庭”。

【妇女技能培训】 1月8日，三明市库区移民育婴员职业技能培训班（大田站）在均溪镇城东村村部五楼会议室举行。市移民局、市妇联和县移民局、县妇联等单位领导出席开班仪式，80名库区移民妇女参加培训。6月28—29日，县妇联在妇女儿童活动中心四楼举办小儿推拿公益课，邀请三明创业职业培训学校老师讲授小儿推拿基础知识、推拿急诊处理、脾胃调理、婴幼儿敏感期早教知识等课程，培训学员48名。

【十四届七次执委（扩大）会召开】 1月12日，县妇联召开第十四届九次执委（扩大）会，县妇联常执委、非执委的乡镇妇联主席、专兼职副主席等70多人参加会议并进行履职培训。县妇联党组书记、主席林爱红作十四届常委会工作报告；会议增补范晓燕为第十四届执行委员会委员，并选举其为常务委员会委员、兼职副主席。县委常委、统战部长施正立出席会议并讲话。会后，召开乡镇妇联工作交流会，18个乡镇的妇联主席就2017年乡镇妇联工作开展情况及2018年工作打算作发言。

【巾帼大宣讲活动】 1月13日，县妇联联合县旅游局，在白岩公园举办“八闽巾帼心向党，万村千居唱起来”展演活动，以快板、旗袍秀、古筝、茶艺、歌唱等节目，同时通过宣讲向群众宣传中共十九大精神。7月31日，县妇联联合县民政局、武警大田中队在白岩公园举办“八闽巾帼心向党·万村千居唱起来”暨“喜迎八一表真情·军民共建一家亲”展演活动，表演歌舞、说唱、武术、演奏等节目。8月31日，县妇联主席林爱红走访在三明市区就业的部分建档立卡贫困妇女，了解她们自上年参加精准脱贫家政培训班后的生产、生活情况，并通过座谈的形式宣讲“新思想”。当年，县妇联班子成员到乡镇、村、企业开展“巾帼百千万”大宣讲活动8场次，听讲300余人次，向基层传播新思想。

【节日慰问】 1月18日，县妇联主席林爱红、县妇幼保健院支部书记、副主任医师吴红女走访慰问患有“两癌”（宫颈癌、乳腺癌）的农村建档立卡贫困妇女3人，发放“贫困母亲两癌救助”中央专项彩票公益金每人1万元。当年，县妇联多方募捐母亲健康“1+1”爱心款13.23万元，争取全国、省“两癌”救助金9.5万元，救助农村“两癌”贫困妇女34人。

3月8日，县妇联主席林爱红到广平镇慰问贫困“两癌”患病妇女，并走访广平镇、上京镇基层妇联干部，了解“会改联”后村妇联工作运作情况，鼓励妇联干部在村换届中大胆参选。林爱红走访广平村创业女能人郭美文，她在广平村种植8公顷韭菜，帮助100多名流动妇女就业增收，韭菜基地还建立“流动妇女之家”。

【“平安家庭”创建】 2月3日，县妇联在白岩公园启动“创建平安家庭·共建和谐社会”千副手写对联赠送活动，并于2月6日到挂钩村湖美乡长坂村开展“县乡村妇联主席接访”暨手写对联赠送活动，活动共赠送对联1000副、平安挂历500份。3月9日，组织巾帼志愿者到上京镇圩场开展创建“平安家庭”宣传活动。全年开展活动6场，发放《妇女维权手册》《中华人民共和国反家庭暴力法》及《中华人民共和国妇女权益保障法》、防邪教、反赌毒、移风易俗等各类宣传材料1万多份，宣传品5000多份，接受群众现场咨询100多人次。10月，开展“建设法治福建巾帼行动——幸福婚姻大讲堂”3场，反家庭暴力讲座3场，反邪教讲座2场，惠及600余名妇女群众。

5月17—18日，三明市“平安家庭”工作推进会在县召开。市“平安家庭”创建活动领导小组组长、市人大副主任刘万年、活动领导小组成员单位有关领导、各县综治办主任、妇联分管副主席等70人参加会议。与会人员前往上京镇梅林村参观学生教育示范基地、法治文化长廊、“三田”文化广场、家风家教示范基地，并在龙山宾馆七楼会议室召开推进会，观看大田县社会治安“五无”村（社区）创建专题汇报片《向幸福出发》。

【“三八”妇女节活动】 3月8日，县妇联联合总工会在县体育馆举办庆“三八”女干部职工趣味运动会，县直机关、企事业单位在职女干部、职工19个代表队190人参加五项比赛。当天，县妇联还组织“革陋习，树新风，争做移风易俗带头人”和“拒绝家暴·拒绝毒品·创建平安家庭·共享美好生活”的现场签名活动，参加200余人。

【企业妇联组织建立】 4月12日，福建省裕田生态农业有限公司召开妇女第一次代表大会，选举产生第一届妇联执委11名，设副主席2名，主席1名，成立县首个基地妇联组织。11月12、21日，县信用联社和建设镇盛夏果蔬食品有限公司，分别召开妇女第一次代表大会，成立妇联组织，分别选举杨婷娥、郭美文为妇联主席。通过在新经济新社会新阶层中建立妇联组织，为广大劳动妇女在了解党的方针政策、学习技术技能、传承家风家训、妇女维权等方面搭建平台。

【省妇联领导到县调研】 4月26—27日，省妇联党组副书记、副主席王秋梅一行2人到县调研村级组织换届推进优秀女性进村“两委”和妇联基层组织建设工作，走访福建省裕田生态农业巾帼示范基地，上京镇三田文化家风家教示范基地，并为“全国三八红旗集体”县妇幼保健院授牌。市妇联主席廖丽青，县妇儿工委主任、副县长涂林瑢参加调研。

【女性进村“两委”】 5月8日，县妇联邀请省妇干校老师苏雪萍、兰娟到县举办推动农村妇女进村“两委”工作培训班，基层女性126人参加培训。全县266个村换届，选举产生女支委118人、女村委273人，交叉任职49人，女性进村“两委”占比23.82%；女性担任村党支部书记、村委会主任各8人，其中“一肩挑”（书记兼主任）5人，比上届多4人；村妇联主席100%进村“两委”，全面实现“一推选两确保”（要按照法定程序，积极推荐优秀妇女作为村“两委”成员候选人，确保村“两委”班子中有一名以上女性成员，推选村妇联主席进入村“两委”班子，确保村“两委”班子中女性正职和委员的比例高于上届）的工作目标。其中，奇韬镇龙溪村换届选举产生两套班子均为女性的村“两委”班子。

【“两纲”工作】 5月，县妇联协调各成员单位，推动《中国妇女发展纲要》《中国儿童发展纲要》“两纲”重难点实施，完善“两纲”监测统计指标体系，按时完成县实施妇女儿童发展规划监测统计分析报告和2017年妇女儿童监测统计。

【“春蕾计划”活动】 8月，县妇联继续开展“春蕾计划”活动，3名女生获省2018年度“精准扶贫·春蕾圆梦”助学金各5000元。7名女童获市妇联春蕾救助金2500元。

【恒爱行动】 11月23日，县妇联启动“恒爱行动——百万家庭亲情一线牵”公益活动。向乡镇妇联分发“爱心毛线”60公斤，发动基层妇女组织、“妇女之家”等，组织爱心人士101名集中或分散编织毛衣、围巾、帽子、手套等，编织物用于当地开展送温暖及关爱贫困家庭和儿童活动、捐赠市对口援助新疆玛纳斯县妇联。

【妇女第十五次代表大会召开】 12月19—20日，县妇女第十五次代表大会在龙山宾馆七楼会议室召开，参加代表158名。会议选举产生县妇女联合会第十五届执行委员会委员37人，执行委员会选举产生执行委员会常务委员11人，选举产生县妇女联合会新一届领导班子（主席林爱红，副主席廖桂珍、陈幼珠，兼职副主席吴红女、吴美华）。

【家庭教育讲座举办】 2018年，县妇联开展“百校千场”家庭教育公益讲座活动，邀请三明市家庭教育讲师团高级讲师詹兴全到实小、广平中小、梅山镇，为2870名家长传授家庭教育理念；10月18—19日，邀请省妇联家庭教育讲师蒋秀清到县开展家庭教育公益讲座，赴上京镇初级中学、石牌中心小学分别作“如何激发孩子内在学习力”“父母语言影响孩子一生”的讲座，家长、教师200余人听讲。

（陈秋华　黄宇婷　叶新慧）

大田县归国华侨联合会

【概况】 2018年，大田县归国华侨联合会（简称县侨联）以侨为本，为侨服务，履行群众工作、参政议政、维护侨益、海外联谊职能，发挥桥梁作用。全年接待华侨华人和考察项目客商5批、17人次，接待海内外客人3批、9人次。慰问困难归侨侨眷20户，发慰问金5.7万元。

【挂钩帮扶工作】 2018年，县侨联开展“百侨帮百村——联村助户”精准帮扶工作，争取帮扶款1.9万元，扶助挂钩村湖美乡旺建村梁某、吴某、施某、林某、廖某等7人。

【侨眷关爱和侨企公益活动】 2018年，县侨联开展侨爱心“365”行动等公益活动，鼓励、引导侨界热心人士捐赠公益和慈善事业，慰问困难归侨侨眷9户，送去慰问金1.28万元。争取省财政贫困侨专项资金1.32万元，帮扶章某、郭某、颜某、郑某、陈某等贫困归侨侨眷10人和失依儿童1人。开展“服务项目带动、促进侨资回归”活动，发挥侨联委员顾问作用，争取侨资企业南益集团向文江乡朱坂村捐赠10万元用于路灯工程。

【联络联谊侨胞】 2018年，县侨联开展“走进侨乡、走进侨企、走进侨园”活动，邀请福建侨报社副总编宋葵、美国福建联合总会常务副主席庄淑好、丹麦福建同乡会会长李忠良、哥伦比亚福建商会秘书长林智等一行11人到县进行联谊交流，参观走访外资企业南湖针织时装有限公司、大田永大工艺瓷厂和大田侨文化基地“第二集美学村”旧址；慰问东门社区困难归侨、侨眷和贫困户20户，送上粮油等慰问品及慰问金1.2万元。

【侨胞参政议政】 2018年，县侨联组织侨界人大代表、政协委员，围绕侨界群众关心的焦点和县改革开放、现代化建设中的热点、难点开展考察调研，建言献策，反映社情民意，撰写《关于大田城区红绿灯安装提示音的建议》《关于大田县禁燃区禁止高污染燃料使用的建议》《关于建设禽类集中屠宰场的建议》等提案3篇，积极参与社会管理和公共服务，构建和谐社会。

（郑桂珠）

大田县老科技工作者协会

【概况】 2018年，大田县老科技工作者协会（简称县老科协），团结和组织县离退休老科技工作者继续发挥潜能和优势，为建设大田献智出力。年底，有农林牧、工业企业、水利水电、医药卫生、科教文化5个专业分会和均溪、桃源、上京、建设、广平5个乡镇分会，会员276人。1月26日，在县老科技工作者活动中心召开县老科协二届十二次理事会暨工作年会，4月9日、8月17日、9月23日、10月17日分别召开全体理事会，讨论老科技工作者如何更好发挥余热，为工农业生产服务。

【科技推广与培训】 2018年，县老科协举办科技培训5场，受众260多人次；农业技术推广和科技咨询服务“三农”活动7次；分发《农村新技术》《农村百事通》和“五新技术”等科技刊物及科普资料2000多份。

组织老科技工作者，在华兴镇华安村郑肇傍科技示范户开展猕猴桃人工授粉试验，提高猕猴桃挂果率20%；在上京镇溪尾村肖光鸿养蜂基地，通过调脾密集繁殖技术，加速中华蜜蜂人工繁殖，从32箱扩繁到52箱，提高产蜜量；在均溪镇周田村郭文在科技示范户，指导新引进的日本四季长果桑繁殖生产技术。在济阳泮林毅通农林场、谢洋珍山农林开发有限公司、早兴昆山油茶合作社和大田县洛神花合作社等老科协科普基地推广茶叶、油茶、蔬菜优质高产栽培技术，科学养猪、家兔三大疾病防治技术以及汤泉热带鱼的筛选、分塘技术。承担农业部农业种子资源普查、全县古老品种和濒危品种收集工作，开展2018年六三种业联合体水稻区域试验。

均溪镇老科协在宋京、上太村建立13.4公顷油茶丰产栽培示范片，在周田村指导建立5.4公顷蔬菜周年供应示范点，在温镇珠宝山建立6.7公顷雷竹丰产林。桃源、上京、建设、广平镇老科协组织老科技工作者配合有关单位开展“康乐家园”、科普宣传文化活动。

【科企合作与技术咨询】 2018年，县老科协工业企业组高级工程师受聘于永安市青水乡早安水电站开展科技咨询，解决输变电器等技术难题，提升电站发电能力。协助县电力公司筹建11千瓦光伏电站，参加坑口水库、建设水电站、鲤鱼坑水电站扩容增效技术改造工程，为岩能发电有限公司进行科技服务，参与香山路（郭村至周田）工程施工质量把关及城区多项工程建设。

（郑学圣）

大田县个体私营企业协会

【概况】 2018年，全县新增个体工商户3810户，注册资金3亿元。个体户总数1.76万户、注册资金15.62亿元。分别比上年增长13.42%、13.27 %。新增私营企业598家，注册资金36.18亿元。

私营企业总数4319家，注册资金223亿元，分别比上年增长32.97%、42.04%，

【企业、会员服务】 2018年，县个体私营企业协会组织会员走访企业300余户，接受咨询1010余人，分发宣传资料1300余份。通过短信及微信平台发送年报信息2.1万余条，开展“温馨提示”“上门指导”“明白告知”“专业帮办”四项服务，坚持为会员提供年检、设立、变更等无偿服务800多人次。

【主题党日活动】 7月1日，县个体私营企业协会组织30名党员，赴梅林开展“不忘初心跟党走，牢记使命勇担当”主题党日活动，参观“三田”塑像、钱塘祠及祠堂里的廉政文化大院，在党旗下重温入党誓词。

（郭爱玉）

大田县消费者权益保护委员会

【概况】 2018年，县消费者权益保护委员会（简称消委会）加强消费知识、食品安全、诚信兴商宣传，开展纪念“3·15”国际消费者权益日及“全国食品安全宣传周”“诚信兴商宣传月”等活动，提高市民对食品安全和消费维权的认识，加强各经营户的诚实守信意识。

【“3·15”国际消费者权益日纪念活动】 3月15日，县市场监管部门开展“3·15”国际消费者权益日宣传，加大《中华人民共和国消费者权益保护法》《中华人民共和国反不正当竞争法》《中华人民共和国产品质量法》等法律法规的宣传力度，解读《工商行政管理部门处理消费者投诉办法》《侵害消费者权益行为处罚办法》《网络购买商品七日无理由退货暂行办法》等，及保护消费者合法权益的重要举措，督促经营者自觉履行法定义务，引导消费者增强维权意识。3月14日上午，县消委会召集工商局、食药监局、质监局、烟草专卖局、卫计局、农业局、消防大队等行政执法部门及银行、保险、证券、供电、通信、安燃燃气等企业和岩视眼镜、长富牛奶等个体工商户，在时代广场前开展以“品质消费，美好生活”为主题的2018年消费维权年现场接诉、宣传、咨询活动，25个单位、106人参加，当天发放宣传材料3500多份，接受消费者咨询102人次，现场受理调解消费者投诉2起，为消费者挽回经济损失78元。在县电视台和城区各大屏幕滚动播出新修订《中华人民共和国消费者权益保护法》及消费维权知识，在城区各大超市门口悬挂“3·15”宣传条幅5条。

【“全国食品安全宣传周”活动】 7月18日，县市场监管局、消委会工作人员会同县食安办成员单位在时代广场前举办以“人人关心食品安全、家家享受幸福生活”为主题的宣传咨询活动，接受消费者咨询120人次，发放宣传材料3200份，提高群众食品安全认识。

【消费者权益保护公益基金建立】 2018年，县消委会与县检察院联合建立全省首个“消费者权益保护公益基金”，基金在大田县消费者权益保护委员会设立专户，资金来源有人民检察院办理公益诉讼案件、由人民法院判决生效、调解无特定受益人的公益损害赔偿金；人民检察院和其他法律规定的有关组织在公益诉讼案件立案后，与侵权人达成和解赔偿协议所获赔偿金；侵害食品药品安全领域众多消费者合法权益的刑事附带民事公益诉讼案件被告人承担的赔偿金。消费者权益保护公益基金实行专款专用，用于支付食品药品安全领域众多消费者合法权益遭受损害的赔偿、提起公益诉讼涉及的鉴定评估、律师代理、

其他消费者权益保护事业等费用。

【“诚信兴商宣传月”活动】 2018年，县市场监督管理局、县消委会开展“诚信兴商宣传月”活动，结合消费热点和消费者关注的热点、焦点问题，对重点人群、热点领域开展消费教育，培养消费者安全消费和理性消费意识。召开宣传培训会3场，接受宣传教育人员220人次，在县电视台及城区各LED大屏幕播放“诚信兴商宣传月”标语14条，对城区屠宰户进行集中约谈132人次。7个市场监督管理所在各辖区举办各种宣传培训会14场，接受宣传教育320人次，悬挂“诚信兴商宣传月”宣传标语7条。

（翟永昌）

大田县残疾人联合会

【概况】 2018年，大田县残疾人联合会（简称县残联），抓好残疾人康复、就业、教育、宣传、辅具适配、文体、维权、专项调查等方面工作。全年共办理、换发二代残疾人证1000余本，发放新证802本。至年底，全县共有残疾人2.78万人，其中持证1.21万余人。

残疾人康复 2018年，县残联实施残疾儿童康复救助、辅具适配补助等项目。完成智力残疾儿童接受定点机构康复训练124名，补助资金141万元；为100名贫困精神病患者提供人均500元门诊服药补贴；为63名贫困精神病患者提供一次性住院医疗救助10万元；为3名0—6岁符合人工耳蜗康复救助儿童提出申请，并通过省、市残联审核。实施残疾人精准康复服务，将残疾儿童、建档立卡的重度残疾人和精神病人列为重点对象，优先纳入服务范围，提供辅助器具和支持性服务。根据2017年度残疾人基本服务状况和需求专项调查数据库数据统计，全县需要康复服务残疾人1684人全部得到康复服务，其中辅助器具适配405件，补助资金44万余元。

残疾人教育 2018年，县残联继续实施“助学工程”，为23名低保残疾人家庭子女和残疾学生提供就学补助4.35万元。实施国家彩票公益金助学项目（学前教育），补助儿童19名5.7万元。做好残疾考生报名参加普通高考2人，其中申请合理便利（使用助行器、优先进入考点考场）1人。捐资1万元支持县特校和康贝启智教育中心发展。

残疾人精准扶贫 2018年，全县建档立卡残疾人1357户、1761人，其中国定标准1285人、省定标准476人，2016年脱贫678人、2017年脱贫1065人、2018年脱贫18人，建立残疾人帮扶落实台账。继续实施农村贫困残疾人新建房补助项目，为40户残疾人家庭补助48万元，每户1.2万元。对符合无障碍改造条件的新建房户给予无障碍改造项目资金补助，每户2000元，有4户新建户享受叠加项目的补助。

残疾人就业 2018年，选送视力残疾人参加市级盲人按摩手法提高班培训6人、市级盲人推拿继续教育和业务培训3人；选送残疾人参加市级电子商务培训2人。11月，举办农村残疾人实用技术培训3期，参训残疾人210人。与人力资源部门联合开展“就业帮扶，真情相助”就业援助月活动，分发政策宣传资料500多份，家访就业困难人员和零就业残疾人家庭10户，帮助实现就业9户，纳入年度培训计划45人。当年，县残联审核认定残疾人就业保障金征收的机关企事业单位32家，安置残疾职工217人，征收入库残保金410余万元。落实省残联扶持残疾人就业创业政策，发放奖励54.44万元；落实市级扶持残疾人就业创业政策，受助55人，每人补助5000元；落实《三明市扶持残疾人就业创业的暂行办法》，给予4名残疾人市级就业创业补助1.6万元；为6名发展生产经营的残疾人给予小额贷款贴息1.28万元。

残疾人保障 2018年，县残联落实困难残疾人生活补贴和重度残疾人护理补贴、残疾人参加居民养老保险和医疗保险政府代缴补助等政策，宣传“两项补贴”政策、审核残疾等级和残疾类别，残疾人享受生活补贴或护理补贴10.67万人次，发补助资金714.47万元。全县参加居民养老保险残疾人3909人，持证残疾人均免费参加医疗保险，1015名残疾人纳入城乡低保。县残联为6884名残疾人建立意外伤害保险，共理赔23人，赔付7万余元。

残疾人维权 2018年，县残联完善残疾人法律救助工作站的设施设备，聘请法律顾问1名，开展法律救助，健全残疾人信访工作机制，打造“968891”残疾人服务专线平台，做好日常信访接待工作。年内，会同县司法局法律援助中心为7名残疾人提供维权服务，办理法律援助案件1起，回复信访件2件。完成残疾人家庭居家无障碍改造30户，补助资金3.1万元。为28名残疾人发放燃油补贴0.73万余元。

【公益助残活动】 5月，“全国助残日”期间，县残联实施“同在蓝天下·共筑中国梦”2018年度关爱贫困残疾人家庭活动，为农村贫困残疾人家庭发放“爱心服装”430件。发动社会组织、爱心人士为康贝启智教育中心献爱心，其中县地税局捐赠2.3万元购买教具等设备。大田平安医院为全县机构内的残疾儿童进行义诊。12月，组织县总医院南区内二科主任苏双桂对康贝启智教育中心的儿童进行残疾程度和类型评估，根据不同情况提出针对性的康复、训练、治疗方案。当年，全县助残志愿者队伍1100余人，结合重大残疾人节日，组织开展“爱耳日”“关爱残疾儿童”“善行大田、扶贫助残”“国际盲人节活动”“春运便民暖心”等内容的扶残、助残志愿服务，全年服务残疾人900余人次。

【残疾人体育、技能项目获佳绩】 5月，羽毛球运动员施生倬参加全国残疾人羽毛球锦标赛获得站立上肢su5男子单打第一名、站立上肢su5男子双打第二名、混合双打第四名。6月，听力残疾人郭燕兰参加2018年全国残疾人田径锦标赛，获得女子听障组400米栏第一名、4×400米接力第一名、4×100米接力第一名、400米第二名、200米第四名。9月，施生倬参加在印度尼西亚雅加达举行的亚洲残疾人运动会，获得站立上肢su5男子单打第五名。12月，县残联组织代表队参加省第八届残疾人运动会，施生倬获得羽毛球男子su5男子单打第一名；郭燕兰获得田径T/F60女子400米、T60级女子200米、T60级女子100米3项冠军；高超强获得田径男子T11级1500米、800米2项冠军；陈吉炽参加省运会获得男子F42级铁饼第一名、T/F60男子标枪第一名、F42及铅球第二名。

9月，残疾人范祯现参加省第六届残疾人职业技能竞赛，获盲人保健按摩第六名。选送6名残疾人参加市第七届残疾人职业技能竞赛，获团体优秀组织奖（范祯现获盲人保健按摩第一名并获市级“五一”劳动奖章，施明煇获计算机文本处理第三名）。

【组织建设完善】 2018年，县残联加强机关、事业单位、5个专门协会及乡镇残联、村残协建设。18个乡镇残联配有专（兼）职理事长和294个残疾人工作联络员，有275个村（社区）成立残协。乡镇和村级联络员工资补贴均列入县财政预算，残疾人工作列入乡镇政府年度绩效考核，并给予一定的工资补助；乡镇专职残疾人联络员工资提高至每月1408元，村级联络员补贴从7月份起提高至每月100元。

【残疾人托养服务】 2018年，县残联实施省委、省政府为民办实事项目。为重度肢体、智力、精神残疾人提供居家养护补贴，每人补助2000元，机构托养每人补助5000元，市级叠加补助5000元。在10月底前为207名贫困重度残疾人发放居家托养补助金41.4万元；机构托养12名，补助12万元。

【残疾人专门协会活动】 2018年，县盲协组织盲人推拿师到县社会福利院和公园开展公益按摩2场，开展盲人节和助残日活动2场，接待宁德、沙县、永安、宁化、建宁、明溪等地市的盲协到县参观交流，加强基层盲协的建设。县福乐盲人推拿中心举办“中高级盲按提高班”2期；获第三届“中国创翼”创业创新大赛三明市级选拔赛专项组三等奖，奖金3000元；获三明市级优秀创业创新资助项目二等奖，奖金4万元；获大田县2018年优秀创业创新项目评选三等奖，奖金1万元。县盲协主席苏文炜获县委、县政府“2017年度凤凰才俊”表彰。6—9月，县智力亲友协会邀请福建省爱恳教育中心到大田开展“孩子们的倾听之旅”公益讲座1场；智力亲友协会主席柳玉麟参加中国·恩启《VB-MAPP语言行为评估》实操班和2018年全国成年智力残疾康复骨干培训班学习培训。

（颜晓斌）

计划生育协会

【概况】 2018年，大田县计划生育协会（简称县计生协）协助党和政府落实全面两孩政策，鼓励按政策生育，营造家庭友好的社会环境，满足人民群众日益增长的美好生活需要，落实好中央赋予计生协会的“六项重点任务”。开展县、乡、村、组计生协会“四联创”活动，评出先进乡镇计生协会9个。推进计生法律援助，开展计生户法律维权2起，其中调解民事纠纷18件，为计生户挽回经济损失42万元。县、乡镇计生协会走访慰问计生户385户，发放慰问金22万元，分发优生优育优教知识、“蓝氧”、计生法规等宣传资料8万份，接受优生优育、法律咨询1256人次。

【宣传教育活动】 元旦和春节期间，县计生协会联合县卫健局在县内开展“把健康带回家”流动人口卫生计生关怀关爱专项行动，暨“健康幸福过大年”宣传活动。各乡镇结合本地实际，结合“文化科技卫生”三下乡活动、健康扶贫、农村留守儿童健康关爱等活动，举办启动仪式2场，开展关怀关爱活动7场，组织健康讲座6场，开展义诊活动10场，发放健康包2150个，现场问卷回访380人次，走访慰问回访43人次，留守儿童健康体检53人次、心理辅导63人次、家长培训辅导64人次，免费为群众测量血糖血压110人次，发放避孕药具1500余盒，发放健康宣传资料2800多份。

“5·29”会员活动日期间，联合县卫健局在华兴镇、梅山镇开展“会员心向党，建功新时代”为主题的义诊宣传服务活动，义诊210余人次，免费提供价值1万元的药品，接受现场咨询350余人次，发放宣传资料1500份、宣传品1000件。

“7·11”世界人口日期间，联合县卫健局、均溪镇人民政府、县妇幼保健院、县疾病预防控制中心、均溪镇社区卫生服务中心等部门开展以“共建婚育文明、共享美好生活”为主题的宣传服务活动，发放宣传资料2500余份，解答群众咨询200余人次，为群众测量血压血糖等服务150人次，发放宣传品1200余份，发放避孕药具1500余份。

【市计生协领导到县调研】 1月5日，市计生协会党组书记、会长吴金容与常务专职副会长苏泉福等一行5人到选派干部服务点企业秦朝木业科技有限公司调研，参观生产车间，听取企业负责人关于公司总体情况的汇报，县计生协会会长温如校陪同调研。9月10日，市计生协会副会长刘水生，副调研员、秘书长郑绵生等一行6人，到县开展基层工作大调研活动，了解桃源镇基层计生协会工作、鸿图中学和第六中学计生协会青春健康教育项目开展情况、妇幼保健院国家计生协会项目点——生殖健康“蓝氧”项目、儿童早期教育项目开展情况，到县计生协会座谈并了解当年计生协会工作开展情况，查阅项目资金使用情况。县政协副主席、计生协会会长陈钦梅陪同。

【公益讲座举办】 11月23日，县计生协会在县妇幼保健院举办“家庭健康促进行动”大型公益讲座，市计生协会专职副会长郑龙华致辞，县政协副主席、计生协会会长陈钦梅主持。讲座邀请福建中医药大学医史文献学科主任、医学博士、研究生导师邓月娥作“走进中医养生”，让健康教育走进家庭，引导群众养成良好的生活方式和提高科学防病能力专题讲解。140余人参加听讲。

【计生特殊家庭关爱】 2018年，县计生协推动幸福工程和计生小额贴息帮扶项目，投入幸福工程救助款136万元，救助计生贫困母亲68户；落实计生小额贴息贷款253.9万元，发放利息12.61万元，帮扶计生户60户。实施安居工程，为17户农村二女户家庭发放建房补助金42万元，其中为5户农村二女贫困家庭争取省、市、县计划生育协会建房补助金30万元。开展“金秋助学”活动，为3名贫困二女户学生争取省计划生育协会助学金，每人每年资助5000元；为7名农村二女户学生争取市计划生育协会“圆梦女孩”助学金，每人3000元；为10名农村二女户学生发放县计划生育协会“圆梦女孩”助学金，每人2000元。

【计生保险工作开展】 2018年，推进计生保险工作，为1.43万户符合条件的计生投保对象办理意外伤害保险71.5万元；开展计生失独家庭父母住院护理补贴保险，为26名女方年满49周岁的计生失独家庭父母投保护理补贴保险，每人每年保费300元，为计生失独家庭提供保障。

【儿童早期教育示范】 2018年，县计生协建立金苹果幼儿园、实验幼儿园、妇幼保健院3个县级人口早期教育示范基地。同时，在均溪、上京和建设3个镇依托当地幼儿园创建儿童早期教育示范项目点，结合“六一”儿童节等重要节日，开展科学育儿知识讲座和亲子活动。全年，开展科学育儿知识讲座10次，儿童2000人次接受人口早期教育感觉统合训练。

【青春健康俱乐部建立】 2018年，县计生协分别在大田职业中专学校、第六中学、鸿图中学、第五中学建立青春健康俱乐部。全年举办讲座8场，1000余人次参与；开设“青春健康成长之道”课程6期，受益364人；举办“沟通之道”培训6期、受益355人；发放青春健康宣传品5000余份。

【生殖健康咨询服务】 2018年，县计生协利用妇幼保健院开展生殖健康咨询服务，继续承担国家计生协会“创建幸福家庭——生殖健康援助行动‘蓝氧’项目”试点工作，免费为703位育龄妇女“蓝氧”治疗974人次。自2015年被中国人口福利基金会核准为省首批“蓝氧项目”试点单位以来，免费为2689位育龄妇女“蓝氧”治疗3793人次，治疗育龄妇女炎症717人，发放宣传品5万余份。

（周艳萍）

红十字会

【概况】 2018年，县红十字会完善红十字会网络建设，加大无偿献血和捐献造血干细胞宣传力度，开展人体器官捐献和遗体捐献志愿者登记宣传，并指导捐献志愿者上中国人体器官捐献微网登记。开展人道主义救灾、救助、救护工作，推进社会救助活动，开展应急救护“六进”①活动，与县教育局联合在县城关第一小学开展体验式生命教育活动，并将其定为县体验式生命教育示范学校。

【遗体和器官捐献活动】 4月3日，县红十字会专职副会长到三明市遗体和器官捐献志愿者纪念园，参加市红十字会组织的“生命如花”主题缅怀纪念活动。11月13—16日，县红十字会秘书长到福州参加由中国人体器官捐献管理中心主办、福建省红十字会承办的全国人体器官捐献协调员培训班。12月，通过开展人体器官捐献和遗体捐献志愿者登记宣传活动，指导1名志愿者在中国人体器官捐献微网办理人体器官、眼角膜捐献网上登记手续，成为中国第381570位人体器官捐献志愿者，为县首例登记的志愿者。

【“世界急救日”活动】 9月12日，由县红十字会主办，县卫生和计划生育局、县马拉松协会、县华正义工联合会、仙亭社区居委会、县职业中专联办的“世界急救日”宣传活动，在仙亭社区、县职业中专学校等单位开展，主要讲解心肺复苏、火灾逃生、气道异物梗塞等突发意外事件的应对方法，并示范操作心肺复苏术、海氏冲击法。向群众宣传讲解创伤救护等急救基本知识，培养和提高群众的自救互救意识与技能。为适龄群众免费发放计生药具300盒；为65周岁以上老年人进行免费健康体检46人次，根据体检情况指导服务对象正确服用降血压、血糖、血脂等日常用药，并发放宣传单1500多份。

【救护师培训】 12月22—27日，县红十字会邀请市红十字会在五一大酒店举办三明市第三期救护师培训班，由省红十字会应急救护师培训教师授课并组织理论和实际操作科目考试，县参加考试学员5名（县中小学生社会实践基地2人，卫生和计划生育局、马拉松协会、红十字会志愿者各1人），4人通过考试取得救护师资格。

【捐赠接收与募捐】 12月，县红十字会接收省红十字会急救箱5个，分配给仙亭、文昌、镇东、东门和玉凤社区居委会。春节前，接收省红十字会博爱进万家慰问物资5件，慰问文江镇光明村3户3人，均溪镇红星村2户7人。在新华都超市文化广场店和时代广场店各设置1个捐款箱，开展社会募捐活动，全年接收募捐款680.7元。

【无偿献血活动】 2018年，县红十字会组织1745人次无偿献血59.83万毫升。其中，2月、4月和7月在县影剧院门口组织无偿献血活动3次（2月1日，县总医院医务人员58人献血1.83万毫升）；5月16日，建设、广平镇居民92人次献血3.02万毫升；5月17日，组织医务人员在县总医院第一广场开展“为他人着想，捐献热血，分享生命”主题献血活动，76人次献血2.51万毫升。

【“三下乡”活动参加】 2018年，3名红十字会志愿者在广平镇政府参加由县委宣传部组织的“三下乡”活动启动仪式，开展人道主义宣传、应急救助演练互动，县红十字会投入经费3000元。

【患儿治疗基金申请】 2018年，县红十字会为县户籍的2名患有先天性心脏病儿童，申请中国红十字基金会天使阳光基金；为1名患有白血病的贫困家庭儿童，申请中国红十字基金会小天使基金。

（陈之垅）

注：①“六进”：进机关、进社区、进农村、进企业、进学校、进家庭。

大田县关心下一代工作委员会

【概况】 2018年，大田县关心下一

代工作委员会（简称县关工委）内设农村教育、学校教育、城市教育、法制教育、家庭教育、宣传教育、基金管理7个专业委员会，下辖普法、德育2个报告团和关爱、卫生保健、金秋农业科技3个服务工作团，是一支以老干部、老专家、老战士、老教师、老模范“五老”为主体，专兼结合的青少年思想道德建设队伍。县关工委围绕健全党建带关建工作机制、实现5个提升（领导班子、组织覆盖面、“五老”队伍、工作保障、达标“五好”关工委）、按创建3个以上工作品牌总体要求，成立“党建带关工委建设”领导小组，制定实施方案及考评细则，表彰“党建带关建”示范村18个。县直机关以机关党委系统为单位，重组重建10多个机关党委关工委。至年底，全县有基层组织关工委356个，其中，乡镇18个、县直机关10个、民营企业10个、村265个、社区8个、中小学45个；报告员、校外辅导员、帮教员、家教员、科教员、文化市场督导员等“六大员”1200余人。基层关工委约80%达到或基本达到“五好”活动的预期要求。县关工委组织各级关工委学习“有人谋事、有人干事、有钱办事”的经验，推动基层关工委健康发展。

【“护青园”夏令营活动】 7月，县关工委与法院、公安局、教育局、司法局、团县委和妇联等部门联合举办“护青园”法制教育夏令营，通过举办一场法治讲座、参加一次道路交通安全实践、观看一片法制教育视频、了解一个案件的诉讼程序、旁听一次庭审、模拟一场审判、探视一回监狱、参观一个法制教育基地、参与一场禁毒知识竞赛、参加一次“身边人、身边事”法治故事演讲比赛、体验一回反空袭野外生活、写一篇法治征文等“十五个一”活动，以看、听、学、讲等方式，让学生亲身体会法律的严肃、知法的用处、守法的重要、违法的后果，对青少年实施精准普法。

【主题教育活动】 2018年，县关工委联合教育关工委到学校开展“中华魂”主题教育宣讲活动，宣讲团开展“中华魂”主题宣讲7场，参与师生和家长4000人次；各校举行“中华魂”主题班会课300多节，参与学生1万多人。与武陵乡党委政府联合举行西河祠中共闽中工委会址“传承红色教育，争做时代新人”主题教育活动启动仪式。县关工委顾问、烈士林大潘儿子林占中，县关工委班子，武陵乡党委书记、人大主席、关工委常务副主任，武陵乡中小学师生共100余人出席启动仪式。挖掘当地红色资源，教育青少年从红色文化、红色基因中汲取力量，成为中国特色社会主义合格建设者和可靠接班人。

【青少年“所思所想所盼”问卷调查】 2018年，县关工委在5所中学的200名学生中围绕“家庭情况”“立德树人”“素质公平教育”“身心健康”四个方面，开展“青少年所思所想所盼”问卷调查。发出问卷200张，从中掌握青少年思想动态，对发现的问题、状况寻求解决方案，为更好开展关心下一代工作提供支撑。

【青少年“一对一”帮扶】 2018年，县关工委联合民政、教育等部门，对“两童”（流动、留守儿童）、“五失”（失足、失管、失学、失业、失亲）青少年调查摸底、建档立卡，对重点青少年进行“一对一”帮扶。帮助梅山镇少年陈某戒掉毒瘾，使其痛改前非后组建家庭；帮教梅山村吴某改掉盗窃行为，使其在京口工业园区就业，并解决寻亲、建房等多方面困难。帮扶广平镇广平村弱智人员黄某，解决其流落街头、生活不能自理等生活实际问题；建设镇建国村关工委为孤儿尤氏姐妹联系三明市华恩儿童村托管，后又安排其叔叔代管，并联系专家定期做心理辅导。梅山镇关工委为36名小学生、18名中学生、5名大学生捐资助学6000元，屏山乡关工委为贫困学生郭某争取5000元助学金。

【青少年思想道德建设活动】 2018年，县关工委利用各种资源，到校园、乡镇、村居开展形式多样、内容丰富的青少年思想道德建设活动。广平镇关工委依托“郭居敬”孝道文化理事会，以书画、书法、手抄报比赛等形式，推广孝道文化教育，同时成立“明德书院”，做到国学教育从娃娃抓起；县关工委报告团开展反校园暴力、未成年人自我保护等讲座36场次，受众达万人；县城区中学举办“学习嘉庚精神，开展国防教育”社会实践活动，由厦门大学和集美大学选培办组织国防生进行军训和国防教育；供电公司关工委进入校园，进行用电安全、省电窍门等知识教育；交警大队为学生讲解交通安全知识，教授交通手势操等。

（周调产）

大田县老年人体育协会

【概况】 2018年，全县各级老年人体育协会组织320个，其中县级1个、县直机关部门15个、社区8个、各行业俱乐部12个、乡级19个（东风农场1个）、村（居）级273个。老体协会员3.54万人，其中城区4657人。县老体协工作遵循“没有全民健康就没有全面小康”，开展适合老年人的各项体育活动。

【市第十届老健会获佳绩】 4—6月，县老体协组织110人参加三明市第十届老年人体育健身大会13个活动项目中的11项，获得气排球女队、门球女队团体第一名，健身球操、柔力球女网式团体第三名，太极拳（剑）团体第四名，柔力球女花式团体第五名。健身秧歌、门球男队、气排球男队、柔力球男网式、地掷球、健身气功、台球、棋牌等获团体优秀奖。叶联欢获女子乒乓球个人第四名。

【骨干培训】 7月2—4日，县老体协柔力球俱乐部在县体育中心二楼篮球馆举办太极柔力球花式规定套路“阳光年华”培训班，107名骨干参加培训。

【康乐家园创建】 8月24日，县老体协在前坪乡召开2018年创建“老年人健身康乐家园”推进会。至年底，全县创建康乐家园的村（居）181个，占66%。其中三星级45个、二星级57个、一星级79个，获省级康乐家园称号19个、市级33个。当年，福建日报刊登《夕阳灿烂映岩城》、省委办公厅《八闽快讯》刊登《莫道桑榆晚，微霞尚满天》，报道大田县推进老年人健身康乐家园建设的做法和经验。

【展示交流活动】 9月28日，县老体协牵头，县终身教育促进委员会、老干局、文广局、水利局、人社局、总工会等6个单位主办，老体协拳剑操舞俱乐部、老体协柔力球俱乐部、文体局体育股、工人文化宫等4个单位联合，在县体育中心篮球馆举办太极拳（剑）和柔力球固定套路展示交流活动。12个乡镇和城区3个社区、2个俱乐部，16支代表队和县老年大学部分学员共400多人参加。活动的主题是“我健康、我快乐”。太极拳（剑）、柔力球固定套路展示项目包括城区柔力球规定套路《飞龙二套》、俱乐部太极拳功夫扇、乡（镇、村、居）联展二十四式太极拳、县健身指导站健身气功、健身太极拳、柔力球俱乐部双人柔力球《女儿情》表演和三十二式太极剑表演等7个。

【省第十届老健会比赛】 11月5日，县气排球女队、门球女队代表三明市赴宁德参加省第十届老年人体育健身大会，气排球女队获得银奖，门球女队获得铜奖。

【纪念改革开放40周年和重阳节系列活动】 2018年，县老体协牵头，联合县委组织部、宣传部和老干局等23个部门、单位共同举办纪念改革开放40周年和“九九”重阳节六项活动，其中，“鲜花献给党”花卉盆景展在老年憩园展出各类盆景300多盆，纪念改革开放四十周年文艺晚会在县影剧院举行，演出歌舞、太极拳表演、音乐快板、高甲小戏、旗袍秀等节目12个。

（林克雄）

军 事

□ 编辑 陈 妮

人武部

【概况】 2018年，县人武部贯彻省军区、军分区两级党委会议精神，把握主题主线，以民兵整组和征兵工作为重点，以军民深度融合发展为途径，以安全稳定为保证，聚焦单位全面建设水平提升，努力工作，完成年度各项任务，被福建省军区表彰为“先进人武部”。

【思想政治建设】 2018年，县人武部强化首位意识，抓思想政治建设。坚持“占领主阵地，打好主动仗，弘扬主旋律”，把举旗铸魂作为思想政治建设的核心内容。把“不忘初心、牢记使命”学习教育和“传承红色基因、担当强军重任”主题教育作为当年首要政治任务。组织干部职工开展“和平积弊大起底大扫除”大讨论。组织观看纪律教育专题片《铁纪强军》。

【国防动员建设】 2018年，县人武部抓国防潜力数据调查、民兵组织整顿工作和兵员征集工作，推进国防动员建设。开展国防潜力数据调查，对全县国防动员潜力数据进行详细摸底调查，为民兵组织任务分配和调整提供依据。围绕“保障过境、提供支援、应急处突、抢险救灾”任务，突出“科学”“管用”，结合大田防区实际，完成全县基干民兵队伍实案化编组。努力提升年度兵员征集质量，以“两保、一降、一杜绝”为目标，走实征兵工作步骤，完成年度兵员征集任务。

【军事战备工作】 2018年，县人武部聚焦军事斗争准备，围绕战时担负的五大任务，把握深化国防和军队改革的新要求，以“能打仗，打胜仗”为目标，扭住工作重心，提升战备质效。开展安全形势、职能使命、法规制度、战斗精神、防奸、保密6个战备专题教育；组织民兵信息员队伍调整培训，连接舆情监督系统，与协作单位保持密切联系，汛期每天与防汛和气象部门联系，掌握雨情、汛情；加强“四知一明白”（知敌、知我、知环境、知技术、明白致胜机理）背记考问和应急处突演练，提高应急处突能力。按照“懂业务、会指挥、能带兵”的要求，区分层次，采取“请进来教、走出去训”的办法抓实军事训练；按照“平时能应急、战时能参战”的目标，采取“基地统训、岗位自训、挂钩帮训、编组联训”等方法，3—4月组织基干民兵集训两期，10月下旬组织全县民兵营（连）长暨民兵信息员集训一期，突出规范训练流程，提高训练质效，注重落实好“九个有”(有计划、有教案课件、有备课示教、有教练员、有考核、有登记统计、有影像资料、有总结报告、有经费开支账目)，民兵队伍综合能力素质得到极大提升。8月下旬组织新兵役前训练，提高新兵适应军营、迈好军旅第一步的能力。

【平安军营建设】 2018年，县人武部依法从严治军，坚持强化责任担当，以超常举措，注重建章抓规范，确保心无侥幸、人无失控、域无死角、事无险情目标实现。根据上级相关指示精神，按照《人武部规范化运行配套措施》，对学习教育、岗位练兵、值班执勤、考勤登记、安全保密、日常管理、责任追究等十个方面进行细化明确，有章可循。安全工作每日自省、每周汇报、每月讲评，检查干部职工的履职尽责和遵规守纪情况。投入专项经费，全面升级兵器室、重要办公场所和营区安防系统，提升重点部位安全系数。围绕人、车、枪、弹、密等关键节点，突出燃爆危险品和信息安全保密清查清理，开展安全工作大检查，做到每日一自查、每周一检查、每月一大查。

（栾仁豹）

武 警

【概况】 2018年，武警大田县中队继续担负县看守所的外围武装警戒、全县重要活动安全保卫、重大节日武装巡逻任务，参与处置各类突发事件、反恐和抢险救灾及防卫作战任务，保证驻地社会稳定和执勤目标安全无事故。

【临时勤务】 2018年，武警大田县中队完成元宵节、国庆节、“两会”期间安全巡逻等临时勤务。7月，备勤备战防御台风“马莉亚”；7月31日，与县妇联、民政局联合举办“喜迎八一表真情，军民共建一家亲”专题文艺晚会；9月30日，参加烈士纪念日公祭活动，缅怀革命先烈。10月1日，参加县国庆升旗仪式，开展城市联勤武装巡逻。

（王明超）

人民防空

【概况】 2018年，县人民防空办公室围绕“战时防空、平时服务、应急支援”的职能使使，注重夯实平战结合人防工程建设，建力推进重点项落实，不断完善指挥通信系统功能、强化教育宣传引导力度，聚焦提升为民服务能力，人防工作不断巩固提升。

人防工程检查 2018年，县人防办成立检查组，定期对全县在建、已建人防工程进行检查，针对检查发现的问题依据《福建省人民防空条例》及时发放限期整改通知书，并要求管理单位制定整改方案，及时整改到位。

短波通信建设 5月15日，县人防办短波电台正式启用，并完成与三明市人防办短波电台组网训练。

防空演习 9月20日，县人防办组织实施县城区防空警报试鸣活动。

【交警大队防空警报器设置点迁移】 6月，县人防办根据《中华人民共和国人民防空法》第三十五条规定，对交警大队办公楼防空警报设置点迁移工作进行立项审批，并对警报器拆迁现场进行监督管理。

【人防指挥所建设】 2018年，县人防办投入资金，推进人防指挥所信息系统建设，参加全省人防指挥通信业务会拓展学习。年底，信息系统进入试运行。

（林贵斌）

法 治

□ 编辑 郑祥果

政法委及综治

【概况】 2018年，大田县政法综治部门以建设更高水平的“平安大田”为主题，以“扫黑除恶专项斗争”为主线，围绕“一场专项斗争、五类专项打击、五个专项治理”中心工作，突出隐患排查，着力纠纷化解，加强问题整治，政法综治维稳工作取得新成效。圆满完成全国、全省“两会”、首届“数字中国”建设峰会、上合组织青岛峰会、第十届海峡论坛、第五届世界佛教论坛、首届中国国际进口博览会等重大活动以及重要节点的安保维稳工作，实现“一个确保”“五个坚决防止”和“三个满意”① 的工作目标。建立完善“补种复绿”等修复性司法机制，严厉打击“食药环”和非法集资、金融诈骗、网络传销等涉众型经济犯罪和脱贫攻坚领域犯罪，并在全市发出首例“生态修复令”。全年公安局立各类刑事案件1553件，比上年上升5.4%，破案1018件，同比下降6.7%。检察机关共办理各类案件1359件，其中，依法审查逮捕各类刑事案件208人，审查起诉526人，办理刑事、民事、行政诉讼及刑事执行监督案件126件。审判机关共受理各类案件5635件，审结5259件，结案率93.33%，同比上升4.28个百分点。建立、健全调解组织，积极构建人民调解、司法调解、行政调解三位一体的大调解工作格局，全县共排查调处矛盾纠纷1705件，调处成功1696件，调解成功率99.47%，没有发生群体性事件。2018年，群众安全感满意率达98.48%，比去年提高了2.79个百分点；平安建设知晓率78.85%，比上年提高了6.67个百分点；执法满意率达96.49%，比上年提高了5.67个百分点。当年，县在全市综治工作（平安建设）考评中获二等奖。

【更高水平“平安大田”建设活动】 年初，县政法综治部门贯彻县委、县政府《关于建设更高水平“平安大田”的实施意见》，开展为期三年的社会治安问题五个专项治理行动。一是开展矛盾纠纷积案化解专项治理。持续完善社会稳定风险评估机制，加强特色调解组织建设，完善第三方专业调解机制，加强“方圆调解室”建设，落实疑难问题处级领导挂包制和处级领导一线接访制。二是开展重点领域集中整治专项治理。坚持一手抓打击、一手抓防范，一手抓排查、一手抓整治，创新建立民爆物品“零清退”“联合库”“库长制”等管控机制，不断完善寄递物流企业“星级”滚动管理，加大建设消防中队建设，新建石牌超限运输检测站不停车检测系统，精准治理“病人”“病车”“病路”等突出问题，依托县生态环境保护指挥中心有效预防化解因矿山、水源引发的矛盾纠纷，实现全县社会面的平安稳定。三是开展特殊人群服务管理专项治理。强化对严重精神障碍患者、刑满释放人员、社区服刑对象、不良行为青少年等特殊群体管控力度，推行“清单式”管理机制，落实“网格化”排查登记，把所有重点对象全部纳入日常服务管理视线。全面推行严重精神障碍患者救治救助“1234”模式②，签订“以奖代补”协议有181人、发放以奖代补26.96万元，建成恒康精神专科医院，设立精神障碍患者救助基金，全年没有发生精神病患者肇事肇祸事件。四是开展重点部位安全防范专项治理。着力加强学校及周边治安防范，深入开展“护校安园”专项工作，扎实推进平安校园等级创建活动。着力加强城乡结合部和繁华街区、商贸中心等人员密集场所治安防范。着力推进“雪亮工程”建设，加快公共安全视频监控建设联网应用，当年新建的一类视频监控、人像卡口、视频监控安全防护系统均进入实施阶段。五是开展区域性突出问题专项治理。持续深化区域性治安稳定突出问题治安重点整治工作，全县共排查确定重点整治点19个，其中省1个、市级1个、县级4个，乡级14个。

【省、市见义勇为先进分子座谈会召开】 1月25日上午，三明市见义勇为协会会长刘尔法、市综治办一科负责人韩小南一行到大田召开慰问省、市见义勇为先进分子或家属座谈会。参加座谈会的有省市见义勇为先进分子14人，家属5人。县委常委、政法委书记茅有温，县委政法委副书记、县综治办主任、见义勇为工作协会会长乐余聪参加座谈会。

【扫黑除恶专项斗争】 2月9日，大田县召开扫黑除恶专项斗争动员会，把开展扫黑除恶专项斗争作为重大政治任务，广泛宣传发动，强力组织推进，面向十一个涉黑涉恶重点领域，有黑扫黑、无黑除恶、无恶治乱，迅速形成扫黑除恶的强大攻势，取得阶段性成果。全年警情明显减少、接警数明显降低、治安评价明显提高，涉黑涉恶举报件明显增加。

【政法工作暨安保维稳工作表彰会召开】 3月28日上午，县召开县委政法工作暨安保维稳工作表彰会。传达贯彻落实中央和省、市政法工作会议精神，回顾总结2017年工作，安排部署当年政法综治工作，表彰2017年度重大安保活动18个先进集体和61个先进个人。县委常委、常务副县长陈剑生，县委常委、政法委书记茅有温参加会议并讲话。县人大常委会副主任郑宜堆宣读县委、县政府2017年度重大活动安保维稳工作先进集体和先进个人的决定。县政协副主席陈庆建，县法院、检察院、公安局、司法局班子成员和科室负责人，县委维稳工作领导小组、县综治委等相关成员单位主要负责人；各乡（镇）党委书记、分管综治副书记、派出所所长，先进集体和先进个人代表等120余人参加会议。会议由县人大常委会副主任郑宜堆主持。

【“九个是否有之”集中警示教育活动动员会】 5月11日上午，大田县召开政法队伍“九个是否有之”（很多领导干部混同于一般群众，放松对自己要求的是否有之；搞钱权交易、以权谋私、贪赃枉法、索贿受贿等“微腐败”的问题是否有之；跑风漏气、充当黄、赌、毒等违法犯罪“保护伞”的是否有之；滥用公权力，损害人民群众群众获得感、幸福感和安全感的是否有之；不讲规矩、我行我素的是否有之；特权思想严重，执法违法的是否有之；不注重小节，交友不慎、社会影响很坏的是否有之；生活堕落、低级趣味的是否有之；唯上唯书，过分考虑个人荣誉、地位，无视群众合法利益的是否有之）集中警示教育活动动员会。县直政法各单位中层以上干部120余人参加会议，县委常委、政法委书记茅有温作动员报告。会议要求对照“九个是否有之”及具体表现，排查整治政法队伍在纪律作风等方面存在的突出问题，狠抓有关纪律、条规、禁令的落实，真正让铁规发力、禁令生威，使政法队伍作风明显转变。

【省综治调研督导组到大田调研】 7月4—5日，省综治办副主任傅建飞为组长的省调研督导组一行4人，到县对上半年综治平安建设重点工作进行调研督导。市委常委、政法委书记纪熙全，市政法委副书记方艺、市综治办副主任陈鹏飞及县委常委、政法委书记茅有温陪同检查。

【“崇尚科学 反对邪教”系列宣传活动】 9月30日，政法综治部门通过科普反邪宣传、校园反邪宣传等方式开展“崇尚科学 反对邪教”系列主题宣传教育活动。讲座在大田五中举行，市委党校法学教研室讲师李小立主讲，200余人参加听讲。主要讲解邪教概念及社会危害、产生原因、邪教的防范及处理三个方面内容。

【“六无”村（社区）建设工作推进会召开】 10月22日，全县建设“六无”村（社区）建设工作推进会在县政府五楼会议室召开。会议的主要任务是总结提升全县创建“六无”村（社区）工作经验，推动下一步建设工作。县委常委、政法委书记茅有温，县法院院长杨绍东、县公安局局长刘阳辉及县综治委成员单位分管领导、各乡镇综治副书记等80余人参加会议。

【信访矛盾“百日攻坚”行动】 10月，县政法综治部门按照县委开展“思想大解放、推动大发展”活动部署，在全县范围内掀起为期100天的信访矛盾“大排查”“大化解”“大督查”的信访矛盾“百日攻坚”行动。行动确定“重点领域”“重点群体”“重点问题”“重点人员”信访积案137个，实行处级领导挂包、主管部门负责、信访部门参与的多方联动机制，逐一制定问题清单、责任清单和反馈清单。经过攻坚，吴某秀、黄某富等一批跨越多年信访老问题、老诉求经沟通协调得到化解。

【县法学会第二次会员代表大会召开】 11月28日，县法学会第二次会员代表大会在县公安局七楼会议室召开，39个县直单位、18个乡（镇）、4个社区和永安煤业有限责任公司的107名会员代表参加会议。县委常委、政法委书记、法学会会长茅有温，县法院院长杨绍东、县检察院检察长张春明出席大会。

【市综治调研评定组到县调研】 12月21日，市政法委副书记方艺带领市综治工作（平安建设）召开会评定组到县对综治年终工作开展调研评定，县委常委、政法委书记茅有温陪同，检查组一行到闽中康养服务中心、县林业局、县公安局、综治中心、县妇联等单位，通过实地察看、翻阅资料等形式，评定县综治工作。

（翁作湖　蔡泽鸿）

注：①一个确保：确保社会安定稳定；五个坚决防止指：坚决防止发生严重影响社会政治稳定的大事件，坚决防止 发生影响峰会顺利进行的突发事件，坚决防止发生影响峰会顺利进行的暴力恐怖、个人极端案（事）件，坚决防止发生规模性群体性事件，坚决防止发生重特大道路交通、火灾、爆炸等安全事件；三个满意：群众、基层、领导满意。

②“1234”模式：1是做“一件实事”，关爱弱势群体；2是设立“爱心中转站和党员服务站”；3是“抓好家政、兴趣班、办理爱心卡”三项服务；4是建立“社区党组织 、居委会、社区成员代表大会和物业公司”四级网络管理机制。

法治政府建设

【概况】 2018年，县政府法制办加强重大行政处罚案件报备制度，全年报备重大执法案件28件，合法率100%；落实规范性文件合法性审查制度，向县人大和市政府报备规范性文件7件，合法率100%；联合县法院推广依法行政与行政审判良性联动机制，收到行政复议申请案件7件，全部受理办结，结案率100%；运用法治思维和法治方式推进政府工作，为全县经济建设和创建“法治大田”“平安大田”营造法治环境。

【依法决策机制完善】 2018年，县政府法制办完善依法决策有关机制。对重大决策合法性审查范围，重大决策承办部门和县政府法制办工作责任、审查内容，所出具审查意见要求，违反规定责任追究等内容作了规范。建立专家参与备案审查机制。重点对选择专家范围、需要专家审查文件、组织专家审查形式、重点审查方面、对专家的要求以及专家审查意见的作用进行规定。推进政府法律顾问制度建设，促进政府依法决策、依法行政，营造遇事找法、解决问题靠法氛围，创造良好的法律环境。6月19日，县政府举行法律顾问外聘颁证仪式，聘请宏岩律师事务所律师姚军、林芳胜、郑金铃和协胜律师事务所蒋芳榴为县政府法律顾问。

【行政应诉制度建设】 2018年，县政府法制办从支持人民法院依法受理行政案件，落实行政机关负责人出庭应诉制度，做好行政应诉各项准备工作，遵守法庭纪律和人民法院各项要求，尊重并执行人民法院生效裁判等方面，对行政应诉工作提出明确要求。

【法治保障改革】 2018年，县政府法制办定期组织规范性文件清理。做好县政府"放管服"改革相关决定的落实，全年组织规范性文件集中清理2次，按程序废止、修改规范性文件5件。根据相关要求，对全县规范性文件专项清理进行部署，对存在设定权限范围之外内容、不适应经济社会发展需要以及部门利益法制化问题的文件进行全面修改、废止。对"放管服"改革决定，均进行合法性审核。配合县编办开展行政权力清理工作，提出审核意见10条。

（刘艳岑）

公 安

【概况】 2018年，大田县公安局以习近平总书记"对党忠诚、服务人民、执法公正、纪律严明"的"四句话、十六字"总要求作为建警治警总方略，落实公安改革红利，激发队伍士气，以开展扫黑除恶专项斗争为重点，全力推进打击整治和社会治安防控，确保全县社会大局持续安定稳定。年内，全局共受到各级表彰的集体11个次，个人164人次。其中，经侦大队受公安部通报表扬，交警大队获市委市政府"2015—2017年度文明单位"称号，城关派出所被评为"2017年度市优秀公安科所队"，刑侦大队立"集体三等功"；干警陈光耀被评为"福建省公安英烈基金工作成绩突出个人"，陈秋辉获得"市五一劳动奖章"及"2018年全省普通公路交通事故处理岗位竞赛标兵"称号，郑乾智立个人二等功，高锦尧、廖明振立个人三等功。

刑事侦查 2018年，县公安局立刑事案件1553起，同比上升5.4 %，破获1018起，同比下降6.7%；破获八类案件31起，其中破获杀人案2起，实现连续19年命案全破。经济犯罪案件立案27起，同比下降3.6%，破案62起（年前案件18起），同比上升29.2%，抓获犯罪嫌疑人40人，涉案金额105余亿元，挽回经济损失355.98万元。破获涉毒刑事案件2起，缴获毒品冰毒298.62克、大麻及大麻烟油43.42克，查处吸毒人员100人次，强制隔离戒毒23人次。经济犯罪及涉毒犯罪打击在全市排名第一。

治安管理 2018年，县公安局受理治安案件1908起，查处1904起，结案1549起，查处治安违法人员1731人次，分别比降24.9%、25%、30.6%、16.8%；破涉黄刑事案件3起，查处卖淫嫖娼治安案件52起；破获赌博类刑事案件15起（省挂网络赌博1起），查处赌博治安案件379起；破获污染环境犯罪2起；破获食品药品犯罪22起，其中公安部挂牌督办案件1起。

户籍管理 2018年，全县户籍人口41.6万人，其中城镇人口13.73万人，城镇率33.9%。办理无户口人员1.11万人，其中，弃婴收抱养落户495人，因婚嫁注销等原因恢复户口4人。实施居住证制度，办理居住证351张。受理户政微信办事205笔，办结158笔，办结率98.1%。安装二维码门楼牌，实现地址清理、房屋登记、人员采集、门牌换发、地址标注率均达98%以上，8月，大田被省厅列入"白名单"单位。

监所管理 2018年，县公安局严格监所工作制度，整治监所安全隐患，每月组织两次安全大检查，对监区内安全隐患全面排查消除，开展2次预防食物中毒突发事件预案演练。看守所全年羁押362人次，拘留所收拘576人次，没有发生监管安全事故。

交通管理 2018年，县公安局接处道路交通事故1855起，立简易事故1060起。其中，一般程序处理道路交通事故78起；死亡32人，受伤91人，财产损失24.16万元；四项指数分别下降7. 14%、上升6.67%、上升9.64%、下降0.9%；发生一次死亡2人以上特大道路交通事故2起。查纠各类严重交通违法行为3.3万人次，行政拘留无证驾驶摩托车违法182起。

出入境管理 2018年，出入境大队办理公民出国（境）申请9741人次，其中，护照4597人次，大陆居民往来港澳通行证及签注3422人次，大陆居民往来台湾通行证1219人次，网上警局共受理港澳旅游再次签注503人次。走访有关单位15家，主动提醒办证20人次，帮助解决入境人员探亲签注、居留签注15人次。

法制工作 2018年，县公安局法制大队强化案件源头管理和过程控制，在保留原有兼职法制员的基础上，派驻专职法制员6人。通过案管中心巡查刑事案件567起，督促办案单位整改补立27起，监督撤销案件14起，审核外单位移交线索立案23起，提请批准逮捕153人，逮捕136人，报捕合格率88.8%，同比上升3.6%。移送起诉367人，起诉合格率为100%，同比上升16.85%。

消防工作 2018年，县公安局检查消防单位1.26万家，整改火灾隐患1.76万处，发责令整改通知书8567份，实施行政处罚12家，临时查封1家，责令"三停"2家，罚款30.94万元。年内发生火灾25起，死亡1人，直接财产损失31.7万余元，火灾起数同比下降32.34%，直接财产损失同比下降23.1%。

【上级领导到县局调研】 1月9日，省信访局副厅级信访督查专员王明清一行3人，到县交警大队调研"1+N"道路交通事故联调联处工作。调研组对大田创新成立"联合调处服务中心"，实现8年零越级信访给以高度评价。3月6日—7日，省专项工作督导组组长、省司法厅副厅长陈强，副市长、市公安局长陈育煌等一行5人，到县督导调研扫黑除恶专项斗争。督导组先后到县"扫黑办”、县纪委（监委）、县委组织部、县公安局及乡镇、企业开展实地督导。4月3日，市政府副市长、公安局长陈育煌带领市公安局扫黑办一行4人，到县公安局督导调研扫黑除恶专项斗争。对办理涉黑涉恶专案遇到的难点和下一步工作提出指导性意见。5月29日，省厅交警总队车管处吴陈华、市局交警支队副支队长李卫民等一行4人到县检查验收永兴达机动车驾驶考场。7月26日，公安部网安局副巡视员田虹、省公安厅网安总队长林乐坚等一行8人，到县公安局调研指导网安工作。

【生产销售伪劣产品案告破】 1月18日，县公安局治安大队抓获一名涉嫌生产销售伪劣产品犯罪嫌疑人章某森，查扣“飞天茅台”“五粮液”“泸州老窖”等疑似假酒1400件，价值200余万元。

【扫黑除恶专项斗争新闻发布会】 2月28日上午，县公安局召开第一次扫黑除恶专项斗争新闻发布会。县委宣传部、报道组等部门领导，县电视台、大田新闻网等本地媒体记者，以及“微大田”等本地较有影响力的微信公众号管理员等14人参加发布会，主要内容传达全国扫黑除恶专项斗争电视电话会议精神，宣布正式启动扫黑除恶专项斗争，持续至2020年。

【黑社会组织系列专案告破】 3月4日，县公安局成立“3·4”专案组，抓获涉黑犯罪嫌疑人陈某观、陈某澎等人，破获以连某萃、陈某观为首黑社会性质的案件。市公安局扫黑除恶领导小组办公室给县局发来贺电。经查，2013年3月以来，以连某萃、陈某观为首，陈某澎、陈某征等人为骨干成员22人，在太华、城关及矿山领域、金融行业实施一系列寻衅滋事、聚众斗殴、故意伤害、敲诈勒索、开设赌场、非法拘禁、非法高利放贷、暴力要债、逼债等违法犯罪行为。4月，县公安局破获“2·20”涉黑专案，抓获以林某堤为首的13名涉黑违法犯罪嫌疑人。经查，2006年以来，犯罪嫌疑人林某堤、范某宝、陈某枝为索要放贷本金及利息，实施多起寻衅滋事、非法拘禁、非法侵入住宅等违法犯罪行为。12月，林某等人涉黑案件被移送检察机关审查起诉。

【微信举报平台推广应用】 3月，“三明110”微信举报平台正式推广应用，县公安局召开专门会议部署推广举报平台运用，并开展操作流程培训。

【市公安监管工作现场会召开】 5月4日，全市公安监管工作现场会在县看守所召开，各县（市）公安局分管领导，监管场所所长，市公安局督察、审计、警保、法制、监管等科室领导共56人参加会议，会议由邱加栋主持，市局党委委员、副局长倪义福出席会议并作专题报告。

【二维码门牌管理新闻发布会】 5月23日上午，县公安局在三楼会议室召开标准地址二维码门牌管理工作新闻发布会，县委报道组、县电视台、大田新闻网等本地媒体记者，以及“微大田”等本地较有影响力的微信公众号管理员等8人参加新闻发布会。

【警务机制改革】 5月31日，县公安局制定下发《大田县公安局警务机制改革方案》，通过区域联防，构建“大警区”，根据职能归口，整合“大部门”，统归“两部、七警区”；根据扁平化指挥要求，调整局领导分管挂钩职责，实现公安内部警种部门协作配合。

【党支部隶属关系调整】 6月12日，县公安局党委对部分基层党组织设置和隶属关系进行调整，将指挥中心支部委员会、政工支部委员会调整设置为机关第一支部委员会；治安管理大队支部委员会更名为机关第二支部委员会，撤销经侦支部委员会；原经侦支部委员会隶属国内安全保卫大队的党员组织关系调整到机关第二支部委员会，经济犯罪侦查大队、公安信息网络安全监察大队党员组织关系调整到刑事侦查大队支部委员会。其他4个党支部设置不变。

【警区边界联防联勤联席会召开】 7月18日，县公安局召集西北警区（太华、建设）与永安市槐南乡、青水乡在太华派出所召开联席会，会议由副局长范美宁主持，参加会议的有永安市局副局长冯永健、刘晓杰，槐南、青水派出所负责人，县局交警大队、太华、建设派出所有关人员，会议就加强边界联勤联防工作开展交流。

【特大骗购外汇案破获】 9月6日，县公安局抓获3名涉嫌骗购外汇案的犯罪嫌疑人陈某、何某、林某，破获一起特大骗购外汇案。经查，2016年4月至2017年1月间，犯罪嫌疑人采取“批量借壳开户、树形分拆资金、异地网银操纵”的运作模式，大肆在全国各地从事非法经营汇兑型地下钱庄、非法买卖外汇交易等违法犯罪活动，涉案的关联账户遍及29个省、100多个市，涉案金额400亿元以上。

【“扫黑除恶警方在行动”专题微访谈】 10月11日，县公安局党委书记、局长刘阳辉带领刑侦、政工等部门民警，参加新浪微博开展“扫黑除恶大田警方在行动”专题微访谈活动，回答问题117个。参与话题讨论网民4.8万人次。

【交警岗位业务技能竞赛获佳绩】 10月22—24日，县公安局交警大队参加市公安局交警支队、市总工会、共青团三明市委联合举办的“中国梦·劳动美”全市公安交警岗位业务技能竞赛活动，获得团体第二名，交通事故处理单项第一名，机动车驾驶人考试单项第三名。

【行政诉讼案件胜诉】 11月30日，明溪县人民法院开庭审理吴某因不满石牌派出所作出的行政处罚提起的行政诉讼案件；12月18日，经庭审，明溪县人民法院驳回原告吴某的请求，依法判决大田县公安局胜诉。

【公安局机关第一次党员代表大会召开】 12月25日晚，中共大田县公安局机关委员会召开第一次党员代表大会，县公安局党委书记、局长刘阳辉出席会议并讲话，局属各党组织党员代表共106名参加大会。会议以无记名投票方式差额选举，选举林起阳等5人为中共大田县公安局机关委员会委员，选举刘家满等3人为机关纪律检查委员会委员。

【行业场所管理】 2018年，县公安局查处不按规定申报出租人信息案件227起、旅馆业不如实登记案件33起、非法留宿案件4起，在旅馆业内抓获逃犯18人。开展流动人口和出租房屋大清查、大整治，经查，全县出租房屋1.04万户，登记流动人口2.36万人，涉案流动人口264人，案前漏登69人，案前登记率73.8%，查处不按规定申报出租人信息案件267起；取缔"黑网吧"1家。

【网络安全管理】 2018年，县公安局列管重点网站18个、监控重点QQ群11个、微信群8个、微信公众号51个，列管网上重点人员15人。通过巡查上报互联网信息286条，删除、封堵有害信息1715条。开展各类专项巡查373个，舆情引导219条，对25名极端维权行为重点人落地约谈，其中，涉"415"机制5人，行政拘留2人，教育训诫3人。

【涉枪涉爆违法犯罪打击】 2018年，县公安局收缴枪支53把，其中以火药为动力的枪支13把、子弹1897发；收缴炸药482.2公斤，电雷管8125枚。破获非法制造买卖枪支弹药案、非法持有枪支弹药案各11起；8名逃犯全部缉捕归案。专项行动考评全市第一名。

【"食药环"领域犯罪打击专项行动】 2018年，县公安局根据上级公安机关部署，在全县开展"食药环"领域犯罪打击专项行动；破获"食药环"领域刑事案件20起，其中，食品药品领域18起、环保领域2起，公安部督办1起，打击查处犯罪嫌疑人13人。

【扫黑除恶专项斗争】 2018年，县公安局摸排各类涉黑恶类犯罪线索173条，办结161条，办结率93.1%，查实成案17条，成案率10.6%；打掉涉黑组织2个，涉恶团伙17个，破涉黑涉恶类案件142起，抓获涉黑涉恶犯罪嫌疑人186人；查封、扣押、冻结非法资产731.35万元；向4个行业主管部门提出4条强化监管工作建议。

（傅德生　吴美华）

森林公安

【概况】 2018年，全县森林公安机关共受理查处各类森林案件228起。其中刑案立51起，破46起，破案率90.2%；刑案移诉40起、45人；林业行政案件受理182起，查处182起。共处理违法犯罪人员257人次，抓获逃犯7人（网上逃犯4人），其中逮捕3人、取保候审43人、刑事拘留21人、林政处罚190人次；清理林地面积10.55公顷，没收木材122.47立方米，为国家挽回经济损失180.23万元。

【"飓风1号"行动】 2017年12月11日至2018年1月31日，县公安局森林分局根据省森林公安局部署，在全县范围内开展为期2个月"飓风1号"行动。其间，立涉林刑事案件10起，破9起，处理违法犯罪人员30人，其中刑事处理11人，行政处罚19人次，清理非法占用林地项目6个，清理木材、野生动物非法交易场所19处，清理林地1公顷，没收木材49.69立方米，为国家挽回经济损失22.88万元。

【"春雷2018"专项打击行动】 4月1日至5月31日，县公安局森林分局根据国家林业局森林公安局部署，在全县范围内开展为期2个月"春雷2018"专项打击行动。其间，清理木材、野生动物交易、加工经营场所37处，立刑事案件10起，侦破9起，查处林政案件38起，抓获网上逃犯2名，刑事追究15人，行政处罚38人次，刑案移诉7起、7人，清理林地1.4公顷，没收木材28.07立方米，为国家挽回经济损失34.38万元。

【驻局生态环境检察室揭牌】 4月25日，县人民检察院副检察长蒋原成、公安局森林分局局长卢有明为生态环境检察室揭牌，检察院生态环境检察科科长陈春蕊、森林分局副局长陈旺武等参加。

【省、市森林公安机关领导到县督导】 5月23日，省森林公安局调研员叶光辉、装备信息通信科科长杨隆成、福州市公安局植物园森林分局主任科员方强一行3人，到县检查督导应急指挥中心和林区道路视频监控卡口建设，市森林公安局副调研员屈曦扬、办公室副主任颜荣杰陪同调研。7月3日，市森林公安局副调研员屈曦扬、法制科科长赵伟、刑侦科副科长王兆星一行3人，到县公安局森林分局督导上半年工作。

【"巡回法庭"失火案审理】 5月29日，县公安局森林分局与县法院、检察院在前坪乡街道借助圩日开展"网络直播""巡回法庭"活动，公开审理林某枝失火罪一案。判处林某枝拘役3个月，缓刑3个月。现场发放森林火灾选编案例宣传材料1000多份。

【"绿剑2018"专项打击行动】 9月1日至12月31日，县公安局森林分局根据省、市森林公安局的部署，在全县范围内开展为期3个月的"绿剑2018"专项打击行动。期间，立刑事案件15起，破8起，破获盗伐高速公路沿线林木团伙1个，带破刑事案件4起。逮捕1人，刑事拘留5人，取保候审2人；查处林业行政案件43起，处罚43人次，清理林地50.13亩，没收木材11立方米，为国家挽回经济损失51.18万元。同时，接群众求助报警27次，其中，求助闯入居民住宅的野生动物2只（飞狐、眼镜蛇各1只），交县野生动植物保护管理站放生。

【公路沿线林木系列盗伐案告破】 9月，泉三高速公路大田境内上京镇三阳村"小坑"山场、桃源国有林场莲花山分水格工区、土坑工区山场林木被盗伐。桃源、梅林森林派出所组织民警赶往案发现场进勘查后，认为连城县罗某、江某、沈某等3人有重大嫌疑。10月30日晚，经连城县公安局姑田森林派出所协助，抓获涉案人，经审，3人如实交待伙同他人在高速公路沿线盗伐林木3起，并将林木运往木材加工厂销售的犯罪事实。通过深挖，连带破获在明溪县高速公路沿线盗伐林木案4起。

【"补植复绿"督促工作开展】 2018年，县公安局森林分局多次协同县法院、检察院、乡（镇）林业站对全县15起破坏森林资源违法犯罪案件，开展“补植复绿”督促工作，督促补植面积 50.7 公顷。督促过程中，林业技术人员对“补植复绿”种植不规范、不达标的，现场提出整改。

【林区道路视频监控卡口系统建成】 2018 年，县公安局森林分局争取专项资金 195 万元，采用国内通用先进技术和成熟设备以及度高集成系统结构，完成情报指挥中心和前端林区道路视频监控卡口系统建设。

【“12·16”野生动物案侦破获省局表彰】 2018 年，县公安局森林分局侦破“12·16”破坏野生动物资源系列案件专案组被省森林公安局记集体三等功，主办民警高忠绵被省森林公安局记个人三等功。

（郑传收）

消防救援

【概况】 2018 年，大田县消防救援大队以“强意识、消隐患、促稳定、保安全”为总目标，以“拥护改革、支持改革、投身改革”为着力点，以习近平总书记训词“对党忠诚、纪律严明、赴汤蹈火、竭诚为民”为出发点，全力确保辖区火灾形势稳定。全年，接警 165 起，出警 165 次（含增援），出动消防车 201 辆次、消防人员 1326 人次，抢救被困人员 38 人，疏散人员 17 人，抢救财产 612 万元。完成中共十九大、全国“两会”及“数字中国”“中非合作论坛”“闽中六县篮球赛”“福建省首届青少年乒羽节”“全闽共舞、舞动中国梦”等重大活动消防安全保卫。全年未发生重特大火灾事故，火灾形势和队伍管理“双稳定”。

【重大事故和抢险增援】 7 月 27 日 5 时，县东风农场附近下坡急弯处，发生交通事故，一名驾驶员被困。接警后，消防救援大队立即组织救援力量赶赴现场展开救援，将伤员送往医院救治。

【消防机构改革】 10 月 9 日，公安消防部队全部退出现役，成建制划归应急管理部。“大田县消防大队”更名为“大田县消防救援大队”。大队组织人员完成摘除武警、公安字样，包括大队微信、微博公众号、三公示等平台中涉及字样，涉及的武警类 11 枚印章收缴封存。大队对相关门牌拍照，所涉及的武警、公安机构 3 块门牌摘除；启用“应急田消党”“应急田消”公文号，公文格式按规定标准执行。12 月 29 日，大队举行换装授衔仪式，全体消防员着新式制服，对“中国消防救援队”队旗集体宣誓。

【消防宣传】 2018 年，县消防救援大队落实《全民消防安全宣传教育纲要》，依托“119”消防宣传月、安全生产月等活动开展消防宣传。全年开展宣传教育和培训演练 110 余次，为社会单位开展培训 3000 余人次；组织消防志愿者活动 123 次，270 余人次参加；张贴、发放宣传海报和宣传单 2 万余份，发送消防公益短信 10 万余条。通过县电视台播出消防公益广告 200 余次，在全县上百家沿街单位 LED 显示屏投放消防公益广告。开放消防科普教育基地，通过印送《中小学消防安全教育知识读本》等方式，营造全民参与良好社会氛围。

【防火监督】 2018 年，县消防救援大队开展电动自行车消防安全综合治理和大型商业综合体消防安全专项整治。消防安全大检查等专项行动。制定《大田县公安消防大队消防大检查工作实施方案》，明确工作任务及工作时限。联合住建局、安监、治安、电力等部门对全县高层建筑开展安全隐患排查，排查 51 栋，发现隐患 62 处，整改 50 处。督促各乡镇（街道）、联合住建、供电部门开展建筑电气消防安全检查和消防设施维护保养工作，发现并整改电气隐患 60 处，全县消防安全重点单位均与有消防设施维保资质单位签订维保合同，定期对单位消防设施进行维保与检测，确保单位消防设施时刻保持在正常状态。推动公安机关各警种开展对辖区人员密集场所、居民住宅小区、出租屋、“三合一”场所、易燃易爆危险品场所进行全面排查整治。全年，共排查人员密集场所 412 家，居民住宅小区 43 处，居民出租屋 509 户，“三合一”场所 33 处，易燃易爆危险品场所 23 处。检查社会单位 802 家，发现火灾隐患 765 处，整改火灾隐患 798 处，下发责任改正通知书 380 份，下发行政处罚决定书 11 份，临时查封 1 家，“三停”2 家，罚款 29.4 万余元。

【消防经费管理】 2018 年，县消防救援大队争取业务经费 642.5 万元，比上年增长 11.84%。经费管理中，严格执行支队党委《关于进一步严明改革期间“三重一大”①事项审批权限的通知》要求，未经三明消防支队核算中心核准的，不予项目安排和经费开支。

（高锦灏）

注：①三重一大：重大事项决策、重要干部任免、重大项目投资决策、大额资金使用。

检　察

【概况】 2018 年，县检察院聚力法律监督主责，突出在服务保障经济社会发展、打造特色检察工作品牌、建设专业化、职业化检察队伍三个方面奋勇争优。加强新“枫桥经验”在社会治理中的应用，依托巡回检察工作机制，延伸法律监督触角，防范化解重大风险。依法严厉惩治非法吸收公众存款、网络传销、高利转贷以及“校园贷”“套路贷”和以故意伤害、非法拘禁、侮辱等非法手段催收民间借贷等严重危害金融安全的犯罪，批捕金融类犯罪 14 人、起诉 21 人。针对金融机构存在的管理漏洞，发出督促整改检察建议 3 份，防范金融风险；发挥巡回检察联络室的纽带窗口作用，调处涉农矛盾纠纷，提供涉农法律咨询服务；完成挂钩的梅山镇 56 户贫困户扶贫任务；构建“打击 + 预防 + 修复”一体化机制服务生态文明建设，与永春县检察院、漳平市检察院制定《关于建立“三江”水资源生态保护协作机制的实施意见》，强化水资源保护的跨区域检察协作。全年共办理各类案件 1359 件，其中，依法审查逮捕各类刑事案件 208 人，审查起诉 526 人，办理刑事、民事、行政诉讼及刑事执行监督案件 126 件。当年，有 21 个集体，

38名个人荣获县级以上表彰。

刑事诉讼监督 2018年，县检察院坚持打击犯罪与保障人权并重，持续开展破坏环境和危害食品药品安全等专项监督活动，依法监督立案6件、7人，追捕犯罪嫌疑人10人，追诉漏犯39人，漏罪4件，决定轻微刑事案件不批准逮捕49人。利用“两法衔接”（行政执法与刑事司法衔接工作机制）信息平台对行政执法加大监督力度，督促行政机关补录行政执法案件78件，监督行政机关向公安机关移送涉嫌犯罪6件。坚持重大案件提前介入机制，派员出席案发现场、参与重大案件讨论等提前介入侦查18件次。

刑事执行监督 2018年，县检察院加大对刑事执行的监督力度，执行重大案件侦查终结前对讯问合法性进行核查制度。对被逮捕后不需要继续羁押的28名犯罪嫌疑人、被告人进行审查，发出检察建议，及时变更强制措施。全面检查社区在矫人员259人，监督纠正刑罚执行和监管活动违法6件，对暂予监外执行条件消失的两名罪犯收监执行。开展财产刑执行专项监督，对2013年以来被判处财产刑案件的859人进行核查，督促法院加大执行力度。

民事行政监督 2018年，县检察院受理民事行政监督案件37件，发出检察建议34份（均被县法院采纳），走访林业、市场监督管理局等10余个部门，查阅卷宗230余册。开展矿山生态恢复治理保证金、防空地下室易地建设费追缴专项监督，联合县法院、林业局、森林公安等部门对近三年适用生态修复机制案件开展“回头看”专项监督，督促补植复绿林地13.33公顷。

公益诉讼监督 2018年，县检察院收集公益诉讼线索113条，发出公益诉讼诉前程序及督促履职检察建议20余件。对7名生产销售不符合安全标准食品的被告人提起刑事附带民事公益诉讼，被告人支付十倍赔偿金并在市级媒体赔礼道歉。该案系省首例刑事附带民事公益诉讼案件，入选全省十起食品安全领域公益诉讼典型案例。同时，与县消费者权益保护委员会会签《消费者权益保护公益基金管理办法（暂行）》，设立全省首个消费者权益保护公益基金，开创“公权力”与“私力救助”相结合的消费者维权方式。

【助力村委会换届选举】 8—9月，县检察院助力全县村民委员会换届选举工作，完成村主干候选人资格审查1940余人次，发现有违法违纪前科劣迹4人次。

【未成年人司法保护】 2018年，县检察院实施全省首例未成年人保护处分措施，出台未成年人检察工作异地协作机制，扎实开展未成年人国家司法救助工作，共办理未成年人救助案件3件、8人，发放救助金9万元。

【扫黑除恶专项斗争】 2018年，县检察院会同多部门确立政法联席会和大三长（法院院长、检察院检察长、公安局局长）、小三长（法院副院长、检察院副检察长、公安局副局长）联席会制度，形成办理重大、复杂涉黑涉恶刑事犯罪及其保护伞案件的良性沟通机制。主动摸排线索，及时提前介入，向公安机关提出侦查意见，引导侦查取证方向，夯实法律证据链，共办理涉黑案件2件、40人。其中，陈某观、连某萃等22人组织、领导、参加黑社会性质组织案是全市查办的首起涉黑犯罪案件，被省检察院、省公安厅确定为第一批联合挂牌督办案件，并列入最高检《全国检察机关深入推进扫黑除恶专项斗争督促座谈典型案例汇编》十大重点研讨案例。

【职务犯罪查办工作转型推进】 2018年，县检察院配合国家监察体制改革，做好职能、机构、编制划转和人员转隶工作，编制划转18个，转隶16人。成立“职务犯罪检察部”，专门办理监察委员会移送审查的职务犯罪案件。建立办理职务犯罪案件协作配合机制，全年共受理监察委员会移送审查案件2件、7人。同时，检察长列席县法院审判委员会，审议省检察院第一批挂牌督办黑恶势力“保护伞”被告人方某坚帮助犯罪分子逃避处罚案，提出检察意见，依法履行法律监督职责。

【内部机构管理加强】 2018年，县检察院结合修改后的《中华人民共和国检察院组织法》《中华人民共和国刑事诉讼法》，利用“捕诉合一”契机，采取“大部制”模式进行内设机构整合，加强民事检察、行政检察和公益诉讼检察工作，形成检察官、检察辅助人员、司法行政人员分类管理格局。新招录9名聘用制书记员承担辅助工作，同时做好检察官等级确定和晋升工作，择优选升5名四级高级检察官。

【司法责任制落实】 2018年，县检察院完善以随机分案为主、指定分案为辅的案件承办机制，推进入额院领导带头办案制度，全年入额院领导直接办理案件194件。实行独任检察官或检察官办案组的办案组织模式，组建23个独任检察官办案单元，按照员额检察官办案权力清单，赋予其在职权范围内的案件处理决定权，承担办案责任。成立公益诉讼专门办案小组和扫黑除恶专项斗争办案组，拓展公益诉讼业务，打击黑恶势力。

（林 琳 陈成炯）

法院

【概况】 2018年，大田县人民法院受理各类案件5635件，审结5259件，结案率93.33%，同比上升4.28个百分点。其中，受理刑事案件291件，审结280件，判处罪犯469人；受理民商事案件2567件，审结2526件；受理行政诉讼案件35件，审结33件；执结执行案件2372件，执结率88.05%，同比上升6.08个百分点，执行标的额2.35亿元。3月，建设法庭被评为2016—2017年度全市法院文明窗口创建先进集体；4月，李勤模被省委、省政府评为“福建省先进工作者”6月，县法院被省委、省政府评为“福建省2015—2017年度省级文明单位”，建设法庭支部委员会被评为“2017—2018年度全市法院系统先进基层党组织”。当年，县法院7个集体、20人受到市级以上表彰。

【法官上门立案】 3月，县法院立案庭法官到华兴镇杞溪村，为平均年龄超过50岁的26名农民工办理执行立案手续，并在现场开展普法宣传及法律答疑，向群众发放《诉讼服务指南》《劳务合同范本》等法制宣传材料200余份，耐心解答群众在生产生活中遇到的法律问题。

【青少年法制期刊编发】 3月，县法院与团县委、五中联合出版第1期《青少年法制期刊》，少年与家事审判庭法官任主编，每两月发行1期，每期2000份内容紧跟实际，涉及案例、法治故事、法律小幽默、名言警句、法律专业术语猜谜等。截至年底，发行1万余份。

【劳务合同纠纷案调处】 3月，县法院通过诉前调解方式成功调处劳务合同纠纷案8起，为9名农民工兑现工资款35万余元。加强诉前调解力量，加大诉前调解力度，实行庭前、庭中、庭后全程调解，诉、调对接，将纠纷妥善化解，为当事人维权提供高效、低成本服务。

【复绿补植回访督查】 5月，县法院联合县检察院、森林公安、林业局等部门前往前坪、太华、上京等地，实地回访查看2015年以来审结的涉林刑事案件被告人的复绿补植情况，对恢复植被的情况进行测量及核实，对补种情况进行全面督查，并发出全市法院首份“生态修复令”，督促相关义务人限期履行补种义务。

【巡回审判直播】 5月，县法院生态庭法官到前坪乡湖坪村，公开巡回审理一起失火案，通过今日头条直播平台实时直播庭审全过程。庭审结束后，法官们开展普法宣传，解答法律问题10余个，发放宣传单300余份。

【司法网络拍卖按揭贷款服务】 5月，县法院与县农村信用合作联社签订《司法网络拍卖按揭贷款合作协议》，无需第三方提供阶段性贷款担保，为资金有限、无法一次性支付拍卖款的竞买人提供贷款服务，有效提高了执行财产处置效率。

【院长带队攻坚“执行难”活动】 8月，县法院出动警车7部、干警44人，到城关各执行地开展“亮剑八闽—福建法院院长带队攻坚执行难”活动，并邀请1名省人大代表、1名市政协委员见证。通过网易直播平台、新浪微博同步直播，22万名网友浏览观看。

【扫黑除恶专项斗争督导宣传】 8月，县法院党组书记、院长杨绍东带队开展扫黑除恶专项斗争督导、宣传活动。干警们进矿区、入村居、走商铺、访企业，发放宣传材料1000余份，摸排线索2条。

【司法救助金发放】 8月，县法院开展司法救助金集中发放活动，为交通事故和农民工欠薪等涉民生8起案件的33名困难当事人，及时发放司法救助专项资金21.64万元。

【网络司法拍卖】 9月上旬，县法院通过网络司法拍卖平台对位于厦门、福州、三明等地的17套房产进行司法拍卖，拍出11套，金额2501.19万元，成交率64.7%。其中位于县福田大道99号的1套房产，起拍价83.51万元，9人报名，竞价延时25次，最终成交价格130.91万元，溢价率达56.8%，创下历史新高。该项工作在9月20日的《人民法院报》报道。

【第三方网拍辅助服务引入】 9月上旬，县法院引入杭州来拍网络科技有限公司，开展第三方网络司法拍卖辅助服务工作，承担案件进入司法拍卖程序后对接评估、接受咨询、钥匙保管、勘验看样、交割办理、拍卖催缴、产权过户等事物。该项工作在10月1日的《人民法院报》报道。

【首份执行案件“律师调查令”发出】 10月，县法院在执行一起借款合同纠纷案时，向申请执行人的代理律师发出律师调查令，指定其协助查明被执行人的财产状况。这是该院针对执行案件发出的首份律师调查令。

【检察长首次列席县法院审委会】 10月，县法院党组书记、院长杨绍东邀请县检察院检察长张春明列席审委会，讨论由县检察院提起公诉的方某坚涉嫌帮助犯罪分子逃避处罚案，这是检察长首次列席法院审委会。

【涉恶“保护伞”案宣判】 11月，县法院对方某坚帮助犯罪集团首要分子逃避处罚案作出一审判决，依法判处方某坚有期徒刑1年10个月。这是县扫黑除恶专项斗争首起恶势力“保护伞”案宣判。

【全市首例涉黑案件宣判】 11月，县法院一审公开宣判陈某观、连某萃等22人组织、领导、参加黑社会性质组织、聚众斗殴、寻衅滋事、故意伤害等案件。主犯陈某观被判处有期徒刑20年，剥夺政治权利4年，并处没收个人全部财产；主犯连某萃被判处有期徒刑16年10个月，剥夺政治权利3年，并处没收个人全部财产；郑某柯、陈某澎等14人积极参加者和其他参加者被分别判处有期徒刑1年5个月至9年6个月，并处8000元至4.6万元不等罚金；涉案的连某炼、连某卿等6人犯寻衅滋事罪、非法拘禁罪、窝藏罪，亦作出相应判决。180余名人大代表、政协委员、媒体记者、群众代表等旁听宣判。

【扫黑除恶专项斗争新闻发布会召开】 11月，县法院召开扫黑除恶专项斗争新闻发布会，就该院扫黑除恶专项斗争开展情况及陈某观等人涉黑案进行通报。福建法治报、东南网、三明市电视台、三明日报等媒体记者就有关问题进行现场提问。县扫黑办、检察院、公安局等单位人员和群众代表30余人参加发布会。

【全市首例大气污染环境案宣判】 11月，县法院对一起污染环境案作出一审判决。被告人林某，系福建省大田县鑫城水泥工业有限公司自动监测设施的监管人员，违反国家规定，干扰自动监测设施正常运行，造成该公司超标排放氮氧化物，严重污染环境，构成犯罪，被依法判处拘役4个月，并处罚金1万元。

【监察委移送首例职务犯罪案审结】 12月，县法院审结一起由县监察委移送的某单位郑某、李某等6人涉嫌职务犯罪案，对李某伟等判处2年4个月至1年4个月不等的有期徒刑，并视情予以缓刑并处罚金。该案是监察体制改革后，首起由县监察委移送并审结的职务犯罪案件。

【宁夏法官到县法院考察】 12月，宁夏回族自治区永宁县人民法院院长魏凯军、检察院检察长张学信及银川市公安局刑侦支队大要案组负责人张勇一行10人，到县法院考察交流扫黑除恶专项斗争工作。县委常委、政法委书记茅有温，县法院院长杨绍东、检察院检察长张春明参加座谈。

（刘娇佑 张英灿 杨玉香 曾海鹰）

司法行政

【概况】 2018年，大田县司法局发挥司法行政职能作用，适应新形势，谋划新发展，制定新目标，落实新举措，实现新突破，各项工作扎实稳步推进。全县排查矛盾纠纷1705件，调处成功1697件，成功率99.5%；全年接收社区服刑人员233人，解除矫正245人，出具调查评估意见书241份，未发现脱管、漏管和重新犯罪现象；接收安置帮教对象423人，安置401人。办理法律援助案件162件，受援群众188人次，为受援群众挽回经济损失715万元，已办结案件受援人满意率达99%；全县律师共担任法律顾问314家，办理案件915件；基层法律服务工作者担任法律顾问4家，办理案件150件；县公证处办理各类公证679件。10月，县司法局获三明市第十三届（2015—2017年度）文明单位称号。11月，前坪乡山川村、武陵乡仕洋村获第五批省级“民主法治示范村（社区）”称号。

法治宣传 2018年，县司法局继续开展“七五”普法工作，严格落实“谁执法谁普法”责任制，制定全县58个部门年度普法责任清单，开展“学生带法回家”“护青园法治夏令营”等法治宣传活动，全年开展法治宣传活动102场次，接受法律咨询800余人次，发放法治宣传品8.3万份。开通法治宣传教育云平台，实现在线学法、考法、普法；大力推广《百姓法治宝典》及配套APP，征订《百姓法治宝典》3000本，印制APP推广宣传单3万份。利用微信公众号、微博等新媒体开展普法宣传，发布普法微文3600余篇。制定《关于建立以案释法制度的实施意见》，全县各单位开展“以案释法”活动56次，报送以案释法案例8篇，其中局选送的《大田县开展学生“带法回家”社会实践活动》入选全国首批司法行政普法典型案例库，是全市唯一入选的普法案例。向各单位发放《中华人民共和国宪法修正案》5000余份，组织全县公职人员参与法律测试7000多人次。建设大田县青少年法治教育基地，让青少年体验“看得见、摸得着”的法治教育，在潜移默化中感受法治文化。

人民调解 2018年，县司法局开展“护航三大攻坚战 助力建设新大田”和“坚持发展枫桥经验 实现矛盾不上交”人民调解专项活动，组织人民调解组织和人民调解员围绕三大攻坚战和服务“一带一路”建设、推进福建“六区”建设等重大政治经济活动，开展矛盾纠纷排查化解工作。持续开展人民调解“三争”活动，掀起一股比学、赶超、争创“金牌”的调解热潮，全县有3份调解书、4名调解员、1个调委会、1个调解室被市级表彰，3份调解书、9名调解员、9个调委会获得县级表彰。全县建立各类调委会341个，配备调解员1457人，其中专职调解员15人，新增行业性调委会1个，行业性专业性、纠纷受理量上升。

社区矫正和安置帮教 2018年，县司法局按照社区矫正“163”执行模式和“12345”工作方法，规范执法督促、矫情分析、奖惩等各项社区矫正工作制度。建设社区服刑人员入矫教育基地和刑满释放人员就业培训基地，规范开展社区服刑人员入矫教育工作，提高刑满释放人员就业竞争能力。不定期开展社区服刑人员集中点验活动，落实社区服刑人员日定位、周听声、月见面、季评议、年考评制度，严格执行外出审批等管控规定。监狱警察延伸社区矫正监管，两次邀请永安监狱警察帮教130余名新入矫社区服刑人员。协审村级组织换届选举候选人3400人，筛查出不符合条件的候选人3人。

法律援助 2018年，县司法局在公、检、法等13个部门以及18个乡（镇）设立31个法律援助工作站，在274个村（居）委会建立法律援助联络点和公共法律服务工作室，实现“半小时法律援助服务圈”全覆盖。建立大田县公共法律服务中心，为群众提供“一站式”综合性、专业性法律服务。

法律服务 2018年，县司法局建立法律顾问微信工作群，实现1个县级法律服务中心，18个乡（镇）法律服务工作站、274个村（社区）法律顾问微信群全覆盖；加强“12348”法律服务热线建设平台建设，安排专职律师、基层法律服务工作者值班，接受咨询55人次。建立村（社区）法律顾问示范点37个，占村（社区）法律顾问总数比13.5%。发放法律服务精准扶贫“连心卡”2000余张、法律援助便民卡5000多张，为3户贫困户提供法律援助，挽回经济损失26.5万元。推荐4名律师担任县政府法律顾问，引导公证处服务县重点项目建设，为原汽车站片区改造、国省干线公路等县重点项目建设办理公证63件。

【人民调解“三争”活动】 1月，市综治办、市司法局在开展“争写金牌调解书、争当金牌调解员、争创金牌调委会（调解室）”活动中，3份调解书、4名调解员、1个调委会被评为市级金牌调解书、金牌调解员、金牌调委会。12月，谢洋乡人民调解委员会驻派出所祥江调解工作室被评为市级金牌调解工作室。

【“护青园”系列活动】 1月，县司法局联合县关工委、妇联、教育局等部门开展“护青园”法治征文活动，活动以“尊法学法守法用法”为主题，收到征文90余篇，评选出一等奖6篇，二等奖6篇，三等奖8篇。7月11—13日，县司法局联合县法院、公安局、教育局、关工委等部门举办2018年“护青园”法治教育夏令营活动，活动为期3天，城区5所中学100多名师生参加。

【司法厅领导到县调研】 3月7日，省司法厅党委委员、副厅长陈强到大田调研扫黑除恶专项斗争工作。市司法局局长刘叶爰、县委常委、政法委书记茅有温陪同调研。

【市级“民主法治示范村示范户”表彰】 3月，市依法治市办、三明市综治办、三明市司法局对2017年市级“民主法治示范村”“遵纪守法示范户”进行表彰，均溪镇华坑村等7个村荣获市级“民主法治示范村”称号，湖美乡大尤村刘春坤等18人荣获市级“遵纪守法示范户”称号。

【首个普法微信群创建】 5月，依法治县领导小组办公室利用新媒体优势，创建“大田县普法微信群”，交流借鉴普法工作经验，52个单位、82人入群，发布普法信息265条。

【“我与宪法”征文大赛】 5月，县依法治县办举办“我与宪法”征文大赛，经评选，评出一等奖2篇、二等奖3篇、三等奖5篇、优秀奖11篇。其中2篇选送参加市级“我与宪法”征文大赛，分别获得一等奖、三等奖。

【均溪镇调委员会获全国表彰】 5月11日，均溪镇人民调解委员会被司法部表彰为“全国人民调解工作先进集体”，是全省14个获表彰的人民调解工作先进集体之一。

【三大攻坚战调解专项活动】 5—11月，县司法局围绕“防范化解重大风险、精准脱贫、污染防治”三大攻坚战和服务“一带一路”建设，推进福建“六区”建设等重大政治经济活动，组织全县人民调解组织和人民调解员开展各类矛盾纠纷集中排查调处和化解。调解受理率达100%，调解成功率达98%以上。

【县矛盾纠纷调解专家库设立】 6月，县设立矛盾纠纷调解专家库，由农业、林业、水利、国土资源、环保、住建、交通、人社、安监、司法等部门30名业务骨干，作为首批县矛盾纠纷调解专家入库。

【岩城法律事务中心脱钩改制】 7月31日，大田县岩城法律事务中心从县司法局脱钩，改制为合伙制法律服务机构。8月1日，改名为大田县岩城法律服务所。

【法治宣传教育云平台开通】 9月27日，县司法局开通法治宣传教育云平台，69个单位加入。学员可上传优质普法资源，实现普法资源共享；可在线学法考法，在线考核普法工作。

【宪法宣传周活动】 12月2—8日，县司法局开展首个宪法宣传周系列活动。各单位组织开展宪法学习教育活动，提高干部法治意识，运用法治思维、法治方式推动工作、破解难题。12月4日早晨，全县中小学校组织开展“晨读宪法”活动，万名师生在同一时间、不同地点开展对宪法的诵读，感受宪法的尊严。12月4日上午，县委宣传部、依法治县办、司法局、教育局牵头，联合公安局、检察院、法院等38家单位在时代广场开展宪法日宣传活动，百余名普法宣传员、30张法治宣传台、10余幅宣传展画构成一个“法治超市”。本次活动共向群众发放法治宣传材料8000余份，挂历2000余份，法治奖品1500余份，解答法律问题50余人次。12月4日下午，县司法局机关全体干部、各律师事务所、公证处等35人在司法局会议室举行宪法宣誓仪式。市人民检察院监督员、县律师协会余有祜律师为党员、干部群众、志愿者等100余人进行宪法知识讲座。

【社区矫正教育基地建设】 12月，县司法局投资21万元，建设集教育矫治、行为矫治、心理矫治、职业技能培训等功能于一体的社区服刑人员入矫教育基地和刑满释放人员就业培训基地，开展社区服刑人员入矫教育。投资33.3万元，完成社区矫正远程视频督查系统建设，实现部、省、市、县四级互联互通。

（吴丽清　连雪容　方淑婷）

农业·农村

□ 编辑 魏兰兰

农业工作

【概况】 2018年，县农业部门落实中央一号文件和中央、省、市农村工作会议精神，实施乡村振兴战略，践行精准扶贫精准脱贫方略，推进农业农村现代化，农业农村工作取得显著成绩。全年农林牧渔业总产值67.19亿元，比上年增长4.1%；农村居民人均可支配收入1.67万元，同比增长8.4%。全年完成粮食播种面积2.64万公顷，粮食产量12.27万吨。茶园面积6498公顷，产量1.07万吨，产值3.9亿元，蔬菜种植面积2.13万公顷，产量55万吨，食用菌生产4921万袋。屏山乡、吴山镇被列为大田高山茶福建特色农产品优势区，桃源农民创业示范基地被列为省级农村创业创新基地。

【农产品质量安全培训】 2018年，县农业局举办“一品一码”全程追溯监管体系等知识培训班8期，培训种养殖生产主体、乡镇监管检测人员、协管员、村主干等547人次。《一品一码全程追溯监管知识》《农产品取样知识》纳入农广校的培训课程，印制《食用农产品生产者要注意的“六要三不”》《我国主要作物上禁、限用农药品种名录（2017年）》张贴到村进行宣传。印制发放《农业投入品采购记录簿》《种养殖业生产记录簿》《大田县农产品质量安全监管宣传手册—法律知识篇》等宣传材料发1.01万份。

【农业品牌认证】 2018年，全县新认证无公害农产品3个，提交绿色食品认证申请3个、无公害农产品认证申请4个，全县有效“三品一标”认证产品21个。所有获证主体均纳入“一品一码”全程追溯监管，获证主体所生产的农产品纳入快速检测预警、风险监测及监督抽查范围。根据获证产品发生质量安全事故概率的高低、质量控制措施等制度管理的难易程度等，对8家主体已获证产品进行“三品一标”风险排查及综合检查，未发现违禁使用农业投入品、产品超范围用标等行为。

【农产品安全质量监管】 2018年，全县开展农产品质量安全日常巡查30次、大检查1次，检查主体194家（户），检测农产品样品102个，发现并解决问题36个。了解全县食用农产品主体、大户情况，建立农产品名录库及主体备案档案，全县共备案主体127家，纳入“一品一码”全程追溯监管，做好生产记录记载、信息上传、赋码销售等工作，全县备案主体纳入率100%。90多家大户、主体向省农业厅农产品质量安全追溯监管信息平台上传信息。全县快速检测种植业食用农产品样品1.15万个，合格率97.76%，其中，检测蔬菜样品7241个，合格率98.03%；水果样品2559个，合格率96.68%；快速检测食用菌样品250个，合格率98.8%；茶叶样品1445个，合格率97.85%。全县开展省级农产品监督抽查2次，取样检测样品24个，合格率100%，其中，蔬菜样品20个，茶叶样品3个，禽肉样品1个。开展市级农产品监督抽查4次，检测样品47个，合格率100%，其中，蔬菜样品19个，水果样品8个，食用菌样品4个，茶叶样品10个，禽肉样品2个，禽蛋样品4个。开展县级农残风险检测，共检测种植业农产品样品120个，合格率100%。开展农产品重金属检测，检测样品460个，其中蔬菜样品10个。

【农资安全监管】 2018年，县农业局加强对农资经营主体资质审查，加强日常监管力度，组织开展农资市场巡查4次，检查农资店226家（次），提出整改建议19条次，并责令限期整改。开展两次‘双随机’农资质量监督执法抽查，抽查农资质量52批次（含联合市局抽检32批次），其中种子6批次、农药18批次、肥料18批次、兽药10批次；开展标签抽查120个，其中种子20个，肥料50个，农药50个。建立农资监管信息平台77个，其中，兽药16家，农药、肥料、种子61家。实行登记制度，农药一瓶一码、实名购买、终身追溯，月开展平台线上巡查30次以上。

【农科教工作】 2018年，建立农业科技示范基地3个，遴选推广优质绿色高效技术模式14项，遴选新型农业经营主体带头人、种养大户、乡土专家等农业科技示范主体390个。

【富硒资源开发】 2018年，县农业局开发富硒大米、茶叶、生姜、红菇、萝卜5大类、20余种农产品，初步形成以富硒水稻为核心，集富硒茶、富硒蔬菜、富硒水果、富硒食用菌、富硒旅游等特色产业的产业集群。矿山治理发展富硒产业取得新突破，引入裕田生态农业有限公司在银锭岬废弃矿山实施现代农业产业化建设项目，采用无土栽培技术，智能温控大棚等配套设施，拓展休闲观光农业，将废弃矿山打造成现代农业产业园，建成后可带动50名农民年均收入2万元以上。

【农村能源沼气建设】 2018年，全县有户用沼气7351户、联户沼气1座、大中型沼气工程4座。组织农业技术人员和沼气管理人员200多人次对全县沼气工程开展安全生产排查整治工作，发现并完成整改大中型沼气工程安全隐患3处、户用沼气安全隐患203处。举办2期沼气安全生产培训班，培训人员90人次，发放《福建省农村沼气服务体系建设技术人员培训教材》100册、《大田县农村沼气安全生产和应用须知》1万份，进行电视宣传1次、网络宣传2次。

【农业信息服务】 2018年，县农业"12316"服务窗口受理咨询480人次，专家现场指导503人次；举办培训36期，受训1940人次，科技人员下乡384人次；开展数字农业建设，农村电子商务培训手机农务通"12316"微信公众号培训13期，培训人数806人次，电子商务成交总额1.1亿元。农业信息报送180条，三明农业信息网采用157条，采用率87.22%，《福建日报》《三明日报》、中国农业信息网、省农业信息网、大田快讯、大田政讯等均有采用。

（郑晓岚）

农村工作

【概况】 2018年，县农业农村工作部门着力美丽乡村创建，推进乡村振兴，实施"绿色大田"重点项目34个，前坪蛋鸡产业化、闽江上游尤溪流域防洪二期（华兴段）工程、富硒农特产品展示展销中心等项目动工建设；加大扶贫开发力度，推广"一家四业"产业扶贫模式，多渠道增加贫困户收入；基本完成农村家庭联产承包土地经营权确权登记颁证工作，启动农村集体产权制度改革，强化农村经济管理；开展农业信息化服务和农机技术培训等工作，促进农业增效、农民增收。

【乡村振兴】 2018年，贯彻落实实施乡村振兴战略工作部署，成立县委实施乡村振兴战略工作领导小组和12个专项小组，抽调5名专职工作人员到乡村振兴办集中办公，建立工作例会、重点工作跟踪落实、年度工作报告、实绩考核、信息报送等工作制度；制定出台《关于实施乡村振兴战略的实施意见》，委托福建农林大学编制《大田县实施乡村振兴战略总体规划（2018—2022年）》，确定10个"千村试点万村推进"示范村；召开2次乡村振兴工作现场推进会，组织赴永春县等地学习考察乡村振兴工作。

【扶贫开发工作】 2018年，制定《大田县精准扶贫攻坚战（2018—2020）实施方案》、细化完善村容村貌整治、基础设施帮扶、产业帮扶、易地搬迁帮扶、教育帮扶、医疗帮扶、金融帮扶、党建帮扶等"八项行动"内容，对标攻坚、挂图作战，项目化、清单化推进。制定"3+1"约谈等制度，建立镇村主体责任、牵头部门主导责任、县直单位包扶责任、党员干部挂包责任、企业社会帮扶责任"五大责任体系"，全力抓好扶贫开发工作。全县有建档立卡贫困人口2816户8483人，34个贫困村、38个空壳村，吴山、武陵2个市级贫困乡镇。年底，25个贫困村、19个空壳村和1个市级扶贫开发工作重点乡（武陵乡）摘帽，2814户8473人脱贫，脱贫率99.88%。完成造福工程搬迁132户611人，打卡到户132户611人191.2万元。打造奇韬镇"五龙鼎珠"安置区、华兴镇仙峰村田墘新村两个集中安置区，计划安置176户农户，其中年内安置135户，一层封顶176户，总投资额2229万元，占任务数122.8%。筹集扶贫小额信贷担保基金1606.46万元，年内发放担保贷款9608.08万元，扶持贫困户1959户，累计贴息539.47万元，贷款金额为风险担保金的5.98倍，对贫困户覆盖面69.56%，无逾期情况。

完成雨露计划培训，对子女在读中职、高职或技工院校的建档立卡贫困家庭补助168人50.1万元。制定创业农户实施方案，认定创业致富带头人8人，贫困村贫困农户年度培训31人。全县完成扶贫发电建设规模16.435兆瓦，年发电量1845万千瓦时，年收入1808万元，每个贫困户年增收7500元，每个贫困村年增收4.5万元，每个贫困乡年增收30万元。

【国家立项农业综合开发】 2018年，全县实施土地治理项目9个。实施国家级农发项目6个，奇韬镇高标准农田建设项目133.33公顷，投资320万元；武陵乡百大片高标准农田建设项目298公顷，投资715.2万元；张地溪（太华）小流域治理项目400公顷，投资672万元；上京镇小流域治理项目333.33公顷，投资560万元；均溪镇小流域治理项目333.33公顷，投资560万元；建设溪流域高标准农田建设项目300公顷，投资720万元。实施省级农发项目3个，广平镇省级农发高标准农田建设项目55.33公顷，投资132.8万元；石牌镇清荷家庭农场省级农发高标准农田建设项目26公顷，投资70.2万元；屏山乡苻頭寨家庭农场省级农发高标准农田建设项目19.33公顷，投资52.2万元。

【"三保障"政策落实】 2018年，落实教育扶贫政策，实现贫困学生资助从学前教育到高等教育全覆盖，资助建档立卡贫困家庭学生1026人、179.06万元。落实健康扶贫政策，做好城乡居民医保个人缴费政府资助工作，开展贫困人口家庭医生签约服务，家庭签约全覆盖；做好扶贫医疗补助工作，全县贫困人口享受医疗扶贫补助9164人次、1132.62万元。落实住房安全保障，开展贫困户危房鉴定，完成危房改造114户。

【农业"三项补贴"改革】 2018年，全县耕地地力保护补贴金额1862.6万元，涉及耕地面积1.44万公顷。2公顷以上种粮大户种植面积212.7公顷，农业支持保护补助资金每亩奖励35元，奖励金额11.16万元，同比增长52.1%。

【农村经济管理】 2018年，全县完成村干部离任审计266个村，查出违纪金额48.37万元；查出贪污、挪用2.98万元，违纪金额全部收回。做好全县266个村村级民主理财和账前审计工作，剔除手续不完整发票1028张，金额129.31万元；剔除违纪发票217张，金额8.23万元，收回违纪金额8.23万元。做好全县“世纪之村”网络记账，做到按月或按季网络记账266个村，占应记账村100%。做好招投标工作，对资产、资源的拍卖、转包、转让、工程发包实行公开招投标，资产处置招投标19件，标的313.63万元，中标330.17万元，增加村财收入16.54万元；工程项目招投标247件，标的6187.52万元，中标5753.19万元，减少村财支出443.34万元。举办二期一事一议筹资筹劳培训班，170多人参加；明确全县一事一议财政奖补项目131个村，占总村数49.25%，计划财政奖补2158万元。全县经工商注册登记成立的农民专业合作社有758个，新增61个；家庭农场370家，新增45家，推荐部级示范社4家、省级示范社3家、市级示范社3家，评选县级示范社1家。推荐省级示范场3家、市级示范场3家，评选县级示范场4家，验收省、市级示范社和家庭农场财政奖补项目7家。举办失地养老保障业务培训班4期，参训人员120多人；协审土地征用项目23个，面积95.28公顷，协审失地养老保障对象498户、2311人。办理信访件9件，行政处罚9件，处罚金额1.8万元。

【土地承包经营管理】 2018年，实行土地承包经营权流转的农户总数5814户，实行土地承包经营权流转的耕地面积3179.47公顷，占总面积22.12%。确认耕地39.46万个地块，面积1.51万公顷，颁发土地承包经营权证6.76万本，建立一户一档电子档案，一户一档纸质档案装订成册归档，基本完成全县农村土地承包经营权确权登记颁证工作。举办土地确权登记颁证培训班10期，培训425人次。处理农民群众疑难遗留问题，调解土地纠纷12起。

【产权制度改革】 2018年，全县18个乡镇266个村完成清产核资，确认成员数37.74万人。利用宣传栏、广播、电视和村部周围、主要路口拉宣传横幅，贴宣传标语，发放宣传材料“致全县农民朋友的一封信”等宣传材料8万多份。举办产权制度改革清产核资业务培训会，106人参加业务培训。推广吴山镇和洋村、梓溪村2个试点村的产权制度改革工作，在吴山召开现场会，与会人员实地参观试点村，学习主要经验和做法，为全县推广产权制度改革工作打下基础，确保产权制度改革顺利完成。建立“一月一通报”制度，每月对各乡镇产权制度改革清产核资进展情况通报，确保12月中旬前完成产权制度改革清产核资、成员身份确认、系统清产核资录入工作任务。

【农业生产社会化服务】 2018年，加强农业生产社会化服务项目指导，落实项目，资金补助200万元发放到农户并专款专用。全县有农机合作社23家，新培育注册20家。

（郑晓岚）

种植业

【概况】 2018年，县农业部门贯彻全国、省、市农业工作会议精神，培养家庭农场，建设农业标准化示范区，推进无公害、绿色和有机农产品生产，落实增产措施，种植业生产增产增效。

粮食生产 2018年，全年指导性粮食播种面积2.63万公顷，产量12.05万吨，实际完成粮食播种面积2.64万公顷，比前5年平均水平增长1.9%，粮食产量12.27万吨，比前5年平均水平增长0.9%。鼓励和支持种粮大户、专业合作社、粮食龙头企业开展粮食生产规模经营，推广农业“五新”，增加种粮效益。加大粮食类新型经营主体扶持力度，全县水稻种植面积2公顷以上的种粮大户76户，合计面积212.7公顷，奖励资金6.38万元，同比增长34.3%。大田县石牌镇张永广农场完成粮食类新型经营主体注册，主要种植水稻品种为谷优3301、特优767。在武陵、东风农场、桃源、上京、太华、建设、广平、奇韬、文江、前坪等乡（镇、场）建立2000公顷的富硒优质粮食种植基地，打造“圣米之乡”品牌，带动全县推广6666.67公顷，种植富硒大米、红米、黑米、薏米；主打品牌有建设镇香浮大米、桃源镇东坂富硒大米（红米、黑米）、均溪镇龙翔富硒大米；品种选用优质杂交粮食品种，中浙优8号、甬优9号品种。全县完成水稻生产功能区划定4753.33公顷，涉及18个乡镇、1个农场，208个行政村、853个片块，完成底图制作、外业实地勘查、面积量算、分布图编制、公示公告、数据库建设等工作。

果蔬生产 2018年，全县蔬菜（含菜用瓜）种植面积2.13万公顷，产量55万吨，单产1.72吨。县农业局优化蔬菜生产布局和品种结构，推广无公害蔬菜生产技术，重点抓桃源莴苣、白菜、黄瓜、武陵雪山萝卜、前坪金姜、梅山辣椒、太华花椰菜等区域特色蔬菜基地建设，以及均溪、华兴、石牌城郊蔬菜基地。建立桃源镇富硒蔬菜生产基地，推进蔬菜标准化示范区、标准园建设，继续建设省级生姜种植标准化示范区、省级桃源蔬菜种植标准化示范区、桃源全国蔬菜标准园。在全县建设莴苣、黄瓜、白菜、萝卜、金姜、辣椒、西红柿等各类标准化蔬菜生产基地7个，辐射带动种植面积2333.33公顷。全县有温室大棚64.19公顷，其中设施蔬菜43.52公顷、设施水果6.35公顷、设施花卉9.6公顷、设施食用菌1.72公顷。

加快果树品种结构调整，通过高接换种、新植优质种苗等措施，提高春香桔柚、脐橙、特早熟蜜柑、芙蓉李、百香果、青梅、黑老虎、猕猴桃、设施葡萄、草莓等新品种水果比重，同时引进金秋沙糖桔、红美人、特早蜜品种由良等柑橘新品种进行试验、示范和推广。推进农业生产功能与休闲功能有机结合，建设草莓、圣女果、水果黄瓜等立体观光采摘大棚2公顷，实现“一产助推三产、三产反哺一产”良性循环，提升农产品附加值，带动设施农业转型升级。全县种植百香果80公顷，在大力发展百香果种植同时注重提质增效和区域品牌建立，大田县宇欣家庭农场种植的百香果在全市百香果果实鉴评活动中荣获铜奖。在大田县梅山乡沈岭村建设福建省百香果标准化育苗基地，基地年育苗能力达到30万株以上，满足全县133.33公顷以上果园苗木需要，建标准化采穗圃0.07公顷、育苗圃0.27公顷以上。

食用菌生产 2018年，全县完成食用菌生产4921万袋（珍稀食用菌品种1931万袋），产量2.45万吨，产值1.5亿元，比上年同期增长9.71%、12.15%。栽培规模居前五大品种是香菇950万袋、毛木耳720万袋、平菇580万袋、蘑菇400万平方尺、秀珍菇380万袋。

烟叶生产 2018年，县烟草局以“提三性、育中棵”为目标，牢固树立绿色发展理念，抓常规技术，烟叶质量提升。全县共有烟农628户、比上年减少2户，种植面积793.33公顷、同比减少213.34公顷；户均种烟规模1.26公顷、同比减少0.34公顷，单户种烟面积最大为3.33公顷；全县共收购烟叶1611.41吨、同比减少771.16吨，烟农售烟叶总收入5021.27万元(含补贴)，同比减少2423.86万元。

【烟叶生产基础设施建设】 2018年，县烟草局以规范项目管理为重点，抓烟水路等常规项目建设，提高烟叶基础设施配套水平，推进现代烟草农业建设。全县共投入烟叶生产基础设施项目3个，投入资金90.21万元，受益农户476户、面积154公顷。其中，修建田间道路3条，长3.14千米，投入资金90.21万元。

【良种工程】 2018年，全县实施农作物新品种示范推广工程，建立省级农作物主推品种核心展示示范片点数量4个，面积13.67公顷，带动建立优质稻品种示范基地1466.67公顷，辐射推广优质稻新品种面积3466.67公顷，其中高档优质稻推广面积1466.67公顷，各类农作物新品种推广面积1.61万公顷，农作物良种覆盖率98.5%，农作物品种优质专用率86.3%，超额完成省市下达任务。年内引进各类农作物新品种102个，其中水稻68个、高效蔬菜12个、旱作22个（甘薯8个，马铃薯2个，玉米10个，花生2个），分别在上京、均溪、桃源、华兴、太华、广平等乡镇进行多点试验示范，从中筛选出水稻品种12个、玉米品种3个、蔬菜品种6个、甘薯品种5个、马铃薯品种2个、花生品种1个。

【测土配方施肥】 2018年，县土肥站抓好测土配方技术成果应用和技术普及，落实测土配方施肥技术进村入户到田，全县共采集土样74个，分析土壤样品74个，388项次，安排田间肥效试验3个，建立新型农业经营主体典型示范样板4个，示范面积33.33公顷，施肥建议卡等信息上网，技术培训152人次，免费为4.3万农户提供测土配方施肥技术服务，配方肥推广面积2.87万公顷。

【商品有机肥推广】 2018年，全县申请补助商品有机肥1682吨，经乡镇、县农业局审核，符合补助条件的158家，购买商品有机肥1498.5吨，补助1482.91吨，示范推广面积395.44公顷，补助资金59.32万元，建立百亩示范片3片（吴山镇吴山村茶园8.67公顷，桃源镇桃源村蔬菜示范片10公顷，上京镇祖杰农场花椒示范片9公顷），辐射在果园、茶园上使用农家肥等有机肥面积370.67公顷。全年推广商品有机肥比上年增加122家、1001.41吨，增加拨付补助资金49.68万元。

【病虫害测报与防治】 2018年，县植保站发布《病虫情报》14期，指导农作物防治面积达12.87万公顷次。全县水稻病虫发生面积1.28万公顷次，防治面积2.46万公顷次，挽回损失5400吨，实际损失1000吨。茶叶病虫总趋势属中等发生，发生面积0.56万公顷次，防治面积1万公顷次。全县蔬菜病虫总趋势属中等偏重发生，病虫发生面积0.46万公顷次，防治面积0.8万公顷次。柑橘病虫总的趋势属中等发生，发生面积0.59万公顷次，防治面积0.9万公顷次。培育专业化统防统治组织4家，新购买植保无人机5架，水雾机和烟雾水雾机5台，专业化统防统治装备水平和服务能力得到提升。大田县惠明植保专业合作社拥有社员20人、拥有植保无人机9架，烟雾水雾机5台，自走式喷杆喷雾机1台，日作业能力达到100公顷。全年完成专业化统防统治示范面积5333公顷次，辐射推广面积1.4万公顷次，合计1.93万公顷次。在吴山、石牌、桃源、均溪等乡镇建立茶叶、莴苣、柑桔等作物病虫害绿色防控核心示范片4个，辐射带动面积2666.67公顷。全县完成农作物病虫害绿色防控面积3.87万公顷次。全县使用农药620吨，比上年减少29吨，下降4.5%。

（郑晓岚　林如馨）

茶 业

【概况】 2018年，全县有茶园面积6498公顷，茶叶产量1.07万吨，产值3.9亿元。年内，举办美人茶斗茶赛、大田美人茶艺技能邀请赛、2018年三明市“高山茶杯”民间斗茶赛、第十三届中国高山茶文化节，组织茶企参加展示展销7场（次）。“大田高山茶”获评“首届金茶奖”之两岸高山茶标志性品牌，屏山乡、吴山镇获评为大田高山茶福建特色农产品优势区。

【市“高山茶杯”民间斗茶赛举办】 1月13日，2018年三明市“高山茶杯”民间斗茶赛在吴山茶城举办。来自全市8个县（区）165只茶样参赛。大田县获绿茶、白茶、清香型铁观音、浓香型铁观音、金观音、东方美人茶五项第一，共39个奖项，其中，金奖6只，银奖9只，优质奖24只。副县长涂剑峰致欢迎词，市农业局副局长杨敏、县人大常委会主任陈汉良到会指导。

【“五新”技术培训】 3月11日，县茶业局组织在中国高山茶城举办大田县春季红茶加工技术培训班，68人参训。4月20日，机械化采茶培训在广平元沙元茗茶场举办，来自广平、吴山等乡镇茶农45人参加培训。

7月5—6日，大田县美人茶生产、品鉴技术培训班在屏山乡举办。培训班分理论授课和实际操作两部分，来自屏山、吴山等乡镇美人茶爱好者85人参加培训，县政府副县长涂剑峰在开班仪式上作讲话，县人大常委会主任陈汉良到会指导。

8月3—4日，福建大田大方广茶业有限公司的福建省科技计划星火项目“高山特色乌龙茶生产关键技术集成示范”项目通过验收。

9月27日，大田县茶业电子商务技术培训班在大田县金凤凰农业开发有限公司举办，聘请福建经济学校电子商务讲师授课，56 人参加培训。

【领导调研】 4 月 14—15 日，省农科院副院长余文权一行 5 人到仙顶实业、象山岩茶业、允宣茶业、江山美人茶业等茶企调研。县领导王怀斌、涂剑峰陪同。

5 月 24—25 日，省政协原副主席、海峡两岸茶业交流协会候任会长陈绍军一行到县调研大田高山茶产业。调研组实地调研茶城、厂区、茶园，了解高山茶城运作情况、江山美人茶生产、茶美人茶园管理及大田高山茶品牌推广情况，并在茶乡大院召开座谈会。市海峡茶业交流协会常务副会长严凤英、副会长兼秘书长纪圣和，县领导陈文华、陈汉良、涂剑峰陪同调研。

12 月 26—27 日，省人大常委会原农经委正厅级副主任、省茶叶学会名誉会长、首席专家冯廷佺，省司法厅原副厅长李陵军一行 10 人，到县调研茶旅融合发展情况，海峡两岸茶旅房车赛路线及相关事宜。县领导陈文华、林金龙、陈汉良、涂剑峰陪同调研。

【茶产业推介展示】 5 月 2—6 日，江山美人茶业走进马耳他“绿节”，展示福建茶文化，展区分福建茶文化图片、产品展示，茶艺表演，福建茗茶免费品尝，特色文创产品展示四部分。

5 月 18—22 日，江山美人、高峰、易津、顺意、象山岩、五龙山等茶企参加在浙江杭州国际博览中心（G20 杭州峰会主会场）举办的第二届中国国际茶叶博览会。21 日上午，副县长涂剑峰作大田高山茶专场推介，职专茶艺队表演《月下问红》《女儿茶》2 套茶艺。县领导林金龙、涂剑峰到会指导。

6月 1—4 日，江山美人、易津、高峰、龙湖山、象山岩及田小茗等 6 家企业参加在上海展览中心举办的第 25 届上海国际茶文化旅游节。其中，6 月 2 日上午，举行大田高山茶推介会。县领导陈汉良到会指导。

9 月 7—11 日，江山美人、象山岩、锦荣等 3 家茶企参加第二十届“9 · 8”厦门中国国际投资贸易洽谈会中国国际茶产业投资展览会，展出代表性茶产品 67 个，达成合作意向 4 个。

10 月 18—22 日，江山美人茶业、易津茶业参加 2018 中国厦门国际茶产业博览会，设立大田美人茶特装馆，举行江山美人茶品鉴赛活动。

11 月 6—9 日，福建省江山美人茶业有限公司、大田县易津茶业有限公司等茶企参加第十四届海峡两岸（三明）林业博览会暨投资贸易洽谈会。

11 月 16—18 日，福建省江山美人茶业有限公司、大田县易津茶业有限公司参加第十二届海峡两岸茶业博览会（武夷山）。

12 月 7—9 日，江山美人茶业、象山岩茶业参加在厦门国际会展中心举办的第 19 届中国绿色食品博览会。

【会议论坛】 6 月 14—16 日，中国茶叶学会第八届茶学青年科学家论坛在县召开。大会以“传承 · 创新 · 发展”为主题，15 日上午举行开幕式，县委书记陈文华致欢迎词，副县长涂剑峰向参会人员推介大田高山茶，中国农业科学院茶叶研究所原所长、中国工程院陈宗懋院士作《茶叶活性成分的生物可利用性与生物效应》主题报告，与会人员考察屏山茶旅融合示范点、江山美人茶生产基地，并观看高山茶文化展示。来自国内 14 个省（市）茶学代表 170 余人参加论坛。

6 月 15 日，《大田县人民政府中国农业科学院茶叶研究所共同推进大田县茶产业链建设战略合作协议》在仙廷大酒店签订，围绕大田县茶产业链建设，以“县所”共建形式，建立科技创新基地、成果转化基地、科技培训基地等平台，全方位、多层次开展科技合作。

9 月 28 日下午，大田县茶业秋冬开发座谈会在县政府四楼会议室召开。座谈会由组织部长、高山茶产业工作领导小组副组长王怀斌主持，副县长涂剑峰通报 2017 年以来茶产业发展情况，安排 2018 年茶业秋冬开发工作，县人大常委会主任陈汉良、县委书记陈文华就茶业秋冬开发工作讲话。

【茶文化活动】 6 月 15 日，中国高山茶高峰论坛暨“硒望之田”电商品牌发展研讨会在仙廷大酒店举行。县长林金龙致辞，中国农业科学院茶叶研究所原所长、中国工程院院士陈宗懋，中国农业科学院茶叶研究所副所长、中国茶叶学会秘书长阮建云，中国农业科学院茶叶研究所研究员陈亮，中国农业科学院茶叶研究所研究员尹军峰等就大田高山茶发展的生态基础、优势条件、产品定位、发展方向、龙头培育、适栽品种、加工转型作专题报告，省电子商务协会秘书长陈晓明介绍电子商务及农村电子商务发展现状，省品牌建设促进会秘书长刘文镇作《发挥品牌引领作用，提升茶叶品牌价值》报告，县政府副县长涂剑峰、中国茶叶科学研究所副所长阮建云签订《共同推进大田县茶产业链建设战略合作协议》。中国茶叶学会副理事长、省农科院副院长、省茶叶学会会长余文权，海峡两岸茶业交流协会副会长柯家耀，市海峡茶业交流协会常务副会长陆火生，中国茶叶学会常务副秘书长周智修，省茶叶学会副会长郭雅玲，省茶叶学会副会长兼秘书长苏峰，县领导陈汉良到会指导。

8 月 26 日，首届大田美人茶艺技能邀请赛在大田县戏曲文化创意园（大田美人茶培训中心）举办。县领导陈汉良到会指导。

10 月 26—29 日，第十三届中国高山茶文化节在福州市三坊七巷举办。文化节以“大田美人 · 雅韵天成”为主题，推介、展示大田美人茶，结合展示烤兔、米糕、茶点等特色农产品、旅游伴手礼以及源味三明代表性产品，表演《月下问红》《五行禅茶》等茶艺。27 日上午，举行开幕式，县委书记陈文华、海峡两岸茶业交流协会会长陈绍军致辞，县政府副县长涂剑峰推介大田美人茶，为 2017—2018 年度美人茶制茶大师、2018 年秋茶赛获奖代表颁发奖牌。海峡两岸茶业交流协会陈绍军、海峡两岸茶业交流协会创会执行会长陈光普、海峡两岸茶业交流协会原副会长陈世泽、海峡两岸茶业交流协会副会长陈依炳、省茶产业标准化技术委员会主任刘绍文、省农业厅种植业管理处处长姚文辉、省茶产业体系首席专家，推广研究员高峰、省茶叶学会副会长郭雅玲、省茶叶学会副会长兼秘书长苏峰、市海峡茶业交流协会副会长兼秘书长纪圣和，县领导陈文华、陈汉良、王怀斌、涂剑峰、阮芳，福州市大田商会会长余建华，县直有关部门领导以及获奖企业代表参加开幕式。

【县美人茶斗茶赛举办】 9月27日，大田县2018年美人茶斗茶赛在金凤凰农业开发有限公司举办，来自屏山、吴山、济阳、奇韬、梅山等乡镇的60只茶样参赛，评出茶王1名，金奖3名，银奖5名，铜奖8名。梅山镇吴树长家庭农场选送的茶样获2018年美人茶斗茶赛茶王。县领导陈文华、陈汉良到会指导。

【县第十三届中国高山茶文化节秋茶赛举办】 10月20日，大田县第十三届中国高山茶文化节秋茶赛在县金凤凰农业开发有限公司举办，共征集茶样103只，其中铁观音79只，金观音24只，评选出铁观音茶王1名，金奖4名，银奖7名，铜奖12名；金观音金奖1名，银奖2名，铜奖4名。屏山乡龙峰茶厂郭尚洲摘获铁观音茶王，梅山镇宇希茶业吴开增获金观音金奖。

【茶品牌建设】 2018年，“大田高山茶”在第六届海峡两岸茶文化季暨海峡两岸秋茶茶王擂台赛活动中，获评“首届金茶奖”之两岸高山茶标志性品牌。

5月19日，在中国农业国际合作促进会茶产业委员会主办的2018年茶乡旅游发展大会上，“东方美人茶园二日游”入选2018年“夏季避暑到茶乡”旅游精品线路。

5月19日，福建省江山美人茶业有限公司的美人茶入选第二届中国国际茶叶博览会品鉴用茶。

6月4日，福建省象山岩茶业有限公司东方美人、大田县高峰茶业有限公司霓上红茶获25届上海国际茶文化旅游节2018年“中国名优茶”金奖。

12月7—9日，福建省象山岩茶业有限公司生产的象山岩牌东方美人茶获第十九届中国绿色食品博览会金奖。

12月19日，在“海堤”杯第七届海峡两岸茶文化季暨两岸秋茶茶王擂台赛颁奖典礼活动中，大田美人茶基地获2018年第七届海峡两岸茶文化季“两岸乌龙茶标志性基地”。岬顶峰茶业有限公司生产的红茶、桥都茶厂生产的美人茶获“海堤杯”第七届海峡两岸茶文化季暨两岸秋茶茶王擂台赛茶王。

12月30日，在三明市“茶香金湖杯”斗茶赛中，大田县获5金、9银、16铜，囊括浓香型铁观音乌龙茶、金观音乌龙茶金、银、铜奖。

（罗义航）

畜牧业

【概况】 2018年，全县出栏生猪20.57万头，比上年增长10.7%；牛1810头，同比下降9.3%；羊2.52万只，同比下降2.7%；禽184.1万羽，同比增长3.92%；兔308.9万只，同比增长18.9%。肉类产量2.57万吨，同比增长11.5%，禽蛋产量4460吨，同比增长8.2%。畜牧业产值7.33亿元，同比增长3.4%。

动物防疫 2018年，全县完成高致病性猪蓝耳病免疫10.8万头，猪瘟免疫10.8万头，牲畜口蹄疫免疫10.8万头，禽流感免疫85.6万羽，新城疫免疫35万羽，小反刍兽疫1.1万头。

动物疫情测报 2018年，全县完成畜血清免疫抗体检测520头份，其中猪免疫抗体监测420头份，检测结果猪瘟抗体合格率为93.3%，口蹄疫抗体合格率为100%；牛羊免疫抗体监测100头份，口蹄疫抗体合格率为95.5%；鸡免疫抗体监测365头份，检测鸡新城疫抗体合格率为96%，禽流感抗体合格率为100%；鸭免疫抗体监测265头份，检测禽流感抗体合格率为100%。开展牛羊布鲁氏菌病基线普查，采集牛羊血清350份，检测结果均为阴性。向省、市动物疫病控制中心送检禽咽喉和泄殖腔拭子380份；猪组织样品120头份，每月开展一次动物流行病学调查，调查散养户620个和6个猪、牛、羊、禽养殖大户及规模场，对16种重点动物疫病进行流行病学调查。

动物检疫 2018年，全县共检疫活畜禽15.62万头（只），检疫肉类产品13.87万头(只)。检出病害肉类产品1216公斤，全部进行无害化处理。

【大田肉兔生态养殖产业项目二期工程建设】 1月，县肉兔生态养殖产业项目二期工程由福建莱德旺畜牧业有限公司负责实施，投资300万元，新建标准化兔舍2幢1800平方米，10月建成投产，年可新增肉兔出栏10万只。

【大田槐猪优良品种资源保护与开发】 7月5日，县畜牧兽医水产中心印发《扶持大田槐猪品种保护和产业发展实施意见》，对太华镇槐猪保种场改扩建项目及槐猪养殖示范户予以补助。改扩建槐猪保种场300平方米，补助资金6万元，槐猪养殖新技术推广示范补助1.52万元。

【非洲猪瘟防控】 8月3日，国内发现首例非洲猪瘟疫情。为防止疫情传入县内，县政府成立非洲猪瘟防控应急指挥部，县长林金龙任指挥长，7名处级领导任副指挥长。指挥部下设综合协调、市场监管、餐厨废弃物整治、舆情宣传、交通管控5个工作小组，每个工作小组由1名县处级领导任组长，指挥部办公室设在县畜牧兽医水产中心。年内，县委、县政府、县重大动植物疫情防治指挥部、县非洲猪瘟防控应急指挥部召开专题会议12次，研究解决应急处置中的重大问题。指挥部各成员单位和各乡镇按照职责分工，各司其职，联防联控，落实生猪养殖、屠宰、流通、运输环节以及餐厨废弃物处理、野生动物监测等环节防控措施，全县生猪养殖、屠宰、市场消费情况正常，未发现非洲猪瘟疫情。

【大田县佳吉屠宰有限公司获牲畜定点屠宰资质】 9月29日，县佳吉屠宰有限公司牲畜定点屠宰点获三明市人民政府批复同意建设，项目位于建设镇建爱村福岭头，总投资300万元，设计屠宰量100头/班。12月29日，获得三明市人民政府颁发的牲畜定点屠宰点证书和标志牌，取得牲畜定点屠宰资质。

【伊普吕父母代种兔引进】 10月，福建莱德旺畜牧业有限公司与河南省济源市阳光兔业科技有限公司开展肉兔养殖技术研究与技术合作，引进伊普吕父母代种兔1100只，年可繁育商品兔4.5万只。

【病死猪无害化处理补助】 2018年，全县无害化处理病死猪2.09万头，兑现补助资金167.31万元，其中省级以上财政承担146.4万元，县级财政承担20.91万元。

【畜禽粪污资源化利用】 2018年，畜禽规模养殖场设施配套率100%，畜禽粪污资源化利用率84.47%。

【生猪屠宰监管】 2018年，县牲畜定点屠宰办开展专项行动28次、联合执法3次，出动车辆35辆次、执法人员161人次，发放法律法规等宣传材料200份，检查生猪屠宰场（点）45家次，取缔生猪非法屠宰点4个；查处违法运输、销售未经检疫检验的案件3起，收缴未经检疫生猪产品199.6公斤。

【质量安全监管】 2018年，县动物卫生监督所与39家养殖业主签订不销售病死畜禽承诺书和健康养殖承诺书。抽检屠宰场生猪尿样3600头份、养殖场生猪尿样450头份，检测结果均为阴性。开展兽药、饲料整治行动8次，检查兽药经营企业、养殖场数量103个（次），抽检9个兽药、10个饲料样品并送检。

（林兴铃）

渔 业

【概况】 2018年，全县水产养殖总面积1441公顷，其中池塘112.53公顷，占7.8%；山塘水库1322.06公顷，占人工养殖面积91.8%；水产品总产量7758吨，比上年增长5.1%。2018年全县渔业产值按现行价计算为1.49亿元，同比增长4.6%，渔业产值占农林牧渔业总产值的2.91%。全县有渔业专业劳动力1273人，渔农兼业劳动力446人。

【《大田县养殖水域滩涂规划（2018—2030年）》发布实施】 1月30日，启动《大田县养殖水域滩涂规划（2018—2030年）》（简称《规则》）编制工作，经招标，由福建省海峡建筑设计规划研究院承担编制。11月16日，县人民政府召开《规划（征求意见稿）》征求意见会，听取有关乡镇和县直有关部门意见；12月4日，《规划（送审稿）》通过专家评审；12月14日，《大田县养殖水域滩涂规划（2018—2030年）》由县人民政府办公室发布实施。

【牛蛙养殖污染专项治理】 2月9日，县政府办印发《大田县牛蛙养殖污染专项治理工作实施方案》，从2月1日至6月30日开展牛蛙养殖污染专项治理。成立牛蛙养殖污染专项治理工作领导小组，副县长涂剑峰任组长，办公室设在县河长办。县河长办牵头，县有关部门及乡镇配合，开展联合执法行动，关停取缔牛蛙养殖场41家，养殖面积43.19公顷。7月1日起，全县全面禁止非法牛蛙养殖。

【汤泉鳗鱼工厂化养殖项目】 3月1日，汤泉鳗鱼工厂化养殖项目动工建设，项目位于太华镇汤泉村。福建启农地热养殖有限公司投资3500万元，新建鳗鱼工厂化养殖池1万平方米及相应附属设施，建成后年可新增鳗鱼产量300吨，产值3000万元。建设期限2018年至2019年。

【街面水库大田库区网箱养殖清理】 8月28日，全县完成网箱清理任务，共清理网箱1503个，总面积10.23万平方米。其中，湖美库区1453个，面积7.59万平方米，梅山库区50个，面积2.64万平方米。清理工作从2017年4月开始，2018年9月30日通过三明市人民政府验收，拨付补偿金1941.26万元。

【"渔家晚钓"项目建设】 11月26日，"渔家晚钓"项目获评福建省第十一批"水乡渔村"称号。渔村位于武陵乡大石村，由大田县隆锦顺生态养殖有限公司投资600万元建设，是集生态渔业体验、休闲垂钓、度假养生、娱乐餐饮等项目为一体的美丽乡村旅游景点。景点建有标准化精养池面积1.47公顷、休闲住宿娱乐综合楼540平方米、木屋包厢接待大厅面积282平方米、水上休闲垂钓长廊150米，水上休闲露台230平方米，可容纳150人参加休闲渔业活动，年可接待游客2万余人。

【基层水技推广项目补助】 2018年，建立福建省启农地热养殖有限公司、大田县隆锦顺生态养殖有限公司等2个渔业科技试验示范基地、38个渔业科技示范主体，获省补助项目资金24万元，遴选草鱼为主导品种，草鱼疫苗免疫技术为主推技术，主推技术入户率达100%。

【水产品禁用药物残留检测】 2018年，县畜牧兽医水产中心抽取受检渔业企业33家，检测鱼类样品45个，检测品种有草鱼、鲤鱼、鲢鱼、鳙鱼、黄金鲫、牛蛙等，检测项目为氯霉素、孔雀石绿、呋喃唑酮代谢物、呋喃西林代谢物，样品检测合格率为100%。

【渔政管理】 2018年，县渔政大队举办渔业法律法规、渔业生产安全以及水产品质量安全"一品一码"全程追溯管理宣传培训班2期，培训渔业生产者150多人次；出动宣传车辆4车次，发放宣传资料300多份，接受群众咨询、解答问题200人次，张贴法律法规宣传标语横幅8条；开展水上执法巡查检查32天，陆上岸边巡查检查22天，出动执法车船48次，执法人员128人次，检查渔船82艘，检查水产养殖场20家，与河长办配合清理牛蛙养殖场41家。查处、制止、驱赶电、毒、炸鱼等破坏渔业资源行为20多起，没收电鱼机9台，罚款人民币2300元。完成31艘捕捞渔船、51艘养殖渔船申报2018年度燃油补助，办理渔工人身意外伤害互助保险75份。

（陈仁收 林兴铃）

农业机械

【概况】 2018年，县农业机械化管理中心围绕服务农业、方便机手、兴机富民和创建"平安农机"中心，利用国家农机补贴强农惠农政策，推广和引进农机新机具、新技术，机械保有量稳定增长，促进全县农业机械化发展。全县农机总动力18.89万千瓦，拖拉机404台，配套机具712套，种植业机械1.26万台，农用排灌机械5223台，植保机械3151台，渔业机械959台。

【农机安全生产宣教活动】 2018年，县农机中心开展农机安全生产宣传教育活动6场，发放宣传材料1000余份，农机安全知识手册300本，接受农民机手咨询180人次，张贴农机安全生产宣传挂图数70套700张，悬挂农机安全横幅10幅；在农机综合楼前设置一块LED显示屏，宣传农机安全法律法规。在县有线电视报道活动专题新闻及农机安全生产知识1次，现场开展农机安全宣传活动6次，监管人员参加宣传活动18人次，张贴标语9条、悬挂横幅3幅、展示展板6块，有效提升群众农机安全生产意识。

【农机监理】 2018年，县农机中心突出农机安全监理工作，加强与公安、交通、安监等部门合作，联合开展上道路拖拉机“隐患排查”“打非治违”农机专项整治、农机维修经营网点安全大检查和安全宣传活动月等活动。全县拖拉机上牌率96%，持证率95%，检验率70%以上。落实责任制，中心与监理站和18个乡镇农机站、乡镇站与293户农机户分别签订年度农机安全生产责任状。加强农机服务工作，免费实地年检拖拉机265台、联合收割机28台，收割机免费上牌16台，免费核发拖拉机驾驶证6本、审验换证214本。“打非治违”活动中，组织执法人员53人次，审验、检查多功能拖拉机120台、农机专业合作社1个，查出一般安全隐患1起，发出整改通知书1份并整改。开展农机安全事故处置应急演练1场次。年内非等级公路未发生农机死亡事故。

【农机推广】 2018年，全县共办理农民购机指标确认书2078份，受益户数1789户。补贴机具数量2151台，购补资金243.34万元（中央资金217.37万元、省级资金25.97万元），完成省级下达的零结余任务，带动群众投入农机发展资金730.02万元。举办现场推广演示会5场。新增农机专业合作社18家，合作社开展农业服务1666.67公顷。

（林恒疏）

农　场

【概况】 2018年，全县有东风农场和良种场2个，总户数1252户、4413人。东风农场 2018年，全场有1185户、4218人。工农业总产值7796万元，其中农林牧渔业产值7550万元，工业产值246万元；农工人均纯收入1.36万元。粮豆播种面积420.67公顷，蔬菜种植411.33公顷，烟叶种植38.67公顷，收购烟叶1725担；规范管理133.33公顷雷竹基地，雷竹笋年产值2000万元以上；芙蓉李种植面积33.33公顷，年产值500万元，柠檬甜柑种植面积33.33公顷，年产值1000万元以上；红菇产值200万元以上；完成林木生产经营3812立方米，销售收入418.6万元；投资28.7万元，完成幼林抚育196.13公顷；投资48.2万元，实施退化人工林修复63.07公顷；栽培集约人工林面积30.67公顷，投资24.8万元。开展农村环境整治工作，新建（置）垃圾池（桶）6个，聘请专职环境保洁员2名。清理牛蛙养殖场面积2公顷。年内全场完成权籍调查和国有土地确权登记发证465.89公顷，累计完成发证任务4417.53公顷。县良种场 2018年，全场67户，195人。农业总产值350万元，玉米生产面积10.67公顷，总产量23.55万公斤，产值70.75万元；蔬菜种植面积24.67公顷（含复种），总产量130万公斤，产值185万元；大棚蔬菜种植面积1公顷，产值25.5万元；温州蜜柑4公顷，总产量5万公斤，产值5.5万元；不育系种子种植面积5公顷，总产量1.5万公斤，产值45万元。人均纯收入8500元。

【基础设施建设】 2018年，东风农场投资30万元，在三门等5个村安装太阳能路灯60盏，实现农场村村有路灯。完成浮山至登榜工区道路泼水至排吉段拼宽改造，长3.88公里，投资150万元。完成排吉13.8公顷山垅田改造，共投资56万元。完成“桃泉源双泉区”项目征地工作，面积约4.4公顷。发放脱贫后扶产业资金3.35万元；精准扶贫易地搬迁3户，补助资金2.66万元。

【社会事务管理服务中心成立】 2018年，大田县东风农场成立社会事务管理服务中心，通过内部分开、管办分离的办法，由县政府采取授权委托购买服务的方式，实现“政企分开、管办分离”。

【不育系水稻获丰收】 2018年，县良种场开展农作物新品种的引进、试验、示范等工作，和福建科荟种业公司合作，引进水稻新品种科荟48不育系，种植面积5公顷，平均亩产量182.5公斤。

（林生郁　黄志金）

林 业

□ 编辑 陈吉浇

森林资源培育

【概况】 2018年，大田县林业系统践行“绿水青山就是金山银山”的理念，推动林业高质量发展，为多彩大田建设提供优良的生态环境。参加第十四届海峡两岸（三明）林业博览会，邀请客商212人，签约项目9个，总投资额7.97亿元；茶叶、富硒农产品等现场销售及贸易订单交易额2300多万元。全年，林业总产值61.5亿元，其中规模以上工业产值55亿元，分别比上年增长6%、12%。按照“先易后难、分年度建设、达标申报验收”的原则，创建“福建省森林村庄”，当年，桃源镇兰玉村被省绿化委授予福建省森林村庄称号。

营林造林 2018年，全县完成植树造林1462.2公顷，占省市下达任务1183.3公顷的123.6%。按植树造林类型分：“两带一区”工程建设面积150.9公顷（生物防火林带21.9公顷、乡村生态景观林10.1公顷、重点生态区位林分修复118.9公顷），占任务136.7公顷的110.4%。其他人工造林更新面积1311.3公顷，占任务的134.1%；完成森林经营面积9032.3公顷，占任务的101.9%，其中，省级森林抚育面积3446公顷（含中中央财政森林抚育面积459公顷），占任务的103.3%；其它森林抚育5586.3公顷，占任务的101%。封山育林4345.9公顷，占任务的101.9%。

苗木花卉培育 2018年，全县大田育苗面积5公顷，产苗350万株，其中，马尾松0.4公顷40万株，杉木2公顷180万株，木荷0.7公顷37万株，其他阔叶树1.9公顷83万株。保有苗木花卉面积483.4公顷，其中，观赏苗木（绿化苗木）面积340公顷，苗木保有量598万株；盆栽植物面积3.7公顷；花卉（鲜切花）种植面积20公顷；食用药用花卉面积119.7公顷。实现苗木花卉种植业总产值3.93亿元。

竹业开发 2018年，全县巩固（高产、高效、优质）“两高一优”丰产竹林面积2333.3公顷，新发展“两高一优”毛竹笋竹两用林33公顷，完成竹山机耕路（宽2.5米以上）1公里。全年审批竹材336万根，同比增长1.82%；生产原竹230万根，中小径竹材产量1152吨，鲜笋9030吨，清水笋350吨，笋干395吨。实现竹业总产值1.94亿元，其中加工产值4198万元，分别比上年增长10.23%、13.86%。

油茶开发 2018年，全县新造油茶林66.7公顷，抚育2134公顷，低产林改造1013公顷，争取木本油料（油茶）示范基地建设项目资金300万元。年底，全县油茶林面积1.01万公顷，油茶籽产量7000吨（折茶油1750吨），油茶产业产值3.15亿元。

【义务植树】 3月，县委、人大常委会、政府、政协四套班子领导及绿化委员会成员单位部分人员在前坪乡川石光伏发电公园义务植树基地，以“推进国土绿化，建设‘五个’大田”为主题，开展全民义务植树活动，新建县级义务植树基地1个，面积1.33公顷。全县参加义务植树19.7万人次，植树76.27万株。

【速丰林基地建设】 2018年，全县完成速生丰产林基地建设面积503.5公顷，其中，速生丰产林工程造林274.4公顷（含森林质量精准提升集约人工林栽培和珍贵树种、用材树种培育造林）；现有林改造培育速生丰产林229.3公顷（含森林质量精准提升退化人工林修复）。

【油茶栽培技术培训】 2018年，县林业局专业技术人员到华兴、湖美等12个乡镇，实地进行油茶低产林改造施工现场培训和丰产栽培技术培训，受训农户和技术骨干320多人。

（余建华 方来毅 陈光畏 乐景传 张锦斌）

森林资源保护

【概况】 2018年，县林业局按照中共十九大关于“加快生态文明体制改革”的要求，加大森林生态系统保护力度，解决突出环境问题，严格采伐限额管理、处理涉林违法案件，抓好林地资源管理，强化森林防火、防病虫“两防”力度，科学化解山林纠纷矛盾。全县森林覆盖率73.07%，林地保有量17.3万公顷，森林蓄积量1255.5万立方米。

限额采伐 2018年，县林业局执行省林业局下达的商品林采伐计划，确保年度采伐消耗量及分项结构不突破指标。全县分解下达各乡镇、场采伐蓄积量29.45万立方米，审批商品材11.7万立方米，比上年增长13.6%；办理商品材林木采伐证702份、蓄积量17.83万立方米，出材 12.78 万立方米。

依法护林 2018 年，县林业局执法部门受理各类森林案件 249 起，查处 244 起。其中，立刑案 51 起，破案 46 起（重大案件 3 起，年前积案 7 起），破案率 90.2%；受理林业行政案件、查处 198 起。处理违法犯罪人员 273 人次，其中，逮捕 3 人，取保候审 43 人，刑事拘留 21 人，行政处罚 206 人次。清理林地面积 11.85 公顷，没收木材 135.8 立方米，为国家挽回经济损失 197.08 万元。全年办理木材运输证 8303 份，运输木材 10.4 万立方米。

林地管理 2018 年，县林业局受理林地征占用项目 61 宗，审核审批 56 宗，面积 196.4 公顷，审核审批的征占用林地面积居全市第一；林业执法部门开展专项清查行动，发现和处理非法征占用林地行政案件 7 起，清理非法占用林地 1.36 公顷，处罚 4 个单位 16 人次，责令限期恢复森林植被或补办林地征占用审批手续。

森林防火 2018 年，全县贯彻执行森林防火的法律、法规、政策，坚持“预防为主、积极消灭”的方针，创新工作机制，落实防火责任，确保森林火灾防控综合能力的提升。全年召开防火指挥部成员及其他森林防火各种会议 126 场次；举办森林消防队伍培训 31 期，参加 1120 人次；开展森林消防队伍演练 28次，参加队员 740 人；发布禁火令 2次，橙色预警 7次；出动宣传车 1120 车（次），新增固定宣传牌 398 块，印发防火宣传单、禁火令和刷写、张贴标语 12 万张（条）。全年未发生森林火灾，森林防火工作走在全市前列。采用红绸布制作“禁火旗”的宣传森林禁火新做法，被市森林防火指挥部在全市范围内推广，并编入福建省森林防火典型案例汇编。

森防检疫 2018 年，县林业局建立健全森林病虫害防控预警机制和应急处置制度，实施松林改造优化提升工程，开展各类防控知识宣传，组织各类专项林业植物检疫检查行动，确保全县森林病虫害防控水平不断提高。县林业局与国有农、林场、林业站等签订森防工作目标责任书 25 份，完成松林皆伐面积 11.17 公顷，林下补植套种 40 公顷；率先应用无人机航拍技术开展病虫害防控监测；在周边县（除德化县外）都是松材线虫病疫区或疑似发生区的严峻形势下，做到县内依然无疫情发生，松材线虫病防控工作走在全市前列。

【森林旅游】 2018 年，全县森林旅游接待 40.5 万人次，比上年增长 17.3%，旅游收入 1466 余万元。瀚霖泉森林人家获得由省林业厅指导、省生态文化协会主办、东南网承办的 2017 年度“最美森林人家”称号。

【第四次森林资源调查】 2018 年，大田县第四次森林资源规划设计调查工作分为样地调查和小班区划，全县 1234 个样地全部完成调查及省、市、县检查验收，17.4 万公顷小班区划完成外业调查及数据整理。

【山林纠纷调处】 2018 年，县山林纠纷调处办公室调处县内森林和林木林地纠纷 3 起，面积 18.6 公顷；受理群众信访件 16 件，全部办结，办结率 100%。

（魏初樾 陈思伟 林剑明 颜志强 叶德杨 林正松 杨 进 苏晋伙 吴善群 郭行泽 林伟才）

林业改革

【概况】 2018 年，县林业局不断完善集体林权制度改革及配套改革工作。在全县推广普惠林业金融“福林贷”，248 个村召开村民代表会议，成立林业专业合作社 247 个，开立保证金专户 232 个。普惠林业金融“福林贷”涉及 213 个村，至年底，授信林农 1486 户，授信金额 1.41 亿元，有贷款的农户 1304 户，放款 1.63 亿元，位居全市各县前列，贷款余额 1.22 亿元。推进培育新型林业合作经济组织，当年新增 47 家，全县林业专业合作经济组织 478 家，其中，林业专业合作社 342 家，股份林场 39 家，家庭林场 72 家，公司 + 基地 + 农户 25 家。加强生态林管理，签订重点生态林管护合同 415 份、重点生态公益林监管责任书 224 份。全年发放国家和省财政补助资金 1423.51 万元。

【林权流转和贷款贴息】 2018 年，县林业局完善林权交易流转服务制度，规范林权流转 686 宗，面积 1500 公顷，涉及金额 8328 万元，比上年增长 50%；申请林农小额贴息贷款 1674 万元，中央财政贴息 21.5 万元。

【林下经济发展】 2018 年，实施省、市级 3 个林下经济发展建设项目，通过市级验收，获省级项目补助资金 96.75 万元。年底，全县林下经济涉林面积 1.89 万公顷，产值 5.51 亿元，农民人均创收 2518 元，其中，林下种植中药材、林菌（红菇、梨红菇）6646 公顷，产值 1.52 亿元；林下养殖鸡、鸭、鹅、牛、羊 3620 公顷，产值 1.66 亿元；采集加工笋竹（含小径竹）6440 公顷，产值 1.09 亿元；森林景观利用森林公园、森林人家 2153 公顷，产值 1.24 亿元。

（严千墩 吴成坤 郑小华）

国有场圃

【概况】 2018 年，县境内国有场圃 4 个，其中省属市管林场 2 个，县属林场、苗圃各 1 个。经营面积 1.53 万公顷（苗圃用地 1.2 公顷），其中林地 1.43 万公顷，林分蓄积量 225.86 万立方米。当年迹地更新造林 150.02 公顷，中幼林抚育 1796.6 公顷（中央森林抚育项目 863.33 公顷），木材生产 2.5 万立方米，主营业务收入 2665.7 万元。年底，在职职工 172 人，其中专业技术人员 67 人（高级以上职称 21 人）。

桃源国有林场 2018 年，全场经营面积 6469.6 公顷，其中林地 5953.33 公顷，森林覆盖率 92.02%，林分蓄积量 88.5 万立方米。育苗 0.23 公顷，迹地更新造林 53.13 公顷（速生丰产林造林 18 公顷，珍贵树种造林 23.07 公顷），平均成活率 95.7%，当年树苗长高面积综合达标率、速丰林面积达标率均 100%；完成中幼林抚育 625.4 公顷（中央森林抚育项目 274.4 公顷）；林道维修 80.08 公里，新开集材道 7 条，长 7 公里，使用林地面积 201 公顷。防火林带维修 64.08 公里，调整充实森林消防队伍，采取劳务派遣方式，聘用退伍军人、当地村民 20 人，作为扑火队风力灭火机手，年底扑火队员 38 人。松材线虫病、松突圆蚧踏查3000余公顷，施放白僵菌粉剂500公斤，森林病虫害防治68.8公顷。联合森林派出所和桃源镇政府治理非法占用林地行为，查处侵占林地6起，制止在林地违法建坟3起，收回林地1.01公顷。做好巡山护林，查获盗伐林木104株，处理林业行政案6起，刑案3起，收取林木补偿费3.73万元。全年主伐皆伐林木面积68.33公顷，抚育间伐248.8公顷，生产木材1.34万立方米，销售1.33万立方米，木材销售综合单价每立方米1038.47元，年营业务收入1399.7万元。主营业务利润895.27万元，管理费支出989.13万元，营林投资385.15万元。全场内设职能部门6个，管辖5个森林管护站，在职职工64人，其中专业技术人员28人（中级职称8人，高级以上职称12人）。当年，获市委市政府“三明市文明单位称号”，被县委县政府评为“平安建设先进单位”和“森林防火先进单位”。

梅林国有林场 2018年，全场经营面积6300.8公顷，其中林地面积5887.87公顷（生态公益林940公顷），森林蓄积量95.76万立方米，森林覆盖率88.1%。全年迹地更新造林64.47公顷，其中珍贵树种福建柏混交林7公顷。森林抚育1094.73公顷，其中，中幼林抚育694.4公顷，中央森林抚育项目400.33公顷。抚育间伐374.67公顷，森林病虫防治181.93公顷，林道维修93公里，防火林带抚育31公里，完成冬整地29.2公顷。木材生产6275立方米，销售6023立方米，销售收入652万元，分别比上年下降62%、68%、63%，亏损405.79万元。当年得到上级专项拨款349.03万元，育林金林价留场61.8万元，营林投资375.69万元。林场基础工作和（品牌、特色、制度、平安）“四个林场建设”考评在全市并列第一。获市委、市政府“三明市文明单位”称号。年底，在职干部职工70人，其中专业技术人员31人（高级以上职称9人，中级职称10人）。

赤头坂国有林场 2018年，全场经营面积2550公顷，其中林地2479.8公顷，森林覆盖率97.24%，林分蓄积量41.6万立方米。完成中幼林抚育476.6公顷，其中中央财政和省财政森林抚育补贴项目面积分别188.6公顷、103.6公顷，幼林抚育184.6公顷。当年迹地更新种植楠木、杉木、木荷混交林32.4公顷。维修防火路57.03公里，森林病虫害防治320公顷。抚育间伐、透光伐49公顷，全年木材生产、销售5049立方米，销售收入614万元，上缴财政利润7万元，税后财务收支节余78.26万元。年底，干部职工36人，其中专业技术人员8人。

汤泉苗圃 2018年，苗圃地面积1.2公顷，其中水田1.07公顷、旱地0.13公顷。在职职工2人。

【工会委员会换届】 5月10日，梅林国有林场召开第四届职工代表大会，由党支部书记叶远昌主持，肖长汉作第三届工会委员会工作和财务收支报告。大会选举新一届工会委员会委员5人，林起刚任主席，并选出工会经费审查委员会委员2人。

【综合服务中心项目主体完工】 10月15日，位于均溪镇河滨西路（福塘）梅林国有林场综合服务中心项目主体完工，建筑面积2700平方米。

【共建和谐林场主题活动】 2018年，国有桃源、梅林林场开展“共创生态文明，共建和谐林场”为主题“十个一”活动，两个场职工参加活动1200多人次。开展一次“绿色大田，林场先行”生态保护宣传，共同翻印《福建省国有林场管理办法》《福建省生态公益林条例》等宣传册，“送法下乡”，加强森林资源管护、森林防火、生态环保、林地保护、维护林场经营区稳定；举办“家风家训”道德讲堂，提升职工队伍素质；开展安全隐患互查和“粽叶飘香、情满林场”端午节联欢；组织“红色教育”主题党日活动，党员到闽中工委旧址、大田中央苏区革命历史陈列馆、叶炎煌故居等地接受革命传统教育，重温入党誓词；共同举行消防安全应急演练和迎国庆、庆中秋”气排球赛文体活动；开展“绿色家园、美丽林场”文明共建，创建文明安全小区；开展一次“和谐场村”精准扶贫帮扶和“生态文明，你我同行”交流学习，组织职工参观赤头坂国有林场森林经营和杉木林下套种红豆杉示范片，林下经济中药材示范基地、赤峰森林人家，加强省属国有林场与县属国有林场沟通、交流。

【森林资源“双增”超额完成】 2018年，桃源国有林场根据《三明市林业局关于加快落实国有林场森林资源“双增”任务的通知》，与所在地村、农场协商开展合作经营。完成森林面积增长444.93公顷，占2016—2018年任务的222.5%；林分蓄积量增加17.36万立方米，占任务数的120.6%。

【开展“师徒结对”活动】 2018年，桃源国有林场根据《三明市林业局关于试行林业专业技术人员“543”聘期考核办法的通知》，开展专业技术人员“师徒结对” 活动。分为森林培育、木材生产、资源管理、森林防火、经济管理、安全生产、人力资源、党务政工、文秘档案等专业领域师徒结对。按照自愿和统筹相结合的原则，高级职称带中级、中级职称带初级“师徒结对”，名单提交场务会研究公布，举行师徒结对仪式签订结对协议17对，并将林场科研试验项目与师徒结对方案相挂钩。发挥中、高级职称骨干专业技术人员的“传、帮、带”作用，培养优质职工队伍。

【帮扶活动】 2018年，梅林国有林场开展公民道德建设和爱心奉献活动，支持白岩社区共建经费3000元，资助结对帮扶上京镇城口村1户、林场家属2户特困家庭资金6000元；干部职工向见义勇为基金会捐款700元。

（陈森森　田立丰　余瑞真　颜志强）

水利·电力

□ 编辑 魏兰兰

水 利

【概况】 2018年，大田县水利局秉持“绿色发展”和“绿水青山就是金山银山”理念，坚持目标导向、问题导向，全力推进水土流失治理、生态水利建设、防汛责任落实、水资源管理、河长制提升等各项工作，为建设新时代多彩大田提供强有力的水利支撑。全县水利资金投入2.79亿元，占市下达任务的101.8%。实施重大水利项目6个，累计投资1.25亿元，占年计划的100.7%；面上项目12个，累计投资1.54亿元，占年计划的102.7%，其中闽江上游尤溪流域防洪二期（大田段）、广平镇铭栋溪流域安全生态水系、建设镇建设溪安全生态水系等项目均完成年度任务。福建省水利投资集团（大田）水务有限公司完成售水量702万吨，营业总收入1027万元，上缴税收43.46万元，代征收污水费615.2万元，垃圾处理费213万元。全年新增用水户3708户，全年水质综合合格率99.87%。

【水土流失综合治理】 2018年，全县实施水土流失综合治理面积4750公顷，占省、市下达任务的118%，完成投资3558万元。完成2017年梅山、前坪、济阳等一批国家、省级重点水土流失治理项目扫尾工作，实施2018年新增国家重点水土保持治理工程、省级重点县和省级重点乡镇水土流失综合治理项目，建设生态护岸12.64公里。

【水土保持监督】 2018年，全县审批水土保持方案25件，跟踪检查25次，提出整改意见24条，查处水保违法案件2件，征收水土保持补偿费144.97万元。通过水土保监督，促进生产建设单位按照水土保持方案做好水土保持防治工作。

【水旱灾情】 2018年，全年降雨量1685.62毫米，比多年平均降雨量1533.7毫米增加151.92毫米。全年降雨量正常，水库水位正常，坑口水库、六角宫均没有泄洪。两座中型水库的坑口水库最高水位608.16米（正常蓄水位614.5米），时间为9月25日；六角宫水库最高水位537米（正常蓄水位539米），时间为9月10日。受多次强降雨及多个台风雨影响，造成较大灾害，19个乡（镇、场）不同程度出现严重洪涝灾害和地质灾害，公路中断、堤防决口、农田受淹，交通、水利、电力等基础设施损毁严重。全县受灾人口7.61万人、转移1.07万人，直接经济损失1.24亿元，其中农作物受灾面积3577.13公顷，因灾减产粮食3800吨，农牧渔业直接损失4365.5万元；公路中断5条次(指主要公路、不含村道)、停产工矿企业32个、供电中断18条次、通讯中断10条次，工业交通经济损失4059.772万元；损坏堤防112处、护岸176处、灌溉设施216处，水利设施经济损失3974.778万元。

2018年大田县台风过程降雨量情况

表1

单位：毫米

台风	影响时间	最大过程降雨量	平均过程雨量
玛利亚	7月9—11日	82	46
“热带低压”	8月23—26日	115	53

【冬春水利及修复水毁工程建设】 2018年，冬春水利建设及水利水毁修复工程，累计完成2017—2018年冬春修水利建设及水毁修复工程投资7363万元，农村饮水安全工程提质增效计划319万元，完成300万元，新增节水灌溉面积700公顷，改善灌溉面积140公顷。水利水毁修复建设，项目计划投资7818万元，完成2380万元，占总投资的30%。

【农村饮水安全工程建设】 2018年，全县农村集中供水率78%，农村自来水普及率83%。全年实施农村安全饮水项目9个涉及7个乡镇10村，获得上级补助资金342.48万元，解决农村饮水不安全人口0.97万人，其中国家建档立卡贫困人口涉及6个乡镇，11户33人，省级下达国定贫困人口省级补助资金1.98万元。

【高效节水灌溉及高标准农田建设】 2018年，全县建设高效节水灌溉、茶园喷灌工程，辐射吴山镇、屏山乡等10个片区、面积340公顷，新增调节池11处，更换水泵20座，新增计量设施11处，项目总投资1188.95万元。新建广平镇高标准农田336.67公顷，新建渠道工程13.22千米、排水工程4.38千米、机耕路工程2.79千米，项目总投资685.04万元。

【建设溪流域安全生态水系项目建设】 2018年，建设镇建设溪流域安全生态水系建设项目，起于高云水库坝址，止于建忠村二保小桥，项目总投资920万元，省级补助资金到位400万元，综合治理河长8.89公里。

【“河长制”工作品牌闪亮】 2018年，大田县“河长制”工作被列为改革开放40周年“福建影响力”优秀案例，并代表福建省在全国贯彻落实河（湖）长制视频会议上作典型发言，主导起草福建省地方标准《河（湖）长制管理规范》。大田县河长制工作经验在《人民日报》、新华社、《福建日报》等多家央级、省级主流媒体报道。

【水资源管理】 2018年，落实建设项目水资源论证、取水许可、水资源有偿使用三项核心制度，完成延续取水报告评审138份，换发延续取水许可证163本，征收水资源费361万元，完成河道岸线及河岸生态保护划线规划评审。强化河道监管，编制《大田县河道采砂规划（2019—2023年）》，制定下发《大田县入河排污口清理整治实施方案》，立案查处水事案件12件，处罚没款13.8万元，规范整治入河排污口36个。

【水环境综合治理】 2018年，全县开展工业污染、畜禽养殖污染、城乡污水垃圾、涉砂行为、小水电生态等生态环境综合治理五项攻坚行动，完成178座水电站最小下泄流量核定工作，完成水电站生态下泄流量设施改造75座、在线监控设施安装12座，报废退出18座。44家非法涉砂点设备全部拆除完毕，41家牛蛙养殖场（户）彻底清理退出、清理面积43.19公顷，22个河道四乱问题全部清理销号。

【居民饮用水供水设施建设】 2018年，福建省水利投资集团（大田）水务有限公司为确保城区供水水压稳定，完善高峰期供水调度方案，对城东高位水池科学技改，在用水量较低的夜间为水池蓄水，在用水高峰期自动向龙宝新村、小溪坂片区用户供水，确保片区供水水压稳定。完成石牌镇、均溪镇福塘村的管网改造、并网工程及过境公路沿线高区临时供水工程，全面解决当地居民用水困难的问题。新建城区给排水管网9.97公里，城区地表水厂水质综合合格率99.80%。

（郑新镱　刘珍超　陈贺铭）

电　力

【概况】 2018年，全县有水电站160处，总装机容量16.24万千瓦，年发电量4.18亿千瓦时。县供电公司售电量13.94亿千瓦时，比上年增长0.18%；综合线损率4.01%，同比下降3.37%；固定资产投资7300万元。县供电公司的“光伏扶贫”经验获全省推广。成为全市首家通过应急能力建设评估的公司。在全国“安康杯”竞赛中获评为优胜单位。岩城运维站、吴山供电所获省公司先进班组称号。

【电网建设】 2018年，县供电公司完成电网投资0.71亿元，35千伏屏山变电站投产，新建或改造10千伏及以下线路74.6公里、配变55台，表箱改造5126户。完成武陵、谢洋、湖美3个乡镇35千伏变电站前期布点。配备7台无人机应用到输配电线路日常巡视及故障查找。完成依法划定405公里的架空输电线路保护区，完成输电通道生物防火林带建设置换5.01公顷。

【电力管理】 2018年，县供电公司落实“先复电后抢修”机制，缩短用户平均故障停电时间，同比下降25.84%。成立带电作业班，开展带电作业328次，累计减少停电4976时户数。开展领导人员“5+2”全日制帮扶式安全督查，下发检查通报31期，发现问题917项，整改率84.4%。连续安全生产4445天。实施优化电力营商环境行动，推进报装接电专项治理，10千伏、400伏业扩送电时长分别压减至40.13、1.55个工作日，同比分别下降48.35%、29.51%。深化“全能型”乡镇供电所建设，实行台区经理现场综合服务，与用户实施零距离用电服务，万户报修率为84.23，同比下降21.73%。贯彻打赢污染防治攻坚战部署，全额消纳清洁能源4.61亿千瓦时。健全分台区线损帮扶、考核机制，台区线损合格率98.45%，同比提升2.95%。智能交费占比达97.9%，电费回收率100%。追补电费及违约金35.09万元。落实“先复电后抢修”机制，用户平均故障停电时间同比下降25.84%；成立带电作业班，开展带电作业328次，累计减少停电4976时户数；推进“一停多用”“10小时作业法”，计划停电数同比减少33.85%。

（宋志祥）

工　业

□编辑　潘　梅

综　述

【概况】　2018年，全县工业企业将推动工业高质量发展和实现赶超目标相结合，坚持质量第一、效率优先，以发展先进装备制造业大县为目标，以深化供给侧结构性改革为主线，以创新为第一动力，以高质量发展为根本要求，加快产业结构调整，做好稳增长、优服务、保安全、促发展各项工作，全县工业经济总体呈现向好的发展态势。规模以上工业企业183家，产值458.2亿元，比上年增长5.56%；实现工业增加值99.6亿元，同比增长4.16%。全县工业投资下降26.8%，技改投资下降34%。发展循环经济15项，其中节能项目5项，循环经济项目10项。

经济运行　2018年，全县工业用电11.16亿千瓦时，比上年下降6.14%。规模以上重工业产值330.44亿元，占总产值的72.12%，同比降低11.52%；轻工业产值127.76亿元，同比增长0.82%。其中建材水泥、冶铸及机械加工、轻纺服装等产业三大集群产值187.34亿元，占规模以上工业总产值的40.89%，同比增长42.7%；矿产品采选和能源等传统产业产值197.18亿元，占总产值的43.03%，同比增长26.66%；陶瓷、电子等新兴产业产值8.77亿元，占总产值的0.19%，同比下降3.31%。规模以上工业经济效益综合指数506.6%，同比增加64.2个百分点，利税总额7.54亿元，同比下降37.89%，其中利润3.28亿元，税收4.26亿元，同比分别下降34.53%、40.25%。

项目投资　2018年，全县工业项目列入省重点技改项目6项，总投资6.42亿元；列入市重点技改项目42项，总投资26.2亿元。列为"科技大田"工业经济市重点投资项目15个，其中，在建项目7个、预备项目4个、前期项目4个，总投资19.16亿元，年度计划投资4.75亿元。全年15个项目完成投资3.86亿元，占年度计划的81.3%；全县入库"五比五晒"工业能源重点项目39项，总投资116.49亿元。当年，计划投资22.43亿元，完成投资18.59亿元，占年度计划的83%。建中无人机、红狮危废、卓立达箱包、开发区燃煤集中供热等20个项目开工。宇隆超纤、新盈彩铝、京融新型墙体材料等10个项目建成或部分建成投产。

招商工作　2018年，县工业招商组利用春节田商回归、广东大田商会成立、"6·18"福州海峡项目成果交易会、"9·8"厦门国际贸易投资洽谈会等契机，对接洽谈工业项目60个，其中签约项目24个，总投资51.25亿元。重大的签约投资意向项目有东方雨的防水材料项目及总部经济建设项目，总投资18亿元；重大的落地项目有清航装备公司双旋翼复合推进无人机产业项目，总投资10亿元的；红狮水泥公司危废焚烧及资源化项目，总投资5.05亿元；展晖重型机械制造公司机械住建生产加工及设备制造项目，总投资3亿元；进入省经信系统项目库对接民企投资项目21个，其中签约18个，新增投资28.05亿元，完成市下达任务的107.87%。

企业服务　2018年，县经信局创建微信"大田县工业发展信息平台"，增加工业企业与政府部门之间的联系渠道，全年发送各类惠企政策、行业标准和帮扶措施201条；组织全县工业企业调研2次，参与调研134人次，收集企业存在的各类困难和问题136项；继续开展干部帮扶企业活动，36名挂包企业干部，为企业发展献计献策、排忧解难，帮助解决实际困难；开展政银企活动1次，30家企业负责人参加专场对接会，银行向企业推介5款金融服务产品，帮助企业拓展资金渠道，8家企业提交贷款申请，2家企业获得银行贷款300万元。

【落后产能淘汰】　2018年，全县按照国家和省、市淘汰落后产能统一布置，7家铸造企业的16台每年产能5.34万吨中频炉、13家年生产能力78万吨的煤炭企业关闭退出。经省经信委、发改委、环保厅和安监局联合组成的检查验收组现场检查，大田铸造企业落后炼铁设备淘汰工作全部落实到位，达到整改目标要求，符合交账销号条件，准予销号。

【节能减排】　2018年，全县万元工业增加值能耗标煤0.46吨，同比下降8.48%；15项发展循环经济项目全部投入运行；6家重点用能企业中有4家安装节能在线监测，并与省级平台联网运行；参加电力直接交易企业6家，交易电量2.64亿千瓦时，节省电费790.91万元。

【"专精特新"中小企业认定】　2018

年，全县根据省经信委开展“专精特新”中小企业入库培育的通知，入库培育企业93家。其中，福建秦朝木业科技有限公司、福建岩兴气体有限公司、飞鹰实业（三明）有限公司等3家企业获得2018年福建省“专精特新”中小企业“专业化”项目认定。

【“地条钢”监管落实】 2018年，县经信局根据省、市打击非法生产“地条钢”文件精神，制定下发《关于印发大田县严防“地条钢”死灰复燃工作方案的通知》和《进一步完善打击“地条钢”非法生产监管联动巡查机制》文件，联合相关部门督查乡镇属地监管责任落实，加强日常巡查监管，执行每周一检查一上报制度，杜绝“地条钢”非法生产现象。

【产业发展4项政策拟定】 2018年，县经信局到工业企业开展调研活动2次。先后出台《关于规范大田县多金属选矿行业发展的意见》《大田县培育发展战略性新兴产业三年行动计划（2018—2020年）》《大田县利用综合标准依法依规推动落后产能退出行动方案的通知》《大田县铸造行业改造提升实施意见》等4项产业发展政策。

【红狮水泥被列为省级龙头企业】 2018年，根据省经济和信息化委员会（简称经信委）《关于发布2018年福建省工业和信息化省级龙头企业名单的通知》文件，大田红狮水泥有限公司成功列入2018年福建省工业和信息化省级龙头企业。

【25家企业获省市奖补资金】 2018年，根据省经信委、财政厅《关于2018年一季度实施鼓励制造业企业增产增效措施的通知》，大田红狮水泥、鑫城水泥、盛岩水泥、新岩水泥、元庄新型墙体、东方红建材、华闽纸业、建华纺织、万华实业、和发机械、岩盛铸造、华伦特重工等12家企业获省奖励资金116.65万元；金阳矿业、华阳光电、南湖针织、建华纺织、铭和建材、东升包装、健丰木业、锦晖木业、华闽纸业等9家企业获一次性稳定就业奖励资金共12万元；根据市经信委《关于做好2018年新增规模以上工业企业奖励申报工作的通知》和《关于2018年新增规模以上工业企业奖励申报工作的补充通知》，福韬体育用品、山贵崎煤矿、龙口多金属、中工塑胶等4家企业得到市奖励资金16万元。

（王　翀）

矿物采选工业

【概况】 2018年，全县金属、非金属矿有效采矿证46本，正常生产建设矿山35个。矿物采选工业规模以上企业74家，比上年减少2家；实现产值183.07亿元，销售收入182.22亿元，同比分别增长13.76%、13.8%。

煤炭采掘 2018年，全县规模以上煤炭采掘企业14家，比上年减少3家；实现产值19.91亿元、销售收入19.75亿元，同比分别增加1.95亿元、1.97亿元，增长10.86%、11.08%。矿山分布在广平、上京、建设、太华、奇韬、文江6个乡镇。

非煤矿物采选 2018年，全县规模以上非煤采选企业59家，比上年增加1家；实现产值163.16亿元、销售收入162.46亿元，同比分别增加20.19亿元、20.11亿元，增长14.12%、14.13%。矿产品有铁矿、铅锌矿、锰矿、硫矿、石墨矿、钾长石、石灰石、机制砂等，矿山分布在广平、奇韬、建设、均溪、华兴、上京、太华、梅山、文江9个镇和济阳、武陵、谢洋、前坪4个乡。

【企业节后复产复工】 2018年，县矿管办按照省、市工矿企业节后复产复工安全生产要求，明确复工复产验收程序和相关要求，严格落实程序和标准。全县煤矿企业复工复产13家（地方煤矿9家、永安煤业上京分公司4家）、冶金化学矿14家、非金属矿21家。

【煤炭去产能通过省级验收】 2018年，根据省经信委下达煤炭去产能任务，全县关闭退出煤矿14家（含永安煤业公司1家），退出年产能87万吨。11月，14家关闭退出煤矿均通过省级验收。全县剩余煤矿14家（含永安煤业），年产能219万吨，其中，年产能30万吨煤矿2家、9吨以上12家。

【关闭煤矿巡查和生产煤矿检查】 2018年，县矿管办对当年列入淘汰关闭计划的14家煤矿矿井实行专人盯防制度，安排监管人员14人分4组，每周巡查1次，防止煤矿以回撤设备名义违规组织生产；对溪口、永丰、甲魁、大竹林等4家正常生产的矿井企业实行正常检查，发现隐患290条，下达执法文书82份，整改290条。

【煤炭生产监管】 2018年，县矿管办把“一通三防”（通风、防尘、防瓦斯、防火）等7个专项监管工作，按时间进度分解到每月的监管计划中，督促煤矿企业持续保持安全生产条件，严抓现场管理，深化事故隐患排查治理。全年开具各类执法文书27份、巡查表格66份，查处矿井隐患172条，经复查整改率100%。同时，严查煤矿违法违规生产行为，加大行政处罚力度，对福建惠峰矿业有限公司东井田煤矿、大田县山贵崎煤矿有限公司及山贵崎矿山一号井、福建省永丰煤矿有限公司永丰矿山等4起安全生产违规行为依法予以行政处罚，共罚款27.5万元。

【主要矿产品销售情况】 2018年，全县煤炭开单销售89.91万吨，比上年增长2.39%；铁矿石（原矿）开单销售79.54万吨，同比增长40.28%；铅锌入选矿（原矿）开单销售30.1万吨，同比增长4.48%；铁精矿开单销售7.49万吨，同比增长5.94%；铅锌精矿开单销售4.35万吨，同比增长5.58%；硫精矿开单销售数1.35万吨，同比降低66.5%；石灰石开单销售数161.07万吨，同比增长44.89%。

【矿产品流通领域监管】 2018年，县矿管办执法大队加强矿山源头管理，巡查矿区和道路，打击非法经营、无单运载矿产品、偷逃税金费等违法行为。全年查处无单运销各类矿产品96车次，处罚没款98.1万元。其中，完成处罚程序的75.5万元，未完成处罚押金22.6万元。建立矿山企业监控系统，对全县重点矿产品生产加工企业源头安装电子监控设备。经公开招投标，联通公司大田分公司以86.8万元中标建设。第一批在9个煤矿安装监控设备，10月底投入正常使用。

【非煤矿山企业安全监管】 2018年，根据年初县安委会批复的监管工作计划，县矿管办制定“安全生产三个责任清单”，实行分类管理和黑名单制度，与18家金属矿山、22家非金属矿山及35家选矿企业签订安全生产目标责任书，召开12次专题会议，制订6个工作方案，对全县非煤矿山及选矿企业开展安全监管检查。组织安全生产大检查5次，开展矿山领域“打非治违”工作，全年出动监督检查人员807人次，检查矿山167家次、选矿及尾矿库企业137家次，查出一般隐患442条，整改率100%；查出重大隐患13项，整改率100%；下发整改指令书49份，关闭矿山4家，停产13家，整顿恢复生产矿山5家；矛盾纠纷排查8起，反馈答复6起。

【扫黑除恶专项斗争】 2018年，县矿管办在煤矿、非煤矿山及矿产品管理申报站张贴“扫黑除恶”宣传标语，对所监管的9家煤矿、46家非煤矿山及下属7个申报站全部悬挂横幅、标语。同时，运用举报箱、微信、短信、信访件等多种方式，方便矿山企业和人民群众举报。成立扫黑除恶领导小组，下设煤矿、非煤矿山、流通领域3个工作组，深入矿山企业全面摸排，梳理线索。至年底，对2014年以来的368份涉矿行政执法案件和信访件进行梳理（行政执法案314件、信访54件）；摸排矿山企业58家，其中煤矿9家，发现相关线索5条。

【冶金化学矿行业安全监管】 2018年，全县有金属矿有效采矿证26本。按照省、市工矿企业节后复产复工安全生产要求，冶金化学矿复产复工14家。冶金行办为强化冶金行业安全监督工作，研究制定“安全生产三个责任清单”，推动安全生产各项目标任务落实；先后召开12次专题会议，制订工作方案6个，下发有关工作要求8项，18家冶金行业矿山企业主要负责人（法人）签订安全生产目标责任状，形成层层落实的目标责任制。全年累计出动监督检查人员401人次，检查87家次矿山及66家次选矿、尾矿库企业，查出一般隐患201条，整改率100%；查处重大隐患5项，整改率100%；下发整改指令书25份，停产7家次，整顿恢复生产矿山2家；矛盾纠纷排查4起，反馈答复3起。

（许金锋）

建材工业

【概况】 2018年，全县有规模以上建材企业17家，实现产值35.77亿元，比上年增加8.65亿元，增长31.9%。其中，水泥生产企业5家，产值14.24亿元、销售收入14.9亿元，分别同比上年增加3.92亿元、4.64亿元，增长37.98%、45.22%。

【矿产品流通管理】 2018年，大田县国新建材工业有限公司（简称国新建材公司）加强对全县非金属矿山的源头管理，在矿山设立8个管理站（开单点），建设5座地磅房。根据《福建省矿产资源条例》，落实矿产品准运制度，全年发放“福建省矿产品准运凭单”2450本。

【新型建材发展】 2018年，县新型材料领导小组办公室（简称新材办）落实《福建省新型墙体材料管理行政处罚程序暂行规定》关于“城市限粘、县城禁实”的相关规定，鼓励企业利用工业固废、矿物尾渣、页岩、淤泥、污泥及建筑垃圾生产机制砖，扩大资源综合利用范围，减少对天然资源的消耗。全县原有砖类、砌块类企业36家，经中央环保督查，淘汰、技改产能和工艺落后的企业18家。当年，全县经技改提升新型墙材企业23家，标砖产能超20亿块，年节约土地220公顷，节约标准煤约12.4万吨，减少废气排放约9万吨。城区范围内所有建设项目新型墙体材料使用比例达97%。

【散装水泥推广】 2018年，散装水泥办公室落实《福建省促进散装水泥发展条例》，推广应用散装水泥。全县水泥企业销售散装水泥150.8万吨，比上年增长5%，散装水泥销售率达52%，减少水泥袋使用3016万个，取得良好的生态效益。

（郑光辉）

陶瓷工业

【概况】 2018年，全县规模以上陶瓷生产企业有福建省大田县宝通瓷业有限公司、大田县宝丰陶瓷有限公司、福建顺天来彩陶制品有限公司，大田县永大工艺制品有限公司4家，主要产品为日用陶瓷，园林、陈设艺术及其他工艺美术品、陶瓷制品。实现产值8.41亿元，比上年减少9293.9万元，下降9.96%。

【陶瓷原料生产加工】 2018年，县境内已勘探高岭土资源储量1920.9万吨，预计可利用的资源总量5000万吨。全县陶瓷原料生产企业8家，瓷土加工企业4家，石英石深加工企业4家。

【大圣陶瓷文化创意产业园动工建设】 11月13日，福建大圣瓷业有限公司举行奠基仪式，项目位于大田经济开发区均溪工业园（均溪镇建成村），占地面积40多公顷，计划总投资5亿元，为县10个“市重中之重项目”之一。至年底，完成一期13.33公顷土地平整工程，护坡工程在施工。

（郑光辉）

冶炼铸造与机械工业

【概况】 2018年，全县冶炼铸造与机械工业规模以上企业33家，与上年持平；实现产值96.52亿元、销售收入95.24亿元，分别比上年减少13.89亿元、13.82亿元，下降12.58%、12.67%。其中，破碎机生产企业2家、液压机械企业1家、油压机生产企业1家、热压机生产企业1家、硅锰合金生产企业1家、金属硅生产企业1家、机械铸钢、铸铁件生产企业25家。

【铸造业整改销号】 2月，全县根据国家和省、市淘汰落后产能政策，铸造企业淘汰落后炼铁设备工作全部落实，

7家铸造企业的16台中频炉关闭，退出冶炼铁年产能5.34万吨。经省经信委、发改委、环保厅和安监局联合组成的检查验收组现场检查，达到整改目标要求，符合交账销号条件，准予销号，并于10月15日出具《福建省中央环保督察第5-1-5号整改任务行业审查确认表》。

【传统制造向“智能”制造发展】 2018年，通过政策引导、技术创新、设备升级、环保倒逼等方式，对现有铸造企业进行改造升级，机械铸造企业加快机械化、自动化“补课”的步伐和速度。已开展改造提升的博实铸造、恒丰工贸、岩盛铸造等企业取得初步成效，市场适应能力明显增强。

【行业发展规划制订】 2018年，经信局根据有关法规政策，牵头制订《大田县培育发展战略性新兴产业三年行动计划（2018—2020年）》《关于帮扶高成长大企业发展三年行动计划（2018-2020）（讨论稿）》《关于规范大田县多金属选矿行业发展的意见》《关于印发大田县严防“地条钢”死灰复燃工作方案的通知》《进一步完善打击“地条钢”非法生产监管联动巡查机制》《大田县利用综合标准依法依规推动落后产能退出行动方案的通知》《大田县工业发展负面清单（草案）》等多项行业产业发展和行业结构调整工作方案，引导行业提升发展，规范供给侧调整，提供可操作的实施路径及措施。

（王　翀）

造纸工业

【概况】 2018年，全县造纸规模企业有华闽纸业有限公司、闽发纸业有限公司、弘惠纸业有限公司、兴洲纸业有限公司等4家，职工315人。主要生产工业用纸、生活用纸、机制纸和包装纸。完成工业产值7.37亿元，比上年增加9200万元，增长14.26%；销售收入7.26亿元，比上年增加9300万元，增长14.69%。6月，县城镇集体工业联合社（简称县城镇联社）按照国务院安办和全国“安全生产月”活动统一部署，开展“生命至上、安全发展”为主题的安全生产月活动，成立组织机构，制定活动方案，对各造纸企业进行全面安全检查、隐患排查，确保生产安全。

【华闽公司锅炉和污水处理改造】 4月，县华闽纸业有限公司实施锅炉技改拆旧上新，淘汰4吨旧锅炉1台，新增15吨锅炉1台。11月，公司投入20余万元，增加污水处理设施，新建应急处理池、生化池及添加气浮设备1套，增强了污水处理能力。

【闽发公司设备拆除与出售】 7月，闽发纸业有限公司第五车间原租赁承包户温新力生产经营的1575纸机，未批先建违规操作，经福建省纸业协会等部门检查不符合要求，被责令停产拆除。12月，闽发纸业公司将每小时可供20吨热汽、8条生产线满负荷使用的链条炉排锅炉，以180万元的价格出售给龙岩客商连永福。

【生产线外包经营】 9月，漳州市客商卢振成租赁承包兴洲纸业有限公司生产线，投资300万元对原生产线进行技改，年生产薄页纸3600吨，产品主要销往沿海城市和周边地区。同月，龙岩客商连永福租赁承包闽发纸业有限公司原翔森纸业有限公司生产线，投资470万技改扩建3600纸机，年产4000吨黄裱纸，产品主要销往广东、闽南沿海等地。10月，县华闽纸业有限公司引进外商伊望亮租赁承包第三车间乳胶纸生产，投资1600万元进行技术改造，年产乳胶纸1万吨。

【企业技改论证会召开】 10月25日、12月29日，大田县华闽纸业有限公司、兴洲纸业有限公司委托省纸业协会，组织3位专家在华闽纸业公司三楼会议室对华闽纸业公司3200型生产线请求等额技改及新增泥板机和纸塑分离机的甄别认定，在兴洲纸业公司三楼会议室对兴洲纸业公司生产线产能等量技改方案进行认定，县经信局、发改局、环保局、安监局、城镇联社、华兴镇政府等有关部门派员参加论证会。

【安全生产大检查】 7月3日，县安委会部署为期3个月的安全生产大检查，县城镇联社组织安检人员对全县造纸企业进行安全生产大检查，查出不安全隐患25项，下发整改通知书4份；11月6日，对全县造纸企业进行安全生产大检查，查出不安全隐患16项，下发整改通知书4份。7月10日，市安全大检查检查组一行4人到县弘惠纸业有限公司检查安全生产，检查组通过查看安全生产内页资料、现场检查，对企业安全生产管理、有限空间存在的问题提出整改意见和建议。

【安全生产工作会议召开】 7月31日，县城镇联社在会议室召开上半年安全生产工作会议，全县造纸企业分管安全生产领导、安全员、联社工作人员等15人参加，传达全国安全生产电视电话会议和省、市、县安全生产工作会议精神，回顾总结上半年全县造纸企业安全生产工作，部署下阶段安全生产工作，要求各企业做好迎接市、县安委会半年安全生产督查，确保安全形势稳定好转。

（庄家乐）

其他制造加工工业

【概况】 2018年，全县规模以上其他制造加工工业企业49家（含电力），比上年增加1家，实现产值123.34亿元、销售收入122.01亿元，分别比上年增加8.22亿元、8.3亿元，增长7.14%、7.3%。涉及糖果加工、蜜饯制作、茶叶制作加工、纺织服装制造、木材加工、人造板生产，门业加工，木制家具、板式小家具、电子元件及组件生产制造，生物质颗粒燃料、合成革制造、PU人造革、塑料再生颗粒生产，胶粘制品、胶水、薄膜的制造、手袋加工、包装装潢及其他印刷、体育用品制造、桶装水的生产等。企业分布在均溪、石牌、广平、上京、桃源、建设、奇韬、太华、吴山、梅山10个镇和武陵、湖美、谢洋、屏山4个乡以及京口园区。7月5日，县工艺美术师周庆寨申报福建省工艺美术大师创作室。

【工艺品参展参赛】 4月28日至5月2日，县城镇集体工业联合社（简称县城镇联社）组织县工艺美术企业和艺人参加第十三届中国（莆田）海峡工艺品博览会，选送木雕、根雕、观赏石等优秀作品35件参展、参赛，其中《带你飞》《慈爱为怀集隼依》《东方维纳斯》等5件作品获优秀奖。11月1日，组织县工艺美术人员参加第十一届厦门文博会，陈加坡的《知足常乐》、连晋尉《飞向梦想的枝头》、周宗朝的《残趣》创作等木根雕作品获第六届海峡工艺精品奖。

【工艺美术技艺培训】 7月12日，县城镇联社推荐县工艺美术人员陈加坡、连晋尉参加由省文化厅、福州大学在厦门工艺美术学院举办的2018年度中国非物质文化遗产传承人群研修研习培训班，即“厦门漆线雕与漆文化技艺培训班”。11月5日，推荐县工艺美术人员周庆寨参加“惠安石雕及半宝石雕刻研修班”，帮助工艺美术人员增强基础能力、提高艺术修养、开拓视野、提高创作水平。

【旧城改造企业搬迁】 4月30日，县城镇联社按县原火电厂及福田桥头周边片区改造指挥部的要求，完成企业搬迁工作，原二轻工业小区的华森木业加工厂、恒盛竹艺制品厂、汽车维修厂等3家企业全部完成搬迁，厂房拆除平整。

（庄家乐）

生物科技工业

【概况】 2018年，全县规模以上生物医药企业有大田华灿生物科技有限公司、聚祥大田生物科技有限责任公司2家企业，实现产值3.72亿元，比上年减少9989万元，降低21.19%。福建华灿制药有限公司专业从事生物制药和生物制剂中医药酶和试剂酶等精细化酶及其制剂的研发生产，职工153人，其中，博士学位3人、硕士学位3人、本科学历25人，当年完成高纯度凝血酶、高纯度脱氧核糖核酸酶、高纯度核糖核酸酶3种酶产品生产工艺的研发。

【工具酶标准化工作组年会召开】 8月25—28日，由福建华灿制药有限公司承担的全国工具酶标准化工作组2018年年会及标准审定会在黑龙江省漠河市召开。会议主要议题有2018年全国工具酶标准化工作年会及工具酶酶标准审定，来自全国各高等院校及有关大型高科技企业的教授、专家40余人参加。

【工具酶标准】 2018年，国家标准委员会发布由福建华灿制药有限公司等成员单位于2018年制定的工具酶活性测定通用要求、T4DNA连接酶及工具酶术语、定义和分类等国家制定标准4个；同时由福建华灿制药有限公司制定并申报超氧化物歧化酶，碱性磷酸化酶、蛋白酶K、限制性核酸内切酶E.COR I、脱氧核糖核酸酶I、肠激酶等的酶活及杂质检测方法等6个工具酶国家标准。

（林芳镇）

个体与私营工业

【概况】 2018年，县市场监督管理局持续简化市场主体办理注册登记事项，营造便捷市场准入环境。当年经工商登记注册的个体、私营企业207家，注册资金4.49亿元，从业人数1558人。全县个私工业企业总数1674户，比上年增加142户，同比增长9.27%；从业人数1.76万人，同比增长5.4%；注册资金48.67亿元，同比增长16.99%。其中，私营工业企业800家，注册资金47.55亿元，从业13789人；个体工业企业874户，注册资金9187.5万元，从业人数3781人。

【个私印刷企业】 2018年，全县个私印刷工业企业17家，注册资金3393.2万元，其中注册资金500万元以上的有4家，100万元以上的3家，不足100万元的10家。17家印刷企业均分布于城区。

【股权出质登记】 2018年，县市场监督管理局注册股向金融部门和企业宣传股权质押贷款模式，拓展企业融资渠道。年内，共为企业办理股权出质登记25件，出质股权份数4003.3万股，被担保债权数额1.74亿元，缓解了企业融资难的处境。

（黄清渊）

大田县经济开发区建设

【概况】 2018年，打造大田经济开发区建设“一区四园”模式，平整土地133.33公顷，采用政府和社会资本合作模式（PPP模式）开发，项目总用地面积311.33公顷。专业产业集群，京口工业园以轻纺新型材料为主、上京工业园以装备制造为主、罗丰工业园以非金属材料为主、均溪工业园以陶瓷为主。至年底，入驻企业18家，其中11家企业一期建成、部分投产。规模以上企业9家，比上年增加1家，完成工业产值18.72亿元，同比增长23.16%，实现税收3506万元。固定资产投资2.59亿元。

【PPP项目实施】 5月8日，开发区基础设施建设PPP项目开标，福建建工集团有限责任公司中标，解决园区基础设施建设融资问题。该项目包含福建（大田）机械铸造产业集聚区（上京工业园）一期工程二、三标段（占地178公顷）、罗丰工业园一期工程（占地80公顷）和均溪工业园二期工程（占地54公顷）3个园区基础设施建设，投资总额11.5亿元。8月24日，签订《投资合作协议》《PPP项目合同》和《股东协议》。11月1日，上京工业园二标段开工建设。

【项目建设与进展】 2018年，县经济开发区管委会抓项目和园区企业配套设施建设。新盈彩铝1号生产线于7月投入试生产；宇隆超纤基建基本完成，部分设备安装调试；卓立达工贸2#厂房主体工程完成；旭日纺织通过以商招商，与诚大、嘉隆两家公司合作，恢复生产；中工塑胶新建仓库1幢，新增分切生产线4条、印刷生产线1条。三明环境资源综合利用项目前期工作基本完成；天然气供气项目基建工程基本完成；燃煤集中供热项目烟囱主体完成，主厂房、干煤棚等正在施工。福建星源项目在县注册成立福建展晖重型机械制造有限公司，开展前期工作。

6月，上京工业园福建清航紫荆装备有限公司注册成立，计划投资10亿元，分三期建设，生产300公斤级交叉双旋翼复合推力尾浆无人直升机，完成主厂房工程招标并组织进场，跑道建设完成，机库在施工。9月，福建科华石墨科技有限公司入驻罗丰工业园，总投资2.5亿元，建设5000吨/年倍率型石墨锂电负极材料生产线及5000吨/年石墨化生产线子系统各2套，年底完成前期工作及收购的铭晟机械厂房升级改造。11月，均溪工业园大圣陶瓷项目动工，计划投资5亿元，建设高档日用陶瓷生产线20条，年产3000万件。年底，完成宿舍楼基础施工。

【实验幼儿园开发区分园成立】 8月27日，县实验幼儿园开发区分园在京口工业园举办落成典礼暨揭牌仪式。该园位于华兴乡京口村龙港新村，投资1000万元，占地5371平方米，建筑面积3329平方米，可开设12个教学班，容纳360名幼儿。分园的成立，有效解决园区企业职工及京口村和周边村民子女的入园问题。

【中工塑胶有限公司党支部成立】 11月7日，大田经济开发区“福建中工塑胶有限公司党支部”举行揭牌仪式。县委组织部副部长、非公企工委书记黄圣洁，开发区党组、党委有关领导，福建中工塑胶有限公司领导及全体党员30余人参加揭牌仪式。企业有党员4名，中工党支部的成立，致力探索非公企业党建工作，注重发挥党组织的战斗堡垒作用和党员先锋模范作用，夯实党建基础，全面提升党建工作水平。

【基础设施建设】 2018年，开发区基础设施建设和配套设施建设不断完善。京口工业园污水应急池5000立方米投入使用，对污水处理厂进行恢复性大修，并完成新一轮第三方运营服务采购招标；入园公路高边坡治理在施工；三期工程23.33公顷未开发土地完成设计、外业调查等前期工作。上京工业园完成一期一标段建设，形成工业平台54公顷；二标段11月开工建设。罗丰工业园先行工程基本完成，形成平台67公顷。均溪工业园完成一期工程，形成平台15.33公顷，完成护坡工程量80%。配套设施项目，开发区主要卡口和自来水水源地安装视频监控系统并与县公安指挥中心联网。

【招商引资】 2018年，县经济开发区管委会对接项目24个，签约项目5个，总投资21.7亿元（无人机10亿元、展晖机械3亿元、大圣陶瓷6.5亿元、集中供热1亿元、京鑫环保1.2亿元），无人机、大圣陶瓷、科华石墨、集中供热、安然燃气、卓立达6个项目开工。京口园集中供热、安然燃气、卓立达等项目正在建设，对接国材华铸木业，东莞国冠金属科技等项目。上京园区北京清航紫荆装备无人机项目进行前期建设；与泉州机械配件行业协会、晋江市机械五金配件进出口商会、南安水暖卫浴阀门行业协会等四十多家企业达成投资意向；对接凯金石墨、雅诺设备、正威集团、东方雨虹等项目。罗丰园入驻福建科华石墨科技有限公司；对接北京东旭光电、北京燕通水煤浆等项目。均溪园大圣日用陶瓷生产项目进行基础设施建设。

【园区管理】 2018年，县经济开发区管委会完善园区员工绩效管理及招聘、任用、解聘制度，按照“能进能出、能上能下”的原则，优化开发公司人员结构，激发干部职工干事创业热情。加强和创新社会管理工作，结合打黑除恶专项斗争，协助国土等部门查处和制止京口村民在园区内未开发平台非法取土；健全综治、维稳和信访工作机制，化解华安村长达11年的入园公路施工方弃土用地补偿遗留问题，做到“小事不出企、大事不出园，矛盾不上交”。建立联席会制度，宣传《中华人民共和国安全生产法》《中华人民共和国消防法》《中华人民共和国环境保护法》《中华人民共和国税法》《中华人民共和国社会保险法》《中华人民共和国职业病防治法》等法律法规，提高企业主和工人的法律意识、安全意识，全面提升开发区安全环保水平，落实安全主体责任，完善环保设施，做到安全生产和达标排放。

【企业服务】 2018年，县经济开发区管委会推进“服务型园区”建设，建立健全《企业挂包工作制度》，解决企业在生产建设中的实际困难；成立开发区企业联合会，为当地“奖学奖教、助学助教”等公益事业发展提供支持；实行入园企业手续资料全程代（协）办制度，及时高效办理行政审批等事项，确保开发区企业顺利建设；在县电视台和劳动就业服务中心等平台发布企业招工信息，协助企业招收工人200多名；全面提升园区主干道绿化环境，设置固定宣传牌77幅。

（郭立桥）

交通·通信

□ 编辑 郑祥栗

交通建设

【概况】 2018年，大田县铁路、公路建设总投资30.24亿元。其中，铁路16.36亿元、高速公路9亿元、国道4.21亿元、县乡道路2032.41万元，其它投资4700万元。兴泉铁路（大田段）全长60.28公里全线动工建设；完成莆炎高速公路（大田段）征地拆迁和部分工程动工；续建国道纵五线梅山德州至均溪柏林段公路41.7公里；完成四级公路改造30.37公里，其中：乡道拓宽改造3条（段）、16.92公里，村道改造9条（段）、13.45公里。年底，全县有公路315条、1765.17公里。其中，高速公路1条、60.61公里；国道3条、136.267公里；省道1条、79.05公里（含国道G356线重合31.89公里）；县道18条、322.31公里；乡道140条、811.824公里；村道152条、386.99公里；全县有高级（混凝土、沥青）路面1521.85公里，中级（泥结碎石）177.25公里；晴雨通车1699.1公里。县专业养护班站（养护组）10个，员工56人，配备高空作业车1辆、扫地车2辆、洒水车4辆、划线机1套，挖掘机2台、装载机各1台、沥青洒布车1台及公路养护自卸车14辆、轻型货车7辆。县、乡、村道养护站18个、养护工295人，配备割草机60台、清缝机、灌缝机各2台，装载机、洒水车、小挖掘机、破碎镐、切割机、扫路机、发电机、无人机各1台，照明车、小型自卸车各1辆。

表2

2018年大田县乡村公路建设改造情况表

序号	路线起讫地点	组织实施单位	路基宽（米）	混凝土路面（米）	里程（公里）	总投资（万元）	动工时间	竣工时间
1	野火盂至有仕坂（野火盂至野火盂段）	仕福村	5.5	4.5	4.400	380.7	2017年9月	2018年3月
2	羊角垄至羊角垄路口	仁美村	4.5	3.5	1.380	64.3	2017年8月	2018年2月
3	奇韬至东佳	东佳村	5.5/7	4.5/6	6.000	256.5	2017年8月	2018年1月
4	轮厝墓至和丰坪	和丰坪	4.5	3.5	0.780	53.68	2017年8月	2018年1月
5	高岬至高岬路口	和丰坪	4.5	3.5	0.381	30.75	2017年8月	2018年2月
6	和丰坪至大垄头	和丰坪	5.5	4.5	0.295	29.4	2017年8月	2018年4月
7	早兴至太平桥（二期）	早兴村	7.0	6.0	4.000	385.8	2017年5月	2018年3月
8	新厝兜至新厝兜路口	大儒村	4.5	3.5	1.490	130.38	2017年12月	2018年1月
9	黄西坑至黄西坑路口	金山村	4.5	3.5	1.500	155.1	2018年05月	2018年7月
10	西安至东坂	东坂村	7.0	6.0	2.300	115.0	2016年05月	2018年3月
11	屏吴线（科山至吴山段）	科山村	5.5	4.5	4.620	178.8	2018年07月	2018年9月
12	下寮至惠下	早兴村	4.5	3.5	1.825	143.9	2018年05月	2018年6月
13	桂坑至陈厝坑	桂坑村	4.5	3.5	1.400	108.1	2017年10月	2018年5月

【国道356、534线服务区建设】 1—4月，县公路分局组织实施国道356线乌丰坑停车区增设观景平台、厕所和公路绿化提升，国道534线犁田峰停车区进行提升改造，完善公路服务功能，提升文化品质。项目由福建泷澄集团设计有限公司设计、福建明富建设有限公司施工。完成投资40万元。

【南昌至厦门高速铁路大田段推荐方案评审】 1—9月，县委书记陈文华、县长林金龙、副县长吴文旗、詹冬华，县交通运输局局长郑际楷、县高速办主任吴树敢等领导多次赴省争取南昌至厦门高速铁路项目途经大田并设站。10月，县委托海峡（福建）交通工程设计有限公司先期开展南昌至厦门（福州）高速铁路，途经大田规划线路方案前期研究。江西抚州、三明沿线县市，统一委托铁四院对该线路进行前期研究，初步形成推荐方案（经三明北站、尤溪县新阳镇后，进入大田并在大田设站，再入德化县境内）通过专家评审。

【国道534线大田段公路通过行业审查】 1—9月，国道534线（横六线）大田县文江桥下（尤溪界）至广平栋仁段公路建设项目，完成工可批复前期工作，提交《资金承诺函》《规划选址意见书》《社会稳定风险调查报告》，省交通运输厅出具《行业审查意见》，通过审核。

【国道534线路面工程大修】 2—9月，县公路分局对国道534线广平元沙、铭溪段1.8公里路面进行大修和排水系统整治。工程由三明永达公路勘察设计有限公司设计，福建三明永达公路工程监理咨询有限责任公司监理，三明永达公路有限责任公司施工，完成投资332.2万元。

【公路养护应急中心附属工程续建】 2—10月，县农村公路养护应急中心附属工程续建一层门房，建筑占地30平方米，硬化混凝土路面2139.15平方米，筑围墙165米，铺种草坪1383平方米。工程由县规划建筑设计院设计，福建省广厦工程咨询有限公司监理，福建乾胜建设有限公司承建。总投资108.85万元。

【桥梁加固改造】 3—10月，县公路分局组织对国道356线厝坑二桥、省道217线罗丰二桥、下坪大桥桥梁加固改造。三明永达公路勘察设计有限公司设计，福建三明永达公路工程监理咨询有限责任公司监理，中交瑞通路桥养护科技有限公司施工。完成总投资171.69万元。

【国道235线秀岭桥水毁修复】 3—10月，县公路分局组织国道235线秀岭桥水毁修复。三明永达公路勘察设计有限公司设计，福建三明永达公路工程监理咨询有限责任公司监理，福建九川建设工程有限公司施工。完成总投资22.4万元。

【广平至安溪官桥高速公路工可初稿送审】 3—12月，莆炎支线大田广平至安溪官桥高速公路建设项目工可初稿、送审稿编制完成，进入初勘、初测、地质勘察阶段。10月，完成1∶2000地形图航测。

【省道绿化工程完善】 4月，县公路分局组织对国道356线、534线、省道217线绿化补植补种，县道732线银顶格至城关路段完善绿化提升，种植红叶石楠19.88万株、大叶栀子1.15万株、毛杜鹃8830株、香樟677株、广玉兰667株、红叶石楠成树428株、夹竹桃9500株、紫薇579株、草皮1100平方米、灌木球1038株、爬藤类1660株等。完成投资45万元。

【公路养护标准化示范路段建设】 7—12月，县公路分局组织实国道356线（原省道307线K240+000—K260+200）桃源路段20.2公里的公路标准化建设。总投资92.25万元。

【公路预防性养护项目建设】 8—10月，县公路分局开展公路预防性养护项目建设，对国道356线大田路段实施混凝土砼路面沥青灌缝，完成路面沥青清灌缝18.81万米。完成投资68.5万元。

【农村公路安全防护工程建设】 9—11月，县交通运输局组织实施县道管吴线（X723）石牌老厝到马山段全长6公里农村公路安全防护整治，设置波形防撞护栏628米。实施银坑线（Y049）银顶格至坑头1公里、昆太线（Y139）早兴至太平桥0.4公里农村公路安全生命防护工程建设，设置波形护栏608米，安全标志3面，反光镜2面。均由福建通和路桥设计院有限公司设计，三明市鸿业交通工程有限责任公司组织施工。工程总投资27.4万元。

【青水至桃源安全防护工程建设】 9—11月，县交通运输局组织实施青水至桃源6.08公里公路安全防护工程建设。修复混凝土路面296平方米，划线2414平方米，路面震荡带279平方米，球形反光道钉1215个。县交通运输局设计，三明市鸿业交通工程有限责任公司组织施工。工程投资29.5万元。

【饮用水源地公路整治】 9—11月，县交通运输局组织实施坑口水库城区饮用水源地，（拱桥至科里9公里）公路专项整治。完成防撞护栏建设293米，导流槽和应急池一组。三明市鸿业交通工程有限责任公司组织施工。工程投资19.2万元。

【农村公路路长制公示牌设置】 9—11月，县交通运输局在全县124条、877.2公里农村公路设置路长制公示牌290面。三明市鸿业交通工程有限责任公司组织施工。投资18.3万元。

【国省道安全防护工程建设】 9—12月，县公路分局组织对国道356线石牌、上京路段，省道217线建设路段，增设波形梁护栏426米；对新接养国道235线许思坑、西燕、前进路段（原县道湖均线）、G534线柴桥头路段增设波形护栏428米。三明永达公路勘察设计有限公司设计、三明市鸿业交通工程有限公司施工。投资26.9万元。

【县道管吴线路面改造】 9—12月，县交通运输局组织对县道管吴线（川石至东坑段）16公里、1.35万平方米破损路面进行置换改造。福建通和路桥设计院有限公司设计，三明市鸿业交通工程有限责任公司组织施工。投资151.1万元。

【国道路面破碎板修复工程】 11—12月，县公路分局组织对国道534线栋仁路段，省道217线梅林、建设路段混凝土路面破碎板1.04万平方米置换修复。三明永达公路勘察设计有限公司设计，厦门中平工程监理咨询有限公司监理，福建三明盛达公路有限责任公司施工。工程投资220万元。

【兴泉铁路（大田段）项目工程续建】 2018年，兴泉铁路（大田段）项目续建工程完成总工程量42.8%。中铁十七局承建桃源镇赤头坂将军架至桃源镇广汤村第4标段11.72公里，完成工程量50%，其中隧道完成42%、桥梁87%、路基完成92%，完成投资6.1亿元；中铁隧道集团承建桃源镇广汤村至华兴镇华安村第5标段33.27公里，完成工程量42.1%，其中隧道完成17.3%、桥梁28.1%、路基61%，完成投资6.4亿元；中铁十八局承建华兴镇华安村至屏山乡内山村和济阳乡大儒村至大墘村第6标段15.29公里，完成工程量48.21%，其中隧道完成52.84%、桥梁43.96%、路基2.6%，完成投资3.86亿元。完成主线土地征用64.29公顷，占任务91%；完成建筑物拆迁4.32万平方米，占43.6%；完成搅拌站、钢筋制作场、弃土场等临用地征用76.67公顷。完成小湖货运站红线内126座房屋拆迁测量评估，完成民房征迁协议签订114座，腾房82座，拆除53座、面积2.18万平方米；完成红湖新村安置地土石方、挡墙等工程招及小湖段军用光缆等弱电线路迁改；完成大田客运站1、2号弃土场和施工便道占用公墓、永大工艺制品厂征地，由县政府结合该宗地开发，统一收储、建设；完成华兴均溪特大桥建设涉及的房屋拆迁和通信线路迁改。征迁土地完成投资2.5亿元。当年，铁路工程项目完成投资16.36亿元，占总投资35.68%。

【国道纵五线德州至柏林段工程续建】 2018年，国道纵五线梅山德州至均溪溪柏林段续建。1月，湖美中桥、下尾厝大桥动工；4月，茶地坋、南山大桥、西燕1号中桥动工；5月，秀岭中桥、梅山大桥、高才3号大桥动工；8月，墘头1号大桥动工建设。完成路基挖方218.1万立方米、填方158.1万立方米，路基清表0.12公里，筑涵洞940.09米，砌边沟、排水沟、截水沟2032.4米，砌筑边坡防护7898.1立方米，隧道洞身开挖累计4323米（二保、通尾隧道贯通全线，扬场坑、和平、后洋隧道洞身分别开挖497米、786米、808米），完成桥梁桩基191根，草种喷播18.89万平方米。总投资4.21亿元、占总投资28%。

【莆炎高速公路（大田段）征地拆迁】 2018年，莆炎高速公路（大田段）建设征地拆迁，完成红线内土地丈量208.38公顷、房屋2.28万平方米，拆迁房屋1.18万平方米，迁移坟墓870穴；红线内林地使用审核，报送土地报批材料；办理林地临时使用权许可2宗，林木采伐证129本，采伐林木108.33公顷。完成4个施工用电项目立杆，架线33公里，迁改电力杆线5处；8个通信综合杆路和电信、移动通信割接、架设施工。总投资9亿元。

（林加兴）

交通运输

【概况】 2018年，全县营业性货车（含危货）2919辆、3.84吨位。全年完成货运量2250.77万吨，周转量25.09亿吨公里。营业性客车170辆（含旅游、出租车）、2938座，平均日发客车268班次、运送乘客3600人次，全年完成客运量285.95万人次，周转量1.81亿人公里。营业性公交班车59辆，全年完成客运量663.1万人次。至年底，省内跨地（市）线路12条，市内跨县（市）区线路10条，县内线路17条，学生周末班车线路8条，城区公交客运线路13条。年内，闽通大田分公司退出省际客运市场；旧汽车站拆除面积6584.38平方米；新增全省公交“一卡通”刷卡设备38套；太华魁城客运站续建完工。

【东景候车亭动工建设】 1月，广平镇政府在东景村建设一类港湾式候车亭。占地200平方米，建筑面积60平方米。内设驾驶员休息室、旅客候车室、停车场等。县设计院设计，县宏城建筑工程有限公司施工，泉州三动工程管理有限公司监理，年底基本完成，项目投资40万元。

【广平综合运输服务站动工建设】 1月，广平镇政府在元沙村建设综合运输服务站，占地5000平方米，建筑面积1200平方米。内设站前广场、发车位、停车场、站务用房、商业门面等。厦门恰园景观设计有限公司设计，福建省东宇建设有限公司、福建崇顶建设工程有限公司施工，福建华宏工程管理有限公司监理。年底基本完成，项目投资317万元。

【公交站点建设】 1—12月，闽通大田分公司在宝山路、香山路，新建司法局、昌盛花园2个灯箱式夜景公交站台。投资12万元。

【组织运力保春运】 2月1日至3月12日，县交通运输部门按照“便捷、温馨、平安、诚信” 春运指导原则，抓好春运组织工作，合理调控运力，采取长短客运经营，多班、双班、包车和卸载分流相结合抓好客运业务。春运40天，组织客车260辆，发车1.1万班次，安全运送旅客19.7万人次（不含县内短途客运），完成周转量1865万人公里。

【闽通大田分公司宿舍改造】 8—12月，闽通大田分公司对香山路40号3幢公司宿舍楼（56户）水电分离改造。投资14.05万元。

【闽通大田汽车站设施完善】 10月，闽通大田汽车站续建完成110个停车位（南、北、西侧分别29、63、18车位），投资150多万元；在候客大厅安装自动扶梯、共享按摩座椅，投入26万元。

【汽车修理厂通过首家备案】 10月，县运管所依照国务院《关于取消一批行政许可等事项的决定》（国发〔2018〕28号）文，落实备案制度对机动车维修企业福万通汽车修理厂维修经营进行首家备案。

【华兴公交首末站项目建设】 11月，

华兴镇华安村“龙母山尾”公交首末站和汽车保养场项目动工。建设用地面积6385平方米，其中汽车保养场1012.5平方米、调度室用地325平方米、其他用地530平方米、绿化用地1968.4平方米、道路用地1750平方米。建筑总面积3750方米，其中，维修车间985平方米，二维检测线235.2平方米，办公楼550平方米。设800千伏安箱式变电站1座。福建庸博咨询有限公司大田分公司代理招标，项目工程分两期施工。一期，办公楼、车间和电力工程，造价223.21万元。天尚设计集团有限公司设计，福建尚森建设有限公司施工，河南中泰工程咨询监理有限公司监理，项目业主闽通大田分公司。二期，场地硬化及管网、二维检测线、连接道路、围墙等工程，造价175.59万元；天尚设计集团有限公司设计，福建金浦建设有限公司施工，永明项目管理有限公司监理，业主单位闽通大田分公司。年底，场地硬化项目基本完成。12月23日，闽通大田公司维修车间搬迁到华兴公交首末站临时场所生产办公。公交首末站工程预算总投资630万元。

【13家物流有限公司资质审核】 2018年，县运管所依照《道路货物运输及站场管理规定》，对宏盛、易驰、辉腾、兴田、明韬、韬盛、鸿运等14家物流公司经营资质进行审核，准予经营普通货运。

（林加兴）

2018年大田县客运班线一览表

表3

线别	序号	营运班线	里程(公里)	客车（辆）	线别	序号	营运班线	里程(公里)	客车（辆）
县内	1	大田—广平东景	80	1	市内跨县（市）区	4	大田—尤溪	114	1
	2	大田—广平丰庄	82	1		5	大田—三明	105	10
	3	大田—广平万筹	77	1		6	大田—三明（经奇韬）	150	1
	4	大田—桃源	51	5		7	建设—永安	107	2
	5	大田—梅山	50	6		8	梅山—沙县	150	1
	6	大田—梅山秀岭	48	1		9	上京—永安	55	1
	7	大田—上京	32	6	省内跨地（市）	10	桃源—永安（新增）	44	2
	8	大田—奇韬	64	4		1	大田—泉州（高速）	141	5
	9	大田—广平	75	11		2	建设—厦门枋湖	298	1
	10	大田—太华魁城	36	1		3	大田—福州（高速）	297	4
	11	大田—桃源东风农场	60	1		4	大田—石狮（高速）	164	5
	12	大田—武陵	26	1		5	大田—厦门（高速）	223	5
	13	大田—济阳	46	2		6	大田—漳州	248	1
	14	大田—谢洋	30	1		7	大田—龙岩	218	1
	15	大田—屏山	24	2		8	大田—武夷山	368	1
	16	大田—湖美	22	3		9	大田—晋江（高速）	154	1
	17	大田—太华大合	51	1		10	大田—安溪	132	1
市内跨县（市）区	1	大田—永安（高速）	87	6		11	大田—莆田	230	1
	2	大田—沙县（高速）	150	1	省际	12	大田—泉港	191	1
	3	大田—沙县（X732、S304）	125	2	合计				102

交通管理

【概况】 2018年，全县营业性客运企业2家，客车170辆（含旅游、出租车），公交客车59辆。道路运输证持证率、年审合格率100%；客运驾驶员从业资格证办证22人，办证率100%；乘务员从业资格证办证率99%。营业性货车2919辆，年审合格率80.3%。货运汽车驾驶员从业资格证办证319人（危货135人）、办证率96.6%。汽车维修经营业户36家，其中二类2家、三类33家，摩托车维修经营业户1家。维修质量信誉考核36家，其中AAA级1家、AA级27家、A级7家，新办1家免考核。机动车综合性能检测站1家。机动车驾驶员培训企业4家，其中二类3家、三类1家，驾培质量信誉考核达到AA级3家、A级1家。教练车170辆，其中小型汽车160辆、摩托车10辆。教练员238人，其中理论教练员34人、实际操作教练员237人。培训机动车驾驶员6178人，其中小型汽车4048人、摩托车2130人。

【汽车站智能化管理】 5月，闽通大田汽车站启用“进出站车辆智能道闸管理系统”对进出站客车实行管理。11月，闽通大田汽车站启用智能报班系统，对运营客车报班运营实行规范管理。

【安全隐患排查整治】 5—8月，县交通运输局按照“零容忍、严执法、重实效”总体要求，围绕“111445”（各部门制定一套对表检查的工作方案，开展管辖内企业大检查，部门检查100%，上级部门抽查10%；企业自查做到四个100%，大检查要落实“四个一律”“五个一批”）模式开展交通运输安全隐患排查整治。结合交通运输行业特点，制订工作方案，按照“4个100%”的要求，查隐患、找问题、补短板、堵漏洞，排查隐患、落实整改、化解风险、促进安全。按照“零容忍、严执法、重实效”总体要求，强化执法监管，从制度培训、应急管理、风险防控、GPS监管、隐患排查等方面落实主体责任，加强“两客一危”，驾培、维修、货运企业安全隐患排查整治，督促、指导企业落实整改。加大道路运输、交通工程重点高危行业监管，重点排查整治临水、临崖路段和在建工程项目施工安全，抓好生命防护工程建设。整治无证照、证照不全或证照过期，未取得相应资格证书、未参加安全培训违规上岗，不符合安全生产条件，安全管理混乱违法经营行为。活动期间，签订安全自查自改承诺书95份，组织安全检查53次，检查企业74家次，落实整改安全隐患53项，整改到位100%。

【机动车维修备案制度实行】 8月，县运输管理所根据国务院《关于取消一批行政许可等事项的决定》（国发〔2018〕28号）文，取消机动车维修经营许可，实行机动车维修经营备案制度。

【货车超限不停车检测系统启用】 8月20日，大田石牌超限运输检测站货车超限不停车检测系统启用。该系统集视频监控系统、高速动态称重系统、超限检测平台、信息发布平台为一体，能24小时全天候对途经检测站不停车检测系统的货车载重信息，进行自动实时数据采集、超限预警和信息发布。属省交通运输厅“科技治超”及非现场执法试点项目之一。总投资105万元。

【道路客运非法经营专项整治】 10—12月，县交通综合行政执法大队与高速交通执法大队、县公安交警大队联合在城区新、旧汽车站附近，石牌镇三角坂，石牌路口等重点区域，采取定点与流动巡查、定时与不定时检查相结合等方式，集中开展道路客运非法经营整治行动。开展联合行动15次，出动执法人员328人次，检查车辆1116辆，立案查处道路客运违法10起。

【车辆超限检测治理】 2018年，大田石牌超限运输检测站出动执法人员4303人次，检测车辆9.33万辆次，查获违法超限车辆156辆次，移交公安交警部门立案查处；责令补办超限运输通行证4辆次，卸载超限货物3159.78吨。

【水上交通安全专项整治】 2018年，县交通执法大队与县安监局、生态执法局、地方海事处、渔政执法大队和湖美乡政府等单位联合开展打击涉砂船舶违法行为、内河船舶安全管理、库区清网专项整治行动。全年，组织开展执法专项整治行动54次，参加人员160人次，召开约谈会3场次，关闭违法采砂点1处，拆除橡皮竹筏1艘、“三无”船舶150艘。

（林加兴）

中国邮政

【概况】 2018年，中国邮政集团公司福建省大田县分公司（简称邮政县分公司）业务总收入3286.4万元，同比下降2%。全县城乡邮路59条，总长1785.65公里。报纸订阅463.79万份、杂志订阅22.69万份，出口函件24.92万件、进口函件21.24万件，出口包件8.91万件、进口包件45.75万件。县分公司狠抓服务与发展，促进企业双文明协调开展，公司蝉联“省级文明单位”称号。

当年，中国邮政狠抓普遍服务。层层签订领导责任书、承诺书、确认书，建立严格的考核机制，将服务质量纳入绩效考核。加强提升委代办支局所工作水平。对支局（所）工作做好指导和检查，委代办支局（所）全部开通电子化营业系统，推动技术运用和服务质量上台阶。

【三级物流体系建设】 3月，大田县“县·乡·村”三级物流体系建设项目立项。10月，邮政县分公司与县商务局签订国家建设补助项目协议。项目地址在福塘工业园区D幢一楼。由三明晋烨科技有限公司中标设计建设，设立1个县级中心仓、17个乡镇中转站、187个村级服务网点；规划新增自办邮路4条。

【杂志社进校园活动】 5月，邮政县分公司以“邮政＋刊社＋学校”方式开展“课堂内外”爱心公益大讲堂活动。重庆市“课堂内外”杂志社编辑在城一小、城二小开展为期2天、6场作文知识公益讲座。

【主流教育报刊工作会议召开】 9月

20日，邮政县分公司与县教育局联合召开主流教育报刊工作会，全县中小学、幼儿园领导和邮政支局负责人共78人参加，会议研讨校园报刊征订服务与发展工作。

【“思乡月”项目精准扶贫活动】 9月，中秋节前夕邮政县分公司结合“思乡月”项目开展，续写“爱心亮点”精准扶贫篇章。与县慈善总会联合开展向贫困户捐赠“爱心月饼”活动，发动机关企事业单位向扶贫户或挂点扶贫对象赠送食用油、月饼等。全县共有11个单位参与“思乡月”项目精准扶贫活动，捐赠礼物875份。

【电影票代售业务开办】 10月，邮政县分公司开办电影票代售业务。首场组织“老邮电”三家党员联合观看教育片《李保国》。12月，联合教育局和金融机构组织进五中播放“关爱留守儿童”主题教育片。通过公益引路和注重行业题材发掘取得成效。至年底，销售票额8万元。

【中国邮政大田县寄递事业部成立】 11月1日，邮政县分公司根据中国邮政集团公司改革工作部署，成立中国邮政大田县寄递事业部。原包快业务中心和投递部人员剥离，与特快专递（EMS）人员合并成立寄递事业部，实施分账经营，相对独立。寄递事业部员工43人，下设市场部和运营监控部。县分公司总经理兼任寄递事业部总经理，副总经理兼任寄递事业部常务副总经理，原邮政速递大田营业部经理任寄递事业部副总经理。

【函件业务结合社会热点开展服务】 2018年，邮政县分公司函件业务发展以第三方赞助的形式，做好社会热点服务。与县人行、县检察院联合制作预防职务犯罪笔记本3000本；联合公安及金融机构开展金融安全防诈骗宣传，制作一批宣传品；制作党员“政治生日贺卡”2万枚；在二三季度，联合卫生系统开展优生优育主题、疾病预防主题，制作宣传活动礼品，开展系列宣传活动。

（谢　铁）

中国电信

【概况】 2018年，中国电信大田分公司电信业务收入6176万元，比上年增长18.58%。天翼移动市场份额23%，宽带市场份额52.89%。城区及农村集镇光宽带全覆盖，全县265个行政村100%开通光宽带，城区全光网区域达100%。全县拥有固话4.28万部，天翼6.95万户，宽带5.05万户，光缆6315.5皮长公里，天翼3G基站198个、4G基421个，信号覆盖率99.99%，通话村265个，通话面100%，营业网点23个、渠道专营店37个，为社会提供全方位电信服务。当年，分公司获中国电信福建公司2018年区县公司业绩评价经营贡献奖；获中国电信三明分公司效绩考核二等奖、优秀经营团队收入贡献一等奖、网络资源竞赛优秀团队一等奖、宽带装维服务能力提升劳动竞赛优秀单位一等奖、转型创新及质量管理三等奖、信息新闻工作二等奖、工会信息工作暨职工之家公众号运营竞赛优胜单位二等奖。公司连续22年实现“三无”（无通信责任事故、刑事案件、治安案件）工作目标。

【县总医院心电影像上云】 5月，电信大田分公司承接县总医院全院WiFi（心电影像）覆盖项目，利用云专线业务打通心电服务器与总院内部系统的连通。通过在政务外网搭建心电云服务器“云网融合”，解决总院与各乡镇医院网络互通互联，跨区域诊断难、数据不精确，网络维护难，医疗体系摆脱地域限制等问题。

【网络建设】 2018年，电信大田分公司以移动和光网质量双提升为引领，打造移动和光宽带精品网络，推进网络向智能化转型，创建综合网络优势。完成35个LTE基站、574个AP点建设，拓展全光能力覆盖面，提升大田4G网络覆盖能力。

【节能降耗见成效】 2018年，电信大田分公司整合资源优化，推进老旧设备退网及节能降耗。完成母局核心设备中兴BAS、华为SR设备、本地网传输设备、村级ONU设备下电退网、行政村和楼栋ONU电表销户，年节约电费近10万元。

【服务质量提升】 2018年，电信大田分公司抓好当日装、当日修、慢必赔”服务，开展6期装维人员、营业人员、客户经理能力培训及岗位认证考试，全面促进技能提升。本地投诉问题有效得到解决。全年无发生因本地处理不到位导致越级投诉事件，月服务指标保持全区前列。

【党建翼联实践活动】 2018年，电信大田分公司结合“党建翼联”主题实践活动，以共建共享为基础、以合作共赢为目的，与城建监察大队党支部签订“党建翼联”联合书，联合开展“知识竞赛”、党员“联学”、品牌“联创”、资源“联享”、服务“联动”等结对共建活动，促进党建工作水平提升。

【结对帮扶献爱心】 2018年，电信大田分公司发挥省级文明单位示范作用，主动参与社区建设，结对帮扶贫困户5户，捐资助学贫困生3户，支出慰问金2万余元；组织员工参与《中国电信公益性扶贫项目》活动，带动48名员工献爱心，捐款4002元。

（严慧芳）

中国移动

【概况】 2018年，移动通信大田分公司围绕可持续发展，强化经营生产执行力、培育市场核心竞争力及网络领先优势，通过岗位练兵、市场竞赛等方式，加快企业转型步伐，取得较好成绩。全年运营收入1.35亿元，排名全区第二。全县移动客户20.5万户，占全县通信用户68.6%。年内，新建4G基站114个，总基站数1289个，实现城区、行政村、境内泉南（泉州—南宁）高速、国省道全覆盖。宽带完成125个小区建设，新增端口1.09万个，总端口数9.2万个，用户4万多户。手机上网流量比上年增幅271%，排名全区第三。当年，移动通信大田分公司获“福建公司企业文化示范点”“福建省先进集体”称号；“亮剑先锋队”“岩鹰部落”获市卓越班组；四季度A+网络劳动竞赛获市一等奖；李克枰获“省优秀员工”称号；陈文武获市“十佳青工”称号；在市“学习十九大·不忘初心”征文比赛中郑虹玲获一等奖；演讲比赛中柯玉华获三等奖。

【春节通信提前保障】 1月，移动通信大田分公司网络部提前做好春节网通信保障工作，通过分析2017年春节话务、流量变化情况来研判2018年春节话务、流量趋势，推断出高峰区域、增长快区域，针对性进行保障。根据分析结果，对高话务TOP20小区、高流量的TOP100小区制定64个小区软件扩容、8个小区硬件扩容、新增2个基站扩容；整治隐患，做好实时监控跟踪，隐患早发现早整治，确保网络运行平稳，提前做好应急预案，自代维队伍协同演练。

【“清洁家园”主题党日活动】 2月27日，移动通信大田分公司党支部组织党员志愿者，到挂钩点梅山镇新楼村开展“清洁家园”主题党日活动，对村部、街道、河道等周边环境进行清理整治。

【“传承志愿精神”活动】 3月4日，移动通信大田分公司志愿者参加县组织开展的“传承雷锋精神，倡导时代新风”志愿者活动。在时代广场设置便民服务台，发放宣传单，开展流量赠送、优惠购机、账单解读及不限流量等政策宣传，解答消费者疑难问题，

【保安礼仪培训】 4月16日，移动通信大田分公司邀请市魏教官，从基础的站姿、跨立、礼毕、行走、手势、礼貌用语、着装要求等几方面对保安进行礼仪培训。

【关爱身心营造幸福体验性培训】 8月23日，移动通信大田分公司组织员工开展EAP《关爱身心·营造幸福》体验性培训，引导员工以积极心态面对生活中的压力与挫折，获得成熟而愉快情感体验。

【共建主题党日系列活动】 2018年，移动通信大田分公司党支部与红军村——“玉田村”党支部开展党建共建系列活动。是组织全体党员到“第二集美学村”——廉政教育基地参观学习；开展信息化共建活动，共同邀请福建省水利学院中共十九大宣讲团上党课。

（章留玲）

中国联通

【概况】 2018年，中国联合网络通信有限公司大田分公司，全年完成业务收入3859万元，比上年增长7.5%。全县联通基站371个，联通2G用户1.6万余户，3G/4G用户2.63万户。优质的网络服务、优良的客户服务使企业的核心竞争力得到加强，为改善大田投资环境、促进经济发展提供通信保障。

【煤炭领域监控项目代建】 9月，联通大田分公司代建县煤炭管理局监控项目。总投入86.8万元，较好解决政府资金压力问题。建成后，在煤矿企业减少13家情况下，地方政府多增加税务收入800万元。

【互联网+业务提升】 2018年，联通大田分公司与县有关部门协调配合，智慧工地签约27家，合同金额合计210万元；通过钉钉运用入网410户，签约金额10.96万元。

（郭秀明）

商业贸易

□编辑 潘梅

商务工作

【概况】 2018年，县商务局应对国内外复杂多变的经济形势，找准契入点，创新工作思路，抓项目、拓市场、促消费、稳增长，引进外资，加强进出口贸易，商务各项工作取得成效。全县社会消费品零售总额54.24亿元，比上年增长1%。新增限额以上企业1家，退出9家，共73家，其中批发企业25家、零售企业37家、住宿餐饮企业11家。全县城乡集市贸易市场总面积4.59平方米，全年交易额4.58亿元，同比增长5.53%。

城乡集市贸易 2018年，城区有满田春市场、岩城新市场（好多多超市、服装鞋帽市场各占一半）2个市场，总面积1.2万平方米，商贸中心市场2600平方米基本处于闲置状态。在城区白岩山南路（公园门口）、雪山南路（农行附近）、南山路（中段）桥头、福田大道原纺织厂路口设4个农产品临时交易点。城区市场全年交易额2.03亿元。济阳、梅山、华兴、建设、武陵、文江、前坪、太华、石牌、奇韬、湖美、屏山、吴山、上京14个乡镇建有农贸市场，总面积3.39万平方米，全年交易额2.54亿元，同比增长4.53%。

满田春市场 2018年，满田春市场总占地面积7045.56平方米，实用面积5794.34平方米，内设服务总台、信息中心、食品安全检测中心。市场分A、B两个区域，其中，A区为干货区，设有店面38间、固定摊位81个，主要经营干鲜果、三类小药材、茶叶、青草药、食杂、粮食、蔬菜种子、干海产品等11个门类产品；B区为鲜货区，设有店面34间、固定摊位258个、临时摊位53个，主要经营鲜肉类、蔬菜、家禽、卤制品、熟食品、面豆制品、食用菌、酱菜调味品、糕点、活鱼、海产品、冰冻产品等20个门类产品。全年交易额1.93亿元。

岩城新市场 2018年，岩城新市场经营面积6229.88平方米，南侧为三明好多多超市，经营面积约3500平方米；北侧为小商品市场，经营面积约3114.54平方米，设固定店面33间、摊位118个，主要经营服装、鞋帽、日用小商品，个体工商户153户，全年成交额1003.2万元。

国有企业管理 2018年，商业总公司职工61人，营业收入521万元，税利278万元（利润101万元），获得县“纳税一百万元企业”称号。食品公司营业收入164.61万元，上缴税收3.6万元，盈利12.47万元。饮服公司营业额286万元，上缴税收36万元，利润129万元。县市场服务中心干部职工5人、协管员9人、保安8人，下辖满田春市场、岩城新市场，全年收入173.98万元，支出164.19万元。

副食品基地建设 2018年，全县县级可调控副食品基地40个，（省级生猪基地2个，蛋禽、蔬菜基地各1个）企业投入资金926万元，其中，常年蔬菜基地17个，面积202公顷，年产蔬菜1.7万吨；生猪基地13个，年出栏生猪8.9万头；蛋禽基地5个，存栏蛋鸡13.3万只，年产蛋品1229吨；水产基地5个，网箱养殖580箱，库区网箱养殖年上市淡水产品2558吨。

商务执法 2018年，县商务局出动执法人员134人次，检查商场、餐饮、住宿、加油站、报废汽车回收拆解点、二手车交易市场、城区市场安全生产共67次，排查整改各种隐患22处。其中开展安全生产专项检查2次，消除安全隐患22处，签订安全生产责任书15份。利用商贸企业LED显示屏滚动播放《中华人民共和国安全生产法》、“安全生产月”等标语65次。

外资引进 2018年，全县新批办福建新盈彩铝有限公司、福建省美湖旅游发展有限公司等6家外商投资企业。全年利用外资实际到资658万元，完成率19%。

外贸出口 2018年，新增福建省三明市祥岳针纺品有限公司、福建大圣瓷业有限公司等7家进出口企业，全县拥有对外贸易经营权企业61家，当年产生进出口实绩企业5家。全年出口总值完成10.77亿元，同比增长14.62%。

电子商务 2018年，全县新增电商企业84家，至年底，电商企业215家，网店3000余家，从业5000多人。全年，完成电子商务交易额12.88亿元、网络交易额5.39亿元，同比分别增长12%、10%。

【“9·8”投洽会项目对接】 9月8日，县委、县政府组团赴厦门参加第二十届中国国际投资贸易洽谈会，邀请客商27人，对接外资项目12个，总投资1.14亿美元，拟利用外资7200万美元，项目涵盖制造业、旅游业、新型材料等多个产业。

【电子商务创新创业大赛举办】 9—10月，县人民政府在县创新创业产业园举办首届“青春同行·大田县电子商务创新创业大赛”。县特色农产品“美人茶”统一品牌、统一包装、统一宣传，作为赛事指定产品，现场销售11.4万元。省内各县市、56支团队126人参赛，线上总流量125.4万人次。

【村级物流网点设立】 2018年，县商务局创新村级物流服务模式，实行“党群服务中心+物流网点”合作模式，设立村级物流网点，解决“工业品下乡”和“农产品进城”双向流通渠道。至年底，全县有26个村党群服务中心设立村级物流服务网点。实现“县到乡T+1、县到村T+2”。

（林新捷　廖生铖　叶五二　魏威　林新捷　周懋钾）

供销合作

【概况】 2018年，大田县供销合作社联合社（简称县供销社）内设办公室、人事、财务、经济发展、合作指导、资产管理、工会等7个科室，下辖4个基层中心社；县供销贸易总公司辖烟花爆竹经营部、农业生产资料公司、龙得宝农资有限公司（股份制）3家直属商业企业。年底，经营网点127个，在职干部职工39人；离退休人员205人，其中，供销社机关离退休人员18人、直属企业75人、基层社112人。全年商品购进总额18.35亿元，比上年增长34.93%，商品销售总额23.58亿元，同比增长31.36%，实现利润536.28万元，同比增长317.37%。

【第四次社员代表大会召开】 11月29日，经县政府批准，县供销合作社联合社在会议室召开第四次代表大会，会议审议通过《大田县供销合作社联合社章程》，选举产生县供销合作社联合社第四届理事会主任、副主任和监事会主任、副主任，恢复理事会、监事会制度，供销社真正成为以农民社员为主体的集体所有制的合作经济组织。

【烟花爆竹配送中心建成】 2018年底，县供销社新建的烟花爆竹配送中心项目完成，该项目位于石牌镇鳌江村牙口自然村的“陈尧村”处，于2016年开工建设，投资356.41万元，规划用地面积4162.95平方米，建筑面积1236.66平方米，设计存药量10吨。

【基层合作经济组织建设】 2018年，县供销社围绕创新乡村治理，推进基层社分类改造，按照“五好”（班子队伍好、经营管理好、为农服务好、经济效益好、社容社貌好）标准打造标杆社、“五有”（有场所、有人员、有制度、有项目、有工作成效）标准改造提升基层社。吸纳当地农民入社，逐步实现“民有、民管、民享”。推动农民专业合作社及联合社领、创办工作，领办农民专业合作社15家，农民专业合作社联合社2家。利用供销社资产、资金与村“两委”、社会力量共建城乡社区综合服务社（中心）9个。

【“三农”服务项目优化】 2018年，县供销社进一步实施“惠农工程”，整合各类涉农服务资源，吸纳当地农机、植保等专业合作社加入，建设广平、太华、建设、湖美4个乡镇供销惠农服务中心；完成奇韬供销社文经庄稼医院规范化建设，开展测土配方施肥，发展无人机农药喷洒、农机联合作业联盟组织；加强有机肥供应，减少农业面源污染。拓展种子种苗供应、测土配方施肥、农技咨询、农机服务、统防统治等经营服务新业务，建设集农资配送和庄稼医院功能为一体的供销合作社惠农服务综合平台。

【电子商务中心运行】 2018年，县供销社投入资金350万元，建设县级电商运营中心福建明恒电子商务（岩农易购）网络交易平台，城区设立福建明恒电子商务运营中心和供销农产品展示中心、直营店，乡镇设立18个电子商务信息服务站，通过与总社供销e家对接、对外联合合作、引进团队等方式，构建供销农村电商综合服务网，加快流通网络信息化改造升级，打造“一站式”为农服务窗口，发挥乡、村两级25个农资连锁网点作用，形成网上交易、仓储物流、终端配送一体化经营，全年交易额约2000万元。

【烟花爆竹经营管理】 2018年，县供销社加强烟花爆竹安全经营管理，全县设配送中心1个，占地面积436平方米，经营网点98个，其中城区2个、乡镇86个，从业人员196人。全年与公安、安监、市场监督管理局等部门联合执法，出动车辆14辆次，执法人员32人次，查处违规营运烟花爆竹案件4起，查扣烟花爆竹1570多件，实现烟花爆竹规范、安全、有序经营。全年销售3550万元，利润455万元，上缴税收178万元。

【农资储备与服务】 2018年，县供销社做好化肥货源把关、质量监督、品种优化、总量保证、价格平稳等工作，完成化肥冬储任务和冬储贴息资金落实，储备化肥2.92万吨、农药188.1吨、农（地）膜685.7吨，做到不缺货、不脱销、不误农时，满足全县农业生产的需要。开展“诚信经营、服务三农、满意在供销”为主题的春耕农资科技下乡活动，开展涉农法律法规、农资识假辨假及科学使用农资知识宣传与咨询等，讲解用肥用药知识和推广新肥新药，发放化肥、农药750公斤、宣传资料3000多份。举办新肥新药、科学种植等各类农业技术人员培训班2期，250多人次参加。

【农业新型服务开展】 2018年，县供销社与满园春农机专业合作社合作，对接种植大户，开展高效、环保、新型农资产品联采直供、配送到家业务。开展稻田、茶园、果园、烟田半托管农机作业，无人机农药喷洒作业和病虫害防治，全年机耕作业、无人机农药喷洒作业各1334公顷。

（颜琼洲）

粮食流通

【概况】 2018年，大田县粮食局履行粮食宏观调控与市场监管和服务职能，依法管粮。全年县地方储备粮库保持安全储存储备粮1.16万吨、大米360吨，储备油70吨，县国有粮食企业房租收入158.54万元，企业净利润12.97

万元，比上年下降67.18%。推进科学保粮新技术和仓储管理规范化标准化，确保储粮质量良好，数量真实，增强调控市场能力。固定资产原值8927.41万元（粮食企业1752.69万元），比上年增加30.04万元；粮食企业流动资产4847.25万元，同比增加168.44万元。年底，局及下属企业职工28人（局机关8人，国有粮食企业20人），比上年减少1人。

【储备订单粮食收购】 5月，县政府根据订单粮食收购政策及县地方储备粮轮换任务需要，确定订单粮食任务3679.15吨。根据周边县市粮食收购价格，结合县内粮食市场的实际，制定合理的订单粮食收购价格。当年产国标中等早籼稻收购价格每50公斤133元，晚籼稻收购价格每50公斤128元。直接补贴标准保持每50公斤12元。为方便粮农售粮，坚持粮食收购“五个一”优质服务（发放一张便民联系卡，方便群众联系；坚持一个标准，接受群众监督；提供一份保障，帮扶农户解决粮食生产困难；兑现一个服务承诺，方便农户售粮；搞好一次回访，加强信息服务），县地方储备粮库收购订单粮食实行“三公开一预约一兑现”优质服务办法（公开订单直补标准、收购价格、质量标准，预约收购时间，及时兑现粮食收购款和直补款）。做到定点收购中午不休息、傍晚延时收，预约村民上门收，严格执行收购“五要五不准”农民制度（要敞开收购，随到随收，不准折腾农民；要公平定等，准确计量，不准克扣农民；要依质论价，优质优价，不准坑害农民；要现款结算，不打白条，不准算计农民；要优质服务，排忧解难，不准怠慢），提高农户售粮意愿，至年底，收购晚谷2999吨。

【县级储备粮轮换】 6月，县储备粮库根据3年轮换周期要求，委托有资质的粮油检测机构进行到期轮换粮3679吨质量检测，均符合陈粮质量标准，全部委托福州市粮食批发交易市场竞价销售。12月，通过订单粮食收购晚谷2999吨，按规定公开采购晚谷680吨，轮换储备粮食全部补库到位。

【粮食市场监督监测】 2018年，县粮食局按照《粮食流通管理条例》，加强粮食流通市场的监督和粮食市场监测，完善旬报制度，开展最高最低库存量检查，指导粮食经营者合理购销，保证粮食市场供应，价格平衡。1月底，召开粮食统计工作会议，部署统计工作，进行粮食经营及加工业主粮食统计业务培训，确保粮食统计及时、准确，为政府做好粮食宏观调控提供决策依据。开展春季粮油库存检查、政策性粮食出库检查、统计制度专项检查，秋季粮油安全大检查和粮食收购专项等检查，督促粮食经营企业加强管理，确保粮食品质；加强“放心粮油”工程建设，参与治理“餐桌污染”专项行动，加强粮油质量安全检测监督，督促粮食经营者依法经营，杜绝陈化粮食进入口粮市场，确保军民吃上放心粮油。组织人员在粮食收购期间进乡入村检查，杜绝哄抬粮价、压级压价等行为，维护正常收购秩序，保证粮源质量。

（张加泰）

专卖商品经营与管理

【概况】 2018年，全县烟草、民爆物品、食盐等商品仍实行专卖经营。大田县烟草专卖局、三明市烟草公司大田分公司（分别简称县烟草局、县烟草分公司）合署办公，一套人马、两块牌子，员工133人，履行全县烟草专卖管理、执法和卷烟、烟叶经营管理职能。大田县永丰民爆器材专卖有限公司（简称永丰民爆专卖公司）有干部、职工17人。大田盐业分公司员工2人。

烟草专卖 2018年，县烟草局以烟叶市场需求为导向，落实烟叶生产各项措施，烟叶生产整体水平持续提高。全县烟叶等级结构和安全性取得较大的进步，烟叶工商对接基本顺畅。全年收购烟1611.41吨，完成计划合同产量99%。上等烟比例76.65%，4C烟叶比例32.16%，两项重点指标均处于全市前列。烟叶农药残留检测指标达标，全市排名第一。在控制大户、禁止拼户的前提下，全县烟农户均售烟收入8万元，单户烟农最高售烟总额24.62万元，烟农售烟总收入5021.27万元，实现烟叶税1040.87万元，持续三年突破一千万元。县烟草局坚持保销量、保税利、保状态、保规范、保稳定的“五保”经营思想，加强卷烟营销网建工作。全县卷烟销售1.19万箱，比上年增长2.23%。其中，销售一类烟2119箱，同比增长15.47%；二类烟3489箱，同比增长5.7%；三类烟4285箱，同比下降1.58%；四类烟1451箱，同比增长23.0%；五类烟564箱，同比下降42.37%。全年销售额（含税）3.46亿元，同比增长7.79%。年底，全县共有烟草专卖零售许可证经营卷烟1899户。

民爆物品经营 2018年，大田县永丰民爆器材专卖有限公司做好工农业生产建设和重点工程建设所需民爆物品供应，抓好企业安全生产和对标管理、增收节支工作，确保国有资产保值增值。年底，总资产1883.53万元，比上年增长10.6%；净资产1563.92万元，同比增长11.7%。全年销售工业炸药4313.04吨，同比增长38.15%；工业雷管366.36万发，同比增长10.36%；实现销售收入5278.46万元，同比增长39.6%；利税总额927.77万元，同比增长57.64%。

盐业专营 2018年，大田盐务局围绕三明盐务局下达的各项工作目标，落实全市盐业市场监管工作会议精神，执行国务院盐业体制改革方案，根据国务院《食盐专营办法》，加强食盐市场监管职能，到社区、乡镇，走访食盐经销点、加工用盐户，开展现场咨询，对消费者、经销商和加工用盐户进行国家盐业管理的法律法规和非食用盐、假冒食盐危害群众健康等宣传教育，发放《告知书》1000余份。与工商、公安、食品药品监管、卫生等部门联合执法，营造良好的食盐销售环境，提高食盐安全总体水平。全县食盐供应网点40个，其中，城区6个（超市直供点3个），农村34个。当年，大田盐业分公司销售各种盐1131.6吨，比上年减少161.76吨，下降12.51%，其中，小包装碘盐940.87吨（品种盐136.8吨）；腌制盐27.5吨，同比下降52.59%；大包装盐159.6吨（小工业用盐32吨），同比增长48.88%。

【卷烟烟叶违法查处】 2018年，县烟草局依据《中华人民共和国烟草专卖法》《中华人民共和国烟草专卖法实施条例》《烟草专卖许可证管理办法》等法律法规，履职尽责、依法行政、规范服务。全年出动1864人次打假打私，查办各类违法案件90起，其中5万元以上案件4起，查获违法卷烟2369.1条，烟叶1.06万公斤，合计案值71.89万元，处以行政罚款14.84万元，没收卷烟182条，没收烟叶820公斤。

【违规盐查获】 2018年，三明盐务局盐政执法人员加强盐政执法检查，对生产加工、饮食服务、流通领域等重点区域和重点环节进行全面检查。坚持依法治盐，查处各种涉盐违法违规行为，防止非食用盐、工业盐、假冒碘盐、劣质盐流入食盐市场，全年出动271人次，查获违法案件16起，没收违规进入市场的省外盐产品0.76吨。

（林如馨　陈华贡　蒋佑金）

石油经营

【概况】 2018年，县辖区内成品油经营单位加油站40座，其中，中石化森美（福建）石油有限公司三明分公司加油站14座（含泉南高速路4座）、中石化森美商客部大田批发点、中国石油天然气股份有限公司大田加油站8座、社会私营加油站18座，员工总数255人。中石化、中石油分别为国有控股合资和国有控股非独立核算单位，人、财、物由上级公司统一管理，油品由上级公司配送，销售由省级公司根据国家规定统一定价。

【石油销售情况】 2018年，因油源充沛、国际油价平稳，未出现市场紧张现象。年均柴油每吨6600元，93号汽油每吨8300元，97号汽油每吨9100元。当年，全县成品油销量9.6万吨。其中，大田片区中石化森美成品油零售4万吨（代批发0.7万吨），上缴税收480万元；中石油销售2.6万吨；私营加油站销售3万吨。

（范祯钟）

个体私营商业

【概况】 2018年，全县经县市场监督管理局登记注册的个体商业户和私营商业企业1.58万户，比上年增长25.39%，从业人员5.62万人，同比增长13.54%；注册资金72.23亿元，同比增长8.21%。其中，城区1.07万户，从业人员3.08万人，注册资金48.52亿元；农村5103户，从业人员2.53万人，注册资金23.71亿元。总户数中，个体商业户1.41万户，同比增长27.33%；从业人员2.64万人，同比增长19.46%；注册资金8.10亿元，同比增长14.41%；私营商业企业1750户，同比增长16.05%；从业人员2.98万人，同比增长8.76%，注册资金64.13亿元，同比增长7.47%。

【网络经济增长】 2018年，县市场监督管理局落实《中华人民共和国电子商务法》规范网商登记工作，促进全县电子商务市场主体发展，全年新增网络市场1580户，达3003户；从业人员新增2844人，达5770人。注册资金新增6000万元，达6.21亿元。其中，公司制企业228户，从业人员1375人，注册资金5.45亿元。

（张秀莹）

城乡建设

□编辑 潘 梅

规划设计

【概况】 2018年，大田县住房和城乡建设局（简称县住建局）加强城乡规划管理，做好城乡规划编制与修编工作。按照“南进东拓北扩”的发展战略进行规划编制，拓展城市空间，引领城市科学发展。完成《大田县城总体规划修编（2017—2035）》方案稿，按照县政府在召开方案稿讨论会确定的县城发展方向和建设内容，设计院进一步修改完善；完成红湖新村规划、均溪工业园控制性详细规划和香山学村规划建筑设计方案评审；完成吴山张坑、梅山香坪2个村的中国传统村落保护性发展规划专家评审工作；完成城区黎坑垅、东坑垅多个咨询地块的概念性方案设计，以及东坑垅小区、原汽车站片区、原燃料公司、汽车站二期等地块的规划条件设置；协助完成国道横六线沿线村民安置地、铁路客运站的规划设计，以及兴田路、福兴路、栋山支路等道路前期规划设计。

【奇韬镇集镇总体规划修编】 1月，浙江建院建筑规划设计院完成《大田县奇韬镇总体规划修编（2017—2035）》，城镇规划总面积78.59平方公里（镇区范围6.59平方公里），强化区域生态优势，以建设综合实力较强的现代化特色产业小镇为目标，根据交通条件、用地条件、经济基础、发展能力，研究和确定镇区的职能、性质、规模和用地布局。

【城乡规划管理】 2018年，县住建局严把规划审批关，执行“一书两证”制度，城乡建房办证率100%。全年办理单位建设项目选址意见书17件，用地面积178万平方米（含国道横六线）；选址意见函59件，用地面积215万平方米；单位建设用地规划许可证16件，用地面积38万平方米（含国道横六线），建筑面积41万平方米；单位建设工程规划许可证25件，用地面积55万平方米，建筑面积21万平方米。办理个人建房建设规划用地许可证21件，用地面积0.19万平方米，建筑面积0.96万平方米；个人建房建设工程规划许可证59件，用地面积0.55万平方米，建筑面积2.16万平方米。

（陈美明）

城市建设

【概况】 2018年，县住建局以基础设施为重点，强化公共服务配套建设，城镇化率比上年提高3.1%，达51.8%。

市政道路建设和维护 2018年，县住建局对城市道路、人行道、护栏等设施进行巡查维护，更换井盖17块，修复水泥路面151平方米、沥青路面52平方米、道路护栏90米、人行道50平方米、桥梁栏杆40米。

管道改造和维护 2018年，县住建局施工污水管道2308米，污水主管道CCTV检测15公里，清理污水截流井和检查井208座。经有效治理，进水浓度由上年的113.6毫克/升提升至135毫克/升，提高城区污水收集率和污水进厂浓度，改善河水脏臭现象，基本实现河水清彻见底。

燃气行业管理 2018年，县住建局组织燃气企业参加各种业务知识培训，修订完善企业燃气应急预案，提高企业员工对突发事件的应急能力及相关部门综合应急协调能力。铺设天然气管网6.7公里、庭院管网10.7公里，建设LNG撬装站、LPG撬装站、LNG点供站、LNG加气站各1座，居民用户安装2800户，商业用户安装38户。

【市政道路改造】 2018年，县住建局完成凤山路改造一期工程和东门桥加宽改造主体工程，主要改造路段为白岩山公园门口至东门桥头水晶招待所（含文山路面改造、东门桥拓宽），长1.4公里，道路建设进行强弱电（管网）下地、雨污分流、路面由原来的水泥路面改为沥青路面；立面改造采用现代风格，规范空调架、店招广告和夜景改造提升等工程。香山北路工程按序时进度完成工程量的80%，动工建设福兴路、栋山支路。建设城乡公共停车位180个。

【城市美化亮化】 2018年，县住建局建设和管理城市园林绿化，对城区绿化进行种植、补植、修剪、施肥和病虫害防治；建设凤山路夜景工程，进行绿道山体亮化，全面更新修复城市公园、福源小区、锦绣福田、文化广场夜景，确保夜景正常运行。

（陈美明）

城市管理

【概况】 2018年，县城市管理综合执法局（简称县城管局）建立长效机制，提高城市管理水平。加强城市环境卫生管理和城市监管制度建设，加大市容违章和违法用地、违法建设的“两违”整治力度。

城区环境卫生管理 2018年，县环卫处完善城区环卫设施，投入112.5万元，添置压缩式垃圾车2辆，分类不锈钢果皮箱150个，全年清运垃圾3.15万余吨，清运率100%。以“公厕革命”为契机，抓城区公厕改造升级，投入270万元，改造老城区旧公厕5座，添置装配式模块公厕4座。

市容违章整治 2018年，县城管局与交警等部门开展联合执法行动，整治“乱停乱放”行为，清理乱停乱放“僵尸车”120余辆，遏制乱停乱放现象蔓延。整治西门早市露天菜市场、满田春市场周边等摊点外溢和占道经营现象，加强节假日市容监管和校园周边环境整治。开展夜市烧烤专项整治行动，对未使用环保无烟烧烤方式的经营户，限期进行整改或取缔。开展建筑垃圾和扬尘专项整治和市容市貌整治，取缔各类违章占道、清理“牛皮鲜”小广告，拆除影响市容的遮蓬、阳台、洗水池、广告牌匾等，市容案件行政处罚83起，处罚金额1.35万元。审批临时占道509起，审核新设置户外广告（店招牌）1371块。

【餐厨废弃物处置】 9月，县洁岩餐厨废弃物处置中心项目开工建设，总投资810.5万元，分两期实施，一期投资600万元。至年底，完成600平方米的厂房主体工程、围墙及办公管理房附属工程和配电设施建设；采购餐厨废弃物收集运输专用车2部及泔水专用垃圾桶800个；完成10吨全自动餐厨废弃物生化处置设备的安装调试。11月16日，开始餐厨剩余物收集，日收集5吨，杜绝非法收集餐厨剩余物和泔水行为发生，完善城乡垃圾处置体系。

【“两违”综合治理】 2018年，县城管局和国土资源局及均溪、华兴、石牌镇等有关部门协作，把“两违”建设控制在萌芽状态。全年查处和制止规划方面违章102起，下达违章搭建责令限期整改通知书166份、违法（章）行为停止通知书105份，拆除违章建筑31起（含临时搭建），规划案件行政处罚29起、金额36.57万元，参与“两违”联审1371件。

【城市监管制度建设】 2018年，县城管局组织《三明市城市管理和环境卫生管理条例》宣传活动，印制发放宣传手册2000余份、宣传单6000余份。提升“街长制”工作，落实巡查常态化，将“街长”易信群与县环境保护指挥中心的生态通网衔接，上传城市管理方面的文字信息4156条、图片1.05万张，及时解决落实所反映的问题。

（陈美明）

房地产

【概况】 2018年，县住建局以落实房地产市场宏观政策为重点，坚持“房子是用来住的，不是用来炒的”定位，规范房地产市场经营行为，推进住房供应结构调整，引导开发中小户型、中低价位普通商品房，满足不同人群的合理住房需求，促使房地产市场良性健康发展。

【房地产开发】 2018年，全县完成房地产开发投资11.38亿元，比上年增长86.4%；房屋施工面积98.98万平方米，同比下降5.8%，其中住宅面积65.98万平方米，同比下降7.5%；商品房销售面积19.45万平方米、销售额14.07亿元，分别同比下降11.35%、1.61%。至9月，房地产期末从业853人，同比增长10.6%；从业人员工资总额2949.6万元，同比增长28.8%；住宅专项维修资金归集919.32万元，累计归集5018.61万元；住宅专项维修资金支取62.48万元。

【保障性住房建设】 2018年，全县实际安排棚户区住房改造建设任务194套，开工率100%；配租配售公共租赁住房和限价商品房5套。完成上年度审计查出问题的整改，收回资金526.43万元，落实拨付闲置资金2573万元。

【房地产登记管理】 2018年，全县房屋租赁备案382宗，面积9.28万平方米；商品房预售许可24宗，面积16.46万平方米；商品房买卖合同网签备案2586宗（备案2409宗），网签面积22.95万平方米（备案面积21.10万平方米）；存量房网签备案802宗，面积10.81万平方米；出具房屋登记信息证明8137份，在建工程抵押备案1宗，面积0.77万平方米；完成购房补助申请509宗，金额1476.32万元。

【住房公积金】 2018年，全县缴交住房公积金单位1174个、职工1.95万人，比上年增加171个、2198人；住房公积金覆盖率116%，比上年提高20个百分点；归集额2.60亿元，同比增长16%；支取人数7574人，支取金额1.84亿元；办理逐年冲还贷业务2899人，签约率73%，比上年下降7.4个百分点；为228户职工发放个人住房公积金贷款8699.2万元，同比下降41.53%。基数核定292个单位（扣除长期睡眠户），核定率98%。“公转商”贴息贷款发放802笔、金额3.3亿元，期末余额4.06亿元。年业务收入2178.79万元，支出1220.12万元，实现增值收益958.67万元。提取廉租住房建设补充资金836万元，为当地政府保障性住房建设提供部分资金支持。至年底，全县公积金累计归集额17.74亿元，余额7.52亿元，同比增加7582.55万元；累计支取总额7.22亿元；累计发放贷款6957户、金额12.19亿元，余额6.89亿元，个贷率91.67%，同比下降8.13个百分点；累计提取廉租住房建设资金4284万元。

（陈美明　陈进端）

建筑业

【概况】 2018年，县住建局把好建筑安全关，实现建筑业有序发展。加大工程造价监管力度，按省建设工程材料综合价格编制规程，每月编制建设工程材料价格信息，审核重置建安造价和监管重点项目资金。强化勘察设计管理，加强继续教育，提高设计人员专业水平，严格“一校一审”制度，满足施工图设计深度及施工图审查要求。当年，县规划建筑设计院完成施工图设计项目98个，建筑面积2.8万平方米，实现收入255万元。

【建筑市场管理】 2018年，县住建局按照《中华人民共和国建筑法》和有关法律法规对建筑市场和施工现场进行管理。全年办理施工许可证18件、工程总造价5.49亿元，审核办理工程竣工验收备案11个项目、总造价2.56亿元。开展工程总承包试点工作，投资项目和装配式建筑项目率先采用工程总承包模式，当年4个项目采用工程总承包模式。

【施工质量与安全监督】 2018年，县住建局举办安全生产应急救援演练3场次，800余人次参加。推动建筑施工企业安全生产主体责任落实，加强工程质量监督安全"双随机制度"，提高安全生产管理水平。全年办理质量安全监督手续18份，出具建筑工程质量监督报告14份，建设工程质量监督覆盖率100%。排查治理安全隐患企业92家次、一般隐患403条，整改率100%。监督在建工程41个、单位工程105个，发出责令改正（整改）通知单86份、局部停工通知单6份，给予项目经理动态记分105人次1490.48分，总监动态记分106人次795.9分，38家施工单位动态记分1006.3分，14家监理单位动态记分620.4分，促进各方主体主动履职。

（陈美明）

村镇建设

【概况】 2018年，县住建局以"助力乡村振兴"为目标，围绕宜居环境建设、农村生活污水垃圾治理、传统村落保护、美丽乡村建设、农村危房改造等系列项目开展工作，提升乡村人居环境。当年，农村危房改造任务103户，完成104户，超额完成任务。

【农村生活垃圾、污水处理】 2018年，县住建局坚持农村生活垃圾治理，按照"五有"标准配备保洁员、垃圾处理设施等，建立98个建制村生活垃圾常态机制。新建房屋严格按照标准建设三格化粪池，并引导村民进行旱改厕，完成三格化粪池建设900户。

【美丽乡村建设】 2018年，全县集中打造1个省级美丽乡村示范村建设镇建爱村和13个整治村，受前期规划设计滞后和村级换届影响，部分村庄建设缓慢。至年底，完成投资约5200万元，裸房立面整治88户，村庄道路硬化3.45千米，村庄绿化2400平方米，建设公厕16座。

【传统村落保护】 2018年，建国村被列为中国传统村落，并申请国家资金补助；济阳村、建国村作为历史文化名村改造提升项目，分别获得省级"以奖代补"资金550万元和500万元；济阳村、东坂村、杞溪村、许坑村等4个村庄被列入省级历史文化名村，济阳、东坂、万宅、建国、张坑、杞溪、香坪等7个村被列入中国传统村落。

（陈美明）

旅游经济开发

□编辑 潘 梅

旅游项目开发与推介

【概况】 2018年，县旅游局以供给侧结构性改革为主线，以旅游景区建设为载体，延伸产业链条，完善服务功能，全县旅游产业持续保持良好发展态势，旅游基础设施不断完善，旅游接待能力进一步增强。依托郭居敬孝文化、高山茶文化、红色文化、“章公祖师”文化等资源，坚持“一季一主题”，举办“悠然三明四季行——大田高山茶海跑”活动、全省药膳比赛暨首届大田茶膳邀请赛，推动大田旅游营销向专业化、市场化、公司化转变。全年接待游客142万人次，比上年增长23%，旅游收入12.1亿元，同比增长34%，解决就业岗位4.32万个。

【大田高山茶海跑活动举办】 4月22日，由市旅游发展委员会、县人民政府、市旅游协会主办，县旅游局、新浪福建承办的“清新福建·悠然三明四季行——大田高山茶海跑”活动在“大仙峰·茶美人”景区举办启动仪式，市政协副主席、市旅发委主任陈欣，县委书记陈文华、县长林金龙参加。本次茶海跑路线全长3.3公里，串联休闲木栈道、自然步道、高山观景台等景区的精华区域，跑步、骑行爱好者和游客1000多人参加。活动过程配套茶艺表演、茶友会、旗袍文化展示、古装美人、大田山歌对唱等互动演艺节目，还设有“摇青速度大比拼”“狗年大骨啃定旺”“小绿叶蝉骑行赛”“古道背茶接力赛”等趣味互动游戏环节。前220名跑步运动员和互动游戏获胜者，给予奖励大田三保红酒、吉祥三宝大田茶香包、大田美人茶、大田绿豆饼等非物质文化遗产准入产品做成的旅游伴手礼。同时，围绕茶山、茶叶和大田旅游开展“旅游达人团采风”“局长带你游”“茶海优品展”“大田肉骨茶千人宴”等一系列主题活动，提升“茶香大田”的知名度。

【2个AAA景区获市旅发委批准】 12月，桃源里·花海乐园景区、大田五龙山景区被市旅游发展委员会批准为国家AAA级景区。4月29日，桃源镇桃源里旅游度假区的“一心七区”的重要核心项目桃源里花海乐园景区正式开业，以花卉观赏、生态旅游、休闲创意体验为主，融入小丑、亲子元素，集休闲、娱乐、运动于一体。广平镇元沙村五龙山景区位于闽中戴云山脉西侧，距离217线省道5公里，距镇政府4公里，以原万亩茶园为基地，生态茶园为基点，辐射周边山峰为拓展点，弘扬孝文化为装饰点，推动茶元素与孝元素同旅游相融合，形成特色人文旅游胜地，集茶园观光、文化学习、生态宜居、休闲运动等多功能为一体。至此，全县国家AAA级景区增至4个。

【旅游规划编制】 2018年，县旅游局编制完成《大田全域旅游发展总体规划（2018—2030）》评审稿，立足大田闽中地脉、闽学文脉、闽台人脉的“三闽”脉络和休闲养生主题，打造中国传统农耕文化体验首选地和全球最大的富硒农业公园，提出“仙峰古堡·茶香大田”等旅游总体形象定位以及“吃肉喝茶探古堡，走村串巷拜章公”等旅游宣传口号，宣传大田旅游形象，大力发展全域旅游。

【乡村旅游品牌项目申报】 2018年，谢洋乡象山村申报省级乡村旅游特色村、济阳乡济中村申报四星级乡村旅游特色村，华兴镇仙峰村、桃源镇东坂村申报乡村旅游扶贫项目，武陵乡红色旅游教育基地申报红色旅游项目，武陵乡大石村渔家晚钓申报水乡渔村项目。

【“五比五晒”活动开展】 2018年，县旅游局建立微信群每周一报的工作机制，跟踪推进“现代服务业重点项目组”26个旅游项目进度，完成年度投资任务6.8亿元。推进中国（大田）高山生态茶休闲旅游度假区、中国·桃源里旅游度假区、灵动济阳·马力小镇休闲旅游区、龙创农业休闲旅游开发等旅游重点项目；加快实施大田高山百公里骑行道、象山旅游度假区项目、旅游集散中心等项目；组织台阁山地质公园项目申报等。

【旅游宣传推介】 2018年，县旅游局发挥“大田旅游”官方微信的宣传作用，及时发布旅游资讯及信息，宣传大田旅游景区点、游览线路、旅游项目，累计编写发布微信文章700多期，订阅5000多人。全年在省旅游局网站发布信息6条，市旅游局网站发布信息14条。与福建电视台旅游频道等合作，拍摄制作30多期大田旅游专题资讯节目并在《山海行》栏目播出。

【旅游招商】 2018年，县旅游局对接省内外大型旅游企业，策划招商项目，重新编印《大田县全域旅游重点项目招商手册》，重点推介及精准招商、做好跟踪对接及服务。2月21日，与广东省福建大田商会签订“耕读大田乡愁文创园”建设项目，计划总投资3.8亿元，按照“一心四叶”以及“一心多叶”的空间布局，建设具有闽中地域特色的乡愁文化创客基地、三江源水文化博物馆、红色文化、农耕文化等科普教育基地、休闲运动拓展中心、田园综合体、康养旅居等项目，形成吃住行游购娱养等产业链。5月29日，借助中国旅游日向参加活动的省内外嘉宾推介大田旅游产业发展现状、区位优势、旅游资源和旅游产品，未来旅游发展总体设计及美好愿景。6月17日，在清华大学组织“耕读大田”研讨暨大田县全域旅游项目推介活动，与会专家与学者热烈参与探讨。8月9日，县政府与北京东方园林环境股份有限公司签订战略合作框架协议，着眼大田县生态环境提升的可持续发展，在全域环境综合提升、全域旅游、矿山生态修复等领域开展广泛合作。

【旅游扶贫】 2018年，县旅游局在会议室召开全县旅游扶贫“百企百村”对接帮扶座谈会，13家旅游企业与12个国家旅游扶贫重点村签订福建省旅游“百企百村”结对帮扶协议书12份，其中泉州新门旅游特色街企业对接旅游扶贫重点村7个。华兴镇仙峰村、桃源镇东坂村申报2018年福建省旅游扶贫重点村，并分别获得省级旅游专项补助资金20万元。

旅游服务与管理

【概况】 2018年，县旅游局加强旅游服务与管理，制定乡镇导游讲解培训方案并实施培训，推广使用“福建省旅游团队服务监管平台”，出台《加强旅游市场综合监管暨开展“放心游福建·满意在大田”旅游服务承诺实施方案》，落实旅游法规和文明旅游制度，加强旅游督导检查，对接“12315”旅游投诉服务平台，实施“旅游投诉快处先赔”旅游服务承诺。

【旅游业务培训】 2018年，县旅游局先后安排旅游系统75人参加全省旅游信息培训、省旅游服务监管暨文明旅游工作培训、全国旅游监管平台培训、“清新福建大讲堂”专题讲座、全市导游年审培训、全省百千讲解员培训、全省旅游项目工作培训、乡村旅游“创业创新”培训及市导游岗前培训。组织旅游酒店和旅行社13人参加全省旅游行业服务监管暨文明旅游工作视频会议，加强县旅游企业自我管理、自我监督，提升文明旅游服务制度化、常态化。

【旅游质量监督服务】 2018年，县旅游局在各旅行社推广使用全国旅游监管服务平台，督促县内各旅行社（分社）及时上报旅游团队信息，落实行前说明会制度，加强内部管理制度、应急机制建设，提升应急处置能力，保障旅游安全，严格把好旅游服务质量关，优化旅游服务环境。

【旅游安全管理】 2018年，县旅游局按照旅游安全管理“党政同责，一岗双责”实施细则，履行行业监管责任，强化隐患排查治理。加强旅游市场秩序管理，定期排查景区接待设施、警示标牌、路灯照明、引水管道、库区游船等安全隐患。在强降雨期间加强应急值守工作，及时张贴安全告示，关闭象山、花海乐园、灵动济阳等景区并进行安全巡查，做好各类旅游突发事件的应急处置工作，防止旅游安全事故发生。当年，出动检查人员48人次，排查并整改隐患15项。

【文明旅游创建】 2018年，县旅游局旅游行业文明创建活动领导小组，开展文明旅游进旅行社、星级酒店（含拟评星级饭店）、景区、社区宣传活动，宣传文明旅游，落实旅游法规和文明旅游制度，加强文明旅游督导检查；开展旅游志愿服务和帮扶共建活动，以旅游服务、经营管理、行业监管为重点，结合实施“旅游服务质量提升工程”和文明县城创建、生态县创建、省级森林县城创建。

（蔡慧明）

财政·税务

□ 编辑 陈吉沅

财政工作

【概况】 2018年，大田县财政局依法组织财政收入，提高收入质量。协调财税库部门收入工作机制，细化分解目标任务到各征收部门、各个税种；完善财税库部门收入分析联席会议制度，针对税源增减因素和行业发展趋势，同步税源预测分析；完善重点税源企业跟踪管理，继续实行乡镇协税护税机制，提高乡镇培植财源和协税护税的主动性与积极性；加强非税收入征管，建立税收收入监控、预测、预警机制，确保财政收入稳定增长，均衡入库，提高财政收入质量。优化支出结构，保障民生重点支出，促进经济社会平稳健康发展。

一般公共预算收支 2018年，全县公共财政收入11.08亿元（不含车辆购置税1676万元），比上年增长6.16%，其中地方公共财政预算收入7.50亿元，同比增长1.09%。一般公共预算支出25.78亿元，同比增长7.99%。

一般公共预算平衡 2018年，全县地方公共财政预算收入7.50亿元，上级补助收入15.92亿元、债务转贷收入2.24亿元、政府性基金调入2.50亿元、其他调入1504万元；体制上解支出4084万元，专项上解支出3013万元，债务还本支出1.36亿元，总财力28.43亿元；总财力加上年结余1.64亿元，减去当年一般公共预算支出25.78亿元，待偿债置换一般债券结余306万元，结转下年支出1.79亿元。

基金预算收支 2018年，全县政府性基金预算收入6.04亿元，同比增长1.22%；政府性基金预算支出6.80亿元，同比增长72.92%。

基金预算平衡 2018年，全县政府性基金预算收入6.04亿元，省市补助0.31亿元，上年结转0.56亿元，地方政府专项债务转贷收入5.27亿元，基金总收入12.18亿元；政府性基金预算支出6.80亿元，政府性基金调出2.50亿元，地方政府专项债务还本支出1.38亿元，基金总支出10.68亿元。收支相抵，滚存结余1.50亿元。

2018年大田县财政收入情况表

表4

收入项目	决算数（万元）	比上年	
		增减额（万元）	增减幅度（%）
一、全县一般公共预算收入	75053	806	1.09
1. 国内增值税	18248	405	2.27
2. 改征增值税	6813	1790	35.64
3. 营业税	10	-313	-96.90
4. 企业所得税	5266	2229	73.39
5. 个人所得税	1858	271	17.08
6. 资源税	2813	556	24.63
7. 城市维护建设税	2138	139	6.95
8. 房产税	1553	-678	-30.39
9. 印花税	644	69	12.00
10. 城镇土地使用税	648	-502	-43.65
11. 土地增值税	2736	1508	122.80

续表 4

收入项目	决算数（万元）	比上年	
		增减额（万元）	增减幅度（%）
12. 车船税	692	106	18.09
13. 耕地占用税	1812	900	98.68
14. 契税	2477	31	1.27
15. 烟叶税	1041	–551	–34.61
16. 环境保护税	234	234	100.00
17. 专项收入（含教育费附加、残疾人就业保障金收入、水利建设专项收入）	2551	254	11.06
18. 地方森林植被恢复费	2203	–167	–7.05
19. 行政性收费收入	1542	–1176	–43.27
20. 罚没收入	3529	–988	–21.87
21. 国有资产（资源）有偿使用收入	12837	–5009	–28.07
22. 其他收入	635	424	200.95
23. 提取的教育农田水利金	2278	1062	87.34
24. 政府性住房租金收入	495	212	74.91
二、政府性基金预算收入	60433	726	1.22
三、上划中央收入	35770	5628	18.67

说明：2018 年起，新增环境保护税

2018 年大田县财政支出情况表

表 5

支出项目	决算数（万元）	比上年	
		增减额（万元）	增减幅度（%）
一、一般公共预算支出	257766	19064	7.99
1. 一般公共服务支出	20165	2875	16.63
2. 国防支出	287	61	26.99
3. 公共安全支出	13847	388	2.88
4. 教育支出	73580	4208	6.07
5. 科学技术支出	1496	–5537	–78.73
6. 文化体育与传媒支出	4651	2339	101.17
7. 社会保障和就业支出	19747	–858	–4.16
8. 医疗卫生与计划生育支出	18849	3011	19.01
9. 节能环保支出	10021	–473	–4.51
10. 城乡社区支出	28760	–3066	–9.63
11. 农林水支出	32414	5843	21.99
12. 交通运输支出	13566	8592	172.74
13. 资源勘探信息等支出	2147	–1338	–38.39

续表 5

支出项目	决算数（万元）	比上年	
		增减额（万元）	增减幅度（%）
14．商业服务业等支出	3108	1517	95.35
15．金融支出	0	–51	–100
16．国土海洋气象等支出	3952	1609	68.67
17．住房保障支出	2618	–1306	–33.28
18．粮油物资储备支出	499	137	37.85
19．其他支出	603	–555	–47.93
20．债务付息支出	7432	1688	29.39
21．债务发行费用支出	24	–20	–45.45
二、政府性基金预算支出	68000	28675	72.92
合计	325766	47739	17.17

【财政促进企业平稳发展】 2018 年，县财政加快预算执行进度，依据省对市县区财政收支考核暂行办法，强化支出进度，加大力度进行结转结余清理，盘活财政存量资金。落实中央减税降费政策，企业减负增效，拨付淘汰落后产能资金、用电奖励、节能与技改、普惠金融资金、兑现企业优惠政策、外贸资金等奖励资金 3577 万元。推动 PPP 项目加快实施，完成县中医院、体育馆、鸭蛋山非正规垃圾填埋场资源化治理、经济开发区基础设施建设等 4 个落地项目和新增教育提升项目招标。实行住房公积金“公转商”财政补贴政策，支持房地产平稳健康发展。

【民生和重点领域财政保障】 2018 年，县财政支持精准扶贫攻坚战，下达各项扶贫资金 1.04 亿元，涉及扶贫项目 25 个。落实支农强农惠农政策，推动品牌农业、智慧农业、生态农业发展，促进新型经营主体和农业产业化发展壮大；支持村级公益事业建设一事一议财政奖补项目 131 个，拨付资金 2458 万元。提高社会保障水平，农村低保标准家庭年人均收入提高到 6144 元（每人每月 512 元）；特困人员分散供养标准提高到每人每月 666 元、集中供养 800 元；城乡居民基本医疗保险配套补助标准人均 490 元，增加 40 元；支持社区居家养老专业化服务，城乡七类贫困老人实行政府购买服务，线上、线下分别为每人每月 20 元、50 元；提高高龄老人生活补助，拨付资金 461 万元。加大教育、文化事业财政资金投入，落实城乡义务教育各项政策措施，推进教育项目、校舍安全保障和义务教育薄弱学校基本办学条件改善的建设工程。

【财政日常管理】 2018 年，县财政推进预决算公开单位全覆盖，公开率 100%，围绕增量扩面和提质增效，增加预决算透明度，推进预算绩效管理，县本级专项资金全部通过财政综合管理平台软件的项目绩效模块进行网上目标申报、监控、自评等操作，同时选取 5 项专项资金，聘请有资质的中介机构进行重点绩效评价，建立自评和重点绩效评价相结合的监控机制。继续国库集中支付制度改革，建立预算执行动态监控机制，6 月起，县直单位财政拨付的预算内资金纳入动态监控范围。加强“三公”经费、会议费、培训费管理，修订完善《大田县县直机关差旅费管理办法》，制定《大田县县直机关会议费管理办法》《大田县县直机关培训费管理办法》。按照《大田县政府性债务风险应急处置预案》《隐性债务及化解风险方案》，加强政府性债务举借和使用管理，做好存量政府债务置换工作。开展国有企业店面、住宅等资产调查摸底，制定《大田县国有企业公务用车制度改革实施意见》，完成全县国有企业公务用车制度改革。

【财政监督检查】 2018 年，县财政局对县生态综合执法局等 4 个单位进行会计信息质量检查，对发现的问题下发整改通知书，并监督整改到位。开展县级行政事业单位预决算公开情况专项检查，督促相关单位整改发现问题。牵头组织审计、民政等部门成立检查组，对造福工程易地扶贫搬迁和扶贫小额信贷资金、精准扶贫医疗叠加保险和扶持村级集体经济发展试点专项资金等，涉及民生领域存在的突出问题进行专项治理。加强财政内部控制管理，检查局国库股、教科文股、人秘股、社保股等 4 个股室 2017 年度内部控制制度执行情况，及时发现内部管理中存在的不足和问题并加以改进。

（郑占泉）

地方税收

【概况】 2018 年，大田县税务局按照国务院机构改革方案，“改革国税地税征管体制。将省级和省级以下国税地税机构合并，具体承担所辖区的各项税收、非税收入征管等职责。国税地税机构合并后，实行国家税务局为主与省（区、市）人民政府双重领导管理体制。”

完成机构改革各项任务，适应经济发展新常态，深化征管体制改革和管理创新，把握依法治税、倾情带队，改革后税务工作走上正轨，保持稳中求进、进中求实的态势。

税费收入 2018年，全县税务系统组织各项收入12.04亿元，比上年增收1.61亿元，增长15.5%。其中，税收收入9.11亿元，同比增收1.37亿元，增长17.8%；县本级公共财政收入5.15亿元，同比增收6451万元，增长14.3%；非税收入2.94亿元，同比增收2397万元，增长8.9%。

税费征管 2018年，县税务局坚持防范风险与依法治税并举，引领税收工作新常态。规范风险监控，开展风险分析，推送158户风险信息，补缴税款及滞纳金。持续打击税收违法行为，立案检查16件，查处违法使用发票9户，抑制税收违法违规行为。规范税收征管流程，税收申报率95.76%，二次逾期申报处罚率100%。加强欠税管理，成立"以票清税"工作小组，制定方案，汇总数据，核实数额，分析成因，建立底册，清理欠税2251万元，没有新增非正常欠税。加强所得税管理，完成2437户企业汇算清缴，汇算面100%；受理年所得12万元以上个人507人自行申报纳税。加强规费征缴管理，坚持"早""细""实"抓好非税职责划转，开展社保费单位参保登记信息数据清理和匹配工作，为社保费征管移交工作夯实信息基础，与人社、财政等部门沟通配合，促进代征工作规范化。

纳税服务 2018年，县税务局坚持"真心真情"，持续提升纳税服务。推进办税便利改革，全面落实涉税办理"一窗通办"，全年办理各项涉税业务10万余笔，窗口业务即办率98%以上，为纳税人提供咨询或辅导近万人次，平均每月为1000多户纳税人提供"最多跑一趟"清单相关服务，简易办税流程，简化发票核定和领取程序，引导纳税人通过自助终端机领用增值税发票；全面实行申请临时代开发票的业务免填单服务，窗口受理发票票种核定831笔、发售发票22.72万份，代开增值税发票1.08万份。与县国土局、住建局联合设置二手房交易"1+X"窗口，实现不动产登记、房屋交易、税收征缴"一窗受理"，提升办事效率达六成以上，全年受理个人二手房交易税收减免807户次，减免个人购房契税1951户次，减免个人房地产交易各项税费6000余万元。优化税收营商环境，召开各行业纳税人代表座谈会，参加18人，引导纳税人多渠道获取涉税信息，促进税企沟通交流；开展"问需求·春风进万家"走访活动，到企业开展"问需问计"，走访企业27户，提升纳税服务能力。推进税收宣传，开展"新时代与税收发展"主题随手拍摄影比赛，征集摄影作品387幅；举办纳税人学堂12期，参加千余人；专题开展个税改革宣传，发放相关资料960份，举办专题讲座5场，参加630人，发送短信6万余条；联合县委宣传部、行政服务中心等部门开展各项税收宣传进园区活动，发放相关宣传册1500多份，为1000多户小微企业提供税收政策咨询。

【大田县税务局成立】 7月20日，国家税务总局大田县税务局在建山路193-1幢（原县地税局）挂牌成立。内设办公室，法制股，税政一股、二股，社会保险费和非税收入股，收入核算股，纳税服务股，征收管理股，风险管理股，财务管理股，人事教育股和机关党委等13个机构；辖信息中心事业单位1个和第一、第二、均溪、石牌、华兴、吴山、上京、建设税务分局8个，在职干部职工146人，其中，大专以上学历140人。

【税收优惠】 2018年，县税务局加强税收优惠政策落实督查，确保政策落实到位，让小微企业充分享受到税收优惠政策红利，减轻企业负担，全年减免各项税费1.4亿余元。

【公益活动与扶贫】 2018年，县税务局在县城主干道等设立讲文明树新风公益广告38幅，宣传弘扬社会主义核心价值观；组织学雷锋志愿服务活动36期215人次，为34户贫困户家庭送去帮扶资金1.94万元；分别资助县特殊教育学校和康贝启智教育中心3万元、2.3万，资助县六中贫困学生3000元。

（刘倩倩）

金 融

□ 编辑 陈吉浣

中国人民银行大田县支行

【概况】 2018年，中国人民银行大田县支行贯彻国家金融方针政策和上级行会议精神，推动各项工作高效优质开展。年底，支行内设办公室、信贷调统股、外汇管理股、保卫股、营业室，员工25人，其中，本科学历15人、大专7人、中专3人，中级职称13人、初级9人。

存款贷款 2018年，全县金融机构本外币各项存款余额118.75亿元，比上年增长8.29%，其中储蓄存款77.56亿元，同比增长13.58%。本外币各项贷款余额86.53亿元，同比增长0.71%，其中，住户贷款余额62.69亿元，同比增长11.21%；非金融企业及机关团体贷款23.84亿元，同比下降19.33%。全县银行结汇451.17万美元，同比下降29.64%；售汇264.6万美元，同比下降88.48%；对外贸易进出口总值1894.45万美元，同比下降89.29%；其中，出口额1590.66万美元，同比下降86.78%；进口303.79万美元，同比下降93.53%。进出口顺差1286.87万美元。

2018年大田县金融机构本外币存款余额表

表6

项 目	年底余额（万元）	比上年增减	
		增减额（万元）	增减幅度（%）
一、境内存款	1187123	90932	8.30
1.住户存款	775580	92707	13.58
（1）活期存款	386638	20054	5.47
（2）定期及其他存款	388942	72653	22.97
2.金融企业存款	131655	–24075	–15.46
（1）活期存款	90632	–10104	–10.03
（2）定期及其他存款	41023	–13971	–25.40
3.广义政府存款	279854	25265	9.92
（1）财政性存款	23530	12294	109.42
（2）机关团体存款	256324	12971	5.33
4.非银行业金融机构存款	34	–2965	–98.87
二、境外存款	406	–13	–3.10
合 计	1187529	90919	8.29

2018年大田县金融机构本外币贷款余额表

表7

项 目	年底余额（万元）	比上年增减	
		增减额（万元）	增减幅度（%）
一、境内贷款	865280	6069	0.71
1.住户贷款	626891	63201	11.21
（1）短期贷款	192090	12857	7.17
（2）中长期贷款	434801	50344	13.09
2.非金融企业及机关团体贷款	238389	–57132	–19.33
（1）短期贷款	118776	18770	18.77
（2）中长期贷款	104413	–81188	–43.74
（3）票据融资	15200	5286	53.32
二、境外贷款	0	0	0
合 计	865280	6069	0.71

货币政策 2018年，人行县支行贯彻落实“货币政策+宏观审慎政策”双支柱金融调控精神，推进宏观审慎评估（MPA）工作，科学规划广义和狭义信贷增量，确保评估预期结果。运用支农再贷款、差别存款准备金等货币政策工具，引导信贷资源投向实体经济。加强窗口指导和业务督导，县农村信用联社实现资本稳步充实、贷款稳健增长、信贷结构优化、金融服务水平和经营实力持续提升，全年向上级行争取信贷规模1.4亿元，其中额外增加规模0.5亿元。围绕县委、县政府增贷化险方面中心工作，制定《关于加强实体经济金融服务进一步缓解融资难融资贵实施意见》《2018年大田县政银企对接活动方案》，引导金融机构对民营企业、小微企业、“三农”领域加大信贷投放力度，支持县域经济发展。

金融服务 2018年，人行县支行运用货币政策工具，引导金融机构创新信贷模式，加大民营企业信贷资金支持力度，年内推动地方办理应急转贷1.2亿元。利用人民银行应收账款质押融资服务平台，开展小微企业应收账款融资专项行动，推动金融机构和供应链核心企业支持小微企业开展应收账款融资。至年底，全县金融机构发放应收账款质押融资36笔、金额1472万元。调研50余家中小企业撰写呈阅件《当前金融支持小微企业发展的对策建议》，县委书记陈文华在呈阅件作出批示，要求各经济主管部门形成工作合力；《金融支持休闲旅游产业发展的实证分析及对策建议——以大田县为例》等多篇调研信息稿件被福州中心支行内刊采用。

金融稳定 2018年，人行县支行实施存款保险制度，完成辖内2家地方法人金融机构存款保险初始评级。做好综合执法检查、综合评价和开业、营业管理“两综合、两管理”，关注个人经营性贷款中“假经营、真消费”的违规行为。完成辖内8家金融机构2017年度综合评价工作，作为2018年度综合执法检查的重要依据。重点监测和关注地方法人金融机构风险，对大田晋农商村镇银行提出风险警示，该行被福州中心支行专门约谈。依据人行征信系统和统计系统，配合地方政府做好金融风险防控工作，全县贷款不良率逐月下降，年底不良率2.69%，同比下降0.52个百分点。

征信管理 2018年，人行县支行建立征信内控及问责、征信信息安全情况报告、征信信息安全巡查和年度考核评级等五项制度。建立异常查询监测和快速反应机制，制定《大田县加强金融信用体系建设（2018—2020年）实施方案》，配合发改部门制定《诚信大田建设实施方案》，推动政府及相关部门开展打击恶意逃废金融债务和清理公职人员不良贷款攻坚行动，实行大会战，用金融生态环境“组合拳”重塑大田社会信用环境。制作《个人信用报告——您的“经济身份证”》微电影，获全国法治动漫微电影作品三等奖。至12月25日，个人查询信用报告1.1万份，其中自助查询1.05万份，收费2180元，企业查询信用报告149份。

外汇管理 2018年，人行县支行以“监测、约谈、督导、检查”四个举措抑制外汇资金异常流出，遏制贸易型出口不收汇企业不在县办理出口业务行为。至年底，县域出口企业出口总额1590.66万美元，同比下降86.78%；开展外汇政策宣传、业务培训、银行执行外汇政策情况考核等，增强涉汇主体法规意识。配合国家外汇管理局三明市中心支局开展监测分析与现场检查和非现场核查，利用外汇监测分析系统及时发现、控制和纠正各类问题。加强对重点主体及异常情况的核查力度，督促银行严格履行“展业三原则”，促进涉外主体贸易投资便利化。

反洗钱管理 2018年，人行县支行加强资金监测，提升监测分析效果。接收重点可疑交易线索5条，向县公安局报送3条，立案、破案2起。其中，经分次排查1条涉嫌虚开增值税专用发票线索，转交公安机关侦破。加强洗钱可疑交易线索筛查甄别，关注涉恐、涉毒、涉贪、涉税等洗钱上游犯罪案件，配合公安机关打击地下钱庄、税务机关打击逃税、外汇管理部门打击跨境非法转移资金三项"专项行动"，打击非法吸收公众存款、集资诈骗等严重上游犯罪。与县检察院、公安局、税务局签订《反洗钱合作备忘录》，建立案件协作新机制，形成情况互通、情报会商、案件协查、线索移送、督查督办的工作环境，该做法得到中心支行领导肯定。

支付结算 2018年，人行县支行成立大田县移动支付便民示范工程领导小组和大田县移动支付便民示范工程工作推进小组，制定《大田县移动支付便民示范工程建设实施方案》，开展移动支付便民工程宣传，在学校食堂、农贸市场、行政服务大厅、医疗、公交、停车场等推广引导居民使用"云闪付"APP，全县用户数3万多个，居全市前列；改造辖内"商圈"和"街区"商户300个。172家"农村普惠金融支付服务点"升级改造，实现支持非接应用和受理"云闪付"功能114家。建设农村普惠金融服务站，推进辖内商业汇票、贴现电子化率实现"双百"。优化企业开户服务，"福建省银政通"系统上线，缩短账户办理时间。按程序组织开展支付结算检查。

【党建品牌创建】 2018年，人行县支行创建"三心三促——让党旗在基层央行阵地飘扬"党建品牌，采取固化党建标准、深化"两学一做"学习教育、优化履职质效，打造"初心不忘促党性提升、廉心不变促作风提升、尽心不息促质效提升"的党建格局。当年，支行党支部获省、市人行系统年度先进基层党组织称号，连良琦获全省人行系统优秀共产党员称号，支行党建工作材料入编全省人行系统党支部建设经验交流材料，党办党建工作在全市人行系统办公室会议交流。撰写的《创建"书香支行"树党建工作品牌》一文，入选《福建省人民银行系统思想政治工作案例手册》。

【普惠金融服务乡村振兴】 2018年，人行县支行制定《金融助力大田县乡村振兴（2018—2020年）行动方案》，引导金融机构优化涉农金融服务，深化"金融+扶贫客栈""金融+光伏产业""金融+生态农业"等精准扶贫模式，相关做法被省市人行内刊推介，工作通讯稿《"金融+"模式接地气 乡村扶贫显成效》《大田发放精准扶贫贷款1.06亿元》被中国金融网、《福建日报》、《金融时报》等媒体登载。率先在全省县域村级党群服务中心，设立集银行保险为一体的"普惠金融服务站"，获得上级行和地方党政机关肯定。选送优秀金融讲师赴福州做金融知识进校园教学经验介绍，为省唯一支行得到福州中心支行肯定。

【村镇银行现场评估】 2018年，人行县支行履行金融管理职能，率先在全省县域现场评估地方村镇银行的经营稳健性，促进银行高管层法人治理科学性和有效性，推动该行不良贷款率从最高时22%降至8.3%。

【文明单位创建】 2018年，人行县支行加强综合治理、科技管理、内审管理，《创新综治管理新模式 实现防范效能新提升——大田县支行综治安全工作"321"管理模式主要做法》一文被总行保卫局采用刊发，《人民银行实施桌面操作系统国产化的难点与思考》被总行科技司登载，《深化基层央行风险评估的几点措施》《对基层央行风险管理和评估工作的思考》被《中国审计报》刊用。开展"弘扬爱国奋斗精神、建功立业新时代""新时代 微课堂 大教学"系列专题学习，弘扬和践行社会主义核心价值观，支行文明单位创建工作获得省、市人行系统肯定，《三明日报》以《岩城：文明金融花常开》作了专门报道，支行获得"总行级文明单位"称号。

（王莉文）

三明银监分局大田办事处

【概况】 2018年，中国银行业监督管理委员会三明监管分局大田办事处（简称大田银监办）围绕"增贷化险"这一中心工作，加强监管引领和监督指导，加大银行业金融服务实体经济力度，按照"两增两控"目标，即单户授信总额1000万元以下（含）小微企业贷款同比增速不低于各项贷款同比增速、贷款户数不低于上年同期水平，合理控制小微企业贷款资产质量水平和贷款综合成本，推出"成长贷""易速贷""云税贷"等信贷产品，推广"园区企业资产按揭贷款"等，支持小微企业融资。督促辖内各行社建立以主要负责人为组长的信用风险防控专项工作组，负责统筹推进本机构不良贷款防控工作；组织各行社开展风险排查和测算，500万元以上大额不良贷款客户实行清单管理，制定"一户一策"化险措施；按季定期召开监管情况通报会，不定期召开增贷化险专题会，通报辖内金融风险情况，分析研究风险防控对策。加强信用风险防控日常督导，会同金融办将指标分解至各行社，设计增贷化险进度表，定期督查；对重点监控机构，采取约谈高管、监管提示等措施，督促其改善信用风险。县政府金融风险防控工作领导小组建立不良贷款处置会商制度，配合司法等相关部门推进打击恶意逃废债行为，建立涉金融案件快审快结绿色通道。

当年，全县银行业不良贷款呈现"双降"态势，余额2亿元，比年初下降0.85亿元；不良贷款率2.31%，同比下降0.93个百分点。全年处置不良贷款4.05亿元，新增3.2亿元，风险暴露匹配度126.56%。不良贷款偏离度得到修正，逾期90天以上不良贷款余额1.77亿元，全部进入不良贷款核算，不良贷款偏离度降到100%以下。全年调整90天以上未进入不良贷款0.28亿元，隐性不良信用风险得到明显化解和遏制。

【金融精准扶贫推进】 2018年，大田银监办推进普惠金融和精准扶贫工作，全县建档立卡贫困户2967户、8808人，建档立卡贫困村34个，空壳村38个及市级贫困乡2个。截至年底，全县银行业累计发放扶贫小额贷款2282户、余额1.02亿元，覆盖面76.9%，支持贫困户光伏发电产业、种养殖业、子女学费等资金的需求，其中农行扶贫贷款余额102万元、邮储行87万元、信用联社

3020万元、晋农商行6968万元。

【法人风险管控加强】 2018年，大田银监办以农村信用社、晋农商村镇银行为监管重点，加强大额贷款风险监管，要求2家法人机构落实关联贷款、集团客户贷款、表内外业务统一授信制度，严禁新发放隐性“垒大户”贷款和新增社团贷款。督促信用社建立约谈重点风险客户名单制度，采取“一户一策”清收方案，责任落实到人，运用催收、依法起诉、减免息等手段，提高清收效果。多次约谈晋农商村镇银行高管人员，开展不良贷款率年中剧增问题稽核调查，摸清风险底数，并与发起行多次沟通，研究化险措施；会同宣传等部门做好声誉风险管控，该行不良贷款由年中最高时22.24%下降至8.29%。两家法人机构加大力度核销不良贷款，做到应核尽核，使不良贷款偏离度均控制在100%以下。按照非现场监管信息系统，做好数据异常变动及趋势风险分析，及时发现被监管机构风险；同时做好监管评级和审慎监管会谈，及时提出监管意见。在2家法人机构建立流动性风险监测机制，加强现金流预测和限额管理，做好流动性压力测试和完善应急计划。督促2家法人机构开展大额存款、对公账户等风险滚动排查，加强内部员工日常行为管理和风险排查与警示教育。

【重点企业风险处置】 2018年，大田银监办督促指导大田建行及时处置省定重点风险企业四方置业公司不良贷款，通过分批转让、司法拍卖方式收回0.46亿元，截至年底累计收回1.56亿元。

【金融乱象整治】 2018年，大田银监办组织开展银行业信贷文化建设年活动，督促各行社结合单位实际，反思不良贷款产生的原因和改进措施，发动员工参与大讨论。督促各行社开展金融乱象自查自纠，配合省局、分局进行重点抽查。配合县政府召开联席会议，制定整治方案，进行P2P网络借贷联动整治，暂无发现县内有注册成立P2P网络借贷平台。召开全县银行业扫黑除恶专项斗争动员会和推进会，督促各行社成立领导小组，制定工作方案，严防员工、资金、业务渠道、机构网点等涉黑涉恶，开展风险排查和现场督导。围绕非法集资、校园贷、现金贷、互联网金融、诚信建设、扫黑除恶等开展金融宣传月活动，普及金融知识，提高社会公众的金融风险意识和信用意识。

（苏立墩）

中国工商银行股份有限公司大田支行

【概况】 2018年，中国工商银行股份有限公司大田支行（简称工行大田支行）贯彻落实省、市行工作会议精神，打好竞争力、资产质量、转型发展三大攻坚战，实现核心经营指标好转，资产质量改善。全年中间业务收入1247万元，比上年增长8.15%，拨备前经营利润1487万元，同比增长63.23%，序时完成率84.47%，居全市分行第一；二类行分类考评和市场竞争力评价均获第一。年底，机关内设综合部、客户部、业务部、个人金融业务部4个部，员工42人。营业大厅营业网点1个，离行式自助银行3个。

存款贷款 2018年，工行大田支行全部存款余额6.99亿元，同比增加9796万元，增长16.30%，其中，储蓄存款余额3.94亿元，同比增加6756万元；机构存款1.76亿元，同比增加1556万元；公司存款1.28亿元，同比增加1483万元。各项贷款余额7.10亿元，同比增加3.39亿元，增长91.37%，增量居县域同业第一。其中，公司贷款余额3.10亿元，同比增加3.02亿元，增长40.8倍；个人贷款4.0亿元，同比增加3680万元，增长10.14%。个人贷款中住房贷款余额3.33亿元、同比增加7075万元，消费贷款6685万元、同比减少3398万元。清收处置不良贷款2893万元，完成率209%，居全市工行第一。不良贷款余额779万元，同比下降1492万元，不良率1.1%，下降5.03个百分点。其中个人不良贷款余额771万元，不良率1.96%。

内控管理 2018年，工行大田支行围绕总行、省行“案件总量不上升，重大恶性案件和风险事件杜绝发生”的管控目标，加强重点领域风险防范和化解，持续遏制违规经营。全面落实案防和操作风险管理责任，开展专题化培训，加大履职评价考核力度，排查员工的异常行为，提高案防合规意识。加强案防传导闭环，推进重点领域和关健环节风险治理，筑牢案防日常管理基础。防范外部欺诈风险，支行定期监测分析，增强外部风险预警能力和重点部位的风险，加强风险评估，防控杜绝外部风险在支行的发生。

金融服务 2018年，工行大田支行推进优质文明服务，打造星级网点，规范员工文明用语和举止仪表等，加强业务技能培训与考核，进村开展普及金融知识和防假币、防范网络诈骗等宣传活动，提高金融服务县域社会经济发展效率。拓展金融业务，全年新增信用卡1717张，发放个人信用消费贷款（融e借）2036万元，新增有效客户822户，发展特约商户1142户，其中，线下498户，线上（二维码支付）530户，e生活平台商户114户。融e行客户2934户，融e联4979户，互联网金融客户4731户。新开对公有效结算账户71户，其中养老金客户新增4户。日均金融资产5万元以上机构客户增加16户、100万元以上增加4户，个人客户增加5991户，个人金融资产增加1.17亿元；营销代理个人保险48万元，代理销售基金1.19亿元，个人理财产品余额1.04亿元。

【十一届三次职代会召开】 11月29日，工行大田支行召开十一届三次职工（会员）代表大会，到会会员39人（缺席3人），听取、审议并通过行长曾钦略所作的《大田支行2017年工作报告》，听取审议并通过财务收支及业务招待费情况、工会工作、行务公开和工会经费审查等报告。

【趣味运动会获佳绩】 12月6日，县银行业协会在翰霖泉休闲运动中心举办趣味运动会，辖内8家行（社）各有1支代表队参加。工行大田支行代表队获得2项团体第一名、1项团体第二名，个人获得一等奖1个，二、三等奖各3个。

【工行e分期业务营销】 2018年，工行大田支行多次召开全行员工大会动员部署，利用晨会、例会等对员工进行业务培训，在员工微信朋友圈、网点LED显示屏、宣传展板和折页资料等宣传e分期业务，至年底，营销309.86万元，完成任务的151.7%。该业务仅用于客户正常消费，具高效、便捷、实惠的特点，不能用于房地产、证券、金融投资等领域，不支持存取款及转账等现金结算类业务。

（李美玲）

中国建设银行股份有限公司大田支行

【概况】 2018年，中国建设银行股份有限公司大田支行（简称建行大田支行）贯彻落实省、市分行工作会议精神和各项工作部署，围绕综合考评位次和员工收入提升、争一类行“两提一升”的工作目标，存贷款稳定运行，县域支行综合竞争力居全省第13名，为全市县域支行最高位次，比上年提升11位。党建工作考核连续两年位列全市建行第一。支行内设办公室、客户部和营业部，辖营业网点镇东支行，员工41人。当年，向省分行争取1万元党费，完善均溪镇后华村党组织活动场所建设。

存款贷款 2018年，建行大田支行全口径存款余额15.97亿元，比上年增长5.07%，时点余额、日均新增的占比均居县内国有行（工行、农行、中行）第一。其中，企业存款余额8.49亿元，同比下降0.36%；个人存款余额7.48亿元，同比增长11.98%。各项贷款余额16.68亿元，同比下降7.44%，余额占比40.39，占四行新增额60%。其中，公司客户贷款余额4.46亿元，同比下降45.18%。大力发展个贷及小微快贷业务，个人贷款余额10.03亿元，首次突破10亿元，同比增长26.98%，占四行新增额60%。信用卡贷款余额2.20亿元，同比增长8.26%。不良贷款余额6259万元，其中，公司类5199万元，个人类781万元、信用卡279万元。回收不良贷款415万元，不良贷款同比下降5767万元，不良率3.75%，同比下降2.91%。

内控管理 2018年，工行大田支行持续推进“合规文化提升年”活动，制定方案，按季召开活动推进会，信贷人员签订《信贷从业人员廉洁自律承诺书》，组织信贷文化大讨论4期；进行保护客户信息教育、征信合规自查，确保业务合法合规。制定、修订《2018年主体责任和“两防”工作考核办法》，细化考核方案，加大内控、合规考核力度，增加主动积分问责考核，把党风廉政案防作为目标绩效考核调节系数，与业务同落实、同考核，全年安全无事故。

金融服务 2018年，建行大田支行推行服务规范化、标准化建设，支持县域经济发展。加强营销，楼盘合作全覆盖，提升二手房市场份额，个人贷款余额新增2.13亿元，信用卡贷款余额新增1679万元，个人和信用卡贷款余额占全行贷款余额的73.23%。开展普惠金融服务，支持小微企业发展，申贷客户141户，有效客户118户，新增75户，完成年任务的167%，全市县级支行排名第二。小微快贷余额3634万元，新增2071万元；普惠贷款余额5230万元，新增642万元。开展住房租赁业务，ccb建融家园具有搜索房源，预约看房，在线签约、备案、报修评价，缴费支付等功能，全流程线上租赁交易，全年，下载量1702户，完成率138%；上线房源1078套，交易47笔，均超额完成市分行下达的任务。

【“劳动者港湾”专区设立】 8月，建行大田支行贯彻总行党委关于履行社会责任、关心人民安危冷暖、助力解决社会痛点等要求，在营业部设立15平方米“劳动者港湾”专区，置有桌椅、饮用水、雨伞、复印机、点钞机、婴儿车、微波炉、电视机、报纸杂志等，给各行业劳动者提供歇脚停靠场所。

【“裕农通”服务点开办】 2018年，建行大田支行在石牌、华兴、太华、上京、湖美5个乡镇开办10个“裕农通”业务点，为农村客户提供助农取款、转账汇款、消费结算、理财等业务。

（姚　诚）

中国农业银行股份有限公司大田县支行

【概况】 2018年，中国农业银行股份有限公司大田县支行（简称农行县支行）贯彻落实市分行党委各项决策部署，坚持稳中求进和高质量发展，党建引领，提升主体业务竞争力，严格信贷与案防风险管控，优化内部管理，全年平安运营，未发生重大事件，业务经营健康有效发展。全年实现拨备前利润3927万元，比上年增长12.68%。年底，支行内设综合管理部、运营管理部、信用与风险管理部、计划财会管理中心、公司业务部、个人金融部5个部门；城区设支行营业部、岩中支行、东门支行、南大街支行，乡镇设上京支行，共有营业网点5个，员工86人。

存款贷款 2018年，农行县支行各项存款余额15.33亿元，同比增长2.52%，其中，对公存款余额6.51亿元，同比下降5.92%；个人存款8.82亿元，同比增长9.98%。各项贷款余额13.36亿元，同比增长6.54%。

内控管理 2018年，农行县支行坚持“从严治行、从严管理”，保障依法合规经营。从严治贷，信贷投放与风险管控并举，确保信贷资产质量良好；健全监督体系，落实案件防控责任制和问责制，执行干部交流、岗位轮换、强制休假和亲属回避等“四项制度”，安排交流轮岗58人次；加强问题整改纠偏，严格责任追究，针对内外部监管检查发现的问题，常态化做好问题整改纠偏工作，确保整改取得实效。

金融服务 2018年，农行县支行推广特色金融“惠农e贷”产品，助力地方经济和乡村振兴。依托县油茶、茶叶等特色产业及乡村振兴带头人，开办“惠农e贷”业务，全年授信额度1.01亿元，实际投放贷款8086万元，支持1123户农户发展农业生产。落实网点劳动组合优化机制，打造一点一策的弹性排班机制、同时优化业务办理流程，提高办理效率，缩短业务处理与客户等候时间，提升客户满意度。

【南大街自助银行终止营业】 9月，农行县支行建山路89号南大街自助银行，因服务半径交叉，日交易量少，经三明银监分局批准终止营业。

【4个网点硬件微改造】 12月，农行县支行按照省市分行部署，推进“创服

务品牌”工作，投资126.97万元，完成辖内岩中支行、南大街支行、东门支行、上京支行4个营业网点硬件设施升级微改造，各网点厅堂环境优美。

（林纪伟）

中国银行股份有限公司三明大田支行

【概况】 2018年，中国银行股份有限公司三明大田支行（简称中行大田支行）按照总行、省行、分行党委的部署，结合支行实际及所在区域的情况，抓好队伍管理、营销攻坚、内控管理和服务拓展工作，各项业务平稳增长。在总行2018年度“万马奔腾—开门红”争霸赛中，取得全省争先进位第一名，受到省分行嘉奖，并先后获得“三明市金融青年五四奖章”、省分行“优秀基层党组织”、2017—2018年度中行省分行“青年文明号”等称号及县文明单位。

存款贷款 2018年，中行大田支行各项存款余额3.68亿元，比上年增加7150万元，市场份额同比提升0.42%；其中公司存款新增3386万元、储蓄存款新增3764万元，市场份额同比分别提升0.96%、0.31%；全量客户金融资产4.05亿元，同比增加8251万元，增幅25%。支行各项贷款余额4.17亿元，同比减少2.60亿元，其中零售贷款增3384万元、公司贷款减2.94亿元。不良贷款余额567万元，不良率1.35%。

内控管理 2018年，中行大田支行坚持“晨会案防一分钟”“安全员轮值”制度，落实上级行“蓝天工程”“内控案防专项治理”等检查的要求，加强员工培训，进行合规经营理念教育。分别成立信贷文化建设、信贷领域腐败问题专项整治、深化整治市场乱象、信用风险防控等工作小组，自查自纠存在的问题，确保各项业务合规开展。

金融服务 2018年，中行大田支行做好县域社会经济发展和群众生产生活的金融服务，为福建兴田混凝土有限公司等企业投放中长期固定资产贷款1165万元，为美地公园和大田碧桂园房地产开发项目的103户业主提供住房按揭贷款3566万元；全年发放有效信用卡1020张，消费金额近6300万元；拓展结算产品，分别激活电子银行和手机银行客户2809户、2617户；引导配合社区工作人员到南街社区和红星村老年人协会、县老年大学开展老年人小额定期、理财产品及防范金融诈骗等知识宣传，开户150多户，新增定期存款760万元。

【党日活动】 7月9日，中行大田支行开展党日活动，邀请县委党校教师田生银上《认真学习党章严格遵守党章》、县纪委组织和宣传部部长林凤都上《学习新条例展现新作为》专题党课；参观县人民检察院反腐倡廉教育基地、县革命烈士陵园等，支行中共党员10人、非党职工5人参加活动。

【民营企业贷款支持】 2018年，中行大田支行贯彻省行《关于进一步支持民营企业发展的通知》，落实支行《支持民营企业二十条》，优化授信政策，加强小微企业、涉农、扶贫授信业务责任认定，宣传“中银接力通宝”“中银外贸通宝”“中银流水贷”等产品，拓宽融资渠道，为育灯纺织有限公司无还本续贷1800万元，为岩兴气体有限公司的1000万元贷款执行4.86%普惠型小微企业贷款利率。

（吴开斌）

中国邮政储蓄银行股份有限公司大田县支行

【概况】 2018年，中国邮政储蓄银行股份有限公司大田县支行（简称邮储银行县支行）围绕省、市行工作会议部署，以“普惠金融、服务三农、服务中小微企业”为宗旨，落实县委、县政府的决策，执行监管部门的要求，坚持稳中求进，实现持续健康发展。

存款贷款 2018年，邮储银行县支行各项存款余额17.45亿元，比上年增长3.44%，其中，储蓄存款余额15.67亿元，同比增长9.20%；公司存款1.78亿元，同比下降32.58%。各项贷款余额8.59亿元，同比增长6.97%。不良贷款余额1922万元，不良率2.24%。

内控管理 2018年，邮储银行县支行落实“党政同责、一岗双责、齐抓共管、失职追责”的安全生产责任体系，签订“安全生产责任书”“案件防控责任书”。加强重点岗位、重点环节检查和风险排查，10位员工实行轮岗管理。严查员工的违规行为，专项检查、排查对公重点业务，整治不规范经营。做好风险管控，落实资产质量控制指标，监测资产质量指标完成情况，分析、预测重点客户风险状况，联系公安、法院等司法部门进行不良资产清收；营业网点外部安装高清监控安防设施，保持全年“零案件”。

金融服务 2018年，邮储银行县支行开展金融下乡“七送一收”活动，即：惠农送贷、送金融下乡和金融结算、金融知识及送征信、反洗钱宣传、送国债下乡，收集普惠金融服务需求。将金融业务推向农村市场，设立农村普惠金融服务站15个，建立信用村30个，评定信用户1095户，授信599户、金额4518万元，放款3260万元，涉农贷款余额4.05亿元。推进“百乡千村”工程，扩大农村市场的金融服务覆盖面，全年投放小额贷款1.71亿元，解决2800多户农户的资金短缺问题。

【乡村振兴战略合作协议签订】 2018年，邮储银行县支行先后与县政府、均溪镇政府、武陵乡政府签订乡村振兴战略合作协议，与武陵乡大石村开展党建共建。推出“振兴乡村贷”专属产品，具有额度高、利率低、期限长的特点，为均溪镇、武陵乡农户发放贷款806笔，金额4469万元。

【小微企业支持力度加大】 2018年，邮储银行县支行坚持小中做小、小中做优，加大小微企业信贷投放力度，实施小微企业成本价（FTP）优惠，取消利率下限目标，全年投放小微企业法人贷款4493万元，贷款利率降幅超1个百分点。

【消费贷新产品推出】 2018年，邮储银行县支行推动免抵押、免担保、利率优、随借随还的“优享贷”消费贷新产品，全年发放各种消费贷款2.72亿元，发放生源地助学贷款214.93万元，市场占有率50.4%。

【献爱心活动】 2018年，邮储银行县支行弘扬企业文化，向挂钩的广平镇西园村教育基金捐款2000元、扶贫困难户600元，员工为县见义勇为基金捐款450元。

（肖玉玲）

兴业银行三明大田支行

【概况】 2018年，兴业银行股份有限公司三明大田支行（简称兴业银行大田支行）坚持“依法经营、稳健经营、文明经营”的方针，开展各项改革与创新，推动业务发展和盈利模式的转变。年底，支行内设综合科、小企业部、零贷部、营业厅、运营科，员工15人。

存款贷款 2018年，兴业银行大田支行本外币各项存款余额6.51亿元，比上年增长19.89%，其中，对公存款3.01亿元，同比持平；个人储蓄3.49亿元，同比增长44.53%。各项贷款余额7.48亿元，同比下降17.53%，其中，短期贷款4.32亿元，中长期贷款3.16亿元，同比分别下降5.05%、30.40%。

内控管理 2018年，兴业银行大田支行开展增贷化险工作，拓展业务服务范围。进行廉政文化教育，采取内培和外培相结合的方式，书本教育、集中与日常教育、正面典型与警示教育“三个结合”，有计划、有步骤进行干部员工系统培训。加强法制教育，开展合规内控提升年活动和“监管套利、空转套利、关联套利”及“违法、违规、违章行为”等专项治理，组织员工观看反腐倡廉片等，严禁违规操作和越权办事。加强警示教育和树立党员干部良好形象，运用近年发生在金融系统的案例教育员工知法、懂法、依法办事。

金融服务 2018年，兴业银行大田支行不断拓展业务范围，推出一批特色金融产品，服务地方经济建设和社会和谐发展。参与县大型基础设施、旧城改造和海西建设，支持省市县重点项目、扶持中小企业发展，“兴闪贷”客户500多户，比上年增长56%；继续支持水利设施建设，贷款余额3.5亿元，占全部贷款余额的46.79%。

【理财产品推出】 2018年，兴业银行大田支行推出最新理财产品“现金宝·添利1号”，具有流动性好、收益高等优势，开户900多户，余额近2亿元。

【“个人创业担保贷”推出】 2018年，兴业银行大田支行联合县财政局、县人力资源社会保障局推出利民惠民的个人创业担保贷款，服务个体工商户创业客群，财政全额贴息，申办条件手续简便、审批高效快速，全年发放贷款34笔、金额340万元。

（洪新阳）

大田晋农商村镇银行股份有限公司

【概况】 2018年，大田晋农商村镇银行股份有限公司（简称晋农商村镇银行）坚持服务“三农”、支农支小的市场定位，加强风险管控，继续推进审慎合规经营，实现利润120.83万元，比上年下降78.67%。内设营业部、业务部、综合部，年底员工26人。

存款贷款 2018年，晋农商村镇银行各项存款余额1.59亿元，同比下降39.08%，其中储蓄存款0.61亿元，同比下降25.61%。各项贷款余额1.69亿元，同比下降32.40%，其中，涉农贷款1.51亿元，占各项贷款余额的89.40%，贷款农户1191户，余额1.31亿元。全行户均贷款13.16万元，同比减少2.59万元。

内控管理 2018年，晋农商村镇银行完善内控制度建设，加强信贷“三查”全流程管理，推进不良贷款清收，“一户一策”，责任到人，建立台账，全年收回表外不良贷款274.09万元。加强会计检查辅导，开展风险排查，进行序时性检查2次；按月、按季度抓好员工关键风险点排查及整改。利用二代审计系统分析银行业非现场督查报表（1104）监管系统等大数据，风险防控关口前移。组织员工考试交流等，提高综合素质。

金融服务 2018年，晋农商村镇银行开展多种形式的反假币、防诈骗、反洗钱等普惠金融宣传活动，采取措施，开通绿色便捷金融服务渠道。提升金融服务能力，坚持“小额、流动、分散”的经营方向，优化信贷产品，升级“家易贷”产品；推出“创业贷”“两委贷”“建房贷”“融易贷”“安居贷”等信贷产品，发展以农村为主的小额信贷投放；针对小微企业推广“自助循环贷”，对资金阶段性回笼的客户实行中长期贷款期限；助力民生业务，开展城区一手房、二手房按揭贷款、创业贴息贷款和个体工商户贷款，简化贷款手续，提高办贷效率。

【趣味运动会获奖】 12月6日，晋农商村镇银行参加县银行业协会在翰林泉休闲运动中心举办的趣味运动会。分别获得团体羽毛球对打接力赛一等奖、飞镖接力赛三等奖；章华军获得飞镖接力赛二等奖，詹彩萍、范美玉分别获得跳绳接力赛三等奖。

【精准扶贫贷款发放】 2018年，晋农商村镇银行与县扶贫办对接，开办精准扶贫委托贷款，单户授信额度不超过5万元，贷款最长期限3年。全年发放精准扶贫贷款1407笔，金额6849.8万元，其中，行自有资金发放286笔，金额1382.89万元；委托发放1121笔，金额5466.91万元。

（陈艳艳）

大田县农村信用合作联社

【概况】 2018年，大田县农村信用合作联社（简称县信用联社）持续深化经营转型，实施服务乡村振兴战略，坚持走“小而美、小而精、小而优”差异化经营之路，推进规模银行向价值银行转变，增强特色优势业务市场竞争力，发展质量和效益稳步提升。年底，县联社职能部门11个，营业部1个，信用社16个，分社7个；员工215人，其中本科学历144人、专科57人，中级职称54人、初级31人。10月1日，县信用联社领导班子成员及机关部门、分支机构负责人、员工代表120多人，在福万通大厦前广场举行庆祝中华人民共和国成立69周年升国旗仪式。

存款贷款 2018年底，全县信用社各项存款余额48.75亿元，比上年增长9.55%，占市场份额41.08%，其中，对公存款余额12.83亿元，同比增长

0.19%；储蓄存款35.92亿元，同比增长13.31%。各项贷款余额27.45亿元，同比增长8.64%，占市场份额31.72%，其中涉农贷款余额23.90亿元，占各项贷款余额的87.07%；单户授信1000万元以下（含、按新口径）小微企业4442户，贷款余额6.85亿元，分别同比增长12%、9.32%，实现“两增两控”目标。

内控管理 2018年，县信用联社以合规管理年为契机，开展监事长“排雷”行动，持续加强内控监督检查管理，推进合规稳健发展。推进信贷文化建设，组织4场信贷文化专题讨论会，讨论信贷文化核心理念、信贷风险防控、信贷队伍管理等方面存在的问题，提升信贷合规理念。完善公司治理，制定高管层信息报告制度，加强股东股权管理，制定《股权管理暂行办法》；7月，党组织职责权限、机构设置、运行机制、基础保障等党建工作写入联社章程，把加强党的领导与改善公司治理统一起来。突出制度先行，全年修定完善各类制度30项，新制定各类制度95项，涵盖业务、岗位的方方面面。开展案防工作，全年稽核审计发现问题154条，下发整改意见书46份，落实问责118人次；投入539个工作日，对重要岗位人员进行任期、离岗、离任稽核，提出整改建议119条，整改落实100%。

金融服务 2018年，县信用联社立足县域，完善信贷产品，充分满足信贷需求，陆续推出向日葵·创业贴息贷、党员先锋贷、幸福贷、借呗贷、网拍贷等25款信贷产品，涵盖乡村振兴产业兴旺、生活富裕、普惠金融三大系列，基本满足农村、城镇居民生产经营、消费等多元化信贷需求。坚持增户扩面战略，继续推进“整村授信”，以精准建档为依托，以“福e贷”地毯式营销，拓展有效信贷客户，年贷款户近3.3万户，新增4513户，贷款覆盖面38.60%，同比上升5.28%。实施精准扶贫，设立担保创新型金融扶贫模式，建立村级扶贫融资担保基金16个，存入扶贫基金金额600.74万元；针对不同的帮扶群体设定信贷产品，其中，生源地助学贷款余额4423.35万元，计生户贴息贷款340万元，支持就业再就业小额担保贷款616万元，农村青年创业贴息贷款1829万元；推行“无还本续贷”服务，帮助客户解决融资成本贵、融资难问题，促进小微企业升级转型，为26户小微企业办理无还本续贷业务，余额6918万元。加快转型发展，加大电子银行建设，提高网上银行、手机银行、自助银行、POS机、二维码扫码收单的覆盖率和使用率，至年底，电子交易占比87.12%。网上银行客户存量1.57万户，手机银行客户存量9.86万户，微信用户关注数6.13万户，微信银行绑定数4.08万户，分别比上年增长42.73%、20.24%、53.25%、107.11%；二维码收单4178户，设立小额支付便民点机具278台。

【普惠金融新春茶话会举办】 1月，县信用联社利用外出务工、创业人员返乡欢度春节的时机，举办“普惠金融新春茶话会”，组织人员在各乡镇人口密集地区集中开展政策宣传、产品推介、业务办理等一站式金融服务，全年共举办“茶话会”112场，遍布18个乡镇、110多个村和居委会，促进普惠金融进家入户。

【“网拍贷”推出】 5月23日，县信用联社与县人民法院签订《司法网络拍卖按揭贷款合作协议》，推出“网拍贷”。通过银法合作，建立司法网络拍卖按揭融资服务平台，为资金有限、无法一次性支付拍卖款的竞买人提供贷款服务，促进司法拍卖标的物成交，提高执行财产处置效率。至年底，发放“网拍贷”20笔、金额1730万元。

【贷款千人计划启动】 6月29日，县信用联社联合县财政局、县人力资源和社会保障局，在福万通大厦24楼会议室，召开大田县2018年创业贴息贷款政策培训会议暨“向日葵”贷款千人计划启动仪式，乡镇劳动保障所和基层信用社负责人等52人参加。现场举行《大田县创业担保贷款业务合作协议》三方签约仪式。县信用联社每年为“向日葵”创业单列信贷规模1亿元，具有额度高、流程简便、还款方式灵活、享受财政贴息等特点，助力乡村振兴，促进县域实体经济发展。至年底，发放“向日葵”创业贷款192笔、1844万元。

【党建共建签约】 8月13日，县信用联社与县人民检察院举行党建结对共建签约仪式，双方党委（党总支）、机关党支部分别共同签署《党建结对共建协议书》，并互赠“党建共建单位”牌匾。着重抓好“四个共建”，即规范组织生活共建、提升组织活力共建、拓展党建阵地共建、打造党建品牌共建；重点开展“四个共同”，即共同组织党的理论学习、共同开展预防职务犯罪宣传教育、共同防范化解金融风险、共同为群众办实事。11月16日，又与石牌镇京程村在村党员活动室举行党建结对共建签约仪式，以党建助力脱贫攻坚，信用联社投入资金12万元，修缮标准化党员活动室和老年人活动中心等基础设施。

【银商合作座谈会召开】 10月2日，县信用联社在福万通大厦25楼党建室召开主题为“党建引领 乡贤回归 助力乡村振兴”银商合作座谈会，与泉州大田商会有关负责人、优秀企业家代表等20余人，就银商合作、股权管理、金融服务、业务创新等进行交流，共话乡村振兴，共谋银商发展，激发乡贤回乡投资创业热情。

【金融知识进校园】 10月9日，县信用联社联合团县委到城关第一小学开展主题为“金融知识进校园 志愿服务我先行”的金融知识进校园宣传活动。授课内容有“探索货币的奥秘”“了解身边的支付方式”“做个小小理财家”“争当诚信小公民”“走进金融大家庭”等基础金融常识，授课方式寓教于乐，110多人参加听课。

【“三有书屋”对外开放】 10月，均溪镇赤岩山路福万通大厦一楼的县信用联社“三有书屋”正式对外开放。藏有各类图书1000余册。

【情绪管理与压力纾解培训】 11月，县信用联社在福万通大厦26楼活动室举办员工情绪管理与压力纾解培训，215名员工分两批次参加培训。邀请陕西省培训师联合会副秘书长安妮授课，围绕情绪管控、压力疏解、阳光心态等三个方面进行讲解，引导员工学会掌握自我、调节情绪，塑造阳光心态。

【县信用联社妇联成立】 11月12日，县信用联社第一次妇女代表大会在福万通大厦24楼会议室召开，出席代表28人（缺席1人），大会选举产生县信用联社第一届妇联执行委员会委员7人。第一届妇联执委会第一次会议选举产生主席、副主席各1人，主席杨婷娥。

【县信用联社团委换届】 12月21日，县信用联社团委在福万通大厦24楼会议室召开第二次团员代表大会，代表29人全部出席，大会选举产生共青团大田县信用联社新一届委员会委员7人。第二届团委会第一次会议选举产生书记、副书记各1人，书记陈汝君。

（陈汝君）

中国人民财产保险股份有限公司大田支公司

【概况】 2018年，中国人民财产保险股份有限公司大田支公司（简称人保财险大田支公司）签订保单2.28万份，实现保费收入4366.6万元，比上年增长7.41%，占全县财险市场份额的45.72%，其中，企财险保费255.23万元，同比增长69.24%；工程险23.68万元，同比增长3057.33%；车辆交强险644.59万元，同比增长20.89%；车辆商业险1769.68万元，同比增长4.71%；货运险0.19万元，同比下降29.63%；责任险361.54万元，同比下降8.48%；意外险238.15万元，同比下降10.05%；健康险26.54万元，同比增长108.81%；家财险185.17万元，同比增长0.6%；农业保险861.83万元，同比增长3.48%。全年理赔结案6588件，赔款2212.61万元，其中，企财险142.19万元，简单赔付率55.71%；工程险0.93万元，赔付率3.93%；车辆交强险276.31万元，赔付率42.87%；车辆商业险772.93万元，赔付率43.68%；责任险281.45万元，赔付率77.85%；意外险105.87万元，赔付率44.16%；健康险19.52万元，赔付率73.55%；家财险82.41万元，赔付率44.51%；农业保险531万元，赔付率61.61%，其中水稻种植保险赔款32.45万元，简单赔付率71.69%。实现考核口径利润786万元。公司内设综合部、理赔分部、非车险部、农险部、续保团队、车商团队、直销业务部等7个部门，下辖建设保险营销服务部、吴山三农保险服务站。各类性质用工52人，其中，总公司劳动合同员工6人，地方劳动合同员工15人，劳务派遣人员31人。10至12月，公司办公大楼内部重新改造装修，投入130万元。

【领导调研】 1月23日，市政府副市长程鹏鹰、市科技局局长李荣安、市政府办副主任罗松彬等一行到大田调研政策性保险合作情况、保险业务、服务民生及县重点工作情况，县政府副县长陈剑生、涂剑峰陪同调研。4月25日，县委书记陈文华到人保财险大田支公司调研。8月22日，福建保监局局长葛翎一行6人到大田调研保险业市场乱象整治及扫黑除恶工作。

【农村老年人团体意外伤害保险】 11月1日，人保财险大田支公司与县民政局签订首单老年人团体意外保险，由县政府出资15.52万元，为7760位60—79周岁农村特殊人群和80周岁以上农村老年人，购买意外伤害保险，每人保费20元。

【业绩获奖】 2018年，人保财险大田支公司获全省2017年度县区级支公司经营管理一等奖，被评为省级先进单位。获2018年度省分公司经营管理三等奖、市场份额奖和三明市分公司经营管理二等奖、市场份额奖。获中共大田县委、县人民政府“2018年度纳税四百万元以上企业”奖、“平安单位”奖，大田县体育总会“体育特别贡献”奖；车商团队被三明市分公司评为优秀团队；涂秀来被省分公司评为“十佳销售服务精英”。

【政策补贴型农业保险业务推广】 2018年，人保财险大田支公司首次开展肉兔养殖保险，保费收入13.5万元；首年组织水稻制种保险32单，保费收入18.9万元；新增生猪全生命周期保险，收取保费93万元。

【财产保险其他营销部】 2018年，在县内设立财产保险营销服务部的其他股份有限公司有平安财险、太平洋财险、大地财险、安邦财险、华安财险、中华联合财险、紫金财险、中国人寿财险、长安责任保险营销服务部及阳光财险支公司等10家。险种有企业财险、机动车险、家财险、货运险、责任保险、工程保险、信用保险、农业保险、短期健康险和意外险等，收入保费5183.53万元。

（陈开篇）

中国人寿保险股份有限公司大田县支公司

【概况】 2018年，中国人寿保险股份有限公司大田县支公司（简称中国人寿县支公司）围绕“重价值、强队伍、优结构、稳增长、防风险”的经营思路，继续做好特殊人群意外伤害保险和建档立卡贫困户保险服务，推出新险种，推进企业转型，抢抓机遇，实现稳中有进、稳中增效。全年保费收入1.46亿元，比上年增长21.67%，其中，续期保费9204万元，同比增长24.24%；首年保费4545万元，同比增长20.58%；短期性保费842万元，同比增长1.04%。办理理赔案1558件，赔付金额584.15万元。年纳税196.97万元。年底，县支公司在全县设营销服务部5个，员工25人、代理业务员585人。

【新险种推出】 2018年，中国人寿县支公司推出“国寿盛世臻品年金保险”“国寿盛世尊享年金保险”“国寿百万如意行两全保险”等新险种，收保费2279万元，占全部保费收入的15.61%。

【大案理赔】 2018年，中国人寿县支公司为均溪镇宋京村村民范某护迎龙队伍掉入崖底身亡，赔付意外身故保险金10万元；为石牌镇村民林某工程施工时被砸伤，赔付意外伤害保险金7.5万元；为文江镇村民陈某溺水，赔付身故意外保险金12万元；为均溪镇居民林某肝癌、田某肠癌，各赔付重大疾病保险金6万元。

（涂新红）

证 券

【概况】 2018年，全县证券营业部2家，正式员工24人，经营证券经纪、咨询、交易及投资等财务顾问及投资基金代销等服务，交易量94.35亿元。

兴业证券大田营业部 6月，兴业证券股份有限公司大田建山路证券营业部（简称兴业证券大田营业部），按照兴业银行与兴业证券全面战略合作关系，与兴业银行大田支行开展联名卡推广，因地制宜制定推动方案，组织员工培训，成立专人对接沟通机制，定期跟踪合作成效，落实开户实名制和投资者适当性管理。其中，博道卓远基金收益超20%，深受客户认可和好评。全年新开账户3212户，股基交易量17.61亿元，证券交易金额20.34亿元，手续费占区域的0.61%，占全省的0.04%。年底，正式员工11人。

华福证券大田营业部 2018年，华福证券有限责任公司大田建山路证券营业部（简称华福证券大田营业部），主营业务有证券经纪，证券咨询，与证券交易、证券投资相关活动有关的财务顾问，融资融券，证券投资基金代销，为期货公司提供中间介绍业务，代销金融产品，证券资产管理业务项目、证券承销与保荐业务项目的推介和承揽等。引导客户适当性投资，对员工进行业务知识、合规及反洗钱等方面的培训，当年开户858户，交易量76.74亿。营业部设运营部和市场部，员工13人（含证券经纪人5人）。

【“权王争霸赛”股票期权营销】 2018年，兴业证券大田营业部组织期权知识竞赛，全体理财顾问每天参与竞赛答题3次，开通股票期权模拟账户，进行模拟交易20笔以上，其中期权专员为理财顾问进行业务知识培训、目标客户协同拜访、邀约客户协同接待、已开客户协同服务、定期举办期权专场讲座等。

【股市沙龙】 2018年，华福证券大田营业部周三晚组织股市沙龙活动30余次，参加450多人次，向新入市投资者普及证券投资基础知识，为客户解读国内外发生的大事件，引导投资者理性投资，减少盲目跟风，投机炒作。

（林万春　林　媛）

国土资源与生态环境管理

□ 编辑 陈吉浣

国土资源管理

【概况】 2018年，大田县国土资源局执行“十分珍惜、合理利用土地和切实保护耕地”的基本国策，履行“保障发展、保护资源”的职责，建设安全、绿色、高效、法治、和谐的美丽国土。省国土资源管理监测评价及辅助决策系统显示，大田县位处全省第十三名，全市第四名；获县“五比五晒”项目竞赛活动县直项目推进竞赛组三等奖、县绩效综合考评一等奖。

法规宣传 2018年，县国土资源局以“珍惜土地资源、建设美丽家园”为主题，举办第四届“国土杯”篮球赛，县纪委、供电公司等12支男子代表队参加；4月20日，联合县环保局、水利局、科技局在时代广场开展第49个世界地球日宣传活动，发放地球日特刊、地质灾害防灾避险宣传折页和生态环境保护等宣传材料3000多份。全年通过微信公众号连续向10万个微信号用户推送“全国土地日”宣传特刊、《中华人民共和国安全生产法》等，宣传土地与生态文明建设。

执法监察 2018年，县国土资源局受理有关国土资源的信访件118件（重复16件），反馈率100%；接待群众来访7批10人次；依法立案查处土地行政案件44宗，涉及土地面积15.93公顷（耕地3.02公顷），处罚款153.89万元。

规划管理和耕地保护 2018年，县国土资源局完成县土地利用总体规划调整完善方案，4月，启用新数据库；办理32个有条件建设区的规划调整，总规模83.09公顷；办理建设用地项目土地规划预审39宗，用地规模114.39公顷，其中耕地14.37公顷。全县耕地保有量保持2.02万公顷，其中划定永久基本农田面积1.59万公顷，占全县耕地面积的78.71%；逐级签订县、乡、村三级永久基本农田保护责任书，落实国土资源部“保增长保红线行动”和基本农田“五不准”的要求，补充耕地50.29公顷。

地籍管理 2018年，县国土资源局采用“互联网+”举证核查模式，分步实施土地利用变更调查，监测国土资源部下发遥感图斑面积196.3公顷，其中农用地181.45公顷（耕地51.11公顷），未利用地13.97公顷，建设用地0.88公顷，涉及17个乡镇126个村，变更调查第一次上报成果数据中，违法占用耕地面积4.5公顷，占11.82%。在均溪、石牌、华兴等15个乡镇189个村，开展宅基地和集体建设用地使用权确权登记发证调查，完成7.55万宗、面积1313.01万平方米，完成年度任务的101%。

建设用地管理 2018年，县国土资源局审理报县政府审批城区个人建房17宗、面积0.18公顷；拍卖、挂牌出让经营性土地使用权23宗、面积60.32公顷，成交价4.77亿元。经省、市政府批准农用地转用和征收土地15个批次、单独选址项目1个，共44个项目，总面积124.20公顷。依法依规征收农村集体土地面积106.47公顷，支付征地补偿费4808.42万元。

矿产开发管理 2018年，全县有效采矿权证59本，矿产品经营许可证112本，其中新办19本、年检25本；受理省、市级发证矿山报件60宗，新立、延续矿山发证3本，注销采矿许可证18本；115个全国矿业权人勘查开采信息全部公示，随机抽检矿山3个，均无异常；办理矿业权抵押登记2宗，抵押金额1.02亿元；催缴采矿权出让收益11宗，金额4574.86万元。

地质灾害防治 年初，县国土资源局编制地质灾害防治方案，全面巡查、排查县域2233平方公里范围内的地质灾害隐患和群众住房的高陡边坡，跟踪管理地质灾害隐患点318处、高陡边坡2024处；10户地质灾害搬迁户完成重建。4月22日，邀请国家突发灾害专家、省突发灾害首席专家、省国土资源厅检测中心原总工程师王国民在均溪镇进行地质灾害防治知识专题培训，参加120人。

地质勘查与储量管理 2018年，县国土资源局建立勘查项目台账，督促探矿权人提交开工报告、地质资料17份；开展86个矿山储量动态检测，提交年报26份，其中储量没发生变化的60个停产矿山免报。年底，全县有效探矿权证19本。

不动产登记管理 2018年，县国土资源局落实“互联网+政务服务”“让数据跑代替群众跑”的工作方式，推广不动产登记“外网申请、内网审理”，提升登记服务水平，不动产抵押登记“一趟不用跑”；在银行网点设立便民服务点提高金融信贷和不动产登记效率。8月13日，接管房产登记档案数据，房产交易登记正式实施“一窗受理”，全年受理、颁发不动产权证书3190本，出具不动产权证明6042份。

土地收储 2018年，县土地储备中心完成宝山机械有限公司、兴达液压机械厂、岩华汽车机械维修有限公司等15宗土地收储补偿，新增储备土地10.54公顷；新报批菜坂洋、鸭蛋山储备土地9.1公顷；推出东坑垄、原汽车站片区、燃料公司棚改地块等房地产开发项目土地约8公顷，出让金3.5亿元。

测绘管理 2018年，县国土资源局配合做好京口工业园区、均溪东毂坑、上京三阳、太华罗丰工业区和国道纵五线公路、兴泉铁路、莆炎高速公路、香山北路以及相应的安置点等，重点工程建设项目用地测量283个宗地；完成土地登记96宗地的地籍图测绘、2017年度卫片执法检查项目和2018年度信访件等，53宗地的地图测量，面积约10.3公顷。

【国土资源管理工作会召开】 3月27日，县政府在五楼会议室召开国土资源管理工作会，县直有关单位、乡镇领导、县国土资源局领导班子成员和局机关股室、直属事业单位负责人等110人参加，并邀请县法院、检察院领导参加。县国土资源局局长林宗镇传达全国、省、市国土资源工作会议精神，总结2017年国土资源管理工作并安排2018年国土资源管理工作。县委常委、常务副县长陈剑生、副县长吴文旗分别作讲话。会议表彰2017年度国土资源管理工作目标责任考评先进单位17个，向18个乡镇和3个县直部门颁发2018年度耕地保护目标责任书21份；向18个乡镇和10个县直部门颁发2018年度矿产资源管理工作目标责任书28份。

【第三次全国国土调查开展】 4月，大田县成立以县政府分管领导为组长，县国土、财政、住建、农业、水利等部门分管领导为成员的大田县第三次全国土地调查领导小组，下设办公室（挂靠在县国土资源局），启动第三次国土调查，包括土地利用现状和土地权属调查，专项用地调查与评价，建立各级土地利用数据库及成果汇总等；将使用卫星遥感、信息数据共享平台、实地调查登记核实等方式进行。至年底完成领导机构、工作方案、宣传、经费预算、项目招标等前期工作。

【地质灾害应急救援演练】 5月25日，县防汛抗旱指挥部在石牌镇石牌村举行防汛抗洪抢险救灾暨地质灾害应急救援演练活动。国土资源局、民政局、气象局、人武部、卫计局、石牌镇政府等18个部门以及福建省地质工程勘察院专家等210人参加。演练按设置的实战步骤有序进行，模拟短时强降雨等极端气候现象，河水超警戒水位2米，石牌村2处低洼地带受淹，山体开裂滑坡，桥梁主体受损，道路、交通、电力、通讯和供水出现中断，20多名群众需紧急转移。

【不动产交易登记综合窗口设立】 8月13日，县国土资源局和县行政服务中心管委会牵头，县税务局、住建局密切配合，在行政服务中心第13号窗口设立不动产交易登记综合窗口，实行不动产登记、房产交易、税收征缴“一窗受理”，承办国有建设用地使用权及房产所有权转移登记（个人二手房买卖、拆迁安置、赠与、公证继承）的交易网签、缴税、不动产登记业务，实现“一窗受理、内部流转、统一出件”，做到信息多跑路，群众少跑腿。

【大田县自然资源局挂牌】 12月30日，根据《大田县机构改革实施方案》，大田县自然资源局在建山路11号（原国土资源局）正式挂牌。将县国土资源局的职责和县发展改革局参与编制主体功能区规划、县住建局城乡规划、县水利局水资源调查和确权登记管理、县农业局草地资源调查和确权登记管理及县林业局森林、湿地资源调查和确权登记管理等职责整合，组建县自然资源局。

【矿产资源总体规划编制完成】 12月，大田县矿产资源总体规划（2016—2020年）编制经三明市政府批复，该规划于2015年12月启动，经规划编制方案确定、调研、专题研究、起草初稿、征求意见及审查等阶段，于2018年10月完成终稿。规划以2015年为基期，2016—2020年为规划期，展望到2025年，是统筹全县矿产资源勘查开发与保护、加强和改善矿产资源宏观调控、维护矿产资源开发利用秩序的重要依据。

【土地储备专项债券发行】 2018年，县国土资源局与财政部门、兴业银行配合，发行土地储备专项债券1.38亿元，推进土地储备项目前期开发工作。

【旧村复垦项目实施】 2018年，县国土资源局继续推进旧村复垦工作，18个乡镇共51个项目，总规模约250.42公顷，可产生增减挂钩指标约225.69公顷。年底，竣工验收项目9个，规模26.34公顷，新增耕地和产生增减挂钩指标25.13公顷；石牌等11个乡镇13个旧村复垦项目在实施，项目规模59.85公顷；申报项目3个，规模8.91公顷。对外交易城乡建设用地增减挂钩指标13.33公顷，交易金额7000万元。

【土地整理项目实施】 2018年，均溪等5个乡镇6个土地整理项目经市国土资源局验收，规模356.46公顷，新增耕地25.16公顷；实施华兴等12个乡镇18个土地整理项目，总规模1153.21公顷，预计可新增耕地143.1公顷。

【矿山废弃地复垦】 2018年，太华镇3个废弃矿山土地复垦项目通过市国土资源局、农业局验收，完成规模和新增耕地5.9公顷，产生土地增减挂钩指标3.65公顷；在广平等5个乡镇实施5个废弃矿山复垦项目，规模14.52公顷，预计可新增耕地13.35公顷。

【“青山挂白”治理】 2018年，均溪镇七町废弃矿山治理项目通过市国土资源局验收，治理面积2.17公顷，省级财政补助120万元；1月12日，建设镇罗城废弃采石场“青山挂白”治理项目开工，争取省级补助资金165万元。

【卫星遥感监测图斑执法检查】 2018年，县国土资源局对照国土资源部下发土地变更和遥感监测的183个图斑进行检查，总面积158.86公顷（耕地43.59公顷）。其中，合法图斑67个，面积62.3公顷（耕地18.19公顷）；违法图斑62个，面积19.03公顷（耕地4.49公顷），进行案件调查；设施农用地图斑16个，面积2.63公顷（耕地1.11公顷）；伪变化图斑38个，面积74.9公顷（耕地19.8公顷）。违法占用耕地占新增建设用地中使用耕地的10.07%。

（陈燕萍　陈尾英　刘兴裕　谢金水　林进泳）

生态综合执法

【概况】　2018年，大田县生态综合执法局根据生态文明建设的需要，将全县划分为四个执法片区，执法人员分成四个执法组，采取分片包干、轮片巡查的方式开展执法巡查。执法人员根据掌握的全县河流、矿山、重点企业、主要污染源分布情况，采取定期与不定期、双随机抽查相结合的方式，加大巡查力度，建立污染源管控台账，不留执法死角。建立部门协作机制和例会制度，开展联动执法，对非法水洗矿、水洗砂、排污、占用河道、水土流失等破坏生态环境行为给予严厉打击，及时发现、及时查处。牵头抓好闽湖大田库区网箱养殖治理工作，清理养殖网箱1503个，面积10.23万平方米，清理率100%。开展牛蛙养殖专项治理行动，全县41家牛蛙养殖场（户）养殖面积43.19公顷全部停养，清理率100%；与河长办及乡镇开展网格化巡查联动，实施涉砂专项打击攻坚行动，取缔水洗砂、抽砂和捞砂点44处，取缔率100%。全年，打击破坏生态环境违法行为356起，当场制止278起，责令整改27起，办结行政处罚案件51件，收缴罚没款285万元，7起案件移送公安机关，行政拘留9人，2起案件涉嫌刑事犯罪移送公安机关侦查，6起案件申请法院强制执行。处理落实督办件、信访件12件，处理落实举报电话36起。

【指挥中心被列为省委党校教学基地】3月，大田县生态环境保护指挥中心被省委党校（行政学院）列为生态文明建设现场教学基地。当年，指挥中心投资355万元建立“生态大田·智慧环保”网格化管理信息系统，12月，通过初验。包括管理信息系统、监督指挥系统、信息服务平台、污染源管理系统、在线监测系统、河长制信息系统等六大模块。充分运用互联网、物联网、大数据、云计算等智慧化、信息化技术，全方位覆盖动态监测水体、大气、土壤等主要生态要素。对所有生态环境问题进行归口管理、分类派遣处置，在线远程指挥、监控，实现快速处理、精准打击，线上发现问题，线下解决问题。

【闽湖库区管理中心成立】　10月，县生态综合执法局牵头成立闽湖库区管理中心，办公地点设在湖美乡高才村，招聘劳务派遣人员12人，县财政年拨付经费60万元。加强闽湖库区管理，防止网箱养鱼死灰复燃，进行库区水质污染情况等排查，确保国控断面水质达标。

（柯双根）

环境保护

【概况】　2018年，大田县环境保护局贯彻落实习近平总书记生态文明思想，树立和践行“绿水青山就是金山银山”理念，持续推进蓝天保卫战、碧水保卫战、净土保卫战三大战役，实施58个重点生态环保项目，辖区生态环境质量稳步提升。城区空气质量优良天数比例达99.7%，进入全省58个县级城市月空气质量综合排名前十位；均溪、文江溪流域及饮用水源地水质、城区及乡镇集中饮用水源地水质均达到考核要求，符合Ⅲ类水标准，尤1国控断面地表水各项指标年均值符合Ⅱ类考核要求，城区噪声等效声级符合Ⅱ类标准，土壤环境质量整体稳定。当年起，大田县被省生态环境厅列为土壤污染风险防控三个试点县之一，被省政府列为《福建省综合性生态保护补偿试行方案》23个实施县（市）之一。

建设项目环境管理　2018年，县环保局深化“放管服”改革，围绕环评审批、排污交易和排污许可等方面出台环保简政放权、提质增效改革“十条措施”，实现省事、省时、省钱“三省”便民服务。办理行政审批服务事项127个，其中排污许可证61个、环评审批24个、应急预案备案42个。24个环评项目缩短公示时间732天；豁免购买排放小微污染物建设项目排污权4个，节省业主资金15.3万余元；简化排污许可证延证手续，49家企业完成续证。

环境监察　2018年，县环境监察大队开展专项执法检查，推进“清水蓝天”“绿盾2018”“进口固体废物加工利用行业一季一督查”和“清废行动”等执法行动，按照“不查不放过、不查清不放过、不处理不放过、不整改不放过、不建立长效机制不放过”的“五不放过”原则，打击偷排、漏排、超标排放和在线监测数据造假等违法行为。按照县委、县政府的部署，配合开展牛蛙养殖场取缔、闽湖网箱养殖清理等专项执法行动。查办行政案件56件，处罚款290万元；查办四个配套办法案19件（查封扣押13件，移送行政拘留6件）。执行24小时环保110联动值班制度，办理“12369”群众投诉电话、信访件166件，处理率和办结率均100%。进一步完善预警预案，提升企业自救能力，督促相关企业严格按照环评文件要求，建立应急池、储备应急物资，编制突发环境事件应急预案并通过评审，45家企业制订突发环境事件应急预案，交县环保局备案。

环境监测　2018年，县环境监测站开展常规监测、污染源监督性监测、执法监测等工作；完成城区空气质量、降尘、酸雨常规监测；高才尤1国控交接断面地表水和城区饮用水源每月1次常规监测、均溪河三个断面地表水每两个月一次常规监测，18个乡镇集中式生活饮用水源地水质监测；定期监测省小流域9个断面与18个河长制小流域乡镇交接考核断面；开展9家省控重点企业监督性监测、4家污染物减排监测、27家重金属防控企业监督性监测和122家次执法性监测。

【第二次全国污染源普查开展】　4月13日，县第二次全国污染源普查领导小组在县政府五楼会议室召开普查动员会暨参加普查人员第一期培训会，邀请市普查办技术组高级工程师黄英志作污染源普查工作指导并授课，各乡镇和县环保局、农业局、水利局等普查领导小组成员单位负责人及全体普查指导员、普查员等127人参加。经考核合格，颁发普查员证80本，普查指导员证21本；

县普查办公室设在县环保局，普查时点为2017年12月31日。至年底，调查工业源1751家、农业源36家、市政排污口16家、集中式污染治理设施2家，完成入户调查和部分数据审核。

【企业环境信用评价】 2018年，县环保局组织112家企业参与2017年度企业环境信用评价，评出绿色企业3家，蓝色企业58家，黄色企业13家，红色企业17家。参评企业比上年增加36家，新增绿色企业3家。

【高才水体治理纳入中央储备库】 2018年，高才国控断面水体达标总工程项目纳入当年度水污染防治中央项目储备库，项目总投资4600万元，涉及流域污染源治理、生态修复与保护、环境监管能力建设3个子项目。

【闽湖水生态修复项目实施】 2018年，县政府实施闽湖水质改善和生态修复项目，采取“一湖一策、生态为本、控源减污、生态修复”策略，委托省华川技术有限公司进行水体修复一期工程，投资300余万元，年底完成。水体修复二期工程投资1300余万元，闽湖治理列入中央水污染治理项目和山水林田湖草生态修复项目。

【水气监测站建设】 2018年，县环保局推进国家地表水水质自动监测站监测事权上收工作，7月，大田高才水站全面完成升级改造，新增总氮、锌、镉、铬4项监测因子，12月完成交接事宜。5月，城区玉田大气自动监测站经市环保局验收，6月起监测数据纳入城区环境空气质量评价，12月完成空气自动监测转换。

（陈启金）

经济管理与监督

□ 编辑 陈吉浣

发展计划管理

【概况】 2018年，大田县发展和改革局坚持改革创新、服务发展，围绕推进新时代“多彩大田”建设，强化协调、服务职能，统筹做好稳增长、促改革、调结构、惠民生、防风险各项工作，促进全县经济社会平稳发展。

年度计划编制与实施 2017年12月，县发改局完成2018年大田县国民经济和社会发展年度计划编制，提交县第十七届人民代表大会第二次会议审议通过。

2018年大田县国民经济和社会发展各项主要指标的预期目标及完成情况：

地区生产总值增长9%，当年完成226.70亿元，比上年增长7.4%。

农林牧渔业总产值增长5%，当年完成67.19亿元，同比增长4.1%。

规模以上工业增加值增长9%，当年完成同比增长8.6%。

固定资产投资增长15%，当年完成（按新统计口径）同比增长1.2%。

社会消费品零售总额增长12%，当年完成54.22亿元，同比增长1%。

出口总值（海关口径）增长3%，当年完成10.77亿元，同比增长14.62%。

实际利用外资(验资口径)增长6%，当年完成685万元（人民币）。

地方公共财政一般预算收入预期下降4.37%，当年完成7.51亿元，同比增长1.1%。

城镇居民人均可支配收入增长9%，当年实际34508元，同比增长6.1%。

农村居民人均可支配收入增长9.5%，当年实际16704元，同比增长8.4%。

城镇登记失业率控制在2.3%以内，全年城镇登记失业率2.66%。

投资项目审批 2018年，县发改局衔接中央和省、市下放审批权限，审批（核准、备案）建设项目159个，总投资145.32亿元，办结率100%，其中，审批（核准）项目66个，总投资80.45亿元；备案项目93个，总投资64.87亿元。

项目竞赛活动 2018年，县发改局协调组织项目“五比五晒”（比谋划晒前期、比招商晒签约、比开工晒进度、比投产晒成效、比服务晒质量）和“攻坚2018年、推行一线工作法，开展项目大比拼”活动，实施省重点项目16个，总投资91.68亿元，当年完成31.09亿元；市重点项目30个，总投资120.36亿元，当年完成35.12亿元；市重中之重项目10个，总投资34.06亿元，当年完成11.03亿元。实施县“七个重大项目会战组”重点项目211个，总投资591.17亿元，当年完成94.78亿元，其中，工业能源组项目39个，完成投资21.2亿元；交通组项目15个，完成投资33亿元；城建环保组项目35个，完成投资19.5亿元；农林水利组项目38个，完成投资28.2亿元；现代服务业组项目33个，完成投资9.63亿元；教育组项目组35个，完成投资1.75亿元；社会事业与民生保障组项目16个，完成投资1.95亿元。

争取上级补助 2018年，县发改局会同有关部门共同向上级争取城乡基础设施、民生事业发展、以工代赈、生态环保和山水林田湖草生态保护修复等领域补助项目28个，获得中央和省级预算内补助资金1.38亿元。其中，山水林田湖草生态保护修复试点项目7个6376万元，闽江上游尤溪流域防洪二期工程（大田段）和城东小学教学楼项目各1000万元，永安煤业棚户区改造二期、上京镇集镇棚户区改造（二期）、凤山路棚户区改造配套基础设施建设项目分别959万元、449万元、928万元，梅山镇梅山溪生态治理和集镇污水垃圾处理设施建设项目分别640万元、474万元，奇韬镇奇韬至东佳村道扩宽和奇韬自来水净化提升工程项目分别474万元、10万元，第三中学学生宿舍楼420万元，石牌中心幼儿园480万元，大田县土堡群保护与开发320万元，森林质量精准提升示范项目225万元，电力农网改造升级工程200万元，济阳乡集镇供水提升工程改扩建项目80万元，广平镇五龙山景区和济阳乡济中村旅游基础设施分别70万元、50万元，国网福建三明供电公司大田地段高速公路服务区修建充电站项目47.52万元，市、县（区）重大项目前期经费15万元，前坪乡吉坑村长町尾至凉坑机耕道建设项目10万元。

第三产业发展 2018年，县发改局通过县第三产业发展联席会议，组织有关部门加强主要支撑指标运行情况研判，全县第三产业增加值72.55亿元，同比增长8.6%；新列入限额以上批发企业法人单位1家；新增规模服务企业2家；列入市级服务业管理重点项目10个、总投资25.42亿元，当年完成投资 11.92 亿元，占年计划投资的 115.73%。

生态环境保护 2018 年，县发改局持续推进生态文明建设，筛选 7 个山水林田湖草生态保护修复试点项目，被列入全市项目计划，总投资 6.38 亿元，当年完成投资 1.34 亿元。协调重点排放企业参与省碳排放权市场交易试点，红狮、鑫城、新岩等 3 家水泥企业按规定时限完成碳排放配额清缴履约。

【项目成果对接】 6 月 18 日，县发改局牵头组织20个县直经济主管部门、18 个乡镇和多家企业参加在福州举办的第十六届“6·18”海峡项目成果交易会，对接科技成果 62 项，总投资 7.3 亿元；征集并推介企业技术需求 15 项。其间，组织无人机产业化、智能机械制造、生态环保、新型防水材料等专场对接活动 9 场，福建清航装备科技研发的全球首创交叉双旋翼复合推进尾浆无人直升机 JZ300“幽灵”系列产品，引起社会各界高度关注；广联木业有限公司制造的生态木屋在省林业厅举办的林业馆单独展出；“泽惠养老”被省民政厅作为品牌展示和养老服务项目推介。项目成果对接获市组织工作一等奖。

【“五个一批”项目建设】 2018 年，全县纳入市“五个一批”项目库管理项目 215 个，总投资 356.93 亿元。其中，谋划一批项目 128 个，总投资 204.12 亿元；签约一批项目 35 个，总投资 49.13 亿元；开工一批项目 26 个，总投资 40.48 亿元，当年完成投资 22.22 亿元，占总投资的 54.89%；投产一批项目 19 个，总投资 48.8 亿元，当年完成投资 10.91 亿元，占总投资的 22.36%；增资一批项目 7 个，总投资 14.4 亿元，当年完成投资 5.96 亿元。

【项目策划储备】 2018 年，县发改局围绕扩大有效投资和补齐民生短板，策划、筛选和更新“三年滚动储备库”重点项目 367 个，总投资 884 亿元。其中，工业能源类项目 60 个，总投资 146 亿元；交通类项目 19 个，总投资 208 亿元；城建环保类项目 120 个，总投资 341 亿元；农林水利类项目 31 个，总投资 35 亿元；服务业类项目 61 个，总投资 116 亿元；社会事业与民生保障类项目 76 个，总投资 38 亿元。

（赖蓉婷）

人力资源和社会保障管理

【概况】 2018 年，大田县人力资源和社会保障局落实省、市人社工作会议、全县经济工作会议精神，加强岗位责任制和绩效目标管理，抓好各项工作落实，促进就业工作稳定、社会保险制度全覆盖及和谐劳动关系建立。

创业就业 2018 年，县人社局按照县政府办公室《关于做好 2018 年春季招工工作的通知》要求，春节期间举办用工招聘会 10 场，现场签订初步就业意向 833 人，其中 575 人到企业上岗就业，解决企业用工需求。全年发布用工信息 68 期，提供就业岗位 5361 个，办理求职登记 4952 人次。农业富余劳动力新增转移就业 3232 人，全县转移就业 12.99 万人。当年，城镇新增就业 1626 人，失业人员再就业 1209 人，就业困难人员实现再就业 352 人；开发公益性岗位 19 个，城镇登记失业率控制在 2.66% 以内。落实农民工返乡创业政策措施，加大扶持力度，12 家企业开展岗前培训 377 人，18 个乡镇 573 人参加职业技能培训和创业培训。为 250 人发放创业贷款金额 2232 万元，为 34 人发放下岗失业小额担保贷款金额 324 万元，带动就业 975 人。

社会保障 2018 年，县人社局按照县政府统一部署，坚持变观念、抓重点、破难题、攻难关、求发展的工作思路，针对征收对象的职业特点，加大社会保险扩面征缴工作力度，企业新增养老保险参保 1764 人。全年征缴养老基金 1150 万元，年底社保基金累计结余 1312 万元，实现扭亏为盈。进行城乡居民养老保险资格认证 4.82 万人。接收国土部门报送征用土地 11 件 87.54 公顷，涉及失地农民 2100 人，审查用地单位缴纳养老保障金 561.47 万元，出具审查意见 11 份。

城乡居民基本养老保险 全县城乡居民参保 18.18 万人，其中续保 11.98 万人，续保缴费率 92.5%；收缴当年度保费 1519.40 万元，为城乡居民 5.04 万人发放当年度养老金 7454.18 万元，发放率 100%。

城镇职工基本养老保险 全县城镇企业职工参保 2.91 万人，其中在职职工 1.81 万人，征收养老保险费 1.38 亿元，回收历年欠费 935.3 万元。为 7575 名离退休人员每月发放养老金 1822 万元，全年发放 2.19 亿元，社会化发放 100%。

机关事业单位养老保险 全县参保单位 425 个、1.13 万人，其中，在职 8113 人，征收养老金 1.33 亿元，职业年金 2668.7 万元；离退休 3163 人，保险基金支出 1.48 亿元。

失业保险 全县参保单位 461 个、1.42 万人，收缴失业保险金 371.88 万元，为 488 人次发放失业保险基金 433.82 万元，代缴失业人员医疗保险费 35.33 万元。

工伤保险 全县参保 3.75 万人，征收工伤保险费 2117 万元，为 1574 人支付工伤保险费 3807 万元。为使用农民工较为集中的行业，以及临时性、流动性大和就业不稳定的小、微企业 285 家、9526 人优先办理参加工伤保险手续；为70家建筑企业按项目办理工伤保险，参保 5873 人，缴纳费用 113 万元。

生育保险 全县参保 1.54 万人，征收保费 375.61 万元，为 676 人支付生育金 352.55 万元。

医疗保险 全县城镇职工参保 473 户、2.56 万人，征收医疗保险基金 9643.12 万元，其中统筹账户 5982.68 万元、个人账户 3660.44 万元；基金支出 7644.33 万元，其中统筹账户 4400.69 万元、个人账户 3243.64 万元；基金结余 1998.79 万元，其中统筹账户 1581.99 万元、个人账户 416.8 万元。城乡居民参保 32.89 万人，基金收入 2.20 亿元，支出 2.08 亿元。

劳动维权 2018 年，县人社局建立健全用人单位内部预防和化解劳动人事争议的机制，处理劳动纠纷；加强对基层调解组织的帮扶指导，落实仲裁信息化建设，推行仲裁法规进园区，加大劳动争议裁审力度。县仲裁院软硬件均达到标准化要求，全年受理劳动争议案件 324 件，涉及职工 324 人，涉案金额 1083.85 万元。其中，属于劳动报酬 33 件，社会保险137件，确认劳动关系61件，解除终止劳动合同93件。经审查不符合受理条件不予受理61件。受理案件经调解撤诉处理154件，裁决170件。按照“谁主管谁负责，谁建设谁负责，谁招商谁负责”和属地管理、归口管理的原则，做好解决拖欠农民工工资和协调督办工作，各成员单位按照职责分工，开展清欠行动，处置农民工工资拖欠问题，全面落实农民工工资保证金和设置工资专户。推进农民工实名制和工资打卡发放，建设信息化监管平台。查处和化解拖欠农民工工资案件16起，涉及257人，解决工资186.5万元。全年没有因欠薪引发重大群体恶性事件。

【省人社厅领导到县调研】 1月31日，省人社厅党组成员、驻厅纪检组组长张永生一行到县调研，到赤岩、仙亭、文昌社区看望陈秀端、乐永星、许辛和等就业困难人员；参观县就业和社会保障综合服务窗口建设，了解窗口日常工作和群众所反映的问题，听取县人社局党组书记、局长郭育靖汇报县人社工作。市人社局党组书记、局长吴成城及县人民政府副县长余维语陪同。3月8日，省人社厅厅长林卫宠一行到县调研基层人社服务平台建设情况，查看县就业和社会保障服务中心工作、乡镇平台建设、就业创业培训、信息化建设等，听取农村劳动力转移就业、农民工培训等情况汇报，肯定了县基层人社公共服务平台建设和推进大众创业万众创新工作。市人社局党组书记、局长吴成城和县人社局党组书记、局长郭育靖陪同调研。

【优秀创业创新项目评选】 8月31日，县人社局在县电视台举办2018年全县优秀创业创新项目评选活动。参评项目25个，获奖18个，其中《天使个护您的健康我们呵护》等3个项目获一等奖，《意犹未尽·特色含硒食品》等5个项目获二等奖，《野香猪带来的财富》等10个项目获三等奖。

（郑元粮）

安全生产监督管理

【概况】 2018年，大田县强化安全红线意识，推进安全生产领域改革发展，开展安全生产大检查，持续进行重点行业领域专项整治，抓好重大安全风险管控，严厉打击安全生产非法违法行为，安全生产形势持续稳定向好。全县发生各类生产安全事故12起（非亡人事故2起），死亡12人受伤9人，其中，道路交通事故11起，死亡11人（一次事故死亡2人的2起），受伤6人；建筑施工事故1起，死亡1人，受伤3人。事故总量（起数）、死亡和受伤人数“三个下降”，分别比上年下降29.4%、14.3%、43.8%，未发生较大级别以上生产安全事故。

【安全生产监管主体责任确认】 4月8日，县安全生产管理委员会办公室（简称县安办）制定下发《关于认真做好明确生产经营单位安全生产监管主体有关工作的通知》，各乡镇、经济开发区管委会按照要求，对辖区内所有生产经营单位进行全面摸底排查，建立清单，实施分级管理。年底，全县上报的生产经营单位856家，经各行业主管部门审核，初步确认安全生产监管责任主体686家。

【大型应急救援演练】 5月25日，县水利局会同县安委会部分成员单位、乡镇领导等300多人，在石牌镇石牌村举行防汛抗洪抢险救灾暨地质灾害应急救援演练；6月27日，县安监局、高速公路交警牵头，县安委会部分成员单位及乡镇主要领导等300余人，在泉南高速公路大鼓山隧道举行危化品运输交通事故应急救援联合演练，县委书记陈文华、县长林金龙到现场观摩指导。全年，共举办应急救援演练69场次，3700多人次参加。

【安全生产执法专项行动】 5月29日，县安办制定下发《大田县安全生产执法专项行动方案》，通过强化事前执法、集中查办一批典型案件、建立健全联合执法制度、开展乡镇委托（授权）执法等措施，前移安全生产处罚关口，加大非事故预防性处罚力度。年内，全县企业限期整改497家，停产停业整改13家（煤矿、非煤矿山各3家，工贸企业7家），取缔关闭30家（煤矿13家、非煤矿山2家、烟花爆竹经营企业15家），非事故预防性处罚222.69万元，其中，煤矿27.5万元，非煤矿山6.2万元，消防30.9万元，道路交通30.26万元，建筑施工1.36万元，工贸企业5.1万元，国土矿山“打非治违”21.37万元，火工品100万元；县政府网站曝光非法违法企业9家。同时，按照事故原因未查清、责任人员未处理、整改措施未落实、有关人员未受到教育“四不放过”原则，查处永安煤业棚户区改造建筑工地 “4·3”触电事故，处理相关责任人4人，移送司法机关追究刑事责任1人，行政处罚26.36万元。

【“安全生产月”活动】 6月，全县开展以“生命至上，安全发展”为主题的“安全生产月”和“安全生产万里行”活动，印发煤矿、非煤矿山、危险化学品、烟花爆竹、人员密集场所等重点行业领域安全生产应知应会知识手册2300余份；举办安全发展主题宣讲19场，安全生产法律法规讲座和警示教育137场，共参加4000多人次。15日，县委宣传部、总工会、安监、交通、质监、住建、教育、交警、高速交警、消防、矿管、旅游、电力等部分县安全生产管理委员会（简称县安委会）成员单位，在凤山中路时代广场前举办“安全生产宣传咨询日”活动，分发各种宣传手册、资料2700余册（份），悬挂各类标语横幅13条，展出安全图片51幅，播放各类安全生产宣传教育片3个多小时，接受群众咨询140余人（次）。

【应急管理局成立】 12月30日，“大田县应急管理局”挂牌成立，不再保留县安全生产监督管理局。根据县委办、县政府办《关于印发〈大田县机构改革实施方案〉的通知》精神，将县安全生产监督管理局的职责，县政府办公室的应急管理、县公安局的消防管理职责，县民政局的救灾、国土资源局的地质灾害防治、水利局的水旱灾害防治、林业局的森林消防、农业局的草地防火、科学技术局的防震减灾相关职责，县防汛抗旱指挥部、森林防火指挥部、减灾委员会、抗震救灾指挥部的职责等整合，组建县应急管理局。主要职责，贯彻落实中央关于应急管理的政策和法律法规以及省市有关部署要求，编制全县应急总体预案和规划，指导各乡镇部门应对突发事件，推动应急预案体系建设和预案演练，建立全县灾情报告系统并按规定统一调度，组织灾害救助体系建设，指导全县安全生产类、自然灾害类应急救援和火灾、水旱灾害、地质灾害等防治。

【尾矿库安全监管】 2018年，县安监局针对近年选矿市场行情持续低迷，大部分企业停产停业，尾矿库安全投入少，维护和安全管理成“老大难”的问题，对接省、市优惠政策，按序时推进尾矿库综合治理和“头顶库”销库工作。华兴矿业、宏源矿业有限公司的尾矿库“头顶库”销库经省、市验收；鹭峰矿业有限公司“头顶库”在实施综合治理。全县在役尾矿库32座，实时监控安全状态，开展日常安全巡查维护，将情况拍照上传县尾矿库“库长群”，掌握尾矿库日常安全动态；及时发布汛期强降雨天气信息，强化巡查告示，企业及时上传尾矿库截排洪沟、出入水口、坝面、干滩等重要设施、重点部位安全状况图片，监管执法人员以“人盯库”方式直接监管指导，实时监控，确保尾矿库安全度汛。

【重大安全风险管控】 2018年，县安监局对重大安全风险加强源头治理，全面实施加强重大风险管控遏制重特大生产安全事故整体方案，加大风险分级管控和隐患排查治理双重预防机制、“五位一体”源头管控和安全准入制度体系建设（即明确规划设计安全要求，严格重点行业领域安全准入，强化生产工艺、技术、设备和材料安全准入，建立特殊场所安全管理控制，完善从业人员安全素质准入制度）。严格煤矿、非煤矿山、危险化学品、烟花爆竹、建筑施工等高危企业安全生产行政许可，经停产整顿仍达不到安全标准要求的企业予以依法关停，及时注销到期不申请延期的企业安全生产许可证3本（原美化工、宏源矿业尾矿库、华兴矿业尾矿库）。开展风险普查，县安委会下发《关于做好全县重点安全风险管控责任清单的通知》，各乡镇、有关部门对本辖区、本行业有可能引发重特大生产安全事故的企业、场所、部位重新全面再摸排，制定51家企业县级重点风险防控责任清单，并实行“红、橙、黄、蓝”四色安全风险分级管控。推进隐患“清零”，按照行业有标准、企业有清单、车间有表册的工作要求，督促企业建立健全分级分类和隐患辨识、公示、治理、销号全过程闭环管理，至年底“清零”1家。全年检查生产经营单位和场所7257家次，排查发现各类安全隐患8125项，整改8113项，占99.85%，到期隐患全部整改。

（林开族）

市场监督管理

【概况】 2018年，大田县市场监督管理局坚持商事管理改革，优化营商环境，全县市场主体比上年增加12.81%，注册资金增加15.82%；加强产品质量、计量和特种设备管理，保障食品药品安全，标准化工作和名优商标培育取得新成效。当年，企业信用信息归集全市第一名，企业年报率90.27%、全市第三名，农民专业合作社年报率95.46%、全市第三名，个体工商户年报率93.74%。市政府质量强市领导小组“2017年县级政府质量考核”，大田县保持A级县；县市场监管局获评省第十三届文明单位。

商事管理 2018年，县市场监管局颁发记载有社会统一信用代码的企业营业执照5062张（含电子营业执照3712份），个体营业执照1.79万张，比上年增加2倍，全县市场主体总数2.29万户，注册资本254.8亿元。查处无证无照案件42起，涉案金额1.48万元，没收1.32万元，罚款14.12万元。落实企业“多证合一”“证照分离”改革，95项商事登记事项全部实行即时办结制度，办结时限缩减到法定时限的1/30，全部实现最多跑一趟。

质量计量管理 2018年，县市场监管局承担或配合省市质检机构完成工业产品质量抽查51批次，合格率100%。开展6家机动车安全检测机构日常巡查，同时对5家检验机构进行监督检查。新增工业产品许可证岩兴气体1家，举办企业管理培训，进行49家企业质量体系培训。开展计量惠民工程，强制检定计量器具6233台（件），抽样检验产品质量323批次，免收检定费用36.9万元。

食品药品安全保障 2018年，县市场监管局执行餐饮服务和食品经营“两证合一”制度，全县新办理食品经营许可证545份、注销35份，核准小作坊证书1家，换证3家；配合省、市推进“福建省食品安全信息追溯管理平台”建设，召开监管人员及相关追溯主体专题培训10场，参训425人次，协调推进“源头赋码”；全县食用农产品追溯系统注册企业211家，当年进货12.93万批次。预包装食品生产企业注册21家，录入6161批次；食品流通企业注册13家，录入30.99万批次；餐饮（食堂）注册101家，录入2.01万批次。餐饮服务行业推行“六常”（常分类、常管理、常清洁、常维护、常规范、常教育）管理法单位4家，创建“明厨亮灶”省级示范单位1家。创建餐饮服务食品安全示范街1条、示范单位15家、放心餐厅和放心食堂6家、“放心肉菜示范超市”示范点和小作坊示范点各1家。持续治理“餐桌污染”，建设“食品放心工程”，加大风险防控和源头治理，加强各环节食品安全监管，推进社会共治，全县各项食品抽检任务及合格率均符合国家和省定标准。蔬菜农残抽检1.04万件，合格率98.63%；重金属抽检34件，合格率100%；茶叶农残抽检1455件，合格率97.86%；主要水果农残抽检3115件，合格率97.27%。生猪“瘦肉精”、莱克多巴胺、沙丁胺醇各抽检2917件，合格率均100%；主要水产品养殖环节药物残留抽检65件，合格率100%。抽检城区集中式饮用水源地水质12件、市政管网末梢水56件（瓶、桶）、饮用水生产企业产品8件，合格率均100%。抽检加工食品100件、原粮卫生指标10件，合格率均100%。食用农产品监督抽检186批次，合格率100%。保障重大活动食品安全12场，人数约1.98万人次。进行农村集体聚餐食品安全现场检查指导、登记备案117次。

联合县教育局、城管局等部门，开展学校（含托幼机构）食堂及周边食品安全专项整治，检查学校食堂93家，校园周边食品经营户279户次；检查24家校外托管机构的“小饭桌”，开展食品安全动态等级评定，评定结果由教育局公示。实行食品药品安全网格化管理，聘请村（居）协管员、网格员276名，形成县、乡、村三级食品安全监管网络。导入市场监管主体2869家，新事件报告和处理155条，巡查工作信息录入3379条。

做好药械安全保障，药械不良反应监测报告200例，其中新的/严重的86例，均居全市第一，医疗器械不良事件50例，居全市第三，化妆品不良反应15例。开展药品生产流通领域突出问题专项整治，无菌与植入医疗器械质量检查，打击违法违规经营使用医疗器械行为，药品流通环节高风险药品检查等，出动260人次，检查经营使用单位200余家次，责令限期改正发现的问题。开展联合执法，联合打击保健食品非法会议营销、运输和销售未经检验检疫猪肉等违法行为。检察机关起诉食品安全刑事案件5起5人，判决3起3人（缓刑2人，不予起诉1人）。

特种设备监察　2018年，县市场监管局开展电梯、锅炉、气瓶、移动式压力容器、大型游乐设施日常监管和隐患排查治理。构建特种设备双重预防机制，安全风险评估分级监管体制，全县特种设备1428台件，同比增长10.7%，配合检验特种设备，确保全县住宅小区及学校、医院、宾馆等公众聚集场所在册使用464台电梯 的安全。锅炉内检25台、外检47台、检验起重机械86台、电梯398台、场（厂）内机动车24辆、压力容器97台、气瓶2843只。检查使用单位112家，发现安全隐患47条，下达安全监察指令书23份，立案查处特种设备违法案件6起，行政处罚18.8万元，保持特种设备安全零事故。

标准化工作　2018年，县市场监管局做好“国家级农村产权流转交易服务标准化试点”工作，完成流转交易服务标准体系制定及招投标。参与国家和地方标准制定各1项，发布实施国家标准7项、地方标准2项，组织地方标准立项2个。工具酶标准化工作组制定的《限制性凝血酶》《核糖核酸酶A》《限制性内切酶BamH I》《pfu DNA聚合酶》《Taq DNA聚合酶》5项国家标准于2017年12月29日发布，2018年7月1日正式实施；《T4 DNA连接酶》《工具酶 溶菌酶》等2项国家标准于2018年6月7日发布，2019年1月1日正式实施；广联木业参与制定的《木栈道铺设规范》国家标准进入专家评审。县农业局参与制定的《富硒农产品硒含量分类要求》省地方标准发布。县市场监管局、县农业局参与制定的《农村土地承包经营权信托管理与服务规范》省地方标准于9月11日发布。县市场监管局、河长办主导制定的《河（湖）长制管理规范》、县林业科技推广中心主导制定的《露天开采废弃矿区植被恢复技术规范》，2018年第一批福建省地方标准制定立项。新办条形码2家，续展5家。

名优商标培育　2018年，县市场监管局以特色农产品、战略性新兴产业为重点，指导企业打造名优商标，新申报“福建名牌”商标1件，复审7件。新申报国家地理标志证明商标6件，新增“金阳金姜”国家地理标志证明商标1件，申报驰名商标2件。

消费维权　2018年，县市场监管局投诉举报中心受理消费者申诉举报291件，争议金额28.02万元，诉求办结率99.36%、调解成功率99.12%，挽回经济损失25.6万元。

企业信用监管　2018年，县市场监管局将随机抽查和日常监管中发现的违法违规市场主体列入经营异常状态，其中，无法联系到登记的住所（经营场所）列入经营异常名录的企业23户，列入经营异常标注的个体工商户70户。经审核批准移出经营异常名录企业57户、取消异常标注个体工商4309户，行政约谈申请移出经营异常名录企业3户。

行政执法　2018年，县市场监管局开展食品药品、成品油市场、烟草制品、特种设备安全、打击侵权和制售假冒伪劣商品等与民生关系密切领域的专项执法，打击违法经营行为。查办案104起，其中案值5万元以上案件6起，罚没款入库115.48万元。查案中违法经营成品油案件7起，特种设备案件6起，食品药品类案件33起（滥用食品添加剂涉罪案件移交公安机关侦查7起），其他类案件58起。

【全县食品安全会召开】　9月10日，全县食品安全暨“一品一码”追溯体系建设工作推进会在县市场监管局召开，县政府及各乡镇分管领导、县食安委成员单位分管领导、县市场监管局领导和市场监管所所长等55人参加。县食安办主任、市场监管局党组书记、局长施发帅传达贯彻全市食品安全暨“一品一码”追溯体系建设工作推进会精神，总结上半年食品安全工作，部署下半年工作。县食安委副主任、副县长余维语作食品安全监管工作讲话。

【疫苗和药械监管】　2018年，县市场监管局严格规范疫苗流通和接种管理，开展辖区内1家疫苗配送单位、21个接种点疫苗专项质量检查，督促疫苗配送单位规范疫苗采购、配送、运输环节，接种单位规范疫苗存储、管理、使用。跟踪检查13家零售药店、4家医疗机构与“双随机一公开”抽查，行政警告处罚3家、移交稽查处理1家。全县97家药械经营企业签订《食品药品安全承诺书》，要求药械使用单位按照“可疑即报”原则，及时、准确上报不良反应。

【政府部门涉企信息归集】　2018年，县市场监管局组织40个部门在国家企业信用信息公示系统（福建）上归集各类企业信息，完成行政许可、行政处罚等涉企信用信息的全量归集1.44万条，居全市第一。

【网络市场监管】　2018年，县市场监管局全面核查淘宝、天猫、京东等涉网经营主体359户，清理长期停业或停止经营行为的“僵尸企业”198户。在“6·18”“双11”等大型促销活动定向监测在线网店、网站230家次。现场检查网络经营主体，严查无证经营、虚假广告、刷单炒信等违法经营行为。“双11”前，联合网信办、发改局等6个单位开展网络监管“网剑行动”，检查电商、网店、网络餐饮服务第三方等45家。全年立案查处网络违法案件10起。

【“双随机、一公开”抽查】　2018年，县市场监管局进行电器、农资、成品油、城关市场监管所辖区内个体工商户和农民专业合作社年报信息和经营行为抽查，落实省工商局分派2个涉企不定向抽查，全县抽查各类市场主体 216 户，其中企业 192 户、个体工商户 177 户、农民专业合作社 1 户。抽查结果：无异常的企业 159 户，占抽查企业的 82.81%；列入企业经营异常名录的 28 户，占 14.58 %；列入严重失信企业 5 户，占 2.61 %。其中，无法联系到登记住所（经营场所）的 23 户，不配合检查、情节严重的 5 户；未办理变更和备案的企业 6 户，抽查结果公示率 100%。协同有关部门开展随机选派执法检查人员 51 人，跨部门“双随机一公开”联合抽查，检查“1+X”专项督查对象 37 户，发现疑似问题向有关部门移送线索 7 条。

【肉品市场整治】 2018 年，县市场监管局、城管局、公安局、商务局、畜牧兽医水产中心等单位，开展肉品市场和屠宰监管联合专项整治行动 18 次，出动执法人员 120 人次，扣押未经检疫、涉嫌违法销售肉品 125.8 公斤，做到生猪一律凭产地检疫证明和凭标进场屠宰，并实行产地检疫证明回收，回收率 100%，进场生猪耳标佩标率 100%。有效遏制“非洲猪瘟”疫情传播，打击生猪私屠滥宰和制售病害肉的违法行为，促进肉品市场健康发展。

【成品油市场整治】 2018 年，县政府成立市场监管、公安、商务、安监等部门组成的联合执法队，加大力度整治打击“黑加油站、黑储油点、黑油罐车”。立案查处违法经营成品油案件 6 起，取缔非法设立的加油点 1 处，扣押改装油罐车 1 部，责令自行清除或强制铲除非法设置的储油罐 4 个、加油机 1 台。对查封的“黑加油站（点）”进行“回头看”，严查原址重建、私自营业、私搭乱建等违法现象。开展成品油市场“双随机一公开”联合抽查，抽检柴油样本 6 个、汽油样本 2 个，检验结果均合格。在加油站开展诚信计量公开承诺活动，12 个乡镇的 32 家加油站免费强制计量检定在用燃油加油机 275 枪，首检合格率 93.0%，经调修合格率 100%。

（廖生铭）

物价管理

【概况】 2018 年，大田县物价局围绕“稳价控价，惠及民生”总目标，稳妥推进价格改革，适时适度疏导价格矛盾，规范和整顿价格秩序，做好价费管理、价格监测、价格监督检查、成本监审及成本调查、价格认定、平价商店等工作，保持价格总水平基本稳定。做好县级机构改革物价工作职能划转工作。6 月，被省物价局评为 2017 年度全省价格系统信息工作先进单位。

价格管理 2018 年，县物价局调整坑口水库供应城区地表水价格，审核上报并经市物价局批准县内 4 家农村小水电站技改后上网电价调整（技改后总装机 5820 千瓦）；会同县交通部门调整制定农村道路客运票价；会同县水利、财政、农业等部门推进农业水价综合改革联席会议制度、重点任务责任分工、工作绩效评价等相关工作；根据省、市物价部门部署，会同县电力部门清理规范电网和转供电环节收费不合理行为，清理转供电主体 7 户、涉及终端用户 63 户。

收费管理 2018 年，县物价局根据省市物价部门和县政府有关优化营商环境要求，梳理公布县本级 2018 年行政事业性收费单位名单及收费项目、涉企行政事业性收费和县级政府定价管理的经营服务性收费目录清单，在县政府网站公布。按时完成 63 个行政事业性收费单位 2017 年度收费报告，年收费金额 7677.05 万元。制定公建公营养老机构和城区机动车停车设施服务收费标准。执行上级收费调整政策，第一时间将有关收费项目取消、收费标准调整的文件，送达执收单位，同时巩固“阳光价费”活动，所有行政事业性收费单位坚持“阳光价费”公示。加强对涉企收费、经营服务性收费、中介组织服务收费、社团收费的跟踪管理。

价格监测 2018 年，县物价局继续开展民生商品价格监测及信息发布。完善 24 个监测点主副生鲜食品等价格信息的采价，监测各类价格信息，每月 5 日、15 日、25 日上报省市物价部门；发布价格监测信息 260 多期，每周一在县政府网站发布县城区“价比三家”民生商品价格信息。梳理分析编写价格监测信息，各类价格信息被省物价局采用 9 条。12 月 21 日起，做好非洲猪瘟防控价格监测，重要居民食品瘦肉、肋条肉、牛肉、羊肉、鸡肉、鸭肉、草鱼、鸡蛋等 8 个品种价格实行每日一监测，同时密切关注生猪出场价格，将价格信息上报市级价格主管部门和县非洲猪瘟防控应急指挥部。

价格行政执法 2018 年，县物价局开展价格检查、日常巡查、配合市物价局专项检查、县减负工作检查等 10 次，实施违价处罚、缴库 20.61 万元。开展省级物价部门部署的殡葬服务收费、茶叶市场价格行为和市物价部门部署的机动车安全技术检验收费专项检查，并开展电网和转供电环节电价和摩托车检测收费重点检查。参加市级医疗服务交叉大检查，接受市交叉检查组对县内医疗服务价格的交叉检查。受理“12358”各类价格举报 14 件，做到“件件有回音、事事有落实”。落实公平竞争审查局际联席会议制度相关工作。

价格认定 2018 年，县价格认定中心提供价格认定公共服务，提高涉纪、涉案、涉税等重要事项价格认定和价格争议调处水平，全年办理各类价格认定业务 80 多件，标的金额 1500 万元。发挥价格争议调解工作示范站作用，为民众调解纠纷 6 件，维护社会和谐稳定。

【养老服务机构收费标准制定】 9 月 26 日，县物价局制定出台县首家公建公营养老服务机构——县中医院医养服务中心基本床位费和护理费收费标准，2018 年 10 月 1 日至 2020 年 12 月 31 日执行此标准。该中心由原病房改造，投资 700 多万元，设床位 78 张。

【县物价局机构撤销】 12 月 24 日，根据县委办、县政府办《大田县机构改革实施方案》，县物价局机构撤销；12 月 29 日，县委机构改革工作协调小组办公室《关于大田县发展和改革局职责和机构编制划转的通知》，县价格认证中心、价格监测中心承担的行政职能划入县发展和改革局，价格监督检查与依法查处价格违法行为相关职责划入县市场监督管理局，药品和医疗服务价格职责划入县医疗保障局。

【**机动车停车收费标准制定**】 12月26日，县物价局、住房和城乡规划建设局、交通运输局联合制定县城区实行政府定价管理的政府全额投资建设的公共专业停车场、国家机关、事业单位、车站、公立医院、体育场馆、文化馆、图书馆、博物馆、养老院、殡仪馆和依法施划的路内停车泊位等，以及具有自然垄断经营和公益特征，需要政府定价管理的机动车停车场所停车设施服务收费标准。

（林照有）

审 计

【**概况**】 2018年，大田县审计局创新审计理念，突出审计重点，依法对公共政策、公共资金、公共资产、公共资源、公共权力和经济社会中的热点、难点及领导关注、群众关心的问题履行审计监督职责。全年审结项目（单位）18个，其中，预算执行审计8个，经济责任审计5个，专项资金审计4个，自然资源审计1个。配合上级审计机关完成审计项目1个。查出问题金额10.47亿元，其中违规金额0.15亿元、管理不规范金额10.32亿元，损益收支不实5.89亿元。审计处理应上缴财政资金417万元，应归还原渠道资金403万元，应缴纳其他资金169万元，应调账处理金额517万元。审计促进整改落实问题资金459万元，政府投资项目工程预结算审计核实净减7549.97万元。向上级审计机关和县委、县政府提交审计报告及专项审计调查报告23篇，被采纳的审计建议32条；提交审计信息、专题34篇，其中被上级审计机关采用的审计信息20篇。

当年，县审计局被省审计厅评为2017年度审计统计工作开展较好的单位，获2015—2017年度市级文明单位称号，获2017年度全市审计统计工作第一名，获县综治平安先进单位称号和2018年度县直机关单位工作综合考评二等奖，被中国时代经济出版社评为2018年度审计通联工作先进集体。

重大政策措施贯彻落实跟踪审计 2018年，县审计局派出审计组，围绕“政策落实，项目落地，资金保障，激活主体，培育功能，风险防范”六个方面，跟踪审计全县贯彻落实国家重大政策措施情况，推动中央和省重大决策部署的贯彻落实。先后审计全县2017年生态建设和环境保护专项资金使用情况、养老事业发展政策措施落实情况，国道纵五线（大田段）公路工程、福建（大田）机械铸造产业集聚区基础设施建设工程、香山北路建设工程、省重点建设项目兴泉铁路大田红湖社区集中安置棚户区建设项目等4个重点建设项目进展情况，涉及总投资额16.1亿元。整改期限内，跟踪审计反映的25个问题，落实整改到位24个，促进国家宏观调控部署和重大政策措施有效落实。

县本级财政预算执行情况审计 2018年，县审计局审计2017年度县本级预算执行情况和其他财政收支情况。主要审计县财政局组织的县本级财政预算执行情况及决算草案和县林业局、县发改局等部门预算执行情况及决算草案，延伸审计单位28个。专项审计调查县地税局资源税征管情况，专项审计生态建设和环境保护专项资金管理使用情况及县政府隐性债务情况。审计查出主要问题金额10.47亿元，其中，未按规定征收缴纳收入1487万元，未落实收支两条线和专户管理规定21万元，违规改变项目计划和资金用途333万元，资金滞留闲置3.4亿元，违规使用发票56万元，扩大开支范围59万元，违规出借财政资金5965万元，会计核算不实5.89亿元，其他问题金额3729万元。县审计局对存在问题提出审计建议，依法依规出具审计报告，下达审计决定，责成有关单位整改。同时，向县人大常委会、县政府提交审计工作报告和审计结果报告。

领导干部任期经济责任审计 2018年，县审计局制定《2018年大田县经济责任审计工作方案》，围绕履行经济责任的过程和效果、执行方针政策和遵守财经法纪等方面实施审计，加强对领导干部监督。全年审结领导干部任期经济责任审计项目5个，认定被审计领导干部担责的金额3289万元，其中，主管责任金额369万元，领导责任金额2920万元。

固定资产投资审计 2018年，县审计局组织固定资产投资审计中心完成政府投资项目工程预算审计项目49个，造价3.5亿元，审计核实净减1949万元，占5.57%；完成竣工结算审计项目237个，造价3.62亿元，审计核实净减6042万元，占16.69%。

其他审计事项 2018年，县审计局开展专项审计和审计调查等。配合上级审计机关开展保障性住房跟踪审计；审计县农业局2017年扶贫政策落实和资金管理使用情况，涉及财政、农业等主管部门及项目建设单位，重点围绕2017年下达的29项中央、省、市、县扶贫资金，抽审5个扶贫项目，抽查3个单位、8个乡镇、18个村，入户调查39户，涉及资金7762.05万元；专项审计调查县旅游局、县环保局、县第二中学等10个单位2017年10月至2018年11月公务接待费情况，涉及接待金额44.71万元；结合当年审计项目，开展公务支出和公款消费审计。

【**后续审计**】 2018年，县审计局执行县政府《关于进一步加强审计监督做好审计决定执行工作的意见》，组织审计人员回访督查2016年度7位领导干部经济责任审计结果执行及整改情况；跟踪检查2017年度本级预算执行和其他财政收支审计及专项审计调查中发现问题的整改落实，金额1.17亿元，其中，增收节支2113万元，调账处理9600万元。

【**内部审计**】 2018年，县审计局加强内部审计工作指导、监督及内部审计队伍培训，提高内审工作质量。县农村审计总站及所属基层审计站履行内部监督职能，审计县农业局及其下属5个企事业单位，剔除手续不完整发票390张、金额131.92万元，剔除违纪发票54张、金额12.55万元。受县委组织部委托，审计市、县23个挂职村主干的任期经济责任，查出7个村违纪、金额8.5万元。核实县检察院委托的屏山经管站原站长任职期间财务收支及挪用金额情况。受理信访件3件，查出违纪金额1.99万元。太华、均溪、上京、广平等乡镇开展内部审计，县民政局、林业局、国土资源局、住建局、卫计局、人社局、经信局等单位开展专项审计、任期经济责任审计和财政财务收支审计。县供销社加强内审和完善财务管理制度，县教育局对全县各学校资金运作进行有效监督与服务。

（林起昌）

统计管理

【概况】 2018年，大田县统计系统围绕中央深化改革领导小组《关于深化统计管理体制改革提高统计数据真实性的意见》精神和中央领导对统计工作的重要批示、指示，按照省、市统计局的工作部署，加强统计基础建设，实行统计改革，做好统计服务，适应经济发展新常态和社会进步新变化，提高统计数据质量和统计服务能力，为县委县政府科学决策提供坚实的统计保障。

统计业务 2018年，县统计局执行国家统计报表制度，准确、及时、全面上报各种统计数据，完成县地区生产总值核算，工业、农村社会经济、建筑业、批发零售和住宿餐饮业、固定资产投资、房地产经营业、劳动工资、外经贸易、能源、文化产业、服务业等统计，完成第四次全国经济普查清查摸底。城市和农村社会经济调查队分别完成城乡住户、限额以下服务业、限额以下贸易、工业品价格和农业粮食产量、农村固定资产投资等调查及畜禽监测，及时为县委、县政府有关部门、社会公众提供统计服务。

统计执法 2018年，县统计局健全统计法制建设，做好统计法律法规宣传，执行统计报表报送登记和执法错案责任追究制度，建立健全统计法律文书送达制度和统计执法程序。根据年初制定的统计巡查方案和经常性统计检查，执法检查13家企业，其中基层单位统计违法行为立案查处3家。

城乡社会经济调查 2018年，县城市社会经济调查队、农村社会经济调查队分别对城乡居民生活收支情况、工业品出厂价格情况进行调查。经统计，当年城镇居民人均可支配收入34508元，比上年增长6.1%；农村居民人均可支配收入16704元，同比增长8.4%。调查县内35家工业企业的38种工业品价格。

统计服务 2018年，县统计局针对经济持续下行的压力，加大经济运行预警监测力度，分析研究主要经济指标运行情况，打造服务型统计。全年发布年度统计公报1篇，编制《大田统计年鉴·2018》1册，编印《大田统计月报》11期，编辑分县（市区）、分乡镇主要经济指标对比表11期；向县委县政府等部门单位提供统计分析、统计报告、统计调查58篇，统计信息143条、呈阅件1期；接待群众和有关单位查询数据173人（次），出具统计相关证明12份。统计信息被省市相关部门采用17条（次），被县委办、县政府办刊物采用3条（次）。

【经济普查准备】 7月，大田县成立县第四次全国经济普查领导小组，副县长余维语任组长，相关部门单位的负责人为成员，下设办公室，挂靠县统计局。普查时点为2018年12月31日，时期资料为2018年度。各乡镇、场相应成立第四次经济普查办公室，选聘普查员、普查指导员584人，并进行业务培训。全面清查县内全部法人单位、产业活动单位（包括农业单位）和从事第二、三产业的个体经营户（军队系统除外），经核实清查，全县法人单位5128家，产业活动单位720家，从事二、三产业的个体经营户1.84万户，为入户普查登记打好基础。

【统计数据质量审核】 2018年，县统计局按照上级统一部署并结合县内实际，加强数据质量审核管理。抓好统计普法宣传和统计巡查，对乡镇和企业统计员进行统计业务、统计法制法规培训。做好一套表企业的数据质量审核，结合第四次全国经济普查清查摸底，查实查清全县经济主体情况。

（黄钟煊）

科学技术

□ 编辑 潘 梅

科学技术研究与开发

【概况】 2018年，大田县科学技术局（简称县科技局）组织实施县级科技项目5项，其中科技创新平台建设项目、县级科技计划项目、专利补助项目各1项，省级知识产权优势企业认定、高新技术企业认定各1项，共下达科技经费300万元。

2018年大田县科技项目情况表

表8

序号	项目名称	类别	研究开发内容	承研单位	经费（万元）
2018-1	大田县科技创新平台建设	创新平台	围绕特色产业转型升级和科技创新需求，构建符合县科技企业创新发展需求的政策资讯、竞争情报、创新知识、知识产权、项目协同管理、供需对接、招才引智等服务体系，打造大田科技创新服务平台。经费主要用于“科技大田”创新服务平台的展示场所硬装设备购置	大田县科学技术局	50.8
2018-2	2018年度县级科技项目经费	双创	组织实施2018年度县级科技计划项目，发挥科技项目带动作用，助力企业开展研发创新转型升级	大田县科学技术局	124.0
2018-3	2017年授权专利补助	专利补助	补助2017年度企业和个人授权的发明（7件）、每件补助1万元，实用新型专利（111件）、每件补助2000元，外观设计专利（260件）、每件补助1000元	大田县知识产权局	55.2
2018-4	省级知识产权优势企业认定奖励	其他	根据《中共大田县委、大田县人民政府关于深化科技体制改革加快创新体系建设的实施意见》要求，奖励获省级知识产权认定的优势企业，鼓励企业开展发明创造运用好知识产权	大田县科学技术局	10.0
2018-5	高新技术企业认定奖励	其他	根据《中共大田县委、大田县人民政府关于深化科技体制改革加快创新体系建设的实施意见》要求，奖励认定为高新技术的企业，激发企业创新活力	大田县科学技术局	60.0
合计	—				300.0

【县级以上科技项目申报、补助】 2018年，福建莱德旺畜牧业有限公司的“肉兔集约化健康养殖关键技术示范”项目获省科技厅“星火项目”立项；福建卫斯特环保科技有限公司获省科技创新券专项资金补助16.4万元，申报省级新型研发机构非财政资金购买科研仪器设备软件后补助项目，获经费补助14.71万元；力天环保科技有限公司获研发费用分段补助4.16万元。

【科技型中小企业认定】 2018年，

福建卫斯特环保科技有限公司、力天环保科技有限公司、三明市康华塑料科技有限公司、福建大联新型材料发展有限公司、福建宝山机械有限公司、福建省金门油压机制造有限公司、大田县永大工艺制品有限公司、福建秦朝木业科技有限公司、福建省大田县宝通瓷业有限公司、农翔（福建）食品有限公司、福建华伦特重工股份有限公司、三明市竞源生物技术有限公司、大田伊鑫新型材料有限公司等14家企业被省科学技术厅认定为科技型中小企业。

【高新技术企业认定】 2018年，福建秦朝木业科技有限公司被省科学技术厅认定为省级高新技术企业，福建硅光通讯科技有限公司被省科学技术厅认定为国家级和省级高新技术企业。

【新型研发机构认定】 2018年，福建卫斯特环保科技有限公司被省科技厅认定为省级新型研发机构。

（连光毅）

科技推广与普及

【概况】 2018年，县科技局做好科学技术的培训和科技知识的宣传解读，举办各类技术培训班80期，组织人员到乡镇开展科技服务及宣传80多次，受惠群众5000多人次，增长广大人民群众科普知识，提高疾病预防、生态环保、防震减灾意识。

【科技培训】 2018年，全县举办各类技术培训80期，培训3500多人次。其中，企业专利知识、高新技术企业及项目申报培训15期400人次，专业技术提高培训6期300多人次，农村青年实用技术培训10期900多人次。

【科技下乡】 2018年，县科技局组织科技人员80多人次，到桃源、太华等乡镇开展科技咨询、义诊、农林技术支持等服务活动，进行防震减灾宣传，展出科普、防震减灾、节约水资源、果树栽培等挂图400余幅；赠送和发放农业实用新技术丛书和防震减灾宣传手册等科普书籍3000多册，分发宣传材料3500多份，科普知识咨询现场服务1500多人次。

（连光毅）

地震工作

【概况】 2018年，全县加强地震监测预报、震害防御、应急救援三大工作体系建设。组织21家单位制订《地震预警应急处置预案》《地震应急疏散演练方案》。县地震办结合进园入企下乡活动、科技活动周、防灾减灾宣传周、全国科技工作者日、全国科普日、国际减轻自然灾害日等活动，到桃源镇、太华镇和城区时代广场、文化广场、县职专等地开展防震减灾宣传活动，发放宣传手册2000余份、宣传挂图300多张，发送防震减灾宣传短信10万余条、播放专题影片3场次，解答群众咨询500余人次。县地震办在省年度市县防震减灾工作综合考核中获“优秀单位”称号。

【3处避难场所设计完成】 2018年，县地震办完成上京中学、大田三中和四中3处拟新建避难场所设计和地震预警信息发布终端建设项目招投标。

【地震应急演练】 2018年，县地震办联合县教育局、消防大队等有关单位，开展全县中、小学校地震应急疏散及救援演练，参加150余个单位2万余人次。

（连光毅）

科学技术成果与专业技术队伍

【概况】 2018年，全县获国家授权专利432项，其中，发明专利5项，实用新型专利147项，外观设计专利280项。各类专业技术人员5571人，占全县总人口的1.75%，其中，高级职称835人、中级2917人、初级1819人。每万人有专业技术人员174.6人。

（连光毅）

表9　2018年大田县各类专业技术人员情况表

单位：人

类别	合计	职称		
		高级	中级	初级
农林牧渔技术人员	238	52	106	80
卫生和社会事业技术人员	726	126	219	381
教育专业人员	4157	597	2397	1163
文化、体育和娱乐专业人员	30	3	13	14
公共管理专业人员	53	7	11	35
其他专业人员	367	50	171	146
总计	5571	835	2917	1819

教　育

□ 编辑　郑祥果

综　述

【概况】 2018年，全县幼儿园（班）131所（个），在园幼儿1.79万人；小学96所，在校生3.22万人；中学22所，在校生9957人；职业中专1所，在校生1988人。全县共有留守儿童2651人，其中小学1770人、中学881人。全县教育系统行政编制12人，事业单位教职工5528人，其中，公办4147人，非公办1381人。公办教师中，研究生学历19人，大学本科2280人，专科1325人，中专480人，高中及以下43人；正高级职称1人，高级职称570人，中级职称2372人，初级职称809人，未定级395人。7月，一中、实小、五中、职专4所学校获“省级文明校园”称号。

德育工作　2018年，县教育局落实《中共中央国务院关于进一步加强和改进未成年人思想道德建设的若干意见》《中小学德育工作指南》等文件精神，全面贯彻党的教育方针，坚持社会主义办学方向，落实立德树人根本任务，以培育和践行社会主义核心价值观为主线，提高中小学生思想道德素质为目标，深化德育内涵建设和改革，增强德育工作的科学性、实效性和针对性。把24个字核心价值观教育与“中国梦”主题教育及“三爱”“三节”（爱习学习、爱劳动、爱祖国、节水、节电、节粮）教育紧密结合，组织开展“我们的节日”和“小手拉大手 除陋习树新风”等主题教育活动。制定中小学校德育工作管理制度，在教育绩效考评中加大学校德育工作权重。组织60多名中小学校分管德育副校长、政教主任、班主任等到南京、西安等地，开展为期一周德育工作高级研修班学习。聘请法律顾问、法制副校长和禁毒辅导员，定期对学生进行法制教育、安全知识教育和毒品预防教育。引导学校因校制宜，构建“书香校园、墨香校园”校园文化体系。开展“语文教学＋拓展阅读”“读一本好书”“国学经典诵读”一系列主题活动。开展“红色文化研学旅行合作研讨”“孝道故里”“研学旅行”等活动。组织教师开展德育科学课题研究，入选省级德育课题1个，入选市级德育课题4个，市级课题结题3个。县未成年人心理健康辅导站为18周岁以下的未成年人提供心理健康辅导服务1670多人次，五中创办心理健康小报《心海明灯》、“心灵之约”信箱，一中、六中开展催眠提升学习能力的课题研究。3月23日下午，以“阳光心灵 快乐成长”为主题的省未成年人心理健康知识百场公益巡讲活动在城二小多功能报告厅举行，县文明办、教育局、各学校心理健康教育教师、城二小部分教师及家长共300多人参加活动。4月11日，省家庭教育专家鲁道红在城三小举办题为《如何让孩子爱上学习》家庭教育讲座，400多名学生和家长参加听讲。以培育和践行社会主义核心价值观为主线，县教育局组织参加市“新华杯”现场作文比赛，组织全县中小学开展“缅怀革命先烈·争做时代新人”清明祭英烈主题活动。联合县委宣传部、文明办、团县委、文联等单位开展第二届县“孝道故里·十佳小孝星”评选活动。

智育工作　2018年，县教育局贯彻落实县委、县政府《关于补短板提质量加快教育事业发展的实施意见》《大田县进一步落实教育教学质量提升工程的实施意见》精神，教育行政部门、教研机构、中小学校“三方发力”，以“夯实小学、壮腰初中、提升高中”为主线，重建“制度管理、质量考评、质量监控、常规检查、协作联盟”五大体系，提升全县教育教学质量。开展学科竞赛、教学质量监测、语言文字等工作。一中35名学生在2018年全国中学生五大学科竞赛（福建赛区）和省青少年科技创新大赛获一等奖2人、二等奖14人、三等奖19人，其中，陈巍炜获2018年全国高中数学联赛福建赛区竞赛一等奖，为三明地区唯一；郑英炜获2018年全国青少年信息学奥林匹克联赛福建赛区竞赛一等奖、第十二届亚太地区信息学奥林匹克（中国赛区）比赛三等奖，并以总分496分夺得全市最高分。

当年，完成全国县域普通话普及调查工作，通过教育部、国家语言普通话基本普及县域，普通话工作走在全省前列。9月，在实小承办市21届全国推广普通话宣传周启动仪式。

教师队伍建设　2018年，县教育局开展教师“托底培训”、名师名校长培养工程、教学管理人员培训和优秀教师表彰等工作，教师队伍建设有效推进。县教师进修学校设计培训课程，开展全员培训和专项培训并重，通识培训与学科能力培训并重，本县集中培训与委托高校外出培训并重。实施新教师、农村教师、幼儿教师、班主任、骨干教师、学科带头人、信息技术能力提升、德育骨干、专（兼）教研员、学校安全、教学技能、中考命题、学业质量检测、课题研究等近30个培训项目，全年开展培训56场次、5200余人次参加。建构“上联高等院校，下通中小学校”运行模式，加大与梅列、三元、明溪、清流等县（区）教师进修学校合作，依托高校和上级教育培训机构，形成联合办学模式，组织教师到教育先进地区和课改前沿开展高中职业规划、学校管理领导力提升、教研员和骨干教师综合素质提升等异地研训；与福建师大、集美大学、闽南师大、省教育学院、省电大、泉州师院、三明学院等7所院校高位嫁接，组织10批次、517名学员前往北京、上海、南京、成都等11省市高等院校参加高端研训。教育局遴选确定省、市、县名师名校长培养人选130人，其中，省“十三五”首批学科带头人5人、名校长1人、名校长后备培养对象5人，市名师培养对象4人、名校长7人、学科带头人34人、骨干教师31名，县首批中小学幼儿园学科带头人43人。11月，成立县名师工作室35个，涵盖语文、数学、英语、物理、体育、心理健康等主要学科，390多名教师成为名师工作室成员和研修人员。全年，276名教师在各级各类教学竞赛中获奖。全年共开展全县性教研活动54次、3670人参加。举行初中毕业班教学关键问题“微课”比赛，38名教师微课在市赛中获奖。在第34个教师节中，颜建群等100名教师被县委、县政府评为“县优秀教师”、肖正忠等50名为“县优秀教育工作者”。颜良卫等5名为市“师德标兵”、陈琪芳等5名为市“教学能手”、郑仁水等2名为“省特级教师”，方新珠等12名被县委、县政府授予“凤凰才俊”称号。

精准扶贫工作　2018年，县教育局实行领导带头结对帮扶、党员干部包户脱贫，6次组织精准扶贫工作队到谢洋乡谢洋、怀德和梅山镇秀岭、高泉等9个村开展挂钩帮扶活动，走访慰问38户贫困家庭，帮扶资金12万余元。

校外教育工作　2018年，县青少年学生校外活动中心举办书法、美术、声乐、器乐、科技、舞蹈、棋类、语言类、手工类、多米诺骨牌10大类、32个项目培训，开设320个教学班、4700余人次参加。与城三小开展艺术共建活动，为学生免费提供航模、足球、围棋培训；与实小共建民族管弦乐团，共12个班、117人。开展“送艺术下乡”“多米诺免费体验”“迎新年送春联”活动，举办第四届学生学习成果展示，累计4000余人次参加。县中小学生社会实践基地开展中小学生拓展训练活动26期、5200余人参加，开展送培到校活动3期、860余人参加。城关第三小学与县科协合作建设科普宣传馆和科普展览馆，与县科技局合作建设防震减灾宣传馆，并将场馆免费向未成年人开放。省市科普宣传展览馆在县开展2个月科普宣传，近1万人次中小学生参加。

体质健康监测工作　2018年，县教育局组织学校做好学生体质健康监测和测查数据上报工作，当年数据上报率100%，学生健康合格率94.6%，优秀率15%。开展“爱眼日”宣传教育活动，做好全县中小学生视力测查统计分析反馈跟踪，降低学生视力不良率，全县小学生视力合格率达81.24%，不良率18.76%；初中学生视力合格率达52.75%，不良率47.25%；高中学生视力合格率28.33%，不良率71.67%。

艺术工作　2018年，县教育局组织各学校学习贯彻《福建省人民政府办公厅关于全面加强和改进学校美育工作的实施意见》《三明市关于加强和改进学校美育工作的实施方案》，从优化美育资源配置、提高美育师资队伍素质和开齐开足美育课程等方面，改进提升学校美育教育工作。举办“阳光下成长”校园文化艺术节，县教育局获省第六届、市第七届中小学生艺术节“优秀组织奖”。全县24件艺术作品在市第七届中小学生艺术节中获一等奖5人、二等奖9人、三等奖10人；23件艺术作品在省第六届中小学生艺术节中获一等奖2人、二等奖3人、三等奖18人。

学生资助管理工作　2018年，县教育局规范学前教育、义务教育、高中教育、中职教育助学金及生源地助学贷款等工作。全年累计发放各类扶贫专项资金1.71万人次、2189.57万元。其中，学前教育助学金1083人次、80.53万元，义务教育营养餐及生活补助1.05万人次、502.05万元，高中教育助学金871人次、92.69万元，中职教育助学金2638人次、52.76万元，高等教育助学贷款2006人次、1461.54万元。

教育项目建设　2018年，全县共争取省级专项资金9934万元，其中，用于城区学校扩容2800万元、校舍长效机制2273万元、全面改薄2941万元、幼儿园建设1920万元。统筹推进38个城乡教育项目，完成投资3.03亿元。建成赤岩小学、福兴幼儿园、温镇幼儿园、石牌幼儿园等14个项目，新增学位8500个。在建项目新红星幼儿园、文江幼儿园、鸿图中学教学楼等9个项目，香山学村、城东小学、赤岩幼儿园等15个项目正在做前期工作。投入资金1880万元，涉及64所项目校，校舍改造面积0.93万平方米，运动场改造1.53万平方米，筑围墙3415米，护坡1750立方米。项目开工率100%，竣工率90%以上。投入281万元，购置图书14.05万册。

校园安全工作　2018年，县教育局创新学校综治安全“党政同责、一岗双责、齐抓共管”责任体系建设，健全学校内部各级综治安全管理机构，签订责任书，落实责任，确保综治安全工作落到实处。推进安全教育主题活动，组织开展第23个全国中小学生安全教育日、第11个福建省学校安全教育周、全国第17个“安全生产月”“扫黑除恶”、综治宣传周、“5·12”防灾减灾日，抓好安全知识网络竞赛、体验式生命等教育活动。部门联动，净化校园周边环境，确保校园周边安全。召开由县政府办、交通、交警、公路、道安、财政、市政、教育等部门参加的学校周边安全专题工作会，对学校周边交通安全全面排查。全县各学校配齐震荡带、减速带、警示标志、斑马线等交通安全设备，投入资金30.3万元。开展相关部门综合执法，落实校园周边“高峰勤务”“护学岗”制度，严禁校门口50米内摆摊设点、占道经营。成立防治学生欺凌工作领导小组，印发《大田县加强中小学生欺凌综合治理实施方案》，指导各校开展校园欺凌专项治理活动；投入21.96万元，为各学校配备法律顾问，依法维护教师和学生的合法权益。全县配备专职保安员237人，重点部位安装监控探头1000多个，各学校安装一键式报警装置，投入27.36万元。加强接送学生车辆安全管理，开通5条线路，4个乡镇、6所中小学校498名学生、3.25万人次乘坐周末班车，周末班车运送2271车次，财政补贴30.47万元。完成“平安校园”等级考评，23所学校获评“2018年度平安先进校园”，24所学校获评“2018年度平安校园”。

【禁止中小学生携带手机进校专题会】 1月12日，县教育局召开“禁止中小学生携带手机进校园”专题工作会，县教育局政教股干部、全县中小学校政教主任50余人参加会议，会议部署“禁止中小学生携带手机进校园”工作，五中、上京中学作典型经验发言。

【“爱鸟周”宣传活动仪式启动】 3月21日，以“保护鸟类资源 守护绿水青山”为主题的福建省第36届“爱鸟周”宣传活动启动仪式在城一小学举行，省野生动植物保护协会会长林少霖、市林业局副调研员庞闽志、县政府副县长涂剑峰、县教育局副局长陈光养，及城一小部分师生830余人参加活动。学生代表黄瑾发出爱鸟护鸟倡议，与会人员进行爱鸟护鸟倡议集体签名。

【女教职工气排球联赛】 4月20—22日，由县教育局、教育工会主办，五中、县气排球协会承办的县教育系统首届女教职工气排球联赛在县体育中心举行，全县中小学幼儿园32支代表队300余人参赛。城二小获第一名，城一小等7支代表队分获第二名至第八名，大赛组委会评选出6名优秀裁判员、40名优秀运动员和10名优秀教练员。

【第四届中小学生足球联赛】 4月27—29日，第四届全县中小学生足球联赛在鸿图中学、城一小举办。实小等9支代表队参加小学组“五人制”比赛，六中等8支代表队参加初中组“八人制”比赛，一中等4支代表队参加高中组“十一人制”比赛。实小和城一小分获小学组男足、女足冠军，六中和职专分获初中组、高中组冠军。

【市教育系统“三好”评选获奖】 5月5日，在市委教育工委组织开展的“党员好故事、书记好党课、支部好案例”评选活动中，县教育系统党委选送13篇案例获奖，被评为“优秀组织单位”。

【“社会核心价值观”主题朗诵比赛】 5月28日，县教育局在鸿图中学举办全县中小学生“学习贯彻党的十九大精神，践行社会主义核心价值观”主题朗诵比赛，全县48名优秀中小学生选手参赛，中学组、小学组分别评选一等奖3人、二等奖5人、三等奖若干人。

【校外培训机构整治专项行动】 5月，县教育局、民政局、人力资源和社会保障局、市场监督管理局联合制定《大田县减轻中小学生课外负担开展校外培训机构专项治理行动实施方案》，建立联席会议制度，形成联席议事、决策工作机制。31日起，组织开展拉网式排查，对校外培训机构开展集中整治。

【法制主题少先队活动课比赛获奖】 5月23日，团市委、市综治办、市中级人民法院、市教育局、市少工委联合开展的市法治主题少先队活动课比赛，城三小刘惠珠执教的《生命没有彩排——争做新时代好队员》获三等奖，实小章英华执教的《禁毒，从我做起》、石牌中小陈晓媛执教的《知法，学法，与法同行》、城二小连莹执教的《自我保护，平安成长》获优秀奖。

【市现场命题作文比赛获佳绩】 6月1日，县教育局选送107名学生选手参加市“新华杯”现场命题作文比赛。小学组获奖26人，其中一等奖6人、二等奖11人、三等奖9人；初中组获奖48人，其中一等奖11人、二等奖17人、三等奖20人；高中组获奖33人，其中一等奖4人、二等奖16人、三等奖13人。一等奖作品编入市青少年爱国主义读书教育活动优秀作文选。

【社会主义思想宣讲报告会】 7月16日，县教育系统“习近平新时代中国特色社会主义思想宣讲报告会”在一中举行。集美大学马克思主义学院院长肖仕平、副院长李晋玲应邀作宣讲报告。县教育局党组、党委成员及相关股室干部，教育系统校（园）长、支部书记及政教处主任等130余人听讲。

【教师节“送温暖”活动】 9月10日，陈文华、林金龙、陈汉良、余真华等县领导，县直部门单位负责人分别到中小学幼儿园慰问教师。慰问全县中小学校47所、28.7万元，慰问特困教师60人、3万元，表彰优秀教师和先进教育工作者150人、3万元。

【“青春筑梦”宣讲启动仪式】 9月20日，县乡村讲师团“青春筑梦”宣讲启动仪式在石牌中学举行。宣讲队队长、县教育局副局长田剑锋，县文明委主任科员高上钗，宣讲队联络员、县教育局政教股负责人柳成铭，讲师团成员周以火、詹兴全、李新华、严明慧等260余人参加启动仪式。当天宣讲报告《怀感恩之心 立报国之志》。

【第二十届中小学生田径运动会】 10月26—28日，县第二十届中小学生田径运动会在县体育中心举行。40支代表队454名运动员参加15类项目竞赛，17人19次打破10项县中小学生田径最高纪录。其中，5人次破3项小学组纪录、3人次破3项初中组纪录、5人次破2项高中组纪录，7人达国家二级运动员标准；实小、五中、一中等16所学校获“体育道德风尚奖”，城二小等8所学校获小学组“团体总分”前八名，城二小等8所学校获中学组“团体总分”前八名，鸿图中学等3所学校获高中组“团体总分”前三名；职专等8所学校获“男子教工4×100米接力赛”前八名，太华中心小学等8所学校获“女子教工4×100米接力赛”前八名；黄德招等44名裁判员被评为优秀裁判员，叶良鹏等57名教练员被评为“优秀教练员”。

【“两项督导”核查“双优”通过】 10月29日至11月2日，市政府教育“两项督导”评估组一行6人分职责与治理、办学条件、教育经费、教师队伍、教育结构、教育质量等6个小组，到18个乡镇、52所中小学幼儿园及县教育局、财政局、教师进修学校等单位核查。县2017年教育工作、县级党政主要领导抓教育工作均以“优秀”等级通过督导评估。

【党建示范点党员示范岗评选】 11月5日，市教育系统学校党建工作示范点和党员示范岗评选活动中，一中支部、均溪中心小学支部被认定为“学校党建工作示范点”，六中总务处、城三小政教处、职专团委被认定为“党员示范岗”。

【第六届中小学生围棋象棋比赛举办】 11月23—25日，县第六届中小学生围棋和中国象棋比赛在县青少年学生校外活动中心举行，全县有35所中小学校319名师生参加竞赛，60名学生、13名教师获奖。

【“特色示范课堂”入选】 12月28日，市教育局学习贯彻中共十九大精神“特色示范课堂”评选，县5节课入选，其中“十佳道德与法治课”“十佳思想政治课”“十佳历史课”各1节，优秀示范课2节。

【第四届学生学习成果展示活动】 12月30日，县教育局主办、县青少年学生校外活动中心承办的第四届学生学习成果展示活动在县影剧院举行，首次进行微信直播，300余名学员参加声乐、器乐、舞蹈、语言四类演出展示，评出一等奖5个、二等奖9个。

【“青少年校园足球特色学校”获评】 2018年，县职专、鸿图中学、二中、城三小、均溪福塘小学等5所学校被认定为“全国青少年校园足球特色学校”。至年底，全县有14所“全国青少年校园足球特色学校”。

【中小学、幼儿园新教师招聘】 2018年，根据“国标、省考、县用”标准公开招聘新教师，全县招聘新教师334人，其中中学30人、小学241人、幼儿园60人、特殊教育3人。

（陈吉胜 林进栖 张斌 余孔值 柳成铭 王英德 连占斗 陈德红 张毓贞 温兴聪 郑永槐 乐起淡 连雪卿 陈希贤 郭志萍 谢晓华 林凤海 李序达 乐玲繁）

学前教育

【概况】 全县幼儿园131所（点），其中，公办32所、民办32所、其他部门办1所，65个幼儿教学点。省级示范园1所，市级示范幼儿园4所，县级示范幼儿园20所（民办园3所）。全县在园幼儿1.79万人，其中公办园1.25万人、民办园5296人、其他部门办园123人。3—5周岁幼儿入园率98.9%。教职工1315人，其中公办教师470人、非公办845人。公办教师中大学本科154人、专科242人、中专68人、高中及以下6人，高级职称5人、中级180人、初级217人、未定级68人。当年，县实验幼儿园城南分园认定为“市级示范幼儿园”，福兴幼儿园、梅山中心幼儿园认定为“县级示范幼儿园”；新批准设立伟才幼儿园、乐迪幼儿园、小京星幼儿园、兴田幼儿园等4所民办幼儿园。

【宣传月活动】 5月20日至6月20日，全县幼儿园开展“我是幼儿园教师”主题宣传月系列活动。宣传幼儿园教师爱岗敬业良好形象，开展“我是幼儿园教师”一日活动；宣传科学保教理念，纠正“小学化”倾向，促进幼儿身心健康发展；创新宣传方式增强宣传实效，充分借助网络、微信、美篇等多种媒体，确保宣传月活动有内涵、有声势、有影响。

【“文明礼仪”主题观摩】 6月15日，全县幼儿园“文明礼仪”主题半日观摩活动”在城东村幼儿园举行，园长和骨干教师70余人参加活动。“省级学前教育保教改革建设幼儿园”“县级示范园”“民办幼儿园一级园”城东村幼儿园发挥示范引领作用，在活动中展示幼儿一日礼仪流程、礼仪特色课程“表演礼仪”和幼儿在园一日活动礼仪。

【“电大杯”体操比赛】 6月23日，由县教育局主办、社区学院和电大工作站协办的“电大杯”，幼儿体操编排比赛在星光幼儿园举行，29个民办园组队参赛，华林幼儿园、星光幼儿园分获一等奖，大风车幼儿园等4个幼儿园获二等奖，童欣幼儿园等6个幼儿园获三等奖。

【普惠性民办园认定】 9月，县教育局、县财政局下发《大田县扶持普惠性民办幼儿园发展的实施办法通知》，加强普惠性民办幼儿园认定与管理工作。当年，28所民办幼儿园被定为普惠性民办园。18个乡镇均设立独立中心幼儿园，县域内各级示范幼儿园就读幼儿比率54.1%，适龄幼儿在公办园和普惠园就读比率96.8%，公办园在园幼儿比率71.1%。

【片区教研活动】 2018年，县教育局下发《关于开展省、市示范性幼儿园挂钩帮扶乡镇和民办园活动的通知》《大田县公办与民办幼儿园加强联动教研的实施意见》，全县划分三个联动协作片区教研组，每个联动协作片区以省级、市级示范性幼儿园为牵头单位，由省、市、县示范幼儿园、农村幼儿园、民办幼儿园组成。全年，开展片区活动25场次、参加1221人次。

【民办园定级评估】 2018年，县教育局对全县32所民办幼儿园开展定级（晋级）评估工作，评定一级园10所、二级园12所、三级园6所、未定级4所。

（林 蓉）

义务教育

【概况】 全县义务教育学校117所（点），在校生4.22万人。其中，小学96所（实小1所、城小4所、中心小学19所、村完小6所，教学点70个），在校生3.22万人，一年级招生6977人，六年级毕业生3838人；初中22所（初级中学17所、九年一贯制学校5所），在校生9957人，七年级招生3700人，九年级毕业生2945人，录取中专1101人（含中专、职专、技校）；录取普高1634人。教职工3508人，其中公办3010人、非公办498人。公办教师中，研究生学历7人、大学本科1561人、专科1046人、中专424人、高中及以下29人；正高级职称1人、高级329人、中级1862人、初级549人、未定级278人。5月，县教育局完成城区小学一年级招生任务，城区各校报名达3472人，其中外来人员随迁子女（含本县农村进城务工人员随迁子女）1672

人。当年，五中、六中、城二小、城三小、均溪中小、鸿图中学和上京中学等7所学校被省教育厅确认为省首批“义务教育教改示范性建设学校”。城二小、均溪中小、石牌中学和上京中学等4所学校被确认为 “省义务教育管理标准化学校”。全县初中县级课题立项138个、结题140个，64个课题取得阶段性成果。

【教学质量监控评价实施】 3月，县教育局组织召开2017—2018学年第一学期初中期末考试质量分析暨2018年中考备考工作会议；4月，组织开展全县初中期中考试全员全学科统一命题、统一网络阅卷及统一质量分析工作；5月，组织开展全县市质检质量分析会议；11月12日，召开全县中考质量分析暨初中教育教学工作会议；11月15—17日，组织开展全县初中期中考试全员全学科统一命题、统一网络阅卷及统一质量分析工作。

【初中“毓秀杯”学科竞赛活动】 5月20日，选拔120名优秀学生参加县教育局主办、一中承办的第二届全县初中“毓秀杯”学科竞赛。评选出一等奖7人、二等奖17人、三等奖43人、优秀奖60人，优秀指导教师奖50人。

【小学五六年级期末考试】 6月中旬，县教育局举行全县小学五、六年级期末质量检测、检测科目设语文、数学、英语。全县五年级设立40个考点、101个考场，4165名考生参加考试；六年级设27个考点、135个考场，3833名考生参加考试。

【中考实行统一命题】 6月22—24日，全省中考实行统一命题和标准化考试，九年级考试科目设语文、数学、物理、化学、英语、历史、思品7个学科(其中思想品德开卷考)，八年级考试科目设地理、生物2个学科。全县设立五中、六中、鸿图、职专4个标准化考场195个，其中，九年级考场100个、考生2945人，八年级考场95个、考生2775人。全省统一中考尖子生群体培养成效，位居全市前列，考生原始总分进入全市前10名3人、前50名14人、前100名24人、前200名48人、前500名87人、前1000名153人。

【进城务工人员子女招生】 8月，县教育局以电脑派位抽签录取方式安排进城务工人员子女737人到五中、六中、鸿图中学等3所城区中学就读。9月，全县小学共有随迁子女进城就读6989人，其中外省、省内外县随迁子女1117人，本县流动人员子女5872人。

【市英语口语竞赛获佳绩】 11月，县教育局组织学生参加市政府外侨办、教育局、关工委联合举办的市英语口语竞赛，实小俞樾获小学组二等奖，六中陈慧婷、卢玥分获初中组二、三等奖，五中施悦获高中组优秀奖，县教育局获“优秀组织奖”。

【省义务教育质量监测实施】 12月20—21日，全县中小学12所样本校700名学生参加省义务教育质量监测，其中小学12所、358人；初中6所、342人。18名样本校校长、143名教师参加网络问卷填答。

【科技创新大赛获奖】 2018年，五中代表队获省青少年航模锦标赛中学组航天综合团体冠军和市定向越野联赛初中组团体冠军、高中组团体亚军；城三小代表队获省青少年航空航天模型锦标赛一等奖，鸿图中学、城一小代表队分获市青少年动手电子制作锦标赛一等奖、三等奖。

（张　斌　苏世佳　余孔值　郑联鸿）

高中教育

【概况】 2018年，全县有高中5所，其中独立高中1所、完全中学4所，在校生4553人。高中招生1569人，高三毕业生1275人。教职工473人，其中公办教师456人、非公办17人。公办教师中研究生学历7人、大学本科410人、专科28人、中专4人、高中及以下7人；高级职称182人、中级220人、初级26人、未定级28人。全年，高中校际教研活动开展8场次，32个学科次、518名教师参加活动。3月，一中被省普通教育教学研究室遴选为省第三批“基础教育学科教学研究基地学校”。11月，一中被省教育厅确认为省第二批“普通高中课程改革基地建设学校”。12月，一中代表队获第33届省青少年科技创新大赛二等奖。

【质检考试】 1月13—15日，县教育局组织全县1675名考生参加省单科质检考试。3月31日至4月1日，组织全县高三毕业班1364名考生在一中考点参加省质量检查测试。

【普通高等教育入学考试】 6月7—8日，县教育局在一中举行普通高等教育学校考试，设考场50个，考生1385人，其中文科396人（文史类289人、艺术类83人、体育类24人），理科989人(理工类870人、艺术类48人、体育类71人）。普通高考本科上线744人、上线率71.99%，本一上线人数307人、上线率24.35%，录取985、211院校93人。

【一中东部校区选址确定】 11月23日，县坪尾仑片区开发建设全体会议召开，会议确定一中东部校区选址于华兴镇华安村坪尾仑片区。

【英语学科素养能力测试】 12月23日，县教育局组织部分学生参加2018—2019学年第一学期市学科核心素养能力提升测试，被市评出高一英语一等奖5人、二等奖10人、三等奖20人。

【高中综合改革稳步推进】 2018年，县推进新高考改革、高中新课程改革，探索高中“选课走班”教学和高中学生职业生涯规划教育，启用省普通高中学生综合素质评价信息管理系统。

（余孔值　章选辉）

职业教育

【概况】 2018年，全县职业中专（下简称职专）1所，在校生1988人。教职工193人，其中公办教师172人、非公办21人。公办教师中研究生学历5人、大学本科155人、专科9人、中专2人、高中及以下1人；高级职称54人、中级92人、初级职称17人，未定级9人。

当年，县职专被省教育厅、财政厅评估为“省示范性现代职业院校建设工程”A类校，确定为2018年培育项目校。职专心理辅导室被省心理援助协会评为“优秀心理辅导室”。

当年，县职专校长林凤璪被列入省职业院校名校长培养对象、副校长张如涯被列入省职业院校专业带头人培养对象，林长章等16名教师获省中职教师教学技能单项奖、陈乘俊等18名教师获市中职教师教学技能单项奖；教师共发表CN论文31篇，参与省级课题研究4个、结题1个；余小妹茶艺工作室被认定为市技能大师工作室。

【高等职业教育入学考试】 1月6—7日，在职专举行高等职业教育入学考试，设考场25个，报名参加678人，其中普通高中考生108人、中职考生570人。春季高考（高职单招考试）本科上线76人、上线率20%，5个本科计划专业中9人进入全省前10名、44人进入全省前50名，其中农林牧渔专业本科上线34人、上线率29.3%，包揽全省前三名。

【合作办学新进展】 2月26日至6月30日，县职专安排2015级学生460人进行顶岗实习。其中，厦门哈隆电子有限公司83人，冠捷显示科技（厦门）有限公司96人，厦门国际会议中心酒店25人，厦门力鼎光电技术有限公司175人，福建福晶科技股份有限公司21人，福建捷联电子有限公司43人，县内城关公办幼儿园17人。9月3日，国家开放大学铸造学院大田分院在职专举行成立揭牌仪式。学院执行副院长支晓恒，县领导陈文华、林金龙、施正立、陈剑生，县教育局、发改局、经信局、非公办等有关单位负责人参加仪式。12月5日，职专与福建梦现网络科技有限公司举行校企合作签约仪式，县委常委、副县长赖伟平，县科技局、教育局负责人，梦现网络科技有限公司董事长李建新等参加。

【省药膳暨县茶膳邀请赛在职专举办】 5月12日，省药膳暨县首届茶膳邀请赛在职专举办。省中医药学会药膳分会会员，全国中医院、综合性医院临床及相关管理的中医药人员、营养师、护士长，省企事业单位从事中医药工作和中药材种植专业人员，县职专农林牧渔类等专业师生约300人参加活动。福建中医药大学专家杜建、华碧春、曹治云等作专题报告。福建闽南网进行现场直播。

【职业技能鉴定】 5月26日，县职专学生职业技能鉴定站职业技能鉴定，618人通过。其中，装配钳工90人、维修电工89人、客房服务员25人、汽车修理工32人、花卉园艺师81人、高新技术专项财务软件操作员40人、幼师艺术教育专项106人、高新技术专项办公软件操作员155人。

【办学硬件设施改善】 9月29日，县职专400米标准田径场竣工验收，项目投资666万元。11月28日，机械电子实训大楼竣工验收，项目投资2000万元。

【春季高考创佳绩】 2018年，县职专参加省春季高职招考考生380人、上线76人，上线率20%，名列省前茅。其中，农林牧渔类、机械制造技术、电子技术应用、汽车运用与维修4个专业本科上线率分别为29.31%、17.05%、16.09%、15.09%，农林牧渔类专业文考成绩囊括全省前三名。

【学生技能大赛获奖】 2018年，县职专组织学生参加各级职业院校技能大赛（中职组），获省赛二等奖6人次、三等奖2人次，市赛一等奖6人次，获省第二届黄炎培职业教育奖创新创业大赛铜奖1人次。

【省市文体竞赛获奖】 2018年，职专代表队获省中等职业学校第十四届教工健身运动会银奖、省第二届广场舞蹈大赛二等奖、省航空航天模型锦标赛团体第五名、市航空航天模型锦标赛航天团体第一名和“天鹰”等8个项目第一名。

（陈希贤）

特殊教育

【概况】 2018年，大田县有特殊教育学生254人，其中在其他全日制学校随班就读119人。县特校1所，内设教学班10个，在校生135人，其中，幼儿6人，小学65人，初中41人，送教上门23人。教职工38人，专任教师25人，其中特教专业院校毕业12人；本科学历14人，大专学历11人；高级职称3人，中级职称8人，初级职称11人，未定级3人。特校依据《培智学校义务教育课程设置实验方案》开设课程，以“教育是为孩子们更好地生活”为办学理念，坚持“文化教学为奠基、常规教育为中心、康复指导为亮点”的办学方向，探索“教育、康复、职教”一体化办学格局。

【特殊教育办学成效】 2018年秋，县特校以“小鬼当家”为主题，构建“生活·生存”课堂，组织开展模拟购物、西式糕点和中式面点等实践训练活动，提高学生的生活生存能力。在学生质量监测评价中，大胆创新，探索书面测试、口头考评与实践技能相结合的多元综合评价体系，多层面展现师生教与学的成果，并作为师生本学期考评依据。

【特殊教育基础设施投入】 2018年，县特校先后投入40多万元用于多媒体教室设施设备的全面提升，更换学生教室的多媒体教学设备，改造3个学生实践训练室。

【“送教上门“服务】 2018年，县特校有重度智障学生22人、中重度残疾扶贫对象学生8人。开展由校领导带队，全体教师参与，分成5个小组对18个乡镇、30名智障学生提供“送教上门”服务10次。

（苏世佳）

高等教育

【概况】 2018年，县电大工作站有专职教师10人，均为大学本科学历，其中高级职称3人、中级6人、初级1人。开办43个专业、105个班、学生920人，当年招生334人、毕业305人。其中，国家开放大学（中央广播电视大学）开放教育开设15个专业、52个班、学生643人，当年招生245人、毕业181人。本科有法学、汉语言文学、小学教育、会计学、行政管理、学前教育等6个专业，专科有法律事务、行政管理、会计学、学前教育、小学教育、劳动与社会保障、农业经济管理、农村行政管理、林业技术等8个专业。奥鹏远程教育中心合作高校有东北师范大学、东北大学、大连理工大学、四川农业大学、吉林大学5所，开办数学及应用数学、计算机技术、土木工程、采矿工程、水利水电工程、机械工程及自动化、安全工程、机电一体化、电气工程及其自动化、金融学、动物医学、农学、林学、水产养殖、药学等本专科专业29个、53个班、学生277人，当年招生89人、毕业124人。

【社区教育丛书《打捞乡愁》编印】 5月，县社区学院与县电大工作站联合编印了社区教育丛书《打捞乡愁》。该书由林生钟执笔、温欣孝配图，分田阳风物、老手艺两辑，录入反映大田地域文化、民俗文化、传统文化文章29篇。

【“电大杯”幼儿教师体操编排比赛】 6月23日，由县教育局主办，县社区学院、电大协办，星光幼儿园承办的“电大杯”民办幼儿园教师幼儿体操编排比赛在城三小室内馆举行，29支队伍参加。华林幼儿园、星光幼儿园代表队获得一等奖，大风车幼儿园等4支代表队获得二等奖，童欣幼儿园等6支代表队获得三等奖。

【《大田县情与历史文化》专题讲座】 9月27日，县教育局、社区学院（大田电大）在县教师进修学校举办《大田县情与历史文化》专题讲座，县委党校副校长郭立新主讲。来自城区各中小学、幼儿园教师共70余人聆听讲座。此次讲座系“9·28”终身教育日系列活动之一。

【“电信诈骗防范知识”公益讲座】 9月27日，县社区学院（大田电大）、县老年大学联合举办“9·28”终身教育日暨“电信诈骗防范知识”公益讲座，县刑侦大队民警苏亨钊主讲。县老年大学60余名学员参加。

【“一村一名大学生计划”学员毕业】 10月23日，在县电大多媒体教室举行大田县“一村一名大学生计划”首届学员毕业典礼。36名农村行政管理、农业经济管理两个专业的毕业生完成学业，取得大专毕业证书。

【举办职工摄影知识培训班】 11月29日，县社区学院（大田电大）、总工会、文联联合在县税务局八楼会议室举办全县职工摄影知识培训，80多名职工参加。培训由中国摄影协会会员、三明市摄影协会理事何晓东，中国摄影协会会员、三明日报社主任编辑林文斌，以及中国摄影协会会员、三明市职工摄影协会常务理事彭友新授课。

（郑祥全）

成人教育

【概况】 2018年，全县成人教育有教师进修学校、卫生进修学校、农广校、老年大学等4所。专（兼）职教师116人，其中研究生学历1人、大学本科79人、专科28人、中专（高中）6人；高级职称53人、中级57人、初级5人、未评1人。

教师进修学校 2018年，县教师进修学校在职教职工38人，专任教师37人，本科学历31人，大专学历4人，高级职称23人，中级职称14人，特级教师1人。教师进修学校以提升校本培训和校本研究水平为着力点，以构建完善“建、考、评、研、训、赛、帮”七位一体教师研修体系为突破口，创建教研、培训新模式，尽力打造高效课堂。当年，教师进修学校被县委、县政府表彰为“教育工作先进学校”，教师卢志兰被县委、县政府授予“凤凰才俊”称号，教师柯永卓被表彰为“县优秀教师”“县教育系统优秀党务工作者”，教师陈大荣被评为“县教育系统优秀党员”。

卫生进修学校 2018年，大田县卫生进修学校有专（兼）职教师29人，其中大学本科学历21人、大专6人、中专2人；高级职称10人、中级职称17人、初级职称2人。开办全日制中专学历4个班，护理专业3个班、农村医学专业1个班，函授大专学历护理专业1个班。共有在校生143人。2018年招收护理专业新生1个班、45人，毕业1个班、34人。举办全县乡村医生规范培训3期，培训426人。当年，陈小忠获厦门医学院成人教育先进个人称号，钟彬被县表彰为优秀教师。

农广校 2018年，农广校有专兼职教师32人，其中正高职称1人、副高级14人、中级14人、初级3人，研究生学历1人、本科16人、专科14人、中专1人。开设中等教育果树栽培专业班1个，学员29人；培育新型职业农民578人，认定88人。

老年大学 2018年，大田县老年大学有专（兼）职教师18人，其中大学本科11人、专科4人、中专2人、高中1人；高级职称5人、中级12人、未评1人。开设太极拳、南音、电脑、乒乓球、合唱、卡拉OK、烹饪、器乐、电子琴、国学、腰鼓、交谊舞、摄影摄像、保健推拿、民族舞、健身舞、拉丁舞、瑜伽、聊天、旗袍、铜管乐、象棋等22个专业、23个班、学员1782人次。

当年，县老年大学开展“学雷锋志愿者在行动”“参观县博物馆及图书馆”“学十九大·赞40年改革摄影采风”“牢记使命跟党走”“永葆本色·劳动美”“端午情茶飘香”以及举办乒乓球邀请赛等活动。举办“电信诈骗防范”“高血压与糖尿病防治知识”“国之本在家”专题讲座。

【老年大学校长任命】 6月5日，经县委研究决定，陈培前任大田县老年大学校长。

【改革开放40周年专场文艺汇演】 10月17日，县老年大学在县影剧院举办庆祝改革开放四十周年暨建校三十周年文艺汇演，汇演节目21个。县委副书记连仁魁，县政协原副主席、老年大学校长陈培前及原任处级老领导以及其他观众600余人观看演出。

【“老干部党校”成立】 12月，经大田县委组织部批准，大田县委老干部党校成立。

【中考研训】 2018年，县教师进修学校成立中考备考领导小组和学科备考指导小组，先后在五中、二中、六中、鸿图、石牌、广平、武陵、梅山中学开展10场毕业班学科研训活动。以“好生更优，差生脱帽”为目标，建立同类校情质量对比机制，把全县中学分为城区类、镇级类、乡级类，依托质量分析平台，对各校优生培养、后进生转化进行同类对比，查找差距，协同前行，提升中考质量。制定“培优转差”三年规划目标，分别对全县前10名、100名、200名、300名、640名及后500名学生制定培养目标，做到“依标制策”“依校定标”，促进培优转差工作。

【教师培训】 2018年，县教师进修学校创新培训模式，全员培训和专项培训并重，通识培训与学科能力培训并重，县本集中培训与委托高校外出培训并重开展教师培养培训工作。开展新教师培训、农村教师培训、幼儿教师培训等近30个培训项目，建构“上联高等院校，下通中小学校”运行模式。与梅列、三元、明溪、清流等区（县）教师进修学校合作，依托高校和上级教育培训机构，形成各区县联合办学模式。组织教师到教育先进和课改前沿地区开展高中职业规划、校长领导力提升、教研员和骨干教师综合素质提升研训。与福建师大、集美大学、闽南师大、省教育学院、省电大、泉州师院、三明学院等7所院校高位嫁接，选派教师培训组织10批次、517名学员前往北京、上海、南京、成都、西安、贵州、南昌、广州、东莞、长春等11省、市高等院校研训，让教师享受到省级资源培训。

【新型职业农民培育】 2018年，县农广校加大新型职业农民培训力度，采取送教下乡和送省、市农业院校培训的模式，完成10个班次、578人培训。其中，3月，第1期在福建农业职业技术学院举办，参训学员83人。4月，第2期在三明农校开班，参训学员49人。第3—10期到奇韬、广平等乡镇举办，培训班开设了蔬菜、茶叶、果树种植技术产业等8个班次，设置蔬菜无土栽培技术、蔬菜病虫害防治、果树生产技术、茶叶生产技术、土肥技术、农产品电子商务等课程，参训学员446人。开展新型职业农民认定，认定新型职业农民88人。

（卢志兰　陈小忠　范双龄　罗晓明）

文化·体育

□编辑 潘 梅

文学艺术

【概况】 2018年，大田县文学艺术界联合会（简称县文联）组织各协会开展各项文学艺术活动，举办文艺讲座7场次、文艺采风9次、艺术品展4场、摄影展4场次、美术作品展5场次、承办市级音舞诗会1次。内刊出版《大田文艺》1期，个人文学作品集、个人书法作品集、个人散文集各1部。个人艺术品获国家级奖7人次、入选国家级展览1人次。县教育局颜良重、白龙眼镜店张少清加入福建省作家协会；魁城连晋尉加入中国民间文艺家协会；蒋先茂加入福建省书法家协会。3月，县委宣传部表彰2017年度优秀文艺工作者16名；12月，表彰“深入生活，扎根人民”文艺志愿服务活动文艺志愿者23名。

美术文化讲座 3月23日，县文联邀请中国诗歌学会、省作家协会会员卢辉在县图书馆视频会议室作主题为《百年新诗与地方视域中的田阳诗歌》的文学讲座，文学爱好者30多人参加。

文艺作品获奖 4月，在省教育厅、省文学艺术界联合会主办，省美术家协会、省拓福美术馆承办的“庆祝改革开放四十周年‘美育八闽’——福建省师生优秀美术作品展”中，郭守福美术作品获二等奖，吴高坦、温小英的美术作品获三等奖。5月，连晋尉根雕作品《涛声依旧入梦来》、周庆寨作品《岁寒三友》在南平市举办的福建省第三届“金瓯杯”根雕精品展中均获优秀奖。8月，郭守福油画作品《古村旭日》在省美协举办的“福建省2018新人新作展”获得优秀奖。10月，连晋尉根雕作品《飞上梦想的枝头》入围福建工艺美术精品展；周庆寨木雕作品《南极仙翁》获福州大学非物质文化遗产研究中心收藏。11月，郑圣泉国画作品《月是故乡明》、郭盛泉油画作品《诏安老街》在省美协举办的“纪念改革开放四十周年‘正青春’福建省青年美术作品展”均获优秀奖。12月，周庆寨木雕作品《母爱》在第四届海峡两岸雕刻艺术大赛中获“福雕奖”银奖。陈玉荣创作的现代诗作品《新诗六首》获2018年度第三届中国诗歌发现奖，并在省文联举办的“我为祖国写首诗”获优秀作品奖，叶建穗、章丽美获提名作品奖。县文联颜全飚散文作品《追忆一束温暖的光》《吃着吃着，就长大了》在市委宣传部、市文联、三明日报社主办的纪念改革开放40周年征文比赛中获一等奖。颜振涵的书法作品《古诗六首》获教育部主办的全国第六届中小学生艺术节书法类一等奖。

文艺作品展 1月20日至3月5日，由县委宣传部、文广电局、厦门鼓浪屿万石国画院主办的“大美之田——石进旺艺术走进大田”国画展，在县博物馆二楼展厅举办，展出中国现代知名画家，现任鼓浪屿万石国画院院长、灵动济阳国画院院长石进旺描绘的大田风光和济阳美景作品30余幅。2月10日，由省摄影家协会、县委宣传部主办的“大美之田”全省摄影大赛获奖作品展在县文化馆一楼展厅举办，展出获奖作品100幅。8月，颜建光书法作品《苏东坡词一首》入选中国书法家协会主办的全国第二届兰亭大字书法艺术展。12月29日，由县委宣传部、县国土资源局、档案局、方志办、县文联主办的“庆祝改革开放40周年岩城巨变摄影展”，先后在县文化馆一楼、新图书馆一楼展览厅展出作品600余幅。林联泰作品《戴云山季图》入选中国美术家协会、省文联、福州市人民政府联合主办的全国中国画作品展。

文学作品出版 2月，县10位作家、诗人在《福建文学》2月号发表散文诗歌作品小辑，其中县教育局颜良重中篇小说《开锁的人》作为头题推荐栏目发表。3月，县教育局连占斗诗集《天空之物》由团结出版社出版。6月，县纪委陈玉荣在《福建文学》六月刊发表《自己的幸福（组诗）》。11月，县文联、县委组织部、县工商联联合出版内刊《田商好故事》，描述30位田商的创业先进事迹，全书15万字，印1000册。

【非遗手工技艺展演】 6月9日，大田县文体广电出版局（简称县文广局）主办的“2018年大田县文化和自然遗产日活动”在闽中戏曲文化园举办，县内户籍手工艺人展演包括棕衣、斗笠编织，建筑雕刻和木雕、糕点艺术拼字，薁籽糕、汤泉米糕、红柚、麦芽糖制作等民间手工技艺。活动有助释放乡土人才活力，培育更多能工巧匠，提高非遗手工艺人传承能力，助推乡村振兴。

【中国书画30家大田巡展】 11月5日，中国书画30家巡展大田暨“灵动济阳·马力小镇”写生活动在县图书馆开幕，县文体局局长林春忠主持开幕式，中国书画30家巡展总策划刘振虎讲话。活动由县宣传部、文体局、县文联、济阳乡人民政府、河北美术学院、百家湖国际文化投资集团、中晨集团主办，共展出120余幅作品。展览期间，画家一行24人到济阳等地写生采风。

（严垂壁）

图 书

【概况】 2018年，图书馆藏有各类图书及报刊文献15.9万册（本），新办借书证近2000张，图书借还16万册次。读者到馆人数近19万人次，全年开展阅读推广活动264场。当年，接收73个单位送来的公开信息的纸质文件7532条和电子版信息7548条；“大田县县图书馆”微信认证公众号对外发布馆内信息动态260多条；参与269个农家书屋建设，邀请业内专家为乡镇文化站站长及部分文化协管员开设专题讲座，指导建设工作。

大田县新华书店 2018年，大田县新华书店继续抓好教材、教辅及一般图书发行，同时发展复印纸、新华眼镜、预包装食品等副业。全年销售1835万元，比上年增长19.35%，其中，教材及教辅资料销售1388万元，同比增长12.41%；一般图书销售376万元，同比增长69.57%；多元产品销售71万元，同比减少12.36%。营业收入1879万元，同比增长15.31%，其中，主营业务收入完成1756万元；其他业务收入完成123万元。利润162万元，同比增长9.46%。当年，被福建新华发行集团授予“2018年度经营管理先进单位”和“2018年度一般图书发行先进单位”称号。

【图书分馆和流通点新设】 2018年，图书馆新建“闽中戏曲产业园——岩城书房”分馆，馆藏图书2700册，开馆近一年吸引读者到馆阅读近3万人次。至年底，图书馆有电力公司、白岩社区、残联、闽中戏曲产业园4个分馆和上京镇城口村、赤岩社区、县武警中队、县消防中队4个图书流通点。

【阅读推广服务】 2018年，县图书馆创立“岩城阅读圈”阅读推广品牌，开展公益主题绘本故事会、金话筒故事会、小学生读书会、蒋蒋父母读书会、四月驿站读书会、公益优秀少儿影片展播、图书漂流进校园、“青年志愿者走进图书馆”、“幼儿园小朋友走进图书馆”、我们的传统节日以及VR·AR数字体验、时间胶囊，提高市民对图书馆的认知度和图书馆意识，吸引更多市民走进图书馆、利用图书馆。

当年，县图书馆“时间胶囊——写给未来的信”服务品牌获得“2018年福建省公共图书馆第二届阅读推广活动案例征集”优秀奖。馆长郑圣泉在南平建阳举办的南三龙”公共图书馆联盟论坛做题为《大田县图书馆阅读品牌建设》典型性发言，介绍县图书馆阅读品牌建设情况并做经验交流。

【开展“暑假读一本好书”活动】 2018年，大田县新华书店为贯彻落实省教育厅《关于印发加强中小学“书香墨香校园”建设指导意见的通知》及《三明市教育局关于深入推进中小学“书香墨香校园”建设的实施方案意见》的精神和要求，继续开展中小学生“暑期读一本好书”活动，通过活动推动全民阅读，促进书香校园建设。在举办的征文比赛中，有37篇优秀征文入选省《书香伴成长》《书香伴我行》作品集，入选作品数量居全市第一名、全省第二名。

【建设新华书吧】 2018年，新华书店与大田一中合作共建新华书吧。书吧位于校园内，面积400平方米，有图书1.5万多册，品种繁多、种类齐全，满足师生的精神文化需求，营造“读书好、读好书、好读书”的学习氛围。

（郑圣泉　张碧玲）

群众文化

【概况】 2018年，县文广局围绕元旦、春节、元宵节等节庆日，精心组织，广泛开展群众文艺演出活动，全县群众文化活动异彩纷呈。2月1日，县文广局“三下乡”活动在桃源镇捐赠慰问金5000元，发放精美小礼品300余份、宣传材料400余份。

【县旗袍文化艺术协会成立】 1月20日，县社区文化节暨县旗袍文化艺术协会文艺演出在县影剧院举行，演出以“春之韵”为主题，以“旗袍秀”为主线，融合戏曲、舞蹈、器乐等艺术形式的表演，县旗袍文化艺术协会在晚会上授牌成立。

【“情韵梅山”摄影赛举办】 2月1—8日，在县文化馆一楼展厅举办“情韵梅山”摄影作品展，此次活动由梅山镇党委、镇政府、县文联主办，县摄影家协会、文化馆承办。评委从528份各地摄影爱好者参赛作品中评出60幅佳作分获一、二、三等奖及入选名次，作品从不同角度展示梅山镇的集镇建设、美丽乡村、优美生态、精致古建、民俗风情。

【“大美之田”全省摄影展举办】 2月10日至3月10日，由省摄影家协会、县委宣传部主办的“大美之田”全省摄影大赛获奖作品展在县文化馆举行。从全县致力推进“科技大田”“绿色大田”“快乐大田”“活力大田”“和谐大田”等方面进行创作，100幅（组）入选作品用影像的力量展现大田的魅力人文和独特景致。

【2018年新春晚会举办】 2月28日，县2018年新春晚会在影剧院举办。以“奋进新时代 开启新征程 建设新大田”为主题，分“大美之田”“大爱之田”“大韵之田”3个篇章，包括歌舞、演唱、快书、戏曲等表演形式。县领导以及县人大代表、县政协委员，见义勇为先进个人，劳动模范、道德模范、文明家庭代表，“三八”红旗手、优秀教师、优秀共青团员、“十佳”小孝星代表，县武警中队和消防官兵、县直机关和乡镇干部、环卫工人、社区居委会、农民代表等500余人观看了文艺演出。

【“伯牙奖”钢琴艺术节举办】 6月18日，中国国际钢琴艺术节伯牙奖组委会、中国国际钢琴学会、市钢琴学会主办，县文化馆承办的2018中国国际钢琴艺术节·伯牙奖（大田赛区）在县影剧院举行，有110名琴童报名参赛。

【文化遗产日活动举办】 6月8—9日，县文化馆在闽中戏曲文化园举办文化遗产日活动，内容包括戏曲体验、古琴体验、古银币展览、茶艺体验，征集非遗手工技艺作品，集中展示大田县非物质文化遗产，集中评选并展示；在大田一中、五中、六中、鸿图中学组织非遗进学校图片展演，培养青少年对非遗的兴趣，做好非遗宣传。

【第二届社区文化节举办】 7月28日，县文化馆、建设镇文化站主办的第二届社区文化节系列活动“同筑中国梦，携手创未来”文艺表演在建设镇举办，以“同梦中国梦携手创未来”为主题，是纪念改革开放40周年系列活动之一。7月29日，由县文化馆主办，县未来之星舞蹈艺术中心承办，纪念改革开放40周年暨第二届社区文化节——同筑中国梦·携手创未来”汇报演出在县白岩公园举行，表演了幼儿舞蹈、蒙族舞蹈、古典舞、印度舞、芭蕾舞、藏族舞、古筝等节目。

【庆“八一”系列活动举办】 7月31日，由县武警消防大队、县文化馆主办的“庆祝中国人民解放军建军91周年‘军民鱼水情，和谐谱新篇’警民共建联欢晚会”在闽中戏曲文化园举办，表演包括独唱、合唱、独舞、武术、茶艺表演、乐器演奏、旗袍秀等节目。

同日，由县妇联、民政局、武警大田中队主办，县舞蹈协会承办的大田县庆祝改革开放40周年群众文体系列活动之“八闽巾帼心向党，万村千居唱起来”暨“喜迎八一表真情，军民共建一家亲”展演活动在白岩山公园开展，通过歌唱、舞蹈、快板，武术、演奏等多种形式，展示妇女群众的崭新精神风貌，营造军民团结的良好氛围。

【第三届“大田·集美”山海诗会】 8月18日，第五届三明（华兴）“中国梦·乡村美”音舞诗会暨第三届“大田·集美”山海诗会在华兴镇仙峰村举办，由市作家协会、县文联、集美区文联、县旅游局、华兴乡党委政府主办。来自厦门集美区、三明、大田三地的文艺工作者们表演了诗歌朗诵、歌曲演唱、舞蹈、戏曲等16个文艺节目。音舞诗会带动大田乡村旅游繁荣发展，扩大美丽乡村影响力。

【省第二届广场舞蹈大赛（大田赛区）】 8月29日，广电网络杯“全闽共舞·舞动中国梦”福建省第二届广场舞蹈大赛大田赛区初赛在县体育中心举办，由县文明办、老干部局、文广局、妇联、文联以及福建广电网络集团大田分公司6家单位联合主办。21支代表队420名市民舞者参加，经过激烈角逐，县老干局代表队的“跨越德克萨斯州的华尔兹+蓝色婚礼”获得一等奖，代表县参加市选拔赛。

【纪念改革开放40周年系列活动】 9月28—29日，由县文化馆主办的庆祝改革开放40周年“山歌唱响新时代”群众文化活动在县文化广场举行。大田县及周边地区的50多名农民山歌手，通过自由发挥、独唱、对唱等不同表演方式，为祖国改革开放40周年献礼，吸引600余人观看。

国庆期间，由老干局、文明办、文广局、国土局、残联、文联、老体协等单位主办的以“讴歌改革开放40年，抒写新时代华丽篇章”为主题的书画展在老干局一楼展厅举办，共展出本土书画家作品108幅，吸引500多名书法爱好者参观。

10月1日，在大田一中操场举行“唱响新时代，放飞青春梦”庆国庆歌咏比赛，全县各中学代表以年段为单位分三场进行，参赛各队歌唱经典红歌，吸引1200多名观众观看。

（连福石）

文物

【概况】 2018年，县文广局全面贯彻“保护为主、抢救第一、合理利用、加强管理”的文物保护工作方针，完善保护机制，全面保护和合理利用文物资源，发挥博物馆社会文化公共服务作用，加强文物管理，保障文物安全。屏山乡杨梅村、石牌镇盖山村入选第五批中国传统村落名录。

【馆藏文物精品展出】 1月1日起，大田县博物馆馆藏文物精品展在县博物馆5楼展厅正式对外开放展出，汇集通过考古发掘采集的出土文物、征集、捐赠及海关移交的的文物精品317件，以县青铜器时代出土文物、红色革命文物等主题进行展示，累计参观人数达5600人次。

【“土堡群”保护规划方案评审】 3月23日，“大田土堡群”保护规划方案编制专家评审会在福州市冠深集团会议室召开，围绕北京清华同衡规划设计研究院有限公司编制的《福建省大田县土堡群文物保护规划》的成果进行讨论、专家会审。与会专家及主管局和土堡建筑所在地的乡镇领导4人，听取了北京清华同衡规划设计研究院有限公司的规划成果汇报，专家组对该成果进行评审及询问，并提出修改改进意见及建议。

【三明市博物馆馆藏锁具展】 4月26日至6月26日，“锁之韵——三明市博物馆馆藏锁具展”在县博物馆2层展厅对外开放展出，共展出广锁、花旗锁、首饰锁、刑具锁等四大类137件/套金属锁具，展品年代从唐延续至清末，参观人数达9500人次。

【汤泉革命史迹馆方案完稿】 4月，县博物馆专业技术人员副研究员陈其忠编制的《汤泉村革命斗争史迹展览馆概念性方案设计》完稿，汤泉村革命斗争史迹展览馆根据概念性主题进行览馆的设计施工。布展面积160平方米，分形象展厅、汤泉概况（历史文化、地理环境、自然资源、经济概况、民风民俗）、汤泉大事记、峥嵘岁月、烈士英名录、领导关怀6个主题进行陈展。

（陈其忠）

文化市场

【概况】 2018年县文化市场综合执法大队继续加大文化市场监管力度，落实“扫黄打非”“清源”“净网”“护苗”“固边”五大专项行动，抓好“扫黄打非进基层”工作；落实春节、“五一”、年初岁末文物保护单位和文化经营场所的安全生产检查；从市场、印刷、物流、入境、网络等5个环节，集中清理各类非法宗教出版物、印刷品的违法违规销售、传播活动。整治网络游戏，打击非法印刷，开展网吧、车载影片及娱乐场所安全等检查，进行“扫黑除恶”专项斗争宣传和排查，净化市场文化，传播正能量。

【违法违规网络游戏专项整治】 2月26日，县“扫黄打非”领导小组办公室协调组织县文广局文化执法大队、公安局、消防大队、教育局、网信等部门10人，集中在全县范围开展违法违规网络游戏专项整治行动，排查网吧12家，重点排查用户数量多、社会影响大的网络游戏产品，对价值导向严重偏差、低俗、含有暴力色情等法律法规禁止内容的坚决予以查处。执法过程中未发现网吧电脑存在传播政治性有害信息、传播淫秽视频等问题。

【车载影片专项检查】 3月22日，县文化市场综合执法大队、县交通执法大队联合发出《关于开展营运车辆车载影片专项检查的通知》。3月29日，联合抽查5条线路、5部营运车辆，未发现违规影片和低俗、色情等有害影片。

【网吧、歌舞娱乐场所检查】 6—7月，县文化执法大队组织执法人员对全县5家网吧、15家KTV进行突击检查。对检查中发现的安全隐患和违规经营问题予以登记，并限期整改。执法大队检查发现一家陈姓经营的“网吧”涉嫌未经许可擅自从事互联网上网服务经营活动并接纳未成年人，执法人员当场依法查扣电脑主机、显示器等设备44台。11月，县文化执法大队检查发现大田县东方魅力音乐会所违规接纳未成年人5人进入娱乐场所，根据《娱乐场所管理条例》给予没收违法所得并罚款3万元的行政处罚。

【“扫黑除恶”专项斗争宣传、排查】 6月，县文广局成立扫黑除恶专项斗争领导小组，利用局微信公众平台、LED、宣传栏开展扫黑除恶专项斗争宣传活动，出动工作人员13人次，发放扫黑除恶宣传、扫黄打非等相关资料600余份（册），接待群众来访和咨询200余人次。同月，县文广局局长和分管领导带队，对辖区内娱乐场所、互联网上网服务营业场所的“扫黑除恶”开展督导检查和消防安全检查，重点检查金碧辉煌娱乐城、东方魅力音乐会所、天下网吧、德玛西亚网吧等场所，填写“扫黑除恶”调查情况表，发放“扫黑除恶”宣传材料200余份。

【“扫黄打非”专项整治行动】 6—8月，县“扫黄打非”领导小组办公室开展网络文学专项整治行动。组织各单位开展自查自纠，公布举报电话，推动社会参与。经专项检查，未发现网络文学网站和涉及网络文学的违法线索。

9月5日，县文化执法大队联合县商务局、旅游局，对全县境内的重点酒店经营场所、宾馆等服务业场所进行违规报刊专项整治。检查龙山宾馆、山水大酒店、仙廷大酒店等县内较大的酒店、宾馆等服务业场所10余家，未发现有摆放境外出版物、违规报刊和宣传画册供客人阅读等不法行为。

11月，县文化执法大队组织开展“扫黄打非”清源、净网专项行动。出动执法人员15人次，联合邮政部门、公安、工商等部门对中小学周边的书店和书报摊点、印刷复制企业、音像店反复清扫，全面排查，查缴涉及政治类、淫秽色情和迷信的书报、期刊等非法出版物58份，淫秽、盗版音像制品30份。

【消防技能培训会召开】 10月9日，县文广局联合县消防大队在图书综合报告厅召开安全生产工作暨消防技能培训会。局属单位负责人、乡镇文化站站长、文保单位负责人、文化经营场所负责人近90人参加培训。消防大队消防宣讲员结合近年来的火灾案例，就消防日常管理、检查以及疏散逃生的基本常识、消防火灾的应急和预防、消防器材的正确使用进行深入浅出的讲解。会后，在图书馆进行人员疏散、消防安全器材和消防栓使用等实际操作和演练。

【地面卫星接收设施非法安装和使用查处】 12月，县文化执法大队针对非法安装和使用卫星电视广播地面接收设施行为开展专项整治行动。发现一家酒店客房内电视接收的频道信号擅自安装使用地面卫星接收设施，执法人员现场拍照取证，依法下达《责令整改拆除通知书》，责令立即拆除并没收，打击了擅自安装使用卫星地面接收设施的违法行为，维护全区广播电视传播秩序。

【高考期间文化市场集中整治】 2018年，县文化市场综合执法大队开展“2018年高考期间文化市场集中整治行动”，将网吧市场监管作为整治重点；反复检查学校周边出版物市场中的图书报刊、复印打字店、音像制品等，收缴淫秽色情、凶杀暴力、封建迷信、败坏社会风气、危害青少年身心健康的出版物23份，打击销售侵权音像制品、盗版教辅读物等违法行为，坚决取缔无证经营的游商书摊2个；要求歌舞娱乐场所在高考期间严格控制噪音，限时经营，6月5日18:00至8日18:00停止营业，杜绝影响学生学习、考试等扰民现象的发生。

（连福石）

地方志工作

【概况】 2018年，大田县地方志编纂委员会办公室（以下简称县方志办）继续推进第二轮县志出版、地方综合年鉴编纂工作，切实发挥地方志存史、资政、教化的作用。加强方志资源开发利用，志书馆藏书达到5000册，积极为社会提供姓氏源流、乡村历史、地理及民俗风情等地情信息服务。做好挂钩帮扶工作，为3个贫困户帮扶资金3000元。

第二轮县志编修 2018年，由县人民政府主办、县地方志编纂委员会办公室承编的《大田县志（1993—2008）》正式出版发行。编修工作于2009年正式启动，是第一轮县志的续修，上限1993年，下限2008年，共16年。全书共印4000册，分29卷、137章，约180万字，记述大田县境域1993年至2008年间的自然、政治、经济、文化以及民情风俗、名胜古迹等情况。

综合年鉴编纂、出版 12月，县方志办编纂的《大田年鉴（2018）》出版，印刷800册，总第22卷，共设30个栏目、近200个分目、1000多个条目，80多万字。完成《大田年鉴（2017）》发行，向县直机关、企事业单位、乡镇、学校等发行400余册，赠送60余册。当年，《大田年鉴（2017）》获评福建省2017优秀年鉴三等奖。

【领导调研】 4月25日，县委书记陈文华到县方志办调研，指出地方志工作要围绕改革发展服务大局，不甘寂寞，认真履职。要高度重视修志编鉴工作；要给修志编鉴人员提供必要的保障，调动退休老干部修志编鉴工作积极性；要用心、静心做好修志编鉴工作，整合各类资源，发挥承编单位的作用；要恪尽职守，在主观能动性上寻找差距，并加以努力。

10月30日，省方志委副主任林浩、市方志委主任林善涛等一行4人到县参观调研土堡保护与开发工作。林浩先后到桃源镇安良堡、均溪镇芳联堡、建设镇琵琶堡参观调研，并就县土堡的保护、开发与地方志助力乡村振兴工作相结合提出意见。

【机构改革】 12月24日，根据县委办、县政府办《大田县机构改革实施方案》，县地方志编纂委员会办公室与县委党史研究室整合，新设置中共大田县委党史和地方志研究室（简称大田县史志研究室）。12月31日，中共大田县委党史和地方志研究室举行挂牌仪式，县委常委、统战部长施正立出席。县史志研究室为县委直属事业单位，归口县委办公室管理，承担制定全县党史和地方志工作规划，组织党史和地方志的编纂、管理、开发、利用及宣传教育等工作职责。机构位于文山路9号3楼，内设综合科、党史科、方志科3个科室。

（潘　梅）

档案工作

【概况】 2018年，县档案局在全县推广“村档乡管”模式，维护农业和农村档案的真实性，18个乡镇市级达标率100%，其中优秀7个。落实档案数字化工作的主体责任，创新工作方式，依法推行档案集中数字化模式，督促各单位向县档案馆依法移交档案。11月，县档案局集中开展档案数字化的安全性和保密性工作，在省档案局依法接收档案和档案安全保密专项督查中获得好评。县档案馆馆藏各门类档案资料4.9万卷（册），其中档案4.15万卷、资料7563册；全年接待查档2222人次，提供档案1456卷，复印档案材料3981页，出具证明81份。政府信息公开中心接收文件489份，其中纸质259份、电子版230份；公开文件259份，查阅2人次，复印2页。

【第一期馆藏档案数字化完成】 2018年，县档案局通过政府采购服务的方式开展馆藏档案数字化工作，投入资金69.75万元，完成档案全文扫描数字化1.52万卷、227.8万页；加强档案数字化工作的管理和维护，对档案数据库进行安全备份，确保档案信息安全。

【《抗战时期档案汇编·大田卷》编研】 2018年，县档案局承担《抗战时期档案汇编·大田卷》编研项目的组织工作，包括甄选、编辑和出版县馆藏抗日战争时期的档案。该项目是国家重点档案专题开发项目，国家档案局批拔专项经费16万元。明溪县和清流县档案馆参与项目的实施，年底完成初稿。

（李建忠）

广播电视

【概况】 2018年，县广播电视台围绕中心，服务大局，强化舆论引导、媒体融和和人才支撑，增强新闻宣传实战性和感染力。对本地广播电视新闻节目制作、播出实行严格的管理制度，坚持编辑初审、值周主任再审、分管副台长（台长）核审签批的“三审制度”和节目重播重审制度，实行专人收听、监看制度，出现问题及时处理，确保广播电视节目的安全优质播出，实现“零事故”的目标。

上级广播电台节目转播 2018年，转播中央、省、市广播节目5475小时，其中新闻资讯类1217小时20分钟、专题服务类1611小时45分钟、综艺益智类2524小时15分钟、其他节目121小时40分钟。广播电台稿件被省、市台采用280件。

上级电视节目转播 2018年，按规定转播中央、省、市台电视节目，全年制作电视节目时间35小时30分钟，其中新闻资讯类27小时、专题服务类4小时30分钟、其他节目4小时。

本地电视节目录播 2018年，县广播电视台新闻宣传重点围绕春耕生产、项目建设、脱贫攻坚、两学一做、产业发展、环境卫生整治、安全生产、优化发展环境等开展报道，编发电视稿件1262条。开展“大学习”热潮的采访报道，《大田新闻》长时间、大篇幅集中宣传报道十九大精神和习近平新时代中国特色社会主义思想，开设《思想大解放、推进大发展》《闽中大地党旗扬、党建引领奔小康》《我和改革开放40年》等多个新闻专栏。围绕县中心工作“三大攻坚”（防范化解重大风险、精准脱贫、污染防治）任务，做好项目建设、精准扶贫、生态文明建设等新闻报道，全年《大田新闻》中播出1392条。

县广播电视台实施精品强台战略，与卫健局合作，在黄金时段开设《卫生健康》电视专栏，对群众关心关注的健康政策、问题进行解读宣传。同时，对打击电信诈骗、禁毒、三创、廉政、扶贫、安全等公益广告，加大播放力度，全年播出各类公益广告、宣传标语2100多条。

专题部全年制作《三江源头河长治》《一家四业推进稳定脱贫》《好茶在大田》《生态坑口村》《多彩大田》《卫斯特》《鸿图中学》《中国高山茶》《书写创业山城》《住村特派员》《教育两项督导》等专题片15部。

【新址投用】 6月9日，县广播电视台举行新址揭牌仪式，副县长涂林瑢参加活动。新址位于银山北路2号，“两馆一中心”西侧，总面积约2100平方米，设新闻演播室、采编播高清数字化、直播中心、播控机房、视觉识别系统、网络和监控系统等。改善广播电视台的办公条件，实现采编播各个环节由模拟向高清数字技术转换，为县广播电视新闻事业的发展奠定坚实基础。

【融媒体中心成立】 10月30日，大田县融媒体中心在“两馆一中心”挂牌成立，县委常委、宣传部长黄芳，副县长涂林瑢为中心揭牌。县融媒体中心将县广播电视台、大田新闻网、大田TV公众号，以及待建的客户端、微博等媒体资源整合，实现融合发展，构建“统筹策划、一次采集、多种生成、多元传播、科学评价、有效应用”的全新业务模式，实现以县的主流媒体为引领，体制内宣传平台、社会媒体、自媒体融合发展的宣传格局。

【县内工作宣传】 2018年，县广播电视台紧跟中央、省、市台播稿目标，抓住亮点、精心策划、主动出击、深入采访，推出一批优秀稿件。把握宣传重点，每月确定一个系列报道主题，全体记者分工协作，既增加新闻的可看性，又在实践中练兵、提高记者素质。全年在省台各频道播出电视新闻77条，市台电视播出200多条、广播播出350分钟。在《福建新闻联播》《福建卫视新闻》中播出县关于养老工作、住村特派员、河长制等新闻，提升大田知名度。

【大田TV公众号建设】 2018年，大田TV公众号依托《大田新闻》，开办项目攻坚、精准扶贫、党建带动小康示范村、征迁最前沿等专栏，对全县各项工作和成就进行报道，营造良好的舆论环境。通过微信矩阵，整合各乡镇、各部门和社会有影响力的微信公众号，建立乡镇信息联络员队伍；组织策划大田首届春晚、国家级非物质文化遗产板凳龙、首届“晒秋节”系列活动、纪念改革开放40周年文艺晚会和新年音乐会等直播活动15场次，关注量超过百万人次；参与“凤凰才俊”评选网络投票超过40万。至年底，大田TV公众号关注人数2.61万人，比上年增长近1倍，推送微信文章1216篇，其中由电视稿改编和自主采访等原创文章893篇，总点击量117.3万，头条平均点击量1600。

（徐刚毅）

群众体育

【概况】 2018年，县文广局加强体育设施建设，健全完善体育组织网络，举办丰富多彩的全民健身活动。以庆祝“改革开放40周年”为主题，开展全民健身运动会羽毛球、篮球、游泳和气排球比赛等各类赛事40多场；举办“2018年福建省首届青少年乒羽节”，赛事活动节庆化改革。被省体育局和省教育厅联合评为“2018年首届青少年乒羽节优秀组织单位”。

【县首届职工运动会】 4月21日至10月中旬，县总工会主办，县篮球、羽毛球、游泳等各协会承办的“中国梦·劳动美”大田县首届职工运动会采取在县体育馆集中开幕分项目分赛区方式进行，设有拔河、篮球、健身跑、乒乓球、气排球、羽毛球、游泳等7个项目，乡镇、县直机关、企事业单位工会干部职工2000多人参加。

【“高山茶海跑”举办】 4月22日，“2018清新福建·悠然三明四季行，大田高山茶海跑”活动在大田屏山乡“大仙峰·茶美人”景区举办，由市旅游发展委员会、县人民政府、市旅游协会主办，县旅游局、新浪福建承办。茶海跑的路线串联起了休闲木栈道、自然步道、高山观景台等景区最精华的区域，800多人参赛。

【福建省首届青少年乒羽节】 7月21日至8月3日，省体育局、省教育厅主办，省体育局青少处、省乒羽网运动管理中心、市体育局、县人民政府承办的“福建省首届青少年乒羽节”在县体育馆举办。比赛分两个阶段进行，第一阶段乒乓球项目（7月23—27日），第二阶段羽毛球项目（7月28日至8月3日）。全省青少年羽毛球、乒乓球运动员，羽毛球、乒乓球世界冠军、现役高水平运动员600多人参加，观众5000人次。

【篮球赛举办】 8月5—13日，县文广局主办，县篮球协会承办的“大田县全民健身运动会第三十三届岩城篮球赛”在县体育中心篮球馆及县烤烟厂举办，21个队参加角逐。8月16—19日，由县全民健身领导小组主办，县文广局、体育总会、篮球协会承办的“碧桂园杯”闽中六县篮球联赛在县体育中心篮球馆举办，来自尤溪、德化、永春、安溪、大田、沙县的6支队伍参赛，经过3天15场角逐，安溪、大田、尤溪分获前三名。9月11—23日，由县文广局、农业局主办，县农民体育协会、县篮球协会协办的大田县首届“丰收杯”篮球邀请赛在县体育中心篮球馆举办，法检、税务、农体等14支队近200名运动员参加。

【“灵动济阳·马力小镇”晒秋节】 8月26日，在济阳乡凤阳堡举办“福建省全民健身百村行暨大田‘灵动济阳·马力小镇’晒秋节”，活动由省体育局、省农业厅、省旅游发展委员会、省农村信用社联合社主办，在风采展示活动环节中展示了马术、自行车、汽车越野运动，“灵动济阳·农民丰收”运动会设置“稻田割稻谷”“徒手集体抓鸭”“徒手摸鱼”“村大力士挑稻谷”等体育趣味比赛，350余人参加。

【第二十届中小学生田径运动会举办】 10月26—28日，由县教育局、文广局主办，大田六中、县少体校、大田五中、鸿图中学承办的“大田县第二十届中小学生田径运动会”在县体育中心举办，全县各中小学校40个代表队454名运动员参加15类项目竞赛。

（陈继棉）

体育训练与竞赛

【概况】 2018年，县文广局致力提升县体育竞技水平，抓好竞技体育人才培养，向省、市体校输送优秀体育后备人才11人。县代表队在2018年市少年儿童体育锦标赛暨中小学生联赛中，在跆拳道、举重、游泳等7个项目取得18金、29银、36铜的好成绩，其中举重、羽毛球、武术均获团体总分第二名。

【参加市少儿武术锦标赛】 4月14—15日，“2018三明市少儿武术锦标赛”在三明市三元区体育活动中心举行。大田县代表队9人参加比赛，获得团体总分第二。

【参加市中学生初中组足球联赛】 7月5—8日，大田六中代表队13人参加在将乐体育中心足球场举行的“三明市中学生初中组足球联赛”，获女子组第二名、男子组第三名。

【参加市少年儿童游泳锦标赛】 7月7—8日，大田县代表队12人参加在三明市举办的“2018年三明市少年儿童游泳锦标赛暨中小学生游泳联赛”，男子丁组余文腾获蛙泳全能、50米蛙泳、100米蛙泳第一名；女子丁组蒋文慧获蛙泳全能、200米个人混合泳、50米蛙泳第一名。

（陈继棉）

卫生·计生

□ 编辑 杨佳收

医药卫生管理

【概况】 2018年，全县各类医疗卫生机构449家，其中，县乡公立医疗卫生机构23家：县总医院、中医院、疾病预防控制中心（卫生监督所）、妇幼保健院、卫生进修学校、社区卫生服务中心各1家和乡镇卫生院17家，民营医院5家（协和医院、民生医院、东南医院、平安医院、恒康医院），社会医疗机构13家（包括厂矿、学校及其他部门医疗室），社区卫生服务站8家，村卫生所（室）347家，个体诊所53家，乡村医生426人。公立医疗机构在编人员796人，其中，卫生专业技术人员726人，其他专业技术人员49人，工勤人员21人；临时聘用卫生技术人员457人。个体医生68人，社区卫生服务站卫技人员54人，民营医院卫技人员123人，社会医疗机构卫技人员35人。全县共有卫技人员1463人，每千人4.06人；病床1372张，每千人4.28张。县乡两级公立医疗机构全年门诊63.06万人次、比上年下降3.78%，住院3.7万人次、同比下降4.39%，其中，县级医院门诊32.2万人次、同比下降0.4%，住院2.14万人次、同比下降5.73%；乡镇卫生院门诊30.86万人次、同比下降7.08%，住院1.56万人次、同比下降6.59%。公立医疗单位总收入2.93亿元（财政补助7352.97万元）、同比增长28.5%，其中县级医院1.98亿元（财政补助2307.91万元）、同比增长35.62%，乡镇卫生院总收入9522.37万元（财政补助5046.05万元）、同比增长15.39%。医疗单位总支出2.72亿元，总结余2103.94万元，其中县级医院总支出1.9亿元，收支对抵结余739.21万元；乡镇卫生院总支出8159.64万元，业务收支对抵结余1364.73万元。3月，县妇幼保健院超声科荣获中华全国妇女联合会“全国三八红旗集体”称号，4月，县妇幼保健院荣获中国妇幼保健协会“她健康”优秀团队奖。

【县级公立医院改革】 2018年，县级公立医院实行药品零差率，县总医院、中医院药品收入3739.60万元，药品收入占医药收入（1.61亿元）的比重为23.22%；县级两家医院医保支付方式改革，按疾病诊断相关分组（C-DRG）收付费。县总医院全年住院患者2.14万人次，符合C-DRG入组1.77万人次，入组结算1.25万人次，入组结算率为70.52%（全市平均62.88%）。县总医院、县中医院次均住院费用4621.12元；完善院长目标年薪制考核办法，落实“全员目标年薪制，年薪计算工分制”，经全市年终考核，大田县总医院核定工资总额为6496.12万元，同比减少55.53万元，实际发放6453.99万元，其中，县总医院本部4816.15万元，县中医院1637.84万元，院长年薪为33.01万元，县总医院本部医生年人均工资12.9万元，最高年薪为27.5万元，总会计师年薪为14.35万元，县中医院医生年人均工资11.57万元，最高年薪为36万元，总会计师年薪为14.15万元。加强医联体建设，县总医院与福建医科大学附属协和医院、三明市第二医院分别加盟组建为医联体或协作医院，建立重点专科对口帮扶、双向转诊绿色通道，并同省附一、省协和、省总院呼吸内科搭建了影像远程诊断对接平台、成立了呼吸联盟会诊中心，充分利用他们医疗资源优势开展各项技术交流互动活动，为群众提供高质量、高水平、高标准的医疗服务；县妇幼保健院与省妇幼保健院建立医联体关系，精准帮扶学科建设，并请专家来院长期或定期开展诊疗、举办学术讲座，引进新技术，提升诊疗能力。

【基层医疗卫生机构综合改革】 2018年，基层卫生机构完善分配制度改革，通过增收节支提高医务人员待遇，允许年终收支节余提取80%作为绩效工资，实行院长（主任）管理绩效奖励，按本单位人员平均工作绩效奖的3倍发放；按照《大田县人民政府办公室关于印发大田县乡村医生养老保障实施意见（试行）的通知》《大田县卫计局关于做好乡村医生身份和从业年限确认工作的通知》等文件精神，全年发放在岗乡医养老保险补助及离岗乡医生活补助72.6万元。

【医师电子化注册管理】 2018年，县卫计局根据国家卫生计生委、国家中医药管理局《关于加快医疗机构、医师、护士电子化注册管理改革的指导意见》要求，实施医疗机构、医师、护士电子化注册工作，全年完成电子化注册医疗机构账号449名，医师账号639名，护士账号828名，完成率100%。

【医学教育与科研】 2018年，全县临

床医护人员参加福建医学通讯继续教育448人、网络医学继续教育306人，远程教育275人，到上一级医院进修27人；参加各种短期培训、学术交流等92人次。全年取得执业资格护士13人、执业医师（含助理）63人；取得初级职称85人、中级34人、高级17人（基层副高级1人）。三明职业技术学院大田卫校教学点招收2018级护理专业1个班、45人，学制3年；7月，县卫校2015届护士班毕业34人。年底，县卫校在校全日制护理、农村医学共4个班、143人。

（廖美妹　蒋丽蓉　肖其富　陈亚周）

公共卫生

【概况】 2018年，大田县卫生和计划生育局（简称县卫计局）加强对重点传染病的预防控制和公共场所、饮用水、食品安全等卫生监督，巩固卫生应急综合示范县创建成果，推进基本公共卫生服务项目，开展省级慢性病防控示范区创建活动和爱国卫生运动，保障人民群众身体健康。

基本公共卫生服务 2018年，全县建立辖区内居民健康档案28.33万份，电子建档率88.82%；发放健康教育宣传资料10.47万份，播放健康教育音像资料时间2.26万小时，更新宣传栏2117期（含村卫生所），举办健康讲座523期（含村卫生所），参加听讲1.87万人次，开展健康教育咨询活动176次，接受咨询1.07万人次；做好儿童保健，全县报告出生儿童5240人，建卡率100%，免疫规划疫苗接种率98%；全县7岁以下儿童5.79万人，儿童健康管理人数5.51万人，7岁以下儿童健康管理95.15%，完成新生儿访视5350人次，婴幼儿健康管理1.91万人次，全县孕产妇保健分娩活产数5579人，产前检查人数5428人，产后访视5318人，产后访视率95.32%；已管理的65岁以上老年人3.41万人，健康体检1.85万人，健康体检率54.14%；高血压患者健康管理1.74万人，全年按照规范要求进行健康管理1.12万人，规范管理率64.77%，共随访6.4万人次；2型糖尿病患者健康管理5035人，按照规范要求进行健康管理3210人，规范管理率63.75%，随访1.86万人次；严重精神障碍系统在册患者1496人，在册率4.74‰，管理率96.46%，规范管理率74.33%，服药率85.15%，规律服药率33.16%，全年随访严重精神障碍患者5742人次。卫生监督协管工作，协助开展学校卫生、公共场所卫生、非法行医、非法采供血和饮用水卫生安全实地巡查等1473次；做好中医药健康管理工作，其中管理的0–36个月儿童2.15万人，儿童中医药健康管理服务1.43万人，0–36个月儿童中医药健康管理服务率66.67%，接受中医药健康管理服务65岁及以上老年人1.62万人，老年人中医药健康管理率47.63%；中医体质辨识1.66万人；全年管理的肺结核患者131人，管理率100%，治疗的肺结核患者105人，按照要求规则服药，规则服药率100%。

疾病控制 2018年，县卫计局贯彻“预防为主”的方针，加强疾病防控工作。

传染病疫情报告　全年报告法定传染病15种1082例，无死亡病例，发病率339.18/10万，与上年相比下降13.78%。其中报告甲类传染病无报告；乙类传染病10种719例，发病率225.39/10万，同比下降3.65%；丙类传染病5种363例，发病率113.79/10万，同比下降28.63%。各病种发病情况为艾滋病3例、病毒性肝炎377例、痢疾7例、肺结核139例、伤寒+副伤寒3例、猩红热5例、淋病41例、梅毒141例、钩体病1例、疟疾2例、流行性感冒4例、流行性腮腺炎12例、急性出血性结膜炎2例、其它感染性腹泻病33例、手足口病312例。免疫规划控制的相应传染病均控制在部颁标准以下。12月，开展传染病报告质量抽查，法定传染病报告率98.2%（654/666）、报告及时率99.39%（650/654）。

免疫规划管理　全年报告出生儿童5240人，建卡率100%；集中配送疫苗9次，出库发放一类苗10.5万支、二类苗3.3万支；开展AFP病例、麻疹、新生儿破伤风主动搜索72次，无发现漏报病例；完成疑似麻疹病例监测8例，上报AEFI反应病例7例。3月，县疾控中心配备疫苗冷链运输车1辆；4月25日，开展以“预防接种，守护生命”为主题的第32个全国儿童预防接种日宣传活动；5月，均溪社区卫生服务中心完成县第一家数字化预防接种门诊建设；10月，县疾控中心冷库新安装乐海尔冷链监控系统1套；同月，县中医院开设狂犬病暴露无遗预防处置门诊。同时，做好长春长生公司狂犬病疫苗接种者跟踪观察、咨询服务和疫苗补种相关工作。

预防接种　2018年，全县卡介苗基础免疫接种率99.71%（5225/5240）；脊髓灰质炎疫苗接种率99.77%（16080/16117），加强免疫接种率99.72%（5738/5754）；百白破混合疫苗基础免疫接种率99.78%(14006/14036)，加强免疫接种率99.81%（5786/5797）；麻风疫苗基础免疫接种率99.72%（4626/4639），麻风腮疫苗加强免疫接种率99.77%（5995/6009）；白破二联苗加强接种率99.84%（7556/7568），乙肝疫苗基础免疫接种率99.82%（13630/13655），其中第一针接种及时率97.75%（5227/5240）；乙脑基础免疫接种率99.85%（5243/5251），加强免疫接种率99.82%（6016/6027）；流脑基础免疫接种率99.81%（10297/10316），A+C流脑加强免疫接种率99.86%（13714/13733）；甲肝疫苗免疫接种率99.80%（5958/5970）。

重点传染病防控　加强艾滋病防控，全年新增HIV感染者和病人5例，管理HIV感染者和病人共50例，对7例生活困难的艾滋病感染者开展了关怀慰问活动。艾滋病自愿咨询检测383人次，检出阳性5例；看守所在押人员检测274人次，检测结果均为阴性。高危人群现场干预48场次，干预覆盖626人次。开展艾滋病宣传培训15场次，12月1日开展主题为“主动检测、知艾防艾，共享健康”的世界艾滋病日系列宣传活动；做好结核病防控，全面实施县疾控中心负责监督管理、县总医院负责诊疗、基层医疗卫生机构负责患者健康管理的综合防治服务模式。全年登记新发活动性肺结核病人129例，涂阳率30.2 %（39/129）。3月24日，开展主题为“开展终结结核行动，共建共享健康中国”第23个世界防治结核病日系列宣传活动暨百千万志愿者结核病防治知识传播行动。1月11日、10月30日，分别对2所学校各1例的学生肺结核散发病例个案调查，并对84名师生密切接触者进行筛查，未再发现肺结核病例；做好麻风病防控，当年无新发麻风病人，存活的麻风病人7例，经随访，未发现异常情况。全年发放麻风病线索调查表270份，回收率100%，发现麻风病可疑线索4条，均已排除；做好手足口病防控，报告手足口病312例，采集手足口病病例标本61份，其中EV71型阳性0份、CVA16阳性11份、其它肠道病毒阳性42份、检测阴性8份；做好寄生虫病防控，年报告疟疾2例，血检不明原因发热病人210人次，未检出疟原虫阳性者，开展1例丝虫病患者的随访调查。

地方病防控　全年调查8～10岁儿童210人，甲状腺肿大1例，合格碘盐204份、不合格碘盐5份、非碘盐1份，尿碘中位数188.60微克/升，盐碘中位数22.50毫克/千克。调查孕妇100名，合格碘盐98份、不合格碘盐1份、非碘盐1份，尿碘中位数137.00微克/升，盐碘中位数22.50毫克/千克。饮水型地氟病区（桃源镇桃源村）居民末梢水样本采集1份，检测结果氟含量0.13毫克/升；调查8-12岁学生54人，未发现氟斑牙患者。5月15日，开展主题为“碘亮智慧人生，共享健康生活”的第25个全国防治碘缺乏病日现场宣传咨询活动。11月8日，大田县通过“十三五”地方病防治规划中期评估。

人口死因监测工作　全县各医疗卫生机构共报告死亡病例1948例，报告死亡率6.11‰，死因诊断不明比例2.31%，户籍死亡病例1984例，粗死亡率4.81‰。

卫生监督　2018年，全县重点做好公共场所、饮用水卫生、放射卫生、学校卫生、传染病和医疗服务监督监测等工作。新发公共场所卫生许可证49家，延续6家，变更4家；发放放射工作人员证6本，新发放射诊疗许可证3家，校验放射诊疗许可证3家，变更放射诊疗许可证2家，放射预评价审核7家，放射竣工验收6家。新发医疗机构执业许可证3件、变更33件、延续65件，公示注销《医疗机构执业许可证》3件，年检校验114家。全年办理一般程序卫生行政处罚案件16件，其中公共场所6件、医疗服务市场8件、传染病防治2件，罚没金额8万余元。开展食源性疾病监测病例270例，未发现食源性聚集性病例和暴发线索。完成食品污染和食品有害因素监测70份，协同福建赛福食品检测研究所有限公司、福建中检华日食品安全检测有限公司共同完成食品采样监测113份，未发现食品安全风险。监督检查各类公共场所经营单位249家次，监督覆盖率100%，立案查处7起。监督抽检公共场所空气微小气候监测41份、合格41份，公共用品151份、合格127份，集中空调风管内表面样品24份、合格24份，游泳池水45份、合格30份。监督检查供水单位66家次，快速检测水样75份、合格75份，监督抽检城区市政供水60份、合格60份，监测结果定期在县电视台予于公示；城区二次供水51份、合格50份，乡镇集中式供水60份、合格43份，农村学校自备供水17份、合格13份。2月2日，县政府举办全县生活饮用水卫生安全管理知识培训班，政府、环保、水利、卫计、教育等行业计102人参会。对61家医疗卫生机构进行传染病防治分类监督综合评价，评价结果优秀10家、合格49家、重点监督2家；开展医疗废物处置专项监督检查，立案查处2起，落实医疗废物集中处置和“小箱进大箱”工作要求；开展医疗污水监督检查，对20张床位以上的综合医疗机构未设置医疗污水处理设施的下达意见书14份，对未对医疗污水进行消毒处理的20张床位以下的综合医疗机构下达意见书7份；对3家二级以上医疗机构开展内镜专项监督检查，监督抽检内镜2条，监测结果均合格；对19个预防接种点进行专项监督检查，并对设置产科门诊的1家医疗机构接种人员无上岗资格证书给予行政警告处罚。5月，完成城区餐饮具集中消毒企业整合入园，石牌长溪“乐康”餐具清洁服务部正式投产运行；监督抽检消毒餐饮具72份、合格率100%，监督抽检一次性卫生用品2份、合格率100%，监督抽检医疗机构消毒效果样品305份、合格287份，开展放射诊疗单位卫生监督检查1次，监督覆盖率100%，下达意见书13份。53人从事放射诊疗工作的均进行个人剂量监测和健康监护。监督检查42所学校，覆盖率100%；综合监督评价学校11所，均为合格学校。全年从业人员健康体检6361人份，检出HAV IgM抗体阳性4例、HEV IgM阳性1例；职业健康监护体检2250人份，发现疑似职业病9人、职业禁忌证187人。

卫生应急　2018年，县、乡两级医疗卫生机构储备应急设备、救治药品、消杀灭药品、个人防护物品、监测检验设备等卫生应急物资300万元。继续做好国家、省级卫生应急综合示范县巩固工作，完善卫生应急预案体系。5月15日，奇韬镇某小学发生一起水痘疫情，患病9人，均痊愈。8月30日，城关某餐厅发生一起由副溶血性弧菌所致的食源性疾病事件，中毒8人，患者均治愈，无危重和死亡病例。9月20日，针对1例从乌干达归国的大田籍输入性疟病人患者，调查其亲戚及邻居等高危人群34人，并登记、随访等监测。11月13日，举行食品安全事故应急处置桌面演练暨个人防护用品穿脱演示。当年县医院急诊科接到各类急诊电话约2300个，“120”救护车出诊2283车次，派出医护人员4566人次，接诊病员2080人，各类意外伤害得到及时妥善救治。

妇幼保健　2018年，县妇幼保健工作坚持保健与临床相结合、预防为主的方针，做好孕产妇系统管理。全县分娩产妇5534人，产前检查5428人，产检率97.29%，孕产妇系统管理5122人、管理率91.81%，产后访视5318人、访视率95.32%，住院分娩活产5579人、住院分娩率100%，剖宫产1374人、剖宫产率24.63%，全县高危产妇人2418人、筛查率43.69%，高危产妇管理2418人、管理率100%，高危产妇全部住院分娩。无孕产妇死亡。做好儿童系统管理，全县共有7岁以下儿童5.79万人，儿童健康管理人数5.51万人，管理率95.15%，3岁以下儿童数2.08万人，3岁以下儿童系统管理人1.91万人，管理率91.83%，全县筛查出高危儿数1658人，筛查率3.01%，高危儿专案管理数1658人，管理率100%；出生缺陷儿42人，发生率5.50‰，死胎死产

15人，早期新生儿死亡6人，围产儿死亡率3.58‰，新生儿死亡6人，死亡率1.08‰，婴儿死亡13人，死亡率2.33‰；5岁以下儿童死亡23人，死亡率4.12‰。开展婚前医学检查，全县结婚2884对，婚前检查545对，婚检率9.45%，其中，男婚检272人，检出各类疾病32人，法定传染病3人，患病率11.76%；女婚检273人，检出各类疾病33人，法定传染病0人，患病率12.09，查出的各类疾病均给予相应的治疗及指导。加强托幼机构卫生保健，定期开展全县的托幼教师和0—7岁儿童每年一次的健康查体，全县46所托幼园所，入托儿童数1.88万人，儿童体检1.84万人，体检率98.32%。龋齿人数1.02万人，患龋率56.24%，其中体重低于—2SD460人，身高低于—2SD139人，中度以上贫血63人。查出的患儿均给予矫治，矫治率100%，高危儿设立专案管理。全县托幼机构无重大意外事故和食物中毒等重大事件发生。

当年，全县实施妇幼重大公共卫生服务项目，为农村育龄妇女增补叶酸预防神经管缺陷，发放叶酸2866人；开展农村妇女和城市已婚低保妇女“两癌”检查，宫颈癌筛查3566人，乳腺癌筛查3257人，筛查出的各类疾病大部分得到相应的治疗；农村孕妇和城市低保孕妇免费产前筛查诊断，对怀孕15—20周的孕妇进行采血筛查，受查2287人，其中血清检出高风险55人，100%转诊；对怀孕18—24周的孕妇进行超声初筛2452人，查出异常556人，其中畸形9人、畸形率4.07‰，其他异常77人，软指标异常360人。

爱国卫生 2018年，县爱国卫生工作持续开展城乡环境卫生整洁行动，分别在4月和9月开展统一环境卫生整治；4月，全县开展以“推进厕所革命，共享清新健康家园”为主题的第30个全国爱国卫生月活动；12月，在城区开展大规模的蚊蝇蟑消杀和灭鼠等除“四害”活动，投放鼠药2吨；实施农村改厕工作，共改造、新建无害化厕所848户；做好卫生单位创建工作，申报创建2个省级卫生乡镇、17个省级卫生村和1个省级卫生社区。7月，均溪镇城东村、福塘村、红星村、后华村、良元村、温镇村、玉田村、周田村等8个村被省爱卫会命名为“福建省卫生村”。

【健康教育与宣传】 2018年，县卫计局与县电视台联办《健康大田》栏目，每半个月播出1期，每期10分钟，共播出24期；开展各种卫生宣传日（周）活动25场次，接受公众健康咨询1600余人次；印制发放宣传材料8万份。利用“健康大田”“大田疾控”“大田县总医院”“大田县中医院”“大田县妇幼保健院”等微信公众平台，普及健康知识，累计发布文章700余篇。

【心血管病早期筛查与综合干预】 2018年，全县完成2017年度心血管病高危筛查初筛1.2万人，完成率100.4%；检出高危对象3200人，检出率26.6%；完成高危调查及干预2444人，调查完成率81.5%；短期随访及干预1057人，随访干预率35.23%。12月12日启动2018年度项目，完成初筛1017人，完成率为50.9%；检出高危对象250人，检出率24.6%；完成高危调查及干预239人，调查完成率47.8%。

【慢病综合防控示范区建设】 8月，全县省级慢病综合防控示范区建设工作启动，制定《大田县创建省级慢性病综合防控示范区实施方案》等技术方案6个、召开专题会议4次、建立示范区建设部门联系员库63人，确定5个乡镇15个村、3个居委会的1800名18周岁及以上居民进行社会因素调查，全县共上报心脑血管疾病422例、肿瘤病例153例。

（廖美妹　蒋丽蓉　肖其富　陈亚周　黄骄莲）

基本医疗保障

【概况】 2018年，全县贯彻落实三明市医改精神，进一步完善基本医疗保险制度，加强定点机构监管，规范基金运行，扩大保障范围，提高保障水平。城镇职工参加基本医疗保险的单位473户，参保人员2.57万人，其中：在职参加1.63万人，退休0.93万人，赡养比1.74∶1。城乡居民参加基本医疗保险32.90万人，参保率98.45%；参保居民每年人均筹资670元，其中，个人缴费180元，各级政府配套补助490元，全年筹集资金2.20亿元（其中农村低保、五保、重点优抚人员、持证残疾人、建档立卡贫困人员等特殊对象2.29万人，个人缴费部分由县财政统筹支付）。

【基本医疗保险基金收支】 2018年，全县城镇职工基本医疗保险基金系统收入9643.12万元，其中个人账户收入3660.44万元、统筹账户收入5982.68万元；系统支出7644.33万元，其中个人账户支出3243.64万元、统筹账户支出4400.69万元；系统结余1998.79万元，其中个人帐户结余416.80万元、统筹账户结余1581.99万元。城乡居民基本医疗保险基金收入2.20亿元，其中个人缴费5921.15万元、各级财政补助1.16亿元；支出2.08亿元，其中住院支出1.53亿元、特殊门诊支出3049.37万元、普通门诊支出1418.63万元、大病补充补偿支出986.86万元。基金使用率94.19%。

【基本医疗保障政策改革】 1月1日，县医保中心执行三明市统一的基本医疗保险统筹基金报销补偿标准，县级以上公立医院实行住院费用按疾病诊断相关分组（简称C-DRG）收付费改革。城镇职工基本医疗保险住院统筹基金三明市内普通住院费用报销标准为：一级二级、三级医院起付线均为0元，报销比例分别为80%、70%、70%。转诊市外普通住院政策范围内费用报销标准为：一级医院起付线200元，报销比例75%；二级医院起付线500元，报销比例70%；三级医院起付线600元，报销比例65%。自行转外就医的起付线与转诊的同级别定点医疗机构相同，报销比例均为30%。退休人员异地安置普通住院费用报销标准为：一级医院起付线100元，报销比例85%；二级医院起付线400元，报销比例80%；三级医院起付线500元，报销比例75%。全年住院医疗总费用封顶10万元。门诊统筹基金：特殊病种共开放28个病种，费用报销标准为：起付线600元（退休职工500元），报销比例80%—95%不等，全年报销封顶0.2万元—30万元不等。普通门诊费用报销标准为：起付线 1000 元，一级医院报销比例 90%，二级医院报销比例 70%，全年报销封顶 3000 元（含起付线和自付比例部分）。大病补充保险基金：年度内累计住院医疗总费用超过基本医疗保险封顶线（10 万元/人）的范围内费用，按费用高低分段补偿：10 万元—20 万元（含）费用段的费用补偿比例 80%，20 万元—30 万元（含）费用段的费用补偿比例 85%，30 万元—40 万元（含）费用段的费用补偿比例 90%，40 万元以上费用段的费用补偿比例 95%。年度补偿不设封顶线。

城乡居民基本医疗保险住院统筹基金市内普通住院政策范围内费用报销标准为：一级、二级、三级医院起付线均为 0 元，报销比例为 80%、70%、50%；转诊市外普通住院费用报销标准：起付线 600 元，报销比例 55%。自行转外普通住院费用报销标准：起付线 600 元，报销比例 30%。全年住院医疗总费用封顶 10 万元。门诊统筹基金：特殊病种开放 27 个病种（甲类 16 个，乙类 11 个），费用报销标准：起付线 0 元，报销补偿比例分 80%（甲类）和 70%（乙类）两个层次，全年报销封顶 0.2 万元—30 万元不等。普通门诊费用报销标准：起付线 0 元，一级医院报销比例 60%，日补偿封顶 40 元，全年补偿封顶 150 元。大病补充保险基金：年度内累计住院医疗总费用超过基本医疗保险封顶线（10 万元/人）的范围内费用，按费用高低分段补偿：10 万元—20 万元（含）费用段的费用补偿比例 80%，20 万元—30 万元（含）费用段的政策范围内费用补偿比例 85%，30 万元—40 万元（含）费用段的政策范围内费用补偿比例 90%，40 万元以上费用段的政策范围内费用补偿比例 95%。年度补偿不设封顶线。

【基本医疗保障基金报销补偿】 2018 年，全县职工基本医疗保险受益 17.47 万人次，统筹基金支付 4127.11 万元，其中，住院费用报销 5737 人次，总费用 4889.27 万元，基金支付 2541.56 万元，次均支付 4430.12 元，实际支付比例 51.98%；特殊病种门诊费用报销 3.74 万人次，总费用 1289.06 万元，基金支付 951.47 万元，次均支付 254.32 元，实际支付比例 73.81%；普通门诊就诊 13.15 万人次，总费用 1768.22 万元，基金支付 634.08 万元。定点药店刷卡 23.34 万人次，个人账户支付 1719.60 万元。城乡居民基本医疗保险受益 82.95 万人次，统筹基金支付 1.98 亿元，其中，住院费用补偿 6.19 万人次，其住院总费用 3.11 亿元，基金补偿 1.53 亿元，次均补偿 2471.68 元，实际补偿率 49.19%；特殊病种门诊费用补偿 16.95 万人次，总费用 4049.99 万元，基金补偿 3049.37 万元，次均补偿 179.89 元，实际补偿率 75.29%；普通门诊费用补偿 59.81 万人次，总费用 4837.82 万元，基金补偿 1418.63 万元，次均补偿 23.72 元，实际补偿率 29.32%。大病补充补偿 987 人次，基金补偿 1041.45 万元，次均补偿 1.06 万元。

（郑启祥）

医院建设

【概况】 2018 年，全县各医疗卫生单位结合实际，公开招聘和加强卫生专业技术人员培养，委托省内医学高等院校委培县内医学定向本科生 8 名、专科生 7 名、农村医学专业中专生 20 名。多方筹集资金，完善基础设施建设，更新添置医疗设备，改善县、乡两级医疗卫生机构的服务环境，开展施行医疗新技术、新项目，提升医疗质量和服务水平。

【新技术施行】 2018 年，县总医院胸痛和卒中中心成立。县总医院本部开展阿替普酶静脉溶栓、腰椎间孔镜手术、腹腔镜下小儿腹股沟疝疝囊高位结扎术、宫腔镜电切术、宫颈冷刀锥切术、盆底康复项目、鼻内镜下泪囊鼻腔开放外科手术、有创动脉压监测、肌骨超声的临床应用、内镜下粘膜切除术等新技术、新项目 10 项，县中医院开展经皮椎体成形术等新技术、新项目 1 项。

【全科医学建设】 2018 年，县总医院根据《关于加强全科医生队伍建设的通知》（明医改组〔2017〕7 号）文件要求，在门诊部设立全科医学科，加强全科医生人才队伍培养，选派 2 名医务人员参加全科医师资格转岗培训。年底，县总医院共有取得培训资质的全科医师 72 人（本部 10 人、南院区 1 人、各基层分院 61 人），全县共有全科医师 82 人，每万常住人口拥有全科医生数 2.6 人。

【治未病科建设】 2018 年，县中医院根据国家“治未病”科建设标准，投入 10 多万元，对场所设施布局进行装修再造，设立“治未病”科室，开展专科“治未病”工作。投入 80 多万元添置中医四诊仪、彩超、心电图机等设备，充实专科队伍，运用中医体质辨识、中医辨证等方法，融合医学体检，采取先进的个性化评估技术，提供专业、准确、快捷、贴心的综合性中医特色体检服务，并进行定期跟踪回访，让客户体验中医健康管理的全过程。

【项目建设】 2018 年，均溪社区卫生服务中心预防接种门诊搬迁至原妇幼保健院并进行改造，投入 200 多万元，成为大田县首家数字化预防接种门诊；投入 1110 万元进行石牌分院改扩建项目；县总医院投入 658 万元完成高低压配电系统（含智慧化节能型配电房）建设，保证医用大型设备及病房热水器、空调等电器供电；投入 25 万元完成县总医院本部妇产科病区、产房改造提升；县中医院投入 7.5 万元推动名老中医传承工作室落成，投入 11 万元完成煎药中心改造扩容工程。

【分级诊疗】 2018 年，县卫计局组织县级专家 402 人次，前往各乡镇卫生院开展圩日坐诊 207 次，诊治患者 1567 人次，涉及病种 147 种，临床带教 94 次，疑难病例讨论 176 例，面对面教学讲座 16 次，下沉病种 21 种，全县转诊患者 4.23 万人次，其中由基层转到县级医院就诊的 3.23 万人次（含预约诊疗），转到统筹区域外医院 541 人次，由县级医院下转到基层分院进行康复治疗的 9400 人次。同时，建立领导挂点联系分院制度，加强县乡村一体化管理，进一步完善基层医疗卫生机构运行管理机制，调整优化工作考核方案，不断提升基层机构服务能力。县域就诊率 90.47%，基层医疗卫生机构诊疗量占 60.25%。

【医疗设备添置】 2018年，县总医院投入1230多万元购置大型医疗设备。其中，美国GE LOGIQ晶准E8高端彩色超声波诊断仪1套269.5万元，德国狼牌等腹腔镜系统1套185万元，日本富士胃肠镜系统一套148万元，德国西诺德口腔CBCT机110万元，生物刺激反馈仪、盆底肌电生物反馈仪、生物反馈神经功能重建治疗系统1套38万元，血液连续性净化装置（CRRT）1台37.97万元，冷冻切片机1台31.9万元，美国血液自体血回收机1台29.98万元，总医院及18个乡镇卫生院心电中心设备1套88万元。

【医患纠纷与医疗责任险理赔】 2018年，全县318家医疗机构参加医疗责任保险，投保率86.86%（324/373），其中公立医疗机构和民营医院投保率均100%，村卫生所及个体医疗机构投保率85.2%。当年发生医疗纠纷9起，通过法院起诉1起，申请医疗事故鉴定1起，调解成功7起，补偿36.08万元，保险公司分担理赔7起，赔付20.45万元。

（廖美妹　蒋丽蓉　陈之垅）

人口监测与家庭发展

【概况】 2017年10月至2018年9月，全县期末总人口43.08万人，当年出生5924人（女2847人、男3077人），出生人口性别比100:108.08，自然增长率9.63‰，政策符合率91.39%。

【计划生育奖励扶助】 2018年，县卫计局落实计划生育各项政策，做好奖扶对象的资格确认和年审工作。全年发放二女奖励1080人、贡献奖励14人、城区奖励扶助209人、农村奖励扶助481人，二女户子女上大学奖励23人、就读高中减免学费和住宿费201人，发放各类奖励费221.26万元。做好计生特殊家庭扶助工作，全县计生特殊家庭31人，发放扶助金55.5万元，发放“计划生育特殊家庭就医服务证”，补助体检费2.8万元。计生特殊家庭参加城乡居民医保和城乡居民基本养老保险的，个人缴纳部分由县财政全额补助，共补助2万元。做好计生失独家庭父母住院护理补贴保险工作，为26人投保计生失独家庭父母护理补贴保险7800元；“两节”期间走访慰问计生困难户和特殊家庭116户，发放慰问金7.95万元。

【计生服务管理】 2018年，县卫计局做好避孕药具服务管理，采取人工发放和智能发套机自助发放避孕药具2种模式，投入资金6.4万元在乡镇卫生院安装智能发套机8台。开展“世界避孕日”“世界艾滋病日”等宣传7次，利用微信公众号平台推送避孕节育科普知识宣传12条；举办18个乡镇药具管理人员药具培训班2期。为2915人提供免费孕前优检服务，产后访视并发放爱心健康包3200多份，初审病残儿医学鉴定4人。做好输卵（精）管复通审批工作，全年审批4人，发放手术费补助金1.24万元。

全面推进网上办事、一站式办理，及时受理网上生育登记服务并按时办结。全年完成线上登记874本，线下办理1502本，网上办证率36.8%。做好信访维稳工作，接待群众来信来访30多人次，立案调查信访件2件，结案2件，回复“12345”政务平台8次。持续开展出生人口性别比综合治理，当年立案查处“两非”案件10件。开展以“人口流动，健康同行”“把健康带回家”为主题的系列流动人口健康服务，培育流动人口健康家庭，开展关怀关爱活动7场，留守儿童健康体检53人次，留守儿童心理辅导63人次，留守儿童家长培训辅导64人次，发放避孕药具1500余盒，发放宣传资料2800多份，发放药品4000多元。

（陈淑丹）

社会生活

□ 编辑 杨佳收

民政工作

【概况】 2018年，大田县民政工作坚持“民政为民、民政爱民”的工作理念，实现城乡低保（特困）一体化，开展养老服务质量提升年活动，不段提升救灾救助水平，做好优抚安置工作，推进专项社会事务管理序。县民政局在县政府绩效考评中获二等奖，被县委、县政府评为平安先进单位。

救灾救济 2018年，全县继续实行农村住房统一保险、自然灾害公众责任保险和室内财产附加保险。农村7.43万户住房统保，省财政补贴保费37.15万元（每户5元），县财政补贴保费14.86万元（每户2元），农户自缴费3元，农房统保限额由1万元提高至2.5万元；县将自然人（在校生除外）纳入自然灾害公众责任保险，财政拨付保费29.9万元，因灾死亡每人最高赔偿10万元。当年农户住房受灾197户、643人，保险公司理赔73.76万元。全年下拨救灾资金149.5万元，棉被662条、取暖器90台、棉大衣331件、绒衣裤180套、羽绒服180件，避灾点建设投入资金107万元。实施临时救助3201人次，救助金额312.74万元。为236人次流浪乞讨人员提供食宿、医疗，帮助寻找亲人、购买车票或护送返回原籍，投入资金48.6万元，其中自主返乡218人次，异地护送6人次，12名流浪乞讨及易肇事肇祸重性精神病人被安置到医疗机构治疗。

城乡居民低保 2018年，全县低保（特困）实现城乡一体化。低保标准6144元，人均补助标准512元；集中和分散供养五保户供养水平分别为800元、666元。城乡低保对象80周岁及以上低保老年人每人每月发放高龄补贴100元，共151人，发放补贴18.09万元。开展特困人员生活自理能力等级评估工作，建立护理补贴制度，全自理的不低于县最低工资标准的10%，半护理的不低于30%，全护理的不低于90%。当年，全县农村低保对象1969户4880人，发放低保金2396.83万元，月人均补助414元；城镇低保对象132户225人，发放低保资金112.84万元，月人均补助419元；特困供养对象929人，发放生活补助资金803.23万元、护理补助资金320.86万元，月人均补助1006元。

优抚安置 2018年，县委、县政府加强“双拥”工作领导，及时调整充实双拥领导小组人员，在春节、“八一”建军节期间慰问驻军部队和部分重点优抚对象，发放慰问金32.5万元。为现役军人家庭和重点优抚对象送“光荣之家”年画。按规定提高各类优抚对象生活补助金标准，全年共发放重点优抚对象和农村60周岁以上退伍士兵抚恤补助金1006.8万元，为3位驻军随军无工作家属发放生活保障金1.92万元（月人均533元）；为536位重点优抚对象发放医疗救助11.23万元、生活困难补助0.35万元；给81位应征入伍的大学生发放一次性奖励金18.5万元；为优秀士兵44人发放奖励金5.93万元；给243户义务兵家属（城镇22户，农村216户，进藏兵5户）发放优待金384.66万元。给重点优抚对象和革命五老人员192人减免数字电视收视费4.03万元，组织全县重点优抚对象466人体检，支出体检费16.31万元。接收2018年退役士兵102人，发放地方经济补助金321.68万元。安置符合条件转业士官1人，参加高等职业教育42人，参加福建省退役军人定点培训4人。完成退役军人和其他优抚对象8672人的信息采集工作，新增退役士兵残疾军人2人、带病回乡退役士兵2人、核试人员16人、农村籍60周岁以上退役士兵139人，自然减员27人。修缮县烈士陵园纪念碑，投入资金12万元。

基层组织建设 2018年，县民政局加强对村（居）民自治工作的指导，开展村（居）委会换届选举。6月1日县委办、县政府办印发《大田县2018年村级组织换届选举工作实施意见的通知》（田委办〔2018〕63号），召开全县村（居）委会换届选举工作会议，安排部署村（居）委会换届选举工作。9月上旬全县266个村委会、8个社区居委会全部完成换届选举工作，选出新一届村（居）会成员，建立新的领导班子。11月，民政局与县委党校联合举办村（居）委会主任培训班2期，参加274人。制作和发放新一届《村（居）委会特别法人统一社会信用代码证》。继续招募高校毕业生5人服务社区，派往镇东、东门、玉凤、文昌、南街居委会学习锻炼2年，参与社区服务和管理；组织相关单位和8个社区主干到先进的城乡社区福州市鼓楼区军门社区学习，召开2018年全县社区治理推进会，做好社区市级“民主法治示范村（社区）”和上京镇隆美村“福建省农村社区规范化建设星级”评定申报。

殡葬改革 2018年，县民政局与县委文明办联合为殡仪馆、县直各单位、各乡镇发放《文明祭祀倡议书》1000多份。开展“倡导移风易俗、深化殡葬改革”主题宣传活动，接待群众咨询460多人次、发放宣传单1000多份。开展全县殡葬领域突出问题专项整治行动，8月8日县政府办印发《大田县殡葬领域突出问题专项整治行动实施方案的通知》（田政办〔2018〕96号），召开专题会议，对辖区殡葬领域突出问题开展自查，建立整治台账。继续推行惠民殡葬政策，全年境内遗体火化1909具，免除殡葬费286.04万元。其中，基本殡葬费165.41万元（每具885元）；困难对象76人（城乡低保34人、农村五保36人、重点优抚和革命“五老”人员6人），免项目费用1.73万元；处理公安立案侦查案件移送尸体1具、费用5.91万元；财政物价差补112.99万元。

社团管理 2018年，县民政局登记大田县新的社会阶层人士联谊会、大田县跑步协会、大田县旗袍文化艺术协会社团3家，注销大田县精神文明建设研究会、大田县花卉协会2家；登记民办非企业单位大田县海英职业培训学校、大田县小天鹅舞蹈职业培训学校2家；登记大田县第一中学教育基金会。年检社团147家、民办非企业单位41家，合格率100%。

勘界区划与地名工作 2018年，县勘界办开展县、乡两级界线联检，9月底前，完成上京与石牌等15条乡级界线、界线总长227.14公里，完成大田与三元、漳平2条县级界线、界线总长度90.96公里，界桩6个联检；联合开展平安边界建设，促进行政界线平安稳定。加强地名管理工作，更名住宅区、道路、山岬等地名12个，新命名住宅区、道路、湖泊等地名7个。做好东坂、魁城等地名文化遗产名录的收集报送和第二次全国地名普查的验收准备工作以及《大田县地名志》的前期编撰准备工作。

老区扶建 2018年，县民政局抓好上级下达全县老区扶建项目13个、扶建资金110万元的落实工作。争取老区专项扶贫发展专项资金80万元，其中，桃源镇西安村、前厝村道路建设，分别投入10万元、15万元，武陵乡百束小水坝建设15万元、茶山村道路建设10万元，上京镇丰田村道路建设10万元，太华镇汤泉村革命斗争事迹陈列馆建设20万元。落实革命“五老”人员优待政策，及时足额发放革命五老人员生活定补每人每月1170元。为7名革命五老人员发放门诊补助费每人580元。

【养老服务质量提升年活动】 2018年，县政府出台《大田县开展养老服务推进年活动实施方案》。机构养老提高闽中康养服务中心的服务水平（入住老年人182人）；乡镇15所敬老院进行消防整改和房屋安全检测，床位使用率54.6%，通过省级第三方评估。制定《大田县民政局政府购买居家养老服务监督管理暂行办法》，规范居家养老服务工作；县居家养老服务中心搬迁至县福万通大厦十楼。新建建设镇建乐村等12个农村幸福院、1个农村社区老年人日间照料中心，投入274万元。1月提高高龄老人补贴标准，80–89周岁每人每月从30元提高到50元、90–99周岁每人每月从50元提高到100元，发放高龄补贴462.27万元，落实老年人优待制度，落实全县特困供养老人、优抚老人和80周岁以上老年人意外伤害保险，为7760人投保，投入保金15.52万元。落实低保对象、计划生育特殊困难家庭完全失能老年人护理补贴制度。同时，配合市民政局做好养老服务设施布局规划编制评审工作。

【残疾人补助投入】 2018年，全县残疾人两项补贴发放工作实行动态管理，及时与火化数据、低保、五保对象变动进行比对，1月起，困难残疾人生活补贴标准从每人每月50元提高到70元，一级重度残疾人护理补贴标准从每人每月100元提高到110元，二级重度残疾人护理补贴标准从每人每月50元提高到60元。为4214人困难残疾人发放生活补贴352.046万元，为重度残疾人5569人发放护理补贴458.08万元。

【低保工作规范】 2018年，县民政局对核查中发现不符合城乡低保（特困供养）对象241人给予退出保障，304人家庭生活确实困难的城乡居民给予纳入保障范围。做到每个月都进行集体研究审批，真正做到动态管理下的“应保尽保”。

【殡仪馆升级改造】 2018年，县民政局委托宏岩律师事务所按法律程序完成回购殡仪馆个人股权。并进行改造，建设综合办公楼面积2052平方米、悼念厅400平方米、骨灰楼1590平方米和守灵厅962平方米，公交车停车场和绿地面积7000平方米，投入资金3000万元。

【慈善救助】 9月29日，县慈善总会完成换届选举工作。县慈善总会开展助医、扶贫、助学等，全年发放各类慈善救助款168.76万元，其中太华镇汤泉村5万元；武陵乡政府教育补助款100万元；农行挂包前坪北坑1万元；康贝启智教育中心2万元；屏山乡学区补助款15万元；太华汤泉村革命老区纪念馆10万元；邮政慈善超市建设15万元；县烟草公司捐赠玉凤居委会老年人活动费0.4万元；助学17人、8.5万元，助孤10人、1.2万元，助困1人、2万元。中秋节慰问五保、低保贫困户37人、慰问金1.11万元，“传递幸福简单”大礼包770个、7.55万元。

【婚姻与收养登记】 2018年，县婚姻登记处健全一次性告知单和办事指南，实行周末无休制度。8月完成1984年以来婚姻登记信息补录人。当年，办理结婚登记2886对、离婚登记684对，补发结婚证书1012本、离婚证书32本。依法办理收养登记21例。

【居家养老服务中心建设】 2018年，县居家养老服务中心从县民政局二楼搬迁至县福万通大厦十楼，面积1284平方米，投入220万元，内设信息平台、研发部、展示厅、老年学堂、旅居养老服务部等。

【12个农村幸福院搬迁】 2018年，全县建设集日间照料、就餐、文化娱乐、健身为一体的农村幸福院12个：屏山乡许坑村、太华镇罗丰村、太华镇锦溪村、文江镇文江村、文江镇大中村、建

设镇建乐村、前坪乡上地村、吴山镇锦山村、上京镇上京村、武陵乡百束村，省市县民政部门每院补助17万元，共204万元。

【助孤工程】 2018年，县民政局加强孤儿身份审核，实现动态管理，新增社会散居孤儿1名，核减福利机构养育孤儿13名。孤儿基本养育标准社会散居为每人每月900元、机构代养为每人每月1500元，全年为46名机构养育孤儿和6名社会散居孤儿发放生活保障金74.46万元。慈善救助孤儿10人，发放助养费1.2万元。

【儿童关爱保护】 2018年，县民政局深化农村留守儿童“合力监护、相伴成长”关爱保护专项行动，“6·1”期间，开展“守望成长”农村留守儿童关爱保护主题活动，赴屏山、广平等地看望慰问留守（困境）儿童。进行孤弃儿童养育情况排查活动，将相关数据录入全国儿童福利信息管理系统。

【福利彩票销售】 2018年，全县销售福利彩票1047.78万元，其中，电脑福利彩票498.58万元、刮刮乐23.35万元，“中福在线”525.85万元。

（詹金花）

老龄工作

【概 况】 2018年年底，县60周岁以上老年人口5.39万人，占总人口的12.51%。县老龄委宣传贯彻党和国家老龄工作的方针政策，围绕老有所养、老有所医、老有所为、老有所学、老有所教、老有所乐“六个老有”目标，开展“敬老工程”活动，发放老年人高龄补贴，开展政府购买居家养老服务，推动全县养老服务业发展。进一步巩固发展老年基金会，基金会已累积资金60万元。

【老年人高龄补贴发放】 2018年，县老龄委为7033位80周岁以上老年人发放生活补贴，80—89周岁每人每月50元，90—99周岁每人每月100元，100周岁以上每人每月300元，全年共发放高龄老年人生活补贴462.27万元。

【敬老优待高龄老年人慰问】 重阳节，县老龄委慰问90—94周岁老年人706人，发放慰问金7.06万元；慰问95—98周岁老年人102人，发放慰问金2.04万元；慰问100虚岁老年人7人（武陵乡大石村林娇莲、百束村林志批，文江镇大中村吴娥娣，石牌镇三坊村张高时，屏山乡玉屏村林英使，广平镇元沙村张兴仕、栋仁村郭良使），发放慰问金7000元；慰问100周岁以上老年人15人（广平镇栋仁村张新娥、苏桥村林新倍、广平村郑美英，湖美乡林兜村吴凤治，太华镇万湖村郑莲英、群团村郑巧文，石牌镇桃坑村乐首沧，吴山镇锦山村苏爱，建设镇建爱村罗双娇、建忠村吴双妹，济阳乡大墘村许万年，均溪镇福塘村陈克占、和丰坪村周建存、和丰村严鸾英、上华村郑巧文），发放慰问金2.25万元。10月17日，县委书记陈文华走访慰问万湖村郑莲英、建爱村罗双娇、建忠村吴双妹，县长林金荣走访慰问大墘村许万年、和丰村严鸾英、上华村郑巧文，为6位百岁老人各送上鲜花和1500元慰问金。

【居家养老服务开展】 2018年，泽惠居家养老服务中心（位于福万通大厦十楼）开展居家养老专业化服务，开创大田县互联网+“三化三全”（服务网格化、全地域覆盖，服务多元化、全方位供给服务精细化、全过程监控）山区养老服务“110”模式，破解山区养老瓶颈，被国家发改委、民政部、全国老龄办列为当年养老服务业典型案例。该模式对特困供养人员、低保对象、建档立卡的贫困人口、重点优抚对象、计划生育特殊家庭成员、重度残疾人中的65周岁以上老年人和80周岁以上老年人实行政府购买服务，线上信息服务7679人、每人每月20元，线下实体援助服务3107人、每人每月50元。

（林启亮）

库区移民工作

【概况】 2018年，大田库区移民工作围绕加快全县科学发展跨越发展，突出党的建设，加强学习教育，提升队伍素质这一大局主动适应新常态，用新思维、新举措，在更高水平上加以推进全县库区移民工作，为建设“机制活、产业优、移民富、生态美”的大田新库区而努力奋进。

【环境综合整治】 2018年，县库区移民局坚持规划先行，注重分类指导，打造“一村一规、一村一景、一村一韵”。投入移民资金780.04万元，按照“一清、二梳、三修、四配、五绿、六管”的任务，全面推进坑口、高才、大儒等移民村环境综合整治工作。道路铺设混凝土约7046米、安装路灯134盏、立面装修贴瓷砖2304平方米、绿化面积约2700平方米，并进行沟渠整治等。

【扶持生产开发建设】 2018年，县库区移民开发局围绕“让项目早见效、移民早受益”的目标，多措并举，帮助移民增收致富。投入移民资金160.78万元，重点对雄峰、芳林、仁美等村铺设混凝土道路4000米，改善生产、生活条件，促进库区经济发展。优先为贫困移民户发展生产提供贷款贴息，发展生产开发和生产经营项目。自小额贴息贷款实施以来，累计发放小额贷款贴息金额317.45万元，帮助移民创业增收。

【精准帮扶】 2018年，县库区移民开发局落实县政府脱贫攻坚任务，对建档立卡贫困移民，实行政策叠加，加快贫困移民脱贫步伐。做好移民后扶直补资金发放工作，全年发放直补资金338.82万元。对在福建工程移民职业技术学校就学的贫困移民，就学期间按每人每年3000元的标准予以生活补助，连续补助2年；开展移民技能培训，结合库区实际和市场需求，举办小车驾驶、育婴员等移民职业技能4个培训班161人次。

【安全稳定工作】 2018年，县库区移民开发局深入开展库区风险隐患排查，未发现库区矛盾纠纷风险隐患。县政府向8个大中型水库库区乡（镇）政府颁发创建“平安库区”责任书。同时，健全完善“平安库区”创建和库区综治信访维稳1+N调解工作机制，做到重心下移，关口前移，变群众上访为移民干部主动到移民村下访和移民群众家中拜访，使库区一些不稳定因素能够早发现、早报告、早控制、早消除。全年没有发生移民群体事件和越级上访事件，全县库区保持安定稳定。

（李求景）

社会新风

【概况】 2018年，共青团大田县委围绕县委、县政府中心工作，以服务大局、服务社会、服务青年为宗旨，在全县共青团组织开展移风易俗、献爱心、志愿者等活动，1万多人参加，做好事6000多件。

【保护母亲河主题活动启动】 2月7日，团县委联合石牌镇政府、县河长办在石牌中学举行“保护三江流域母亲河，当好新时代志愿监督员河小禹”生态主题活动启动仪式，122名师生参加。志愿者向村民发放《致广大村民的一封信》500份，呼吁村民提高保护水环境的意识，共建美丽乡村。

【春运“暖冬行动”】 2月11—23日，团县委组织青年志愿者30人到县汽车站开展“青春志愿行 温暖回家路”服务春运“暖冬行动”。志愿者围绕“提供咨询、秩序维护、重点帮扶、便民利民、应急救援”等服务内容，向乘客发放春运出行安全、防诈骗宣传材料3000份，引导旅客按秩序乘车，为老弱病残孕提供拎包服务。

【学雷锋月系列活动】 3月5日，“向雷锋同志学习”55周年纪念日，团县委组织志愿者1200名，开展学雷锋系列活动。开展清洁家园、交通出行文明劝导志愿服务活动，在公交车站提醒乘客站在安全区域等候红绿灯、有序上下公交车，劝阻市民闯红灯、横穿马路等危险举动，礼貌纠正随手乱扔垃圾、随地吐痰等不文明行为；开展“千万个雷锋在成长”主题活动之“学雷锋”主题班队会，帮助同学们了解雷锋的生平，学习雷锋精神；组织300人开展"承诺学雷锋 做好事 文明伴我行"学雷锋签名活动；组织教师志愿者120人与贫困生“一对一”结对子帮扶；慰问孤寡老人，给老人带去水果、蔬菜等慰问品，为老人打扫房屋，整理内务，陪老人聊家常。

【开展植树造林志愿服务活动】 3月12日，团县委组织30名志愿者与县委书记熊旭明、县长林金龙等县几套班子的主要领导到前坪乡开展我为“绿色大田”添点绿植树活动，植树2000多棵。

【第二届十佳孝星颁奖】 5月3日，团县委与县委宣传部、文明办、县教育局、文联联合，在大田影剧院开展纪念“五四”运动99周年文艺汇演暨第二届“孝道故里·十佳小孝星”颁奖活动，授予严虹等10位学生大田县第二届“十佳小孝星”称号，参加活动500余人。

【携手闽王驾校开展爱心送考】 6月7日、8日，团县委在高考期间与闽王驾校5名青年志愿者司机联合开展爱心送考活动，高考生可免费乘坐贴有“高考爱心免费车”标识的教练车。

【“爱心冰柜 免费补给”公益活动】 7月30日，开展“爱心冰柜 免费补给”公益活动。组织晟点文化传媒、纳森文化传媒等企业在城区时代广场、岩城广场等5个点设置“无人冰箱”冷饮补给站，为环卫工人、交警和城管人员、快递小哥等一线户外工作者提供免费饮用水及冷饮。此活动在《三明日报》等媒体推广报道。

（郑明莉　王尧钦）

乡镇概况

□ 编辑 杨佳收

均溪镇

【概况】 2018年，全镇辖村23个、社区居委会8个，村民小组183个，户籍数2.54万户，总人口8.61万人，其中城镇人口4.04万人。镇财政收入4756.09万元，比上年增长15.46%。5月，均溪镇人民调解委员会被国家司法部授予“全国人民调解工作先进集体”荣誉称号。7月，红星村在“十县百乡千村无邪教创建示范工程”活动中荣获省级“创建无邪教示范村”荣誉称号。9月，玉田村“抗战时期大田‘第二集美学村’旧址群”和周田村“富衍堂”入选福建省第九批省级文物保护单位名单和保护范围。

农业 2018年，全镇耕地面积995.7公顷，其中，水田792.89公顷，旱地202.74公顷；农机总动力1.75万千瓦；粮食总产量6456吨，比上年增长7.8%。农林牧渔业总产值5.27亿元，同比增长1.15%。

工业 2018年，全镇规模以上企业28家，规模以上工业增加值65亿元；新增固定资产投资5000万元以上项目5个，500万元—5000万元项目30个；实施技改项目19项，投入资金3.8亿元。主要企业南湖针织生产针织衫105万件、硅光通讯科技生产光通讯500万件。协助企业申请专利56项。

招商引资 2018年，全镇新注册企业421家，注册资本金30.83亿元，新引进5000万元以上项目11个（其中：工业项目6个、农业项目2个、旅游项目1个、文化项目1个、商住项目1个），完成总投资3.14亿。全镇三资企业10家，总投资5.06亿元，吸引外资6000万元，完成外贸出口7.65亿元。

商业服务业 2018年，全镇社会消费品零售总额38.7亿元，同比增长2.93%。流通领域的国有、集体、私营企业及个体工商户共2823家；金融机构13家，服务网点37个；全年新注册三产企业245家，注册资本金27.65亿元；新认定服务业品牌5个，新增限上贸易企业4家。

交通通信 2018年，全镇机动车1965辆（客车56辆，轿车1175辆，卡车422辆，农用车171辆，拖拉机141辆），比上年增加312辆。固定电话3813部，同比减少2983部，手机6.14万部，同比增加6124部。

社会事业 2018年，辖区内各类学校41所，在校学生2.66万人，比上年增加468人。全镇教育事业投入2000万元，完成赤岩小学、福塘小学、温镇幼儿园、福兴幼儿园新建工程，新增学位6400个。全镇闭路电视用户2.51万户，同比增加235户；互联网人口覆盖率98%，有98%以上的村与县城联网开通数字电视。县总医院均溪分院病床65张，医务人员67人。93%人口饮用自来水。

人民生活 2018年，全镇城镇人均可支配收入3.62万元，同比增长6.35%；农民人均可支配收入2.03万元，同比增长10.3%。村民人均住房面积39.4平方米，居民34.6平方米。

社会保障 2018年，全镇农村低保户174户、421人，年发放低保金207万元。五保人员集中供养由年人均9120元提高到9600元以上，分散供养由年人均7344元提高到7992元以上。享受临时救助151户，救助金额39.60万元；享受护理补贴的困难残疾人1085人，发放补贴89万元；享受生活补贴的困难残疾人737人，发放生活补贴62万元。全镇参加新农合5.52万人，参合率93.8%，收取医保基金993.7万元，为3134人次支付医疗补偿费301.5万元。城乡居民养老保险参保缴费1.64万人，参保率90.18%，收取养老保险基金2310.15万元。

【乡村振兴项目】 2018年，均溪镇实施乡村振兴“一带一圈一园一区”工程。国道纵五沿线“美丽乡村景观廊带”完成投资3500万元，后华民俗文化园、良元龙源潦生态公园、华坑馨华小区造福工程等项目建成投入使用；“芳联堡旅游文化圈”计划投资5000万元，完成富衍堂修缮保护、芳联堡保护与开发规划设计。“均溪工业园”，位于均溪镇建成村规划占地200公顷，完成土地平整13.33公顷，引进大圣陶瓷文化创意产业园项目，投资5亿元；“矿山综合治理区”实施银顶格矿区地质环境整治、银场沟“以废治废”土壤整治等项目，完成土壤整治117.33公顷，复垦土地14.67公顷。

【重点项目建设】 2018年，全镇围绕重点项目新征收用地86.67公顷。其中，东坑垅地块、原野地块、原汽车站片区、井美地块、原燃料公司等宗地完成收储出让，大圣陶瓷产业园、食用菌工厂化生产及深加工等项目开工建设，黎坑垅、麻纺厂（三期）、兴泉铁路、国道纵五（二期）、香山北路等重点项目持续推进。全镇114个重点项目完成投资46.8亿元，23个项目开工建设、27个项目建成或部分建成；“五个一批”项目完成27个，其中，谋划8个，签约6个，开工6个，投产7个。

【生态环境整治】 2018年，全镇坚持“发展高质量、生态‘高颜值’”并重理念，推进生态环境突出问题整治攻坚工作。开展农村环境综合整治三年行动、裸房和村容村貌整治行动，拆除“两违”建筑物3.85万平方米、安装三格化粪池805个、整治裸房25栋；统筹山水林田湖草系统治理，水土流失治理40.91公顷、清理闽湖网箱1230箱、取缔禁养区内生猪养殖场45家；创新延伸矿区治理模式，建设绿晶矿上生态农业3.33公顷大棚、银场沟矿区“以废治废”土壤整治13.33公顷，完成后华民俗文化园、河滨休闲栈道等亲水工程，推进河滨西路、宝田路景观工程。

【红星幼儿园新园建设】 4月16日，均溪镇红星幼儿园新园项目在雪山南路举行开工奠基仪式。11月28日，完成主体工程建设。项目总投资2200万元，占地5687平方米，建筑面积6370平方米，可接收720名幼儿入园。

【废弃矿山治理项目动工】 2018年7月，均溪镇银锭岬利用废弃矿山建设设施农业示范点项目动工建设，计划投资6000万元，占地面积20公顷，将废弃矿山建设成现代特色农业产业园。

【太山崎古村落文旅项目签约】 8月9日，泉州伯勒文化创意有限公司投资开发的大田县“太山崎梦想”古村落文旅项目在均溪镇政府举行签约仪式。项目计划投资2.5亿元，对56栋古建筑进行保护性开发和整体提升改造，打造高端特色民宿和文化名人书院，建设文化休闲旅游度假示范区。

【赤岩小学竣工】 8月，新建的赤岩小学工程竣工，校园位于均溪镇红星村“狮子山”，占地3.13万平方米，建筑面积1.85万平方米，有教学楼、办公楼、艺体馆、图书馆等，总投资6500万元，设置48个班，2400多个学生学位。

【福塘小学新教学楼投入使用】 9月，福塘小学新教学楼竣工投入使用。项目位于福塘村，2017年11月动工，占地4182平方米，建筑面积3625.16平方米，总投资1050万元，设置19个班，860个学生学位。

【“快乐后华·孝道基金会”成立】 10月17日，后华村成立“快乐后华·孝道基金会”。基金会由后华乡贤和经济能人为回馈后华村哺育、感恩老人而出资自主创建。

华兴镇

【概况】 2018年，全镇辖村10个，村民小组107个；户籍数6782户、人口2.2万人，其中非农业户2230户7805人。镇财政收入1106.65万元，比上年增长103.39%。

农业 2018年，全镇耕地面积419.2公顷，其中水田299.8公顷，旱地119.4公顷；生猪出栏1480头。全镇农林牧渔业总产值1.72亿元。主要农作物有水稻、小薯、玉米等。

工业 2018年，全镇企业294家，其中规模以上8家、集体1家、私营85家、个体200家，职工总数1319人，工业固定资产6亿元，工业总产值18.49亿元，同比下降6.09%，销售收入18.24亿元，实现利税2919万元。主要企业有福建省华闽纸业有限公司、大田县力天环保科技有限公司。

商业服务业 2018年，全镇社会消费品零售额3698.1万元，同比增长2.69%。集市贸易额384.52万元，同比增长9.8%。流通领域国有、集体、私营企业及个体工商户287家；金融机构2家，服务网点3个，第三产业增加值890.92万元，同比增长15.76%。

交通通信 2018年，全镇机动车518辆（卡车35辆，小汽车439辆，农用车26辆，拖拉机18辆）；固定电话613部，移动电话7304部。

社会事业 2018年，全镇学校4所：中小学社会实践基地1所、华兴中心小学1所、华兴中心幼儿园1所、大田县实验幼儿园开发区分园1所，在校学生315人，教育事业投入711.45万元；闭路电视用户2446户；镇卫生院病床10张，医务人员14人；100%人口饮用自来水。

人民生活 2018年，全镇农村居民人均可支配收入1.61万元，同比增长10.3%；村民人均住房32平方米，集镇居民25平方米；每百户拥有洗衣机45台、自行车23辆、电视机73台、电冰箱48台、摩托车56辆；50.1%以上的农户用上液化气、电磁炉。

社会保障 2018年，全镇村民享受低保131人，发放低保金64.1万元；享受五保40人，发放五保金47.2万元；60周岁以上居民1917人，发放养老金26.18万元；农村居民参加新型农村合作医疗1.18万人，参合率99.66%；参加社会养老保险4579人，参保率91.9%；收集医保基金212万元，为2685人次支付医疗补偿费68.41万元。

【华兴乡撤乡设镇】 1月10日获省政府批复，1月16日获市政府批复，1月26日获县政府批复，华兴乡撤乡设镇。1月30日中共大田县委将“中国共产党大田县华兴乡委员会”更名为“中国共产党大田县华兴镇委员会”。

【省市领导到仙峰村调研】 3月8日，省委常委、组织部部长、省委党校校长胡昌升，市委常委、组织部部长陈炎标等行到仙峰村调研基层党建促脱贫攻坚、基层党组织阵地规范化建设等工作，慰问建档立卡贫困户，并看望省委党校派驻村干部，县委书记熊旭明陪同调研。

【仙峰村盐官堂重建】 4月，仙峰村翁家祖祠盐官堂重建工程动工，12月18日竣工，占地2000平方米，建筑面积500平方米，筹资约190多万元。

【音舞诗会暨山海诗会举办】 8月18日，市文联和集美文联在仙峰村联合举办第五届三明（华兴）“中国梦·乡村美”音舞诗会暨第三届“大田·集美”山海诗会，诗会由锦绣家园、追梦时刻、共筑辉煌等三大板块17个节目组成，来自三明、集美、大田等多个地区的150多名文学爱好者参加。

【福平堡项目】 10月初，华兴镇建档立卡贫困户易地搬迁集中安置点福平堡投入使用，位于仙峰村田垅新村处，占地1560平方米，建筑面积3658.8平方米，建设一栋三层楼围屋，投资650万元，安置7个村贫困户29户90人。

【《文笔话京口》出版】 10月10日，《文笔话京口》出版发行仪式在京口村举行。该书由叶玉珍主编，在县委党史研究室、县政协文史资料委员会等部门的支持与帮助下，历时3年完成编制，共印制3000册，记述京口村历史源流、红色记忆、乡村建设、文化教育、风景名胜等内容。

【油茶旅游文化节举办】 12月23日，华兴镇首届油茶旅游文化节在仙峰村举办，文化节以“唱、乐、晒、忆、赞、说、品”7个环节展示华兴镇40年改革发展成就以及新时代华兴镇产业发展新成就、乡村振兴新面貌，吸引省内外媒体记者、网络名人和游客3000多人参加活动。

【传统村落保护与开发】 2018年，杞溪村被列入第二批中央财政支持范围中国传统村落名单，争取补助资金300万元，用于改善公共基础设施、保护文化遗产等。

【基础设施建设】 2018年，华兴镇新建三格式化粪池30户，建设农村安全饮用水源3个，危房改造10户，新建停车位30个，村级道路铺设混凝土3.5公里。

【“古韵华兴 激情漂流”摄影大赛举办】 2018年，华兴镇举办以“古韵华兴 激情漂流”为主题摄影大赛，收到全市摄影家和摄影爱好者作品130幅（组照）和697幅（单幅）。经评选，获奖和入选作品87幅（组），其中一等奖1幅、二等奖2幅、三等奖3幅。

【环保督察反馈问题整改】 2018年，华兴镇落实中央和省环保督察、“三合一”督查反馈问题整改要求，淘汰恒鑫机械中频炉等落后产能的设备，拆除大华机械炼铁高炉1个，召开2次河长协会工作经验交流会，，关停牛蛙养殖场2家，植树造林342亩，新造防火林带8.33公顷，建设景观林1.33公顷。

【村级组织换届】 2018年，华兴镇完成新一届“村两委”换届选举，村党支部和村委会均1一次性选举成功率，全镇10个村有9个村党支部书记兼任村主任，村两委“双带”能力进一步增强，整体素质得到提升。

【彩虹小镇项目实施】 2018年，华兴镇投入资金200万元实施仙峰村景观提升改造工程，完成裸房整治33幢，清理河道垃圾4.5公里，修建大樟树公园、孝道公园共6333平方米，配置水上乐园、生态停车场、24孝石雕、路灯5座等，美化光伏长廊1公里，全力打造“七彩仙峰、彩虹小镇”。

（张皇滨）

石牌镇

【概况】 2018年，全镇辖村16个，村民小组136个；户籍数4365户、总人口2.2万人。镇财政收入775.79万元，与上年度持平。

农业 2018年，全镇耕地面积976公顷，其中水田555公顷，旱地421公顷；粮食产量2863吨，出栏生猪7503头。

工业 2018年，全镇工业企业36家（规模以上9家），职工总数1843人，工农业总产值22.09亿元，增长11.3%，其中规模以上工业产值16.79亿元，增长9.8%。

招商引资 2018年，全镇新办企业18家，总投资2.31亿元。全年共签约5000万元以上项目6个、总投资6.87亿元。美食城、永兴达考训中心等6个项目成功落地。

商业服务业 2018年，全镇社会消费品零售额9133万元，同比增长14.55%；集市贸易额2795万元，同比增长10.04%；流通领域的国有企业3家、私营企业87家及个体工商户881户；金融机构1家，服务网点1个。第三产业增加值4亿元，同比增长20.48%。

交通电信 2018年，全镇机动车851辆（客车7辆、卡车358辆、小汽车295辆、农用车164辆、拖拉机27辆）；固定电话2820部、移动电话1.09万部。

社会事业 2018年，全镇教育事业投入47.4万元，学校5所（石牌中学、石牌中心小学、石牌中心幼儿园、小湖小学、石牌中心幼儿园分园），在校生2963人、同比增加708人；闭路电视用户2629户，与上年持平；镇卫生院病床20张，医务人员24人；100%的人口饮用自来水。

人民生活 2018年，全镇农村居民人均可支配收入14636元，增长10.5%；村民人均住房55平方米，居民28.3平方米；每百户拥有洗衣机69台、自行车30辆、电视机135台、电冰箱69台、摩托车99辆；87%的农户用上液化气、电磁炉。

社会保障 2018年，全镇89户253人纳入低保、71户71人纳入五保，发放补助200.47万元，临时救助92人，发放补助20.04万元；享受基础养老金村民2579人，发放养老金475.21万元；城乡居民保续缴率达93.71%，续缴人数6154人，医保续缴率达99.38%，医保续缴人数17275人；收集医保基金380.58万元，为3.09万人次支付医疗补偿款154万元。农房保险、扶残助残、临时救济等惠民政策覆盖面进一步扩大，涉及3460户，发放政策资金2.49万元；残疾人两项补贴424人，发放补助金56.17万元。

【7个财政奖补项目竣工】 2018年，石牌镇实施村级公益事业·“一事一议”财政奖补项目7个（重点项目2个），财政奖补资金129.8万元。重点项目三坊村岬头至炉山自然村4060米村道宽2米，总投资80万元，其中财政奖补资金30万元，部门配套资金50万元，8月开工，11月竣工，受益人口2330人；盖山村水尾至大湾路基由原来3米拓宽至5米，拓宽长度4000米（重点项目），投资30.8万元，其中财政奖补资金30万元，村集体投入资金0.8万元，

9月开工，11月竣工，受益人口650人。鳌江村牙口自然村新设路灯40盏，投资15万元，其中财政奖补资金12.5万元，村集体投入资金2.5万元，1月上旬开工，8月底竣工，受益人口2300人；京程村村容村貌整治，投资33万元，其中财政奖补资金30万元，村集体投入资金3万元，10月开工，12月竣工，受益人口600人；桃山村田地自然村老人活动中心项目，占地350平方米，投资10万元，其中财政奖补资金9.3万元，村集体投入资金0.7万元，10月开工，12月竣工，受益人口1616人；上坡村村内环村新设路灯30盏，投资9万元，其中财政奖补资金7.3万元，村集体投入资金1.7万元，8月动工，11月竣工，受益人口700人；小湖村自来水厂道路铺设混凝土1327.8平方米，投资15.7万元，其中财政奖补资金10.7万元，村集体资金3.43万元，9月中旬开工，10月底竣工，受益人口1800人。

【坑口水源地保护搬迁安置项目动工】 2018年，石牌镇老厝村“铁籽坂”地块坑口水源地保护搬迁安置项目征地工作基本完成，完成“三通一平”建设（通电通路通水、土地平整），完成边坡土石方开挖、工地围墙建设。项目总投资1.25亿元，用地面积1.1万平方米，建筑面积4.3万平方米。

【兴泉铁路小湖货运站项目建设推进】 2018年，县境内兴泉铁路项目石牌小湖、桃山、鳌江路段完成小湖村货运站建设，桃山村、鳌江村弃土场建设。项目涉及征地面积47.2公顷，需征迁民房129座，当年，完成征地测量45.33公顷，测量评估房屋126座，拆除123座、建筑总面积5.14万平方米，登记坟墓73穴、迁移69穴。在小湖小学空地和梅林林场管护站修建活动板房38间，安置57人，解决征迁户中年老体弱、残疾等人员的过渡安置问题。

【均溪河上坡河段小流域治理】 9月，石牌镇均溪河石牌上坡4千米河段小流域治理项目动工，全河段清淤疏浚4千米，新建护岸2.63千米、堤防606米，加固旧堤65米，新建排涝与排水涵管6处，下河台阶8处，工程中标价1213.55万元。

【石牌大骨头】 石牌镇大骨头是地方名产，生产历史悠久，蕴藏深厚的客家文化。每逢传统佳节、重要文化活动，人们都要拿出猪大骨头待客敬宾，还是石牌人走亲访友的馈赠礼品。是以当地农家自养的一年以上土猪的筒子骨，将其分离成大块的肉骨头而闻名。石牌大骨头呈圆筒形，新切面湿润不黏手，骨肉色泽鲜红均匀，大理石样花纹明显，有坚韧性，指压后凹陷可立即恢复原状，大骨头中含有丰富的骨胶原、蛋白质和维生素等营养物质，煮沸后的石牌大骨头汤透明澄清，脂肪团聚于肉汤的表面，具有大骨头独特的鲜味，没有腥味，营养丰富。大田县石牌镇是“石牌大骨头”的产地，位于福建省中部，戴云山脉西侧，属低山丘陵地貌类型，森林覆盖率高达77%，珍稀树种20多种；境内溪流密布，水质清澈富含铁、锌等矿物质；土壤多为砂壤土和红、黄壤土，土层深厚，土质疏松，富含速效磷和速效钾，有机质含量较高。该地属中亚热带季风湿润区，冬无严寒，夏无酷暑，日照充足，雨量充沛，适宜农作物生长。当地粮食作物主要以水稻为主，自给有余，饲料来源丰富，农家素有散养土猪的传统，饲料以稻谷副产品、甘薯、藤蔓、玉米为主，辅以蔬菜、瓜果等，绝不饲喂人工饲料和添加剂。饲养的生猪具有体型较大，颈短背宽，臀宽丰满，肉质细嫩等特点。

2009年12月，在政府的引导下，石牌村以经营大骨头为主的农家餐馆组建“大田石牌大骨头发展协会”。“以政府主导、部门协同、行业自律”的模式，协会推进石牌大骨头为主的农家餐馆，对经营户开展政策引导、协调服务、规范经营管理、加强品牌创建，提升产业竞争力，统一店面装修、统一衣着服饰、统一餐饮用具、统一质量标准，推动产业向良性化，品牌优质化。创建“石牌大骨头品牌美食”一条街，每日接待顾客5000多人次，月营业额达900多万元，安排就业400多人。2010年，石牌大骨头美食街被省旅游局评为“省级农家乐示范点”；2012年，被省乡村旅游经营单位星级评定委员会评为“福建省三星级乡村旅游经营单位”；2014年，石牌大骨头美食街被省旅游局评为省级旅游特色街区；2015年，石牌大骨头美食一条街被大田县政府确定为“大田县石牌大骨头”食品安全社会共治示范街。

（林莲叶）

吴山镇

【概况】 2018年，全镇辖村9个，自然村31个，村民小组90个；户籍数3423户，总人口1.09万人。其中非农业603户1823人。镇财政收入1279.66万元，比上年增长6.39%。当年，吴山村获“省级老年人健身康乐家园”、张坑村被县委、县政府授予“二星老年人健身康乐家园”称号。

农业 2018年，全镇耕地面积389.33公顷。其中，水田273.9公顷，旱地115.43公顷；农机总动力1.2万千瓦；粮食总产量4483吨，同比增长4.62%；生猪出栏6630头。农林牧渔业总产值2.7亿元，同比增长19.47%。试点培育油菜花、板栗南瓜、魔鬼辣椒、生姜、淮山、马铃薯等农特产品，种植面积约40公顷。主要农产品有茶叶、稻谷、芦柑。

工业 2018年，全镇企业763家（规模以上4家，私营67家，个体692家）；职工总数2136人，工业固定资产18.1亿元；工业总产值36.1亿元，同比增长5.96%；销售收入20.3亿元，实现利税8980万元。

商业服务业 2018年，全镇社会消费品零售额6746.2万元，同比增长3.9%；集市贸易额8329万元，同比增长4.13%。流通领域的国有、集体、私营企业及个体工商户共732家；金融机构1家服务网点2个；第三产业增加值3299.3万元，同比增长4.1%。

交通通信 2018年，全镇机动车232辆（客车2辆，卡车42辆，小汽车152辆，拖拉机36辆），同比增加19辆。固定电话678部，同比减少285部，移动电话5659部，同比增加352部，其中电信公司用户1927部，移动公司用户3732部。

社会事业 2018年，全镇教育事业投入59万元，中小学校3所，在校学生1141人，同比增加82人。闭路电视用户529户，同比增加21户。镇卫生院病床20张，医务人员12人。98%人口饮用自来水。

人民生活 2018年，全镇农村居民可支配收入1.79万元，同比增长7.19%；人均住房村民65平方米，集镇居民35平方米；每百户拥有洗衣机89台，自行车21辆，电视机93台，电冰箱92台，摩托车81辆；80%以上的农户用上液化气（或沼气）、电磁炉。

社会保障 2018年，全镇五保户25户25人，发放五保金29.74万元，其中集中供养21人，分散供养4人；农村低保户38户123人，发放低保金66.3万元；享受基础养老金村民1328人，发放养老金221.67万元（118元/人·月）。村民参加新农合8467人，参合率99.63%；收集医保基金186.27万元，为1.9万人次支付医疗补偿费87.38万元。

【村级换届选举】 2018年，全镇9个村级组织换届选举完成“三个百分百”，村党组织和村委会换届选举一次性成功率均100%、村党支部书记兼任村主任成功率100%。

【重点项目建设推进】 2018年，吴山镇策划储备项目13个，转化签约4个、开工3个、增资1个，其中卓效物流有限公司被列入市“五比五晒”重点项目，总投资1.06亿元，当年基本建成并实现纳税，为吴山专业物流行业首家企业；开山建材项目和陈永旺机砖厂第二条生产线技改项目当年基本实现竣工投产，总投资分别为6537万元、3660万元；福建岩兴气体有限公司产值首次突破亿元（1.06亿元），获福建省工信厅、财政厅联合授予“福建省‘专精特新’中小企业”称号，市工信局、财政局给予一次性奖励10万元；大田县委、县政府授予福建岩兴气体有限公司“二〇一八年度纳税一百万以上企业”牌匾。

【贫困户脱贫贫困村脱帽】 2018年，吴山镇对贫困户和贫困村实施“六大帮扶举措”，争取项目扶贫资金38.24万元，产业扶贫资金41.97万元，涵盖旅游、种植、养殖等领域；改造贫困人口危房2座，发放贴息小额信贷18万元，光伏发电收益131.56万元；全镇96户贫困户305人均实现脱贫，梓溪、阳春贫困村，张坑、锦山空壳村均实现摘帽。

【科山、张坑村村道拓宽】 2018年，吴山镇实施科山村村道拓宽工程，将3.5米路面拓宽至4.5米，总长度4.62公里，投资104万元；将张坑村村道3.5米宽拓宽至6米，总长度0.94公里，投资60.5万元。

【生态环境整治】 2018年，吴山镇开展环保专项整治4次，打击水洗砂、水洗矿、烧轮胎油等违法行为，取缔关停非法洗砂点、塑料米厂、牛蛙养殖场等存在环保问题企业5家，拆除闽发纸业生产线1条。植树造林6.67公顷；严格落实“河长制”工作，梓溪村河道被评为“大田县十佳河段”。

（巫振震）

桃源镇

【概况】 2018年，全镇辖村13个，村民小组83个。户籍数5685户、人口2.33万人。镇财政收入1891.26万元，比上年减少29.08%。7月，被省文明办授予省级“文明乡镇”称号、蓝玉村被授予省级“文明村”称号，东坂村被住建部列为第七批中国历史文化名村；8月，蓝玉村被省人民政府防范和处理邪教问题办公室评为“创建无邪教示范村”；12月，前村村被市“平安家庭”评为“平安家庭”创建示范村，桃源里旅游度假区被市旅游发展委员会评为评为国家AAA级景区，镇妇联被福建省妇联评为“全省先进乡镇妇联组织”，镇武装部被市军分区评为“规范化建设先进单位”。

农业 2018年，全镇耕地面积1442.13公顷，其中水田1358公顷，旱地84.13公顷；农机总动力2.85万千瓦；粮食总产量7152吨，同比下降22.7%；出栏生猪2.22万头。农林牧渔业总产值3.35亿元，同比下降4.69%。当年发展插秧机、联合收割机、无人植保机等农机具2000余台；

工业 2018年，全镇企业508家（集体11家，私营66家，个体429家）；职工总数1530人，固定资产3.62亿元；工业总产值20.37亿，同比增长13.29%。销售收入19.83亿元，实现利税345.7万元。

招商引资 2018年，全镇引进企业5家，总投资1.33亿元。

商业服务业 2018年，全镇社会消费品零售额1546.52万元，同比增长9.9%；集市贸易额5988.46万元，同比增长3.2%。流通领域的国有、集体、私营企业及个体工商户共508家。2家金融机构服务网点3个。第三产业增加值1.78亿元，同比增长7.23%。

交通邮电 2018年，全镇机动车1414辆（客车8辆，卡车279辆，小汽车506辆，农用车420辆，拖拉机201辆），同比增加44辆；固定电话1482部，同比减少121部，移动电话1.92万部，同比增加712部。

社会事业 2018年，全镇各类学校7所，在校学生1776人，同比增加466人；闭路电视用户2411户，同比减少41户。镇卫生院病床20张、医务人员19人；98.9%的人口饮用自来水。

人民生活 2018年，全镇农村居民人均可支配收入2.15万元，同比增长14.36%；村民人均住房37.3平方米，集镇居民23.7平方米；全镇98.8%的农户用上液化气、电磁炉。

社会保障 2018年，全镇村民享受低保171人，发放低保金83.21万元；享受五保33人，发放五保金29.90万元；60周岁以上村民享受基础养老金2412人，发放养老金324.36万元（180元/人·月）。村民参加新农合1.82万人，参合率99.7%，收集医保基金327.6万元。

【桃源里旅游度假区项目建设】 4月29日，中国·桃源里旅游度假区花海乐园项目正式开园，游客服务中心挂牌。项目配套建设有花海接待中心、木栈道、观景平台、DIY中心、荷花塘、烧烤露营区、聚水盆等亲子游玩设施；种植桃树、波斯菊、向日葵及月季5000株、占地20公顷。广汤温泉勘探钻洞150米在施工，水温60℃；东风农场冷热双泉度假村土地4.33公顷已征收并支付补偿费；拓宽“桥浮线”2.5公里东坂至西安段道路，两边排水及绿化在建设；完成西安至东风农场段道路设计、审批、放样，正在进行征地。

【文明乡风创建】 2018年，开展移风易俗专项整治活动，积极倡导婚事新办、丧事简办，喜事俭办，有效开展监督检查5次，制止庙会活动大肆燃放烟花爆竹行为1起、占道治丧行为1起、占地毁林建墓行为2起，树立文明新风尚。

【精准扶贫】 2018年，桃源镇深化“一家四业”产业扶贫，统筹安排各级财政专项资金145.97万元，实施贫困村小型公益性生活设施项目3个、贫困村产业增收项目2个，引导7户贫困户通过发展特色种养殖产业稳定增收；依托光伏扶贫、小额信贷、创业农户培训、“一带双薪”产业扶贫项目等，建设扶贫大棚1.33万平方米，发展光伏产业506.42千瓦，累计发放贷款358万元、培训199人次，有效带动全镇116户366名贫困户、2个贫困村稳定脱贫。

【环境综合治理】 2018年，桃源镇结合第二次全国污染源普查，针对辖区内95个普查对象梳理出工业污染源、农业污染源、生活污染源、大气污染源等重点问题，开展环境综合治理、“家园清洁”活动，全镇新增垃圾池、垃圾桶35个，新建三格化粪池200余个，拆除牛蛙养殖场4家、涉沙点2家，集镇垃圾填埋场进行环保评估，并制定整改方案。

【特色农业发展】 2018年，全镇种植蔬菜200公顷、特色玉米266.67公顷、烟叶150公顷、雷竹120公顷；发挥院士专家工作站作用，建立野外金线莲基地20公顷，建设温控大棚30公顷；培育新兴农业产业，新种植芦柑1万株，发展立体式食用菌2公顷、罗汉果3.33公顷，养殖蜜蜂500箱，建立笋干产业链1条。桃源农民创业示范基地列入省级农村创业创新基地。

【“晒秋节”活动举办】 2018年9月15日，首届“中国农民丰收节”系列活动大田县“晒秋节”在我镇花海乐园开幕。活动营造乡村振兴的浓烈氛围，激发广大农民投身农村建设的热情。

上京镇

【概况】 2018年，全镇辖村16个，村民小组161个，户籍数5418户，总人口2.27万人，其中，流动人口1387人，非农业1394户2612人。镇财政收入1818.06万元（含上级补助各项专项资金），同比增长24.85%。当年，隆美村入选福建省首批三星级农村幸福社区。

农业 2018年，全镇耕地面积996.68公顷，其中，水田812.52顷，旱地184.16公顷。粮食总产量7562吨，与上年持平，其中，省中稻新品种新育和生产试验基地2.33公顷，产量1.93吨，亩产611公斤；种植烟叶163.3公顷，产量738.7吨；出栏生猪3.6万头。全镇农林牧渔业总产值2.47亿元，同比下降9.52%。

工业 2018年，全镇企业131家（私营45家、个体86家、规模以上企业14家），同比增加32家，职工总数6859人，完成固定资产投资5000万元以下的23家、5000万元以上的5家；规模以上企业完成工业总产值42.79亿元。销售收入43亿元，实现利税5.60亿元；实施技改项目4个，投入资金2.84亿元。主要企业华阳光电、新岩水泥、溪口煤矿，分别生产结晶硅、水泥、原煤，产值7.2亿元。

招商引资 2018年，上京镇新引进企业9家（京融新型建材、废弃矿山分布式光伏发电、上京商贸物流一体化、德鸿工贸新型墙体材料、京东页岩技改项目、梅岭旅游、协益塑料再生造粒、恒隆空心砖技改、岩融物流），总投资6.35亿元。京融新型建材实现开工建设。

商业服务业 2018年，全镇社会消费品零售额8532.6万元，与上年持平；集市贸易额达8326.35万元，与上年持平；流通领域的国有、集体、私营企业和个体工商户共1184家，同比增加65家；金融金融机构3家；第三产业增加值3097万元，与上年持平。

交通通信 2018年，全镇机动车1113辆（客车12辆、卡车325辆、小汽车389辆、农用车122辆、拖拉机265辆），同比增加60辆；固定电话1824部，同比减少300部；宽带用户2751户，同比增加856部；移动电话1.92万部，同比增加0.67万部。

社会事业 2018年，全镇教育事业投入1448万元，辖区内初级中学和中心小学共3所，初小4所，民办、企业办幼儿园各1所，在校生2868人，同比增加162人。镇卫生院病床30张，医务人员19人；大田恒康医院改建投入使用，病床70张，医务人员36人，投资1800余万元。

人民生活 2018年，全镇农民人均可支配收入1.69万元，同比下降4.5%。村民人均住房65平方米、集镇居民55平方米；每百户拥有洗衣机85台、自行车24辆、彩电98台、电冰箱75台、摩托车99辆；90%以上的农户使用液化气、电磁炉。

社会保障 2018年，全镇享受低保的村民106户279人、五保45户45人，发放五保金49.9万元，发放低保金134.9万元；城乡居民参加社会养老保险7974人，参保率94.95%；享受基础养老金村民2927人，发放养老金399万元。城乡居民参加医疗保险17230人，参保率达99.2%；参加发放救灾救济金1.55万元。

【机械铸造产业集聚区建设】 2018年，福建（大田）机械铸造产业集聚区整体规划面积1533.33公顷。当年，一标段（A平台）路基、中心大道和雨污管网等设施投入使用，E平台征地76公顷、迁移坟墓202穴。清航无人机项目完成签约入驻、空域申请、飞行跑道建设。

【福能绿色小镇建设】 2018年，上京福能绿色小镇项目集镇棚户区改造（二期）完成，改造集镇主街道房屋立面、商铺招牌、广告牌、空调外机、地下网管、人行道和路灯，投资1666万元。

【小康示范村建设】 2018年，上京镇继续推进党建引领小康示范村项目建设，完成梅林主路口广场建设、小流域治理、隆美文化墙、裸房整治、铺设混凝土道路等10余个项目，盘活梅林粮站闲置土地1公顷，投资500余万元。

【精准扶贫】 2018年，上京镇为2个贫困村（梅林村、三阳村）、1个空壳村（黄城村）、125户贫困户安装光伏板898.35千瓦，3个村村集体均增收约4万元，贫困户户均增收约0.6万元，贫困村全部实现摘帽。

【中小学校设施建设】 2018年，上京中学宿舍楼投入使用，建筑面积2496平方米，共5层48间，可入住学生384人，投资550余万元；上京中、小学300米塑胶跑道投入使用，投资192万元。

【美丽乡村建设】 2018年，上京镇在延京、桂坑、上平、下溪口、城口和丰田6个村实施“一事一议”项目，投入153余万元；架设路灯243盏，建设延京村老年活动中心1个，溪口村部装修、建设赤水水尾桥亭、城口和三阳安全饮用水工程等20余个项目，铺设混凝土道路7.86公里，安装三格化粪池185个，改造危房15座，投资600余万元。

（詹文兴）

太华镇

【概况】 2018年，全镇辖村24个，村民小组280个。总户数8639户，总人口3.71万人。镇财政收入610万元，比上年增长7.01%，汤泉米糕、仙师泉等特色产品品牌进一步做大做响。

农业 2018年，全镇耕地面积2809.66公顷，其中水田2358.61公顷，旱地451.05公顷；农机总动力2.15万千瓦；粮食总产量1.73万吨，同比增长1.17%；出栏生猪5万头；农林牧渔总产值4.56亿元，同比下降2.56%。种植油茶200公顷、烟叶178.67公顷、蔬菜270公顷、百香果33.33公顷、绞股蓝26.67公顷、白槿花33.33公顷。

工业 2018年，全镇规模以上企业17家（集体5家，私营12家）；职工总数2785人，工业固定资产21.2亿元；工业总产值63.81亿元，实现利税3.44亿元。实施技改项目16项，投入资金18.1亿元。铁矿石原矿11.18万吨，铁矿石粉矿19.3万吨，煤矿原煤45.2万吨，石英石矿3.99万吨，石灰石矿19.62万吨。

商业服务业 2018年，全镇社会消费品零售额3.48亿元，同比增长4.8%；集市贸易额3.81亿元，同比增长5.54%。流通领域的国有、集体、私营企业及个体工商户共742户；金融机构2家，服务网点3个；第三产业增加值1.05亿元，同比增长8.25%。

交通通信 2018年，全镇拥有机动车1795辆（客车33辆，卡车456辆，小汽车941辆，农用车320辆，拖拉机45辆）。固定电话4218户，同比减少2355户；移动电话2.8万部，同比增加811部。

社会事业 2018年，全镇教育事业投入218万元，学校12所，在校学生3901人；闭路电视用户1195户，同比减少435户，数字电视用户3152户，同比增加234户。镇卫生院病床22张，医务工作人员27人，添置一台全自动生化分析仪；98%的人口饮用自来水。

人民生活 2018年，全镇农民人均纯收入1.72万元，同比增长8.18%；村民人均住房62平方米，居民39平方米；农村居民每百户拥有洗衣机95台、电视机100台、电冰箱94台，摩托车98辆，94%的农户用上液化气、电磁炉。

社会保障 2018年，全镇居民参加社会养老保险1.85万人，参保率94.56%，缴费率91.5%。低保村民587人，低保金发放290.75万元；五保村民60人，五保金发放50.52万元；临时救助困难家庭85人，救助金发放28.37万元；基础养老金村民4981人，养老金发放733.48万元（118元/人·月）。参加新农合村民3.07万人，参保率99%；征收医保基金674.61万元。

【精准扶贫工作】 2018年太华镇落实挂包帮扶、产业就业、小额信贷、易地搬迁造福工程、实施教育和医疗叠加保险政策等一系列扶贫措施，帮助335户930人脱贫。改造危房8座，办理小额信贷278户金额1284.76万元，光伏发电197.46万度、电费收益193.51万元，建制村村财收入均超5万元，魁城、华山2个贫困村、空壳村摘帽。

【美丽乡村建设】 2018年，太华镇投入200多万元建设魁城村文化活动中心和河堤护岸，治理环境卫生。群团村“水尾桥”、魁城村“三节桥”竣工验收；加固德安水尾桥廊，西埔老年人活动中心场地铺设混凝土；改建住房65座，治理“两违”建筑物1.88万平方米，新建卫生冲水式公厕2座、三格式化粪池102个。

【农业综合开发项目实施】 2018年，太华镇实施魁城村、张地村农业综合开发项目，总面积400公顷，总投资668.09万元。其中，水利设施投资305.38万元，新建拦河坝6座、护岸530米、排洪沟双侧530米、单侧378米；农业措施投资303.95万元，新建机耕路3383米，推广使用商品有机肥33.6公顷、配置错车道9处；每年可新增种植业产值302万元，增加农民纯收入181万元。

【国家水土流失综合治理项目实施】 2018年，太华镇实施国家水土流失综合治理项目（太华标段），总投资449.72万元，其中，中央财政补助314.85万元，地方配套134.87万元。涉及汤泉、罗丰、黄沙、锦溪、西埔（包括东埔）、群团、小华7个行政村，治理面积1220公顷，建设安全生态水系3350米、生态护岸1576米、河道清障1083米、亲水台阶10处、汀步坝1座、水保生态园1座；封禁1220公顷（含补植41.8公顷）。

【中心小学教学综合楼投入使用】 8月，太华中心小学教学综合楼建成投入使用，是县委、县政府实施小学“强基”工程，补短板建设项目之一，2017年9月动工建设，总投资500万元，将原旧教学楼拆除重建，建筑面积2200平方米，教室15间。

【万湖党建主题公园落成】 2018年，万湖村建成党建主题公园，位于“306”省道旁，占地面积2867平方米，投资

150万元。建有党史文化长廊、景观亭、毛主席雕像、廉政文化雕塑、中共十九大文化墙、家训景观石、景观桥及入党誓词、党章石书等景观，同时配套建设乡村振兴馆和新时代党群学习教育基地。

【万湖汉剧文化广场建设】 1月，万湖村村部正前方的供销社废弃仓库改建为汉剧文化广场，占地面积1300平方米，总投资130万元。完成仿古木质文化长廊180平方米、汉剧文化墙60平方米、观景平台及汉剧戏台800平方米等建设，广场还建有龙凤浮雕及雄鹰、长寿龟奇石等配套景观。

【昊华白槿花茶项目建设】 2018年，太华镇在小华村实施昊华白槿花茶项目建设，总投资3250万元，建设加工厂房1座90平方米、白槿花提取物、白槿花茶加工生产线各5条、线上线下销售渠道6条、观赏亭3座，流转土地166.67公顷种植木槿花，当年种植木槿花66.67公顷，培育白槿花小苗200万株。该项目2017年1月入选国家科技部首批星创天地项目，当年荣获第三届“中国创翼”创业创新大赛市级三等奖。

【民爆物品监管加强】 2018年，太华镇实施“雪亮工程”项目，对21台高清监控摄像机、9台高清抓拍卡口改造升级，重要出入口新增2台视频监控，总投资35万余元；辖区民爆使用点视频监控接入派出所视频监控中心，与县公安局民爆视频监管中心对民爆使用单位进行同步监管。

【公益慈善活动“爱的传递”举办】 1月27日，厦门市基督教东部堂联合大田县基督教“两会”和魁城村委会，在魁城村举办“爱的传递”公益慈善活动，参加1100人，获得捐赠善款和物资价值12.25万元。其中，向324位贫困户、五保户、残疾人等困难群众发放慰问款和物资1.75万元；给魁城村小学捐献助学款0.5万元；为魁城村新农村建设捐赠10万元。

【汤泉革命斗争史迹纪念馆建设】 4月，汤泉革命斗争史迹纪念馆开始建设，占地面积1200平方米，其中展览馆建筑面积200平方米。总投资60万元，其中省民政厅拨款20万元，村民自筹募捐40万元。馆内设有展览长廊与陈列区，共展示汤泉红色故事14个，陈列革命先烈的遗留物件20件。

（廖丽燕　林威）

建设镇

【概况】 2018年，全镇辖村12个，村民小组123个。户籍数6103户，总人口2.85万人。镇财政收入1738.36万元，比上年增长11.56%。2017年12月，经中央精神文明建设指导委员会复查，确认保留“全国文明乡镇”称号。

农业 2018年，全镇耕地面积916.14公顷，其中，水田785.04公顷，旱地131.1公顷。农作物播种面积800公顷，培育30户水稻、柑橘栽培技术示范户。生猪存栏4290头，牛羊存栏112头，家禽存栏6.6万羽，畜牧业总产值1300万元。

工业 2018年，全镇工业企业38家（集体2家，私营36家，其中规模以上17家）；职工总数4162人，新增固定资产4.2亿元；规模以上工业总产值39.89亿元，同比增长23.69%，主要工业产品煤、锰、木材、石材、陶瓷、空心砖。

商业服务业 2018年，全镇社会消费品零售额1.56亿元，同比增长6.1%；集市贸易额5800万元，同比增长8.9%。流通领域国有、集体、私营企业及个体工商户1564家；金融机构1家，服务网点2个。第三产业增加值0.95亿元，同比增长8.2 %。

交通通信 2018年，全镇机动车1611辆，其中，客车45辆，卡车189辆，小汽车1335辆，农用车23辆，拖拉机19辆；固定电话1583部，同比减少632部，移动电话2.55万部，同比增加459部。

社会事业 2018年，全镇教育投入560万元，学校9所（初级中学1所、中心小学1所、教学点5个、中心幼儿园2个），在校学生4636人，同比减少300人，教职工262人，同比增加23人。小学义务教育入学率达100%，初中巩固率97.7%，同比下降0.9%，高考本科录取60人。

社会保障 2018年，全镇1.29万人参加新型农村养老保险，参保率93.7%，同比下降3.42%；2.2万人参加新型农村医疗保险，参保率95%，同比下降4.7%（标注：县下派任务数和参保范围同时发生变化）；享受低保155户445人，发放低保金247.62万元、高龄补贴35.2万元、重点优抚26.59万元、残疾补助16.3万元。镇卫生院、私立民生医院各1所，病床92张，医务人员119人。

人民生活 2018年村民人均住房62.6平方米，集镇居民52.4平方米；闭路电视用户3995户，同比增加132户；农户使用液化气、电磁炉、人口饮用自来水均100%。

【土地承包经营权确权完成】 2018年，建设镇完成农村土地承包经营权确权登记颁证，发放农村土地承包经营权证书4522户4522本，发证率100%，同时建立农村土地承包经营权数据库和管理系统。

【村级组织换届】 2018年，全镇村级组织换届选举完成，选出新一届村“两委”成员72名，其中村党支部委员45名、村委会委员41名，交叉任职和女性成员各14名（6个村党支部书记和村委会主任由同一人担任），委员中退伍军人12名、退休老师1名。选举产生的村“两委”成员中，建忠村考录公务员1人、建国村考入事业单位1人。

【建忠村裸房整治项目】 10月，建忠村完成207省道公路沿线以奖代补裸房整治24栋，总补助金额34.44万元。

【敬老院投入使用】 4月11日，建设镇敬老院正式启用，位于建设村后坑垅，有48个床位，入住老人9人。2009年11月25日动工建设，建筑面积1534.72平方米，投资150万元。

【教育基金理事会人员调整】 6月，完成建设镇教育基金理事会组成人员调整充实，管理教育基金20.13万元。

【一事一议项目实施】 2018年，建设镇实施村级公益事业建设一事一议财政奖补项目8个，投资148.45万元，其中财政补助120.7万元。完成建忠等6个村3280米村道混凝土铺设扩宽改造，安装路灯210盏。

【建国村村道沥青改造】 5月，建国村村道沥青路面铺设动工，10月竣工。路面总长1.57公里，平均宽度6.5米，厚度0.09米，投入110万元。

【集镇邮政街道路改造】 12月，集镇邮政街道路改造工程完成，铺设混凝土路面250米，投入115万元，路面平均宽度20米，厚度0.22米。

【农村饮水工程建设】 2018年，建设镇完成高云水库饮用水源地300米防汛抢险通道和450米围网升级改造；实施建爱及建设集镇农村饮用水工程，新建管网2.4万米、饮水池2座100立方米、蓄水池1座50立方米，总投资110万元。

【大田三宝雪蔗】 建设镇建设村、建忠村、建爱村自明朝正德年间农户就开始种植雪蔗。雪蔗也称薯蔗、糖梗等，为禾本植物，一年生宿根热带和亚热带草本植物，属C4作物。秆直立，粗壮多汁，蔗秆表面常披白，叶为互生，叶边缘具有小锐齿，花穗为复总状花序。大田县位于福建省中部，戴云山脉西侧，地处北纬25°29′—26°10′，东经117°29′—118°03′之间；该地域属中亚热带季风湿润区，冬无严寒，夏无酷暑，日照充足，雨量充沛，年平均气温15.3℃—9.6℃，年平均降雨量1491.7毫米—1809.6毫米，年平均日照时数1723.8小时，无霜期335天，适宜农作物生长。大田三宝雪蔗为喜温、喜光作物，年积温需要5500℃—8500℃，无霜期330天以上，年均空气湿度60%以上，年降水量要求800毫米—1200毫米，日照时数在1195以上。三宝雪蔗对土壤的适应性比较广泛，以粘壤土、壤土、砂壤土较好，该区域四周为海拔高的山域，中间地势平坦，造就了较好的农业耕作条件，土壤多为砂壤土，为"大田三宝雪蔗"的生长提供良好的生长环境。经过长时间的经验积累和技术改良，"大田三宝雪蔗"茎粗皮薄、松脆易断、汁多酥软、清凉味纯，经国家农业部门甘蔗及其制品质量监督检测中心的检测，"大田三宝雪蔗"达到优质果蔗标准，纤维含量6.17%大大低于其他果蔗的纤维含量，主要品种有紫色果蔗和黄绿色果蔗。

【大田建设红粬】 建设镇建忠村是建设乌衣红粬制备的发源地和主要产地之一，在元朝初期，建设镇建忠村便有人开始做粬，至今已有六百多年历史，产品闻名遐迩。建设红粬以当地的优质糯米为主要原料，采用传统的工艺制作，使用当地的山泉水或地下井水，制作出来的红粬外形略弯曲，微菌群性状优越，富含有红曲霉、黑 曲霉和酵母菌等微生物，具有糖化发酵力强、耐高温和耐酸等特点。

建设红粬制作：首先是大米筛选、浸泡、蒸煮、冷却；接着用母菌把蒸熟冷却的"粬饭"搅拌均匀，再盛入竹筐中，挑往土窑洞发酵；然后翻耙、粘水；最后出窑、筛细、晾晒、装袋。入窑发酵是保证红粬质量好坏的关键，窑洞需选择在排水优良、土层厚的山坡下；窑洞内的温度常年维持在40℃左右，要求窑洞需挖成外小内大，洞口高一般为70厘米，宽为50厘米；洞内高约1.3米，洞深约为6—8米，洞内要经平整、夯压、烤干。发酵在不同的季节操作有异，最终完全取决于粬农对发酵情况的认识水平和生产经验。粬饭入窑后要经过7个昼夜的发酵：第一天保温；第二天倒出、翻匀、铺展，铺展厚度均匀；第三、四天分别用清水、石灰水短泡，再放回窑洞，当晚翻匀；然后放置两天，继续发酵；第七天产出。粬饭发酵整个过程，需要粬农细心观察，又要精心操作。

建设镇拥有558个粬窑，其中百年以上的356个，三百年以上的125个，最古老的已有六百多年的历史，红粬年产量200万斤，占省内市场80%，还远销浙江、广东、广西等省份。年产值净利润200多万元。

（陈扬烜）

广平镇

【概况】 2018年，全镇辖村15个，村民小组191个；户籍数8728户、总人口4.40万人，其中非农业户638户1946人。镇财政收入1256.65万元，比上年增长2.5%。开展科技等各类实用技术培训13场，受训500多人次。万宅村获"2018年福建最具休闲价值乡村"称号；万筹村被评为省级美丽乡村；元沙村荣获"中国美丽休闲乡村"称号；大田五龙山生态旅游景区获批国家AAA级景区；福建秦朝木业科技有限公司入选福建省2018年第一批省级高新技术企业名单。

农业 2018年，全镇耕地面积1742.45公顷，其中，水田1536.1公顷，旱地199.7公顷；粮食总产量1.08万吨，同比增长16.76%。种植烟叶123.3公顷，甜玉米21.3公顷，甘蔗26.7公顷，培育东西坑竹林基地2000公顷；出栏生猪2万头；农机总动力1.6万千瓦。农林牧渔业总产值5.93亿元，同比下降2.5%。云悦源生态循环农业、梅花鹿产业园等新一批农业龙头企业动工建设。当年水稻投保1298公顷，获理赔12万元；发放农民种粮综合直补资金、粮种补贴168万元。

工业 2018年，全镇新注册私营企业33家、个体工商户76户，引资金额4.65亿元，其中投资5000万元以上项目4个。全镇重点项目8个，完成"五个一批"重点项目24个，其中谋划13个、签约3个、动工1个、投产6个、增资1个。全镇规模以上企业15家，工业固定资产21.46亿元；完成工业总产值21.37亿元，与上年度持平。实施技改项目2项，投入资金1000万元。大力推进"三去一降一补"，全镇关闭退出3处煤矿，压减煤炭产能18万吨；华盛建材、宏岩新型建材、五广铸造、峰岩矿业等4家企业技改完成备案；闽鹭矿业石灰石生产项目动工建设，鑫城和盛岩两家水泥企业年产值累计超过4亿元。以莆炎高速动工和栋仁互通口建设为契机，启动施坑工业园建设。

商业服务业 2018年，全镇社会消费品零售额5120万元、同比增长0.8%；集市贸易额2.1亿元，同比增长0.3%；新办个体工商户118户、新增注册资金1925.8万元；流通领域集体、私营企业及个体工商户450家；金融机构服务网点3个。第三产业增加值1.86亿元，同比下降61.73%。鼓励发展农村电子商务，引进阿里巴巴集团“农村淘宝”项目天猫电商网点4个，新增电子商务企业1家。

交通邮电 2018年，全镇机动车1044辆（客车24辆、卡车105辆、农用车139辆、拖拉机80辆、小汽车696辆），与上年度持平；固话电话2420部，移动电话3.4万部，与上年度持平。

社会事业 2018年，全镇教育事业投入1300万元，各类学校17所，在校生4579人，同比增加409人，中学中考一级达标学校上线人数36人，高考本科一批院校上线人数18人；闭路电视用户5100户，同比增加200户；镇卫生院有病床22张，医务工作人员20人；98%以上人口饮用自来水。镇卫生院完成改扩建项目，农村医疗卫生服务保障体系进一步完善。健全社会保障和社会救助体系，铭栋幸福院入选福建省五星级农村幸福院。落实党政议军制度，新兵应征入伍，大学生占比92.85%。深化移风易俗专项行动，发布了《广平镇红白喜事新风俗的决议》。

人民生活 2018年，全镇农村居民人均可支配收入1.4万元、同比增长7.7%；村民人均住房80平方米，居民50平方米；每百户拥有洗衣机81台、自行车40辆、彩色电视机113台、电冰箱67台、摩托车122辆；80%以上农户用上电磁炉。

社会保障 2018年，全镇享受低保村民519人，发放低保金127.19万元；享受五保的61人，发放五保金42.07万元；村民享受基础养老金4862人，发放养老金48.7万元。参加新农合3.42万人，参保率98.21%，参加新农保1.84万人，参保率93.16%，收集医保基金583.6万元，为2.25万人次支付医疗补偿费。

【莆炎高速公路建设】 2018年，广平镇推进镇境内莆炎高速公路建设，完成广平至铭溪村和万筹至万宅村公路改造及广平镇汽车综合服务站建设。

【建档立卡贫困户全部脱贫】 2018年，广平镇落实整村推进扶贫，完成大坋新村基础设施，加快大龙新村建设；全镇246户、754人建档立卡贫困户实现脱贫，贫困村五峰村、空壳村兴埔村和岬头村实现摘帽。

【工业区建设】 改造提升下坪和犁田峰工业区，强化招商引资力度，引进盛田机械、铭兴燃料加工等项目。

【乡村振兴】 2018年，广平镇完成铭栋溪安全生态水系、五峰护岸工程、高标准农田节水灌溉以及土地整理项目；严厉打击非法水洗砂行动，加大“两违”打击力度。逐步完善垃圾处理、污水排放系统。

【环保督察反馈问题整改】 2018年，广平镇落实中央和省环保督察反馈问题整改，牛蛙养殖清理、小石灰窑整治全面完成。新建安全生态水系11.42公里，综合治理水土流失面积50公顷，造林绿化30.67公顷。

【名人轶事】 5月28日，广平籍运动员林文君获2018年皮划艇世界冠军。

【弘扬孝道文化】 7月12日，郭居敬“二十四孝”文化列入市级非物质文化遗产名录；10月17日，举办了“郭居敬故里”孝文化宣传活动；11月17日，广平镇万宅村和元沙村共同主办第二届“为杏而来 为孝而行”银杏文化节。

【村级组织换届难点村一次完成】 广平镇实现村级组织换届选举100%一次性成功，村书记村主任由同一人担任比率46.7%；市级换届选举难点村万宅村一次性完成换届选举工作，实现支委、村委高票当选和村书记村主任同一人担任。

奇韬镇

【概况】 2018年，全镇辖12个村71个村民小组，总户数3873户，总人口14996人。镇财政收入1393.77万元，比上年增长42.18%（收入增加主要来源为一事一议专项资金及各类扶贫补助资金）。

农业 2018年，全镇耕地面积840公顷，其中，水田705公顷，旱地135公顷；拥有农机总动力7230千瓦；粮食总产量6413吨，比上年增长9.12%；出栏生猪7668头。全镇农林牧渔总产值3.43亿元，同比增长5.54%。

工业 2018年，全镇企业172家（集体12家，私营25家，个体135家），工业固定资产1.8亿元；完成工业总产值11.2亿元，同比增长16.42%；销售收入11.25亿元，实现利税3863万元。当年实施技改项目12项，投入资金1.45亿元。

商业服务业 2018年，全镇社会消费品零售额4107万元，比上年增长2.29%；集市贸易额3933万元，同比增长3.9%；流通领域的国有、集体、私营企业及个体工商户386家；金融服务网点1个；第三产业增加值2483万元，同比增长5.88%。

交通通信 2018年，全镇拥有机动车1044辆（客车5辆，卡车69辆，小汽车823辆，农用车133辆，拖拉机14辆），比上年增加217辆。固定电话机1353部，同比增加48部，移动电话机9513部，同比增加443部。

社会事业 2018年，全镇教育事业投入42.5万元，学校9所，在校学生1542人，同比增加236人。全镇闭路电视用户1671户，同比增加135户。镇卫生院有病床23张，医务工作人员15人。95%以上的人口饮用自来水。

社会保障 2018年，全镇享受低保187人，发放低保金95.4万元；参加新农保7234人，参保率95.5%，享受基础养老村民2316人，发放养老金277.92万元；参加新农合1.29万人，参保率98.89%，缴存医保基金232.28万元，支付医疗保险费1.3万人次135.44万元（门诊1.22万人次82.32万元，住院788人次53.12万元）。

【“五龙鼎珠”新型农村社区建设】 2018年，奇韬镇“五龙鼎珠”新型农村社区项目建设完成第一期一、二批次供地，完成49栋房屋一层封顶。该项目总投资7500万元，规划建设面积6.01公顷。

【招商引资工作】 2018年，奇韬镇加大招商引资力度，与福州、厦门、泉州等地客商对接生态、环保、节约型项目，先后与明韬纳米科技有限公司、福韬体育用品有限公司分别签订合作协议，并落地转化为开工项目。

（涂剑辉）

屏山乡

【概况】　2018年，全乡辖村13个，村民小组151个。户籍数4698户、人口1.58万人。乡财政收入697.58万元，与上年持平。当年，在全县年度工作考评中，获生态农业、旅游经济类乡（镇）综合考评先进单位三等奖。5月，瑞美村被省住建厅、财政厅列入2018年“千村整治、百村示范”美丽乡村建设工程名单。12月10日，杨梅村被列入第五批中国传统村落名录。

农业　2018年，全乡耕地面积623.87公顷，其中，水田578.73公顷，旱地46.14公顷；农机动力4598千瓦；粮食产量4782吨，同比下降0.5%；出售生猪1.26万头，农林牧渔业总产值2.28亿元，同比下降2.39%。主要有猪、鸡、鸭、兔、羊、鱼、竹等农产品。

工业　2018年，全乡企业538家（集体企业6家，私营93家，个体436家、规模以上3家）比上年增加17家（集体2家、私营15家）；职工总数1296人，工业固定资产9.46亿元；规模以上企业总产值4.58亿元，与上年持平；销售收入3.59亿元。

招商引资　2018年，全乡三资企业2家，总投资4896万元，吸引外资298万元，完成外贸供货值486万元。

商业服务业　2018年，全乡社会消费品零售额1936.2万元，同比下降1.58%；集市贸易额897.3万元，同比下降1.13%。流通领域国有、集体、私营企业及个体工商户共396家；金融机构2家，服务网点2个，第三产业增加值721.5万元，同比增长2.34%。

交通通信　2018年，全乡机动车325辆（客车3辆，卡车34辆，小汽车253辆，农用车27辆，拖拉机2辆），比上年增加15辆。固定电话712部，比上年减少50部，移动电话4576部，比上年增加327部。

社会事业　2018年，全乡教育事业投入43万元，学校3所（幼儿园1所、小学1所、初中1所），在校学生276人，比上年增加6人。闭路电视用户225户，同比增加5户。乡卫生院病床18张，医务人员13人。90%以上的人口饮用自来水。文化事业投入26万元，创建屏山乡“公共文化服务体系”，发展红色旅游文化、民俗传统文化等。

人民生活　2018年，全乡农村居民可支配收入1.48万元，同比0.7%；村民人均住房59平方米，集镇居民44平方米；每百户拥有洗衣机65台，自行车42辆，电视机81台，电冰箱78台；17%以上的农户用上液化气。

社会保障　2018年，全乡享受低保村民171人，发放低保金84.51万元；享受五保村民73人，发放五保金59.79万元。为60周岁以上符合条件村民2286人，发放养老金274.63万元。村民参加新型农村合作医疗多少12523人，参保率96%；参加农保5144人，参保率94.7%；收集医保基金234.98万元。

【市委组织部领导到乡调研】　1月26日，市委组织部副部长李明到乡调研扶贫客栈的创新做法和具体举措，对“扶贫客栈”扶贫模式和取得成效给予肯定。县委常委、组织部部长王怀斌陪同调研。

【综治宣传活动月开展】　3月22日，屏山乡综治办联合乡纪委、司法所、派出所、国土所、扫黑办、河长办、乡妇联、计生办等多个部门开展综治宣传活动月宣传活动，发放法制宣传单400余份，购物袋等宣传品600余个，现场回答群众关心的村级组织换届、土地征收和确权、扶贫、继承等问题的咨询10人次。

【乡村级防汛应急演练】　5月30日，屏山乡举行乡村级防汛预案危险区域建档立卡人员转移应急演练，通过模拟召开乡村防御部署工作会议、监测预警信号接收和传达、建档立卡人员转移与安置、搜救和救治伤病员、恢复灾区交通等环节，提高防汛抢险反应能力，62人参加演练。

【“空中漫步赏茶园”项目开业】　6月1日，屏山乡大仙峰·茶美人景区“空中漫步赏茶园”项目正式营业，游乐项目有高山水滑道漂流、水上儿童游乐园等，其中空中自行车、空中滑板、V型通道、悬空摇摆、天罗地网、跳跃轮胎、云梯漫步和3个管理用房等设施，采用全程无障碍循环保护系统，总投资6300万元。项目适合7—55岁人群体验游乐。

【举行无名红军烈士墓祭扫】　9月30日，屏山乡党委、政府利用第五个全国烈士纪念日，在朱德出击闽中纪念园举行无名红军烈士墓祭扫活动，乡政府干部职工、中小学师生代表60余人一同重走红军古道，敬献花篮，聆听红军故事，缅怀红军烈士，传承红色基因。

济阳乡

【概况】　2018年，全乡辖村12个，村民小组113个，户籍数2881户，总人口1.10万人。乡财政收入353.84万元，比上年增长6%。当年，济中村被评为三明市第十三届（2015—2017年度）市级精神文明建设先进单位、市级民主法治示范村、四星级乡村旅游村，上丰村被列入第五批中国传统村落名录，济阳乡儒洲庵入选福建省第九批省级文物保护单位。

农业　2018年，全乡耕地面积388.53公顷，其中，水田373.33公顷，旱地15.2公顷，粮食总产量。

工业　2018年，全乡企业167家（集体2家，私营51家，规模以上家），比上年增加2家，职工总数1181人。全乡固定资产投资17.95亿元，工业固定资产15.96亿元，完成工业总产值15.82亿元，其中实施技改项目3项，投入资金1.42亿元，主要工业产品产量，同比增长5.6%，销售收入12.91亿元，实现利税2819万元。

招商引资　2018年，全乡引进三资企业3家，总投资2.08亿元。

社会事业　2018年，全乡教育事业投入59万元。学校1所，在校学生460人，同比增加129人。乡卫生院病床10张；医务人员13人。100%人口饮用自来水。

社会保障　2018年，全乡享受低保村民222人，发放低保金52.06万元，享受基础养老金村民1390人，发放养老金196.7万元。村民参加新农合7888人，参合率97.3%；收集医保基金141.98万元，为8197人次支付医疗补偿费64.10万元。

【“灵动济阳” 书画作品展举办】 2月23日，济阳乡与县文联在县影剧院联合举办“灵动济阳”书画作品展，展出作品50余幅，其中有关济阳的几幅。11月5日，纪念改革开放40周年—中国书画30家巡展大田暨“灵动济阳·马力小镇”写生活动开幕式在大田县图书馆隆重举行，本次展览共有来自全国著名画家30余人，共展出120余幅作品，其中有关济阳的几幅。

【晒秋节活动举办】 9月26日，首届“中国农民丰收节”系列活动2018年福建省“全民健身百村行”（大田济阳站）暨大田“灵动济阳·马力小镇”晒秋节活动在济阳举办。

【受邀参加全市农业科技成果会】 10月23日，济阳乡受邀参加省科技厅、农科院和市政府主办的2018年三明市农业科技成果推介对接会，作典型发言。

【《情系济阳》出版】 12月，描写济阳籍人物涂友情的丛书《情系济阳》出版。

（邱　悦）

谢洋乡

【概况】 2018年，全乡辖村14个，村民小组91个，总户数2087户、人口8419人。全年完成农林牧渔业总产值2.16亿元，比上年增长5.8%；农民人均纯收入14824元，同比增长8.6%；乡财政收入938.43万元。象山岩茶业有限公司的“象山岩”商标获省著名商标认定，全乡茶叶标准化生产进一步加强，龙头企业示范带动作用进一步发挥。

农业 2018年，全乡耕地面积746.67公顷，其中水田545.45公顷，旱地161.94公顷；出售生猪7250头。

工业 2018年，全乡有工业企业2家，工业经济产值2.56亿元，其中，大田奇峰矿业有限公司产值1.87亿元，福建省象山岩茶叶有限公司产值0.7亿元。拥有工业固定资产1.2亿元；销售收入0.72亿元，实现利税347万元。完成工业产值2.76亿元，同比增长28.97%。

商业服务业 2018年，全乡有个体工商户113家，金融服务网点1个。第三产业增加值829.13万元。

交通运输 2018年，全乡有机动车566辆（中型客车1辆、小汽车189辆、载货车376辆）。

社会事业 2018年，全乡教育事业投入787万元，3所学校，在校生159人；乡卫生院有病床12张，医务人员8人；99%的人口饮用自来水。

人民生活 2018年，全乡农民人均纯收入1.48万元，同比增长12.97%；98%的农户用上液化气、电磁炉。

社会保障 2018年，全乡村民参加低保和五保253人，享受低保和五保金161.60万元，发放60周岁以上村民养老金1276人、188.06万元。参加新农合村民7741人，收集医保基金170.94万元，参保率98%。

【美丽乡村建设】 落实中央和省环保督察、“三合一”督查（中央环保督察反馈问题、省级环保督察反馈问题和党政领导生态环境保护目标责任书考核通报问题督察）督查问题整改，完成牛蛙养殖管理。实施小流域综合治理工程，加强大仙峰保护区养殖管理。全乡新造林28.47公顷，森林覆盖率达79.51%。推进坑口水库饮用水源保护区综合治理和搬迁安置工作，保护区需搬迁民房129座房屋、222户1062人，其中91%已签订搬迁安置协议。

【基础设施建设与完善】 2018年，谢洋乡投资160万元实施“一事一议”项目8个，投资70万元建设农村公路修缮工程；投资85万元实施科里“千村整治、百村示范”项目；投入30多万元实施集镇自来水扩容工程；完成谢洋35千伏输变电工程完成选址设计；实施谢洋学校基础设施提升改造项目；完善敬老院设施，实施农村幸福院工程；完善提升武装部“两室一库”标准化建设；三和新村基础设施建设持续完善。继续推进“坝水一方”休闲垂钓、民宿改造拓展、木屋建设和三江源森谷休闲道路等项目建设。

【精准扶贫】 2018年，全乡统筹教育、医疗、民政等各类财政扶贫资金216万元，实施贫困村公益性生活设施和产业增收项目。已发展光伏产业35户、安装并网总容量351.92千瓦。发放小额信贷235万元，实施造福工程12户45人，补助资金112.2万元。开展“雨露”计划培训4期94人。实现82户266人、2个贫困村（谢洋村、和春村）脱贫。

（叶生涛）

武陵乡

【概况】 2018年，全乡辖村9个，村民小组94个，户籍数3649，人口1.30万人，乡财政收入1271.93万元，比上年增加2.84%。12月，“大田雪山萝卜”被福建省质量监督管理局评为省级名牌产品。

农业 2018年，全乡耕地面积595.3公顷，其中，水田483.5公顷，旱地106.5公顷；农机动力8030千瓦；粮食产量3491吨，同比上升0.64%；出栏生猪0.66万头。

工业 2018年，全乡企业33家（其中，规模以上企业6家，规模以上企业产值14.25亿元）；职工总数630人，工业固定资产2.17亿元；销售收入14.25亿元，实现利税2808万元；完成工业总产值14.25亿元，同比增长16.9%。以铸造产业为主，产品有消防设备及矿山机械铸件等。

商业服务业 2018年，全乡社会消费品零售额4799.8万元，同比增长4.6%；集市贸易额2405.5万元，同比增长4.6%。流通领域的国有、集体、私营企业及个体工商户共415户；金融机构服务网点1个。第三产业增加值3653.3万元，同比增长6.3%。

交通通信 2018年，全乡机动车452辆（客车1辆，卡车32辆，小汽车386辆，农用车16辆，拖拉机17辆），同比增加16辆；固定电话105部，与上年持平；移动电话7097部，同比增加173部。

社会事业 2018年，全乡教育事业投入12万元，学校4所（中学1所、小学3所），在校学生832人，同比减少2人；完成红君村、岬坪村“健身康乐家园”创建，全乡9个村都已完成创建工作；闭路电视用户1100户，同比增加55户。乡卫生院病床15张，医务人员8人；94%的人口饮用自来水。

人民生活 2018年，农民人均可支配收入12498元，同比增长8.5%，全乡农村居民人均住房43平方米，集镇居民35平方米；每百户拥有洗衣机63台、自行车14辆、电视机87台、电冰箱51台、摩托车65辆；87%的农户用上液化气、电磁炉。

社会保障 2018年，全乡村民享受低保73户188人，发放低保金949056万元；五保49户53人，发放195360万元；为60周岁以上符合条件村民1803人发放基础养老金249.46万元（118元/人·月。村民参加新型农村合作医疗1.68万人，参保率97.66%。为1.4万人次支付医疗补偿费109.96万元。

【中央红军村百束村建设】 1月，市第二批“中央红军村”——百束村动工建设，至年底，林鸿图故居中孚堂主房完成部分修缮，2间附属房按原貌进行重建，拆除周边危房2座，绿化故居道路及整治河道各300米；在村道路口设立红色文化地理标识16处，红色文化宣传牌匾80处；修建休闲仿木栈道400米。

【扶贫项目厂房建设】 7月，武陵乡扶贫项目厂房动工建设，该厂房位于武陵乡大石村，总投资约6000万元，占地面积11000平方米。其中厂房由乡政府和大石、桃溪、百束3个建档立卡贫困村共同出资，投资约1000万元，规划建设扶贫厂房4个（共4170平方米，每个厂房约150万元），办公楼1栋（建筑面积2550平方米，约300万元）；企业配套投入500万元对进行道路硬化、提升周边环境、变压器改造升级等；引进晋江梅花伞业晴雨伞加工项目和婴儿纸尿裤项目。至年底，一期1#厂房建设完成（一期厂房面积1022平方米）。

【农业综合开发项目实施】 2018年，实施总投资650万元的农村综合开发2018年度三明市大田县武陵乡百大片高标准农田建设项目，综合治理百束村、大石村、仕洋村3个村农田140公顷、新增耕地面积18.2公顷，建设高标准农田298公顷，修建拦河坝1座，新建农渠13条长6.96公里，排水沟11条长5.64公里，衬砌排洪沟6条长1.97公里，新建防冲护岸4条长0.34公里，过路涵管8个，新建田间干道7条，共长7.62公里。

【“五彩大石”景区一期项目完成】 2018年，引进大石山生态旅游公司建设“五彩大石”AAA景区，分三期对大石欢乐谷景区进行开发，投资6000万元。一期项目为“大石欢乐谷”三潦潭峡谷景区；二期为“时空隧道·穿越千年”的光伏长廊景区；三期项目为“人民公社民俗文化村”东风农场景区。至年底，一期项目“欢乐谷”基本完成（完成网红喊泉、红色拓展项目等建设）。

（罗　程）

文江镇

【概况】 2018年，全镇辖村20个、村民小组122个；户籍数5131户，总人口2.42万人，其中非农业户258户621人；镇财政收入634.87万元，比上年下降8.51%。

农业 2018年，全镇耕地面积930.9公顷，其中水田856.4公顷、旱地78.1公顷；农机总动力11347千瓦；粮食总产量5770吨，同比下降3.5%；出栏生猪0.6332万头。农林牧渔业产值4.45亿元，同比增长4.45%。

工业 2018年，全镇企业100家（集体10家、私营47家、合作社43家、个体工商户227家），增加76家；职工总数1087人，固定资产12.4亿元；销售收入6.83亿元，实现利税5670万元；实施技改项目5项，投入资金7000万元。其中规模以上企业5家，完成工业总产值10.75亿元，同比增长0.19%。

招商引资 2018年，全镇三资企业2家，大田县捷盛矿业有限公司（外资、选铅锌矿）、聚祥生物科技有限公司（外资、淀粉加工），总投资1000万元，吸引外资721万元，完成外贸供货总值1870万元。

商业服务业 2018年，全镇社会消费品零售额1.63亿元，集市贸易额1.27亿元，分别与上年度持平；流通领域的国有、集体、私营企业及个体工商户462家；金融机构服务网点2个。第三产业增加值9902万元，与上年度持平。

交通通信 2018年，全镇机动车983辆（客车6辆、小汽车263辆、卡车459辆、农用车180辆、拖拉机75辆），同比增加142辆；固定电话640部，移动电话1.21万部，分别与上年度持平。

社会事业 2018年，全镇教育事业投入138万元，学校10所（中学1所，小学8所，幼儿园1所），在校学生728人；闭路电视用户4401户；镇卫生院病床30张，医务人员15人；98.5%以上人口饮用自来水。

人民生活 2018年，全镇农村居民人均可支配收入1.43万元，与上年度持平；村民人均住房49平方米，集镇居民37平方米；每百户拥有洗衣机81台，自行车47辆，彩色电视机150台，电冰箱9台，摩托车183辆，电脑47台；69%以上的农户用上电磁炉、液化气。

社会保障 2018年，全镇村民享受低保357人、发放低保金14.5万元，享受基础养老金村民3102人、发放养老金385.6万元；五保村民53人，五保金发放47.6万元；村民参加新型农村合作医疗1.91万人，参合率98.7%；参加社会养老保险1.2万人，参保率87.5%；收集医保基金343.8万元；为1.3万人次支付医疗补偿费115.6万元。

【撤乡设镇】 1月10日，获福建省人民政府批复，1月16日，获三明市人民政府批复，1月26日，获大田县人民政府批复，文江撤乡设镇。1月30日中共大田县委将“中国共产党大田县文江乡委员会”更名为“中国共产党大田县文江镇委员会”。

【朱坂“杂剧作场戏”调研活动】 2月，文化部、中国艺术研究院，福建、江西、四川艺术研究院，韩国及台湾省部分高校30多名中外教授、专家、学者到文江乡调研朱坂“杂剧作场戏”，探讨戏剧发掘、传承与保护工作。

【集镇市场一期建设完成】 8月，文江镇集镇市场供电所和国土所背后一期项目建设完成，占地1366.15平方米，建筑面积926.19平方米，设计摊位22个，投资300万元。

【贫困户脱贫】 11月，文江镇最后三户建档立卡贫困户实现脱贫。年底，全镇建档立卡贫困户186户613人全部实现脱贫。

【龙门溪生态护岸项目竣工】 12月，文江镇龙门溪小流域生态护岸项目竣工，综合治理温厝村至龙门村下潘洋片区河段3公里，河道清淤4公里，新建生态护岸2公里，修建休闲步道2公里，投资130万元。

梅山镇

【概况】 2018年，全镇辖村21个，村民小组187个，户籍数5943户，总人口2.61万人。其中非农业户282户415人。镇财政收入1422.21万元，比上年减少21.07%。当年，镇党委获县新闻报道先进单位。

农业 2018年，全镇耕地面积1163.7公顷，其中水田940公顷，旱地223.7公顷；农机总动力8856千瓦；粮食播种面积1227.47公顷，总产量9026吨，同比减少20.82%；生猪出栏4500头。农林牧渔业产值4.2亿元，同比减少13.58%。

工业 2018年，全镇工业企业185家（私营85家，个体100家，规模以上3家）；职工总数1495人，固定资产4.95亿元，完成工业总产值5.58亿元，同比增长10.93%，固定资产投资8782万元。工业企业竹木加工厂6家，产值3000万元。

商业服务业 2018年，全镇社会消费品零售额3014万元，与上年持平；集市贸易额1712万元，同比下降22.51%；流通领域的国有、集体、私营企业115家；金融服务网点1家。第三产业增加值3836万元，同比下降6.67%。

交通邮电 2018年，全镇机动车379辆（客车33辆、卡车45辆、小汽车139辆、农用车102辆，拖拉机60辆），同比增加2辆，固话电话1295部，同比减少5部，移动电话1.6万部，同比增加10部。

社会事业 2018年，全镇初级中学、中心小学各1所，初小6所，在校生1096人，其中中学生265人、小学生831人，同比增加45人，小学义务教育入学率100%，初中巩固率99.2%，梅山初中考上大田一中9人，上线率3.4%。

人民生活 2018年，全镇农民人均可支配收入1.57万元，同比增长3.28%；农村居民人均住房49平方米，集镇居民32平方米。95%人口饮用自来水。

社会保障 2018年，全镇村民享受低保371人，发放低保金183.2万元；享受基础养老金村民3631人，发放养老金582.76万元。参加新农合2.11万人，参合率96.5%，收缴医保基金295.2万元，为1.71万人次支付医疗补偿费192万元。参加城乡居民保险8132人、参保率91.6%，收缴城居保保费87.8万元。镇卫生院病床20张，医务人员14人。

【撤乡设镇】 1月10日获福建省人民政府批复，1月16日获三明市人民政府批复，1月26日获大田县人民政府批复，1月30日中共大田县委将“中国共产党大田县梅山乡委员会”更名为“中国共产党大田县梅山镇委员会”。

【莆炎高速建设项目】 1月，莆炎高速YA13标项目开工建设，途经沧洲、璞溪2个村，涉及336户1460人。截至年底，完成水田征收24.47公顷、旱地4.7公顷、林地21.8公顷，迁移坟墓132穴，征迁房屋6座。为42户186人办理被征地农户养老保障，发放坟墓、林地、旱地等征地补偿款1988.82万元。

【集镇污水处理项目】 4月，文江溪（梅山溪）小流域整治项目动工，项目总投资548万元，其中上级补助520万元，地方自筹28万元。截至年底，完成新建雨水检查井65座，雨水口52座，铺设污水管道1.31公里。

【集镇河道治理项目】 6月，文江溪梅山集镇河道治理项目动工，总投资1620万元，其中上级补助1600万元，地方配套、自筹20万元。完成新建防洪堤332米，新建护岸3.88公里，河道清淤清障3.86公里，新建排涝涵管3处，投资700万元。

【西书美丽乡村建设】 2018年，梅山镇投入资金55万元进行西书村美丽乡村建设。其中，投入9万元建设1座公厕；投入7万元进行5座房屋立面改造，投入5万元种植景观林0.67公顷，投入14万元改造村污水管道设施600米，投入3万元建设竹篱笆600米，河道清淤300米。

【村级饮水工程建设】 2018年，璞溪、金阳2个村村级自来水管道、水源改造修缮完成。其中，金阳投入28余万元新建1个380吨的蓄水池和1个80吨过滤池，新铺设管道1.3千米，璞溪投入18万元新建1个50吨的蓄水池，新铺设管道1.8千米。

【基础设施】 2018年，莆炎高速YA13标项目开工建设，文江溪梅山集镇河道治理项目动工，文江溪（梅山溪）小流域整治项目动工。

【农林产业项目】 2018年，梅山镇在香坪村种植青梅80公顷；完成生物防火林带抚育面积51.4公顷，全长34.1公里；造林76公顷；幼林抚育260公顷；西书村景观林0.67公顷，投资8500万元。

（李丽娟）

前坪乡

【概况】 2018年，全乡辖村11个，村民小组55个，户籍数1826户，总人口8114人，其中，非农业户84户148人。乡财政收入150.2万元，比上年下降21.28%。当年，获县商贸经济类乡（镇）综合考评二等奖、“五比五晒”项目竞赛活动二等奖，乡下人家茶叶队获大田县电子商务创新创业大赛——美人茶销售大赛第一名，销售额2.99万元。当年，摸排核查黑恶势力，为扫黑除恶专项斗争提供专项经费10万元，多元化化解矛盾纠纷，排查调处矛盾纠纷52件，解决52件。

农业 2018年，全乡耕地面积547.8公顷，其中，水田206.27公顷，旱地341.53公顷；农机总动力5672千瓦；粮食播种面积801.6公顷，总产量3076吨，同比增长2.02%；生猪出栏6175头。农林牧渔总产值1.41亿元，同比增长3.68%。种植果树53.67公顷，产量997吨。主要农产品有高峰金姜、生态油茶、乡下美人茶等。拥有手扶变型机械20辆，微型耕整机77部。

工业 2018年，全乡企业319家(集体1家，私营56家，个体262家)，新增企业8家（私营企业2家，个体企业6家），职工总数2123人，工业固定资产投资6.5亿元，完成工业总产值51亿元，其中规模以上企业16家，总产值45.98亿元，同比下降6.22%；销售收入19.6亿元，实现利税7528万元。

招商引资 2018年，全乡外资企业1家（鑫鹭峰机械铸造股份有限公司），总投资1000万元，吸引外资336万元，完成外贸供货值920万元，主要出口深加工的矿产品及中高端机械铸造零件。

商业服务业 2018年，全乡社会消费品零售额655万元，集市贸易额872万元，均与上年基本持平。流通领域的国有、集体、私营企业126家；第三产业增加值4900万元，同比增长0.82%。金融服务网点1个。

交通邮电 2018年，全乡机动车121辆(卡车80辆，农用车41辆）。移动电话4951部，同比增加254部。

社会事业 2018年，全乡教育事业投入26.1万元，学校4所（初小1所、小学2所、幼儿园1所），在校学生454人，同比增加41人。闭路电视用户358户。乡卫生院病床6张，医务人员9人。98%的人口饮用自来水。

人民生活 2018年，全乡农村居民人均可支配收入1.68万元，与上年持平；村民人均住房78平方米，集镇居民26平方米；每百户拥有洗衣机75台，自行车49辆；全乡共有电视机990台（彩电990台），电冰箱452台，摩托车901辆；85%以上的农户用上液化气、电磁炉。

社会保障 2018年，全乡居民参加基本养老保险6777人，参保率87.71%，为60周岁以上村民1038人发放基础养老金150.32万元。村民参加新型农村合作医疗6080人，参合率91%。收集医保基金148.96万元，为6054人次支付医疗补偿费30.32万元。

【银川矿区创辉农业蛋鸡产业化项目】 1月，省重点项目银川矿区创辉农业蛋鸡产业化项目动工，占地33.33公顷，由福建省创辉农业开发有限公司计划投资6亿元。截至年底，完成3幢育雏厂房和4幢育成区厂房、饲料加工厂、蛋品库、有机肥加工厂、千吨玉米罐、职工食堂宿舍建设（总建筑面积150余亩），有蛋鸡15万羽，日产蛋5吨，完成投资约1.69亿元。当年由县委、县政府主办，在前坪乡山川村蛋鸡项目工厂举办“中国首届‘农民丰收节’系列活动·大田县‘晒秋节’”——“喜迎圆蛋”活动，提升蛋鸡产业的知名度和美益度。

【河长协会前坪分会成立】 10月14日，前坪乡成立县河长协会前坪分会，招募河长志愿监督员8名，上地村籍林佳山（大校军衔退休）任大田县河长协会前坪分会顾问，成为广大干部群众的榜样，引导更多的人加入到管河护河队伍，“河长制”逐步变为“河长治”，标志前坪乡由“官方河长”向“民间河长”转型。

【小流域水土流失综合治理】 2018年，前坪乡实施国家水土保持重点建设工程——前坪溪小流域水土流失综合治理项目，总投资572万元，完成生态水系修复、水保公园建设。新建河道清淤清障1660米；生态砌块挡墙护岸83.4米；干砌块石挡墙护岸151.6米；复合式生态砌块护坡护岸990.1米；复合式草皮护坡护岸525.8米；河卵石人行步道380.2米、透水砖人行步道1301.7米；仿木混凝土板步道30米；岸顶绿化带366.5米；拦河低坝14座；河漫滩恢复1333平方米；水保公园4处，面积2578平方米；休闲广场1处，面积277平方米等，并通过省水利厅水保处验收。

【村级组织换届3个百分百】 2018年，全乡11个村村级组织换届选举，村党组织和村委会换届选举一次性成功率均100%、村党支部书记兼任村主任成功率100%，全县第一个实现“三个百分百”的乡镇。

湖美乡

【概况】 2018年，全乡辖村16个，村民小组107个。户籍数4013户、人口1.48万人，其中非农业237户、439人。乡财政收入803.96万元，比上年增长6.9%。

农业 2018年，全乡耕地面积432.6公顷。其3中，水田302公顷，旱地132.6公顷；粮食总产量4528吨，同比增长5.33%；农林牧渔总产值1.85亿元，同比增长7.56%。

工业 2018年，全乡企业35家（其中，集体4家，私营31家）；职工总数856人，工业固定资产6000万元。完成工业总产值4.04亿元，同比增长3.06%；销售收入2.34亿元，实现利税3126万元；实施生产线技改项目1项（湖美乡闽中琴院生产线扩建项目，投入资金6000万元。

招商引资 2018年，全乡三资企业5家，总投资2.23亿元（大田县美湖生态农业有限公司）。

商业服务业 2018年，全乡社会消费品零售额961.54万元，同比增长2.8%；集市贸易额5490.86万元，同比增长0.38%。流通领域的国有、集体、私营企业及个体工商户共286家；金融机构1家，服务网点1个，第三产业增加值2950万元，同比增长2.43%。

交通通信 2018年，全乡机动车442辆（其中，客车3辆，卡车31辆，小汽车344辆，农用车51辆，拖拉机13辆），同比增加47辆；固定电话196部，同比减少208部，手机7853部，同比增加865部。

社会事业 2018年，全乡教育事业投入40.3万元，各类学校6所（湖美中学、湖美中心小学、前进小学、旺建小学、元安小学、湖美中心幼儿园），在校学生655人，同比增加7人；闭路电视用户459户，同比减少25户。乡卫生院病床12张，医务人员10人；100%的人口饮用自来水。

人民生活 2018年，全乡农民人均纯收入1.75万元，同比增长5.14%；村民人均住房52平方米，居民33平方米；98%的农户用上液化气、电磁炉、沼气。

社会保障 2018年，全乡享受低保191人，发放低保金8.23万元。享受基础养老金1725人，发放基础养老金310.5万元，参加新农合5480人，参合率94.7%，收集医保基金176万元，为2200人次支付医疗补偿费51.25万元。

【国道纵五线征迁安置】 2018年，湖美乡基本完成境内国道纵五线征地任务。征用各类土地60公顷，发放征迁款383.1万元，拆除征迁房屋102座，完成任务数77.27%；规划新村安置点6个，正在进行手续报批4个；工程完成投资1.17亿元，占总投资40.3%。

【美丽乡村建设】 2018年，湖上村美丽乡村建设，完成裸房整治5座、危房改造2座、道路划线、花带整治等，投入55万元；高才移民村环境综合整治，完成步道主体、休闲凉亭、文化墙建设，完成部分房屋立面装修、附属搭盖房屋拆除；完成闽湖1453箱养殖网箱清理，投入300万元。

（叶晨燕　郑祥阵）

城区办

【概况】 2018年，大田县城区管理工作办公室（简称县城区办）辖社区居委会8个，面积12平方公里，户籍人口1.43万户4万人，流动人口4.85万人，有中共党员764名，辖区内单位157个。社区工作者57人，大学生志愿者5人。

【社区居民服务】 2018年，县城区办做好就业服务，当年新增就业886人，城镇居民医保参保1.43万人，为56名自主创业人员办理小额担保贷款156万元。开展低保核查3次，全年取消低保户6户，新增3户，至年底，114户206人享受城乡最低生活保障，每月发放保障金6.46万元，基本实现动态管理做到应保尽保。为68名困难群众办理大病医疗救助，为6个低保户大学生办理学费补助1.8万元。严格实行“政策公平、程序透明、操作规范、支付到人、打卡发放”的原则，及时准确将各类补助资金发放到人；关注弱势群体生活，加强特殊困难群众社会救助工作力度。

【社区文化落实】 2018年，县城区办注重社区精神文明建设，创文化品牌，开展系列特色文艺活动，6月，举办“我们的节日端午”包粽子活动，弘扬中华民族优秀文化；7月，开展庆“八一”消夏暨金秋助学纳凉文艺会演，弘扬奉献公益精神；10月，开展“重阳节”活动，重拾敬老爱老传统。通过学习宣讲、能人讲坛、文艺活动等多种形式，引领新风尚，弘扬正能量，在潜移默化中强化文化宣传教育。

【社区治安维护】 2018年，县城区办通过多渠道进行平安和安全宣传，日常入户宣传综治“平安三率”和安全生产，发放安全生产手册3000本、填写“平安三率”调查问卷2244份。开展社区禁毒宣传活动，提高居民禁毒意识。抓好打击涉麻制毒重点场地巡查行动，做好排查记录。加强社区人民调解规范化建设，排查和化解群众内部矛盾，按照“预防为主，教育疏导，依法处理，防止各类矛盾激化”原则，把各类矛盾化解在萌芽状态，维护社会稳定。全年，受理民事纠纷95件，经调解全部结案，满意度100%。

（章开苗）

2018 年大田县村级概况表

表 10

乡镇别	村别	村民小组（个）	户数（户）	人口（人）	耕地（亩）	村财收入（万元）	党支部书记	村委会主任
均溪镇	红星	19	1551	6577	656.68	408.19	杨善芬	杨善芬
	玉田	21	1357	5685	334.80	280.23	范联中	范先右
	福塘	18	1185	4790	260.12	26.19	陈有桂	陈上国
	金岭	4	159	691	832.21	8.12	陈其秘	陈其秘
	宋京	8	542	2295	918.18	10.36	范永烨	范祯照
	良元	6	243	1118	536.45	0.22	温如雕	温如雕
	郭村	5	190	755	361.63	19.61	柳书政	柳书政
	翰林	4	174	767	635.66	6.66	李勤寮	李勤寮
	温镇	8	693	2907	694.02	9.01	叶壮秀	温春开
	周田	4	413	1708	589.14	5.75	茅有浪	李代列
	许思坑	5	210	893	516.99	10.14	周以际	周以际
	建成	4	200	824	565.90	45.73	柳传宁	柳传宁
	东坑	12	447	1914	814.24	10.01	郑善池	郑祥眺
	金山	6	234	880	533.17	5.69	郑传宝	郑传宝
	上华	6	442	1917	1623.60	27.97	杨红专	杨宜森
	和丰	8	262	1069	797.07	5.55	周仲军	周仲军
	和丰坪	6	269	1094	982.80	7.58	周调汉	周调汉
	后华	6	235	965	551.51	9.34	严昌垓	严昌垓
	华坑	6	298	1235	479.43	5.71	丁宜相	乐光回
	上太	10	444	1827	1045.08	6.04	严景朝	乐光邓
	太山崎	7	232	1011	819.17	5.11	林善孝	林贤款
	大道山	3	97	428	386.60	5.10	周细琴	周细琴
	城东	7	919	4404	—	84.71	廖明镜	刘文广
	白岩	—	1706	4653	—	—	连荣诗	连荣诗
	文昌	—	1527	3871	—	—	唐清香	唐清香
	南街	—	1881	5432	—	—	刘晓玲	刘晓玲
	仙亭	—	2548	7131	—	—	陈玉音	陈玉音
	玉凤	—	2640	7233	—	—	张丽美	张丽美
	赤岩	—	1415	4036	—	—	陈春辉	郑淑梅
	东门	—	1404	3745	—	—	柳梅妹	郑爱萍
	镇东	—	1508	4291	—	—	林开发	林开发

续表 10

乡镇别	村别	村民小组（个）	户数（户）	人口（人）	耕地（亩）	村财收入（万元）	党支部书记	村委会主任
华兴镇	华安	9	575	1823	816.00	182.07	郑新权	郑日炫
	仙峰	12	626	2005	748.00	301.05	翁扬鑫	卢祥成
	早兴	15	511	1592	779.00	85.38	卢开室	卢开室
	张乾	10	349	1108	600.00	64.19	邱元增	邱元增
	杞溪	7	234	742	326.00	114.50	陈捷选	陈捷选
	柯坑	8	302	921	491.00	119.07	杨连怀	杨连怀
	横坑	12	308	1001	570.00	108.42	杨国事	杨国事
	京口	17	936	3022	875.00	142.45	叶玉团	叶玉团
	昆山	15	593	1909	788.00	158.34	程作谦	程作谦
	洪坑	2	124	420	295.00	36.20	颜和富	颜和富
石牌镇	石牌	6	250	1229	512.00	97.78	陈亨国	陈亨善
	老厝	10	400	1812	453.00	26.00	陈华坚	陈学创
	上坡	8	285	1268	584.00	44.36	郑大温	黄兴煖
	马山	6	178	822	318.00	38.95	陈永运	陈立慎
	盖山	6	125	635	259.00	34.33	苏启锭	陈永分
	拱桥	5	129	501	369.00	192.31	苏亨武	苏亨龙
	石坑	7	156	801	526.00	41.68	陈祥碧	陈开法
	长溪	13	300	1542	512.00	38.59	李春华	李家棋
	小湖	13	405	2019	1061.00	28.95	乐景川	乐发广
	桃山	8	320	1597	1043.00	46.13	杜明旗	杜生芽
	桃坑	8	290	1950	1103.00	38.42	乐生杖	乐志炳
	鳌江	14	480	2356	1545.00	32.05	陈荣泰	吴文教
	三坊	10	310	1520	1071.00	26.12	乐建景	张有坂
	下洋	10	290	1297	460.00	34.30	魏起安	魏开仁
	龙坑	8	249	1191	645.00	26.07	乐成贝	乐丁代
	京程	5	118	524	391.00	32.09	池冬妹	刘起生
吴山镇	张坑	3	366	119	294.00	228.60	章德固	章得樑
	锦山	10	1056	334	917.00	50.66	刘贵忠	刘贵忠
	科山	9	768	258	737.00	21.14	刘珍珊	刘珍珊
	程堂	8	1309	400	646.00	40.12	陈兴繁	陈兴繁
	吴山	21	2706	847	1061.00	40.53	陈生文	陈生文
	和洋	6	740	228	274.00	43.28	陈德书	陈德书
	阳春	17	1936	577	1249.00	235.16	林开安	林开安
	东埔	4	375	115	304.00	21.75	林传丁	林传丁
	梓溪	12	1307	388	358.00	140.11	林芳梓	林芳梓

续表 10

乡镇别	村别	村民小组（个）	户数（户）	人口（人）	耕地（亩）	村财收入（万元）	党支部书记	村委会主任
桃源镇	桃源	11	1181	3983	3504.00	66.72	张福财	林玉窗
	西安	10	452	1518	2589.00	18.15	郑和取	吴 嘉
	东坂	9	267	965	1823.00	59.73	张吉清	巫叶星
	桥山	6	224	781	925.00	7.40	郑得进	林传模
	翁厝	8	504	1704	2640.00	42.37	翁文普	翁文东
	前厝	3	359	1197	1368.00	7.60	郑英雄	郑烈垒
	前村	8	278	998	1130.00	48.11	张兆良	张成周
	广汤	7	741	2588	3280.00	18.99	俞上武	张钟伟
	杨坑	6	298	1001	1174.00	17.41	肖兆海	柯祖满
	上举	4	174	643	547.00	7.40	肖先锋	肖先钦
	兰玉	5	634	2303	2028.00	19.41	肖基武	肖锦进
	桃新	3	201	646	230.00	13.06	郑永田	苏桂明
	桃林	3	83	281	391.00	5.92	涂德热	涂景堤
上京镇	上京	18	723	2908	1426.50	135.80	陈天利	陈乘耿
	上平	16	526	2331	1405.60	33.80	吴义腰	吴元全
	黄城	13	557	2350	2126.38	49.50	曾垂贤	陈兆治
	桂坑	9	273	1067	1302.22	23.80	肖文强	肖文强
	城口	9	287	1221	1066.56	20.60	黄来樟	黄来樟
	丰田	10	259	1182	1186.78	68.10	朱升本	朱升本
	南坑	5	171	716	691.23	18.00	吴琴凤	吴琴凤
	溪尾	8	172	781	555.54	24.90	魏祥坪	魏祥坪
	下溪口	10	318	1358	912.19	67.60	刘美宾	刘美锦
	溪口	11	486	1968	995.65	23.80	刘美万	刘开远
	三阳	6	224	940	277.98	77.30	叶一忍	叶长久
	赤水	13	370	1558	1091.22	29.30	魏祥胞	魏祥胞
	梅林	10	362	1481	691.37	190.60	田美依	田美依
	隆美	8	268	1115	473.54	100.20	田五九	田富量
	灵川	7	193	809	236.99	47.00	田民鑫	田民鑫
	延京	8	229	940	510.52	68.00	陈初著	陈荣全
太华镇	群团	34	847	3633	3058.00	97.00	陈首烛	陈增旭
	太华	4	228	864	483.00	40.70	叶万新	田加坛
	华溪	7	297	1386	2175.00	30.00	陈传绍	陈首整
	高星	4	106	431	962.00	36.90	黄荣积	罗振忠
	小华	12	313	1357	1463.00	40.70	林新登	林新标
	温坑	12	305	1221	1154.00	99.00	连加益	陈兴泉

续表 10

乡镇别	村别	村民小组（个）	户数（户）	人口（人）	耕地（亩）	村财收入（万元）	党支部书记	村委会主任
太华镇	仕坑	10	336	1430	743.00	52.00	吴为堆	唐金湘
	魁城	18	854	3771	2924.00	71.90	连良钢	连佳接
	张地	6	208	951	803.00	43.30	连福朴	连宇体
	玉井	9	307	1249	1409.00	25.70	叶高专	黄春秀
	万湖	36	935	4000	4798.00	161.60	连仁昌	连广周
	西埔	10	387	1713	2063.00	20.40	乐忠维	郑正宦
	甲魁	8	209	893	1370.00	30.10	苏进电	苏进燎
	大合	12	287	1350	2194.00	33.50	廖明斗	廖生湖
	菖坑	7	179	775	1000.00	20.20	连善石	连良诗
	坑头	9	211	1037	759.00	11.30	周初柱	周初善
	汤泉	27	898	3636	3649.00	200.20	陈文峰	陈维善
	池元	8	225	1021	1749.00	20.10	陈代坦	苏立钗
	德安	8	293	1150	2027.00	24.60	陈开茂	陈克昌
	罗丰	14	483	2117	3621.00	57.50	高超广	方正焕
	黄沙	6	201	893	306.00	42.20	张流龙	张善灿
	锦溪	5	114	479	1062.00	30.40	周先继	周荣铭
	华山	8	249	1054	1819.00	10.40	章国首	章先篇
	潘车	6	167	775	541.00	23.20	郑占龙	郑占彻
建设镇	建爱	12	578	2902	1069.00	133.76	黄文津	黄长造
	建忠	12	702	3464	1413.00	299.01	陈昌沐	陈昌沐
	建设	12	1059	4269	1764.00	121.46	李凤益	林起埜
	建强	7	364	1883	712.00	115.10	池瑞建	池瑞建
	建民	7	339	1675	733.00	53.09	郑宗分	李占在
	建丰	10	722	3612	1684.00	87.71	高锦栖	高孝泥
	建乐	9	528	2585	1185.00	26.67	高加禄	高加禄
	建国	7	289	1408	752.00	304.26	田生炳	田生炳
	和平	10	439	2167	1183.00	53.19	郑永镇	黄开座
	元山	8	284	1407	102.00	71.85	池上专	池上专
	大同	10	679	2657	1736.00	38.11	廖世连	吴作宪
	香浮	3	120	538	588.00	37.10	周文舍	周文舍
广平镇	广平	1129	24	5450	3433.80	35.53	林维河	郭兆开
	五峰	469	12	1939	1128.60	10.48	蒋联文	蒋联文
	万筹	600	15	2752	1786.80	47.28	郑宣斌	郑恢宋
	万宅	269	5	1174	1597.35	42.64	余文敏	余文敏
	元沙	1326	27	6709	4164.45	10.51	张乃善	张玉成

续表 10

乡镇别	村别	村民小组（个）	户数（户）	人口（人）	耕地（亩）	村财收入（万元）	党支部书记	村委会主任
广平镇	苏桥	23	1454	7100	3044.85	55.71	詹恢显	廖新添
	铭溪	19	946	4477	1812.45	20.60	张裕森	池其胜
	栋仁	29	1176	6070	3008.55	20.97	郑新严	张玉吉
	岬头	4	173	873	596.10	11.01	林青奋	林青奋
	东景	5	148	704	952.20	14.22	李兴勇	李兴勇
	西园	8	322	1548	1243.65	8.33	王升平	王英珊
	丰庄	11	437	2140	2220.60	10.15	罗施秀	林潘德
	大吉	6	63	319	296.40	9.47	郭碧芳	郭碧芳
	兴埔	1	141	646	197.70	10.29	廖占锦	廖占锦
	龙宫	2	75	420	653.25	6.09	郑振广	郑振广
奇韬镇	奇韬	23	1460	4442	3254.00	203.98	郑上林	郑际厚
	东佳	11	470	1435	408.00	258.94	张春校	郑成溢
	丁华	3	117	362	975.00	14.03	谢宏壮	谢宏壮
	西韬	3	234	719	646.00	40.74	吴成贤	吴成贤
	文经	9	891	2740	532.00	41.13	方胥金	方胥坤
	桃东	3	415	1282	878.00	60.48	方来烧	方来烧
	桃舟	3	380	1161	437.00	33.66	黄其为	黄德云
	洋地	5	335	1015	456.00	21.05	胡上润	胡新勤
	龙坪	4	315	952	1061.00	27.08	黄其普	黄来尧
	金华	2	117	370	527.00	16.49	陈生干	陈生干
	龙溪	2	159	493	1580.00	118.80	吴美华	吴美华
	永德	3	168	509	117.00	37.48	刘思谨	刘思谨
屏山乡	屏山	12	289	1268	728.00	36.82	郭守梆	张慧
	内洋	16	496	2132	1232.00	60.56	苏庆俊	苏庆烨
	溪头	15	262	1230	698.00	79.67	苏华隆	苏诗鑫
	玉屏	16	312	1721	939.00	21.84	陈文煌	陈文煌
	芹阳	9	214	717	416.00	87.03	陈荣候	陈荣泰
	和坑	18	532	2213	1252.00	45.92	陈敬清	陈敬清
	美阳	15	495	2232	1246.00	28.79	郭文杰	郭天登
	瑞美	15	344	1170	743.00	51.68	郭盛理	郭传祖
	内山	6	152	635	422.00	52.08	郭传钦	郭传钦
	王坪	8	163	630	352.00	18.24	章选服	章选服
	杨梅	8	236	1011	621.00	43.98	章进电	章进电
	蒋山	5	110	562	356.00	46.25	章永伟	章永伟
	许坑	8	130	650	423.00	52.65	章双标	章双标

续表 10

乡镇别	村别	村民小组（个）	户数（户）	人口（人）	耕地（亩）	村财收入（万元）	党支部书记	村委会主任
济阳乡	济阳	17	475	1979	1058.00	102.44	涂振级	涂振级
	济中	11	274	1159	708.00	282.93	涂志贤	涂志贤
	三扎	4	106	405	260.00	85.42	涂南田	涂南田
	德仁	5	116	406	228.00	30.97	涂秋龙	涂秋龙
	芳林	6	131	434	231.00	17.42	章选煌	章选煌
	国庆	10	229	850	369.00	33.10	涂继星	涂继星
	上丰	13	331	1346	713.00	22.41	涂双跃	涂双跃
	泮林	8	177	621	267.00	22.58	涂志良	涂志良
	高升	10	182	740	428.00	44.07	涂凤绵	涂凤绵
	砚坑	4	103	381	180.00	120.65	章绍裕	章绍裕
	大儒	14	425	1494	610.00	29.15	章志雄	章志雄
	大乾	11	332	1207	687.00	26.10	陈大军	陈大军
谢洋乡	谢洋	12	330	917	1200.00	17.19	林昌明	林玉添
	怀德	13	327	1049	2000.00	6.76	林起满	林凤约
	坑口	4	107	497	300.00	12.10	林开品	林启坛
	白玉	3	100	286	100.00	6.46	林芳靛	林起汉
	象山	4	100	343	400.00	6.79	林凤枢	林起梁
	科里	11	380	1250	1600.00	10.64	林丁勇	林芳读
	珍山	8	200	886	1200.00	5.59	林丁智	林文基
	草垄崎	4	107	543	700.00	5.75	林昌多	林昌多
	三角尾	3	62	231	300.00	5.26	林起兴	林起兴
	上珍	3	60	286	400.00	5.79	陈春坦	陈春暖
	蕉坂	2	43	193	300.00	5.67	林起周	林开联
	和春	6	100	439	600.00	5.15	林开庚	林广盛
	碧山	4	88	361	500.00	8.40	林银香	林丁铬
	仕福	14	363	1196	1600.00	17.68	林起聪	林起库
武陵乡	武陵	12	639	2068	1028.00	7.22	林其言	林美烘
	红君	11	374	1379	797.00	5.02	林振听	林振听
	桃溪	16	574	2031	1524.00	24.05	林共河	林元意
	上岩	12	380	1570	1134.00	11.72	叶一栽	叶一栽
	百束	12	452	1580	1133.00	10.08	林光灯	林发琳
	茶山	7	214	765	663.00	12.47	陈丁勇	陈建喜
	岬坪	7	164	592	581.00	11.73	陈进保	陈进保
	大石	14	765	2757	1657.00	22.01	林庆业	林庆业
	仕洋	3	87	281	310.00	8.71	陈进省	陈进省

续表 10

乡镇别	村别	村民小组（个）	户数（户）	人口（人）	耕地（亩）	村财收入（万元）	党支部书记	村委会主任
文江镇	文江	13	862	3704	1699.00	36.69	陈汝治	余育大
	大中	11	395	2010	1067.00	26.80	李凤铨	陈加强
	民主	9	354	1679	945.00	30.47	吴上根	吴高荣
	大文	6	315	1524	658.00	53.78	陈先仑	陈先安
	小文	4	147	736	543.00	12.65	余成碧	余成碧
	典坑	3	97	442	509.00	17.27	陈初溧	陈初溧
	朱坂	12	487	2556	1656.00	31.89	廖启赐	廖之燉
	琼口	8	369	1999	977.00	47.92	余联跃	余开科
	白沙	2	67	348	280.00	19.78	黄其政	黄其政
	大安	4	212	1144	500.00	99.85	廖尚堆	廖世前
	桥下	3	99	484	322.00	14.25	陈启土	陈福毅
	龙门	5	243	1299	527.00	24.19	周延炽	周延炽
	光明	6	228	1102	545.00	30.24	林启求	林廷田
	后洋	4	176	914	403.00	90.89	林朝湘	林朝湘
	温厝	3	192	1013	626.00	16.78	张树学	邓招统
	花桥	3	123	654	470.00	23.72	王景行	王景行
	小芹	5	148	803	461.00	16.86	柯桂万	柯景岁
	山芹	3	103	492	316.00	22.55	林志江	林志江
	昭文	13	342	1632	8450.00	49.88	杨连秀	杨丰钤
	联盟	5	172	830	625.00	25.98	陈升彩	陈升彩
梅山镇	新楼	4	97	408	171.00	16.83	陈育苑	陈育苑
	梅山	16	692	2376	1217.00	131.70	吴同仲	吴联地
	郭井	14	395	1917	1059.00	25.46	吴占宝	吴英炳
	秀岭	16	413	1858	1907.00	31.77	詹宏天	陈清溪
	沈岭	9	358	1771	1210.00	28.10	吴同针	吴同村
	沈口	9	263	1218	610.00	19.03	陈长植	陈荣善
	雄锋	12	373	1618	925.00	21.35	吴大增	吴秉浩
	盖竹	2	97	448	373.00	15.07	朱自城	朱自城
	德州	3	79	370	234.00	13.15	黄初源	黄初源
	沧州	16	530	2281	1790.00	41.05	陈天湖	陈在灼
	璞溪	4	149	691	908.00	37.32	苏开照	苏开照
	西书	13	390	1861	1375.00	18.59	吴开炜	吴初辉
	西坑	7	253	1128	968.00	21.75	叶清涵	叶清涵
	龙口	6	152	726	340.00	33.16	陈占柑	陈占柑
	岭后	5	209	880	464.00	16.05	陈上华	陈开金

续表 10

乡镇别	村别	村民小组（个）	户数（户）	人口（人）	耕地（亩）	村财收入（万元）	党支部书记	村委会主任
梅山镇	金阳	14	396	1826	797.00	24.11	林顺轮	林顺轮
	高泉	12	356	1553	1050.00	29.63	陈占地	陈高桥
	长坑	8	194	887	554.00	13.76	陈文炉	陈文炉
	长津	6	166	777	400.00	42.38	陈高建	陈高建
	香坪	7	261	1055	803.00	121.59	叶聿淑	叶聿概
	黎坑	4	120	505	301.00	22.62	吴美园	吴美园
前坪乡	前坪	6	155	724	861.00	27.13	蒋加物	蒋加畜
	黎明	7	219	1050	1026.00	33.30	蒋先斜	陈其余
	上地	4	105	536	618.00	29.60	林初级	林长泉
	下坑	7	254	1183	981.00	45.20	廖青途	廖春跨
	下地	4	146	614	383.00	42.90	林绍楼	林建省
	山川	4	126	621	618.00	104.80	陈添斌	丁长远
	湖坪	7	236	1068	1066.00	68.70	林英国	林青松
	黄龙	6	159	829	823.00	46.80	林建翁	林芳秋
	北坑	2	90	336	450.00	19.10	杨先修	杨腾艳
	福井	4	150	623	745.00	27.20	张春巍	张春茂
	吉坑	4	125	571	644.00	15.60	林廷昌	林廷殿
湖美乡	大尤	4	141	595	495.00	51.38	刘春坤	刘春占
	前进	5	240	926	682.00	33.46	林芳佤	林芳伦
	旺建	9	495	1897	651.00	14.84	廖新旭	廖应地
	西燕	5	295	1095	1089.00	92.91	张芳和	张钦琳
	元安	12	333	1249	916.00	77.06	颜全斌	刘全群
	仁美	10	373	1371	559.00	39.69	廖明炜	廖明金
	湖上	11	342	1248	577.00	59.06	施素梓	施生晖
	岬才	9	254	942	336.00	32.90	施生塔	施正棚
	宏才	12	418	1471	762.00	30.54	颜如修	施发众
	长坂	5	174	669	286.00	149.76	吴祥卢	吴仁调
	后坪	4	107	388	546.00	41.86	吴祥电	吴全友
	高才	4	90	308	236.00	31.09	刘长清	刘建叶
	后坑	4	104	352	365.00	18.59	施明沧	施生添
	林兜	6	274	985	358.00	20.96	林高善	林宗谭
	汉口	4	207	749	319.00	21.51	吴其灯	林文拱
	仁东	4	166	575	287.00	25.21	廖明塘	廖生维

2018 年社区居委会基本情况统计表

表 11

居委会	常住		区域面积（平方公里）	享受低保		补助金额（每月 / 元）	医保情况（人）	支部书记	居委会主任
	户数	人口		户数	人数				
白岩	2099	5176	1.30	25	40	16888	997	连荣诗	连荣诗
文昌	2047	5273	0.82	12	17	7544	943	唐清香	唐清香
玉凤	2864	7109	0.86	16	34	12628	1767	张丽美	张丽美
仙亭	1698	4570	3.25	13	27	10228	1620	陈玉音	陈玉音
南街	2008	5335	0.68	13	26	10416	1457	刘晓玲	刘晓玲
赤岩	1394	6332	1.60	14	27	10536	1127	陈春辉	郑淑梅
东门	1527	3658	1.73	17	23	10568	1104	柳梅妹	郑爱萍
镇东	1287	2605	1.87	12	18	11156	915	林开发	林开发
合计	14924	40058	12.11	122	212	89964	9930	——	——

人　物

□ 编辑　郑祥果

先进人物

李勤模　大田县人民法院执行庭庭长。2018年4月，被省委、省政府评为“福建省先进工作者”。

（刘佑娇）

逝世人物

谢杜迪　（1920—2018）男，浙江宁波人。1943年3月参加工作，1946年4月加入中国共产党。历任大田县民政科科长、合作总社秘书长、鹰厦铁路民工四中队中队长、上京煤矿运营股调度员、赤头坂采育场工区主任等职。1980年12月退休，1984年9月改办离休。

曹建荣　（1929—2018）男，山东沂南人。1949年9月参加工作。历任福建省委马达员、晋江专属商业局保管员、大田县广平财贸铁厂工人，桃源、均溪粮站保管员等职。1985年9月离休。

郑文光　（1926—2018）男，大田县谢洋人。1949年8月参加工作，1979年5月加入中国共产党。历任武陵中心小学校长、武陵区文教干部、县教育科科员、桃源区东风乡副乡长、桃源公社文教部部长、县粮食局股长、湖美公社副社长、武陵公社副社长、谢洋公社革委会主任等职。1983年6月离休。

陈松　（1929—2018）男，福建永春人。1949年4月参加工作，1949年7月加入中国共产党。历任泉州市、大田县人武部副政委，大田县政协副主席等职。1983年11月离休。

郭栋梁　（1929—2018）男，福建莆田人。1948年1月参加工作，1953年6月加入中国共产党。历任南昌县人武部参谋，大田县水电局工程队指导员、武陵供销社指导员、交通局干部、城关木材采购站副站长等职。1982年11月离休。

霍圣起　（1925—2018）男，山东单县人。1948年11月参加工作，1949年12月加入中国共产党。历任福清县中石公司人秘股股长，大田县上京煤矿区书记、印刷厂副书记、小湖铅矿矿长、岭头装卸站站长、食杂食品公司经理等职。1982年1月离休。

（陈辉文）

重要文件选编

□ 编辑 林生钟

中共大田县委 大田县人民政府 关于实施乡村振兴战略的实施意见

田委发〔2018〕1号

各乡（镇）党委和人民政府，县直各单位：

为深入贯彻落实党的十九大和中央、省委、市委农村工作会议精神，按照《中共中央、国务院关于实施乡村振兴战略的意见》《中共福建省委、福建省人民政府关于实施乡村振兴战略的实施意见》《中共三明市委、三明市人民政府关于实施乡村振兴战略的实施意见》，结合我县实际，现提出如下实施意见。

一、深刻认识乡村振兴战略的重大意义

1. *准确把握乡村发展面临的新形势*。党的十八大以来，县委县政府坚持以习近平新时代中国特色社会主义思想为指导，在省委省政府、市委市政府的坚强领导下，始终牢记习近平总书记对大田的嘱托，认真贯彻落实中央、省委、市委一系列决策部署，在全面深化农业农村改革中促进机制活，在深化农业供给侧结构性改革中促进产业优，在践行以人民为中心的发展思想中促进百姓富，在坚持绿水青山就是金山银山中促进生态美。全县农业综合生产能力稳步提升，农业发展方式加快转变，特色现代农业产业格局基本形成；农村公共服务和社会事业持续改善，农村教育、文化、卫生等各项事业快速发展，农村水电路气和信息化全面提速；农业农村发展体制机制不断完善，农业农村改革“四梁八柱”基本建立；精准扶贫精准脱贫取得决定性进展，国定贫困人口基本脱贫；农民收入实现较快增长，城乡居民收入差距进一步缩小；农村生态文明建设显著加强；党的基层基础更加牢固，农村社会更加安定稳定。农业农村发展取得的重大成就和“三农”工作积累的丰富经验，为做好新时代“三农”工作奠定了良好基础。在中国特色社会主义新时代，乡村是一个可以大有作为的广阔天地，迎来了难得的发展机遇。我们必须抓住这一历史契机，顺势而为，乘势而上，不断开创“三农”工作新局面。

2. *增强实施乡村振兴战略的紧迫感和使命感*。农业农村农民问题是关系国计民生的根本性问题。当前，我国社会主要矛盾已经转化为人民日益增长的美好生活需要和不平衡不充分的发展之间的矛盾，解决好发展不平衡不充分问题要求我们更加重视“三农”工作。从全县看，农业发展质量效益还不够好，乡村建设管理水平还不够高，农民持续增收幅度还不够大。因此，实施乡村振兴战略，是解决人民日益增长的美好生活需要和不平衡不充分的发展之间矛盾的必然要求，是实现“两个一百年”奋斗目标的必然要求，是实现全体人民共同富裕的必然要求。新时代意味着新起点新要求，新时代呼唤着新气象新作为。今年是全面贯彻落实党的十九大精神的开局之年，是改革开放40周年，是决胜全面建成小康社会、实施乡村振兴战略的关键一年，全县上下要在思想上走进新时代，要在行动上贡献新时代，，以发自肺腑的深厚感情、滴水穿石的努力实践、马上就办的实干作风、确保过硬的从严要求，推动农业全面升级、农村全面进步、农民全面发展，谱写新时代乡村全面振兴新篇章。

二、实施乡村振兴战略的总体要求

3. *指导思想*。以习近平新时代中国特色社会主义思想为指导，全面贯彻党的十九大精神和中央农村工作会议精神，加强党对“三农”工作的领导，坚持稳中求进工作总基调，牢固树立新发展理念，落实高质量发展的要求，统筹推进“五位一体”总体布局和协调推进“四个全面”战略布局，坚持

把解决好“三农”问题作为工作重中之重，坚持农业农村优先发展，按照产业兴旺、生态宜居、乡风文明、治理有效、生活富裕的总要求，建立健全城乡融合发展体制机制和政策体系，统筹推进农村经济建设、政治建设、文化建设、社会建设、生态文明建设和党的建设，加快推进乡村治理体系和治理能力现代化，加快推进农业农村现代化，走中国特色社会主义乡村振兴道路，让农业成为有奔头的产业，让农民成为有吸引力的职业，让农村成为安居乐业的美丽家园，为建设新时代多彩大田贡献力量。

4. **目标任务**。按照党的十九大提出的决胜全面建成小康社会分两个阶段实现第二个百年奋斗目标的战略安排，实施乡村振兴战略的目标任务是：

2018 年，全县农林牧渔总产值增长 5.0%；农村居民人均可支配收入增长 9.5%，为实施乡村振兴战略开好局、起好步。到 2020 年，乡村振兴取得重要进展。农业综合生产能力稳步提升，农业供给体系质量明显提高，农村一二三产业融合发展水平进一步提升；脱贫攻坚成效持续巩固，农民增收渠道进一步拓宽，城乡居民生活水平差距持续缩小；农村基础设施建设深入推进，农村人居环境明显改善，美丽乡村建设扎实推进；城乡基本公共服务均等化水平进一步提高，城乡融合发展体制机制初步建立；农村对人才吸引力逐步增强；农村生态环境明显好转，农业生态服务能力进一步提高；以党组织为核心的农村基层组织建设进一步加强，乡村治理体系进一步完善；党的农村工作领导体制机制进一步健全；各乡（镇）各部门推进乡村振兴的思路举措得以确立。

到 2035 年，乡村振兴取得决定性进展，农业农村现代化基本实现。农业结构得到根本性改善，农民就业质量显著提高，城乡居民生活水平差距显著缩小，共同富裕迈出坚实步伐；城乡基本公共服务均等化基本实现，城乡融合发展体制机制更加完善；乡风文明达到新高度，乡村治理体系更加完善，农村生态环境根本好转，美丽宜居乡村基本实现。

到 2050 年，乡村全面振兴，农业强、农村美、农民富全面实现。

2018—2020 年具体目标是：每个乡（镇）每年打造 1–2 个现代农业示范园区（基地），全县每年建立示范园区（基地）30 个以上；每个乡镇每年打造 1–2 个美丽乡村，全县每年打造 30 个以上；每个乡镇打造 1–2 个特色小镇示范点，全县打造 30 个以上；每个乡镇打造 1 个田园综合体。县里重点打造红星、梅林、隆美、建国、建忠、元沙 6 个小康示范村和桃源镇、广平镇元沙村、屏山乡内洋村、建设镇建国村等 4 个田园综合体示范点。

5. **基本原则**

——坚持党管农村工作。毫不动摇地坚持和加强党对农村工作的领导，落实党管农村工作领导体制机制，确保各级党组织在农村工作中始终总揽全局、协调各方，为乡村振兴提供坚强有力的政治保障。

——坚持农业农村优先发展。把实现乡村振兴、切实解决好“三农”问题作为党委、政府工作的重中之重，加快补齐农业农村短板，在干部配备上优先考虑，在要素配置上优先满足，在资金投入上优先保障，在公共服务上优先安排。

——坚持农民主体地位。充分尊重农民意愿，切实发挥农民在乡村振兴中的主体作用，调动全县农民的积极性、主动性、创造性，把维护农民群众根本利益、促进农民共同富裕作为出发点和落脚点，积极培养爱农业、懂技术、善经营的新型职业农民，促进农民持续增收，不断提升农民的获得感、幸福感、安全感。

——坚持乡村全面振兴。准确把握乡村振兴的科学内涵，挖掘乡村多种功能和价值，统筹谋划农村经济建设、政治建设、文化建设、社会建设、生态文明建设和党的建设，注重协同性、关联性，整体部署，协调推进，促进农业全面升级、农村全面进步、农民全面发展。

——坚持城乡融合发展。坚决破除体制机制弊端，使市场在资源配置中起决定性作用，更好发挥政府作用，推动城乡要素自由流动、平等交换，推动新型工业化、信息化、城镇化、农业现代化同步发展，加快形成工农互促、城乡互补、全面融合、共同繁荣的新型工农城乡关系。

——坚持人与自然和谐共生。牢固树立和践行绿水青山就是金山银山的理念，落实节约优先、保护优先、自然恢复为主的方针，统筹山水林田湖草系统治理，加强农村突出环境问题综合治理，严守生态保护红线，以绿色发展引领乡村振兴。

——坚持因地制宜、循序渐进。科学把握乡村的差异性和发展走势分化特征，注重规划先行、突出重点、分类施策、典型引路。既尽力而为，又量力而行，不搞层层加码，不搞一刀切，不搞形式主义，久久为功，扎实推进。

三、围绕产业兴旺，加快特色现代农业建设

6. **提高粮食安全保障能力**。千方百计巩固和提升粮食产能，千方百计确保粮食安全责任制落实。2018 年完成 7.1 万亩水稻生产功能区划定，2021 年完成水稻生产功能区建设。科学制定全年粮食生产指导性计划，确保粮食播种面积稳定在 39.45 万亩以上，粮食总产量稳定在 12 万吨以上。加强永久基本农田保护，落实耕地占补数量和质量双平衡。加快高标准农田建设和山垅田复垦改造，建立优质稻生产基地 0.5 万亩以上，带动推广 2 万亩，扩大专用甘薯、马铃薯、木薯品种覆盖面。落实地方各级储备粮食订单收购直接补贴和水稻最低收购价格政策。加强储备粮管理，推进科学储粮、绿色储粮技术，加快推进现代化粮库建设和粮库“智能化”升级改造。

7. **做大做强做优特色农业产业**。深化农业供给侧结构性改革，因地制宜发展“3+7”特色农业，做优茶叶、油茶、肉兔、富硒农产品等特色基地，推进基地生态化、上规模，打造国家富硒农业公园、国家茶叶公园、国家油茶公园；坚持生产生态生活“三生”同步，加强与科研院校对接合作，加大科技投入，提升农产品品质，保障有效供给，推动农业发展提质增效。强化项目带动，优选产业项目，2018 –2020 年实施农林水项目 42 个，新增投资 60 亿元。重视发展农产品加工，开展农产品加工业转型升级工程，鼓励支持发展农产品产地初加工，扶持建设一批农产品加工园区，不断提高农产品产后商品化处理能力和农产品入市品级。

8. **推进农业绿色发展**。坚持把绿色发展导向贯穿农业发展全过程，逐步形成与资源环境承载力相匹配、与生产生活

生态相协调的生态农业发展格局。强化耕地土壤污染监测与管控，做好第二次全国农业污染源普查。继续实施“地力提升1112工程”，全面落实化肥农药使用量零增长减量化行动，以粮食产能区为重点，推动绿色防控和统防统治，实现化肥农药使用量比上年减少3%。探索建立耕地轮作休耕制度。充分利用丰富的森林资源，科学发展林下经济。完善养殖污染防治长效机制，加快建立规模养殖场信息平台。全面推进农业废弃物资源化利用，开展农膜、农药包装废弃物回收处置试点和烟秆综合利用，推进畜禽养殖废弃物资源化利用。2018年畜禽粪污综合利用率达80%，规模养殖场粪污处理设施装备配套率达80%。全面取缔街面水库水产网箱养殖，推广工厂化养殖、池塘循环水养殖，鼓励创建综合种养示范区。

9. *全面推进质量兴农*。坚持品质提升，推动农业由增产导向转向提质导向。强化科技支撑，提高农业科技园建设水平，完善基层农技推广体系，推进农业机械化。扎实开展农产品质量安全县创建工作，开展农产品质量安全“1213”和“1333”行动计划，推进农产品质量安全县创建活动，逐步加强农业生产全过程的质量安全控制，促进农产品质量安全社会共治。支持农产品生产主体开展产品和质量管理体系认证。加大“两检合一”“检打联动”力度，加强农产品质量问题专项整治，落实农产品质量安全“市、县、乡、村”四级管理体系，确保主要农产品质量安全总体合格率达98%以上。推进农资监管信息平台建设，推动农药、兽药、饲料、肥料等投入品购、销、用全程监管。加快农产品质量安全追溯监管信息平台建设与应用，推行农产品质量安全追溯电子化管理方式，推动进入批发市场、连锁超市主要农贸市场的农产品全部实现“一品码”。推进农产品产地准出与市场准入无缝对接，加强农产品市场设施建设。提升冷链物流服务能力和水平，改造、新建一批适应现代流通和消费需求的冷链物流基础设施。

10. *加快发展数字农业*。加强农业大数据开发，加快物联网、大数据、智能装备等现代信息技术和装备在农业生产全过程的应用，推广一批节本增效农业物联网应用模式。积极推进现代农业智慧园建设，重点在设施农业高端农产品生产、规模化养殖、农产品质量安全追溯以及农业机械装备、农业大数据分析决策等领域建设一批农业物联网应用示范点。加快信息进村入户工程建设，到2020年实现益农信息社主要行政村全覆盖。拓展完善“12316”平台功能，发展“互联网+农业社会化服务”模式。推进电子商务进农村示范县建设，培育一批电商示范村、示范服务站，畅通工业品下乡和农产品进城双向流通。

11. *扩大农业对外开放与闽台合作*。主动对接“一带一路”建设，引导有实力的龙头企业“走出去”，通过技术合作、设立境外展示中心和销售网点等方式拓展国际市场，带动优质农产品出口。发展跨境电商，支持企业参加境内外专业展会，拓宽农产品出口渠道，培育出口品牌。组织参加“11·6”林博会，做好与台湾农业技术、新品种与管理经验嫁接，创建特色农业小镇。

12. *加快推进品牌强农*。着力培育特色农产品品牌，加强农产品地理标志保护与开发利用，到2020年全县“三品一标”累计达到30个以上；全县“三品一标”生产基地的面积或产量占全县农产品的40%以上。实施农特产品龙头品牌创建提升工程，积极推进农业品牌产业化基地建设制。开展产业兴村强县行动，继续引导有条件的村镇大力发展“一村一品”“一镇一业”。支持各地培育、创建一批区域特征明显、产业优势突出的省级农产品区域公用品牌、福建名牌农产品和出口食品农产品品牌，着力培育“硒望之星”等公共品牌，统筹运用广播电视、网络和各类新媒体，探索创新农业品牌建设报道方式方法，积极挖掘农业品牌内涵，讲好品牌故事。

四、围绕生态宜居，建设清新富饶美丽乡村

13. *开展农村人居环境整治行动*。加强农村环境综合治理，加快“千村整治、百村示范”美丽乡村建设，2018年全县启动15个村庄环境整治，重点推进污水治理、垃圾处理、裸房整治以及农村公厕新建改造的四项工作。实施农村人居环境整治三年行动方案，梯次推动乡村山水林田路房整体改善。引导农民树立集约建房的住房消费理念，简化审批程序，落实用地保障，实施全域管控，遏制违章建设。推进农村“厕所革命”，实现乡（镇）所在地公厕全覆盖，基本实现每万人有3-4座公厕的目标；到2020年全县所有创建美丽乡村的村都至少有1个冲水式卫生公厕。将农村公厕的管护作为农村精神文明创建的重要内容。

14. *实施重要生态系统保护和修复工程*。统筹山水林田湖草系统治理，把山水林田湖草作为一个生命共同体，进行统一保护、统一修复。加强农村饮用水水源保护，加强水功能区水质监测，落实最严格水资源管理制度，实行水资源消耗总量和强度双控行动。积极打造河长制升级版，建立并落实湖（库）长制，加强闽湖及中小水库治理，大力发展河道经济、河道文化、河道景观，全力打造生态之水、安全之水、经济之水，提升生态综合执法制度，实行“严管、勤查、联动、重罚”，保护好绿水青山，保障水生态安全。落实水电生态电价政策，加强河道岸线的划定和保护。实施流域环境综合治理，健全水生态保护修复制度。开展国土绿化行动，实施森林质量精准提升工程。完成农用地土壤污染状况详查工作，推动农用地土壤环境质量等级划分。落实森林资源保护和发展目标责任制，强化林业生态红线保护，落实森林、自然保护区、森林公园、生态公益林等管控制度，到2020年生态公益林面积保稳定在66.9万亩，森林覆盖率达75%。探索天然林赎买机制，完善天然林保护制度，把所有天然商品乔木林纳入保护范围。扩大退耕还林还草、退牧还草，建立成果巩固长效机制。实施生物多样性保护重大工程，有效防范外来生物入侵。加强农村环境监管能力建设，强化基层监管执法力量，建立健全网格化环境监管体系，落实县乡两级农村环境保护主体责任。

15. *打造乡村生态旅游产业链*。落实乡村旅游“百镇千村”提质和乡村旅游扶贫升级行动，组织开展全国休闲农业（渔业）与乡村旅游示范县、示范点（基地），中国美丽休闲乡村，福建省休闲农业示范点、福建省最美休闲乡村、福建省水乡渔村等创建活动，开展乡村旅游休闲集镇、特色村和“绿野乡居”民宿创建，深入挖掘文化遗产、民俗文化、农事节庆等人文内涵，制定休闲农业精品路线，建设一批融现代农业、文化创意、旅游观光、休闲娱乐、养生度假、美丽乡村建设等于一体的、可持续发展的田园综合体或具备部分田园综合体功能的农业主题公园、农业主题游园，促进城乡一体化发展。因地制宜实施“旅游+”模式，推动乡村旅游与民俗文化融合发展，不断丰富乡村旅游业态和产品。推进槐猪文化，大力开展“千人猪宴”“赛猪会”等民俗活动。

16. *完善城乡防灾减灾体系*。加强农村防灾减灾救灾能力建设，提升改造农村自然灾害避灾点。实施常态化水库除险加固，突出抓好灾后水利薄弱环节建设，完善大中小微并举的现代水利基础设施网络。落实防汛责任，推进防汛防台风标准化建设。加强地质灾害防治工作，全面落实地质灾害点监测制度，加大地质灾害点治理力度。加强森林防火，落实森林防火责任，强化森林专业消防队伍建设，完善森林防火预警体系，强化特殊时期党政主要领导带班制度。强化动（植）物疫病防控，开展农作物病虫害综合防治，推进林业有害生物防控，努力确保全县不发生区域性重大动（植）物疫情。加强农田水利建设，提高抗旱防洪除涝能力。加强田间管理，强化抗灾技术指导，加强农业、林业、烟草、气象、水文、水利等部门沟通联系，提升气象为农服务能力。

五、围绕乡风文明，繁荣兴盛农村文化

17. *加强农村思想道德建设*。以社会主义核心价值观为主要内容，坚持教育引导、实践养成、制度保障三管齐下，丰富道德教育内容，创新道德教育形式，用好“文明大讲坛”和村民道德评议会，传播文明理念，涵育文明乡风。不断丰富文明村镇创建载体，深化星级文明户、“讲文明树新风”、道德模范和身边好人评选等群众性创建活动。加强中国特色社会主义和中国梦宣传教育，大力弘扬民族精神和时代精神。推进农村思想文化阵地建设，广泛开展群众性文化活动。大力实施公民道德建设工程，加强诚信宣传教育。深化传家训、立家规、扬家风活动。开展移风易俗行动，遏制大操大办、人情攀比等陈规陋习，树立文明乡风。抵制封建迷信，加强农村科普。开展新一轮文明村镇、文明家庭创建活动，到2020年县级以上文明村、文明乡镇比例达到50%以上。

18. *弘扬优秀传统文化*。把乡村优秀传统文化建设摆在突出位置，紧紧围绕大田独特的茶文化、孝道文化、古堡文化、红色文化等农村乡土文化资源，实施乡村优秀传统文化振兴工程。加大对中央红军村、传统古村落、历史文化名村、爱国主义教育基地建设与投入，鼓励农村文化中心户、文化大院和文化祠堂建设，推进乡村学校“中华优秀文化艺术传承学校”建设。建立文化展演展示平台，组织乡村文艺社团和文化能人参与广场文化、文艺汇演、文化节庆等专场演出。以非物质文化遗产为重点，推进历史文化、传统文化传承教育工作，并推动其进校园、进社区、进机关。鼓励乡村民间艺术、非物质文化传统项目传承人等到乡村学校担任兼职艺术教师。实施戏曲振兴工程，挖掘整理优秀传统剧目，推进数字化保存和传播，开展戏曲进校园、进乡村。加强地方戏曲保护研究，深入开展地方戏曲普查，积极挖掘恢复优秀传统剧目，保护好历史文化名镇名村和文物古迹、传统村落、民族特色村寨、历史建筑、农业遗迹等。

19. *健全乡村公共文化服务体系*。推动乡村公共文化与城市公共文化服务均等化，加强乡镇、村（社区）基层综合性文化服务中心建设，到2020年基本实现宣传文化、青少年活动、党员教育、科学普及、体育健身等综合服务功能。鼓励公共文化服务机构送书、送戏、送电影到农村、社区、学校、企业，开展艺术普及、阅读欣赏、体育健身、科普法治等培训。实施文化惠民工程，组织开展“民俗文化展演”、“非遗展演展示”等惠民文化活动。鼓励群众自办文化活动，支持民间职业剧团、农村业余演出队开展经营性文化服务。加强农村文化市场监管，进一步完善“半台戏”公共文化服务配送制度。深入开展“三下乡”等集中示范活动。实施农村电影放映工程，完善公共图书馆、博物馆、文化馆（艺术馆）等文化事业单位流动服务制度。健全乡村社区教育、老年教育网络，到2020年，100%乡镇建立社区学校，60%以上行政村建立社区学习中心（点）。倡导全民阅读，开展多样化学习教育活动。

六、围绕治理有效，夯实农村基层基础

20. *加强农村基层党组织建设*。扎实推进抓党建促脱贫攻坚、促乡村振兴，以提升组织力为重点，突出政治功能，加大抓乡促村力度，坚持支部引领和党员示范，把农村基层党组织建设成为坚强战斗堡垒。强化农村基层党组织领导核心地位，创新组织设置和活动方式，深化“住村工作法”，健全村级领导班子内部制度，规范村级议事决策程序。实施农村带头人队伍整体优化提升行动，结合村级组织换届选举，实施“能人回引”工程，深入开展“亮承诺、晒成绩、评实效”活动，选优配强村党组织书记，推进农村本土化人才培养工程。加强村干部队伍规范化管理，落实“一定三有”政策，落实从优秀村党组织书记中选拔乡镇领导干部、考录乡镇机关公务员、招聘乡镇事业编制人员制度。完善选派干部驻村任职工作机制，实施第五轮整村推进扶贫开发工作，驻村第一书记实现建档立卡贫困村全覆盖、少数民族村应派尽派。持续整顿软弱涣散村党组织，开展“村霸”问题专项整治。落实好运转经费、活动场所、报酬待遇和服务群众专项经费等措施，建立健全以财政投入为主、稳定的经费保障制度。用好用足省级扶持村级集体经济发展试点政策，发展壮大村级集体经济，增强村级组织自我保障能力。引导农村党员发挥先锋模范作用，加大农村党员远程教育培训和就业技能培训力度，提高带头致富、带领群众共同致富能力。加大在优秀青年农民中发展党员力度，稳妥有序推进不合格党员处置工作，推行村级小微权力清单制度，推进党务村务公开，加大“微腐败”“蝇贪”查处力度。

21. *深化村民自治实践*。坚持自治为基，加强农村基层群众性自治组织建设，健全和创新村党组织领导的充满活力的村民自治机制。做好新一届村委会换届选举工作，开展村级组织换届纪律专项督查，坚持党的领导、充分发扬民主、严格依法办事有机统一，严格任职条件，拓宽人选渠道，优化班子结构。按照从实际出发和有利于工作的原则，积极推进村“两委”成员交叉任职，有条件的地方要实行村党组织书记和村委会主任“一肩挑”，提倡村党组织书记通过选举兼任村委会主任。深入开展基层民主协商，推进基层协商制度化，形成民事民议、民事民办、民事民管的多层次基层协商格局。深入开展以村民会议、村民代表会议、村民议事为主要形式的民主决策实践，以自我教育、自我管理、自我服务为主要目的的民主管理实践，以村务公开、财务监督、群众评议为主要内容的民主监督实践，发挥自治章程、村规民约的积极作用，全面建立健全村务监督委员会，推行村级事务阳光工程，推进村民自治制度化、规范化、程序化。加强农村社区治理创新，推动乡村治理重心下移，加大农村社区公共服务供给，推进“一门式办理”“一站式服务”的综合服务平台建设。维护村民委员会、农村集体经济组织、农村合作经济组织的特别法人地位和权利。

22. 加强乡村法治建设。坚持法治为本，树立依法治理理念，强化法律在维护农民权益、规范市场运行、农业支持保护、生态环境治理、化解农村社会矛盾等方面的权威地位。增强基层干部法治观念、法治为民意识，将政府涉农各项工作纳入法治化轨道。推进综合行政执法改革向基层延伸，创新监管方式，推动执法队伍整合、执法力量下沉，提高执法能力和水平。进一步落实“乡村调解、县市仲裁、司法保障”的农村土地承包经营纠纷化解机制，规范仲裁流程和文书，实现仲裁工作的制度化、规范化。加大农村普法力度，提高农民法治素养，引导广大农民增强尊法学法守法用法意识。健全农村公共法律服务体系，落实“一村（社区）一法律顾问”制度，建立乡村公共法律服务站（室），加强对农民的法律援助和司法救助。

23. 提升乡村德治水平。重视传承和弘扬优良习俗，引导农民向上向善、孝老爱亲、重义守信、勤俭持家。建立完善村规民约等道德激励约束机制，实现家庭和睦、邻里和谐、干群融洽。广泛宣传道德模范和身边好人的典型事迹，评选表彰好媳妇、好儿女、好公婆等，弘扬真善美，传播正能量，倡导科学文明的生活方式。

24. 推进平安乡村建设。开展新一轮综治平安创建活动，力争到2021年平安村居（社区）创建覆盖率达95%，平安家庭创建覆盖率达95%以上。落实社会治安综合治理领导责任制，完善农村矛盾纠纷排查调处机制，强化涉农纠纷化解。有效巩固和规范基层人民调解委员会，拓展第三方参与矛盾纠纷化解渠道。深化农村突出问题专项治理，开展扫黑除恶专项斗争，依法严惩黑社会性质组织以及犯罪组织者、领导者、骨干成员和“保护伞”，坚决遏制黑恶势力犯罪态势，铲除其滋生蔓延土壤。集中精力解决一批区域性突出治安问题，以点带面提升重点整治实效。加强反邪教阵地建设，依法加大对农村非法宗教活动和境外渗透活动打击力度，依法制止利用宗教干预农村公共事务。拓展延伸“雪亮工程”触角，完善农村立体化治安防控体系。完善农村特殊人群服务管理机制，加强易肇事肇祸严重精神障碍患者管控。大力推进农村综治基层基础队伍建设，配强调委会、治保会、综治协管员、平安中心户长等基层综治力量；整合组织网格员队伍，实现从“单一岗位”至“一岗多能”转变。坚持深入开展农村综治（平安建设）“六进家庭”活动，开展“无犯罪村（居）、无涉毒村（居）、无赌博村（居）、无邪教村（居）、无群体性上访村（居）”等基层“五无”创建活动，不断提升群众安全感和满意率，加强农村警务、消防、安全生产工作，坚决遏制重特大安全事故。加强乡村综治中心建设，加快网格化服务管理平台建设，为广大农民群众搭建畅通快捷的服务平台和利益诉求表达渠道。

七、围绕生活富裕，增强广大农民获得感幸福感

25. 促进农村劳动力转移就业和农民增收。进一步健全完善覆盖城乡的公共就业服务体系，提升公共就业服务机构服务能力，发挥“互联网＋就业”新模式作用，为农民工转移就业提供更加及时、精准的岗位信息，提高就业质量。围绕我县支柱产业、主导产业和企业用工需求实际，组织农村富余劳动力参加各种形式的职业技能培训、特色项目培训，提高农村劳动力职业技能，帮助农村劳动力培训后转移就业。加强农村职业教育，支持办好县级职教中心主体校，创新农民工继续教育新模式，开展农民工技术技能培训。开展农村青年创业致富“领头雁”培养计划，鼓励高校毕业生、企业主、农业科技人员、留学归国人员等各类人才回乡下乡创业创新。

26. 加快城乡基础设施互联互通。继续把基础设施建设重点放在农村，加大财政投入力度，畅通多元投融资渠道，调动各类市场主体的积极性。加快农村公路、供水、环保、电网、物流、信息、广播电视等基础设施建设，不断提高建设效率和运营管护水平。坚持“县道县管、乡道乡管、村道村管”，强化农村公路工作的政府领导，创新农村公路管理体制机制，加强补齐城乡交通基础设施短板，加快实施通村组硬化路建设。全面推行路长制，大力推动“四好农村路”示范县、示范乡（镇）和生态示范路创建活动。实施农村饮水安全巩固提升工程，到2020年，农村集中供水率确保达到80%，力争达到90%；农村自来水普及率达到80%以上，加快新一轮农村电网改造升级。实施数字乡村战略，加快农村地区宽带网络和第四代移动通信网络覆盖步伐，实现所有行政村通高速宽带。

27. 促进城乡基本公共服务一体化。探索城乡教育水平、低保标准一体化，着力促进城乡公共服务均等化。全面实施全民参保计划，继续扩大城乡居民基本养老保险覆盖面，不断完善城乡居民社会养老制度，稳步提高基础养老金标准和缴费水平。进一步加强基层经办管理服务平台建设，开展村级信息化经办试点工作，不断提升服务水平。统筹城乡社会救助体系，完善最低生活保障制度，推进城乡低保标准一体化，做好农村社会救助兜底工作。加大公共租赁住房有效供给，将进城落户农业转移人口全部纳入城镇住房保障体系。开展农村幸福园建设，推进农村居家养老服务事业。加快基层医疗卫生机构（含村卫生所）设施设备双达标建设，实施基层中医药服务能力提升工程，提高乡村常见病、多发病和慢性病诊治能力。推行契约式家庭医生签约服务，优先为妇幼、老年人、残疾人等重点人群提供稳定、长期的健康服务。完善基本公共卫生服务项目补助政策，落实基本公共卫生服务和孕前优生健康检查项目。深入开展乡村爱国卫生运动，建成一批省级示范卫生乡镇和卫生村，到2020年，建立覆盖城乡的基本医疗卫生制度，居民主要健康指标保持在全市中上水平；医疗服务体系进一步健全，主要医疗卫生资源指标力争达到全市中上水平。实施第三期学前教育三年行动计划，将幼儿园建设纳入城乡公共服务设施配套建设规划，优化幼儿园总体布局规划，坚持公民办并举，面向农村，加大公办幼儿园建设力度。持续深化农村学前教育支教、走教工作。加大政府购买服务力度，继续建设一批普惠性幼儿园，

到2020年，在普惠性幼儿园就读的适龄幼儿达85%。推进县域内城乡义务教育一体化改革发展，优化义务教育资源配置，进一步完善城乡中小学校布局规划，新建、改扩建一批乡镇中小学校，满足农村适龄儿童入学需求。实施城镇中小学扩容工程，依法保障随迁子女平等接受义务教育。推进“全面改薄”项目建设，实施义务教育学校校舍建设及设施设备采购，促进全县义务教育学校条件配备达到省定标准，城乡学校教学资源配置差异状况有效改善。继续实施小学“强基”，初中“壮腰”、高中“筑梦”和农村中小学生“幸福成长工程”，推进“书香”“墨香”校园建设，加强农村中小学质量监测，逐步推行以城带乡的“总校制”办学改革，整体提升农村中小学校办学和管理水平。加快农村学校教育信息化基础设施建设，实现农村学校共享优质教育教学资源。规范农村中小学生托管，健全农村留守儿童关爱服务和困境儿童保障体系，完善儿童动态管理和监测机制。继续实施特殊教育提升计划，推进医教结合及普特融合教育。建立城乡统一、重在农村的义务教育经费保障机制，适当提高寄宿制学校、规模较小学校生均公用经费补助水平，巩固完善农村地区义务教育学校校舍安全保障长效机制。实施农村义务教育学生营养改善计划。到2020年，教育各项主要发展指标达到全市中上水平，学前三年入园率超过98%，义务教育巩固率稳定在98%以上，高中阶段毛入学率超过97%。

八、围绕打好精准脱贫攻坚战，巩固提升脱贫成果

28. *精准聚焦贫困对象*。加强动态管理，坚持现行扶贫标准，把符合条件的贫困人口和返贫人口及时全部纳入建档立卡范围，做到应纳尽纳、应扶尽扶。做好农村最低生活保障工作的动态化精细化管理，把符合条件的贫困人口全部纳入保障范围。完善建档立卡贫困对象进退机制，完善记录贫困村、贫困户基本情况、帮扶措施等信息，筑牢精准基础。指导各乡（镇）制订市级扶贫开发工作重点乡和建档立卡贫困村、贫困空壳村分年度有序退出计划，确保所有重点乡和贫困村如期摘帽，与全县同步进入小康。2018年实现全县建档立卡贫困人口全部脱贫。

29. *精准实施帮扶措施*。建立稳定脱贫长效机制，做好实施乡村振兴战略与打好精准脱贫攻坚战的有机衔接。坚持扶贫与扶志、扶智相结合，强化产业、就业扶持，改进帮扶方式方法，更多采用生产奖补、劳务补助、以工代赈等机制，推动贫困群众通过自己的辛勤劳动脱贫致富。对有劳动能力的贫困人口，通过“一家四业”产业扶贫模式，激发贫困人口内生动力，让贫困户从生产发展、就业创业中实现可持续稳固脱贫。对完全或部分丧失劳动能力的特殊贫困人口，综合实施保障性扶贫政策，通过资产收益扶贫，切实增加贫困户收入。落实完善精准扶贫医疗叠加保险政策，缓解贫困人口因病致贫、因病返贫问题。稳步推进扶贫小额信贷担保，在风险可控的前提下，稳定信贷覆盖面和信贷规模，做到应贷尽贷，2018年对贫困户覆盖面保持在50%以上。扎实开展雨露计划培训，提升贫困群众发展生产和务工经商的基本技能。严格对照“两不愁三保障”标准，因户施策，通过健康扶贫、教育扶贫、养老保险扶贫、低保兜底，确保病有所医、残有所助、老有所养、生活有兜底，切实提高脱贫质量。扶持贫困村集体经济发展，创新资产收益扶贫机制，扎实推进资产收益扶贫工作。探索城乡统筹机制，推动扶贫工作由主要解决绝对贫困向缓解相对贫困转变、由主要解决农村贫困向统筹解决城乡贫困转变，着力提高农村低收入人口的收入水平，缩小城乡差距，实现共同富裕。

30. *强化脱贫攻坚责任和监督*。坚持党政一把手负总责的责任制，强化县委作为全县脱贫攻坚总指挥部的关键作用，脱贫攻坚期内市级扶贫开发工作重点乡党政正职要保持稳定。将2018年确定为脱贫攻坚作风建设年，组织开展扶贫领域腐败和作风问题专项治理，集中力量解决突出作风问题。科学确定脱贫摘帽时间，对弄虚作假，搞数字脱贫的严肃查处。完善扶贫监督考核机制，严格控制各类检查考评，切实减轻基层工作负担。强化扶贫资金监管，充分发挥扶贫资金在线监管系统作用，对扶贫资金进行全过程监管，确保扶贫资金安全高效使用。进一步加强扶贫队伍建设，关心爱护战斗在扶贫第一线的基层干部，为他们工作生活排忧解难，保护和调动他们的工作积极性。

九、强化改革创新，激发乡村振兴新动力

31. *巩固完善农村基本经营制度*。落实农村土地承包关系稳定并长久不变政策，衔接落实好第二轮土地承包到期后再延长30年的政策，优化土地资源配置，培育新型经营主体，促进适度规模经营发展，进一步巩固和完善农村基本经营制度，2018年底前全面完成农村承包地确权登记颁证任务。稳步推行农村土地承包合同网签管理，健全承包合同取得权利、登记记载权利、证书证明权利的确权登记制度。因地制宜发展土地适度规模经营，引导和鼓励开展股份合作、土地托管、代耕代种、互换并地等多种形式流转；引导土地经营权流向种田能手和新型经营主体，至2020年，全县实行土地承包经营权流转的耕地5万亩，林地、林木承包经营权流转6万亩以上。深入开展农民合作社、家庭农场示范创建活动，力争至2020年，每年创建县级以上农民合作社示范社5家，每年培育县级以上家庭农场示范场5家。支持新型经营主体提升地力、改善农业生产条件、依法依规开展土地经营权抵押融资等。

32. *深化农村土地制度改革*。扎实推进房地一体的农村集体建设用地和宅基地使用权确权登记颁证，完善农民闲置宅基地和闲置农房政策，探索宅基地所有权、资格权、使用权“三权分置”，落实宅基地集体所有权，保障宅基地农户资格权和农民房屋财产权，适度放活宅基地和农民房屋使用权，不得违规违法买卖宅基地，严格实行土地用途管制，严格禁止下乡利用农村宅基地建设别墅大院和私人会馆。在符合土地利用总体规划前提下，允许县政府通过村土地利用规划，调整优化村庄用地布局，有效利用农村零星分散的存量建设用地；乡（镇）土地利用总体规划可以预留少量规划建设用地指标用于零星分散单独选址的农业设施和乡村旅游设施等建设。落实对利用收储农村闲置建设用地发展农村新产业新业态工作成绩突出的乡，给予新增建设用地计划指标奖励。

33. *深化农村集体产权制度改革*。全面开展农村集体资产清产核资、集体成员身份确认，加快推进集体经济股份合作制改革。推动资源变资产、资金变股金、农民变股东，探索农村集体经济新实现形式和运行机制，逐步构建归属清晰、权能完整、流转顺畅、保护严格的农村集体产权制度。2018年全县完成集体资产清产核资、农村集体经济组织成员身份确认；2019年全县基本完成经营性资产股份合作制改革。发挥村党组织对集体经济组织的领导核心作用，防止内部少数人控制和外部资本侵占集体资产。维护进城落户农民土地承包权、宅基地使用权、集体收益分配权，引导进城落户农民依法自愿有偿转让上述权益。

34. **深化集体林权制度改革。**推进林业金融改革创新，继续推广福林贷、邮林贷等普惠林业金融产品，做大林权抵押贷款总量。进一步推进林业经营模式创新，提高林业经营组织化程度。推进林业产权制度创新，让更多社会资本进入林业；抓好林业产权“三权分置”改革，探索林木权登记发证工作，推进林业生态保护机制创新，完善生态林补偿机制。推进林业管理体制创新，深化国有林场改革，加强乡镇林业站建设，夯实基层基础。

35. **健全支持小农户发展的新机制。**统筹兼顾培育新型农业经营主体和扶持小农户，加大对小农户的支持力度，改善小农户生产设施条件，提升小农户抗风险能力，拓展小农户增收空间。发挥新型农业经营主体带动作用，发展多样化的联合与合作，引导小农户从分散生产转向有组织有规模生产，共享规模经营效益，促进农民增收。培育各类专业化、市场化服务组织，强化对小农户生产的多元化专业化服务保障。推广多形式农业生产托管服务，推进专项服务和全方位综合服务协调发展。根据小农户生产最薄弱、最需要的重点领域和关键环节，在提升农机、植保、农资供应等服务的基础上，大力发展市场信息、绿色生产技术、农产品初加工、营销等经营性服务，解决小农户生产经营保障问题，把小农生产引入现代农业发展轨道。

36. **统筹推进农村各项改革。**深化农垦管理体制和经营机制改革，鼓励和引导东风农场加快实施公司化改革，扶持农场职工发展自营经济，逐步将东风农场所承担的社会管理和公共服务职能纳入地方政府统一管理。完善小型农田水利工程管护机制，加大农业水价综合改革工作力度，积极推动水利工程管养分离，探索河道管护新模式。继续深化供销合作社综合改革，加快完善现代企业制度，改造提升基层社，深化农产品收储和价格形成机制改革，加快培育多元市场购销主体。落实和完善对农民直接补贴制度，提高补贴效能。

十、强化人才支撑，汇聚乡村振兴力量

37. **大力培育新型职业农民。**继续推进新型职业农民素质提升工程，充分发挥科研院校、社会培训机构和农村实用技术远程培训平台作用，开展生产经营型、专业技能型和专业服务型“三类协同”培训，构建教育培训、认定管理和政策扶持“三位一体”的培育制度，着力培养一支有文化、懂技术、会经营的新型职业农民队伍。引导符合条件的新型职业农民参加城镇职工养老、医疗等社会保障制度。创新新型职业农民培训模式，支持农民专业合作社、专业技术协会、龙头企业等主体承担培训。

38. **加强农村专业人才队伍建设。**建立县域专业人才统筹使用制度，推动人才管理职能部门简政放权，统筹使用基层编制资源。落实中央、省上基层干部队伍优惠政策，不断优化基层干部队伍结构。实施高校毕业生就业创业促进和基层成长计划，继续落实引进生、选调生、大学生村官、“三支一扶”等服务基层计划，引导和鼓励各类人才特别是高校毕业生向农村基层一线流动。保障和落实基层用人单位用人自主权，优化基层事业单位专业技术岗位结构，适当提高基层事业单位中、高级专业技术岗位比例，拓展农村专业人才职业发展空间。鼓励农村专业人才长期坚守农村基层一线工作，全面落实在农村工作满25年且仍在农村工作的专业技术人员，已取得职称资格的，可不受岗位职数限制直接聘任。落实乡村教师支持计划，稳妥推进中小学教师“县管校聘”。加大农村教师补充力度，实施教师补充资助计划，吸引优秀高校毕业生到扶贫开发工作重点乡村任教。加快乡村医生培养，采取“订单定向”培养方式，优化乡村医生队伍结构。组织乡村全科执业助理医师资格考试，推进乡村医生向执业（助理）医师转化。落实在岗乡村医生养老保险与老年乡村医生生活补助政策，加强乡村医生养老保障。支持大田职业中专创新人才培养模式，为乡村振兴培养专业化人才。扶持培育一批农业职业经理人、经纪人、乡村工匠、文化能人、非遗传承人等。

39. **鼓励各类人才到乡村创业创新。**建立有效激励机制，吸引支持企业家、党政干部，专家学者、医生教师、规划师、建筑师、律师、技能人才等，通过下乡担任志愿者、投资兴业、包村包项目、行医办学、捐资捐物、法律服务、技能帮扶、志愿服务等方式服务乡村振兴事业。以乡情乡愁为纽带，实施各类工程技术人才回归创业工程，鼓励大田籍在外工程技术人才回乡创业创新，在研发项目立项、职称评聘等方面给以倾斜支持。支持和鼓励事业单位专业技术人员到农村挂职、兼职和离岗创新创业，为投身创新创业人员提供人事政策保障。加强扶持引导服务，实施乡村就业创业促进行动，积极引导农村大学生和外出务工人员返乡创业。通过落实优秀创业创新项目评选、创业带动就业补贴、社会保险补贴、创业担保贷款贴息等政策扶持返乡人员创新创业，促进创业带动就业。允许农技人员通过提供增值服务合理取酬。全面深入推进科技特派员制度，建立城市医生教师、科技文化人员等定期服务乡村机制，鼓励城市专业人才参与乡村振兴。

十一、强化投入保障，拓宽乡村振兴融资渠道

40. **坚持将“三农”投入作为财政支出优先领域。**建立健全实施乡村振兴战略财政投入保障机制，公共财政更大力度向“三农”倾斜，确保财政投入与乡村振兴目标任务相适应。探索建立涉农资金统筹整合长效机制，优化财政支农投入供给，分类推进涉农资金统筹整合，以部门为单元探索实施“大专项＋任务清单”管理模式。提高涉农资金使用效率，做好涉农项目前期工作，加强涉农项目库建设，加快涉农预算执行进度，减少财政资金结余结转，盘活涉农沉淀资金。实施支农资金绩效管理，建立健全支农资金正向激励。推广一事一议、以奖代补等方式，鼓励农民对直接受益的乡村基础设施建设投工投劳。

41. **创新农村金融服务机制。**加大“三农”信贷投放力度，涉农贷款增量要逐年提高，涉农贷款增速要高于各项贷款平

均增速。继续推进政策性农业信贷担保体系建设，加大对新型农业经营主体的金融服务力度。创新“三农”信贷期限管理、还款方式，有针对性地创新推广农村集体产权、林权土地承包经营权和农民住房财产权、农业生产设施产权抵押、农业商标权抵押按揭等新型业务，推动面积较小的小产权林权抵押贷款的推广应用，将村级融资担保基金模式引入到农业农村各领域，唤醒农村生产与生活中沉睡的资本。推动和规范发展村级担保合作社、互助担保基金，支持依托产业、身份等纽带发展农村信用共同体融资。推进农村金融与农村电子商务融合发展，推动金融机构发展普惠金融。加强农村金融服务网点建设，到2020年行政村实现基础金融服务全覆盖。加快农村信用体系建设，深入开展信用户、信用村、信用乡(镇)创建活动，在贷款利率、额度、手续等方面给予差别化政策优惠，体现守信价值。支持符合条件的金融机构开展“三农”信贷资产证券化，鼓励林业信贷资产证券化，优先盘活绿色信贷存量资产。推动农村家庭财产保险、小额人身保险等涉农普惠保险发展。

42. **引导社会资本投向乡村振兴**。加快建立乡村振兴多元化投入机制，充分发挥财政资金引导带动作用，撬动金融和社会资本更多投向乡村振兴。鼓励县、乡政府和金融机构、社会资本设立各类农业农村发展基金，鼓励有意愿、有条件的金融机构积极发展投贷联动业务。加大地方政府债券支持农村基础设施建设力度。

十二、强化党对“三农”工作的领导

43. **完善党的农村工作领导体制机制**。各级党委和政府要坚持工业农业一起抓、城市农村一起抓，把农业农村优先发展原则体现到各个方面。健全党委统一领导、政府负责、党委农村工作部门统筹协调的农村工作领导体制。建立实施乡村振兴战略领导责任制，落实中央统筹、省负总责、市县抓落实的工作机制。党政一把手是第一责任人，五级书记抓乡村振兴。各部门要按照职责，加强工作指导，做好协同配合，形成乡村振兴工作合力。县农业局要牵头制定现代农业和田园综合体实施方案，住建局要牵头制定美丽乡村实施方案，发改局要牵头制定特色小镇实施方案；各责任单位要根据职责分工制定每个工程具体实施方案，每个乡镇要制定振兴乡村具体实施方案，桃源镇作为振兴乡村整镇推进的试点乡镇，要制定试点方案。建立现场办公制度，县里每季度开展一次不同形式的现场会进行推动，推动比学赶超。切实加强县、乡党委农村工作部门建设，按照《中国共产党工作机关条例(试行)》有关规定，做好党的农村工作机构设置和人员配置工作。建立实施乡村振兴战略工作报告制度，县乡两级党委政府每年要向上级党委政府报告推进实施乡村振兴战略进展情况。建立县乡党政领导班子和领导干部推进乡村振兴战略的实绩考核制度，将考核结果作为选拔任用领导干部的重要依据。实施乡村振兴“巾帼行动”。发挥工会、共青团、妇联、科协等群团组织的优势和力量，发挥各民主党派、工商联、无党派人士等积极作用，支持农业农村发展，投身乡村振兴事业。大力宣传各乡（镇）各部门推进乡村振兴的丰富实践，营造乡村振兴良好氛围。

44. **加强“三农”工作队伍建设**。把懂农业、爱农村、爱农民作为基本要求，加强“三农”工作干部队伍的培养、配备、管理、使用。注重选派熟悉“三农”工作的干部进入乡（镇）党委和政府领导班子，确保主要领导干部懂“三农”工作，会抓“三农”工作，分管领导真正成为“三农”工作的行家里手。坚持把到农村一线工作锻炼作为培养干部的重要途径，坚持政治标准，注重提拔使用政治过硬、实绩突出、群众公认的优秀干部，形成干部人才向农村基层一线流动的用人导向。

45. **强化乡村振兴规划引领**。制定大田县乡村振兴具体规划或实施方案，明确到2020年和2022年的发展目标、重点任务和保障措施，部署若干重大工程、重大计划、重大行动。加强各类规划的统筹管理和系统衔接，形成城乡融合、区域一体、多规合一的规划体系。根据发展现状和需要分类有序推进乡村振兴，对具备条件的村庄，要加快推进城镇基础设施和公共服务向农村延伸；对自然历史文化资源丰富的村庄，要统筹兼顾保护与发展；对生存条件恶劣、生态环境脆弱的村庄，要加大力度实施生态移民搬迁。

推进乡村振兴，任务艰巨，使命光荣，让我们更加紧密地团结在以习近平同志为核心的党中央周围，高举中国特色社会主义伟大旗帜，以习近平新时代中国特色社会主义思想为指导，认真贯彻落实中央和省委省政府、市委市政府决策部署，不忘初心，牢记使命，拿出勇气，拿出干劲，以永不懈息的精神状态和一往无前的进取姿态，以更高的标准、更细的举措、更实的作风，为建设新时代多彩大田而努力奋斗！

2018年4月26日

中共大田县委

关于深入贯彻习近平总书记重要指示精神坚持高质量发展落实赶超的意见

（2018 年 10 月 29 日中国共产党大田县第十三届委员会第七次全体会议通过）

田委发〔2018〕4 号

各乡（镇）党委，县委各部、委、办、局，县直各单位党组（党委、总支、支部）：

为全面贯彻落实习近平新时代中国特色社会主义思想和党的十九大精神，深入贯彻落实习近平总书记对福建工作的重要指示精神和中央关于支持福建加快发展的重大战略部署，认真贯彻落实省委十届六次全会精神，根据《中国福建省委关于深入贯彻习近平总书记重要指示精神坚持高质量发展落实赶超的意见》（闽委发〔2018〕16 号）和《中共三明市委关于深入贯彻落实习近平总书记重要指示精神坚持高质量发展落实赶超的意见》（明委发〔2018〕13 号），进一步加快高质量发展落实赶超步伐，现提出如下意见：

一、指导思想

以习近平新时代中国特色社会主义思想为指导，全面贯彻党的十九大和十九届二中、三中全会精神，坚持党的全面领导，坚持稳中求进工作总基调，坚持新发展理念，坚持质量第一、效益优先，统筹推进“五位一体”总体布局，协调推进“四个全面”战略布局，以供给侧结构性改革为主线，打好防范化解重大风险、精准脱贫、污染防治三大攻坚战，紧紧围绕高质量发展落实赶超这一战略目标，突出“创新驱动、绿色发展”工作主题，主动融入全省“再上新台阶、建设新福建”发展大局，着力抓好创新驱动、转型升级、区域协调、乡村振兴、改革开放、生态建设和民生改善，落实全面从严治党“八个坚定不移”要求，努力实现产业发展高素质、城乡建设高品质、改革开放高层次、生态环境高颜值、民生幸福高指数、党的建设高质量，开创新时代“多彩大田”建设新局面。

二、主要目标

到 2020 年，综合实力持续提升，全县经济总量达到 260 亿元，占全市比重有所提高；固定资产投资年均增长 15%；居民人均可支配收入年均增长 8.5%；地方级一般公共预算收入年均增长 6.1%，2020 年地方级一般公共预算收入达 9.2 亿元以上；生态建设和环境保护取得显著成效，单位生产总值能耗及污染物排放量进一步降低，圆满完成赶超任务；经济结构更加优化、发展动能加速转换、创新驱动发展格局加快形成；主动融入闽西南协同发展区建设格局基本形成，城乡一体化和区域协调发展迈上新台阶；对内对外开放的广度深度不断拓展，开放型经济发展水平持续提高；基本公共服务更加均等化、普惠化，人民群众生活质量和水平不断提高，发展质量、生态效益、民生保障等明显提升。

三、重点任务

（一）加快实施创新能力提升行动

1. 大力构建创新发展体系。持续推进落实县委《关于实施创新驱动发展战略的实施意见》（田委〔2016〕80 号），以实施创新驱动发展战略为抓手，加大创新驱动正向激励，建立健全鼓励科技创新的评价体系、激励推进机制和财政科技投入稳定增长机制。筛选一批高新技术企业和有代表性、示范性、导向性的重大创新项目，建立党政领导挂钩联系制度，实行动态管理和跟踪服务，加强政策精准辅导，帮助协调解决困难问题，营造更好更优的科技创新环境。到 2020 年，全社会研究与试验发展（R&D）经费投入占地区生产总值（GDP）比重达 1%，年均增长 20% 以上，每万人口发明专利拥有量达 1.5 件，科技进步对经济增长的贡献程度明显提高。

2. 充分发挥企业主体作用。将高新技术企业发展纳入经济发展大局，注重高新技术产业项目的引进和培育，将培育高新技术企业情况列入年度考核，建立高新技术企业后备企业登记制度，遴选一批创新能力强、成长速度快的中小科技企业，纳入高新技术企业培育后备库，对后备库企业进行重点帮扶和支持，引导企业依靠科技创新内涵式发展，推动面广量大的科技型企业加快成长为高新技术企业。开展龙头企业创新转型试点，支持企业技术创新、管理创新、商业模式创新，推动传统龙头企业向高新技术企业转型升级。大力培育以科技型企业—科技小巨人企业—高新技术企业—创新型企业为梯队的创新型企业集群。瞄准中高端智能装备制造、环保科技、光电信息、新材料、智能新型纺织、生物科技等产业方向，重点引进扶持一批拥有自主知识产权、自主品牌、行业尖端技术的高新技术企业，打造一批拥有核心技术、成长性好的科技小巨人企业和有行业影响力的创新型企业。到 2020 年，力争培育引进 5 家高新技术企业、1 家创新型企业、5 家科技小巨人领军企业、40 家科技型中小企业；实施“机器换工”100 台（套）以上。

3. 推动研发创新平台建设。结合我县产业发展需要，搭建自主创新平台，设立企业创新引导基金，支持在重点行业、重点骨干企业布局建设一批研发中心、产业技术研究院、重点实验室等创新载体，重点推进福建清航飞行器技术研究院、卫斯特环保院士专家工作站、竞源生物院士专家工作站和宝山机械博士后工作站建设。积极引进国家级产业联盟、科研院所、著名高校在大田设立研发机构，鼓励企业、高校、院所、行业协会、商会和投资机构以产学研合作形式，共建工程实验室、院士专家工作站和博士后科研工作站等研发机构。到2020年，新增省级以上企业技术中心、工程（技术）研究中心2家，院士工作站、博士后工作站5家。

4. 促进科技成果转移转化。加大力度引进技术转移服务机构，采取政府引导、市场化运作、开放服务的方式，推进一批创新水平高、产业带动性强、具有自主知识产权的成果转化和产业化。鼓励企业通过科技成果展示交易平台和中国海峡项目成果交易会等平台，强化创新成果与产业对接，实现技术交易。鼓励高等院校和科研院所以科技成果作价入股企业，提高对科技成果完成人和作出重要贡献人员的奖励比例。到2020年，在重点产业和领域新建1—2家产业技术重大研发平台和科技成果转化平台。

（二）加快实施“一十百千”转型升级行动

1. 推动开发建设一批工业园区。按照“专业化、特色化、集群化、规模化”的要求，优化园区规划布局，以京口省级经济开发区为核心，重点加快推进上京机械铸造产业集聚区、太华石墨（烯）工业园、均溪陶瓷文化园、广平绿色循环产业园等4个工业园区建设，引导产业向园区集聚，完善基础配套设施，营造有利企业发展软环境，促进产业集聚、要素集中、资源集约，建设一批产业特色鲜明、示范作用凸显、辐射带动力强的工业园区，成为推进新时代“多彩大田”建设的重要平台和载体。

2. 突出抓好投资十亿产业项目。牢固树立“抓项目就是抓发展”的理念，持续创新完善项目工作机制，全力推进“五个一批”项目建设，不断深化“五比五晒”项目竞赛活动，把赶超任务落实到具体项目上，作为推动高质量发展的重要抓手，优选产业项目、引进先进项目、抓好龙头项目，力争每年新增列入省级“五个一批”项目管理库项目200个，新增亿元以上项目100个以上。重点实施总投资十亿元以上重大产业项目9个，总投资124亿元，其中：2018年计划投资25.5亿元，2019年计划投资37.5亿元，2020年计划投资35.4亿元。

3. 着力培育打造百亿产业集群。重点围绕中高端装备、轻纺服装、建材水泥、石墨（烯）新材料等行业，完善政策体系，优化资源配置，突出创新驱动，从专项资金、项目投资、金融服务、研发创新、要素保障、财政奖励、公共服务、驻企挂包等方面给予积极支持，鼓励和引导龙头企业通过优化产品结构和市场结构不断做大做强，重点培育红狮水泥、卫斯特环保科技、清航装备、东方雨虹、科华石墨、大圣日用陶瓷等6家企业，力争到2020年有部分企业产值达30亿以上，成为具有龙头带动作用的“金娃娃”企业。按照“抓龙头、铸链条、建集群”的发展思路，以“一区多园”为载体，不断完善产业配套、基础配套、公共配套，整合创新资源、要素资源、生态资源，充分发挥龙头企业骨干支撑和引领带动作用，以做大总量、调优结构、完善链条为主攻方向，促进传统产业提质增效、转型发展；以突破关键技术、提高核心竞争力、壮大产业规模为主攻方向，促进新兴产业壮大规模、提速发展，着力培育打造轻纺面料和机械铸造等2个产值超百亿元的产业集群。

4. 扶持千家小微创业创新企业。巩固提升小微企业双创示范成果，加大创业创新生态、融资体系、资源共享平台、商事制度改革和综合服务体系的推进力度，进一步引导人才、技术、资金等要素向小微双创倾斜。到2020年，全县新增小微企业1500家以上，小微企业新增就业人员5000人以上。发挥“双创”基地的示范引领作用，推动众创空间、孵化器向专业化、精细化升级，提升一批创业创新空间和公共服务平台质量水平，到2020年建成科技企业孵化器。引导企业加大技术创新投入，着力增强企业创新能力，培育一批国家级科技型中小企业、国家和省级高新技术企业。

（三）加快实施融入闽西南协同发展区建设行动

1. 落实参与协同发展领域。按照市委、市政府的部署要求，围绕《闽西南经济协作区五市关于加快推进协作区建设的意见》中确定的统筹规划对接、推进山海协作、基础设施互联互通、促进产业协同合作和深化科技创新协作，开展金融、商贸物流、文化旅游领域合作，推进教育、医疗资源合作共享，人力资源和社会保障合作、资源环境共治共保和政务联通互认，加强开放联动和对台交流合作，加快推进军民融合协同发展等16个方面的主要方向和领域，立足我县的区位优势、产业联系和现有合作基础，积极推动与协同发展区有关方面建立更加深入、更加广泛、更加紧密的协同发展关系。同时，积极主动做好向上沟通对接，力争将我县列为闽西南经济协同发展试点县。

2. 推动产业协作园区共建。以我县被列为中国铸造产业集群试点县为契机，加快推进上京机械铸造产业集聚区、太华石墨（烯）等产业园区建设，主动承接厦门、泉州腾退的机械铸造企业、中高端装备企业转移，加快培育形成新的县域经济增长点。抢抓厦门－三明、泉州－三明共建产业园区的良好机遇，深化与厦门、泉州的交流合作，积极推动山海协作共建广平绿色循环产业园区，在互惠互利中实现协同共赢发展。

3. 发挥项目协同引领作用。围绕基础设施、产业发展、民生社会事业等方面，梳理一批闽西南协同发展区重大项目，作为我县加快融入协同发展区建设的抓手。重点加快推进兴泉铁路等在建项目建设，积极开展莆炎高速支线（广安线）、国道G534（横六）线等项目前期工作，努力争取南昌至厦门（福州）高铁线路经过大田，并列入省交通发展中长期规划。对涉及我县已列入协同发展区重大项目台账的，加强项目跟踪管理，促进项目加快建设。同时，全方位拓展新项目源，全力策划生成重大项目，促进区域内、区域间交通设施快捷联通，推动产业跨区域转移集聚，促进公共服务共建共享合作。

4. 推进实施区域协同招商。充分利用协同发展区内“9·8”投洽会、“林博会”等平台，积极参与共同搭建招商合作平台，建立和实施项目策划、招商推介、项目投资的互联共享机制，精心组织参加招商引资对接活动，对适合在我县投资落地的项目，积极沟通争取。重点持续加强跟踪对接，加快引进泉州汽车配件协会、泉州机械行业协会和晋江五金进出口协会等相关龙头企业，并优先安排承接转移的机械铸造企业、中高端装备企业入驻上京机械铸造产业集聚区。同时，充分利用夏商百货等农产品展销平台和电商平台，积极构建大田农特产品特别是富硒农产品进厦“绿色通道”，带动我县现代农业更好更快发展。

（四）加快实施发展新动能培育行动

1.实施战略性新兴产业倍增行动计划。立足我县资源优势和产业基础，以重大项目为支撑，以骨干企业为龙头，在推动传统产业改造提升的同时，实施新兴产业倍增计划，重点培育壮大石墨（烯）、智能装备、新材料、生物医药等四个资源型战略性新兴产业，形成一定产业规模、布局合理、竞争力强、辐射带动作用大的战略性新兴产业格局，使战略性新兴产业成为全县经济发展新增长点，力争到2020年产值达到30亿元以上。石墨（烯）产业，重点加快推动科华石墨锂电池负极材料项目落地开工建设，带动我县石墨产业的加快发展。至2020年，力争产值突破5亿元。智能装备产业，重点抓好清航无人机产业化项目建设，力争到2020年建成集研发、生产、试飞、展销等一体高端装备制造企业。充分发挥卫斯特环保科技院士工作站的作用，在成功研发制造出国内首台有毒、有害气体监测与控制专用机器人基础上，进一步研制开发适应市场需求的“专用机器人”，争取首台（套）重大技术装备申报认定，实现研发成果市场化应用。力争到2020年产值突破15亿元。新材料产业，重点抓好东方雨虹防水卷材、涂料、节能保温材料和特种砂浆生产线、厦门钨业尾矿综合利用、伊鑫新材绿色生态节能墙板生产线等项目建设。力争到2020年产值突破10亿元。生物医药产业，以中药材种植、中间体和原料药、中成药和化学药品制剂为主要产品结构，重点发展医药保健品、医用酶制剂、天然植物药三大领域，培育发展特色生物医药产业，重点推动三九军大生物科技正常化生产，带动我县生物医药产业加快发展。力争到2020年产值突破3亿元。

2.实施新一轮技改提升行动计划。坚持市场主导与政府引导相结合，重点支持《福建省工业企业技术改造投资指导目录》内行业领域的扩产增效、智能化改造、设备更新、公共服务平台建设和绿色发展项目。实行重点技改项目分级管理，力争每年纳入省级技改重点项目4项以上、市级技改重点项目20项以上。建立工业转型升级技术改造投资计划项目库，储备一批打基础、补短板、促升级的重点技术改造项目，每年实施投资千万元以上重点技改项目25项以上，建成投产或部分投产15项以上。到2020年，工业技术改造投资年均增长12%以上，工业技改投资占工业投资比重达65%以上。

3.实施服务业创新发展行动计划。充分发挥我县资源禀赋和潜在优势，突出差异化特色和融合发展特征，加快现代物流、电子商务等生产性服务业集聚发展，大力推进旅游、文化、体育、健康、养老“五大幸福产业”等生活性服务业协调发展，全面拓展新兴业态，促进现代服务业发展提速增效，力争到2020年实现第三产业增加值达90亿元。打造闽中物流集散中心。依托上京凤凰湾物流园、闽中现代物流园、石牌长隆物流园区和吴山卓效物流园区，以泉南和莆炎高速及莆炎支线、兴泉铁路和国道、省道干线为主体，推进与闽南沿海以及周边的沙县、永安、尤溪等地跨区域物流基础设施共建共营，打造闽中物流集散中心和物流产业配送服务基地，到2020年，实现产值25亿元以上。打造农村电子商务核心区。以获批创建国家级电子商务进农村示范县为契机，依托创业创新产业园，以山瓜瓜农业、大音文化为示范带动，大力发展“互联网+特色农产品”“互联网+旅游产品”等新业态；加强与同程、携程、乐途等旅游平台合作，鼓励开展旅游电子商务。到2020年，实现产值16亿元以上。打造闽南沿海大都市“后花园”。依托“大仙峰·茶美人”“灵动济阳”等3A级景区，整合“山、水、泉、茶、堡”等丰富旅游资源，以百公里高山骑行道串联起一批中国传统村落、中国美丽休闲乡村、特色旅游景点，大力发展林下休闲旅游和乡村民宿经济，串点成线、连线成面，打造鲜明的整体旅游形象，带动全域旅游加快发展。到2020年，实现产值30亿元以上。打造闽中“大健康”产业中心。以闽湖湖美、梅山库区和谢洋象山景区为中心，辐射带动周边乡镇，重点发展高山休闲养老、中医理疗、健身运动、舞蹈瑜伽、温泉养生等健康养老服务业，重点开发利用富硒食品、中医中药、温泉疗养、天然氧吧等资源，以居家养老为基础，社区养老为依托，机构养老为补充，构建医养相结合的养老服务体系，打造闽中“大健康”产业中心。到2020年，实现产值1.2亿元以上。打造大田文化创意产业园区。深入挖掘农耕文化、民俗文化、土堡文化、章公祖师文化、古乐器文化、高山茶文化、红釉文化、竹文化、戏曲文化、孝道文化、洛神花文化等文化元素，丰富提升“高山茶文化节”“民俗文化周”“书香大田”“戏曲大田”等活动，拓宽阔公戏、板灯龙等文化遗产传承利用途径，打造大田文化创意产业园区。到2020年，实现产值5亿元以上。

4.实施现代农业提升发展行动计划。大力推进乡村振兴，始终抓住“产业兴旺”这个“牛鼻子”，用好“中国高山茶之乡”“中国油茶之乡”“中国高山硒谷”等国字号品牌，按照“三生同步、三产融合、三位一体”发展战略，坚持围绕农业办工业理念，突出“两茶一硒”，推进“一产接二连三”，全力打造国家茶叶公园、国家油茶公园、国家富硒农业公园、桃源农产品加工园和农产品展示展销园等“五个公园”，力争到2020年农林牧渔业产值达65亿元。打造国家茶叶公园。依托吴山、屏山、济阳、谢洋等茶叶生产区域，以茶产业生产经营活动为特色，以茶园景观和农村自然风貌、农耕文化遗产、民俗民风、农民生活场景等茶乡资源为主要旅游载体，创建国家茶叶公园，并结合全域旅游，打造茶主题乡村旅游，深化茶俗茶事，开展生态茶旅、节庆茶旅、休闲茶旅、养生茶旅、修行茶旅，以及亲子式茶旅、游学式茶旅、探险式茶旅等，实现茶旅文化、茶旅品牌、茶旅产品一体化。打造国家油茶公园。着力培育油茶良种，建设油茶良种基地，通过技术示范、技术培训等多种形式，推广丰产栽培技术，大幅度提高油茶品质和产量；重点发展油茶深加工，提炼茶皂素、茶酸、茶肝，研发茶油护肤品、茶皂素、洗洁粉、活性有机肥料、有机饲料等产品；抓好华兴、梅山、文江、湖美等丰产油茶示范乡村、示范基地建设，改造提升油茶基地1万公顷，鼓励和支持加工企业参与油茶原料林基地建设，推动“公司+基地+农户”产业化经营模式发展，引导企业在油茶良种使用、精细栽培管理、精深产品研发等方面加大投入，全力打造国家油茶公园。

打造国家富硒农业公园。以桃源镇富硒产业基地、“中国·桃源里”景区建设为依托，整镇推进“田园综合体”建设，以裕田生态农业、聚贤农业、山哈旅游、竞源生物等企业为龙头，加强与中国农业科学研究院、省农科院、南方生物医学研究中心合作，不断研发富硒产品、壮大富硒企业、提升富硒旅游产业，实现富硒田园“科技化、产业化、休闲化”，全力打造规划建设国家富硒农业公园。做精桃源农产品加工园。以桃源富硒农产品加工园为核心，以茶叶、山茶油、红粬酒、竹笋、菌菇、水果、“六黑”（黑猪、黑兔、黑鸡、黑米、黑豆、黑芝麻）等为重点，围绕富硒的油茶、茶叶、果蔬、水稻、生姜、洛神花等种植基础较好的特色农产品，大力扶持一批农产品加工龙头企业、知名品牌，发展农副产品精深加工，提高农副产品附加值，逐步培育形成新的工业经济主导产业。做活农产品展示展销园。全力打造“硒望之田”县域农产品知名品牌，依托城区“双创”产业园，建设农产品展示直销中心2000平方米，建立农业VR展示区、农产品体验区、展销区、电商区、农耕文化陈列区等，实行市场化运作、常年开馆，建成全面展示我县特色农产品的形象窗口。

（五）加快实施数字经济领跑行动

1. 建设完善数字基础设施。积极配合市里加快推进政务信息系统整合共享，建设规模能够支撑市县两级信息化应用的云计算数据中心，为各部门提供统一稳定的基础设施及安全保障，形成统一的非密电子政务网络。持续提升高速宽带网络能力，推动光网和4G深度覆盖，第五代移动通信启动商用。加快部署新型、融合、集约、绿色的数字应用设施，推动窄带物联网（NB-loT）全面覆盖。

2. 构建数据资源应用体系。利用已建的市级政务数据汇聚平台成果，探索建立县级政务数据汇聚平台，整合部门信息资源，形成统一、完整、共享、开放的政务信息资源体系，为城市智能化综合管理、提升政府效能和服务水平提供数据支撑。组织开展政务信息资源目录编制工作，做好信息分类并以此作为部门间信息共享及政务数据开放开发的依据，建立政府数据资源目录体系。充分利用政务数据汇聚平台，实现数据共享共用、开放开发，重点推进政务数据汇聚平台深层次应用建设，充分利用各类基础数据库、专题库建设或服务部门应用平台，提升政务服务效果，开展政务数据分析，为领导决策提供数据支撑。

3. 推动数字经济融合应用。以数字化为核心，推动互联网、大数据、人工智能和实体经济高度融合，深化县、乡“互联网+”区域化链条化试点建设，增强县域经济发展活力，促进产业优化升级。加快经济社会各领域数字化转型步伐，大力推动物联网、大数据、人工智能等新兴技术与县域重点行业融合应用。培育发展新动力，建成实体经济、科技创新、现代金融、人力资源协同发展的数字经济产业体系，形成与数字经济相适应的政策与制度环境。

4. 培育发展数字经济园区。开展“互联网+”重点产业园区行动，推动重点产业园区完善基础设施，增强数字化公共服务供给能力，培育“互联网+”应用与服务示范园区，着力推动县VR产业园向数字经济园区转化。引入、培育数据共享、设备互联、场景互联、云服务和人工智能等第三方专业服务公司，培育一批为中小企业数字化转型提供支撑的服务商。

（六）加快实施深化对外开放行动

1. 融入“一带一路”建设。加强与“一带一路”沿线国家和地区的产能对接、经贸往来和技术合作，扩大机械铸造、纺织品、富硒农产品等特色优势产品出口规模，鼓励相关生产企业“走出去”参与“一带一路”建设，借势“出海”，带动产品产能输出，抢占市场份额，力争向“一带一路”国家和地区出口额保持较快增长。组织我县企业积极参与第二届中国—土库曼斯坦科学创新论坛、“中国·非洲·新印象”科技创新主题展览、海丝科技创新合作暨科技外交官跨国技术转移专场、第三届中国—中东欧国家创新合作大会、第九届中意创新合作周等多项国际性科技交流活动，促进先进技术及成果的引进、输出和转移转化。

2. 大力开拓国际市场。鼓励有条件的企业拓展国际营销服务体系，在境外投资或经营国际营销网络，支持建设为我县企业提供境外营销服务的展示中心、分拨中心、批发市场、零售网点和售后维修服务中心等国际营销网络公共服务平台，开拓多元化市场。以进出口规模生产型1000万元以上、规范退税的流通贸易型企业1亿元以上进出口企业为重点，从科技成果转化、产品升级换代、开拓境外市场、建立品牌体系、通关便利化等方面进行跟踪服务，引导相关金融机构在信贷、贸易融资和出口信用保险等方面给予优惠，支持参与跨国公司外汇资金集中运营管理试点，帮扶企业做大做强，力争到2020年，培育进出口规模1000万元以上的企业10家，超过1亿元以上的企业2家，新增有出口实绩的外贸经营主体10家，全县有出口实绩的生产型企业超过10家。利用大田省级加工贸易转移承接地平台，以点带面，加快我县出口产业的转型升级，提高产品附加值，实现“优进优出”。

3. 深入开展人文交流。充分利用山区县自然生态旅游资源，大力发展全域旅游，积极主动对接闽南沿海城市，力争加入区域旅游合作联盟，实行资源共享、客源互送、品牌共推、线路互联，逐步实现交通无障碍、服务无障碍、投诉无障碍、政策共享、市场共享、产品共享、品牌共享、信息共享的“三无五共享”旅游区域合作新格局。重点对接集美大学共建“大田第二集美学村”，逐步打造成为我县全力推动经典红色文化旅游景点。

（七）加快实施基础设施升级行动

1. 进一步完善路网。有序推进快速铁路和高速公路建设，重点推进兴泉铁路和莆炎高速大田段建设，力争2020年建成通车。进一步加快广平至安溪官桥新规划省网高速公路项目前期审批及设计，力争2020年前完成项目前期工作，适时开工建设，加快形成我县南北便捷高效的高速公路网。着力推进普通国省道干线公路建设，重点推进国道纵五线和国道横六线大田段建设，进一步完善路网功能、提升运行效率。持续推进“四好农村路”建设，重点抓好通乡镇三级路、资源路、旅游路、产业路、通村单车道拓宽改造，完善农村公路通达网络，强化农村公路养护管理，提升路网通行能力。力争到2020年，全县高速公路总里程达93公里以上、普通国省干线二级以上公路比率达到 19%。

2. 进一步完善电网。优化主干网架支撑，加快良元华（小华）220 千伏变电站建设，提升供电能力、质量和满足兴泉铁路用电需求。投产屏山 35 千伏输变电工程，实现 110 千伏、35 千伏变电站布点覆盖 90% 以上乡镇，满足新增负荷用电需求。提升配网建设水平，加强主干网架建设，实现 10 千伏线路 N-1 达到 90% 以上。加大老旧设备改造力度，提升供电可靠性，实现农网停电时间小于 5.13 小时；加大配电台区新建和改造力度，实现户均容量不小于 2.89 千伏安的目标。

3. 进一步完善管网。加快城乡供水管网改造，建立管网地理信息系统（GIS），降低供水管网漏损率。加大排水管渠建设和改造，提升城市管网排水能力。统筹各类管线铺设，提高城市综合承载能力。加快天然气管网建设，确保大部分县城区居民可用上绿色、环保、方便、安全、便宜的天然气。

（八）加快实施生态建设提升行动

1. 持续提高生态环境质量。坚持绿色发展道路。以绿色发展为引领，划定生态保护红线，严守环境质量安全底线，实行自然资源上线，制定环境准入清单及负面清单，强化源头管控。优化产业发展布局，加快产业转型升级，深化落后产能淘汰和“散乱污”整治，推进重点企业清洁生产。充分发挥环评审批导向作用，严控“两高一资”（高耗能、高污染和资源性）项目准入，从源头上减少污染物产生，积极引进绿色效益好的项目，努力实现生态环境的“高颜值”和经济发展的“高素质”，持续走可持续发展的绿色发展道路。聚焦大气、水、土壤污染防治，盯紧省市下达的主要污染物排放总量控制目标，坚决打好污染防治攻坚战。按照市里统一部署统筹推进山水林田湖草生态保护修复试点项目建设。严守生态保护红线，在红线区域实施最严格的水资源保护、土地用途管制和产业退出制度，逐步清理自然保护区、饮用水源地保护区范围内违规建设项目，逐步建立环境准入负面清单、生态补偿、绩效考核和监控体系的“3+1”制度框架。

2. 持续打造清洁家园。聚焦农村垃圾处理、污水治理、农房整治、村容村貌提升和厕所革命，大力推进农村人居环境整治三年行动方案。推进垃圾分类和综合循环利用，开展家庭生活垃圾干湿分类。完善垃圾分类收集、运输、回收体系，加快垃圾清运体系与再生资源回收体系对接。到 2020 年，全县开展生活垃圾强制分类处理，鼓励有条件的乡（镇）全面实施生活垃圾分类。推进生活垃圾无害化处理设施建设，加快垃圾中转站和处理厂建设，特别是餐厨垃圾处理厂的建设与运营。到 2020 年，全县城区生活垃圾无害化处理率提高到 98% 以上，所有乡镇（集镇区）和 90% 以上村庄的生活垃圾得到有效处理，垃圾回收利用率达到 15% 以上。推进城市洁净工程，进一步提高道路机械化清扫率，有效控制道路扬尘污染。到 2020 年，快速通道和主干道机扫率达到 65% 以上。新建改造一批公厕，形成以独立式和附建式公厕为主，沿街公共建筑内厕所对外开放为辅的城镇公厕布置格局。到 2020 年，基本实现城区（含乡镇所在地）每万人有 3—4 座公厕，步行 15 分钟左右有一座公厕。

3. 提升城乡规划建设水平。紧紧围绕绿色发展，依托中心城区建设扩容提质，建设“城在山中，山在城中，绿水环绕”城市形象，打造景城一体的生态岩城。坚持“生态立县”，依托以中心城区为支撑、以重点开发乡镇和据点式开发乡镇为纽带、美丽乡村为基础协调发展的绿色城镇体系，建设绿色工业园区与产业链群，实现山区资源型城市的绿色转型发展，形成“天蓝、山绿、水清、城美”的清新大田。

（九）加快实施民生需求保障行动

1. 打好精准脱贫攻坚战。坚持“精准滴灌”原则，围绕“两不愁、三保障”总体目标和“真扶贫、扶真贫、真脱贫”要求，深入开展精准扶贫“八项行动”，深化“千名干部结穷亲”活动，在政策、资金和项目安排上向贫困村倾斜，完善任务清单、问题清单、整改清单“三单”制度，切实增加农村贫困人口收入，确保贫困人口脱贫且不返贫。推进“一家四业”产业扶贫模式，把促进易地扶贫搬迁的贫困人口就业创业和推进小城镇建设、美丽乡村建设紧密结合。到 2020 年，确保如期完成 34 个建档立卡贫困村、38 个贫困空壳村、2 个市级贫困乡摘帽退出，现行标准下农村建档立卡贫困人口全部脱贫。

2. 强化提升社会保障。完善和落实就业创业政策，积极帮扶重点群体实现就业。深入开展就业创业“四进四扶”活动，继续实施就业扶持民生工程，组织开展就业“春风行动”，有序举办就业招聘会，组织各类用人单位进场招聘，引导和促进城乡劳动者充分就业和成功创业。到 2020 年实现新增城镇就业 2700 人以上、农村劳动力转移就业 3200 人以上。继续抓好社保扩面工作，提升各类社会保险参保率和保障水平。推进石牌来享福医养结合、闽中油茶康养小镇等项目建设，加快养老事业和服务产业发展。加大棚户区改造力度，新开工建设保障性安居工程 194 套。完善就业援助制度，加强对灵活就业、新就业形态的扶持，统筹抓好农村转移劳动力、失业人员等各类群体就业工作，托底帮扶就业困难人员。

3. 着力补齐民生短板。坚持教育优先发展，进一步补齐教育短板，重点推进城东小学、新红星幼儿园等项目建设，动工建设香山小学、大田一中东部校区等项目；加强教育信息化和教师队伍建设，实现学前教育、中小学校、普高职专等教育事业均衡发展。加强卫技人才引进和培养，进一步提升医疗卫生服务能力，加快推进石牌、太华卫生院、县总医院外科大楼、县妇幼保健院二期等项目建设，争创国家妇幼健康优质服务示范县和二级甲等妇幼保健院。继续做好人口与计划生育工作，全面落实生育政策。巩固提升公共文化服务体系示范区创建成果，推进闽中琴院文化艺术中心、果壳文化创意小镇、吴山童趣文化园等项目建设，以全国大体操培训基地为依托，继续举办高水平的大型体育赛事，促进体育事业与体育产业联动发展。

4. 促进基本公共服务均等化。制定实施推进基本公共服务均等化行动计划，建立健全城乡统一的基本公共服务设施配置和建设标准。探索建立基本公共服务多元化供给机制，鼓励引导社会力量参与服务供给，提高基本公共服务供给效率。围绕人民群众美好生活新期待，每年办好一批为民办实事项目。到 2020 年，我县基本公共服务与经济发展总体协调，公共服务体系更加完善，供给能力显著增强。

四、保障措施

（一）提高政治站位，增强行动自觉

各级各部门要深刻认识坚持高质量发展落实赶超的重要经济意义和政治意义，是深入贯彻落实习近平新时代中国特色社会主义思想，增强“四个意识”、坚定“四个自信”、做到“两个维护”的实际检验。要始终保持战略定力，坚定信心和决心，切实增强坚持高质量发展落实赶超的政治自觉、思想自觉和行动自觉，把坚持高质量发展落实赶超，统一于深入实施“十三五”规划、决胜全面建成小康社会的奋斗过程，确保赶超目标落到实处。

（二）强化责任担当，提高工作能力

各级党委（党组）要充分发挥党委总揽全局、协调各方的作用，党员领导干部要坚持正确政绩观，坚持功成不必在我、功成必定有我，强化政治担当、历史担当、责任担当，在推动高质量发展中发挥“头雁效应”，特别是各级各部门主要负责同志要切实履行第一责任人的职责，时刻把责任扛在肩上，确保目标任务落实不走样、不打折。要牢牢把握既要政治过硬也要本领高强的要求，持续兴起“大学习”热潮，不断提高运用新发展理念推动高质量发展的能力和水平。要结合实际细化九大行动重点任务，实行清单化、项目化管理，做到一个专项、一套方案、一抓到底。

（三）实施正向激励，营造良好氛围

各级党委（党组）要树立担当作为的用人导向，注重在坚持高质量发展落实赶超的工作一线考核、培养和锻炼干部，大胆使用忠诚干净担当、想干事敢干事会干事的干部。要坚持严管和厚爱结合、激励与约束并重，持之以恒正风肃纪反腐，落实和完善容错纠错机制，为敢于担当、踏实做事、不谋私利的干部撑腰鼓劲。要加快建立高质量发展的指标体系、政策体系、标准体系、统计体系、绩效评价和政绩考核办法，层层传导压力。要注重加强宣传思想工作，大力宣传勇担当、善作为的先进事迹和典型经验，在全社会营造良好的干事创业氛围，深入开展“六最”营商环境对标活动，着力打造一流营商环境，广泛凝聚各方智慧和力量，形成推动高质量发展落实赶超的强大合力。县委督查室、县政府督查室、县效能办要完善“一季一督查、年终总考评”机制，推行综合督查、减轻基层负担，有效推动各项工作任务落到实处、取得实效。

中共大田县委　大田县人民政府
大田县加快发展三年行动计划（2018—2020年）实施方案

田委〔2018〕18号

为贯彻落实党的十九大精神和习近平总书记对福建、对三明、对大田工作的重要指示精神，进一步强化项目带动，积极扩大有效投资，确保全面完成2018—2020年全县经济社会发展目标任务，根据《三明市加快发展三年行动计划（2018—2020）实施方案》的要求，特制定本实施方案。

一、总体要求

牢固树立“抓项目就是抓发展”的理念，以“五比五晒”项目竞赛活动为抓手，创新项目工作机制，落实正向激励措施，营造良好工作氛围，突出抓好项目签约、动工、投产三个重要环节，优选产业项目，引进先进项目，抓好龙头项目，形成接续有序、支撑有力的项目工作格局，确保全县固定资产投资年均增速不低于15%，全面完成经济增长目标任务。

二、主要任务

2018—2020年全县计划实施亿元以上重大项目49个（已纳入三明市三年行动计划项目库），总投资272.38亿元，每年滚动储备亿元以上“五个一批”项目100个以上，其中：每年新增谋划项目35个以上，新增签约项目30个以上，新增开工项目15个以上，新增投产项目15个以上，新增增资项目5个以上。

具体行业项目如下：交通项目3个，总投资27.13亿元；能源项目2个，总投资29亿元；城乡建设与生态环保项目6个，总投资19.69亿元；农林水项目8个，总投资26.88亿元；社会事业项目5个，总投资7.5亿元；制造业项目17个，总投资50.7亿元；服务业项目8个，总投资57.2亿元。

三、组织分工

成立大田县加快发展三年行动计划实施工作领导小组，由县委、县政府主要领导、分管领导分别担任组长、副组长，各乡（镇）、县直有关单位主要负责人为成员，统筹推进加快发展三年行动计划。领导小组办公室设在县发改局，具体负责行动计划的组织实施、协调推进和督查考评。各乡（镇）和相关单位职责分工如下：

（一）各乡（镇）、各责任单位职责。各乡（镇）按照属地管理原则，负责组织实施辖区内三年行动计划项目，将目标任务进行再分解、再细化，落实到具体责任人，细化到具体实施项目和工作上，确保各项指标任务顺利完成。各责任单位应在年底前把下年度各项目的年度工作计划报送县发改局，并在每个月的22日前，将组织实施行动计划项目的进展情况报送县发改局。

（二）县直有关部门职责。负责推进跨乡（镇）项目，指导各县（镇）推进落实列入行动计划的本行业本领域项目建设，并积极争取上级资金和政策支持。要素保障部门要科学统筹用好年度用地、用林、环境容量、建筑材料、火工油品等指标，特别是对重大项目要重点保障。审批服务部门要进一步简政放权、优化服务，开通绿色通道，最大限度地做到“最多跑一趟”，尽可能实现“一趟不用跑”，促进项目加快落地建设。

（三）**行业主管部门职责**。负责督促并落实项目业主（或筹建单位）按国家基建程序组织开展前期工作，按照各时段计划目标组织实施项目建设，对项目建设进度、质量、安全和投资控制、廉政等情况负相关责任。

四、保障措施

（一）**突出抓好招商引资**。各乡（镇）和县直相关部门原则上每月开展不少于1次的招商对接活动。深化“五定招商”工作机制，用好“6·18”“9·8”“11·6”以及港澳招商推介等招商平台，强化央企、省企、民企、外企、厦企“五企”对接，每年推出一批招商重点项目。

（二）**实行项目挂牌服务**。每年筛选10个有支撑作用、有重大影响、能发挥示范带动作用的重大项目，实行领导挂牌服务、部门挂包服务、干部挂点服务，由县直行业主管部门作为挂牌服务单位，由各项目责任单位挂包服务，由各项目责任单位选派挂点服务干部，实行一对一服务，进行重点保障、重点推进、重点突破。

（三）**建立分析推进机制**。县政府每月度召开专题会，听取行动计划实施进展情况，研究协调解决项目建设中存在的困难和问题。各行业主管部门要摸清行业短板，找准发展定位，策划储备一批产业链条项目，不断充实行动计划项目库。

（四）**加大正向激励力度**。根据市对县每季度对固定资产投资增速、“五个一批”新开工项目数、“五个一批”新开工产业项目数及总投资等四项指标进行综合考评结果，对位居全县前三名的乡（镇）给予项目工作考评加分奖励，并在重点项目建设易信平台、县电视台公布表扬。结合“五比五晒”项目竞赛活动，实施通报表扬、政府绩效考评加分、项目工作经费奖励、补助资金优先安排、一线考核使用干部、考核优秀名额增加、项目要素保障倾斜等正向激励措施。

（五）**完善考评督查制度**。强化目标责任考核，按照“一月一督查、一月一通报”机制，每月由县委、县政府督查室（项目督查组）牵头，组织相关单位成立督查组，对行动计划实施情况进行督查，督查结果进行全县通报。年终将行动计划实施情况考评结果纳入年度项目工作考评内容，列入各级领导班子和领导干部的考核评价范围，把考核结果作为单位评优评先和干部提拔任用的重要依据。

2018年3月30日

中共大田县委办公室
关于进一步激励全县广大干部新时代新担当新作为实施办法

田委办发〔2018〕7号

为深入贯彻习近平新时代中国特色社会主义思想和党的十九大精神，贯彻落实全国、全省、全市组织工作会议精神，扎实践行新时代党的组织路线，充分调动和激发干部队伍干事创业的积极性、主动性、创造性，切实增强广大干部推进高质量发展实现赶超任务、加快新时代多彩大田建设的政治担当、历史担当、责任担当，根据中央、省委和市委有关文件精神，现结合我县实际，制定本办法。

一、突出思想引领，激发干部担当作为内生动力

1. **筑牢干事创业思想根基**。坚持用习近平新时代中国特色社会主义思想武装干部头脑，把学习新思想与学习习近平总书记在福建工作期间到大田调研指示精神结合起来，充分运用“党员e家”、手机党校、“福建干部网络学院”、微信公众号等平台，办好大田县新时代讲习所，进一步兴起“大学习”热潮，分级分类开展干部培训轮训，推动学习全覆盖，进一步增强推进高质量发展实现赶超任务的政治担当、历史担当、责任担当。

2. **加强党内政治文化建设**。严格党内政治生活，落实好“三会一课”、民主生活会、组织生活会等基本制度，使干部在党内生活中进一步加强党性锻炼、坚定理想信念。扎实开展“不忘初心、牢记使命”主题教育，大力弘扬“滴水穿石”精神和“四下基层”“马上就办”等优良作风，深入挖掘和用好闽中工委会址、集美学村、习总书记调研点、苏区陈列馆等红色资源，教育引导广大干部敢于担当、苦干实干。认真落实大田县激励干部担当作为提升干事创业精气神办法，深入学习廖俊波和吴祥江等身边先进典型，引导广大干部满怀激情投身新时代多彩大田建设。

3. **发挥领导干部“头雁”效应**。健全纠治“四风”长效机制，推动各级领导干部切实发挥“头雁”效应，增强标杆意识、表率意识，带头履职尽责、带头担当作为、带头承担责任，以担当带动担当、以作为促进作为，在全县上下形成一级带着一级干、一级做给一级看的良好干事创业氛围。

二、突出政治标准，树立重实干重实绩的用人导向

4. **亮明选人用人标准**。坚持好干部标准，突出信念过硬、政治过硬、责任过硬、能力过硬、作风过硬，大力选拔忠诚干净担当的干部。突出实绩实干实效，结合机构改革，围绕加快新时代多彩大田建设，提拔重用一批敢于负责、勇于担当、善于作为、实绩突出的优秀干部，尤其是把那些关键时刻、重大任务面前豁得出来、冲得上去的干部及时发现出来、合理使用起来。

5. **精准科学选用干部**。坚持“知事识人，依事择人”，把事业需要、岗位要求与促进干部成长、调动各方面积极性有机结合起来，健全完善定期议班子、议干部制度，强化干部综合分析和比较择优，从“更适合、更胜任”角度去衡量干部，在符合条件的干部中比谁更优秀、在优秀干部中看谁更适合，努力把最适合的人选放到最合适的岗位，进一步提升干部使用匹配度、精准度。着眼于近期需求和长远战略需要，破除“排资论辈”观念，源源不断选拔使用经过实践考验的28岁左右优秀年轻干部，特别对服务期满后仍在乡镇工作、表现特别优秀的选调生，或服务期满后进入乡镇公务员队伍、表现特别优秀的大学生村官，经批准可适当放宽任职年限提任乡镇副科级领导职务，确保优秀年轻干部在峰值年龄走上成长的“快车道”。

6. *推动干部能上能下*。认真落实中央和省市关于推进干部能上能下的有关规定，坚持优者上、庸者下、劣者汰，细化下的措施，畅通下的渠道，坚决调整不担当、不作为、不胜任现职的干部，推动能上能下常态化。对县委巡察、专项考核、蹲点调研、环保督察、审计等工作中发现的不愿负责、不敢碰硬、不敢担当的干部，视情采取调离、改任非领导职务、免职、降职等方式，坚决处理、果断调整。

三、突出考准考实，充分发挥干部考核评价的激励鞭策作用

7. *改进知事识人方式*。按照建立“日常考核、分类考核、近距离考核”知事识人体系的要求，持续开展领导班子和干部蹲点调研、专项考核、分类考核、谈心谈话等工作，经常性、近距离、有原则地广泛接触干部，深入考察干部在政治忠诚、政治定力、政治担当、政治能力、政治自律方面的表现。把考察触角延伸到干部的生活圈、社交圈，持续开展干部“德”情反向测评，用好用活干部德情观察员队伍，强化干部德情监测，建立干部德情台账，进一步考准考实干部。

8. *加强综合分析研判*。把干部在重大事件中、关键时刻的表现作为综合评价的重要依据，综合运用民主测评、民意调查、个别谈话、实绩公示结果、平时考核、年度考核以及县委巡察、经济责任审计、信访举报调查核实等结果，综合分析研判、多维比较择优，客观公正、实事求是地评价领导班子和干部队伍的思想动态、履职成效、作风表现，发现和掌握一批表现较好和表现较差的干部。

9. *强化考核结果运用*。将考核结果作为干部使用、正向激励、问责追责的重要依据，切实解决干与不干、干多干少、干好干坏一个样问题。注重使用政治强、敢担当、善作为，尤其是关键时刻站得出来、顶得上去的一线干部，鲜明树立重基层、重实干、重实绩的一线用人导向；对有较大发展潜力的干部，及时选拔到吃劲岗位和重点工作中历练，表现特别优秀的，打破常规大胆使用。对在县委县政府重点工作、年度绩效考评等排名靠前的单位，提高年度考核优秀等次比例，对实绩突出的优秀干部优先考虑提拔；对工作落后的单位，降低年度考核优秀等次比例，对主要领导进行约谈提醒，取消当年度评先评优资格。建立考核评价反馈机制，引导干部发扬成绩、改进不足、担当有为。

四、实行容错纠错，切实为敢于担当的干部撑腰鼓劲

10. *健全完善容错机制*。认真落实“三个区分开来”“四看”要求和省委市委合理容错情形，明确容错操作程序，在仔细区分甄别的基础上，对干部在贯彻落实党委和政府决策部署、推动重大项目重点工作时出现的失误错误，符合以下条件之一的，可予以容错免责：

（一）符合上级和县委、县政府决策部署的；

（二）经过民主程序决策或对错误决策提出明确反对意见但未被采纳的；

（三）因上级尚未明确禁止，或因政策界限不明确、政策调整影响出现偏差，有利于全县发展大局的；

（四）没有为自己、他人或部门（单位）谋取不正当利益的；

（五）积极主动采取措施，最大限度挽回损失、或消除不良影响的；

（六）因经验不足初犯，情节不严重，或尚未造成严重影响的；

（七）因不可抗力影响的；

（八）其他符合有关法律法规规定容错免责情形的。

经认定符合容错免责情形的，在干部提拔任用、职级晋升、职称评聘方面不受影响；个人平时考核、年度考核、任期考核及评先评优、表彰奖励不受影响、不作负面评价；党代表、人大代表、政协委员和后备干部资格不受影响。

对给予容错的干部，要及时约谈，指出问题所在，明确整改方向；对符合容错情形但确需追责的，根据党纪政务相关规定和程序，可从轻、减轻处分或组织处理。有影响期的，影响期满后根据工作需要和干部的德才素质、现实表现，按照有关规定，及时合理安排使用，表现特别优秀的可以重用。

11. *坚持纠错防错并举*。坚持有错必纠、有过必改，用好监督执纪“四种形态”，对苗头性、倾向性问题早发现早纠正，对干部在推动工作、改革创新、干事创业中的失误错误及时采取补救措施，帮助干部汲取教训、改进提高，防止类似错误再次发生。加强督查问效，对不主动、不积极按期完成纠错整改任务或拒不改错的，予以严肃处理。坚持预防在先，严格执行民主集中制，严格党的组织生活制度，严肃开展批评和自我批评，加强和规范党内政治生活，不断提高自我纠错防错能力。

12. *坚决为干部澄清正名*。正确对待信访举报问题，区分正常检举揭发和诬告陷害，对明显属于主观臆断、乱扣帽子和线索不清、无理取闹的信访举报，可不予调查；经认定属恶意中伤、诬告陷害、散布谣言和不实消息的干部，应当及时给予劝阻、批评、教育；涉嫌违规违纪的，给予组织处理或纪律处分；涉嫌违法的，移送有关国家机关依法处理。对受到诬告陷害、严重失实举报的干部，由党委（党组）或相关部门第一时间给予澄清正名，可通过召开干部所在单位民主生活会或组织生活会、一定范围内的领导会议等形式，进行公开澄清，让干部放下包袱，轻装上阵。

五、强化素质培养，打造高素质专业化干部队伍

13. *提升专业素养*。按照建设高素质专业化干部队伍要求，围绕县委县政府中心工作和干部队伍建设需要，以党校、高校为主阵地，开展分类别、小型化、短期式干部培训，定期举办脱贫攻坚、乡村振兴、城市建设、新型工业化、生态建设、生态旅游、社会治理等专题培训，办好“岩城大讲堂”“青年论坛”，帮助干部弥补知识弱项、能力短板、经验盲区，不断提高专业能力和专业素养。完善学习培训考核激励机制，把学员参加学习研讨、交流心得体会的情况作为考察了解干部的重要渠道。

14. **注重实践锻炼**。优化干部成长路径，注重在基层一线和吃劲岗位培养锻炼年轻干部，充分依托“住村特派员”“驻村第一书记”“县委群工部”等平台，有计划地将年轻干部放到抓党建促脱贫攻坚、促乡村振兴和项目建设、征地拆迁、信访维稳、防范化解金融风险、污染防治等急难险重任务和吃劲岗位“蹲苗”，对有较大发展潜力的放到重要岗位历练，建立“成长档案”，加快成长步伐。

15. **拓宽交流渠道**。加大干部交流培养力度，研究制定干部交流选配规定，积极推进县乡干部、机关党务干部与行政业务干部的交流任职。对在乡镇工作累计满20年、近5年年度考核均为称职（合格）以上且优秀等次至少1次的乡镇工作人员，确因夫妻两地分居、子女就学、身体健康等实际困难申请调动的干部，在严格执行干部调动政策的基础上，在符合领导班子和队伍建设要求的前提下，可安排交流到县级机关或离家庭住地较近的乡镇工作。

六、优化发展服务，构建“亲”“清”新型政商关系

16. **严格规范政商交往行为**。按照“亲”“清”要求，结合实际进一步规范政商交往行为，对可能利用权力影响和职务之便谋取不正当利益的行为作出界定，使政商关系亲而有度、清而有为。加大监督问责和查处力度，对政商关系中各种违纪违法现象“零容忍”，营造积极、健康、有利于推动高质量发展的政商关系新生态。

17. **不断优化营商服务环境**。坚持“马上就办”，持续推动“放管服”改革，推进“互联网＋政务”服务，全面推行网上审批、智能审批，全面推进“一趟不用跑”和“最多跑一趟”。大力降低实体经济企业成本、减轻企业负担，从融资贷款、税收优惠、涉企收费减免、投资便利化、压缩企业开办时间等方面加大惠企扶持力度。畅通企业诉求渠道，及时回应企业诉求，维护企业合法权益。

18. **大力推进廉洁文化建设**。加强党员干部廉洁从政教育，大力弘扬“创业无惧艰辛、经商坚守诚信、致富不忘感恩”的田商精神，引导企业家廉洁从商。建立健全商业贿赂犯罪档案查询系统和不廉洁企业及其负责人“黑名单”制度。建立守廉激励和失廉惩戒机制，对廉洁记录好的企业，加大扶持力度；对不廉洁企业，依法依规限制其经济活动，取消一切政治荣誉或政治安排。

七、强化正向激励，满怀热情关心关爱干部

19. **常态化开展谈心谈话**。把谈心谈话作为激励干部的重要方式，经常性、有重点地开展“无主题、无推荐、无任免”的“一对一”谈心谈话。注重围绕深化党和国家机构改革等重大任务做好思想政治工作，县乡党委主要负责人同班子成员和下一级班子主要负责人谈话每年至少1次，挂钩分管县乡领导同所分管联系部门班子成员谈话每年至少2次，及时了解干部思想动态。对在巡察检查、干部考察、蹲点调研、一线考核中发现的问题以及群众反映属实的问题，要及时提醒、咬耳扯袖。

20. **全面落实激励保障政策**。加强和规范公务员职务与职级并行工作，充分体现择优导向，实质性推动职级能升能降，严明职级晋升纪律要求，切实让好政策发挥好作用。保障干部职工福利待遇，落实机关事业单位基本工资标准调整、地区附加津贴、公务员奖金、在职人员休假等政策。严格执行乡镇工作补贴政策，确保乡镇干部经济待遇高于县级机关同职级干部10%—20%。建立健全村（社区）干部报酬待遇稳定增长机制，实行村干部报酬与工作绩效挂钩，保证村主干基本报酬不低于全县农村居民人均可支配收入2倍，其他村“两委”干部的基本报酬不低于村主干的60%。严格落实干部定期健康体检制度，建立干部健康档案，丰富文体生活，增强干部的荣誉感、归属感、获得感。认真落实《大田县人才发展专项资金管理办法》《大田县人才公寓管理办法》《大田县优秀人才选拔管理办法（试行）》，优化人才服务保障，切实把各类优秀人才集聚到新时代多彩大田建设上来。

21. **真情关心关爱基层干部**。进一步加大关心关爱基层干部省委20条措施和市委28条措施落实力度，认真落实《大田县基层干部关心关爱专项资金管理试行办法》，用好用活基层干部关心关爱300万元专项资金，推动形成帮扶救助生活困难基层干部的长效机制。持续改进作风，大力精简会议、文件，加强对各种督查检查考评活动的统筹，从严掌握“一票否决”，取消没有法律政策依据、权责不对等的责任状，切实解决乡镇疲于迎评迎检问题。

八、强化组织领导，凝聚干事创业的强大合力

22. **压紧压实责任**。各党委（党组）要严格履行激励干部担当作为的主体责任，党委（党组）书记要履行第一责任人责任，坚持把激励干部担当实干作为新时代党的建设的重要任务，作为推进大田高质量发展和实现赶超任务的重要举措，精心组织、强力推进。县委新时代新担当新作为工作领导小组要认真履行职责，加强对新时代新担当新作为工作的组织领导，各成员单位要按职责分工抓好各项任务落实，推动形成人人奋勇争先、奋力担当的生动局面。纪委监委、县委督查室、县政府督查室、组织、效能等部门要定期组织力量进行严格督促检查，跟踪问效，确保各项政策措施落到实处。

23. **强化统筹协调**。健全纪委监委、“两办”、组织、宣传、发改、财政等部门密切配合、齐抓共管的工作机制，加强科学统筹、分类指导，提高制定和执行政策的针对性和实效性，形成激励干部担当作为的强大合力。大兴调查研究之风，各级领导干部要坚持深入基层了解情况、解决问题、发现典型，特别要给予基层干部充分的信任和支持，把基层带有普遍意义的典型经验以制度的形式固化下来、推广开来，保护基层探索创新的积极性主动性。

24. **营造良好氛围**。加强党内政治文化建设，弘扬忠诚老实、公道正派、实事求是、清正廉洁等价值观，引导干部自觉践行“三严三实”，习惯在受监督和约束的环境中工作生活。加强舆论引导，及时应对和处置各种负面舆情，注重保护干部声誉，维护干部队伍良好形象。大力培育树立宣传新时代新担当新作为的先进典型，组织开展“不忘初心、牢记使命”身边典型事迹巡回宣讲活动，在全县上下形成鼓励担当作为、崇尚苦干实干的良好风尚。

2018年10月17日

统计资料

□ 编辑　杨佳收

经济统计资料

【概况】 2018年，大田县国民经济和社会发展保持平稳增长态势，大部分指标增幅位居全市中游。地区生产总值居全市第7位，第三产业增加值居第5位，金融本外币存款余额居第6位，全县公共财政总收入和全社会工业用电量居第7位，固定资产投资和农村居民人均可支配收入居第6位，农林牧渔业总产值居第8位。

2018年大田县国民经济和社会发展情况统计表

表12

项　目	单 位	2018年	增长（%）
一、综合	—	—	—
大田县生产总值（GDP）	亿元	226.70	7.4
其中：第一产业	亿元	40.45	4.0
第二产业	亿元	113.70	8.0
第三产业	亿元	72.55	8.6
人均生产总值	元	70842.00	13.5
第三产业占全县生产总值比重	%	32.00	0.0
二、农业	—	—	—
农林牧渔业总产值	亿元	67.19	4.1
其中：农业产值	亿元	50.22	5.1
林业产值	亿元	7.81	-0.7
牧业产值	亿元	7.33	3.4
渔业产值	亿元	1.49	4.6
农林牧渔服务业	亿元	0.34	7.4
粮食总产值	万吨	8.71	-29.8
谷物产量	万吨	6.87	3.7
薯类产量	万吨	1.66	5.2
豆类产量	万吨	0.18	3.7
甘蔗产量	万吨	3.19	5.4
烟叶产量	万吨	0.34	-17.3
蔬菜产量	万吨	46.10	6.4
瓜果	万吨	2.27	-1.7
油料作物产量	吨	987.00	4.3
水产品产量	吨	7301.00	6.6

续表 12

项　　目	单 位	2018 年	增长（%）
其中：淡水养殖	吨	7301.00	6.6
肉蛋总产量	吨	25656.00	0.4
生猪出栏数	万 头	15.44	—
羊出栏数	万 头	4.19	—
家禽出栏数	万 只	298.01	—
农村居民人均可支配收入	元	16704.00	8.4
三、工业	—	—	—
1. 规模以上工业增加值	亿 元	—	8.6
规模以下工业增加值	亿 元	—	—
2. 规模以上工业产值	亿 元	—	8.6
四、邮政业务总量	万 元	2522.00	0.3
五、固定资产投资（不含农户）	亿 元	-	1.2
六、社会消费品零售总额	亿 元	54.22	1.0
七、财政、金融	—	—	—
（一）地方公共财政收入	亿 元	7.51	1.1
（二）地方公共财政支出	亿 元	25.78	8.0
（三）本外币存款余额	亿 元	118.75	8.3
（四）本外币贷款余额	亿 元	86.53	0.7
八、文化、教育、卫生	—	—	—
小学在校学生数	人	32165.00	8.7
普通中学在校学生数	人	14510.00	6.7
医院床位数	张	1302.00	21.7
卫生技术人员	人	1456.00	12.0
九、劳动工资	—	—	—
单位从业人员	人	18800.00	-4.7
其中：国有	人	12389.00	0.2
城镇集体	人	2636.00	-6.9
其他	人	3775.00	-16.7
单位从业人员全年平均劳动报酬	元	67644.00	14.5
其中：国有	元	76669.00	12.3
城镇集体	元	62502.00	26.9
其他	元	42423.00	6.8
十、人口	—	—	—
总 户 数	户	104218.00	1.4
总 人 口	万人	415409.00	1.4
其中：城镇人口	万人	137164.00	11.3
非城镇人口	万人	278245.00	-2.8
出生人数（以计生为准）	人	7616.00	—
出生率（以计生为准）	‰	17.93	—
死亡人数（以计生为准）	人	1904.00	—
死亡率（以计生为准）	‰	4.46	—
自然增长率（以计生为准）	‰	13.47	—

（黄钟煊）

附　录

□ 编辑　林生钟

教育 文化 卫生单位名录

【主要教育单位名录】

2018 年大田县主要教育单位名录

表 13

名称	类型	地 址	电 话	负责人
大田一中	高中	均溪镇文山路 17 号	7223612	连青阳
大田二中	完中	建设镇建设村 272 号	7408219	刘永志
大田三中	完中	桃源镇桃源街 108 号	7382819	颜全圣
大田四中	初中	吴山乡吴山新村 161 号	7328007	郭兆志
大田五中	完中	均溪镇天山路 43 号	7266826	廖明昶
大田六中	初中	均溪镇白岩山南路 116 号	7335006	陈育海
大田县鸿图中学	完中	均溪镇白岩山南路 118 号	7320099	郭传曙
石牌初级中学	初中	石牌镇石牌村 46 号	7249666	陈宗冠
上京初级中学	初中	上京镇上京村京南路 4 号	7363103	郑上森
太华初级中学	初中	太华镇太华街 1 号	7391133	林文华
广平初级中学	初中	广平镇五峰村 151 号	7416386	涂振接
奇韬初级中学	初中	奇韬镇奇韬村 399 号	7438122	张乃洪
文江初级中学	初中	文江乡文江村 162 号	7458005	郑宝珍
梅山初级中学	初中	梅山乡龙际路 003 号	7468005	陈春买
湖美初级中学	初中	湖美乡湖美街 22 号	7488013	余志味
武陵初级中学	初中	武陵乡宏图街 44 号	7358023	林永界
实验小学	小学	均溪镇文山路 8 号	7240909	吴建玲
城关第一小学	小学	均溪镇雪山北路 58 号	7226693	杜肆贰
城关第二小学	小学	均溪镇玉山路 22 号	7322688	吴生煌
城关第三小学	小学	均溪镇福田路 103 号	7333189	苏元炜

续表 13

名 称	类型	地 址	电 话	负责人
赤岩小学	小学	均溪镇象山路 52 号	7220036	林芳锃
均溪中心小学	小学	均溪镇温镇村 53 号	7201999	徐明煦
石牌中心小学	小学	石牌镇石牌村 061 号	7242939	叶建穗
上京中心小学	小学	上京镇京南路 8 号	7363027	郑超盛
桃源中心小学	小学	桃源镇桃源村 4 号	7382961	郑得星
太华中心小学	小学	太华镇太华村 36 号	7391131	陈仁稳
建设中心小学	小学	建设镇建设村 274 号	7408112	林其渊
广平中心小学	小学	广平镇广平村 133 号	7416838	郭守寨
奇韬中心小学	小学	奇韬镇奇韬村 399 号	7438133	林加将
文江中心小学	小学	文江乡文江村 175 号	7458977	吴同铭
梅山中心小学	小学	梅山乡梅秀新街 246 号	7408612	施生劲
前坪中心小学	九年一贯制	前坪乡黎明村 8 号	7478596	程传章
湖美中心小学	小学	湖美乡湖美街 19 号	7488016	廖明嵩
华兴中心小学	小学	华兴乡华安村 4 号	7232212	叶聿祥
屏山中心小学	九年一贯制	屏山乡屏山村兴屏路 2 号	7308256	郭育贵
吴山中心小学	小学	吴山乡吴山村 163 号	7328001	章进锋
济阳中心小学	九年一贯制	济阳乡济阳村 14 号	7348820	章赞扬
谢洋中心小学	九年一贯制	谢洋乡谢洋村文兴路 14 号	7338158	林长组
武陵中心小学	小学	武陵乡宏图街 11 号	7358033	吴昌琦
柯坑中心小学	九年一贯制	上京镇京仙路 5 号	7366278	池上裕
特殊教育学校	特殊教育	均溪镇玉山路 12 号	7335399	林幼春
教师进修学校	教育	均溪镇玉山路 12 号	7237838	林再生
电大工作站	大学	均溪镇玉山路 12 号	7233968	俞建营
大田职专	职业教育	均溪镇福田路 160 号	7223634	林凤瑮
实验幼儿园	学前教育	均溪镇前山路 33 号	7226966	王雯君
福兴幼儿园	学前教育	均溪镇福田路 50 号	3509003	李幼贞
中小学生社会实践基地	校外教育	华兴乡华兴街 6 号	7232212	章志钢
青少年学生校外活动中心	校外教育	均溪镇玉山路 12 号	7333180	林青珠

（陈吉胜）

【主要文化单位名录】

2018年大田县主要文化单位名录

表14

名称	类型	地址	电话	负责人
大田县文体广电出版局	文化	大田县建山路14号	7222157	林春忠
大田县广播电视台	文化	大田县文山路13号	7222562	范文革
大田县文化市场综合执法大队	文化	大田县建山路14号	7337133	连福石
大田县文化馆	文化	大田县建山路14号	7222012	连福石
大田县博物馆	文化	大田县银山北路2号	7230968	陈其忠
大田图书馆	文化	大田县银山北路2号	7222216	郑圣泉
大田县少体校	文化	大田县银山北路2号	7222215	王建民
大田县影剧院	文化	大田县建山路14号	7226211	林乐朝
大田县文联	文化	大田县文山路9号	7222225	颜全飚

（严序雄）

【主要卫生单位名录】

2018年大田县主要卫生单位名录

表15

名称	类型	地址	电话	负责人
大田县卫生和计划生育局	卫生	建山路174号	7222132	陈永晶
大田县总医院	卫生	雪山北路180号	7222137	林其汉
大田县中医院	卫生	福田路137-1号	7222047	林其汉
大田县疾病预防控制中心（县卫生监督所）	卫生	香山路181号	7222017	郑雪珍
大田县妇幼保健院（大田县计划生育服务中心）	卫生	建山路69号	7222038	林大平
大田县卫生进修学校	教育	建山路19号	7222312	陈小忠
大田县均溪社区卫生服务中心	卫生	建山路17号	7222085	施发权
大田县石牌卫生院	卫生	石牌镇石牌街62号	7242970	施发珏
大田县桃源中心卫生院	卫生	桃源镇桃源村81号	7382377	陈瑞华
大田县上京卫生院	卫生	上京镇京南路5号	7363105	杨连熠
大田县太华卫生院	卫生	太华镇太华村42号	7391350	詹光治
大田县建设中心卫生院	卫生	建设镇建设街273号	7408159	涂黎明
大田县广平卫生院	卫生	广平镇五峰村148号	7416368	蒋联义
大田县奇韬卫生院	卫生	奇韬镇奇韬村372号	7438113	高加埁
大田县文江卫生院	卫生	文江乡文江新村40号	7458095	黄裕润
大田县梅山卫生院	卫生	梅山乡龙际路14号	7468008	陈之耀
大田县前坪卫生院	卫生	前坪乡红萍路15号	7478178	郑启红
大田县湖美卫生院	卫生	湖美乡仁美村18号	7488008	刘朱远

续表 15

名称	类型	地址	电话	负责人
大田县华兴卫生院	卫生	华兴乡华兴街 7 号	7335769	肖佳篇
大田县屏山卫生院	卫生	屏山乡兴屏路 41 号	7308224	苏庆棋
大田县武陵卫生院	卫生	武陵乡宏图街 10 号	7358031	郭建统
大田县吴山卫生院	卫生	吴山乡吴山村 15 号	7328191	陈加文
大田县济阳卫生院	卫生	济阳乡新街 12 号	7437120	林生军
大田县谢洋卫生院	卫生	谢洋乡文兴路 18 号	7338008	林起庙
大田县民生医院	卫生	建设镇建设街	7409066	陈生前
大田县协和医院	卫生	建山路 206 号	7222088	郑 昌
大田县东南医院	卫生	凤山东路 80 号	7231938	林传权
大田县平安医院	卫生	建山路 231 号	7229979	林泽锋
大田恒康医院	卫生	上京镇京东路 1-1 号	5039509	周勋成

（郭曾荣）

企业名录

【主要工业企业名录】

2018 年大田县部分工业企业名录

表 16

登记名称	法定代表人/负责人	注册资本（万元）	经营范围	成立日期	住所
福建同利祥纺织实业有限公司	郑名胜	1003.00	纺织印染加工，纺织品、纺织服装、纺织专用设备、通用设备的制造；机械设备租赁经营	2005-12-23	大田县均溪镇后坂洋 4 号
大田县联瑞建材加工有限公司	吴联盛	1500.00	金属门窗制造，建筑装饰零件制造；建材、五金产品、化工产品（不含危险化学品和易制毒化学品）的销售；房地产租赁经营	2010-08-10	三明市大田县建设镇建设村佰玖丘
福建省大田县济阳五建石凤水泥有限公司	吴美采	2111.00	32.5R 普通硅酸盐水泥的制造、销售	1996-07-30	大田县济阳乡济中村
福建省大田石凤企业公司	吴美采	2126.00	仅供合资及清理债权债务用	1989-08-09	均溪镇建山路 188 号
福建省大田县上京水泥厂	陈天齐	939.56	仅供清理债权债务使用	1990-03-16	上京镇梅林岩石洋
福建省金葫芦绞股蓝总公司	郑兴宗	503.00	一般经营项目：仅限清理债权债务	1994-04-13	大田县城关建山路 78 号
福建省大田县梅林水泥厂	田承衍	980.00	水泥熟料 普通硅酸盐水泥 水泥纸袋加工	1994-05-23	大田县上京镇梅林深丘洋

续表 16

登记名称	法定代表人/负责人	注册资本（万元）	经营范围	成立日期	住所
福建省大田灵川水泥有限公司	苏始烟	2420.40	普通硅酸盐水泥制造、销售	1994-10-29	大田县上京镇灵川村
福建省大田县兴洲纸业有限公司	方斯清	600.00	机制纸、卫生纸的制造、销售	2004-05-10	大田县华兴乡仙峰村仙腊板
大田县绿佳木业有限公司	周贻仁	500.00	细木工板、指接板，板材、方料、杉芯条的加工	2004-06-24	大田县武陵乡半路村
福建省大田县富杰矿业有限公司	王茂青	500.00	富锰渣的生产、销售，富锰渣、铁矿、锰铁矿、生铁、焦炭及矿产品（煤炭除外）的销售	2004-09-23	大田县广平镇铭溪村下坪
福建省大田县山友机械有限公司	叶健	500.00	矿山机械、通用零部件加工、制造、销售及进出口业务	2004-11-01	大田县华兴乡华安工业区
福建省三明市鑫豪木业有限公司	田承衍	500.00	木制产品的制造；木制产品的销售	2004-12-09	大田县上京镇隆美村
福建省大田铭溪石凤水泥熟料有限公司	吴美采	1349.32	水泥熟料的生产、销售，对外投资	1997-01-02	大田县广平镇铭溪下坪
福建省大田县华太铁矿深加工有限公司	吴士鑫	1000.00	铁矿精选、加工，铁矿、铅锌矿、铜矿、石灰石的购销	1998-04-16	福建省大田县太华镇黄沙村
福建省大田县岩城水泥有限责任公司	吴美采	14552.86	一般经营项目：普通硅酸盐水泥、熟料、水泥包装物的生产、销售	2001-06-28	大田县广平镇万筹村
福建兴田混凝土有限公司	高超巧	3000.00	商品混凝土、砼结构构件、建筑材料、水泥制品的制造，普通货运、货物专用运输（罐式）、建筑材料销售	2016-06-15	福建省三明市大田县均溪镇银山北路2号1幢三层
浩沙实业（大田）有限公司	施鸿雁	2000.00	一般经营项目：高档织物面料的织造，高档内衣、泳装、健身服及其它服装、服饰，体育用品、橡胶制品、包装制品的制造（不含漂及出口配额许可证管理品种）	2013-11-11	福建省三明市大田县京口工业集中区
福建华闽纸业有限公司	郭友实	2000.00	机制纸、卫生纸、纸制和纤维制生活卫生用品的制造（仅限分支机构经营）、销售及进出口贸易业务	2000-08-25	福建省三明市大田县华兴乡仙峰村黄地坂
福建省三明市佳宝科技有限公司	温荣归	3000.00	电子产品、保健用品、健身器材、枕头、多功能护理床、清洁用品，建筑材料的制造、销售	2000-12-11	大田县均溪镇凤山东路688号
福建省大田县弘惠纸业有限公司	孙惠强	2210.00	一般经营项目：机制纸制造（限分支机构经营）、销售	2001-04-30	大田县华兴乡仙峰村

续表 16

登记名称	法定代表人/负责人	注册资本（万元）	经营范围	成立日期	住所
福建省大田县东升包装制品制造有限公司	陈秀喜	900.00	纸和纸板容器的制造，塑料丝、绳、袋及编织品的制造，塑料薄膜的制造，包装装潢印刷品、其他印刷品	2001-08-23	均溪镇温镇工业区
福建省大田岩城机械工业有限公司	林渊标	800.00	机械、建材、矿山除尘设备的制造；建筑材料（除危险化学品外）、钢材的销售	1997-11-03	福建省三明市大田县均溪镇凤山东路 120 号
大田县金光纸业有限公司	林祖鹤	500.00	皱纹卫生纸、再生纸袋纸的加工制造、销售。	2000-02-18	大田县吴山乡程堂村
福建清航装备科技有限公司	李京阳	1000.00	智能无人飞行器制造；计算机软、硬件技术研发；自然科学研究和试验；计算机、通讯设备、汽车、飞行器配件的制造与销售；进出口贸易	2018-06-12	福建省三明市大田县上京镇机械铸造产业集聚区
福建省大田县岩城水泥熟料有限公司	庄祖坤	2435.37	水泥熟料的制造、销售	1994-06-27	大田县广平镇万筹村
岩泉啤酒（福建）有限公司	蔡荣誉	1632.00	啤酒（熟啤酒）的生产（有效期至 2014 年 10 月 31 日）	1994-12-26	大田县均溪镇白岩山北路 4 号
福建省大田县昌盛机械制造有限公司	李陆华	1000.00	一般经营项目：铸钢球的制造（仅限分公司经营）；铸造生铁、铸件的制造及销售；金属材料、建筑材料、废旧金属的购销	1995-04-06	均溪镇凤山东路 80 号
福建省大田县金门油压机制造有限公司	黄成存	1500.00	工业专用设备的制造、销售；钢材、机电产品的批发、零售；从事本企业产品的对外贸易业务及技术咨询服务	1997-02-26	均溪镇后坂洋 4 号
福建省九孝药业有限公司	张小燕	5000.00	中成药生产、中药饮片加工，生物药品、兽用药品、卫生材料及医药用品的制造	2016-10-13	福建省三明市大田县均溪镇龙宝新村 4 号楼 303 室
大田县闽发纸业有限公司	刘仁杰	1000.00	生活用卫生纸的生产；各种机制纸的销售	2003-10-20	大田县吴山乡吉洲工业区
福建省大田县新岩水泥有限公司	赖利针	10000.00	生产销售水泥；水泥用石灰岩开采（仅限分支机构营经）、石灰石销售	2003-10-29	上京镇梅林洋石岩
大田县桃源桥山铸造厂（普通合伙）		750.00	铸钢件、铸铁件的制造（中频炉生产）、销售；生铁的销售及机械加工	2003-11-27	桃源镇桥山村
大田县健丰木业有限公司	林国锋	550.00	松、杂胶合板，杉芯条，杉、松切片的加工	2003-12-22	桃源镇桃源村仙头
福建省大田县鑫城水泥工业有限公司	黄秀琪	10300.00	水泥熟料、水泥的制造、销售；水力发电（仅限分支机构经营），水泥用石灰岩地下开采（仅限分支机构经营）	2003-12-26	广平镇下坪

续表 16

登记名称	法定代表人/负责人	注册资本（万元）	经营范围	成立日期	住所
农翔（福建）食品有限公司	乐初且	2000.00	农产品的初加工；蜜饯（有效期限至 2015 年 11 月 26 日）、茶叶（仅限分支机构经营）的加工，预包装食品（有效期至 2016 年 01 月 08 日）；林木（仅限分支机构经营）的销售林木种植	2003-04-22	福建省三明市大田县均溪镇北山路 19 号，福建省三明市大田县均溪镇文山路 6 号（经营地址）
福建省大田县和发机械有限公司	张淑华	500.00	钢、铁铸件的铸造，机械加工，钢材、铸件、生铁、矿产品、煤炭的购售，对外投资，废旧金属物资回收（不含危险废物及废弃电器电子产品）	2001-12-19	大田县均溪镇后华村溪柏林
福建省大田县博实铸造有限公司	杨承椅	600.00	铸钢件、铸铁件、有色金属耐磨件、通用机械设备的制造加工和销售	2006-10-18	福建省三明市大田县武陵乡大石下坑工业项目区
福建省朝阳食品有限公司	陈宇	500.00	其他粮食加工品（谷物粉类制成品）制造	2006-10-26	福建省三明市大田县均溪镇福塘村 327 号
福建省宝山机械有限公司	杜建辉	1300.00	通用设备、专用设备、金属工艺品的制造，黑色金属、有色金属的铸造；机械设备、五金产品、工艺美术品的销售和进出口	2006-11-09	福建省三明市大田县石牌镇上坡村 296 号
福建省金杉木业有限责任公司	高忠赫	1800.00	复合木板、杉拼板、杉芯条、杉松板材、方料、杉、松切片、指接板的加工	2006-11-24	大田县上京镇灵川村京东
大田县福源工程机械厂	曾万道	1300.00	装载机、挖掘机、叉车零部件的加工	2006-12-04	福建省三明市大田县均溪镇福塘村过境路石坑垅
大田县伊鑫新型材料有限公司	黄绍灼	3000.00	绿色生态节能墙板、其他水泥助磨增效剂、专用抹面砂浆、飞灰固化剂、减水剂、水泥外加剂的制造，金属结构制造；新型建筑材料、钢材、五金、水泥、石灰石、石灰、矿产品、工业废渣的销售；物流（不含普通货物运输）	2007-02-08	大田县吴山乡程堂村吉州自然村
大田县华盛建材有限公司	池其福	752.00	煤矸石多孔砖的生产与销售	2006-05-26	大田县广平镇栋仁村十里亭（梨田峰工业项目区）
大田县前鑫矿业有限公司	吴方灯	500.00	铁精矿、铅锌精矿的加工及销售；铁矿、锰矿、铅锌矿、铜矿、石灰石的购销；矿山机电设备、建筑材料的零售；为矿山提供劳务服务	2006-09-19	大田县前坪乡前坪村（进财垅）

续表 16

登记名称	法定代表人/负责人	注册资本（万元）	经营范围	成立日期	住所
大田县岩锋矿业有限公司	郑爱华	2000.00	铁矿、铜矿、锰矿、铅锌矿的破碎加工及销售，石灰石、瓷土、石英石、钾长石、叶蜡石、硅灰石、方解石矿、铁精矿粉、生铁、焦炭、氧化铁皮的销售	2005-09-06	大田县均溪镇上华村埔山
大田宝生矿业有限公司	廖正丰	630.00	铁矿、铜矿、铅锌矿、锰矿、钾长石、叶腊石、瓷土矿、矿山机械配件的销售；探矿	2006-03-21	大田县前坪乡黎明村银锭坂
福建好的生活用品有限公司	陈春霞	1000.00	卫生纸、纸巾、餐巾纸、卫生巾、卫生垫、纸制和纤维制婴儿尿布的制造、加工、销售及进出口贸易业务	2008-10-16	福建省大田县福塘轻工业园区标准厂房 D 栋二层
大田县山川铸造有限公司	丁首达	500.00	钢铁铸件制造（中频炉），钢铁铸件、机电配件、水暖配件的销售	2008-10-22	大田县前坪乡湖坪村南坑
福建省大田县盛达铸造有限公司	张烟平	500.00	黑色金属铸造，铸造机械制造，金属结构制造，安全、消防用金属制造，泵、阀门、压缩机及类似机械制造，其他金属机械制造	2008-10-22	大田县前坪乡山川村下坑桥仔
大田县鑫业铸造有限公司	连华潭	500.00	从事铸铁件的铸造（中频炉），石英沙加工	2008-12-02	大田县武陵乡大石村下坑
福建省大田县宏盛铸造有限公司	连华潭	700.00	从事铸铁件的铸造（中频炉）	2008-12-03	大田县武陵乡大石村下坑
福建万华实业有限公司	李敏	22288.00	从事合成革、无纺布、革用浆料的生产及销售	2009-03-20	大田县吴山乡吉洲处吴山工业园
福建省大田县新泉包装制品有限公司	王加想	1200.00	水泥袋、集装袋的生产、加工。包装装潢印刷品、其他印刷品的制造	2008-04-29	大田县石牌镇上坡村小汤泉工业项目区
福建省大田县全鑫机械制造有限公司	郑传营	500.00	钢铁、铸件的制造、销售，机械加工配件、钢材、生铁的销售	2008-04-29	大田县前坪乡山川回族村上孟
三明市富友石墨矿业有限公司	陈生暖	1000.00	一般经营项目：石墨原矿的加工，硫铁矿的浮选，精矿粉、石墨矿粉、硫铁矿、矿产品的销售，酒店的管理	2008-05-22	大田县建设镇建爱村赤坂
大田红狮水泥有限公司	郭其正	18000.00	水泥、熟料的制造、销售，工业余热供应，水泥用石灰岩的开采	2008-05-28	福建省大田县太华镇小华村
福建省金福旺矿业有限公司	何晓红	508.00	低品位褐铁矿的焙烧—磁选，铁矿、铅锌矿、铜矿、锰矿、钼矿、石灰石的购销	2008-06-10	大田县前坪乡湖坪村

续表16

登记名称	法定代表人/负责人	注册资本（万元）	经营范围	成立日期	住所
福建省诚盛手袋服饰厂（普通合伙）		500.00	从事包袋的生产	2008-06-16	大田县均溪镇福塘工业园区标准厂房B幢2楼
大田县楚云矿业有限公司	陈加森	500.00	铁原矿破碎加工，铁矿、铅锌矿、钾长石矿、锰矿、油焦，矿产品销售（不含煤炭），为矿山提供劳务	2008-09-03	大田县太华镇西埔村
福建省大田县双兴矿业有限公司	王春亭	1015.00	瓷石、石英石的加工，矿产品的销售	2008-09-16	大田县吴山乡吉洲工业区1号综地
福建省大田县谐坤矿业有限责任公司	高忠雄	500.00	锰矿的精选及销售，富锰渣、铁矿、锰铁矿、生铁、焦炭及矿产品（煤炭除外）的购售	2008-09-25	大田县太华镇罗丰村大菜坑
大田县长鑫船舶配件制造有限公司	林云干	6000.00	炼铁、黑色金属铸造、有色金属铸造、有色金属合金铸造、其他通用设备制造、金属加工机械制造	2007-08-30	大田县上京镇三阳村
福建省大田县东方升铸造有限责任公司	罗立江	800.00	铸铁件的制造、机械加工及产品销售	2007-09-20	大田县太华镇万湖村鬼坑
大田县源兴木业有限公司	陈元清	1000.00	松水泥模板、杉芯条、杉板材、方料、杂锯材、杂胶合板的加工；木制品、家居用品、建筑装潢材料、家纺家具、床上用品、电线电缆、五金交电、农副产品、预包装食品的销售	2007-09-27	大田县桃源镇桃源村谷口自然村
福建省大田县恒丰工贸有限公司	周庆塔	500.00	通用机械配件、钢铁铸件的制造、销售，矿山机械、工业设备、机电设备、生铁、钢材、焦炭、矿产品的销售	2007-10-15	大田县太华镇万湖村岬坪
福建省沈宏矿业有限公司	张铮	2000.00	金属矿的精选及销售；矿产品购销	2007-10-26	大田县前坪乡下坑村
福建省大田县晨晖铸造有限公司	章瑞才	500.00	一般经营项目：铸钢件、铸铁件的制造、销售，机械加工与销售	2007-11-30	大田县太华镇群团村中华自然村岬后
福建省大田县晨华铸造有限公司	陈永挺	2100.00	焦炭、生铁、水渣、钢材、木材、家具、煤、矿产品及铸件的购销	2007-12-06	大田县前坪乡湖坪村大岬头
福建省大田县岩盛铸造有限公司	林魁祥	3000.00	铸铁件、铸钢件制造及销售	2008-01-11	大田县武陵乡大石村下坑

续表 16

登记名称	法定代表人/负责人	注册资本（万元）	经营范围	成立日期	住所
大田县华能达机械铸造有限公司	郑允训	1000.00	炼铁，黑色金属铸造，有色金属铸造，常用有色金属冶炼，其他金属加工机械制造	2008-01-29	大田县太华镇小华村瓦沟岬
福建省大田县原美化工有限公司	谢宝琼	2000.00	硫酸（工业用）生产，矿产品的购销	2008-03-03	大田县广平镇铭溪村
大田县广平镇宏岩新型建材厂（普通合伙）		550.00	煤矸石多孔空心砖的生产和销售	2008-03-13	大田县广平镇铭溪村下坪
三明市博大轻工制品有限公司	高孝松	500.00	板式小家具的制造，矿产品（煤炭除外）、建筑材料、（不含化学危险品）、酒店设备、五金交电、电子产品的销售	2007-05-11	三明市大田县建设镇建强村南坑洋
福建省大田县富豪矿业有限公司	范克嵩	500.00	褐铁原矿破碎；褐铁合格矿、铅锌精矿、铁精矿、硫铁矿、石灰石、瓷土矿、铅锌矿、铜矿、矿山机械工程配件的销售；为矿山工程提供劳务服务	2010-03-31	大田县均溪镇和丰村银顶格龙船湾
福建省大田县三陵液压机械制造有限公司	林彭花	600.00	液压机械制造及销售	2010-04-07	大田县均溪镇玉田村门后坑
福建雅安居家具有限责任公司	林芳仕	500.00	木质家具、实木复合门制造；家具、装饰材料（不含危险化学品）的销售	2010-04-13	大田县石牌镇小汤泉工业区
大田县建设镇鑫盛元木制品厂	池长汉	500.00	细木工板，杉、松板材、方料，杉芯条的加工（有效期至 2014 年 12 月止）	2010-06-10	大田县建设镇元山村长圳尾
大田县建设镇德兴木材加工厂	林进福	2300.00	木包装箱板，杉、松板材、方料，杉芯条的加工	2010-07-07	大田县建设镇建设村 40 号
大田县建龙新型建材有限公司	林书刊	500.00	多孔砖的生产	2009-11-17	大田县建设镇建强村
福建省大田县奕盛矿业有限公司	詹兴振	666.00	矿产品、生铁铸件、化工原料、建筑材料、酒店设备、五金交电、家具、电子产品、日用百货、工艺品、通讯设备、通信设备的销售	2009-11-25	大田县均溪镇郭村
福建大田县恒隆空心砖有限公司	杨景强	500.00	多孔空心砖生产及销售	2010-03-30	大田县上京镇隆美村
福建省大田县闽盛机械有限公司	杨承椅	1200.00	茶叶机械的制造及销售	2009-05-21	福建省三明市大田县均溪镇建山路 271 号

续表 16

登记名称	法定代表人/负责人	注册资本（万元）	经营范围	成立日期	住所
大田县和顺竹业有限公司	陈洪传	500.00	竹胶板、竹艺品、竹半成品、杂单板、杂锯材的加工及销售	2009-06-02	大田县桃源镇谷口项目区
福建鑫欣源竹木有限公司	曾森建	3600.00	加工竹香芯、竹帘、竹碳、竹胶板、竹地板、胶合板、细木工板、指接板（有效期至2013年12月31日）	2010-10-15	大田县桃源镇前厝村后丘坪工业园区
福建工友机械有限公司	郑宝琦	500.00	机械加工，铸件（中频炉）生产、销售，生铁销售	2010-11-08	大田县太华镇群团村白桦林
福建大田县金阳矿业有限公司	游世贵	3000.00	结晶硅、硅锰的加工，结晶硅、硅锰、矿产品、矿山机械、建筑材料、水渣的销售，提供劳务	2010-11-10	大田县石牌镇上坂村小汤泉工业集中区
大田县清花矿业有限公司	陈占央	500.00	铁矿原矿破碎；矿产品（煤炭除外）、金属材料（不含贵金属）、化工产品（不含危险化学品）、五金交电、建筑材料（不含危险化学品）、一般劳动防护用品、农产品的批发及零售；为土石方工程提供劳务服务	2010-11-19	大田县太华镇群团村平路下
福建省大田县铭和建材有限公司	池昌森	1500.00	煤矸石多孔空心砖的生产与销售；金属材料、矿产品、五金交电、建筑材料、木材等销售	2010-11-19	大田县广平镇兴埔村陈坑
福建省九道山茶业有限公司	乐初纪	500.00	茶叶的制造，茶具、预包装食品（不含冷藏冷冻食品）的销售，茶树种植	2011-11-03	大田县均溪镇上太村
福建省大田县庆丰年米业有限公司	于能斌	500.00	大米加工；装卸搬运	2011-11-14	大田县石牌镇石牌村71号
三明市福润新型建材有限公司	林炳钗	1000.00	煤矸石页岩空心砖生产与销售	2011-11-23	大田县广平镇栋仁村犁田峰工业园区
福建合欢服装有限公司	洪联煌	500.00	服装制造，服装面料织造，服装及面料销售	2011-11-24	大田县均溪镇福塘工业区标准厂房C幢1楼
闽磁（大田）电子科技有限公司	刘加鹏	500.00	电子变压器的加工生产，电感产品、LED、振动器、电子材料、塑料制品、五金交电、家用电器的销售	2011-12-14	大田县福塘工业园区D幢四楼
福建仙顶实业有限公司	刘起堵	5000.00	茶叶（乌龙茶、红茶、绿茶）制造，茶叶树种植，生态农业观光，茶具、茶叶机械设备、矿产品、家具、家用电器的销售；室内装修	2012-03-15	大田县福田大道标准厂房A幢

续表 16

登记名称	法定代表人/负责人	注册资本（万元）	经营范围	成立日期	住所
大田县福立矿业有限公司	黄立在	500.00	低品位石墨矿的加工与销售、矿产品购销；煤炭批发（有效期至 2016 年 4 月 25 日）	2011-09-06	大田县建设镇建爱村福岭
大田县盛和矿业有限公司	苏志福	500.00	铁矿破碎加工及矿产品（煤炭除外）的购销	2011-09-21	福建省大田县太华镇张地村
大田县山海矿业有限公司	郑先进	500.00	低品位褐铁矿加工、销售；矿产品购销（煤炭除外）	2011-03-24	大田县前坪乡黄龙村
福建育灯纺织有限公司	蔡进展	2000.00	PU 革、无纺布、化纤布的生产及销售	2011-04-28	大田县华兴乡京口工业集中区
三明建华纺织有限公司	王伟华	2000.00	从事高档仿真人工皮革材料生产项目的筹建、人造合成革的销售	2011-05-13	大田县京口工业集中区
三明旭日纺织有限公司	张金盾	3000.00	PU 合成革的生产及销售	2011-05-20	大田县京口工业集中区
福建大联新型材料发展有限公司	洪文默	5000.00	PU 革、PU-PVC 复合革、无纺布的生产、销售及对外贸易；其他工程准备活动	2011-05-25	大田县京口工业集中区
大田县华阳光电有限公司	施生顺	3000.00	工业硅的生产与销售	2011-06-14	大田县上京镇隆美村
大田县高新制砖厂（普通合伙）		600.00	高科技免烧环保砖的制造、销售	2010-12-06	大田县奇韬镇桃舟村长潭地段
大田县宏宇木业有限公司	郑光好	600.00	杉、松板材、方料、集成板、木制工艺品、木地板的加工	2010-12-16	大田县文江乡联盟村
大田县太华镇方湖木材加工厂	陈长清	500.00	杉芯条，杉松板材、方料的加工	2011-01-04	大田县太华镇万湖旧中学
大田县华建新型建材厂	黄长华	700.00	煤矸石多孔空心砖的制造与销售	2011-01-12	大田县建设镇建爱村福岭
福建省大田县汇鑫铸造有限公司	丁华通	10000.00	机械铸造、销售及对外贸易	2011-01-14	大田县太华镇仕坑村仙人谷
三明恒泰机械有限公司	王孔鑫	500.00	机械设备及配件生产加工，矿山物资销售	2011-03-09	大田县广平镇铭溪村
福建省大兴工贸有限公司	陈志德	3000.00	铁矿破碎；销售建筑材料、金属材料、机械设备、五金交电、矿产品、农畜产品、化工产品；再生物资回收；煤炭批发（有效期至 2016 年 4 月 25 日）	2013-01-24	大田县广平镇万宅村风头架

续表 16

登记名称	法定代表人/负责人	注册资本（万元）	经营范围	成立日期	住所
三明市海逸纺织有限责任公司	李连治	500.00	织物面料、服装生产（不含染整），纱线、布料、服装销售、进出口贸易	2013-01-30	大田县京口工业集中区
福建省亚派旅游用品有限公司	吴文帖	500.00	拖鞋生产；拖鞋、纺织品、针织品、编织品、布织品的销售	2013-05-07	大田县均溪镇凤山东路82号
大田县腾龙新型建材有限公司	田守平	1000.00	石灰的生产、销售	2012-11-16	大田县上京镇隆美村清水坑
福建省仙师泉山泉水有限公司	陈文团	500.00	包装饮用水［其他饮用水（瓶、桶装饮用水山泉水）］	2012-12-04	大田县太华镇华溪村“拿口”处
三明市庆成新型建材有限公司	李光禄	500.00	煤矸石页岩空心砖的生产与销售	2013-01-18	大田县太华镇罗丰村
福建省铭晟机械有限公司	周小丽	2000.00	机械铸件制造；金属、煤炭的销售，再生物资回收	2012-07-10	福建省三明市大田县前坪乡湖坪村下溪
福建省大田县万隆洋伞有限公司	许文曲	500.00	雨具制造及销售	2012-09-10	大田县均溪镇后坂洋4号2幢1层
福建省大田县鼎晟圆工贸有限公司	杨振畅	500.00	铁矿石破碎；硫矿、铁矿、铅锌矿、铜矿、石灰石的购销，对外投资，为矿山提供劳务	2012-10-29	大田县均溪镇上华村东思安
福建省五广铸造有限公司	郑恢中	500.00	钢铁铸造与销售；铸铁件、铸钢件的制造	2012-03-26	大田县广平镇梨田峰工业园区
福建宇隆超纤有限公司	张树仁	1888.00	塑料人造革、合成革、其他合成材料的制造、销售	2012-06-04	大田县京口工业区
福建顺天来彩陶制品有限公司	田加本	500.00	瓷泥、瓷瓶（酒瓶）彩陶的生产和销售	2012-06-12	福建省大田县建设镇建国村工业项目区
大田县元庄新型墙体材料有限公司	庄德雄	1000.00	一般经营项目：煤矸石页岩空心砖的生产与销售	2013-12-18	福建省三明市大田县上京镇梅林村东边坑
大田县建设镇林池木竹加工厂	池上卫	3000.00	板材、方料、杉、松切片的加工、销售	2013-10-24	福建省三明市大田县建设镇建国村

续表 16

登记名称	法定代表人/负责人	注册资本（万元）	经营范围	成立日期	住所
福建省大田县凯力机械加工有限公司	连华潭	1000.00	一般经营项目：矿山机械设备制造，机械本配件加工，生铁、焦炭、矿产品的购销；废旧物资的回收(不含危险废物、废弃电器、电子产品）	2013-11-11	大田县武陵乡大石村
福建体克体育用品有限公司	杜进京	500.00	一般经营项目：鞋服加工及销售（以上经营范围涉及许可经营项目的，应在取得有关部门的许可后方可经营）	2013-08-28	大田县福塘标准厂房 B 幢第三、四层
福建永岩工贸有限公司	陈维锋	500.00	煤矸石破碎、加工、销售	2014-06-11	福建省三明市大田县上京镇灵川村 32 号
大田县石牌镇小湖新型建材有限公司	翁运平	2000.00	煤矸石多孔空心砖的制造、销售	2014-06-19	福建省三明市大田县石牌镇小湖村
大田县福岩石业有限公司	廖明库	1100.00	建筑用石加工；建筑陶瓷制品制造；建材、金属、厨具卫具及日用杂品的销售	2014-10-24	福建省三明市大田县均溪镇红星村芹菜垅
大田县超步户外用品有限公司	陈文锦	500.00	旅游鞋、拖鞋、花园鞋的加工及销售	2014-10-30	福建省大田县石牌镇小汤泉工业园区
大田县泰源旅游用品有限公司	郑燕平	500.00	旅游鞋、拖鞋、花园鞋的加工及销售	2014-10-30	福建省大田县石牌镇小汤泉工业园区
福建京富服装有限公司	林小妹	1000.00	机织服装、服饰、床上用品、窗帘及布艺类产品、纺织面料鞋的制造，服装、鞋帽、日用品、五金产品的销售（含网上销售）	2015-09-16	福建省三明市大田县上京镇京延路 3 号
大田县宏利铝制品加工厂	林士忠	500.00	铝制品加工，有色金属铸造，建筑材料销售	2015-09-29	福建省三明市大田县太华镇小华村茶梨垵
大田县富华塑料制品有限公司	谢清爽	500.000000	塑料制品、金属制品的制造、销售	2015-10-12	福建省三明市大田县石牌镇小汤泉工业园区
福建中工塑胶有限公司	林碧海	5000.00	胶粘制品、胶水、薄膜、纸制品的制造、销售；包装装潢印刷及其他印刷品；化工产品（不含危险化学品）的批发、零售；普通货运	2015-11-06	福建省三明市大田县华兴乡京口村（福建大田经济开发区）
福建港泰箱包有限公司	张春扳	1000.00	箱包、丝带、织带的制造、销售	2015-07-16	福建省三明市大田县均溪镇福田路 345-6 号

续表 16

登记名称	法定代表人/负责人	注册资本（万元）	经营范围	成立日期	住所
三明鸿祥鞋业有限公司	赖志刚	500.00	拖鞋制造、销售	2015-07-16	福建省三明市大田县均溪镇福塘村粮食储备库旁
大田县旺开木业有限公司	陈承旺	1000.00	杉、松锯材、杉、松切片，竹片的加工与销售，林产品、木质装饰材料的购销，对交通运输业的投资	2015-04-29	福建省三明市大田县文江乡文江村
大田县乾兴混凝土有限公司	田有乾	600.00	混凝土的搅拌、销售，矿产品、生铁、钢铁铸件、焦炭、水渣、黏土、煤矸石、建筑材料、工业废渣的销售	2015-06-05	福建省三明市大田县石牌镇老厝
三明市非得美机械有限公司	苏友帮	2000.00	黑色金属铸造，通用零部件、汽车零配件的制造、销售及进出口活动	2015-02-05	福建省三明市大田县前坪乡湖坪村下溪
大田县兴森牲畜屠宰有限公司	张玉森	500.00	生猪屠宰	2014-12-04	福建省三明市大田县广平镇铭溪村下坪 89 号
大田正丰服装有限公司	陈吉喜	800.00	服装、鞋帽、箱包的制造、销售	2014-12-10	福建省三明市大田县均溪镇福塘工业区标准厂房 B 幢第四层
福建省大田县艺森竹木业有限公司	王孔灯	1500.00	竹胶板、竹香芯、竹地板、竹工艺品、指接板、细木工板、防滑板、装饰板、指接条的加工与销售	2014-12-16	福建省三明市大田县广平镇梨田峰工业园区
福建力劦实业有限公司	董海霞	5000.00	鲜湿面制造，金属矿、非金属矿、煤炭、纸制品、五金、化工、建材的销售	2014-12-26	福建省三明市大田县吴山乡高山红精制茶工业园
福建拜尔轻工有限公司	马建生	1000.00	鞋、工程塑料的制造、销售和进出口活动	2016-01-13	福建省三明市大田县华兴乡京口村（福建大田经济开发区）
大田县汇龙食用油有限公司	郑春发	800.00	食用植物油加工	2016-01-15	福建省三明市大田县均溪镇北山路大炊园
福建省大音文化发展有限公司	颜建程	1000.00	乐器、工艺美术品、木制品的制造；文化艺术咨询服务	2016-01-18	福建省三明市大田县均溪镇湖山路 52 号
大田县恒通机械制造有限公司	乐兴城	1000.00	通用零部件制造、黑色金属铸造	2015-11-30	福建省三明市大田县武陵乡大石村下坑工业项目区

续表 16

登记名称	法定代表人/负责人	注册资本（万元）	经营范围	成立日期	住所
大田县桃源镇海翔废塑料再生加工厂	黄金生	500.00	塑料颗粒加工及销售	2015-12-23	福建省三明市大田县桃源镇前村村（赤头坂一级水电站）
大田和兴矿山机械有限公司	连生秒	718.00	矿山机械、耐火材料制品的制造，黑色金属铸造，矿产品、建筑材料、化工产品（不含危险化学品）的销售	2015-12-23	福建省三明市大田县武陵乡大石村 3 号
三明市大田玉达利工贸有限公司	陈斌	1000.00	淀粉制造，农产品、预包装食品、金属矿、非金属矿、煤炭、建材、五金产品、化工产品（不含危险化学品）的销售	2015-12-24	福建省三明市大田县均溪镇建山路 193 号 C 幢 201 室
福建省贵仙酒业有限公司	陈来沛	1000.00	白酒制造	2016-03-16	福建省三明市大田县太华镇太华街 31 号，生产经营地：（福建省三明市大田县太华镇华溪村 3 号）
福建省碧鑫再生资源有限公司	林传窕	1000.00	半补强炭黑生产，废旧物资（不含危险废旧品、报废汽车、医疗废弃物、境外可利用废旧物资）回收，半补强炭黑及副产品燃料油、钢丝销售	2016-03-28	福建省三明市大田县屏山乡和坑村杀牛溪处
三明市华宝新型建材有限公司	康国清	3000.00	环保多孔空心砖、建筑砌块的制造	2016-04-14	福建省三明市大田县武陵乡武陵村鳖上洋
大田县金利矿业有限公司	黄文媛	600.00	石英石深加工、销售	2016-05-30	福建省三明市大田县武陵乡大石村下坑
三明市大田县荣辉工贸有限公司	吴枝勇	1000.00	非金属废料和碎屑加工处理，再生物资回收，机械设备、五金产品、电子产品、矿产品的销售	2016-05-30	福建省三明市大田县太华镇万湖村 546-4 号
福建省吉欧再生资源有限公司	林晓颖	1600.00	金属、非金属废料和碎屑加工处理，再生物资回收	2016-06-03	福建省三明市大田县华兴乡京口村
大田县京融建材有限责任公司	翁运平	800.00	其他建筑材料制造	2017-05-26	福建省三明市大田县上京镇京东工业区
福建省大田县联盛塑料再生有限公司	林坤龙	1000.00	非金属废料和碎屑加工处理；塑料丝、绳及编织品制造；其他塑料制品制造	2017-06-02	福建省三明市大田县武陵乡大石村下坑

续表 16

登记名称	法定代表人/负责人	注册资本（万元）	经营范围	成立日期	住所
大田县鑫德环保科技有限公司	张兆樟	500.00	废纸、废塑料再生综合利用、生产纸制品（不含印刷）及塑料造粒	2017-06-15	福建省三明市大田县桃源镇赤头坂林场小坝仔10号
福建高氏药材有限公司	高超湖	2160.00	中成药生产；中药材种植；工程和技术研究和试验发展；农业观光休闲旅游	2017-07-03	福建省三明市大田县建设镇建设街1号
大田县陈永旺新型建材厂	陈连生	800.00	其他建筑材料制造	2017-07-07	福建省三明市大田县吴山乡程堂村吉周将岭
大田县丰源水泥制品有限公司	林玉珍	1300.00	水泥制品制造，建筑材料、五金产品的销售	2017-07-12	福建省三明市大田县建设镇建丰村
三明市中建混凝土有限公司	宋国祥	2600.00	水泥制品、其他非金属矿物制品的制造；公路路面工程施工；建材销售	2017-04-06	福建省三明市大田县石牌镇石牌村后溪坂金象温泉城51号楼702室
嘉能（大田）炼焦有限公司	张汉敏	1000.00	炼焦，煤制品制造；煤炭及制品批发；节能技术、新材料技术的推广服务	2017-04-10	福建省三明市大田县太华镇万湖村43号
三明市琦昌新型建材有限公司	孙有富	500.00	建筑用石加工	2017-04-10	福建省三明市大田县石牌镇石牌村
福建省六福新型建材有限公司	林燕云	1180.00	建筑用石、石英石的加工	2017-04-13	福建省三明市大田县上京镇梅林村
福建省大田县万通铸造有限公司	陈开茂	500.00	黑色金属铸造	2017-04-21	福建省三明市大田县太华镇万湖村
福建省大田县盛崎铸造有限公司	刘　昇	1500.00	黑色金属铸造，社会公共安全设备及器材制造，机械零部件加工；矿产品销售	2017-04-27	福建省三明市大田县广平镇铭溪村下坪
福建黑坦食品有限公司	陈新坦	1000.00	肉制品及副产品的加工；预包装食品（含冷藏冷冻食品）、散装食品（含冷藏冷冻食品）、农产品、水产品、日用品、建筑材料、电子产品、五金产品、家用电器、服装鞋帽、工艺品的销售	2017-05-09	福建省三明市大田县均溪镇雪山北路74号

续表 16

登记名称	法定代表人/负责人	注册资本（万元）	经营范围	成立日期	住所
大田县繁兴塑料制品制造有限公司	陈爱花	500.00	塑料丝、绳及编织品、纸制品制造，非金属废料和碎屑加工处理	2017-02-16	福建省三明市大田县吴山乡吉州工业园区
三明市霆瀚伞业有限公司	张栋樑	500.00	伞的制造	2017-02-20	福建省三明市大田县建设镇建设村佰玖丘
三明宏安革业有限公司	易丁钗	1000.00	塑料人造革、合成革制造	2017-02-22	福建省三明市大田县华兴乡京口工业园区
福建捷旺建材有限公司	陈文涛	1500.00	机制沙加工，建筑材料、矿产品的销售	2017-03-01	福建省三明市大田县广平镇东景村西下洋
大田县石磨山建材有限公司	郑新灶	1000.00	建筑用石料加工，建筑材料销售	2016-11-23	福建省三明市大田县桃源镇兰玉村 3 号
大田景元泰茶叶有限责任公司	叶新玉	500.00	精制茶加工；预包装食品（含冷藏冷冻食品）销售	2016-11-24	福建省三明市大田县均溪镇北山路 19-1 号 3 楼
大田县兑鑫矿山机械有限公司	李开省	700.00	矿山机构、耐火材料制品的制造、销售	2016-12-05	福建省三明市大田县建设镇建民村 267 号
大田县丰润混凝土有限公司	黄新梁	680.00	混凝土预制，水泥制品制造，矿产品、金属、焦炭、煤矸石、建筑材料、工业废渣的销售	2016-09-18	福建省三明市大田县石牌镇长溪村
福建省艺佳瓷业有限公司	郑艳红	6850.00	日用陶瓷制品制造，卫生陶瓷制品制造，其他非金属矿物制品制造	2018-02-28	福建省三明市大田县前坪乡上地村 88 号
三明金采林建材有限公司	余正弟	1000.00	水泥制品制造，其他水泥类似制品制造，石灰和石膏制造，其他建筑材料制造，建筑用石加工；建材销售	2018-03-26	福建省三明市大田县文江镇文江村 117 号
大田县华浩再生资源有限公司	詹华传	500.00	非金属废料和碎屑加工处理，金属废料和碎屑加工处理；再生物资回收，矿产品、机械设备、建材、金属、室内装饰材料、日用品的销售	2018-04-16	福建省三明市大田县太华镇万湖村 184 号
大田县盛田机械配件有限公司	刘文辉	500.00	其他传动部件制造，其他通用零部件制造，汽车零部件及配件制造，机械零部件加工，黑色金属铸造	2018-02-12	福建省三明市大田县广平镇铭溪村后沟湾

续表 16

登记名称	法定代表人/负责人	注册资本（万元）	经营范围	成立日期	住所
大田县惠利电子有限公司	王上利	1000.00	电子元件及组件制造	2017-11-22	福建省三明市大田县广平镇广平村461号
大田县金源再生资源有限公司	黄德金	1000.00	金属、非金属的废料和碎屑加工处理；再生物资回收与销售；新能源技术推广服务	2017-12-15	福建省三明市大田县吴山乡程堂村231-5号
大田精忠包装材料有限公司	周安国	500.00	纸制品制造，塑料包装箱及容器制造	2017-12-18	福建省三明市大田县均溪镇文山路龙山宾馆门楼3层309室
三明三桂瓷业有限公司	李永金	500.00	日用陶瓷制品制造，园林、陈设艺术及其他陶瓷制品制造，其他工艺美术品制造	2017-12-18	福建省三明市大田县均溪镇文山 路6号龙山宾馆门楼三层306室
大田县隆庆机械有限公司	林秀晟	800.00	其他通用零部件、铸造机械、汽车零部件及配件的制造；机械零部件加工	2018-01-02	福建省三明市大田县前坪乡湖坪村280号
福建省大田县美川建材有限公司	詹联国	1000.00	环保空间心砖的制造；建材销售	2017-10-20	福建省三明市大田县均溪镇宝山路156号
福建省协益塑料制品有限公司	王江蓬	1000.00	日用塑料制品制造；非金属废料和碎屑加工处理	2017-11-02	福建省三明市大田县上京镇灵川村
华恒纸业（大田）有限公司	欧建平	2000.00	其他纸制品制造	2017-08-09	福建省三明市大田县吴山乡吉洲工业园区
大田县福韬体育用品有限公司	乐光宾	3500.00	体育用品、文具、皮革制品的制造；服装、鞋帽、针纺织品、文化用品、体育用品的销售	2017-08-25	福建省三明市大田县均溪镇龙宝新村75号4幢
大田县融汇通工贸有限公司	刘腾福	500.00	建筑用石加工；建材、金属、汽车零配件、机械设备、电子产品的销售	2018-09-13	福建省三明市大田县桃源镇翁厝村69号一层
福建省恒升纸业有限公司	林群山	1000.00	机制纸及纸板、手工纸、加工纸、纸和纸板容器的制造	2018-07-20	福建省三明市大田县均溪镇建山路31-1号104室
大田县桃原新型墙体材料有限责任公司	严能义	2000.00	轻质建筑材料、建筑砌块制造	2018-07-23	福建省三明市大田县桃源镇桃源村333-1号

续表 16

登记名称	法定代表人/负责人	注册资本（万元）	经营范围	成立日期	住所
大田县德鸿工贸有限公司	苏专生	1000.00	非金属废料和碎料加工处理，金属废料和碎屑加工处理；再生物资回收，矿产品、建材、金属、日用品的销售	2018-07-25	福建省三明市大田县上京镇梅林村 238-1 号二层
福建省叮咚饮料制造有限公司	林传书	1000.00	碳酸饮料、果菜汁及果菜汁饮料、瓶（罐）装饮用水的制造	2018-08-14	福建省三明市大田县桃源镇东风农场泼水村 6-2 号
三明市脉承竹制品有限公司	高上钗	1000.00	竹制品制造，竹家具制造；林业产品、装饰物品、工艺美术品的销售	2018-08-23	福建省三明市大田县建设镇建强村 150 号
福建省大田县恒之鑫矿山机械有限公司	陈德政	500.00	矿山机械制造；机械设备、金属的销售（含网上销售）；通用仓储	2018-06-25	福建省三明市大田县均溪镇宝山路 108 号三楼
大田县进财龙建材有限公司	蒋升众	800.00	建筑用石加工，防水建筑材料制造，铁矿的选矿；建材、矿产品的销售	2018-07-05	福建省三明市大田县前坪乡前坪村 6 号
大田县忠卓床上用品有限公司	陈巧英	800.00	床上用品制造；针纺织品的销售	2018-07-10	福建省三明市大田县文江镇文江街 71 号
大田县泼专笋业农民专业合作社	廖首生	800.00	竹、笋栽培、经营管理及销售	2010-09-09	大田县桃源镇（东风农场）泼水村 11 号
福建凯昱微晶石墨有限公司	林锋	3000.00	研发、生产、销售高纯微晶石墨、微晶石墨添加剂、等静压石墨材料、氟化石墨、石墨烯、核石墨	2016-01-07	福建省三明市大田县太华镇汤泉村 288 号
福建展晖重型机械制造有限公司	林国展	5000.00	矿山机械、纺织专用设备制造，通用零部件制造	2018-10-17	福建省三明市大田县华兴乡京口村 500 号
福建省鑫茂皮革制造有限公司	刘万云	1000.00	塑料人造革、合成革制造，棉织造、化纤织造的加工，初级形态塑料及合成树脂制造	2018-09-27	福建省三明市大田县吴山镇程堂村 233 号
福建省三明嘉友纸业有限公司	陈高敏	1000.00	纸制品制造	2018-10-30	福建省三明市大田县均溪镇北山路 19-2 号
三明顺泰服饰有限公司	高新琴	500.00	服饰制造；服装、鞋帽、箱包、针织品、纺织品、工艺美术品、家用电器、电子产品、文化用品、化妆品、五金、建材、化工产品(不含危险化学品及易制毒品）、电气设备、计算机、软件及辅助设备的销售	2018-09-28	福建省三明市大田县建设镇建强村 184 号

续表 16

登记名称	法定代表人/负责人	注册资本（万元）	经营范围	成立日期	住所
福建省上铁机械制造有限公司	连华微	1500.00	金属切削机床制造；黑色金属铸造	2018–12–17	福建省三明市大田县武陵乡大石村下坑工业区 251 号
福建省大田县艾佩克斯新型建筑材料有限公司	郑进森	3000.00	砖瓦、石材等检查材料制造；新材料技术推广服务；建筑装饰盒装修；金属材料、建筑材料的销售	2018–11–14	福建省三明市大田县均溪镇凤山西路 68 号 202 室
福建省大田县雄通混凝土有限公司	高忠雄	500.00	水泥制品制造；矿产品、建筑材料销售	2018–11–14	福建省三明市大田县广平镇梨田峰工业园区
大田县京福新型墙体材料有限公司	翁文其	3000.00	轻质建筑材料、建筑砌块的制造	2018–11–28	福建省三明市大田县上京镇灵川村 109 号
福建大田九顺纸业有限公司	钟江莹	1000.00	机制纸及纸板、纸制品的制造	2018–12–28	福建省三明市大田县华兴镇仙峰村 55–3 号
福建省广丰矿业有限公司	林富增	13328.90	煤的地下开采；煤炭销售	2008–02–22	福建省大田县广平镇丰庄村新村一号一、二层
大田县香浮煤矿有限公司	董敬校	500.00	一般经营项目：煤炭技术咨询服务	2011–11–03	大田县建设镇香浮村
大田县金源煤矿有限公司	陈良好	500.00	煤炭技术咨询	2012–05–10	大田县建设镇建忠村
大田县建设有色金属矿	林进宽	1008.00	铜矿、铁矿、石墨的开采，锌矿、铅矿、硫铁矿、铅锌矿、锰矿、石灰石、石墨矿的销售	1995–07–06	建设镇建爱村
三明市大田县恒华铁矿有限公司	吴士鑫	1100.00	铁矿的露天和地下开采（有效期至 2017 年 8 月 5 日）；铁矿销售	2000–12–27	福建省大田县太华镇汤泉村 288 号
福建省大田县腾顺矿业有限公司	林丁峰	3000.00	硫铁矿、铁矿、水泥用石灰岩、高岭土的开采；铁矿、硫矿、硫铁矿、铅锌矿、多金属矿、石灰石的购销	2011–10–19	大田县均溪镇上华村上蔡
大田县富阳矿业有限公司	章选建	500.00	铁矿开采、销售	2015–06–25	福建省三明市大田县均溪镇建山路 60 号 6 楼
福建省大田县美湖矿业有限公司	詹联国	1500.00	有色金属矿、非金属矿的采选，矿产品、矿山采选设备、建筑材料、生铁、钢材的销售，提供计量服务	2015–08–31	福建省三明市大田县均溪镇建山路 4 号

续表 16

登记名称	法定代表人/负责人	注册资本（万元）	经营范围	成立日期	住所
大田县华兴矿业有限公司	郭衍朋	1200.00	铅锌矿精选、矿产品销售（不含煤炭产品）	2000-11-27	华兴乡华安村泰埯
大田县长江矿产品有限公司	李凤快	600.00	一般经营项目：铅、锌的精选及铅、锌、铜、铁矿的销售	2001-10-23	广平镇铭溪村后垅山
福建省大田县朝阳矿业有限公司	涂红卫	1000.00	铁精矿粉精选、销售	2002-02-04	济阳乡高升村
福建省大田县宝树矿业有限公司	谢海巻	3000.00	许可经营项目：铅、锌矿的采选 一般经营项目：铅、锌矿的销售	2002-10-08	大田县梅山乡盖竹村
大田县金鹏矿业有限公司	连良贞	1000.00	水泥用石灰岩、铁矿、脉石英矿、萤石矿的开采（有效期至 2031 年 1 月 10 日）；矿产品销售（煤炭除外）	2003-11-27	大田县太华镇张地村岩坑寨
福建省大田县宏福矿业有限公司	章荣鹏	600.00	铁矿、铅锌矿的精选、销售。铁矿的开采（此项经营项目仅限白屯湖矿区经营）	2004-03-23	济阳乡大儒村
福建省永隆矿业有限公司	陈维建	500.00	一般经营项目：石墨矿、铁、锰、石灰石、钾长石、硅灰石、高岭土、石英石、大理石、花岗岩、萤石、方解石的加工筛选；煤炭、铁、铅、锌、锡、锰、铜、石墨矿、萤石、石英石、钾长石、石灰石、高岭土、硅灰石、方解石、大理石、花岗岩的购销；矿山机电设备、建筑材料、五金交电的销售	2004-09-01	大田县上京镇隆美村 108 号
福建省大田县五环矿产品有限公司	周初楚	1000.00	一般经营项目：铜矿、铁矿、铅锌矿的加工，铜矿、铁矿、铅锌矿、尾矿渣、建筑材料、矿山工程机械配件的购销，为矿山提供劳务。	2004-09-08	大田县均溪镇银顶格
福建省顺嘉矿业开发有限公司	吕海洋	3500.00	一般经营项目：铁矿、铅矿的开采，铁矿破碎加工，铜矿、铁矿、磁铁矿的精选（以上经营范围仅限分支机构经营）；铁矿、铁精矿、铅锌矿、磁铁矿、锡矿、锰矿、铜矿、萤石、石英石、钾长石、石灰石、高岭土、硅灰石、方解石、大理石、花岗岩、机电设备、建筑装饰材料、矿山机械设备、化工材料（不含化学危险品）的销售	2004-12-17	大田县均溪镇建山路 60 号 10 楼
福建省大田县海鑫矿业有限公司	谢宝琼	6000.00	硫铁矿、铜矿、铁矿的采选；矿产品的销售	2005-04-01	大田县广平镇铭溪村

续表16

登记名称	法定代表人/负责人	注册资本（万元）	经营范围	成立日期	住所
大田县万源矿业发展有限公司	李云波	500.00	铁矿、铅矿、锌矿、铜矿的选矿、购销	2005-09-06	大田县前坪乡上地村白石崎
福建省大田县乾泰矿业有限公司	胡步敞	500.00	铅、锌矿的精选；精矿粉、铁、铅、锌、铜、锰多金属矿的购销	2005-09-16	大田县奇韬镇奇韬村龙床自然村油岭
福建省大田县湘闽矿业有限公司	王昌盛	500.00	铁矿、铅锌矿、铜矿的精选、购销；矿山机械配件的销售；为矿山提供劳务	2005-11-30	大田县前坪乡黎明村
大田县闽益矿业有限公司	苏新强	2000.00	铁矿石、铅锌矿、硫铁矿石、铜矿的采选；铁矿石、铅锌矿、硫铁矿石、铜矿的销售	2006-04-05	大田县太华镇高星村027号
福建省大田县联华矿业有限公司	林联山	600.00	铁矿、铅锌矿、锰矿的破碎加工与销售，为矿山提供劳务	2006-04-27	大田县均溪镇东坑村银场
大田奇峰矿业有限公司	潘才皇	513.45	铁矿开采；矿产品销售	2006-06-14	大田县谢洋乡仕福村岩头自然村石垅
大田县鑫磊矿业有限责任公司	詹兴振	4300.00	铅锌矿、铜矿、铁矿的精选	2006-10-18	大田县太华镇群团村吃水湾
福建省大田县炽鑫矿业有限公司	蒋加炽	1006.00	铅精矿、锌精矿、铜精矿、硫精矿、铁精矿的销售，矿山工程机械配件的销售，为矿山提供劳动服务；铁矿的开采（有效期至2015年8月）	2006-11-24	大田县前坪乡前坪村45号
大田县爱鑫矿业有限公司	陈良金	500.00	铜、铅锌、磁铁、多金属矿的销售，多金属矿精选	2006-12-31	大田县建设镇建爱村福岭
大田县永鑫矿业有限公司	郑永胜	500.00	水泥用石灰岩的地下开采（有效期至2021年3月3日止）和销售	2008-08-19	大田县桃源镇前厝村118号
大田县泰鑫矿业有限公司	陈占稳	500.00	铁精矿的精选及销售	2010-03-04	大田县太华镇群团村吃水湾
福建省恒昌煤业有限公司	郑寿信	500.00	煤炭技术咨询服务，石墨地下开采（仅限分支机构经营）	2011-10-10	福建省大田县上京镇赤水村
大田县丰华矿业有限公司	周登望	1200.00	硫铁矿的开采；矿产品的销售	2012-04-06	大田县均溪镇宝山路109号

续表 16

登记名称	法定代表人/负责人	注册资本（万元）	经营范围	成立日期	住所
福建省大田县祥瑞石英矿有限公司	茅杰	1500.00	玻璃用脉石英的开采、销售；矿产品、机电设备的销售；对采矿业、交通运输的投资	2014-07-16	福建省三明市大田县梅山乡沈岭村
大田县万明工贸有限公司	温春池	600.00	铁矿、硫铁矿、多金属矿的选矿加工，新型建筑材料空心砖的制造（仅限分支机构经营）、销售，铁矿、铁精矿、硫铁矿、铅锌矿、铅锌精矿、金属材料的购销	2014-09-22	福建省三明市大田县均溪镇宝山路 109 号
大田县冬瓜仑建筑材料有限公司	陈华津	500.00	砂石、耐火土、粘土的开采，机制砂加工，混凝土预拌，建筑材料销售	2014-10-11	福建省三明市大田县石牌镇老厝村冬瓜仑
福建铁炉坑矿业有限责任公司	范艳映	1000.00	铁原矿的破碎加工及精选，铁矿、钾长石矿、锰矿、油焦、煤炭的购销，为矿山提供劳务	2014-11-05	福建省三明市大田县太华镇西埔村
大田县福润贸易有限公司	廖加润	500.00	煤的破碎加工、销售，金属及金属矿、非金属矿、建材批发与零售	2014-11-28	福建省三明市大田县广平镇兴埔村陈坑
大田县凯鑫鼎工贸有限公司	连占良	500.00	煤炭的加工，矿产品、林产品、建筑材料、劳保用品、机械设备、机电设备及配件的销售，提供劳务	2015-04-27	福建省三明市大田县上京镇梅林洋石岩（新岩水泥有限公司旁）
福建中雅达矿业有限公司	陈洪忠	1000.00	铁矿石的选矿，生铁铸件、环保砖的制造，金属矿、矿碴的销售	2015-09-23	福建省三明市大田县万湖村万湖岬
福建省大田铭家瓷土有限公司	林初都	2000.00	瓷土加工、销售，陶瓷制品制造，制陶技术推广服务	2016-01-06	福建省三明市大田县前坪乡上地村
福建省大田县湖锆锋矿业有限公司	林武	1280.00	石英石破碎加工、销售	2016-03-08	福建省三明市大田县湖美乡前进村
福建省典峰工贸有限责任公司	杨开典	1003.00	铁矿石、铜矿石、铅锌矿石的选矿、销售	2016-09-12	福建省三明市大田县均溪镇香山路 2 号 4 栋 102 室
大田县鑫旺达矿业有限公司	黄荣积	1000.00	石灰石、铁矿的开采	2016-12-09	福建省三明市大田县均溪镇福田大道 148 号
福建省大田县大众矿业有限公司	李政	1000.00	铁矿采选、高岭土开采	2017-03-27	福建省三明市大田县湖美乡前进村双溪口

续表 16

登记名称	法定代表人/负责人	注册资本（万元）	经营范围	成立日期	住所
福建大圣瓷业有限公司	邱志琛	6000.00	日用陶瓷制品制造，园林、陈设艺术及其他陶瓷制品制造；非金属矿制品销售；工艺美术品及收藏品销售	2017-10-20	福建省三明市大田县均溪镇文山路 6 号
大田县明宏矿业有限公司	巫珍珠	500.00	石灰石开采；矿产品、建材、化工产品（不含危险化学品及易制毒化学品）、五金产品的销售；再生物资的回收与批发；建筑工程机械与设备经营租赁	2018-05-31	福建省三明市大田县桃源镇西街 83-5 号
福建辅友矿业有限公司	郑登文	1000.00	石灰石开采；石灰制造；矿产品、建材、金属的销售	2018-08-13	福建省三明市大田县均溪镇上华村上蔡
福建隆文矿业有限公司	杨开文	1000.00	石灰石、建筑装饰用石开采；矿产品、建材、金属及非金属矿的销售；建筑工程机械与设备租赁	2018-09-05	福建省三明市大田县上京镇隆美村 126 号非矿 9 号井 4 幢
大田县泰华汤泉甲魁矿业有限公司	黄德柑	1180.00	无烟煤开采；金属矿、非金属矿的销售	2018-12-05	福建省三明市大田县太华镇甲魁村 203 号
大田县自来水公司	曾少杰	684.00	集中式供水（有效期至 2016 年 5 月 28 日），住宿（仅限分支机构经营）；自来水管道安装，日用百货销售	1989-05-20	均溪镇银山北路 1 号
大田县日丰地热开发有限公司	陈祥倬	900.00	地热资源开采、温泉供应及利用	2013-10-28	福建省大田县均溪镇福田大道 345-5 号
大田县昌盛发电有限公司	李陆华	1030.00	水力发电（以上经营范围仅限于公司的分支机构经营）	2001-04-12	均溪镇凤山东路 26 号
大田县宏大发电有限公司	章文王	500.00	水力发电	2001-07-11	济阳乡大儒村
大田县岩能发电有限公司	杜常春	1303.60	一般经营项目：水力发电（仅限分支机构经营）	1999-07-07	大田县均溪镇南山路 179 号 3 号楼 104 室
大田县大安水电有限公司	黄志雄	800.00	水力发电（仅限分支机构经营）	2000-07-16	大田县建山路 193 号 D 幢 2402 室
华电福新（大田）新能源有限公司	陈盛玉	1000.00	风力发电、太阳能发电，风力发电及太阳能发电的技术咨询、服务，机电设备的销售	2016-12-01	福建省三明市大田县均溪镇银山北路 1 号 504

续表 16

登记名称	法定代表人/负责人	注册资本（万元）	经营范围	成立日期	住所
福能永京(三明)电力有限责任公司	杨孝礼	20100.00	水力发电，太阳能发电，电力供应；电气安装，工矿工程建筑；节能技术推广服务	2017-12-12	福建省三明市大田县上京镇京仙路 1 号
大田县仁坂水电站（普通合伙）		1098.00	水力发电	2003-11-27	文江乡大中村
大田县兴安水电开发有限公司	林丽娜	1000.00	水力发电（仅限分支机构经营）	2002-12-20	大田县建山路 193 号 D 幢 2402 室
大田县奇韬镇桃舟电站		653.00	水力发电	2003-01-03	大田县奇韬镇桃舟村
大田县仙和溪发电有限公司	章文王	500.00	水力发电	2003-01-10	大田县华兴乡仙峰村石头坑后坑尾
大田县文江大中水电站（普通合伙）	陈兴光	1406.45	一般经营项目：水力发电	2003-01-25	大田县文江大中村
福建省明益水电有限公司	苏谈益	2000.00	水力发电	2002-08-08	大田县屏山乡王坪村双溪口
大田县梅山璞溪水力发电有限公司	涂水	1000.00	水力发电	2005-03-18	大田县梅山乡璞溪村
大田县昇能发电有限公司	周闽湘	600.00	水力发电	2006-04-05	大田县文江乡文江新村 52 号
大田红狮余热发电有限公司	徐剑冰	1600.00	利用工业余热发电，热力生产和供应	2015-08-20	福建省三明市大田县太华镇小华村
福建省福疆光伏发电有限公司	宋秀梅	1000.00	光伏发电，光伏发电工程建筑，光伏发电设备维修，光伏发电设备销售	2016-03-31	福建省三明市大田县均溪镇玉山路 156 号
大田至恩太阳能发电有限公司	林火养	1000.00	太阳能发电	2016-12-28	福建省三明市大田县吴山乡程堂村吉州工业区（福建万华实业有限公司办公楼一层）
福建省静兴光伏发电有限公司	苏尾使	1000.00	太阳能发电，机电设备销售，太阳能发电设备安装	2016-11-25	福建省三明市大田县石牌镇石牌路 51 号

续表 16

登记名称	法定代表人/负责人	注册资本（万元）	经营范围	成立日期	住所
福建省三明闽阳太阳能发电有限公司	林发琳	500.00	太阳能发电；光伏技术推广服务；施工劳务服务；五金产品、电气设备的销售	2016-12-05	福建省三明市大田县均溪镇富山新村二路9号
福建省振阳光伏发电有限公司	陈森鑫	1000.00	太阳能发电；管道和设备安装工程；其他机械设备及电子产品的销售	2018-04-10	福建省三明市大田县石牌镇石牌路51-1号
大田京泰能源有限公司	陈开平	1000.00	热力生产和供应	2018-01-02	福建省三明市大田县华兴镇京口村500号
大田炬田新能源科技有限公司	庄腾超	3600.00	太阳能发电; 信息系统集成服务; 电气安装; 电气设备修理	2017-08-08	福建省三明市大田县前坪乡山川村101号
大田县中润汽车能源有限公司	蒋月辉	1000.00	电动汽车充电服务	2017-08-11	福建省三明市大田县均溪镇兴业路5号

（黄清渊）

索 引

说 明

一、本鉴分为主题索引、表格索引两个部分。主题索引按内容分析法确定主题条目，按主题词首字汉字拼音字母顺序排列，同音词按声调排列，第一字相同的，则按第二字音序排列，依次类推。表格索引按其所在页码顺序排列。

二、条目后的阿拉伯数字表示在本鉴的页码。条目名称相同者并列，并标出先后页码且括注区别。

三、本鉴中“特载”“大事记”，重要文件选编、各栏目综述、各分目概况，不列入本索引检索范围。

主题索引

0—9

A

B

C

D

E

F

G

H

J

K

L

M

N

P

Q

R

S

T

W

X

Y

Z

表格索引

大田县商务局

县委书记陈文华会见中国睡眠研究会理事长黄志力

大田县商务局现有人员21人，内设办公室、外资与招商股、对外贸易股、市场运行股、内贸管理股、电子商务与信息股、开发区管理股等7个股室，下属有电子商务服务中心、副食品基地服务站、商务执法大队、市场服务中心（自收自支事业单位）、招商服务中心、外商协会（自收自支事业单位）等6个事业单位。主要承担实际利用外资、外贸出口、内贸管理、电子商务、开发区管理等工作职能。

2019年，大田县商务局以习近平新时代中国特色社会主义思想为指导，围绕“五比五晒”竞赛活动、“十大攻坚会战”行动、高质量发展落实赶超目标要求，坚持稳中求进工作总基调，商务经济发展稳中向好，主要指标增速好于同期，呈现出“内外贸齐头并进、各领域协同发展”的良好态势。完成白岩商城、岩城新市场改造，文江镇农贸市场被列入省级商务发展资金补助项目，建设镇被列为省级“商务特色镇”，冠超市被列为省级“绿色商场”。国家级电子商务进农村综合示范县创建项目顺利通过商务部中期绩效评价，成绩位列全省第二，均溪镇获评“淘宝镇”，福塘村获评“淘宝村”。大田县牲畜定点屠宰厂项目9月份正式竣工并投产试运行，年屠宰牲畜可达18万头，让老百姓真正吃上“放心肉”。2019年9月，被福建省商务厅授予全省商务系统先进集体。

县委书记陈文华实地走访上海上实龙创智慧能源科技股份有限公司

县委书记陈文华实地调研福建山瓜瓜农业发展有限公司

县长林金龙实地调研指导岩城新市场改造项目

县长林金龙实地调研白岩商城

大田县城市管理局

2019年，大田县城市管理工作按照“一年重点突破、两年初见成效、三年较大改观”的工作思路，凝心聚力，针对基础设施破旧、占道市场脏乱差、露天烧烤油烟污染等居民反映强烈的热点、难点问题，全方位开展市容市貌整治攻坚会战，创造整洁优美的城区环境，努力让居民享有更多“获得感”。

全力以赴，推进市容市貌攻坚。推进“五难”治理专项行动，完成了富山新村等108条背街小巷整治工作，将历史形成的窄马路，打造成密路网，解决了背街小巷通行难的问题，深受群众好评，获得市“五难”治理领导小组的充分肯定，在县委组织的“十大攻坚战”评比中，市容市貌攻坚会战三次均获得第一名。

疏堵结合，精准治理占道经营。治堵：加强建山路、凤山路、南山路等主次干道流动摊点占道经营的整治力度；疏导：改造西门、南门两个桥面小市场，恢复农贸市场功能；新建满田春东侧便民小市场、配合推进二市场改造，通过疏堵结合，解决了城区市场不足、占道摊点无处疏导的历史问题。

执法办案，提升城市管理效能。树立“以办案促管理”的新理念，严格执法、依法办案，全年共立案查处145件，处罚金额91万余元，通过高压严治，取得较好的惩戒效果，实现市容市貌大改观、新增“两违”零增长、36家露天烧烤全进店，城市管理效能明显提高。

路灯维护，提高城管服务水平。路灯维护所做到白天报修当天到，夜间报修次日完成，确保城区11860盏路灯亮灯率达98%以上，为建设多彩大田，亮丽夜景做好服务。

认真服务，全力办好百姓诉求。e三明政务平台随手拍，自7月23日上线运行至12月31日，城管部门受理投诉352件，承办了全县30%以上的诉求件，解决了大量百姓生活中热点难点问题，按时办结率99.1%，满意率98.6%。

大田县文江中心幼儿园

文江中心幼儿园于2017年12月27日立项、2018年4月动工、2019年6月28竣工、2019年9月投入使用，校园占地面积3145.66平方米，其中建筑面积2849.58平方米，工程总造价810.13万元，可容纳12班计270名学生。

大田县新红星幼儿园

大田县新红星幼儿园在县委、县政府和各级领导的关心、重视下，于2015年立项，是县为民办实事的重点项目之一。该地块处于县城中心地段，占地8.53亩，建筑面积6370平方米，投资2200万元，办园规模19个班，多功能室、游戏室等4间，能满足760个幼儿入园。工程项目于2018年9月20日开工，2019年9月完工并投入使用。

大田县疾病预防控制中心

大田县疾病预防控制中心前身为大田县卫生防疫站，属卫生事业副科级单位，主要承担疾病预防与控制、卫生监测与评价、突发公共卫生事件处置与评估、健康教育与促进、卫生技术服务与指导等工作职责。

2015年2月，中心迁至城关香山路181号现址，占地面积1258平方米，现有人员29人，具有研究生学历2人，取得卫生高级职称11人。

检测室

中心拥有微生物、理化、艾滋病、PCR等功能检测室，其中二级生物安全6间、局部百级洁净2间、负压实验室3间。配置有气相色谱仪、高效液相色谱仪、原子吸收仪、流动注射分析仪、细菌鉴定仪、全自动生化分析仪等一批先进检测仪器，可开展的卫生产品检测能力达107项、食品检测能力达104项。

中心坚持“质量优先、科技兴业”的发展战略，力争为社会提供公正、科学、准确、高效的卫生防疫服务，相继取得有实验室资质认定、艾滋病初筛检测、职业健康体检、预防性健康体检等机构资质。

服务窗口

世界艾滋 病日宣传活动

大田县东风农场

东风农场创办于1958年6月，是一个以农、林为主，多种经营并举，独立核算、自负盈亏的国有农垦企业。全场土地面积66263亩，其中林地面积53249亩(含个人自留山6704亩)，耕地面积5985亩。全场总人口4223人，下辖一个分场、两个管理区，共15个村。场部设立社会事务管理服务中心，内有农业服务中心、林业站、综治办、民政办、卫健办、土地村建股等科室，负责做好辖区内的社会事务管理服务工作。农场设党委，辖有机关、泼水、八峰、大石、天然菌业5个支部，党员112名。在职工作人员44人，其中干部9人。场内有泼水、大石、铜锣坪电厂3家，以及福建省思源矿泉水有限公司、大田县森旺木业有限公司等企业。

农场交通便捷，距大田县城37公里，距永安市区30公里,距泉三高速桃源互通口3公里。

农场的主要经济收入以林业生产销售为主，年均砍伐销售林木约4000立方米，产值400万元。农工收入主要以种植发展规模特色农业为主，雷竹、红菇、芙蓉李、烟叶、柠檬甜柑是农场的五大特色农业产业。全场有雷竹面积3000亩，年产值约3000万元；红菇山面积8000亩，年产干红菇2000公斤，年产值约600万元；芙蓉李面积700亩，年产值约500万元；烟叶种植面积600亩，收购1800担，年产值约200万元；柠檬甜柑500亩，年产50万斤，产值250万元。

建党98周年主题党日活动

县委书记陈文华和县长林金龙等县领导来场调研

乡风民俗

大田县水利局

水利投资全面完成。2019年，我县完成水利投资3.35亿元，占年计划3.30亿元的101.8%。扎实推进均溪（二期）、建设溪、奇韬溪等流域安全生态水系项目建设，建设安全生态水系约18公里。积极推进文江溪梅山集镇段、均溪石牌段、新桥河西安段和屏山和坑段等河道治理工程，综合治理河长14.9公里，新建护岸13449米。加快推进城乡供水一体化及农村饮水安全巩固提升工程，全年新建城区防洪堤6.5公里，新改建供水管网9.45公里，解决饮水不安全人口9565人。

生态治理成效明显。2019年7月，全市矿山水土流失治理座谈会在我县召开。重点推进2019年国家重点水保建设工程（均溪和湖美）、省级重点县（文江）和重点乡镇（武陵和文江）等水土流失综合治理项目，综合治理面积2474公顷,建设安全生态水系6.63公里，全县实施水土流失综合治理面积5.81万亩，占市下达任务5.2万亩的111.7%。严格水土保持方案的申报与审批和监督检查。全年共审批生产建设项目水土保持方案42个，共检查生产建设项目48个，验收报备20个，查处违法案件2起，依法征收水土保持补偿费238.63万元。

河湖长制彰显有实。2019年8月，大田县生态环境保护指挥中心获评第四届全省“人民满意的公务员集体”。落实省、市河湖“清四乱”专项行动，持续开展生态环境综合治理五项攻坚行动，共完成水电站生态下泄流量设施改造83座、在线监控设施安装138座、小水电站退出5座，其中大仙峰省级自然保护区2座，完成粪污处理设施建设34家、造纸企业清洁化改造5家，三格化粪池794户，发现并清理非法涉砂点９处。全面落实最严格水资源管理制度，全年共完成延续取水报告评审141份，换发和新办取水许可证171本，征收水资源费326.17万元。加大水环境违法案件执法力度，全年共立案查处生态违法案件48件，收缴罚没款金额为人民币262万元，移送公安行政拘留2件，县人民法院依法作出有罪判决2件。

大田县河长协会成立大会

大田县广汤溪小流域水土流失综合治理项目

武陵大石村“党建+河长制+河道经济”治水模式

大田县国有资产投资经营有限责任公司

大田县国有资产投资经营有限责任公司是一家国有独资公司，公司于2004年8月经大田县政府批准，由大田县国有资产管理委员会办公室出资，公司注册资本1.68亿元人民币。公司作为县政府主要对外投融资平台，建立以股权投资、投融资管理、产业培育、资产管理为主业的国有投资公司，并将公司发展成为专业化的国有资本投资管理公司。公司现有对外投资企业16家，其中全资子公司10家、控股子公司4家和参股公司6家，共有资产21.87亿元。

在县委、县政府的领导下，国投公司将以服务我县经济发展大局为己任，围绕着改革、发展、稳定这一目标，强化党对公司的全面领导，建立和完善现代化企业制度，规范法人治理结构。按照县委、县政府要求，发挥公司资本的优势、融资的优势和政府资源的优势，通过资源、资产、资金、资本运作，履行好国有资产经营管理职能。同时，深入贯彻中央和省市关于国企改革的决策部署，以市场经济规律和企业发展规律为导向，按照新的发展理念，多措并举，推动公司朝金融服务业、先进制造业、可再生能源产业、教育事业等领域重点投资和发展。强化好投资风险的防控，提升投资项目实效，实现国有资本保值增值。

公司多元化经营发展，涉及项目工程建设、水力和光伏发电、保安服务、车辆检测服务、园区物业管理、屠宰加工、宾馆经营服务、融资担保业务、房屋租赁、停车场等。按照县委、县政府的工作部署，公司已建成交付使用的有赤岩路（含南山桥、玉山桥）、过境公路、白岩公园改造、兴田路（一期）、河滨东路、建设消防站、原燃料公司棚户区改造、双创园提升改造、白岩公园地下商城改造等城市基础设施建设。近年来，公司累计融资8.572亿元，为我县基础设施建设和经济发展发挥了重要作用。今年公司作为大田一中毓秀校区项目建设业主，将百尺竿头、更进一步，不忘初心、砥砺前行，全力推进东部新城的开发建设。

团结、求实、创新、高效是公司矢志不渝的追求。我们始终坚持国有资产保值增值的经营宗旨，做大做强国有企业。愿与社会各界并肩携手、优势互补、共创辉煌。

大田创新创业产业园

光伏发电

大田一中毓秀校区效果图

水电站

大田县牲畜定点屠宰厂

大田县人民检察院

大田县人民检察院坐落于大田县均溪河畔，福田大道西侧，主楼建筑面积5665平方米，附属楼建筑面积1500平方米。全院设立业务机构6个(第一检察部、第二检察部、第三检察部、第四检察部、第五检察部和综合业务部)，行政管理机构2个(办公室、政治部)，检察辅助机构1个(司法警察大队)。现有政法干警51人（员额检察官21名，检察辅助人员23名，司法行政人员7名），工勤人员4人，聘用制书记员9人。其中，男干警38人，女干警26人，全院平均年龄36周岁，本科以上学历达100%（研究生学历2人），是一支朝气蓬勃、充满斗志的年轻队伍。

2019年，县检察院共有9个集体，20名个人荣获县级以上表彰，先后荣获“全省检察机关先进基层检察院”“第十三届省级文明单位”“全市检察机关‘三等功单位’”等荣誉称号；机关党支部荣获“三明市先进基层党组织”称号、公诉科获得“三明市五一先锋号”、侦监科获得“三明市青年文明号”等荣誉。

副检察长郑向阳到广平镇开展“检察长接待日”活动

“生态环境日”法制宣传活动

“携手关爱 共护明天”检察开放日活动

大田县人民法院

县法院成立于1951年7月，现有内设机构9个、派出法庭1个（建设人民法庭）。全院现有在编人员83人，其中员额法官32人，具有本科以上学历干警80人，占总人数的96.36%。

近年来，县法院在县委的领导和上级法院的指导下，坚持以习近平新时代中国特色社会主义思想为指导，全面深入落实管党治党主体责任，齐心协力、稳扎稳打，各项工作取得了新进展、新成效，连续六届被评为福建省省级文明单位，并涌现出全国法院办案标兵李勤模、涂劲蛟等系列先进个人。2016年以来，面对结案率低、积案数量大的困境，大田法院全体干警在杨绍东院长带领下，聚焦主责主业，坚持问题导向奋起直追，审执困境得到全面扭转，2015年至2019年结案率分别为58.6%、81.5%、89%、93.33%、96.04%，年度未结案件数2914件、1622件、821件、376件、234件，呈现结案率全面提升、积案数逐年下降的良好态势。

院长杨绍东作人大报告

集中发放司法救助款

特大网络赌博案庭审现场

法院工作人员到乡村司法

干警走进农村商贸街向群众发放宣传单

法院外景图

大田安然燃气有限公司

大田安然燃气有限公司是福建省安然燃气投资有限公司的全资子公司，于2012年11月27日成立，注册资金人民币1000万元，是大田县行政区域内管道燃气特许经营单位。主要在大田县投资、建设、管理燃气管道基础设施及推广清洁能源业务，经营管道燃气，销售自主品牌中燃宝燃气具、保险、波纹管、报警器等燃气销售业务，开展“中燃新零售平台”网上服务业务。

大田安然燃气有限公司是专业从事城市管道天然气建设和经营的公用事业型企业。城市管道天然气可大大提高城市品味和居民生活品质、改善城市居住环境，是极具发展潜力的朝阳行业。同时大力推广售电、充电桩、光伏发电、分布式能源等新兴业务。积极推进“煤改气”节能减排和“气化乡村”新型城镇化建设，全面构建“综合能源服务商”贸易体系。公司始终秉承“气聚人和，造福社会”的发展使命， 不断变革创新，积极打造综合能源发展生态圈，为推动大田县经济社会发展，提升城市品位，提高百姓生活品质而不懈努力。

福建省安然燃气投资有限公司是中国燃气控股有限公司下属省级子公司。中国燃气控股有限公司（简称：中国燃气）是中国最大的跨区域综合能源供应及服务企业之一,在香港联交所主板上市，股票代码00384。通过多年的发展，中国燃气成功构建了以管道天然气业务为主导，液化石油气、液化天然气、车船燃气、分布式能源、天然气热电、合同能源管理服务以及燃气设备、厨房用具制造、网络电商并举的全业态发展结构。全国29个省（市、自治区）共有1500余家项目公司。

PICC 中国人民财产保险股份有限公司大田支公司

目前拥有门类齐全的保险产品，业务范围从农林业生产、交通运输、对外贸易到关系百姓的出行、菜篮子、米袋子、安全责任、健康意外、信用保证、司法救助、建筑工程等覆盖国民经济与人民生活各个领域。同时在巨灾保险、科技专利文化保险、中小企业保险、互联网保险、惠农脱贫攻坚保险多项领域取得了创新和突破。

地址：大田县均溪镇凤山中路156号。

电话：0598-7229858

福建省永安煤业有限责任公司

福建省永安煤业有限责任公司是福建省能源集团有限责任公司的全资子公司，公司于2000年12月由原福建省永安矿务局和上京矿务局联合重组新设成立，是福建省重点煤炭生产企业。公司机关位于大田县上京镇，同时在永安加福设立永安矿区管理处，矿区跨永安、大田、三元三市县区，矿区总土地面积达84.50平方公里，下属4对生产矿井，2对列入关闭矿井，2个煤炭筛选厂，4个其他二级单位，企业主要产品有优质无烟煤、洗精块煤、动力煤等，核定生产能力96万吨，年生产原煤68万吨左右。现有在岗职工3000多人，离退休人员5000多人，2019年末资产总额296812.96万元。近年来，公司坚持以观念转变为先导、以结构调整为抓手、以成本管控为核心、以和谐发展为目标，不断深化企业内部经营机制和管理体制改革，较好地顺应了急剧变化的煤炭市场，是省内综合实力较强的能源企业。公司先后荣获中国煤炭工业优秀企业、全国模范职工之家、全国煤炭环境保护优秀单位、全国煤炭系统先进工会、福建省五一劳动奖状、福建省文明单位、福建省经济建设先进单位、福建省绿化先进单位、福建省节能先进单位、福建省“守合同重信用企业”、福建省纳税100强企业等省部级以上荣誉称号。

仙亭废弃矸石山棚改

仙亭别墅群

光伏全景照

新能源光伏发电

永安煤业机关本部

福建省大田职业中专学校

1938年5月日本轰炸厦门，集美职校师生安全受到威胁,1939年1月校主陈嘉庚先生批准集美职校职业科迁到大田县城。1939年2月集美职校水产航海、商业、农林三校14个班614名师生搬迁到大田县。1940年1月陈嘉庚先生到大田县视察内迁的集美职校。1945年5月—1946年春集美职校陆续迁回集美。解放后大田县先后办起大田县农业中学、大田县城关职业中学（现大田五中)、大田县林业职业中学（现大田三中）、大田县农业职业中学（现石牌中学）、大田职业中专学校独立创办于1991年秋，原名为大田县职业中学，校园面积19.6亩位于城内玉山路12号。1997年，升格为职业中专学校。

学校大成文化

福建省大田职业中专学校是福建省中等职业教育改革发展示范校、福建省示范性现代职业院校项目建设培育学校、福建省心理健康教育特色校，是全国职业院校数字校园建设实验校、全国国防教育特色学校全国足球特色校。学校荣获“福建省五一劳动奖状”、“福建省首届文明校园”等荣誉称号。

校区以“山水校园、人文校园、现代校园、活力校园”为设计理念，高标准、高起点、有特色按照国家级重点职业中专学校办学硬件标准进行设计和建设。学校占地围墙内面积123.6亩，围墙外山地80亩（包括本草园、茶园、公园）。绿化面积2.52万平方米，建筑面积5.37万平方米。学校建有实训楼、教学楼、学生公寓、办公楼、图书馆、食堂、体育馆和标准400米跑道。学校拥有制茶实训室、茶艺表演室、中草药实训室、汽车维修实训室、旅游3D实训室等73间，班班通53套，数字网络、安防系统、广播系统覆盖全校园，设备总价值达2000万元。

办公楼

学校现有教职员工199人，公办教师172人，研究生学历6人，高级讲师55人，双师型教师71人。涂文照被评为三明市学科带头人，张如涯老师荣获全国黄炎培职业教育杰出教师奖，范惠玲、章兴斌老师是高职招考命题专家；余小妹、曾丽君获全国啦啦操优秀教练员奖;黄裕南老师荣获全国中职学校信息化教学大赛一等奖，陈有扬老师荣获福建省教师技能大赛一等奖。

全校现有47个教学班，1960名学生。开办10个专业，其中：中草药种植为省级重点专业，电子技术应用为市级重点专业，茶叶生产与加工专业、健身教练专业为三明市特色专业。现重点建设三个专业群：现代制造专业群（包括机械制造技术、电子技术应用、汽车运用与维修　、计算机应用VR方向专业）、现代农业专业群（包括中草药种植、茶叶生产与加工专业）、现代服务专业群（包括旅游服务与管理、学前教育、休闲体育服务与管理专业）。

校园景观

高职招考成绩稳步提升：2016年本科上线67人，上线率33%，超全省平均录取率21个百分点；2017年本科上线42人，上线率14%，超全省平均录取率3个百分点；2018年本科上线76人，上线率20.0%，超全省平均录取率11.5个百分点；2019年高职招考成绩本科上线55人，上线率16.8%，超全省平均录取率11.7个百分点。

近年来，学生参加职业院校技能大赛（中职组），我校在手工制茶项目成绩突出，荣获国赛二等奖2名、三等奖1名，优秀奖1名；省赛一等奖7人次，二等奖27人次。学校啦啦操队联系3年荣获全国啦啦操联赛暨中国啦啦操之星争霸赛规定动作、自选动作“双冠军”，2017年8月代表国家队出征澳大利亚悉尼参加世界啦啦操锦标赛荣获公开组第五名和双人爵士第七名的好成绩；校足球队获福建省中职学校足球联赛一等奖；航模社参加福建省青少年航空模型锦标赛获“无人机四轴特技飞行”团体一等奖、章仁津获省第一名。郑香花同学被团中央授予“全国最美中职生”。

学校坚持“大成”办学思想，弘扬“嘉庚”职教精神，加强产教融合，形成校企协同育人办学机制，优化特色产业专业群。先后与集美大学、福建农林大学、漳州茶学院、三明学院、威斯特实业有限公司、三明竞源生物、福建仙顶实业有限公司等具有影响力的高校与企业建立稳定的合作关系。学校推行“1+x”制度，近三年来毕业生获得“双证书”的比例达98%，就业率达95.8%。积极开展面向社会的职业技能培训，近三年来培训人数年均3000人次以上。

大田县第六中学

福建省大田县第六中学创办于1994年3月，原名大田县均溪初级中学，同年9月，更名为“大田县第六中学”。座落在岩城西塞白岩山南侧。学校于2005年顺利通过了省级示范初中的评估验收，为大田县唯一的一所省级示范初中。现有48个教学班，2263个学生，教职工181人。

学校占地面积34126平方米，建筑面积18166平方米，绿化面积14265平方米，校舍体育场地15003平方米，运动场设有250米环形跑道，附设一组4条100米的直跑道。漫步校园，绿树掩映，花草芬芳，环境优美。

大田六中以“为成功的人生做准备”为校训，坚持“领先一步、成人成才、教研兴校”的办学理念。以提高教育质量为生命，以精细化管理为抓手，以“双自”——自我管理、自主学习、“双入”——入班即静、入座即读为依托，求真务实，全力构建有教育思想、有人情味的新六中。着力打造五张名片：名师团队，心灵驿站（心理辅导）、阳光足球（校园足球）、六叶飞翔（航模），道德银行。办学特色鲜明，校园文化浓郁。办学26年来，大田六中教学成果显著，人才辈出，办学质量深受社会各界肯定。

六中始终重视教师队伍建设，师资力量雄厚，现有正高级教师1人，高级教师61人，一级教师93人。3个福建省中小学学科教学带头人，县、市级骨干教师、学科带头人45人。有1个省级名师工作室，2个市级名师工作室，2个县级名师工作室。六中人秉承精于教研，立足课堂的教学理念，勤于反思，教师的教育教学论文在各类CN刊物和省市县发表或者汇编。同时，在教育主管部门举办的各级各类比赛中，六中教师都取得了优异的成绩。

学校先后获得了省级党政工共建之家、省义务教育管理标准化学校、省首批“五无”学校、省无吸烟单位、省家庭教育工作先进集体、省一级档案管理单位、市文明学校、市“三育人”德育特色学校、市首批实施素质教育先进学校、市先进教工之家、市先进基层党组织、县“书香校园”特色学校等六十多项荣誉称号。现正在积极争创新一届省级文明学校。

大田六中道德银行

大田六中航模

大田六中教师去厦门梧侣中学跟岗学习

大田六中名师团队

大田六中校园歌手赛

大田六中心理辅导团队

大田六中足球队参加省赛

大田县公安局

2019年，大田县公安局在县委、县政府和上级公安机关的坚强领导下，认真学习贯彻习近平新时代中国特色社会主义思想和党的十九大及十九届二中、三中、四中全会精神，深入开展“不忘初心、牢记使命”主题教育，以做好新中国成立70周年大庆安保为主线，以开展“践行新使命、忠诚保大庆”主题实践活动为载体，以“开门红”“双过半”“强攻坚”“大收官”战役为抓手，全力推进打击整治和社会治安防控，有效确保了全县政治安定社会稳定。整合优势警力和侦查资源，建立大合成作战机制，有效提升打击效能，成功破获部督省督刑事案件4起；投入1800多万元，有序推进“雪亮工程”建设；顺利完成新时代“漳州110”处警机制改革，有效提升处警快速反应和应急处突能力和水平；与有关部门紧密配合，综合施策，大力开展城区载客三轮车综合整治工作，取得良好效果。

2019年，治安管理、交通管理、刑事犯罪和经济犯罪打击工作均排名全市前三；在全县政府职能部门综合考评评比中获第二名、优秀等次；全局受到各级表彰的单位集体24个次，个人159人次；其中，县公安局被市公安局评为2018年度县级公安机关综合考评优胜单位，刑侦大队获得“公安机关2017-2018年度全国青年文明号创建活动成绩突出单位”和“全国维护妇女儿童权益先进集体”称号；吴祥江同志荣获“庆祝中华人民共和国成立70周年”纪念章，章晓龙同志荣获福建省五一劳动奖章，余勇被评为“全国打击整治枪爆违法犯罪工作先进个人”；8个基层所队、79名民警（辅警）被省公安厅、市委市政府和县委县政府评为新中国成立70周年大庆安保维稳和扫黑除恶专项斗争先进集体、先进个人，分别受到记功、嘉奖和表彰。

福建省副省长、公安厅长田湘利深入大田县公安局调研指导，三明市副市长、公安局长陈育煌和大田县委书记陈文华陪同

三明市副市长、公安局长王锡章深入大田县局城关派出所调研指导，大田县副县长、公安局长刘阳辉陪同。

大田县公安局举行学习推广新时代“漳州110”处警机制启动仪式，并开展武装巡游宣传活动。

110主题宣传日，民警街头宣传。

大田县水利水电移民发展中心

2000年3月，成立大田县人民政府水电站库区工作办公室，2002年11月更名为大田县人民政府水电站库区移民开发局，负责全县大中型水电站库区移民安置及后期扶持和小型水库移民扶助政策实施工作，为承担行政管理职能的全额拨款事业单位。2008年7月起参照公务员法管理，2010年7月机构升格为正科级。内设综合、移民安置、生产开发3个股室，编制9人，办公地址均溪镇宝山路107号。2019年5月更名为大田县水利水电工程移民发展中心，负责配合县水利局承担参与移民扶持政策研究、开展移民培训等公益服务职能。

一、大中型水库移民基本情况。我县境内有3座大中型水库，即街面水库大田库区、六角宫水库、坑口水库，移民总人数10116人，其中,街面水库大田库区7098人、六角宫水库1824人、坑口水库1191人、省外自主迁入3人，分布在8个乡（镇）、30个村、64个自然村。截止至今，资金直补人数5618人，项目扶持人数4498人，直补移民分布在湖美、梅山、华兴、谢洋、吴山、济阳、屏山7个乡（镇）、18个村、40个自然村；集中安置移民所在自然村共30个，分布在7个乡（镇）、17个村。

二、小型水库移民基本情况。全县共有小型水库47座，其中，小（1）型水库16座、小（2）型水库31座，总库容5215万立方米。水库淹没涉及19个乡（镇、场）、52个村、71个自然村，其中41座小型水库有搬迁安置移民，涉及19个乡（镇、场）、49个村、60个自然村。

市移民局余有军副调研员带领有关科室人员到我县开展坑口农家乐申报工作。

大田县移民发展中心组织全体党员,在均溪镇“第二集美学村”，开展“不忘初心、牢记使命”主题教育现场教学和重温入党誓词主题党日活动。

由大田县移民发展中心领导带队，巡回指导组有关领导及水利水电移民发展中心全体党员参加，至湖美高才村开展“不忘初心、牢记使命”主题教育下基层调研工作。

大田县文体和旅游局

近年来，大田县文体和旅游局紧紧围绕县委、县政府中心工作，锐意进取，开拓创新，不断推动我县文体旅游事业持续、稳定、协调发展。

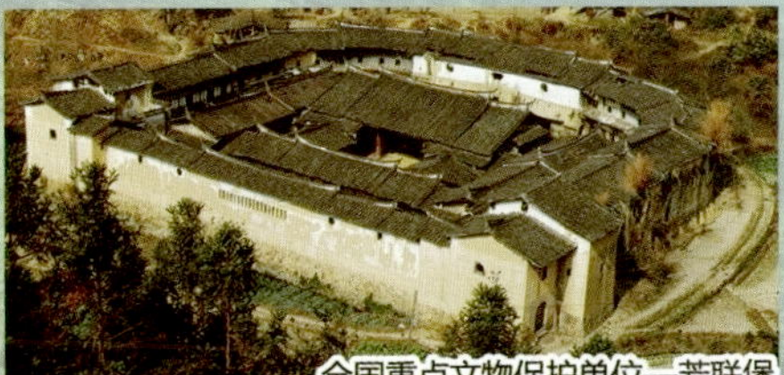

全国重点文物保护单位—芳联堡

一是提升公共文化服务设施。文化馆获评国家一级文化馆；图书馆获评“国家一级图书馆”，并荣获中国图书馆协会颁发的“第一届公共图书馆创新创意案例评选活动优秀奖”；图书馆完成VR、AR数字体验馆项目建设，成为福建省首家数字体验馆的县级图书馆。文旅局荣获福建省人力资源和社会保障厅、福建省文化厅颁发的“全省文化系统先进集体”荣誉称号。

二是文化遗产保护成效初显。汤泉迎花灯等5个项目列入市级非物质文化遗产代表性项目名录，成功申报市级非遗传承人5名。郭居敬“二十四孝”诗选级伶目唱本等3个项目列入省级非物质文化遗产代表性项目名录，成功申报省级非遗传承人2名。通驷桥等10处共29个文物点列入省级文物保护单位。

三是打造特色群众文体活动。连续举办五届“中国梦.乡村美”音舞诗会活动，成功举办全国艺术体操锦标赛、海峡两岸大学生篮球赛等一系列大型体育赛事，营造浓厚的文化氛围，让广大群众共享发展成果，文旅局荣获“2013—2016年度全国群众体育先进单位”荣誉称号。

四是不断完善旅游基础设施。丰富旅游业态，创建旅游品牌，成功创建国家4A级景区1个、国家3A级景区3个，“中国美丽休闲乡村”2个，“福建省生态旅游示范区”1个、乡村旅游特色村8个，三星级酒店1家，农家乐60多家、旅游休闲集镇1个，特色民宿“绿野乡居”17家。

大田高山茶海跑

国家级非物质文化遗产—大田板灯龙

宋代杂剧—文江乡朱坂村丰场戏

大田县交通运输局

2019年，大田县交通运输局坚持以习近平新时代中国特色社会主义思想为指导，深入贯彻落实县委、县政府决策部署，认真对接交通强国战略部署的相关规划和行动计划，全力打好“交通攻坚会战”，保持了交通运输稳中有进的发展态势，推动高质量发展取得良好开局，为新时代“多彩大田”建设提供有力的交通支撑。

一、坚持当好先行，项目建设有新进展。投资26亿元，完成兴泉铁路、国道G235线二期建设70%以上；基本完成莆炎高速（大田段）征迁；莆炎支线大安高速、国道G534线通过工可审查；昌厦（福）高铁项目争取工作正有序推进。

二、坚持精准施策，交通扶贫有新作为。以“四好农村路”建设作为助推乡村振兴、打赢脱贫攻坚战的重要举措，投资8800万元，新、改、拓建农村公路58.2公里；实施农村公路路面置换、道路提升工程491.1公里。“路长制”管理持续深化；开通城乡客运一体化试点线路，推行固定与灵活预约班车，行政村通客车率达100%。

三、坚持优质服务，运输经济有新面貌。全年全县客货周转量完成27.09亿吨公里，同比增长8.8%，完成增长率继续保持全市第一。持续深化公交优先战略，完成投资2134万元，购置10辆纯电大型公交车，新增4条公交线路；完成华兴公交首末站和保养场建设并投入使用；投放100辆纯电微型公交车，极大便利市民出行需求。

四、坚持守住底线，安全生产筑新防线。推行安全监管标准化，持续深化平安交通创建，加大综合执法力度，全年共出动执法人员5676人次，检查车辆254980辆，立案202件，处罚143件，保持全县交通运输安全形势总体平稳向好，各项指标均控制在县政府下达的考核目标范围内。

五、坚持政治引领，党建行风有新气象。把学习贯彻习近平新时代中国特色社会主义思想和党的十九大精神作为首要政治任务，认真开展“不忘初心、牢记使命”主题教育，党的建设不断加强，“两个责任”严格落实，意识形态工作持续深入，党员干部教育成效明显，行业整体心齐气顺、风正劲足。

开展“不忘初心 牢记使命”主题教育

打击非法营运

国道纵五线（大田段）二期隧道贯通

微型公交车发展

“四好农村路”建设

莆炎高速公路兴建

林深水美茶香

——大田美人茶

福建多彩闽茶，有闽南安溪铁观音、闽北武夷岩茶、闽东福鼎白茶、闽西漳平水仙、闽中有大田美人茶。三明有红茶、岩茶、铁观音、美人茶等，但最具特色是大田美人茶。

大田，别称"岩城"，位于福建省中部，戴云山脉西侧，是元代学者《二十四孝》编撰者郭居敬故里、肉身菩萨"章公六全"祖师祖地，处于中国江南茶区、华南茶区的交界之地。境内峰峦叠翠，云雾缭绕，甘泉潺流，90%以上的茶园在海拔高度800米—1200米之间，独特的宜茶环境，滋养出了大田美人茶的卓绝品质，被列为"中国高山茶之乡"。

大田美人茶，茶史千年。唐陆羽《茶经》云："茶者，南方之嘉木也。"大田属南方之地，为江南东道福州管辖，种茶历史悠久。南宋隆兴二年（1164年），始建于境内的大仙峰岩寺"崇圣岩"，僧人在寺院周围开始种茶供佛，章公禅茶名声渐显。元朝学者郭居敬所著的《百香诗》之一《茶》，为大田最早的茶诗，其中《百香诗》中的"香"就是林深水美茶香和美人茶果香蜜味的香。清朝康熙年间，文渊阁大学士李光地将大田武陵雪山茶作为珍品进贡，茶事载入《康熙字典》，大田茶叶因而驰名海外。

大田美人茶，茶韵独特。国内茶界骆少君、陈郁榕等知名专家给予赞誉：当地高山区是片净土，没有污染源，生态环境好;大田高山云雾多，漫射光较多，有利于茶叶芳香物质的形成，茶叶叶片肥厚，耐冲泡，品质佳。同时，大田富硒土壤资源丰富，富硒土地面积位居全省首位，被授予"中国高山硒谷"称号，高山生态茶在富硒土壤、高山气候中生长，比一般茶叶产生更多的茶多酚、咖啡碱和活性氧成分，纤维素含量则相对较少。以此制作的高山乌龙茶具有显著的高山茶韵和持久耐泡的品质特征。生产的大田美人茶具有独特的熟果香、蜜糖香明显，滋味圆柔醇厚，深受广大消费者的喜爱。由我县牵头制定的省级《美人茶》团体标准在第十四届中国高山茶文化节开幕式上正式发布实施。

大田美人茶，茶业繁荣。2000年8月9日，时任中共福建省委副书记、省长的习近平同志视察大田元沙茶厂时作出重要指示："要在茶产业方面加强引导，向生态、绿色、有机方向发展"。大田茶人牢记嘱托，立足高山生态优势，打生态牌、走绿色路，全县现有茶园面积10万亩，涉茶人员10万人，产值10亿元，先后荣获全国十大魅力茶乡、全国十大生态产茶县、全国茶叶优势百强县、全国最美茶园、全国绿色茶叶标准化生产基地县等荣誉，国家质检总局将大田列入福建乌龙茶地理标志产品保护区域。"大田高山茶"被授予国家级农产品地理标志示范样板、国家地理标志证明商标。全县共有茶叶商标185件，省著名商标9件，有加工厂家2650余家，其中，年产1000吨高山茶自动化生产线1条，年产100吨高山茶厂家21家，年产50吨高山茶加工厂36家。11家企业通过SC认证，12家企业28个产品获绿色食品标志使用权，106只茶样获省名优茶称号。2019年6月参加第八届海峡两岸茶文化季暨两岸春、秋茶茶王擂台赛，获得美人茶茶王和红茶茶王；2019年10月30日，参加第十五届海峡两岸林业博览会"林深水美茶香"茶王赛和茶艺赛中，获得茶王和茶艺第一名的佳绩。

大田美人茶，茶道渐远。茶是有生命，茶艺是一种艺术，琴棋书画诗酒茶是有文化的茶。大田茶人始终秉承着"以商兴茶、以旅兴茶、因茶兴业、因茶富民"的理念，着力推动茶产业"接二连三"，打出"互联网+茶叶" "旅游+茶叶" "文创+茶叶"的组合拳，延伸产业链条，建成福建高山茶文化创意产业园，搭建中国大田高山茶创业联盟，连续举办14届高山茶文化节，2019年6月大仙峰·茶美人景区成功创建国家4A级旅游景区，茶文化、孝道文化、农耕文化、红色文化在这里融汇，南音、山歌会、高甲戏、布袋戏等民俗活动在这里演绎。县里组建茶艺队，多年来，已到北京、上海、香港、广东、杭州、天津及省内各地推介大田美人茶，取得较大凡响，如今的大田已成为闽南沿海大都市休闲、养生、度假的"后花园"。

大田美人茶，茶品更美。高山茶乡盛产大田美人茶、红茶、绿茶、铁观音、金观音等产品，以美人茶尤为独特，属乌龙茶系列，亦称"白毫乌龙" "五色茶"，市场遍及海内外。大田美人茶源于台湾，1995年以来的发展和工艺提升，成就于大田。高海拔山区的万亩生态茶园经过茶小叶绿蝉叮咬吸食后，在水解酶的作用下，形成了一系列天然芳香物质，产品表现出"红黄白青褐"和"果香蜜韵"的品质特征。大田美人茶由于产地和品质的独特，造就了大田美人茶的"三贵"：一贵"出身"，阳坡净地，蝉茶一味天成；二贵"姿色"，五颜六香，神似仙女飞天；三贵"品位"，情窦初开，甘柔醇绵如蜜。

同饮大田美人茶，共进乡村振兴路。大田县将认真贯彻落实习近平新时代中国特色社会主义思想，立足乡村、融入全国、放眼世界，加快茶产业供给侧结构性改革，真正让大田美人茶成为中国绿都、醉氧三明、多彩大田的一张靓丽名片。

前坪乡

副省长李德金到蛋鸡项目调研

市委书记林兴禄到前坪调研

三明市见义勇为先进个人林初秋

市委台办主任到台商萧武倩茶厂慰问

福建工程学院到上地调研

前坪乡地处大田县东北部，距县城24公里。乡情具有以下特点：**一是总量小。**全乡土地总面积48.6平方公里，辖11个行政村，其中山川回族村为少数民族村。全乡总人口8114人，人口全县最少，设有23个党支部，现有党员403名。全乡耕地面积8558亩，其中水田3196亩，林地面积4.83万亩。**二是山高。**海拔在650--1100米之间，气候温和，适宜种植生姜、茶叶、油茶等农作物。全乡现有农业企业5家，其中创辉农业蛋鸡项目为省重点项目，福井农业开发有限公司为市级龙头企业。拥有的“高峰”金姜是福建省名牌产品、著名商标，列入省级生姜标准化建设示范基地，示范基地1000亩带动周边地区建立“万亩绿色生姜生产基地”，打造“生姜之乡”。**三是矿区。**矿产资源较丰富，已探明的矿种有铁矿、铅锌矿等10余种，开采历史悠久，银川矿区是大田县乃至全省的重点矿区。

三个“注重”夯实党建根基。一是注重阵地建设。成立前坪乡驻城区流动党员之家，确保流动党员正常开展组织生活；在龙宝新村成立下地村驻城区党员活动服务站，进一步推进下地村软弱涣散党组织整顿转化工作；完成山川回族村回族特色党群服务中心建设；投入75万元完成上地村主题党建公园、党建室及村部周边修缮工程。**二是注重党员教育。**发动党员干部用好用活学习强国平台，学习强国普及率和人均积分长期位于乡镇党委前列。严格落实主题教育安排部署，组织全乡党员干部开展形式多样的教育活动，认真检视梳理问题，截至2019年底，共征求意见归纳5类23条，班子查摆问题12条，班子成员查摆问题25条，制定整改措施43条，已全部完成整改。**三是注重典型宣传。**认真履行党风廉政建设主体责任,宣传上地村“最美民间河长”“最美支部领头羊”“最美退役军人”大校书记林佳山回乡助力“乡村振兴”，吸引更多乡贤回乡建设家乡；大力宣扬“全市见义勇为先进个人”林初秋同志勇救落水儿童的典型事迹，通过“听身边人讲身边事，以身边事教育身边人”，抓好党建促发展，营造“比学赶超”氛围。

三个“抓好”发展工业经济。一是抓好招商引资。通过以商招商宣传推介，积极接洽总投资1亿元的晋江市创华铸造机械有限公司铸造机械建设项目；总投资2.1亿元的三明市超越科技发展有限公司机械制造及中高端铸件项目落户上京工业园区，已完成厂房红线图规划，进行土地招拍挂工作。**二是抓好项目建设。**完成总投资6150万元的隆庆铸造技改、总投资6090万元的鹭坪科技电弧炉等项目；加快蛋鸡产业化项目建设进度，新增投资1.03亿元，新建育成厂房5幢，增加存栏蛋鸡20万羽，可日产蛋15吨以上，企业与福建农林大学动物科学院签订共建实践教学基地协议，拟将厂区作为研究生校外实践基地。**三是抓好企业服务。**为破解“僵尸”企业复工复产和整合重组难题，协同相关部门牵头开展福建鑫鹭峰实业股份有限公司破产重整工作，光正大律师事务所已完成前期资料调查，并制定重整工作计划；市中院已立案受理鑫鹭峰执行转破产程序，正在重新走申报流程；经过3家重整方洽谈比选后，已与湖南意向重整方嘉禾铸友有限公司签订初步合作协议。

三个“推进”增进民生福祉。一是推进乡村发展。以上地村列入我县乡村振兴试点村为契机，投入120万元进行照明、道路、饮用水等项目改造提升，完成路灯建设120盏，村道路面硬化1.6公里，完成裸房整治11座，邀请福建工程学院教授到村实地调研谋划生态旅游项目，打造“知青故里”人文特色；投入128万元完成前坪乡草源溪下坑段河道及周边环境整治工程；健全完善“雪亮工程”等防控体系，抓好“扫黑除恶”线索摸排与核实，近年来，没有发生进京到省赴市非法上访事件，矛盾纠纷调解成功率100%。**二是推进环境保护。**完成由省公安厅挂牌督办的沈宏矿业直排工业废水问题整改销号；银顶格-川石矿区山水林田湖草生态修复项目A标段已完成土方回填3万立方米、石砼浇筑2200立方米、挖填土方4.5万立方米。全年共开展环保专项督察2次，环保检查167次，发现生态环境安全隐患12处，已全部完成整改，停产整顿企业1家。**三是推进产业扶贫。**实施创辉农业蛋鸡项目助力扶贫工程，惠及上地、山川等村贫困户，每个村年可增收村财3.6万元；全乡光伏扶贫产业发电39万度，共带动各贫困村和贫困户增收38万元。与沈郎乡油茶股份有限公司签订帮扶协议，公司免费提供幼苗及技术指导，确定最低收购价格，确保贫困户收益；积极对接泉州南威集团，规划将上地村作为该集团农业后勤保障基地，发动村民试种精品粮及养殖跑山鸡，力促形成全乡共同参与的扶贫农业产业链。

前坪中心小学孝廉文化进课堂

前坪乡党建主题教育

前坪乡广场舞队伍

吴山镇

吴山集镇

吴山镇地处三明和泉州“两地两县七乡”结合部，东与济阳乡毗邻，西与谢洋乡相连，北与屏山乡、石牌镇交界，南与永春县一都、下洋镇接壤，土地总面积93.33平方公里，其中耕地面积5840亩，林地面积100126亩，森林覆盖率达79.6%。全镇辖有9个村，31个自然村，90个村民小组，3423户10888人，以高山茶为主产业，涉茶人员占全镇人口的80%。2019年，完成工农业总产值29.4亿元，其中：农林牧渔业总产值2.8亿元，比增4.8%，工业总产值26.6亿元；实现农民人均纯收入19123元，比增7%。先后荣获“全国扶贫工作先进单位”“福建省生态乡（镇）”“福建省产茶明星乡镇”“福建省先进基层党组织”等荣誉称号。连续4年在全县农业乡镇综合考评中荣获一等奖。

地理区位独特。地处大田的南部，是大田的南大门，也是闽南沿海通往闽西北的必经要地之一，为闽南的“后花园”。

交通优势独显。境内有国道356和G72（泉州至南宁）高速公路穿过，其中国道贯穿全境14公里，高速公路贯穿全境10公里，并设有互通口和服务区，高速路口距镇政府2.5公里、距中国高山茶城500米。

资源禀赋独具。境内有丰富的山地和旅游资源，全镇海拔756米，山地占土地总面积的90%，坡度缓和，气候宜人，是大田县高山茶发展的核心区，拥有生态茶园面积1.8万亩；有中国高山茶城、全国推广普通话展览馆、葫芦岩圣泉寺、普照堂、禅林祠、张坑传统古村落等景点，是名扬海内外的“肉身坐佛”章公祖师的故里。

发展合力独揽。以“五比五晒”“十大攻坚”为抓手积极做好茶业、工业、旅游“三篇文章”。**一是农业项目找准切入点。**围绕“两茶一硒”攻坚，鼓励茶农进行茶园改植换种，指导多茶类品种开发，提升茶叶品质，提高经济效益。扶持特色瓜果苗木、黄花菜、生姜等农业产业，实现农业产业多样化。**二是工业领域寻找突破点。1.借势招商。**把握吴山作为大田南大门的区位优势和沿海制造业向内地转移的机遇，坚持合算合规，主动对接沿海往来客商，利用“9·8”“6·18”等契机登门拜访洽谈，邀请实地考察。2019年，总投资2.165亿元的聚丰、佳丰、融通工贸等铸造项目实现落地建设；总投资2亿元的艾佩克斯人造石英石板材项目完成签约，正在进行项目征地等前期工作；**2.“无中生有”。**扶持“老树发新枝”，积极鼓励企业自挖潜能，支持福建岩兴气体有限公司进行技改，总投资6100万元的岩兴气体技改项目列入省级重点技改项目；盘活闲置资产二次招商，充分利用万华公司闲置厂区，引进鑫茂、基裕、万盈等公司承包经营，新增规上工业2家。**3.优化服务。**分别成立艾佩克斯、吉州铸造等项目工作组，每个项目由1-2名班子成员牵头，靠前服务。在项目洽谈、签约、落地、开工、建设的各个环节，坚持“快”字当头，抢时间、争进度，项目定人、人盯项目，千方百计促使项目快签约、快落地、快开工、快投产。**三是第三产业抓实着力点。**挖掘卓效物流公司危货运输能力潜能，全力打造省级危货运输领域新名片；张坑村传统古村落改造提升项目获省批准，章公文化长廊、梓溪旅游基础设施建设、冷坑至科山上洋旅游道路等项目完成规划设计，旅游助力乡村振兴新态势正在逐步呈现。

和谐局面独创。一是综治维稳再深化。率先探索成立矛盾纠纷接访镇级“评理室”，打造“事大人”评理模式，推动乡村善治新格局。扎实推进扫黑除恶、新型电信网络诈骗等工作，夯实稳定基础。**二是人居环境整治再提升。**围绕“一革命五行动”工作要求，开展旧街违规搭盖专项整治行动，清除违规搭盖84处；推进和洋村无“裸房”创建，国道沿线“裸房”整治，茶体验一条街、集镇改造提升等项目，打造美丽乡村特色景观带。**三是基础设施再完善。**完成张坑、锦山、科山、阳春计15.7公里村道改造。投入170余万元，完成农贸市场改造，集镇服务功能得到进一步提升。

评理室现场会

机械铸造吴山集中区项目开工

灵动济阳·问佛民宿

——济阳乡

灵动济阳·问佛民宿项目是加快乡村振兴战略实施，完善全乡旅游业态的集旅游、休闲、民宿为一体的特色旅游项目。项目坐落于济阳乡济中村火烧湖。近年来，乡党委政府筹集各类资金5000多万元，着力打造以“美丽乡村、历史文化名村、乡村旅游特色村”为主要内容的综合品牌“灵动济阳”，短时间内取得一定的知名度和影响力，荣获多项荣誉，2016年度，位列福建省重点改善提升的10个历史文化名镇名村首席，成功创建了省级美丽乡村示范村、省级美丽乡村特色景观带，历史文化名村改造成效被评为全省5个示范推广样板。2017年正式获批国家AAA级旅游景区，2018年获评福建省四星级乡村旅游村，2019年获评福建省首批“金牌旅游村”、获福建省气象学会、福建省旅游协会“清新福建•气候福地”避暑清凉福地认定等荣誉称号。

问佛民宿项目总投资1500万元，建设特色民宿群及配套休闲娱乐设施，综合开发周边区域旅游资源及茶园机耕道、栈道建设，配套建设游步道、休闲亭等旅游观光设施和相应基础设施。目前，已分步开工建设停车场、游客接待中心、观佛台、民宿（观景小屋）10座、步行道2.2公里、休闲长廊、无边界泳池及配套休闲娱乐设施。该景区连接东和禅溪观音瀑布、紫云桥等景点。项目建成后与周边景点遥相呼应，游客可远观佛山、近看观音瀑布、可游茶山、赏花草、品美食、住民宿。

精品民宿——栖云系列新款葫芦型

问佛景区

精品民宿——栖云系列新款葫芦型

文江镇

文江镇航拍图

文江镇位于大田县东北部，原属尤溪县四十七都，明嘉靖十四年（1535）大田置县市，划归大田管辖。解放时设文江区，1959年为文江公社，1984年改制为文江乡，2018年1月份撤乡设镇。总面积114.4平方公里，辖20个行政村，人口2.31万人，距县城52公里。建设中的莆炎高速途径文江镇，并在大安村设互通口，即将动工的“国道534线”途径桥下、文江、大中等村。全境内煤、铁、铅锌、石墨、石英等矿产资源丰富。镇情具有以下特点：

特色农业镇。全镇有肉兔养殖专业合作社3家，万只以上肉兔养殖场13家，年出栏40万只，产值达4000万元，是大田最大的肉兔养殖乡镇。特色“六黑”产业，即黑米、黑芝麻、黑豆种植和黑鸡、黑猪、黑兔养殖，已初具影响力。此外，红心猕猴桃、葛根等特色农业产业正在逐步发展。

林区重点镇。全镇林地面积13.2万亩，有林面积11.7万亩，生态公益林面积7.8万亩，林木蓄积量达80万立方米，森林覆盖率达71.47%，是大田县林业重点林区及商品林培育基地。

历史文化镇。宋元时期流传至今、拥有一千多年历史的朱坂阔公戏，为省级非物质文化遗产，正申报国家级非物质文化遗产；境内有县志记载的“朱阳十景”、镇江堡遗址、花桥寺等传统文化资源；林大蕃、游栋等革命先烈战斗过的龙门遗址，是县级爱国主义教育基地。

绿色生态镇。是国家级、省级生态乡镇。境内有全县河面最宽的文江溪穿境而过。近年来，通过开展保护文江母亲河行动，落实“河长制”，建立健全长效治理机制，正逐步实现《文江母亲河》之歌中演绎的“春有花、夏有荫、秋有果、冬有绿”的生态环境。

日出茶园——文江镇昭文高山寨茶园

白鹭暮归——文江白鹭湿地

幸福院的笑声——后洋村

朱坂作场戏列入福建省非物质文化遗产

朱坂肉兔场

古树老桥——朱坂村

云雾乡村——文江镇大中村

湖美乡

湖美乡位于国家级水利风景区——闽湖湖畔，地处大田县东北部，距县城23公里，辖区总面积142平方公里，东接泉州市德化县，西连大田县均溪镇、前坪乡，南临大田县华兴镇，北靠梅山镇。全乡辖16个行政村，总人口1.43万人。

闽湖

产业优势。具有悠久的粮食作物和瓜果蔬菜种植传统，形成粮食以“一稻(水稻)两豆(大豆、花生)三薯(马铃薯、甘薯、木薯)”，经济作物以“三瓜(南瓜、苦瓜、西瓜)一药（洛神花）一果(芦柑)”为主的农业主导产业。近年来，大力推进农业转型升级，“一茶（油茶）一木（苗木）”特色农业初具规模。旅游资源丰富，有闽湖、高峰、大锣山、朱熹讲学、高才苏维埃政府遗址（种德堂）、红军北上抗日先遣队陈列馆等自然人文景观。

交通区位优势。福建省普通国省干线公路纵五线（G235）途经湖美8个村，2017年动工建设，2020年将建成通车，通车后距城关仅17公里、约15分钟车程,城区“后花园”的区位优势日益凸显，投资开发环境日臻完善。

生态优势。境内闽湖是尤溪街面水电站形成的人工湖，为全省水域面积最大（36.96平方公里）、库容面积第二大（18亿平方米）、发电量第三大（30万千瓦时）的水库，年径流量14.25亿立方米，是多年调节水库（水体一年半交换一次），最高水位289.9米。闽湖湖美库区又名七星湖，水域面积约8700亩，库周重山多属原始森林，两岸山峦跌宕起伏，岛屿错落有致，生态环境优良。闽湖2009年被国家水利部批准为“国家级水利风景区”，2016年被国家发改委列入国家良好湖泊生态工程保护规划区。

攀贵堡

文化优势。有浓厚的库区**移民文化**，是我县最大的库区移民乡，涉及移民村7个、移民3500人。有**红色抗战文化**，1934年7月24日，粟裕、罗炳辉将军率领红7军团、红9军团共万余人在湖美乡高才村会合，建立高才苏维埃政府。现已建成高才苏维埃政府旧址暨红军北上抗日先遣队革命历史陈列馆。有悠久的**朱子文化**，朱熹到过湖美游历讲学，在大锣山、高峰建有芝山书院讲学遗址。有浓厚的**佛学文化**，三代祖师在高峰传经布道，现建成高峰圆梦园寺，旅游人气日益旺盛。还有悠久的**古冶炼、古纺布文化。**

田园春光

太华镇

张地汉剧团

太华镇，明嘉靖十四年(1535年)，取名泰(太)华，寓“风景优美、居民康泰”之意。位于大田县西北部，全镇总人口3.9万人，辖24个行政村，54个自然村，280个村民小组,辖区面积249平方千米。镇内交通便利，省道“217”贯穿全境8个村，集镇距县城30公里，距三明市区80公里，距泉三高速上京互通口仅8公里。随着大安高速过境，太华镇交通区位优势日益凸显，将进一步优化投资环境，带动农业、工业等产业做大做强。

产业重镇

农业以打造“一茶一叶一菜一花一果一药”特色农业格局为重点，烟叶是镇域主导产业之一。镇内矿产资源丰富，已探明开采的有煤炭、铁矿、锰矿、铅锌矿、石灰石、石英石、钾长石、瓷土矿等矿种，拥有太华煤矿、太华铁矿、太华非金属矿、太华电厂等乡镇企业。在立足地方特色的基础上，太华镇充分发挥资源优势，着力打造大田县“矿产资源深度加工集中区”。近年，以投资超10亿元的红狮水泥增资扩产5个系列项目为抓手，实现产能倍增，引进总投资3.5亿元的科华洁能石墨锂电池负极材料生产项目。2019年，红狮水泥获评省级龙头企业；硅光科技通过省级“专精特新”企业认定。

文化名镇

文化底蕴深厚。魁城村、小华村成功入选第五批中国传统村落名录;全镇共有汉、越剧团9个，歌舞团4个，汤泉迎花灯、华溪稻草龙等民俗文化丰富。近年来，不断探索红色、党建文化与地方特色文化深度融合的途经，新建万湖党建主题公园、汉剧文化广场、乡村振兴馆、汤泉革命斗争史迹纪念馆、温坑党建主题公园等文教基地。**旅游资源独特。**汤泉村温泉日自流水量达1000吨以上，水质好、温度高，是地热开发、温泉养殖、休闲疗养理想之地。小华村泰安堡、广崇堂为国家级文物保护单位，魁城连氏大宗祠由国民党荣誉主席连战亲笔题词“连氏龙井大宗祠”，是两岸连氏宗亲朝奉所在地。

宜居美镇

基础设施日益完善。乡村道路不断提档升级，2019年荣获三明市第一批“四好农村路”示范乡镇。集镇道路实现“白改黑”，引进全县首条天然气管道，自来水、广播电视、网络通讯等实现全覆盖。建有4座总装机容量3225千瓦的水电站和1座日供水量1500吨的自来水厂。现有幸福院11个，建筑面积4030平方米，功能室、主要设施齐全。老年人健身康乐家园实现全镇24个村全覆盖。**生态环境全面改善。**近年来，实施了废弃矿山（204地类）复垦75.3亩；扎实推进总投资18000万元“银锭岬”“崩额前”“马头岬”3个矿区山水林田湖草生态保护修复项目，3年来共治理水土流失面积4.8万亩。

国家级文物保护单位——泰安堡

国家级文物保护单位——广崇堂

红狮水泥

一生最美的遇见

——“最氧屏山”

屏山乡地处福建省大田县东南部，戴云山脉西侧，距大田县城16公里，离泉三高速公路吴山互通口8.3公里、石牌互通口16公里。乡政府所在地海拔1080米，是三明市海拔最高乡镇。全境面积102.4平方公里，辖13个行政村、总人口1.7万人。

一是生态隽秀。“山高、雾多、水甜、茶香”是屏山的鲜明特征，境内山峦叠翠、崇山峻岭、空气清新、山川秀美，拥有“一山有四季、十里不同天”的意境，森林覆盖率达77.7%，周围20平方公里内无工业污染，是“国家级生态乡镇”。**二是资源独特。**拥有全国唯一以“高山茶”为主题的国家AAAA级旅游景区；独特性、唯一性的火山岩地貌，全省落差最大的瀑布群，3条长达13公里的大峡谷。**三是茶韵悠扬。**拥有万亩高山生态茶园，全国三十座最美茶园，中国最美茶乡、福建名茶之乡、大田县高山生态茶业核心区、东方美人茶之乡。主要有铁观音、金观音、金萱、软枝乌龙等品种。四是文化厚重。拥有苏维埃政府旧址、朱德旧居等红色文化；誉为“泉南佛国”、市级重点寺院崇圣岩，肉身菩萨章公诞生地等佛教文化；南音、高甲戏、车鼓舞、木偶戏、赛猪节等民俗文化；与台湾苏氏一脉相承宗祠文化。

大仙峰茶美人景区实景图

玉屏瀑布群、省级古村落

樱花园

大田县高山生态茶基地

大田县高山生态茶园

大仙峰

雾海茶人家

内洋美丽乡村全景

大仙峰实景图

福建兴田城市建设投资有限责任公司

福建兴田城市建设投资有限责任公司成立于2010年9月，属国有独资公司，由大田县国有资产管理委员会办公室出资，注册资本金2.0125亿元。是一家专门为大田县城市建设服务，以产权为纽带，对城市国有资产进行产权管理和经营的生产经营性企业。其主要职能是：实施城市基础设施建设和土地收储前期工作；负责筹集城市建设资金，对城市建设进行投融资；依法经营和管理授权范围内的城建国有资产。经营范围包括：城市建设的投资与融资、公用事业建设的投资、授权国有资产的经营管理、城市规划区内公共财政支出项目的代建、政府赋予其它项目的代建、土地收储前期开发、房地产开发经营。

公司按现代企业制度要求运作，设立董事会、监事会、党支部，工会、妇委会，实行董事会领导下的总经理负责制，内设办公室、投资发展部、工程建设部、财审部四个职能部门，现有职工总数28人，其中具有专业技术职称人员16人（高级1人、中级6人、初级9人）。公司现有兴田混凝土有限公司、兴田建设工程有限公司、龙山宾馆等5家子公司。

在县委、县政府的领导下，公司深入贯彻落实党的十九大、十九届三中、四中全会精神以及习近平总书记系列重要讲话精神，公司深入开展“不忘初心、牢记使命”主题教育，紧紧围绕新时代多彩大田建设，牢固树立“城为民建、人民至上”工作理念，认真履行项目融资、项目建设、运营管理等职能，取得一定成绩。自公司成立以来，累计实施1000万元以上项目25个，项目总投资达30亿元，上缴经营收入2.5亿元，累计纳税9000多万元。已建成交付使用的有龙宝山保障性住房小区、香山苑商住楼、聚龙华庭住宅小区、聚龙商务中心、秋桐保障性住房小区、水岸人家农民集中安置小区、兴田大厦等7个房地产开发项目，以及县体育馆、图书档案新闻中心、田径场、兴田路改扩建(二期)、兴田路一期电力及弱电线路下地、赤岩棚户区畜牧水产局周边道路、文山路（一中路段）、玉田路、栋山路改造、兴田路一期防洪堤及景观工程、赤岩山森林公园游步道及仙亭山森林公园健身道、象山路、工商局旁道路、珠宝桥及其连接兴田路道路、赤岩路一期白改黑、白岩公园至仙亭山森林公园健身绿道、香山北路项目、凤山路改造项目、河滨健身栈道三期等近20多个市政公建项目。目前正在施工建设的项目有白岩山北路、兴泉铁路大田客运站站前广场、福兴路、栋山支路、兴田悦府、香山学村等。

公司先后被中共大田县委、县人民政府表彰为2012年度纳税600万元以上企业、2013年度纳税1100万元以上企业、2014年度纳税1900万元以上企业、2015年度纳税300万元以上企业、2016年度纳税1000万元以上企业、2017年度纳税1000万元以上企业、2018年度纳税800万元以个企业、2019年被县委、县政府评为地方财政贡献大户。2017年，被县委、县政府授予“文明单位”。

县委书记陈文华书记视察香山北路建设

县委书记陈文华视察广平垃圾填埋场

县政法委书记茅有温、副县长吴文旗视察栋山支路

副县长吴文旗视察广平垃圾填埋场

香山北路竣工验收

广平镇

一、基本概况

广平镇位于大田县北部，地处尤溪、沙县、三明、永安、大田五县（市、区）结合部，北连尤溪县八字桥乡、沙县湖源乡，南接建设镇，东邻奇韬镇，西与三元区中村乡、永安市槐南乡接壤。镇所在地海拔380米，距三明市区45公里，离大田县城71公里，在建的莆炎高速将在栋仁村建设互通口，省道217线穿境而过，素有“大田北大门”之称。广平因既广又平而得名，原为尤溪县管辖，明朝嘉靖年间划为大田县辖地，明清时期属大田四十四、四十五都，民国时属文江区的广铭乡；1950年成立广平区（含奇韬），1956年底并入文江区，1958年成立广平人民公社、东西坑人民公社，1970年两个公社合并为广平公社，1984年改制为广平镇。镇域面积182.9平方公里，森林覆盖率75.98%，辖有15个村、31个自然村、190个村民小组，8830户、44018人，33个党支部，1213名党员。

二、主要特点

农业基础良好。元沙、苏桥两村连片千亩良田为全县唯一，土壤富硒含量达0.495-0.813。辖区内有五龙山茶叶、秦朝木业、云悦源农业和东景梅花鹿等农业企业，农民专业合作社40家；积极发展“一村一品”，主要有茶叶、油茶、烟叶、甜玉米、甘蔗、金薯、脐橙、花卉、笋干等特色农业，农业基础设施不断夯实，特色现代农业发展初见成效。2018年，我镇元沙村获评“中国最美休闲乡村”，五龙山生态旅游景区获评国家AAA级旅游景区。

工业基础良好。辖区拥有丰富的煤矿、石灰矿、硫铁矿等资源，已探明的煤矿储量4768.48万吨，石灰矿储量5738.46万吨。现有永安煤业苏桥煤矿和广丰煤矿、三钢集团闽鹭矿业、铭源煤业、海鑫矿业、万达矿业、鑫城水泥、铭和建材等工业企业，规模以上工业企业 15家（其中鑫城水泥年生产能力达 150 万吨）。不断整合提升下坪和犁田峰工业区，积极推进施坑绿色循环工业园区建设，营造良好的投资环境。

人文底蕴深厚。元代学者郭居敬出生于广平镇广平村水城，其编撰的《全相二十四孝诗选》影响中国孝道文化六七百年；广平镇集古堡、古寨、古洞、古韵、古人类活动遗址于一体，是大田的文化古镇。现存土堡是我县数量最多、年代最早、形制最多的乡镇，其中广平文昌阁、绍恢堡、光裕堡、深源堂等被列为省级文物保护单位。最具有代表的民俗活动有舞狮、迎铁枝、迎佛、板凳龙、大腔戏、白鹤拳、戏曲等。舞狮获得大田县第二届狮王争霸赛的“狮王”称号和2019年中国民间舞狮大会（中国·佛冈）“金狮”称号，2019年郭居敬“二十四孝”诗选及怜目唱本入选第六批省级非物质文化遗产名录。

自然景观独特。旅游资源丰富，千米以上山峰28座，其中最高的斗峰山海拔1369米。东边双桂峰、西边天子山、北边玳帽山、南边笔架山、中间五龙山；集镇有“舟形画广平”之形容、“七狮落洋”之美称；周围有啼狮、麒麟狮、回头狮、睡狮、后庵狮、莲花狮等或立或卧、或动或静、形态逼真；慧林洞、白鹤洞、狮枯洞、黄岩洞、东岩寨以及“古银杏群落”等名胜古迹，集古堡、古寨、古洞、古人类活动遗址为一体。

百姓热情好客。广平人民素来以热情好客著称，平时若有客人来访，冰糖茶、米粉蛋、鸭架、太监鸡总是少不了；以前虽然家境不富裕，百姓们通过上山挖细叶青蒌藤、山苍子、青藤等草根，开发出许多“草根药膳”孝敬长辈和盛情款待客人；草根兔子汤、腊鸭、红糟肉、“十八剐”、米冻粿、笋干成为当地宴请贵客的特色菜。

1月11日在居敬书院开展敬老孝老座谈会合影

12月21日在广平镇成立“何晓斌教育奖学金”

广平中心幼儿园改扩建项目奠基仪式

东西坑民俗活动

1月18日在樟树坪举行文化、科技、卫生“三下乡”活动

万宅银杏公园

广东·佛冈狮王大会中获金狮奖

工业集中区详细规划图

梅山镇

县委书记陈文华现场指导龙口村休闲广场建设项目

县长林金龙调研国道纵五段建设项目

梅山镇位于大田县东北部，距县城52公里，东邻尤溪县坂面镇，南接湖美乡、前坪乡，西与文江镇交界，北与尤溪县新阳镇毗连，总面积204.6平方公里，因从空中俯瞰梅山地形似梅花状而得名，辖22个行政村，88个自然村，192个村民小组，人口2.8万人。镇情具有以下特点：**1.地处闽中心区腹地。**本镇地貌属丘陵地区，地势南高北低，海拔220-1220m，山峦竣立，坡陡路弯，与外界连接主要是727县道，被称为大田的“东伯利亚”。**2.传统农业特色鲜明。**境内沟涧密布，气候温和，土壤肥沃，适宜农林业发展，是大田的农业大镇和林业大镇。农民以种植水稻、油茶、茶叶、生姜、烟叶、辣椒、木薯等为主。共有林地面积22.5万亩，森林面积18.2万亩，木材年蓄积量89万立方米，毛竹180多万根，森林覆盖率位居全县前列。**3.生态旅游资源丰富。**境内拥有丰富的“山、水、林、田、湖”资源和独特的古民居、古村落，自然生态面积广阔，5.3万亩生态林连成一体，拥有闽湖最美的库湾—香坪库湾、4个国家级生态村、1个中国传统古村落，是我县单体面积最大的生态休闲旅游开发区。

谢洋乡

全乡面积115.13平方公里，辖14个行政村，村民小组89个，总户数2527户、人口8609人。乡财政收入1035万元。2019年，谢洋派出所所长吴祥江荣获庆祝中华人民成立70周年纪念章。

农业　耕地面积1.013万亩，其中水田面积7872亩；主要农作物水稻种植面积7872亩、产量3369吨，主要特色产品茶叶种植面积6213亩、年产量1291吨；当年出栏生猪7202头、鸡16.25万羽、鸭3.47万羽、牛153头、羊624头、兔11.44万只；林地面积17.39万亩，2019年完成造林绿化任务738亩、森林覆盖率达82.07%（全县首位）；全年完成农林牧渔业产值2.73亿元、比增2.6%；专业合作社共有35个、社员169个。

工业　全乡共有上企业数2家（规模以上）、产值2.96亿元、主要产品茶叶、铅锌矿，全年茶叶产量5.43吨、铅锌矿产量9391吨。

第三产业　个体工商户数115家，其中商业112户、餐饮业3户；金融网点数1个；运输车辆586辆（中型客车1辆、小汽车199辆、载货车386辆）；新开工建设坑口生态旅游开发建设项目。

社会事业　2019年，谢洋乡教育投入766万元，在校生166人，其中：小学生78人，初中生36人，幼儿生52人。谢洋学校共有51位教职工，其中高级教师4人，市学科带头人1名，市骨干教师1名，幼儿教师5人（含代课2人）。卫生院现有建筑面积280平方米，主要诊疗设备有：大生化、心电图、B超等，病床数8张，有7个医技人员。共有12个村卫生所，12名村医。新拓宽道路公里5.532公里，改建2.565公里。

社会保障　享受低保、五保共238人，发放保障金154.0798万元。参加新农保 4277人，收取基金78.7 万元，当年度享受待遇人员 1295人，发放保障金 2047.0218 万元，其中发放丧葬补助金8.58万元，发放基础养老金188.1692万元。参加新农合6862人，收取医保基金171.55万元，参保率98.9%，当年支付补偿4300人次、金额68万元。幸福院共有和春、科里、珍山、谢洋等4个村，建筑面积共计2000平方米，主要设施有消防设备、厨房、卫生间、洗衣机、电视、床、柜子等设施，共有40个床位，共有14人入住。

【环境保护工作扎实推进】坑口水库饮用水源保护区综合治理及搬迁安置有新突破。目前，已签订搬迁安置协议124座、210户，占任务97.7%，拆除房屋37座。实施坑口水库一级保护区及大仙峰自然保护区内生鸡养殖清理攻坚行动，共清理生鸡10.5万余只，拆除鸡舍33家、1.25万平方米。2019年9月，该项目增列为省政府2019年第二批参照省重点项目管理。

【产业发展有新进展】新培育规模以上企业1家（大田县南鑫矿业有限公司），前期已投资1300余万，1-12月份，产值达0.31亿元。新培育限上贸易企业1家（福建群烨贸易有限公司）。新开工建设坑口生态旅游开发建设项目，完成景区漫步道、木屋、垂钓中心、观光休闲屋、夜景灯、耕牛雕塑、“坝王别居”装修及其它基础配套设施建设，同时流转闲置土地用于发展蔬菜种植业。

【茶产业稳步提升】在2019年大田美人茶斗茶赛、大田县秋季茶王赛、大田县秋季茶王赛、第十五届林博会茶王赛、海峡两岸春季茶王赛等赛事评比中，我乡共获3个金奖，3个银奖、13个铜奖。

【基础设施建设有新提升】实施农村电网改造升级工程，三明大田谢洋35kv变电站已完成选址；在仕福村、三角尾村、怀德村等3个村实施农村公路硬化项目；实施蕉坂村、珍山村、和春村自来水改造工程；完成大田至谢洋城乡客运一体化线路开通运营；完成集镇饮用水新水源勘探取水工程，解决集镇饮用水供需矛盾。

县长林金龙现场办公大仙峰自然保护区环境整治工作

县人大检察院水源地水源地管护监督联动

党委副书记、乡长罗春苗入户搬迁户

坝水一方垂钓中心

坑口水库

新时代·新奇韬

奇韬镇位于大田县北部，地势北高南低，海拔1080米的永仙峰属大田北部最高峰（南有大仙峰、北有永仙峰）。东面与尤溪县新阳镇交界，南接文江镇，西连广平、建设镇，北与尤溪县管前镇接壤，处大（田）尤（溪）、奇（韬）广（平）县道上，距三明市区、尤溪、沙县、大田均为60公里左右。全境面积72平方公里，辖12个行政村28个自然村，总人口1.5万人。全镇共有19个党支部，548名党员。

新动能促进新突破 始终坚持把培育壮大多元化、多层次市场主体作为增强经济发展的动力和后劲，采取引进和培育并举，增量与质量并重，努力营造大众创业、万众创新的市场主体新格局。2019年，全镇共有企业174家（集体12家，私营25家，个体137家），工业固定资产2.1亿元；完成工业总产值13.17亿元，同比增长17.58%；销售收入12.55亿元，实现利税3952万元。当年实施技改项目2项，投入资金7000万元。

新农村创建新社区 奇韬镇顺应农村城镇化这一必然趋势，规划建设“五龙鼎珠”新型农村社区。完成一期90座房屋的雨污管道建设和强弱电下地基础工程，第一、二批次共72座房屋主体已全面完工。在社区内规划有民俗文化馆、社区医疗服务站、老年人活动中心等场所，周边还配有太平寨公园、汽车客运综合服务站等丰富的公共服务设施，着力打造一个高标准高质量的新型农村社区。

新要素铸就新农业 按照“一村一品”的思路，加大传统特色农业产业的扶持和培育力度，规划建设永仙鸡、岬顶红茶、华阳生态立体种养等传统特色生态种养业，形成850亩茶叶、1000亩油茶、120亩槟榔芋、100亩柑桔等“两茶一硒”基地，新增肉羊养殖基地500亩，有力推动农业发展提质增效。完成第二轮土地承包经营权确权工作，登记颁证9911亩2883户，新增土地流转面积161亩，土地增减挂钩（复垦）面积85亩，新增合作社2家。开展农业技术培训班11期，狠抓非洲猪瘟防控，推进农业保险，农业发展基础进一步夯实。

新时代共建新民生 我镇紧紧围绕“两不愁、三保障”目标要求，通过整合资源、落实政策、扶智造血、压实责任等措施有力推进脱贫攻坚，已摘帽的3个贫困（空壳）村及已脱贫的104户289人脱贫成果得到进一步巩固。全镇享受低保218人、五保32人，发放低保金104.27万元、五保金28.66万元；参加新农保7526人，参保率98.5%，享受基础养老村民2398人，发放养老金289.78万元；参加新农合1.25万人，参保率99.5%，缴存医保基金313.6万元；奇韬中学今年中考达大田一中分数线17人、上线率22%，居全县乡镇第三名，重点高中录取率59.6%，居全县乡镇第一名；借鉴新时代“枫桥经验”，全力抓好社会治安管控、信访积案和矛盾纠纷排查化解。今年以来排查受理各类矛盾纠纷109件，成功调解109件，基本实现“小事不出村，大事不出镇”；实施总投资1391万元的安全生态水系建设工程，截至目前已投入380万元，驳岸和混凝土挡墙基础建设已完成910米；投入289万元完成高标准农田建设，惠及奇韬、西韬、龙坪、龙溪、洋地、永德等6个村，已通过第三方验收；投入10余万元对农贸市场改造升级，进一步完善农贸市场秩序及集镇建设。

上京镇

上京镇位于大田县西南部，全境面积143.26平方公里，辖16个行政村，161个村民小组，总人口2.5万人，共有31个党支部，党员974名。先后获得省级“生态乡镇”“绿色乡镇”；市级“全市农村经济发展十佳乡镇”“全市创先争优活动先进基层党组织”“人口和计划生育依法行政先进单位”“全市造林绿化先进集体”等荣誉称号。

主要特点：一是资源储量较多。已探明原煤储量约1.7亿吨，年产原煤30万吨。石灰石储量6700万吨，石墨矿储量70万吨，瓷土储量120万吨，菲律岩储量350万吨；**二是县域工业重镇。**辖区内有省属永安煤业有限公司、市属梅林国营林场,现有规模以上工业企业14家，年产值近40亿元。整体规划2.3万亩的福建（大田）机械铸造产业集聚区列入中国铸造产业集群试点县，是三明市重点工业乡镇；**三是有一定文化底蕴。**古有明朝进士田顼、田琯、田一儁才华横溢，称誉朝野，形成“梅岭三田”特色历史文化。原台湾副领导人萧万长的祖祠“箫氏林埔祠”，历史悠久，被省政府列为涉台文物保护单位；革命时期闽中工委机关曾转移到上京镇丰田村，蕴含着厚重的红色文化内涵；**四是区位交通便捷。**距大田城区27公里，“泉南”高速上京互通口距镇中心仅3公里。距规划的“兴泉”铁路小湖货运站8公里，国道“356”、省道“217”线穿境而过。

赤水村桥亭

梅林廉政文化大院

梅林民俗跑竹马

隆美公园

上平萝材蔬菜

上平村金碧峰茶厂

三阳村美丽乡村

梅林百香果基地

下溪口红色文化

桃源镇

县长林金龙到桃源镇调研河长制

东坂畲族村安良堡

桃源镇位于大田县西部，地处永安、大田、漳平三县交界，辖13个建制村，53个自然村，总人口2.3万人，总面积214.93平方公里，素有“世外桃源”之称。先后荣获国家级生态镇、省级环境优美乡镇、绿色乡镇、文明乡镇、市平安乡镇、争创农村经济发展十佳乡镇等多项荣誉，被列入三明市“中心镇”。

一是生态环境优美。森林覆盖率达83.4%，位居全县首位，属国家级生态镇，东坂村荣获国家级少数民族特色村寨、中国传统村落、中国历史文化名村、中国美丽休闲乡村等荣誉称号，蓝玉、桃源、翁厝等村被评为市级美丽乡村示范村，列入全县整镇推进美丽乡村建设示范镇，蓝玉村被评为“福建省森林村庄”。**二是农业特色突出。**全镇种植无公害蔬菜1.5万亩，先后引进聚贤农业、裕田农业、湖田生态等一批龙头企业，发展智能温控大棚90亩、富硒水稻300亩、温室大棚350亩，养殖胡羊2800头，成立院士专家工作站1个。莴苣、白菜、黄瓜三个农产品获农业部无公害农产品认证，并被评为全国科普惠农兴村先进单位、列入国家级无公害蔬菜标准化生产基地和省级城市副食品调控基地、第七批省级蔬菜种植农业标准化示范区。**三是工业经济活跃。**充分发挥资源优势，境内拥有机械铸造、木制品加工等一批龙头企业；福建华伦特重工股份有限公司成为全市首家在海峡股权交易中心挂牌的企业，荣获“第三届中国铸造行业机床铸件分行业排头兵企业”称号，指接板等木制品出口欧洲等国家。四是文旅康养增速。以睡眠康养为主题，建设最氧睡眠小镇。今年8月，桃源镇被授予“中国睡眠康养示范基地”。桃源镇围绕以“一心七区”推进文旅康养整镇推进，打造“梦幻桃源”。以文旅康养为主题，打造东坂畲寨古村，东坂村先后荣获“中共传统古村落”“中国美丽休闲乡村”“中国少数民族特色村寨”“中国历史文化名村”等称号。以休闲康养为主题，打造桃源里花海乐园。被评为AAA级景区。同时，以赤头坂国有林场为示范带动，整合广汤温泉、赤头坂森资源，建设集康养、旅居、医疗、文化等于一体的康养文旅业态，完成“中国最氧睡眠小镇”初步规划。

均溪镇

均溪镇位于大田县中部，是县城所在地，是全县经济、政治、文化中心，区域总面积139.86平方公里，辖23个行政村、8个社区，118个自然村,205个村民小组，共有75个党支部，2545名党员,户籍总人口近8万人，镇区总人口15万多人。2019年，农民人均纯收入达2.19万元，城镇居民可支配收入达3.77万元。

——**首善之区。**均溪镇作为县城所在地，具有优越的发展软环境，辖区内有全国农产品创业基地、全国老龄工作示范村、全国农村集体财务管理规范化示范单位、全国敬老模范村、省文明村镇、省文明单位（社区）、省“平安库区先进村”、市级“中央红军村”。镇党委、政府先后被全国、省、市评为“先进基层党组织”、“文明乡镇”、“平安先行镇”等荣誉称号。

——**经济重心。**2019年，全镇完成工农业总产值111.78亿元；农林牧渔业产值5.66亿元;规模以上工业增加值72.73亿元；固定资产投资完成16.05亿元，主要经济指标均位居全县前列。镇域内有香山北路、国道纵五、兴泉铁路、福塘片区新型城镇化、新磊石板材等省市县重点项目48个，占全县重点项目总数的31.4%。

——**文化强镇。**镇东桥、文昌阁等“田阳八景”，以及龙水殿古庙、国家级文物保护单位芳联堡、千年古村太山崎、翰林，“四崎”（太山崎、翰林崎、虎鼻崎、尖崎）等古迹分布城区和近郊，与国家级非物质文化遗产玉田板凳龙、中央苏区革命历史陈列馆、省级文物保护单位“第二集美学村”旧址，构成了“红绿”文化圈。

河滨栈道

红军井

华坑

集美学村

太山崎

文昌阁

芳联堡

武陵乡

武陵乡位于大田县西南部，东邻石牌镇，西接漳平市吾祠乡，南靠谢洋乡，北连上京镇，平均海拔850米，是革命老区乡，也是高山农业乡镇，又是市级精准扶贫重点乡镇。2019年末，全乡面积107.83平方公里，辖有9个行政村，村民小组94个；户籍数3713户，总人口1.3万人，全乡共有14个党支部，485名党员。2019年获评市级征兵工作先进单位、市级农机先进乡单位；2016-2019年度县级先进基层党组织、连续四年年度综合考评获二等奖。

红色文化。武陵乡是革命老区乡、原中央苏区活动范围之一，是原中共闽中工委、闽西北特委的所在地，共有43位烈士为革命英勇献身，现保存中共闽中工委会址、红四军指挥部、朱德旧居、中共大田特区委、林笏隆烈士故居、闽西北特委成立遗址和革命烈士陵园等宝贵的红色文化遗址。2017年百束村获得“中央红军村”称号。

经济发展。2019年，完成农林牧渔总产值2.8亿元、比上年增长4.63%，工业总产值20.25亿元（其中规模以上企业6家，产值18.43亿元、同比增长29.33%），固定资产2.15亿元。新增个体工商户57户，其中商业56户、餐饮业1户。社会消费品零售额5001.4万元，同比增长4.2%，第三产业增加值3865.2万元，同比增长5.8%。

民生事业。深化“5+1”产业扶贫模式，规划建设光伏长廊、扶贫厂房、食用菌袋包装、林下养蜂等项目5个，有效增加“三级”收入，巩固贫困户、贫困村和空壳村脱贫成效。扎实开展武陵中心幼儿园、老年人活动中心项目建设；持续跟进雪山水库、武陵风电场和下岩水库项目；用好一事一议财政奖补政策，完成8个村129万元的路灯安装、道路硬化等项目；做好“四好农村路”建设，完成武梅线（武陵至上岩）道路10.457公里修复、拓宽项目。

县领导班子到闽中工委开展“不忘初心、牢记使命”主题 教育活动

县长林金龙到武陵乡大石村工业区调研

武陵乡中心幼儿园开工仪式

光伏长廊全景

2019

大田年鉴

方志出版社

中共大田县委
大田县人民政府 主办

大田年鉴

DATIAN YEARBOOK

2019

中共大田县委党史和地方志研究室 编

方志出版社
Publishing House of Local Records